Detlev Brunner
Bürokratie und Politik des Allgemeinen Deutschen
Gewerkschaftsbundes
1918/19 bis 1933

Schriftenreihe
der Otto Brenner Stiftung 55

Detlev Brunner

Bürokratie und Politik des Allgemeinen Deutschen Gewerkschaftsbundes 1918/19 bis 1933

Bund-Verlag

Dissertation zur Erlangung des Grades Doktor der Philosophie
Institut für Geschichtswissenschaft TU Berlin
vorgelegt von Detlev Brunner Berlin 1991

Die Deutsche Bibliothek – CIP-Einheitsaufnahme

Brunner, Detlev:
Bürokratie und Politik des Allgemeinen Deutschen
Gewerkschaftsbundes 1918/19 bis 1933 / Detlev Brunner. – Köln :
Bund-Verl., 1992
(Schriftenreihe der Otto-Brenner-Stiftung ; 55)
Zugl.: Berlin, Techn. Univ., Diss., 1991
   ISBN 3-7663-2392-X
NE: Otto-Brenner-Stiftung: Schriftenreihe der Otto-Brenner-Stiftung

© 1992 by Bund-Verlag GmbH, Köln
Lektorat: Gunther Heyder
Herstellung: Norbert Neunaß
Satz: Typobauer Filmsatz GmbH, Ostfildern 3
Druck: satz + druck gmbh, Düsseldorf
Printed in Germany 1992
ISBN 3-7663-2392-x

Alle Rechte vorbehalten, insbesondere die des öffentlichen Vortrags, der Rundfunksendung
und der Fernsehausstrahlung, der fotomechanischen Wiedergabe, auch einzelner Teile.

Inhalt

Einleitung 11

1. Fragestellungen und Thesen 12
2. Aufbau und Durchführung der Untersuchung 15
3. Forschungsstand 17
4. Zur Quellenlage 29

Teil 1: Organisation und Bürokratie des ADGB

I. Gewerkschaftliche Bürokratie im Kaiserreich 33

1. Entstehen gewerkschaftlicher Bürokratie 33
   1.1 Ortskartelle 36
   1.2 Bürokratiekritik 38
2. Die Generalkommission 41
3. »Instanzen« und Verbandsdemokratie 1914 bis 1918 47

II. Gewerkschaftliche Organisation und Bürokratie in der Weimarer Republik 52

1. Ausgangssituation 52
   1.1 Allgemeine Anerkennung und erweiterter Aufgabenbereich 52
   1.2 Interessenvertretung auf der Spitzenebene 55
2. Gründung des ADGB und seine Aufgaben 57
3. Organisatorischer Aufbau des ADGB 59
   3.1 Der Bundesvorstand 59
   3.2 Der Bundesausschuß 60
   3.3 Der Gewerkschaftskongreß 62
   3.4 Die Ortsausschüsse 63

3.5 Die Bezirksausschüsse 66
4. Entwicklung der Bürokratie 68
   4.1 Spitzenverband 68
   4.2 Mitgliedsverbände 74
5. Das Verhältnis Dachverband – Mitgliedsverbände 77
   5.1 Organisationsform und Größe der Mitgliedsverbände . . . 78
   5.2 Streikreglement, Lohn- und Tarifpolitik 80

III. Kontinuität und Wandel im Führungs- und Verwaltungsstab . . 87

1. Das Funktionärsbild der Weimarer Zeit 87
2. Funktionärs- und Nachwuchsschulung 95
3. Binnenstruktur und Sozialprofil 104
   3.1 Der Bundesvorstand 106
      Personelle Zusammensetzung und Zuständigkeiten 106
      Verbandszugehörigkeit 109
      Amtskontinuität und Altersstruktur 110
      Herkunft 115
      Ausbildung 118
      Gewerkschaftlicher Karriereverlauf 121
      Zwischenergebnis 125
   3.2 Die Angestellten des Bundesvorstandes 125
      Personal und Abteilungen des Bundesbüros 126
      Auswahlverfahren 129
      Altersstruktur 132
      Herkunft 133
      Ausbildung 134
      Gewerkschaftlicher Karriereverlauf 136
      Zwischenergebnis 139
      Exkurs: Die Bezirkssekretäre 142
   3.3 Generationen im Bundesvorstand und Bundesbüro 144
      Politische Sozialisation 144
      Militärdienst und Kriegserlebnis 149
   3.4 Zusammenfassung 157

IV. Willensbildung und innergewerkschaftliche Demokratie 161

1. Dominanz der Zentrale 164
   1.1 Der gewählte Bundesvorstand 166
   1.2 Der Verwaltungsstab 173
   1.3 Willensbildung und Experten 184

2. Kontrollorgan Bundesausschuß? 190
3. Der Kongreß – Willensbildungs- oder
   Akklamationsorgan? 200
4. Gezähmte Basis? 211
5. Zusammenfassung 220

Teil 2: Verantwortung für das »Volksganze« oder Klasseninteresse?

I. Gewerkschaften und Nation 226

1. Freie Gewerkschaften und Erster Weltkrieg 227
2. Kontinuität oder Wandel? 231
3. Nation und Sozialismus 235
4. ADGB und Nation im Wandel 240
5. Kritik am gewerkschaftlichen Nationalismus 247
6. Das Verhältnis zur Nation und die Gewerkschaftsbasis 249
7. Zwischenergebnis 253

II. Gewerkschaften und Staat 255

1. Gewerkschaftliches Staatsverständnis im Kaiserreich 255
2. »Klassenneutraler« Staat und gewerkschaftliche Zielsetzung . . 256
3. Der »starke Staat« und der »Umbau der Wirtschaft« 259
4. Gewerkschaften und autoritärer Staat 263
5. »Starker Staat« und »Nation« 269
6. Zwischenergebnis 271

III. Staatliche Schlichtung oder Autonomie? 273

1. Gewerkschaften und staatliche Schlichtung 273
   1.1 Gewerkschaftliche Schlichtungsdiskussion 1924 bis 1928 . 275
   1.2 Staatsintervention, Tarifsystem, gebundene Wirtschaft . . 283
   1.3 Schlichtung und Krise 289
2. Gewerkschaften und Unternehmer 297
   2.1 Die Frage des Tarifvertrags vor 1914 299
   2.2 Die Kriegsarbeitsgemeinschaften 300
   2.3 Die Zentralarbeitsgemeinschaft 301
       Exkurs: Debatte um Alfred Striemer 309
   2.4 Kontroverse um die »Ruhrhilfe« 311
   2.5 Das Ende der ZAG 313

2.6 Kooperationsansätze 1926 314
2.7 Gewerkschaften und Unternehmer in der Krise 320
3. Zwischenergebnis 325

IV. **Nationale Verantwortung und/oder gewerkschaftliche Interessenvertretung?** 329
These und Gegenthesen 329
1. Freie Gewerkschaften und Ruhrkampf 335
   1.1 Nationale Massenstimmung? 335
   1.2 ADGB und passiver Widerstand 339
   1.3 ADGB und Konfrontationspolitik 340
   1.4 Der passive Widerstand – die Entscheidung der Spitzengremien 343
   1.5 Verhandlungsbereitschaft und Durchhaltepolitik 344
   1.6 Durchhalteparolen und die Stimmung der Arbeiterschaft 349
   1.7 Entscheidung für Abbruch 353
   1.8 Motive und Folgen der Ruhrkampfpolitik des ADGB . . . 355
   1.9 »Ruhrkampfentschädigung« 359
2. Revision einer »revolutionären Errungenschaft« 361
   2.1 Vorstöße der Unternehmer und die Arbeitszeitverordnung 1923 361
   2.2 Abwehrkämpfe der Gewerkschaften gegen weitere Verlängerung der Arbeitszeit 367
   2.3 Überschichten und Revision des Achtstundentages . . . 370
   2.4 Arbeitszeit, Produktivität und Reparationsfrage 380
   2.5 Süddeutscher Metallarbeiterstreik 383
3. Krise der Gewerkschaften und innergewerkschaftliche Fehlerdebatte 387
4. Von der Erfüllungspolitik zur Revisionsforderung 396
   4.1 ADGB und Dawes-Plan 396
   4.2 ADGB und Young-Plan 398
   4.3 ADGB auf Revisionskurs 399
   4.4 Reparationen und Sozialabbau 408
   4.5 Reparationspolitische Kontroversen Ende 1931 412
   4.6 Reparationen und Kriegsschulden 418
   4.7 ADGB und Lausanner Konferenz 419
   4.8 Reparationsfrage und Arbeitsbeschaffung 424
5. Die innergewerkschaftliche Debatte über die Tolerierungspolitik 426

5.1 Berliner Metallarbeiterstreik Oktober 1930 428
5.2 Tolerierungspolitik und Vertrauensverlust 433
6. Von der Tolerierung zur Anpassung 437
   6.1 Von der Tolerierung zur Aktivität? 437
   6.2 ADGB und Freiwilliger Arbeitsdienst 442
   6.3 ADGB und Wehrsport 447
   6.4 ADGB und Schleicher 453
   6.5 Der ADGB nach dem 30. Januar 1933 456
   6.6 »Masse und Führung« am Ende der Republik 461

Schlußbemerkung 464

Abkürzungen 477

Quellen- und Literaturverzeichnis 480

Personenregister 518

Einleitung

> Die Zentrale weiß alles besser.
> Die Zentrale hat die Übersicht,
> den Glauben an die Übersicht
> und eine Kartothek.
> (Aus: Kurt Tucholsky: Die Zentrale, 1928)

Gewerkschaftliche Bürokratie ist ein kontrovers diskutiertes Thema, seitdem im 19. Jahrhundert mit der Entwicklung der Gewerkschaften zu zentralistischen Massenorganisationen auch gewerkschaftliche Verwaltungsapparate entstanden. Die »bureaukratischen Schablonemenschen, die an den Toren des deutschen Gewerkschaftsglücks grimmige Wacht halten« (Rosa Luxemburg), die »engbrüstige Bureaukratie« der Gewerkschaften, die das »große Ziel« der Arbeiterbewegung, den Sozialismus, vergesse (Hugo Haase), standen im Visier der Kritik besonders des linken Flügels der Arbeiterbewegung[1]. Bürokratisierung wurde als Entfremdung der Gewerkschaftsorganisationen und ihrer besoldeten Funktionäre von den arbeitenden Massen gewertet. Die »Nurgewerkschafterei« war Synonym für die Verabschiedung von Klassenkampf und Revolution.

Auch in der Geschichtswissenschaft werden Bürokratisierung und Verselbständigung der Gewerkschaftsapparate als Ursachen für Machtschwund und Unbeweglichkeit der Gewerkschaften besonders in der Krisenzeit Anfang der 1930er Jahre genannt[2].

Jedoch trotz der immer wieder behaupteten Zusammenhänge zwischen Bürokratisierung und politischer Handlungsunfähigkeit gewerkschaftlicher Organisation liegt bislang keine Untersuchung vor, die sich gezielt

---

1 Rosa Luxemburg: Massenstreik, Partei und Gewerkschaften (Erstveröffentlichung 1906), in: Gesammelte Werke, Bd. 2, Berlin (DDR) 1981 (3. Aufl.), S. 117. Hugo Haase auf dem Gründungsparteitag des USPD, 1917, zit. nach H.J. Varain: Freie Gewerkschaften, Sozialdemokratie und Staat. Die Politik der Generalkommission unter der Führung Carl Legiens (1890–1920), Düsseldorf 1956, S. 83.
2 Vgl. für die ältere Literatur: K.-D. Bracher: Die Auflösung der Weimarer Republik. Eine Studie zum Problem des Machtverfalls in der Demokratie, Königstein/Ts., Düsseldorf 1978 (Nachdruck der 5. Auflage, Villingen 1971), S. 181; L. Preller: Sozialpolitik in der Weimarer Republik, Stuttgart 1949 (unveränderter Nachdruck, Düsseldorf 1978), S. 186f.; für die neuere Literatur z. B. F. Deppe: Hätten die Gewerkschaften die Weimarer Republik retten können? Korreferat zur AG II der wissenschaftlichen Konferenz des DGB zur Geschichte der Gewerkschaften, München 12./13. Oktober 1979, in: Das Argument 122/1980, S. 546–560, S. 552; H. Mommsen: Gegenwartshandeln und geschichtliche Erfahrung, in: GMH 26 (1975), S. 397.

mit der wechselseitigen Beziehung zwischen innergewerkschaftlichen Organisations- und Führungsstrukturen und dem gewerkschaftlichen Willensbildungsprozeß einerseits und der Formulierung und Durchsetzung gewerkschaftlicher Politik andererseits auf dem Hintergrund gesellschaftlicher Wandlungsprozesse in der Weimarer Zeit auseinandersetzt. Die vorliegende Arbeit soll dazu beitragen, diese Forschungslücke zu schließen.

1. Fragestellungen und Thesen

Der Allgemeine Deutsche Gewerkschaftsbund (ADGB) war als Dachverband der freien Gewerkschaften der mit Abstand mitgliederstärkste und einflußreichste Spitzenverband unter den sogenannten Richtungsgewerkschaften. Die christlichen und die Hirsch-Dunckerschen Gewerkschaften erlangten bei weitem nicht jene Bedeutung, die der ADGB als Meinungsführer in der gewerkschaftlichen Politik der Weimarer Zeit innehatte[3]. Die folgende Arbeit konzentriert sich deshalb auf den ADGB und die ihm angehörenden Mitgliedsgewerkschaften.

»Gewerkschaftsbürokratie« war in der zeitgenössischen Diskussion ein politischer Kampfbegriff, mit dem besonders in der Kritik der linken Opposition die reformistischen Gewerkschaftsführungen, die hauptamtlichen Funktionärskader, »der Apparat« bezeichnet wurde. In der folgenden Studie soll Bürokratie als Strukturmerkmal von Massenorganisationen begriffen werden, in denen sich professionelle Führungs- und Funktionärsstäbe und eine auf Effizienz ausgerichtete Verwaltung herausbilden und demokratische Mitbestimmung und Kontrolle der Mitglieder durch hierarchische, zentralistische Willensbildungs- und Entscheidungsstrukturen eingeschränkt werden. Von dieser Definition ausgehend stellen sich im Hinblick auf den freigewerkschaftlichen Dachverband folgende Fragen:

☐ Ist die Gründung des ADGB 1919 als Stufe weiterer Zentralisierung und als Stärkung des Dachverbandes zu werten oder bedeutet sie ledig-

---

[3] Nur in stark katholisch geprägten Regionen wie dem Rhein-Ruhr-Bereich stellten die christlichen Gewerkschaften eine ernst zu nehmende Konkurrenz zu den freien Gewerkschaften dar; zu den christlichen Gewerkschaften vgl. M. Schneider: Die christlichen Gewerkschaften 1894–1933, Bonn 1982. Zu den Hirsch-Dunckerschen Gewerkvereinen vgl. H.-G. Fleck: Soziale Gerechtigkeit durch Organisationsmacht und Interessenausgleich. Ausgewählte Aspekte zur Geschichte der sozialliberalen Gewerkschaftsbewegung in Deutschland (1868/69–1933), in: Solidarität und Menschenwürde, Etappen der deutschen Gewerkschaftsgeschichte von den Anfängen bis zur Gegenwart, hrsg. v. E. Matthias und K. Schönhoven, Bonn 1984, S. 83–106.

lich eine Fortschreibung der bisherigen Zentralinstanz, der Generalkommission? Ist der ADGB ein starker oder schwacher Dachverband?
☐ Verändern sich die Verwaltungsstrukturen des Dachverbandes? Lassen sich Tendenzen der Professionalisierung und der Bürokratisierung feststellen? Wie stark ist der Einfluß von Experten auf die Entwicklung gewerkschaftlicher Politik und Strategie?
☐ Wie gestalten sich die Strukturen der Willensbildung? Ist eine Entfremdung zwischen Mitgliedern und Gewerkschaftsführung festzustellen?

Gewerkschaftliche Interessenpolitik basierte seit der Zeit des Ersten Weltkrieges und besonders seit Beginn der Weimarer Republik auf veränderten Voraussetzungen. Anders als in der Zeit vor 1914 waren die deutschen Gewerkschaften seit November 1918 uneingeschränkt anerkannt und konnten frei agieren. Zu untersuchen ist:
☐ Wie entwickeln sich gewerkschaftliche Politik und Interessenvertretung unter den sich wandelnden Bedingungen in der Weimarer Zeit? Welche Rolle nimmt der Dachverband als Gesamtvertretung gewerkschaftlicher Interessen ein?

Um das Verhältnis zwischen Bürokratie und Politik des ADGB analysieren zu können, muß schließlich auch folgende Frage diskutiert werden:
☐ Welche Beziehungen bestehen zwischen den internen Strukturen von Führung und Verwaltung des ADGB, der Funktion des Dachverbandes und seiner Rolle in der gewerkschaftlichen Willensbildung einerseits und der gewerkschaftlichen Programmatik und Politik andererseits? Wirken sich die genannten Strukturen und die Art der Willensbildung auf die Formulierung von Charakter und Aufgabe der Gewerkschaften in der Gesellschaft und ihr Verhältnis zu Staat und Nation aus?

Zur Beantwortung dieser Fragen werden folgende Thesen überprüft:
1. Der gewerkschaftliche Spitzenverband erfährt in der Zeit der Weimarer Republik einen Bedeutungs- und Machtzuwachs. Gewerkschaftliche Interessenvertretung verlagert sich zunehmend auf die Spitzenebene.
2. Machtzuwachs und Führungsrolle des Spitzenverbandes verstärken die bereits vor dem Ersten Weltkrieg bestehenden zentralistischen Strukturen innerhalb der Gewerkschaften. Der Prozeß der Willensbildung wird zunehmend zentralisiert, die innergewerkschaftliche Demokratie weiter abgebaut.
3. Die Erweiterung des gewerkschaftlichen Betätigungsfeldes und die neudefinierte gesellschaftliche Position und Funktion der Gewerk-

schaften wirken sich auf die gewerkschaftlichen Verwaltungsapparate aus. Tendenzen der Professionalisierung sind feststellbar.

4. Mit der Einstellung von qualifizierten Fachkräften gelangen neue Typen von Funktionären in die Zentrale. Ihre Ausbildungsstandards, Karriere- und Sozialisationsmuster unterscheiden sich von jenen der älteren Funktionärsgenerationen, die bereits seit der Vorkriegszeit an der Spitze der Gewerkschaftsbewegung stehen. Zwischen den generationsbedingten unterschiedlichen Erfahrungen und den politischen Einstellungen und Zielvorstellungen bestehen Zusammenhänge. Dies gilt besonders für die Vorstellungen über den Charakter und die Aufgaben der Gewerkschaften in Nation und Staat.

5. Politik und Programmatik des ADGB korrespondieren mit seiner Funktion als Gesamtvertretung der Gewerkschaftsbewegung und seiner neudefinierten gesellschaftlichen Position.
Die Verbindung zwischen Bürokratie und Politik des ADGB besteht auf zweierlei Weise:
• Erstens durch die Art des Willensbildungs- und Entscheidungsprozesses, der stark zentralisiert und hierarchisch abläuft. Dies beinhaltet die Disziplinierung der Basis und die Durchsetzung bürokratischer Regelmechanismen.
• Zweitens durch die Personen, die willensbildend wirken. Das betrifft in erster Linie den Bundesvorstand und seinen Beraterstab, in zweiter Linie und mit gewissen Einschränkungen die im Bundesausschuß repräsentierten Vorstände der Einzelverbände.

6. Der Dachverband richtet sein Augenmerk anders als seine Mitgliedsverbände nicht auf branchen- und organisationsspezifische Bedürfnisse, sondern auf allgemeine gesellschaftliche und politische Entwicklungen und Bedingungen gewerkschaftlichen Handelns. In seinem Selbstverständnis als tragender Pfeiler der Weimarer Republik und des Weimarer Sozialstaates erachtet er es – keineswegs nur aus taktischen Gründen – für notwendig, volkswirtschaftlich verantwortlich und staatspolitisch auf das »Allgemeinwohl« verpflichtet zu handeln. Durch den Anspruch, volkswirtschaftlich und »national« verantwortlich im Sinne des sogenannten »Volksganzen« handeln zu wollen und bei gleichzeitig weiterhin bestehender Notwendigkeit, ökonomische und soziale Interessen abhängig Beschäftigter zu vertreten, gerät der ADGB in ein Dilemma, denn »national« verantwortliche Politik geht zu Lasten effektiver Interessenvertretung.

2. Aufbau und Durchführung der Untersuchung

Die Studie ist in zwei Hauptteile gegliedert. Teil 1 beschäftigt sich mit der Entwicklung von Organisation und Bürokratie des freigewerkschaftlichen Dachverbandes. Zunächst werden die Voraussetzungen gewerkschaftlicher Organisation und Tätigkeit in der Weimarer Republik genannt. Hierzu ist es notwendig, die Entwicklung gewerkschaftlicher Verwaltung in der Kaiserzeit und die Entstehung und Etablierung einer gewerkschaftlichen Zentralinstanz (Generalkommission) zu skizzieren. Dies wird im Kapitel I geschehen.

Anschließend werden die gesellschaftlichen, politischen und rechtlichen Rahmenbedingungen gewerkschaftlicher Interessenvertretung und Politik in der Weimarer Zeit benannt und dabei vor allem die Voraussetzungen für die exponierte Stellung des Spitzenverbandes herausgearbeitet.

Mit diesem Abschnitt wird das Kapitel II eingeleitet, in dem Aufgaben, organisatorischer Aufbau des Dachverbandes sowie die quantitative Entwicklung seiner Verwaltung geschildert werden. Anhand der unterschiedlichen Fassungen der ADGB-Satzung werden die Kompetenzen der einzelnen Organe und das Verhältnis zwischen Dachverband und seinen Mitgliedsgewerkschaften erläutert.

Dieser eher formalen Ebene folgt im Kapitel III die Untersuchung der Binnenstruktur des ADGB-Vorstandes und seines Verwaltungsstabes. Folgende Fragen werden bearbeitet: Wie wirken sich Aufgabenerweiterung und Kompetenzzuwachs für den Spitzenverband auf die personelle Zusammensetzung des Bundesvorstandes und seines Mitarbeiterstabes aus? Was sind das für Menschen, die für die Politik des ADGB verantwortlich sind? Untersucht werden Wahlverfahren der Vorstandsmitglieder, Rekrutierung und Auswahlverfahren der Angestellten.

Anhand der Analyse biographischen Materials werden Funktionärsgenerationen und Funktionärstypen herausgearbeitet, die sich in ihren Karriere- und Sozialisationsmustern unterscheiden. Diese Untersuchung ist von zweierlei Bedeutung: Zum einen für den Zusammenhang von politischer Sozialisation, lebensgeschichtlicher Erfahrung und politischen, ideologischen Einstellungen und zum anderen für die Wandlung des Funktionärsbildes, die Entstehung des Typs »Experte« in gewerkschaftlicher Verwaltung und seine Bedeutung für die Willensbildung.

Die Erörterung der formalen Rahmenbedingungen und die Untersuchung der personellen Zusammensetzung der ADGB-Führung bilden die Voraussetzung für das Kapitel IV. Hier werden der Prozeß der Willensbildung und die Chancen und Grenzen innergewerkschaftlicher Demokratie und Kontrolle diskutiert. Welche strukturellen Voraussetzungen haben die einzelnen Organisationsgliederungen, um auf den Willensbildungsprozeß Einfluß zu nehmen?

Der Teil 2 der Arbeit richtet den Blick auf die Politik des ADGB. Unter der zentralen Fragestellung »ADGB-Politik im Interesse des ›Volksganzen‹ und/oder im Klasseninteresse?« wird die Verbindung hergestellt zwischen den in Teil 1 skizzierten formalen und strukturellen Voraussetzungen und der gewerkschaftlichen Programmatik sowie der konkreten Politik des ADGB. Diskutiert wird zunächst die Frage: Wie definieren die Gewerkschaften ihr Verhältnis zur Nation und zum Staat und welche Funktion und Aufgabe ordnen sie sich in diesem Verhältnis zu (I. und II.)?

Dieser theoretischen Erörterung folgt die Untersuchung des realen Verhältnisses Gewerkschaften – Staat. Welche Bedeutung hatte die staatliche Intervention in Lohn- und Tarifauseinandersetzungen in den gewerkschaftlichen Debatten gegenüber der programmatischen Option paritätischer Konfliktlösung in Form der Arbeitsgemeinschaft mit den Unternehmern (III.)?

Bei der Auseinandersetzung mit diesen Themenkomplexen ist stets die Ebene der Willensbildung einbezogen. Untersucht wird einerseits, inwieweit mit dem Eintritt jüngerer Funktionärsgenerationen und neuer Funktionärstypen in die ADGB-Zentrale neuartige Auffassungen und gewandelte ideologische Ziele in die Formulierung gewerkschaftlichen Selbstverständnisses einfließen und andererseits, inwieweit die von den Mitgliedern und Mitarbeitern des ADGB-Vorstandes entwickelten Definitionen und formulierten Ziele überhaupt Ausdruck einer gesamtgewerkschaftlichen Willensbildung waren bzw. von der Basis und den Funktionärsschichten der Einzelgewerkschaften mitgetragen wurden.

Ob mit dem Anspruch des ADGB, nationale und Klasseninteressen gleichermaßen vertreten zu wollen, ein Dilemma gewerkschaftlicher Interessenpolitik verbunden war, wird anhand konkreter Konflikte analysiert (IV.). Welche Auswirkungen die an jenem Anspruch orientierte Politik für die gewerkschaftliche Handlungsfähigkeit in der Weimarer Republik und für die Gewerkschaftsorganisation selbst hatte, wird am Beispiel der Politik des ADGB im Ruhrkampf, seines Verhaltens in der Auseinandersetzung um den Achtstundentag, seiner Stellung zum Reparationsproblem, seiner Tolerierungspolitik gegenüber dem Kabinett Brüning und seiner Politik während der Regierungen Papen, Schleicher und Hitler untersucht.

3. Forschungsstand

Die Wissenschaft ist sich weitgehend einig, daß sich mit der Entstehung gewerkschaftlicher Verwaltung im Zuge der Reorganisation der Gewerkschaften ab 1890 auch bürokratische Strukturen in den Gewerkschaftsorganisationen entwickelten. Theo Pirker stellte zwar fest, daß der Gewerkschaftsbürokratie beinahe alle Merkmale fehlten, die in der soziologischen Theorie Bürokratie ausmachen. Die gewerkschaftliche Bürokratie vor 1933 sei eine »Bürokratie in Latschen« gewesen, die die staatliche Bürokratie nur in ihren oberflächlichsten Erscheinungen kopiert habe[4].

Dieser Einwand wäre jedoch nur dann von Gewicht, wenn unter »Bürokratie« die Gesamtheit jener Merkmale zu verstehen wäre, die Max Weber idealtypisch Bürokratie zugeordnet hat. Der Webersche Idealtypus von Bürokratie zeichnete sich durch folgende Merkmale aus: »Genaue Abgrenzung von Tätigkeiten und Befehlsgewalten (Kompetenzen), ein geordnetes System von Über- und Unterordnung in Behörden (Amtshierarchie und Instanzenzug), Schriftlichkeit der Amtsführung (Aktenkundigkeit), Trennung von der privaten Lebenssphäre, Fachschulung und Fachwissen (Prüfungen, Laufbahnprinzip), Vollberuflichkeit anstelle nebenamtlicher Tätigkeit und schließlich Amtsführung nach festen Regeln (Regelgebundenheit, Amtswissen).«[5] Renate Mayntz verwies jedoch darauf, die idealtypische Konstruktion behaupte ja gar nicht, »daß die einzelnen Merkmale des komplexen Bürokratiebegriffs tatsächlich und notwendigerweise gemeinsam auftreten, sondern nur, daß sie zusam-

---

[4] Vgl. Th. Pirker: Die blinde Macht. Die Gewerkschaftsbewegung in Westdeutschland, 2 Bände, 2. Auflage München 1979, Bd. 1, Vorwort zur 2. Aufl., S. XII.
[5] Vgl. O. Stammer: Bürokratie, in: Bernsdorf (Hrsg.): Wörterbuch der Soziologie, Bd. 1, Frankfurt/M. 1972, S. 135. Vgl. ausführlich: M. Weber: Wirtschaft und Gesellschaft, 5. Auflage Tübingen 1976, Bd. 2, S. 541 ff.

men vorkommen *müßten*, wenn legale Herrschaftsausübung maximal zweckrational sein soll«[6].

Die Bedeutung gewerkschaftlicher Bürokratie für die gewerkschaftliche Willensbildung und für gewerkschaftliches Handeln wird in der Forschung unterschiedlich gewichtet.

Angesichts der personell relativ schwach ausgestatteten Verwaltung des ADGB weist Heinrich Potthoff Behauptungen von einem Ausufern der Bürokratie zurück, wie sie Gerard Braunthal im Hinblick auf den Apparat des ADGB aufgestellt hatte[7]. Gerhard Beier spricht sogar von einer »extrem geringen Professionalisierung und Zentralisierung«[8], und Michael Schneider hält den, gemessen an den Apparaten mancher Einzelgewerkschaften, kleinen Mitarbeiterstab in der Bundeszentrale für einen Beweis für die »relativ schwache« Ausbildung des ADGB als Dachverband[9]. Von einer unumgänglichen Bürokratisierung der Gewerkschaften sprechen Horst A. Kukuck und Heinrich A. Winkler, ein Prozeß, der, so Winkler, bereits im Kaiserreich begonnen habe[10]. Klaus Schönhoven kennzeichnet die in der Kaiserzeit beginnende Entwicklung als »Bürokratisierung und Hierarchisierung des institutionellen Binnenlebens der Gewerkschaften«, meint jedoch, die zeitgenössischen Kontroversen über den Konflikt zwischen »Führer und Massen« hätten die tatsächliche Lage dramatisiert[11].

Auf Konsequenzen der Bürokratisierung für die innergewerkschaftliche Demokratie und für die Handlungsfähigkeit und Politik der Gewerk-

---

6 Vgl. R. Mayntz: Max Webers Idealtypus der Bürokratie und die Organisationssoziologie, in: Dies. (Hrsg.): Bürokratische Organisation, Köln, Berlin 1968, S. 31.
7 Vgl. H. Potthoff: Freie Gewerkschaften 1918–1933. Der Allgemeine Gewerkschaftsbund in der Weimarer Republik, Düsseldorf 1987, S. 66; G. Braunthal: Der Allgemeine Deutsche Gewerkschaftsbund. Zur Politik der Arbeiterbewegung in der Weimarer Republik, Köln 1981 (aus dem Amerikanischen v. J. Voß; Originaltitel: Socialist Labor and Politics in Weimar Germany. The General Federation of German Trade Unions, Hamden 1978), S. 109.
8 Vgl. G. Beier: Das Problem der Arbeiteraristokratie im 19. und 20. Jahrhundert. Zur Sozialgeschichte einer umstrittenen Kategorie, in: Ders.: Geschichte und Gewerkschaft. Politisch-historische Beiträge zur Geschichte sozialer Bewegung, Frankfurt/M. 1981, S. 162.
9 Vgl. M. Schneider: Höhen, Krisen und Tiefen. Die Gewerkschaften in der Weimarer Republik 1918–1933, in: Tenfelde u.a.: Geschichte der deutschen Gewerkschaften, S. 279–446, S. 310.
10 Vgl. H.A. Winkler: Der Schein der Normalität. Arbeiter und Arbeiterbewegung in der Weimarer Republik 1924–1930, Berlin, Bonn 1985, S. 626; H.A. Kukuck: Der Wiederaufschwung der Gewerkschaftsbewegung 1924 bis 1929, in: Solidarität und Menschenwürde, S. 153–186, S. 157.
11 Vgl. K. Schönhoven: Die deutschen Gewerkschaften, Frankfurt/M. 1987, S. 92; mit Schönhoven in diesem Punkte übereinstimmend: D. Fricke: Handbuch zur Geschichte der deutschen Arbeiterbewegung 1869 bis 1917, 2 Bde., Berlin (DDR) 1987, Bd. 2, S. 1000ff.; zur Entwicklung der organisatorischen Binnenstrukturen der Gewerkschaften vgl. ausführlich K. Schönhoven: Expansion und Konzentration. Studien zur Entwicklung der Freien Gewerkschaften im Wilhelminischen Deutschland 1890–1914, Stuttgart 1980, bes. S. 221ff.

schaften wird zwar hingewiesen, jedoch werden diese Zusammenhänge kaum systematisch untersucht. Die Entfremdung zwischen Mitgliedern und hauptamtlichen Funktionären wird als Folge verfestigter bürokratischer Apparate der Gewerkschaften häufig genannt[12] und gepaart mit der Überalterung und Unbeweglichkeit der Apparate als Ursache für Machtverlust und schließliche Niederlage der Gewerkschaftsbewegung 1933 angeführt[13]. Hans-Gerd Schumann nennt außerdem die Neigung zur »organisatorischen Selbstzweckbefriedigung« und das »legalistische Apparat-Erhaltungsdenken«, das die Beweglichkeit der Gewerkschaft und ihre notwendige Aktionsentscheidung auch dort hemmen könne, »wo der Illegitimität der gegnerischen Aktion nicht mehr mit legalistischem Verhalten begegnet werden« dürfe[14].

Verselbständigung der Apparate und der Führung sowie Entfremdung zwischen Führung und Basis werden nicht erst für die Endphase der Weimarer Republik, sondern gerade auch für die Jahre des Ersten Weltkrieges beschrieben. Potthoff kennzeichnet die Entwicklung als eine Verstärkung schon vorhandener »oligarchischer Tendenzen«, die durch Suspendierung der innergewerkschaftlichen Demokratie und mangelnder Rückkopplung zwischen Basis und Gewerkschaftsführung zu wachsender Diskrepanz zwischen Mitgliedern und »weitgehend verselbständigter Gewerkschaftsbürokratie« geführt habe[15]. Wertvolle Hinweise zu internen Strukturen der Führungsgremien des ADGB und deren Gewicht im Willensbildungsprozeß enthalten auch die Einleitungen zu den Quellenbänden zur Geschichte der deutschen Gewerkschaftsbewegung des 20. Jahrhunderts. Michael Ruck spricht von einem Informations- und Handlungsvorsprung des ADGB-Vorstandes und seines Beratersta-

---

12 Vgl. z.B. H. Grebing: Geschichte der deutschen Arbeiterbewegung, 10. Auflage, München 1980, S. 179; Kukuck, Wiederaufschwung, S. 157.
13 Vgl. z.B. Preller, Sozialpolitik, S. 182ff.; Bracher, Auflösung, S. 181; M. Schneider: Das Arbeitsbeschaffungsprogramm des ADGB, Bonn-Bad Godesberg 1975, S. 164; U. Borsdorf: Hans Böckler. Arbeit und Leben eines Gewerkschaftsführers von 1875 bis 1945, Köln 1982, S. 283f.; H.-G. Schumann: Gewerkschaften, in: Bernsdorf (Hrsg.): Wörterbuch der Soziologie, Bd. 1, S. 307.
14 Vgl. ebenda, S. 307. Auch W. Hirsch-Weber: Gewerkschaften in der Politik, Köln, Opladen 1959, S. 38, spricht von dem »Eigeninteresse der Bürokratie«, das nach der Machtübernahme Hitlers die Erhaltung der Organisation als oberstes Gebot habe erscheinen lassen.
15 Vgl. H. Potthoff: Gewerkschaften in Weltkrieg und Revolution: Kontinuität und Wandel, in: Solidarität und Menschenwürde, S. 111; ders.: Probleme gewerkschaftlicher Organisation in Weltkrieg, Revolution und Republik, in: Arbeiterbewegung und industrieller Wandel. Studien zu gewerkschaftlichen Organisationsproblemen im Reich und an der Ruhr, hrsg. von H. Mommsen, Wuppertal 1980, S. 151. Ähnlich Schönhoven, Gewerkschaften, S. 101; vgl. auch H.-J. Bieber: Gewerkschaften in Krieg und Revolution. Arbeiterbewegung, Industrie, Staat und Militär in Deutschland 1914–1920, 2 Bde., Hamburg 1981, Bd. 1, S. 108ff.

bes, der es ihnen häufig ermöglicht habe, die ADGB-Politik maßgeblich vorauszubestimmen[16].

Gegen die These der »angeblichen Verbürokratisierung« als Grund für die unzureichende Kampfbereitschaft der Gewerkschaften tritt Manfred Scharrer auf. Die Geschichte vor 1933 zeige, daß die verantwortlichen Führer »besonders gegenüber der Bedrohung der Organisation nicht kämpferisch, sondern anpaßlerisch bis zur Selbstaufgabe reagierten, und dies offensichtlich mit Duldung der Mitglieder«. Allerdings sei das Verhältnis zwischen Funktionären und Mitgliedern weitgehend autoritär gewesen. Werte wie Disziplin, Ordnung, Gehorsam hätten in den Gewerkschaften kaum einen geringeren Stellenwert besessen als in der deutschen Gesellschaft allgemein[17].

Bei der vorgenannten Literatur ist das Fehlen einer systematischen Analyse der Zusammenhänge zwischen organisationsinternen Strukturen und politischem Handeln der Gewerkschaften angesichts des jeweiligen Charakters als Überblicksdarstellung, Einleitung zu Quelleneditionen oder kurzer Aufsatz vertretbar und verständlich. In der 1987 erschienenen Monographie Potthoffs über den ADGB ist dieser Tatbestand jedoch enttäuschend. Potthoffs »Problemskizze« über den ADGB und seine »den Kurs bestimmenden Instanzen« folgt nach seinen Angaben einem Gliederungsprinzip »von innen nach außen: vom Organisations- und Mitgliedergefüge über die engeren gewerkschaftlichen Tätigkeitsfelder, die gesellschaftspolitischen Zielsetzungen, die parteipolitischen Umfelder und Verstrickungen bis zur Stellung der Gewerkschaften im politischen System«[18]. Potthoff beschreibt zwar die internen Führungsstrukturen, kommentiert das jeweilige Gewicht der Gremien für die

---

16 Vgl. Quellen zur Geschichte der deutschen Gewerkschaftsbewegung im 20. Jahrhundert, Bd. 2: Die Gewerkschaften in den Anfangsjahren der Republik 1919 bis 1923, bearb. von M. Ruck, Köln 1985, S. 40ff.; Bd. 3: Die Gewerkschaften von der Stabilisierung bis zur Weltwirtschaftskrise 1924 bis 1930, bearb. von H.A. Kukuck und D. Schiffmann, Köln 1986, S. 52ff. Auf den Einfluß von Funktionären des ADGB-Verwaltungsstabes auf die Politik der ADGB-Führung in der Endphase der Republik verweisen z. B. G. Beier: Das Lehrstück vom 1. und 2. Mai 1933, Frankfurt/M. 1975, S. 10; H. Potthoff: Freie Gewerkschaften und sozialistische Parteien in Deutschland, in: AfS 26 (1986), S. 49–86, bes. S. 83ff.; H. Grebing: Gewerkschaftliches Verhalten in der politischen Krise der Jahre 1930–1933; Anhang in: Gewerkschafts-Zeitung, Jg. 1933, Reprints zur Sozialgeschichte, hrsg. von D. Dowe, Berlin, Bonn 1983, S. [7]–[46], S. [38]. P. Jahn: Gewerkschaften in der Krise. Zur Politik des ADGB in der Ära der Präsidialkabinette 1930 bis 1933, in: Solidarität und Menschenwürde, S. 233–253, S. 251.
17 Vgl. M. Scharrer: Anpassung bis zum bitteren Ende, in: Ders.: Kampflose Kapitulation, Hamburg 1984, S. 76ff. Grebings Argumentation tendiert in eine ähnliche Richtung. Sie spricht von einem Massen-Führer-Mißverständnis. Beide Seiten hätten jeweils von der anderen ein Signal erwartet, was jedoch ausblieb. Vgl. Grebing, Gewerkschaftliches Verhalten, S. [32]f.; vgl. auch Potthoff, Gewerkschaften (1987), S. 285, und H. Skrzypczak: Krise–Taktik–Strategie, in: GMH 26 (1975), S. 405.
18 Vgl. Potthoff, Gewerkschaften (1987), S. 23.

Willensbildung und geht auch auf Fragen der Nachwuchsschulung, Bedeutung der Gewerkschaftspresse und der Bürokratie ein; jedoch nutzt er diese Erkenntnisse nicht, um einen analytischen Zusammenhang zu seinen oben genannten weiteren Diskussionsthemen herzustellen, wie es etwa sein Gliederungskonzept erwarten ließe. Auch die Studie Braunthals, 1978 in amerikanischer Originalfassung erschienen und seit 1981 in deutscher Ausgabe vorliegend, läßt eine solche analytische Verbindung vermissen[19]. Obwohl sich diese Studie sowohl mit der Politik des ADGB als auch mit seinem Organisationsaufbau, internen Entscheidungsstrukturen und Willensbildungsprozessen auseinandersetzt, bleibt sie in ihren Aussagen sehr oberflächlich und kann auch angesichts der im Vergleich zu Potthoffs Arbeit dünnen Materialgrundlage nur einen sehr groben Überblickscharakter beanspruchen.

Ludwig Preller beschrieb in seinem 1949 erstmals erschienenen Werk »Sozialpolitik in der Weimarer Republik« das Verhältnis zwischen Gewerkschaftsführung und Mitgliedschaft und die sich daraus ergebenden Konsequenzen folgendermaßen: Der prinzipiell demokratische Aufbau der Gewerkschaften sei auch in der Weimarer Zeit beibehalten worden, jedoch hätten die »natürliche Überlegenheit hauptamtlicher Führer über ihre Mitgliedschaft«, die Größe der Organisation und die Kompliziertheit der zu bewältigenden Aufgaben den Einfluß der demokratisch gewählten Führerschaft gestärkt. Die gewerkschaftliche Angestelltenschaft habe »mehr und mehr Beamtencharakter erhalten« und habe sich »wie in jeder großen Organisation gegenüber den von ihr Geführten« verselbständigt. Der ADGB habe sich »nach Art einer Regierung bald in Referate und Unterreferate« gegliedert. »Die Vertretung der Arbeitnehmer wurde bürokratisiert.«[20] Damit hatte Preller wesentliche Elemente gewerkschaftlicher Bürokratie genannt, wie sie auch in politikwissenschaftlichen und soziologischen Ansätzen zu einer Gewerkschaftstheorie formuliert wurden[21].

Götz Briefs konstatierte bereits in den 1920er Jahren eine Entwicklung weiterer Zentralisierung in den Gewerkschaften, die sich durch die Stärkung der Spitzenverbände und ihrer Organe ausdrücke. Das Schwerge-

---

19 Vgl. Braunthal, ADGB (vgl. o. Anm. 7).
20 Vgl. Preller, Sozialpolitik, S. 186.
21 Vgl. z.B. Schumann: Gewerkschaften, in: Bernsdorf (Hrsg.): Wörterbuch der Soziologie, Bd. 1, S. 304–310; N. Eickhof: Eine Theorie der Gewerkschaftsentwicklung. Entstehung, Stabilität und Befestigung, Tübingen 1973, u.a. S. 25ff.; J. Bergmann: Organisationsstruktur und innergewerkschaftliche Demokratie, in: Ders. (Hrsg.): Beiträge zur Soziologie der Gewerkschaften, Frankfurt/M. 1979, S. 210–239; W. Müller-Jentsch: Soziologie der industriellen Beziehungen, Frankfurt/M. 1986, S. 100ff.

wicht der Führung werde durch den Vorstand des Spitzenverbandes repräsentiert[22]. 1965 charakteristierte Briefs die deutschen Gewerkschaften seit dem Ersten Weltkrieg als »befestigte« Gewerkschaften, die vom Staat, den Arbeitgebern, der öffentlichen Meinung und der Verwaltung anerkannt seien. Während die »klassischen« Gewerkschaften des 19. Jahrhunderts »Bewegung von unten her, von den Arbeitern getragen und bestimmt« gewesen seien, sei die »befestigte« Gewerkschaft »Institution mit bürokratischer Verwaltung, hierarchischer Stufung und oft oligarchischer Führung«[23].

Robert Michels brachte mit seinen Veröffentlichungen 1908 und 1911 die These, der Gesellschaft und auch den Massenorganisationen mit demokratischem Anspruch wie der Sozialdemokratischen Partei und den Gewerkschaften seien oligarchische Tendenzen immanent, in die wissenschaftliche Diskussion[24]. Michels leitete sein »ehernes Gesetz der Oligarchie« aus der von ihm behaupteten Tatsache ab, daß für das Funktionieren von Massenorganisationen eine arbeitsteilige Verwaltung und Führung notwendig sei, deren Fachwissen und Beherrschung des Apparates sie für die Organisation unentbehrlich mache. Dies und ihre Überlegenheit gegenüber den Mitgliedern mache sie unkontrollierbar. Oligarchisch-bürokratische Strukturen seien somit unvermeidlich.

Die Michels-Thesen hatten schon die zeitgenössische wissenschaftliche Diskussion nachhaltig angeregt[25] und provozieren bis heute wissenschaftliche Kontroversen. Einer kleinen Auswahl von Autoren, die im Hinblick auf die Führungsstrukturen und die innergewerkschaftliche Demokratie der Gewerkschaften die von Michels behaupteten Oligarchietendenzen bis zu einem gewissen Grad bestätigt sehen[26], stehen zahlreiche Stimmen gegenüber, die die Michels-Thesen grundsätzlich kritisieren.

---

22 Vgl. G. Briefs: Gewerkschaftswesen und Gewerkschaftspolitik, in: Handwörterbuch der Staatswissenschaften, 4. Aufl. Jena 1927, Bd. 4, S. 1108ff., S. 1140.
23 Vgl. G. Briefs: Gewerkschaften, Theorie, in: Handwörterbuch der Sozialwissenschaften, Bd. 4, Göttingen 1965, S. 545ff., Zitat: S. 556f.
24 Vgl. R. Michels: Die oligarchischen Tendenzen der Gesellschaft. Ein Beitrag zum Problem der Demokratie, in: Ders.: Masse, Führer, Intellektuelle. Politisch-soziologische Aufsätze 1906–1933, mit einer Einführung v. J. Milles, Frankfurt/M., New York 1987, S. 133–181 (Erstveröffentlichung 1908); ders.: Zur Soziologie des Parteienwesens in der modernen Demokratie. Untersuchungen über die oligarchischen Tendenzen des Gruppenlebens, 2. vermehrte Auflage Leipzig 1925 (Erstveröffentlichung 1911).
25 Vgl. die positive Aufnahme der Michels-Thesen durch Th. Cassau: Die Gewerkschaften und die Politik, in: Gewerkschafts-Archiv, 2 (1925), I., Nr. 6, S. 337–343, S. 339. Zur Michels-Kritik vgl. Ph. A. Koller: Das Massen- und Führerproblem in den Freien Gewerkschaften, Tübingen 1920.
26 Vgl. Th. Pirker: Zum Verhalten der Organisationen der deutschen Arbeiterbewegung in der Endphase der Weimarer Republik, in: Weimar. Selbstpreisgabe einer Demokratie, Düsseldorf 1980, S. 329f.; Ruck, Quellen II, S. 42, und Braunthal, ADGB, S. 113.

Als Hauptargumente werden angeführt, daß die Oligarchie-These nicht empirisch bewiesen sei[27], von einem verschwommenen Basisdemokratiemodell[28] ausgehe und die behauptete Unfähigkeit der Mitglieder zur demokratischen Kontrolle auf einer fragwürdigen Massenpsychologie basiere[29]. Gerhard Beier formuliert als Forschungsdesiderat eine Michels-Revision, die mit »neuen empirisch-quantifizierenden Methoden und – durch die Ergebnisse der Faschismusanalyse veränderten – Fragestellungen zu erarbeiten« wäre[30].

Auch Frank Deppe weist die Michels-These zurück, die Verfestigung des bürokratischen Apparates sei ein Reflex des ehernen Gesetzes der Oligarchie[31]. Seiner Meinung nach ist die Tendenz zur Zentralisierung und zur Verfestigung des Apparates eng mit jenem Politikverständnis der Gewerkschaftsführung verbunden, das zusammen mit ökonomischen und politischen Faktoren zu Funktionsverlust und Orientierungsschwäche der Gewerkschaftsführung und zur Einschränkung der gewerkschaftlichen Handlungsmöglichkeiten am Ende der Weimarer Republik geführt habe. Dieses Politikverständnis habe in der Vorstellung bestanden, daß Erfolge vor allem »über die Vermittlung der Staatstätigkeit und der Konsensbildung der Verbandsspitzen«, also »von oben« zu erreichen seien, ein Politikverständnis, das »autonome Aktionsmöglichkeiten ›von unten‹, d.h. durch die betriebliche Mitgliederbasis und deren Organe, systematisch eingeschränkt hatte«[32]. Die politischen Auseinandersetzungen in der Arbeiterbewegung hätten die Verselbständigungstendenzen des Apparates gefördert, der sich fast ausnahmslos mit der Politik der SPD identifiziert habe. Deppe impliziert damit, daß die Basis das nicht tat, und verweist in diesem Zusammenhang auf die Unzufriedenheit über die Beschränkungen der innergewerkschaftlichen Demokratie, die sich

---

27 Vgl. K. Schönhoven: Gewerkschaftswachstum, Mitgliederintegration und bürokratische Organisation in der Zeit vor dem Ersten Weltkrieg, in: Arbeiterbewegung und industrieller Wandel, S. 16–37, S. 33f.; ders.: Gewerkschaften, S. 92ff.; ders., Expansion, S. 221ff.; P. Lösche: Rezension zu R. Michels: Masse, Führer, Intellektuelle. Politisch-soziologische Aufsätze 1906–1933, Frankfurt/M., New York 1987, in: IWK 24 (1988), S. 564.
28 Vgl. U. Borsdorf: Deutsche Gewerkschaftsführer – biographische Muster, in: Gewerkschaftliche Politik: Reform aus Solidarität. Zum 60. Geburtstag von Heinz O. Vetter, hrsg. v. U. Borsdorf u.a., Köln 1977, S. 11–41, S. 14; H.A. Winkler: Robert Michels, in: Deutsche Historiker, Bd. IV, hrsg. v. H.-U. Wehler, Göttingen 1972, S. 65–80, S. 70. Zur Kritik vgl. auch das Nachwort Werner Conzes im Neudruck der 2. Auflage der »Soziologie des Parteiwesens«, Stuttgart 1957; Müller-Jentsch: Soziologie der industriellen Beziehungen, S. 102.
29 Vgl. ebenda, S. 102.
30 Vgl. G. Beier: Essay über Typus und Sprache des Gewerkschafters, in: Ders.: Schulter an Schulter, Schritt für Schritt, Köln 1983, S. 217.
31 Vgl. Deppe, Hätten die Gewerkschaften, S. 552. Fricke wertet die Thesen Michels als »reaktionäre Elitetheorie«; vgl. Fricke, Handbuch, Bd. 2, S. 1163, Anm. 354, vgl. auch S. 1000f.
32 Vgl. Deppe, Hätten die Gewerkschaften, S. 548f.

u.a. bei Urabstimmungen über die Ergebnisse von Lohnkämpfen gezeigt habe[33]. Insgesamt konstruiert Deppe einen zu vordergründigen Gegensatz zwischen Führung und Mitgliedschaft, den er weniger in strukturellen als in politischen Dimensionen verortet. Mit dem Verweis auf das Politikverständnis, das sich auf die Spitzenverhandlungen konzentriert und dabei die Basisebene vernachlässigt und die innergewerkschaftliche Demokratie verstümmelt habe, und mit dem Hinweis auf den Funktionsverlust der Gewerkschaften durch die Vernachlässigung ihrer Interessenvertretungsaufgabe zugunsten staatspolitischer Verantwortung legt Deppe jedoch eine wichtige Fährte zur Erklärung des Zusammenhangs zwischen »Struktur« und »Politik« des ADGB[34].

Hans Mommsen kritisiert im Hinblick auf die Politik des ADGB in der Weimarer Endphase zwar die Überbewertung geronnener organisatorischer Macht, die stets mit der Tendenz zu bürokratischer Erstarrung und dem Abbau innergewerkschaftlicher Demokratie verbunden sei, sieht jedoch die Ereignisse im Frühjahr 1933 als »Konsequenz einer Kette früherer Fehlentscheidungen«. Handlungsalternativen, wie sie Deppe für 1932 und 1933 gegeben sieht, hätten zu diesem Zeitpunkt nicht mehr bestanden[35]. Mommsen gesteht zu, daß »die viel geforderte Aktivierung der ›Basis‹ und eine größere Offenheit der Führungsauslese« wichtige Korrektive gegenüber der Tendenz zur Verselbständigung des Apparats seien, aber nicht »die Grundprobleme der gewerkschaftlichen Strategie« lösen würden. Das Dilemma des ADGB in jener Phase habe darin bestanden, daß unter den Krisenbedingungen das klassische Instrument des Arbeitskampfes versagte. Deshalb habe man sich auf die direkte Einflußnahme auf den Staat verlegen müssen[36].

Trotz dieser die Handlungsmöglichkeiten der Gewerkschaften anders be-

---

33 Vgl. ebenda, S. 552.
34 Ähnlich wie Deppe argumentieren A. Kaiser: Probleme gewerkschaftlicher Politik in der Endphase der Weimarer Republik, in: Blätter für deutsche u. internationale Politik 25 (1980), S. 1099–1114, und M. Buhl: Sozialistische Gewerkschaftsarbeit zwischen programmatischem Anspruch und politischer Praxis. Der ADGB und die freien Gewerkschaften in der Stabilisierungsphase der Weimarer Republik (1923/24–1927/28), Köln 1983. Buhl stellt für die Mittelphase der Weimarer Republik auf dem Hintergrund der sich auf die Spitzenebene verlagernden Interessenvertretung einen Machtzuwachs für den Dachverband fest, vgl. S. 20 und 55 ff.
35 Vgl. H. Mommsen: Gegenwartshandeln und geschichtliche Erfahrung, in: GMH 26 (1975), S. 395. Deppe verweist auf das Angebot der KPD zum gemeinsamen Handeln im Juli 1932 und auf Diskussionen über einen Generalstreik 1933. Vgl. Deppe, Hätten die Gewerkschaften, S. 546.
36 Vgl. H. Mommsen, Gegenwartshandeln, S. 398.

urteilenden Sichtweise stellt auch Mommsen einen Zusammenhang zwischen zentralistischer Willensbildung, Vernachlässigung der Basis und der Auffassung, effektive Erfolge seien nur auf gesamtwirtschaftlicher Ebene zu erreichen, her. Programmatisch habe sich dies im Wirtschaftsdemokratiekonzept niedergeschlagen. Dort sei die angestrebte Transformation der Gesellschaft überwiegend als »Resultat staatlicher Intervention aufgefaßt« worden. Diese Sichtweise habe die Frage nach der politischen Durchsetzbarkeit der Ziele ausgeblendet. Insofern hätten jene Kritiker des Wirtschaftsdemokratiekonzepts »nicht ganz unrecht«, die die darin enthaltene Vorstellungswelt mit der ADGB-Politik in der Ära Schleicher und den Anfängen des Hitler-Kabinetts in Zusammenhang brächten[37]. Mommsen zitiert in diesem Zusammenhang Hannes Heer, der die Haltung des ADGB in den 1930er Jahren als eine logische Folge der reformistischen Gewerkschaftspolitik deutete. Heer formulierte in seiner 1971 veröffentlichten Arbeit »Burgfrieden oder Klassenkampf« die These von der »Konsequenz des Weges«, der von der Anerkennung der Gewerkschaften im Ersten Weltkrieg über den ADGB als »Quasi-Staatsorgan« bis zur »Deutschen Arbeitsfront« geführt habe[38]. Abgesehen von der häufig übertrieben polemischen Schärfe, mit der Heer seine These zu belegen versuchte, thematisiert diese eben jenes Spannungsverhältnis zwischen staatspolitischer Verantwortung auf dem Hintergrund der Integration in das wirtschaftliche und politische System und ökonomischer Interessenvertretung. So hat auch Michael Schneider Heers Arbeit zwar als von Polemik und vulgär-marxistischer Einseitigkeit geprägt charakterisiert, jedoch zugestanden, daß Heers These, der ADGB habe seine Funktion eher in der staatsloyalen Politik eines Ordnungsfak-

---

37 Vgl. H. Mommsen: Staatliche Sozialpolitik und gewerkschaftliche Strategie in der Weimarer Republik, in: Gewerkschaftliche Politik: Reform aus Solidarität, S. 74 f.; ders., Klassenkampf oder Mitbestimmung. Zum Problem der Kontrolle wirtschaftlicher Macht in der Weimarer Republik, Köln, Frankfurt/M. 1978, S. 22ff.; vgl. auch V. Bahl: Lohnverhandlungssystem der Weimarer Republik – Von der Schlichtungsverordnung zum Ruhreisenstreit. Verbandsautonomie oder staatliche Verbandsgarantie, in: GMH 29 (1978), S. 397–411, S. 404ff. 1932/33 gab es in der ADGB-Führung Ablösungsbestrebungen von der SPD und die Bereitschaft, sich angesichts der zunehmenden Bedeutungslosigkeit der Parlamente direkt an einen auch autoritär gelenkten Staat mit gewerkschaftlichen Forderungen zu wenden. Vgl. dazu Teil 2, IV.6.
38 Vgl. H. Heer: Burgfrieden oder Klassenkampf, Neuwied und Berlin 1971, S. 12. Mit einem reformismuskritischen Ansatz versucht auch Heupel die Politik der freien Gewerkschaften und der Sozialdemokratie in der Krise zu analysieren. Vgl. E. Heupel: Reformismus und Krise. Zur Theorie und Praxis von SPD, ADGB und AfA-Bund in der Weltwirtschaftskrise 1929–1932/33, Frankfurt/M., New York 1981; ders.: Ziele und Möglichkeiten der freien Gewerkschaften in der Weltwirtschaftskrise, in: Deutsche Arbeiterbewegung vor dem Faschismus (Argument-Sonderband AS 74), Berlin 1981, S. 10–49.

tors als in der klassenkämpferischen Vertretung der Arbeiterinteressen gesehen, grundsätzlich zutreffe[39].

Auch Potthoff hat in seiner 1979 erschienenen Studie über Gewerkschaften und Politik zwischen Revolution und Inflation einen Beziehungszusammenhang zwischen der erweiterten Tätigkeit der Gewerkschaften in »sachfremden Bereichen« und ihrer »eigentlichen Gewerkschaftsarbeit« hergestellt. Sein Fazit lautete, daß die freien Gewerkschaften sich »bereitwillig in den Dienst der nationalen Sache gestellt« und dabei versucht hätten, die »spezifischen Interessen der Arbeitnehmerschaft mit denen der Nation zu verknüpfen«. Im Konflikt zwischen »Gruppen- und Gesamtinteressen gewannen jedoch die – tatsächlichen oder vorgeblichen – nationalen Erfordernisse die Oberhand«[40].

Die Reduzierung der Ursachen für innergewerkschaftliche Konflikte auf das Politikverständnis der Führung bzw. auf politische Auseinandersetzungen und damit die Existenz unterschiedlicher politischer Standorte bei gleichzeitiger Zurückweisung Michelsscher Thesen (z. B. bei Deppe), gleichviel wie kritisch diese im einzelnen zu bewerten sind, versperrt den Weg zu einer weitergehenden Analyse, nämlich zu der Frage, wie denn die Akteure zu ihrem Politikverständnis gekommen sind und wie sich die jeweiligen Einstellungen und Zielsetzungen im Diskussions- und Entscheidungsprozeß niederschlagen. Die politischen Entscheidungen und Handlungen der ADGB-Führung erschließen sich nicht aus äußeren Rahmenbedingungen und internen Entscheidungsstrukturen allein. Bundesvorstand und Angestelltenstab bestanden aus handelnden Subjekten. Damit stellt sich die Frage nach dem biographischen Hintergrund, nach Erfahrungshorizonten, nach Sozialisationsmustern der Funktionäre.

Hans-Gerd Schumann hat auf der Geschichtskonferenz des DGB 1983 gefordert, man dürfe sich in der Diskussion über Entwicklungsalternativen in der Endphase der Weimarer Republik nicht nur an organisations- und ereignisgeschichtlichen Schwerpunkten orientieren, sondern müsse

---

39 Vgl. M. Schneider: Neuere Arbeiten zu Problemen gewerkschaftlicher Politik, in: AfS 12 (1972), S. 587. Heftig kritisiert wurde Heer dagegen von H. Skrzypczak: Gewerkschaftsbewegung in Deutschland. Ein Bericht zu ihrer Historiographie, in: IWK 14 (1978), S. 460; ders.: Krise–Taktik –Strategie, in: GMH 26 (1975), S. 405f.
40 Vgl. H. Potthoff: Gewerkschaften und Politik zwischen Revolution und Inflation, Düsseldorf 1979, S. 13 und S. 446.

die Frage stellen, »aus welchen Gründen die Beteiligten so dachten und welche lebensgeschichtlichen Perspektiven dahintergestanden hätten«[41].

Im Zuge historisch motivierter Biographieforschung und mentalitätsgeschichtlicher Untersuchungen sind Fragestellungen nach »biographischen Mustern«, nach unterschiedlich geprägten politischen Generationen vermehrt aufgegriffen worden. Die Kategorie »Generation«, nicht lediglich als Summe von Jahrgängen, sondern als Ausdruck »generationsprägender« Erfahrungen, wie etwa dem Ersten Weltkrieg, hat in der kürzeren Vergangenheit als Analyseinstrument zur Erforschung gesellschaftlicher Befindlichkeiten und Wandlungsprozesse zunehmend an Attraktivität gewonnen[42].

Auch in der Gewerkschaftsgeschichtsschreibung liegen Versuche vor, die gewerkschaftlichen Führungsgruppen bzw. Funktionärskader mittels der Erforschung der jeweiligen Sozialisation und der Karriereverläufe in »Generationen« zu fassen. Erste Ergebnisse hat Ulrich Borsdorf 1977 präsentiert[43]. Borsdorfs Analysen und auch die anderer Autoren kranken an zu unscharf gezogenen Generationsgrenzen sowie an dem Mangel, generationsprägende geschichtliche Zäsuren wie die Weltkriegsjahre 1914 bis 1918 nicht ausreichend analytisch einzubeziehen[44]. Zur Bedeutung der Weltkriegserfahrung für die Einstellungen und ideologischen Orientierungen der Gewerkschaftsfunktionäre finden sich in der gewerk-

---

41 Vgl. Aufstieg des Nationalsozialismus. Untergang der Republik. Zerschlagung der Gewerkschaften. Beiträge zur Geschichte der Arbeiterbewegung zwischen Demokratie und Diktatur, hrsg. v. Ernst Breit, Köln 1984, S. 113f. Vgl. auch den Diskussionsbeitrag H. Mommsens, ebenda, S. 116.

42 Vgl. allgemein H. Jaeger: Generationen in der Geschichte, in: GuG 3 (1977), S. 429–452; zu den in der Weimarer Zeit politisch agierenden Generationen vgl. D. Peukert: Die Weimarer Republik, Frankfurt/M. 1987, S. 25ff.; zu generationsanalytischen Untersuchungen vgl. weiter M. Doerry: Übergangsmenschen. Die Mentalität der Wilhelminer und die Krise des Kaiserreiches, Weinheim 1986; die Auswahl der untersuchten Generationen unzureichend begründend und fragwürdigen Interpretationsschemata folgend (z.B. Gegenüberstellung von »klassenbewußten« und »reformistischen« Arbeitern): Angelika Federlein: Autobiographien von Arbeitern 1890–1914, Marburg 1987.

43 Vgl. Borsdorf, Gewerkschaftsführer. Borsdorf hat dabei auf frühzeitigen Versuchen Theodor Cassaus aufgebaut; vgl. Th. Cassau: Die Gewerkschaftsbewegung, ihre Soziologie und ihr Kampf, 2. Aufl., Halberstadt 1930, S. 131ff. Zu gewerkschaftlichen Führungsgruppen in der Kaiserzeit vgl. Schönhoven, Expansion, S. 221ff. Für die Zeit nach 1945 vgl. bes. C. W. Witjes: Gewerkschaftliche Führungsgruppen. Eine empirische Untersuchung zum Sozialprofil, zur Selektion und Zirkulation sowie zur Machtstellung westdeutscher Gewerkschaftsführungen, Berlin 1976.

44 So faßt Borsdorf z.B. als dritte Generation jene Jahrgänge von 1890 bis 1905 zusammen. Ausgeblendet wird dabei das grundsätzlich prägende Fronterlebnis, das die Jahrgänge der 1890 bis 1899 Geborenen hatten, die ab 1900 Geborenen jedoch nicht. Vgl. Borsdorf, Gewerkschaftsführer, S. 32ff. Noch unschärfere Generationsgrenzen ziehen die Autoren eines Forschungsberichtes der Konrad-Adenauer-Stiftung: Hier werden die Jahrgänge 1879 bis 1898 als »Böckler-Generation« bezeichnet, Jahrgänge, die die unterschiedlichsten Erfahrungshorizonte aufwiesen. Vgl. H. Grewe/H.-U. Niedenhoff/M. Wilke: Funktionärskarrieren im DGB. Zum Generationswechsel an der Spitze der DGB-Gewerkschaften, Melle 1988, z.B. S. 46.

schaftsgeschichtlichen Literatur vereinzelt Hinweise, so bei Arno Klönne, Peter Jahn oder dem biographischen Aufsatz Hans Otto Hemmers über Lothar Erdmann[45].

Die dem marxistisch-leninistischen Geschichtsbild der ehemaligen DDR verpflichteten Historiker haben bei der Untersuchung gewerkschaftlichen Handelns auf solche Methoden geschichtlicher Forschung nicht zurückgegriffen.

Manfred Schmidts 1977 vorgelegte Dissertation über die Politik der ADGB-Führung in der Papen- und Schleicher-Ära[46] geht auf das Spannungsverhältnis der in der ADGB-Führung wirkenden unterschiedlichen Funktionärsgenerationen überhaupt nicht ein. Angesichts von Unterscheidungsmerkmalen, die allenfalls anhand des »rechten Opportunismus« thematisiert werden[47], spielt die Frage jener »Nationalisierung« der Gewerkschaften in Politik und Sprache, die besonders in dem Forschungszeitraum Schmidts signifikant ist, offenbar eine höchstens nebensächliche Rolle. Auffällig ist, daß jene nationalistischen Passagen in den öffentlichen Stellungnahmen des ADGB gar nicht erwähnt werden[48]. Ähnlich wie Heinz Deutschland in seinem 1987 veröffentlichten Aufsatz über Theodor Leipart[49] nimmt auch Schmidt diesen Nationalismus nicht wahr und problematisiert ihn dementsprechend auch nicht.

Mangelnde Differenzierung und Würdigung der im ADGB wirkenden

---

45 Vgl. A. Klönne: Fragwürdige Leitbilder der politischen und gewerkschaftlichen Arbeiterbewegung in der Weimarer Republik, in: Aufstieg des Nationalsozialismus, S. 85 ff., bes. S. 91. Klönne verweist im Hinblick auf das Verhalten der ADGB-Führung 1933 auf Traditionen im sozialdemokratisch-freigewerkschaftlichem Terrain, die »nationalistisch-›volksgemeinschaftlicher‹« Art waren, besonders im Hinblick auf den sogenannten »Kriegssozialismus« und die »Ideen von 1914«. Er differenziert jedoch nicht zwischen dem sogenannten »Kriegssozialismus« und den Orientierungen und Forderungen der jüngeren Funktionärsgeneration in der Weimarer Zeit. Vgl. weiter Jahn, Gewerkschaften in der Krise, S. 251 f.; H.-O. Hemmer: Für das eine Deutschland. Erinnerung an Lothar Erdmann, in: GMH 39 (1988), S. 614–629, bes. S. 615 617. Zum Krieg als generationsprägendes Ereignis vgl. u.a. die Aufsatzsammlung Kriegserlebnis. Der Erste Weltkrieg in der literarischen Gestaltung und symbolischen Deutung der Nationen, hrsg. v. K. Vondung, Göttingen 1980. Vgl. auch die Beiträge von Trommler und H. Mommsen in: »Mit uns zieht die neue Zeit«. Der Mythos Jugend, hrsg. v. Th. Koebner, R.-P. Janz und F. Trommler, Frankfurt/M. 1985.
46 M. Schmidt: Die Politik der ADGB-Führung zur Zeit der Regierungen Papen und Schleicher, phil. Diss. (A), Berlin (DDR) 1977 (maschinenschriftlich).
47 Vgl. ebenda, z.B. S. 28 f. und S. 90. Ähnlich unzureichend die Charakterisierung Legiens durch W. Schröder: Klassenkämpfe und Gewerkschaftseinheit. Die Herausbildung und Konstituierung der gesamtnationalen deutschen Gewerkschaftsbewegung und der Generalkommission der Gewerkschaften Deutschlands, Berlin (DDR) 1965, S. 199 ff.
48 Vgl. die Bewertung der ADGB-Erklärung gegenüber der Regierungserklärung v. Papens im Juni 1932 und der »Bernauer Rede« Leiparts im Okt. 1932; vgl. Schmidt, Politik der ADGB-Führung, S. 26 f. und 189.
49 Vgl. H. Deutschland: Theodor Leipart zur Einheit der Arbeiterbewegung 1945–1947, in: BzG 29 (1987), S. 350–363.

Funktionärsgenerationen ist jedoch nicht nur den genannten Vertretern der DDR-Geschichtswissenschaft vorbehalten. Auch der australische Historiker John A. Moses zeichnet sich nicht durch eine differenzierte Sichtweise aus, wenn er Legien, Leipart und Erdmann gleichermaßen als Vertreter eines traditionellen gewerkschaftlichen Nationalismus bezeichnet[50].

4. Zur Quellenlage

Die vorliegende Arbeit basiert überwiegend auf gewerkschaftlichen Archivalien, Nachlässen und publiziertem Material.

An Archivgut sind in erster Linie die Reste der ADGB-Registratur zu nennen, die zum weitaus größten Teil bei der Historischen Kommission zu Berlin, zu kleineren Teilen und Splittern beim Archiv der Hans-Böckler-Stiftung, Düsseldorf (ehemals Archiv des DGB), beim Archiv der sozialen Demokratie, Bonn, und im Bundesarchiv Koblenz aufbewahrt werden. Dieses Aktenmaterial gliedert sich in Sachakten und in Korrespondenz des Bundesvorstandes. Hervorzuheben sind die Protokolle des Bundesvorstandes, die jedoch nur für die erste Hälfte des Jahres 1931 und für das Jahr 1932 überliefert sind[51].

Neben dem Archivgut des Dachverbandes sind die Archivalien aus dem Bereich der Einzelverbände hervorzuheben, die im Archiv der Gewerkschaftsbewegung Berlin (Johannes-Sassenbach-Stiftung, ehemals Zentralarchiv des FDGB) vorliegen. Diese wertvollen Bestände konnten durch die seit dem Herbst 1989 eingetretene leichtere Zugänglichkeit des Archivs für westdeutsche Benutzer in diese Studie einbezogen werden. Das Archivmaterial besteht vor allem aus unveröffentlichten, teils handschriftlichen Protokollen der Leitungs- und Kontrollgremien von ADGB-Mitgliedsverbänden, wie den Verbänden der Holzarbeiter, der Buchdrucker, der Buchbinder und der Lithographen und Steindrucker. Einzelstücke sind unter anderem vom Deutschen Metallarbeiterverband und dem Gesamtverband der Arbeitnehmer der öffentlichen Betriebe und des Personen- und Warenverkehrs vorhanden, ebenso Protokollbü-

---

50 Vgl. J.A. Moses: Trade Unionism in Germany from Bismarck to Hitler 1869–1933, 2 Bde., London 1982, bes. S. 415ff. In seiner Dissertation: Carl Legiens Interpretation des demokratischen Sozialismus. Ein Beitrag zur sozialistischen Ideengeschichte, phil. Diss., Erlangen-Nürnberg 1964, betont Moses zwar Legiens Patriotismus und Nationalismus, dessen Ursprüngen geht er jedoch nicht nach; vgl. auch ders.: Carl Legien und das deutsche Vaterland im Weltkrieg 1914–1918, in: GWU 26 (1975), S. 595–611.
51 Zur Überlieferungsgeschichte der ADGB-Restakten vgl. besonders Ruck, Quellen II, S. 57ff.

cher von lokalen Verwaltungsstellen des Holzarbeiterverbandes und des ADGB. Die genannten Quellen stellen eine wertvolle Ergänzung zum ADGB-Archivgut dar. Die internen Diskussionsprozesse und gewerkschaftliche Willensbildung können so von der Ebene des Dachverbandes bis zu den Organen und Gliederungen der ADGB-Mitgliedsgewerkschaften verfolgt werden[52].

Neben dem Aktenmaterial sind die Nachlässe von Gewerkschaftern zu erwähnen. Auch wenn sie überwiegend eher Nachlaßsplitter sind, ermöglichen die erhaltenen inoffiziellen, privaten Aufzeichnungen der Funktionäre dennoch weitere Aufschlüsse zu den Entscheidungsstrukturen und zur Politik des Dachverbandes. Hervorzuheben sind die Materialien von Lothar Erdmann, Chefredakteur der »Arbeit«, im Archiv der Hans-Böckler-Stiftung und der Nachlaß Theodor Thomas, Vorsitzender des Dachdeckerverbandes, im Archiv der sozialen Demokratie. Zu nennen ist auch der Nachlaß Wilhelm Leuschners im Hessischen Staatsarchiv Darmstadt, der wertvolle Aufzeichnungen Leuschners aus dem Ersten Weltkrieg enthält[53].

Außer den Archivalien stützt sich die Arbeit vor allem auf die Protokolle des ADGB-Bundesausschusses, die für die Zeit ab August 1921 bis Ende 1932 als Kurzprotokolle überliefert sind[54]. Diese Protokolle stellen eine Zwischenstufe zwischen nicht veröffentlichtem und veröffentlichtem Material dar. Die Protokolle des Bundesausschusses wurden seit dem Sommer 1921 als Kurzprotokolle für den internen Gebrauch an die Mitgliedsverbände gedruckt und in einer Auflage von mindestens 150 Exemplaren verschickt. Obwohl sie nicht für die allgemeine Öffentlichkeit bestimmt waren, erreichten sie doch ein relativ breites Publikum. Die von

---

52 Weiteres gewerkschaftliches Archivmaterial aus dem Bereich der christlichen und Hirsch-Dunckerschen Gewerkschaften befindet sich im Bundesarchiv Koblenz, so ein Teilnachlaß des Vorsitzenden des Gesamtverbandes der christlichen Gewerkschaften, Bernhard Otte (Kl. Erw. 461/1–7) und der Schriftwechsel des Hirsch-Dunckerschen Gewerkschaftsringes mit Reichsministerien aus dem Jahre 1929 (Kl. Erw. 497/1–3).
53 Weitere eingesehene Nachlässe befinden sich im Archiv der sozialen Demokratie, dem DGB-Archiv sowie im ehemaligen FDGB-Archiv; vgl. hierzu das Quellenverzeichnis. Im Bundesarchiv liegt außerdem der umfangreiche Nachlaß Rudolf Wissells, der jedoch zu seiner engeren Gewerkschaftstätigkeit im Bundesvorstand des ADGB nur verstreutes Material enthält.
54 Für die Zeit 1919 bis 1921 liegen Beschlußprotokolle und Presseberichte im Korrespondenzblatt vor. Die Bundesausschußsitzungen des Jahres 1933 sind ebenfalls nur durch Presseberichte der Gewerkschaftszeitung dokumentiert; Wortprotokolle sind nur fragmentarisch erhalten; vgl. u. a. Ruck, Quellen II, S. 56ff.; Quellen zur Geschichte der deutschen Gewerkschaftsbewegung, Bd. 4: Die Gewerkschaften in der Endphase der Republik 1930 bis 1933, bearb. von P. Jahn unter Mitarbeit von D. Brunner, Köln 1988, S. 55ff.; zu den Protokollen der Konferenzen der Verbandsvorstände, dem Vorläufergremium des Bundesausschusses, von 1914–1919 vgl. Quellen..., Bd. 1: Die Gewerkschaften in Weltkrieg und Revolution 1914–1919, bearb. von K. Schönhoven, Köln 1985, S. 52ff.

Angestellten des Bundesvorstandes verfaßten Protokolle gaben die im Bundesausschuß geführten Auseinandersetzungen nur in »gereinigter« Form wieder und verschwiegen sie zum Teil auch[55].

An publizierten, gedruckten Quellen aus gewerkschaftlichem Bereich sind die Protokolle der Gewerkschaftskongresse, die ADGB-Jahrbücher, die ADGB-Organe »Gewerkschafts-Zeitung« (GZ) und ihr Vorläufer »Korrespondenzblatt« (bis 1923) und »Die Arbeit« hervorzuheben[56]. Während die Monatszeitschrift »Die Arbeit« eher theoretisches Diskussionsorgan über die gewerkschaftlichen Grenzen hinaus war, fungierte die wöchentlich erscheinende GZ als eigentliches Verbandsorgan mit vielfältigen Informationen zur gewerkschaftlichen Arbeit des ADGB und seiner Mitgliedsverbände und als politisches Sprachrohr des ADGB-Vorstandes.

Die Akten staatlicher Instanzen bilden einen weiteren archivalischen Zugang zur Gewerkschaftsgeschichte. Wichtige Adresse für die Gewerkschaften war das Reichsarbeitsministerium. Aus den umfangreichen Aktenbeständen dieses Ministeriums, die im ehemaligen Zentralen Staatsarchiv der DDR, heute Bundesarchiv, Abteilungen Potsdam, verwahrt sind, wurde punktuell zu Fragen der Arbeitszeitpolitik Material gesichtet. Außerdem wurden die für die Studie relevanten Bestände der Akten der Reichskanzlei im Bundesarchiv Koblenz herangezogen.

Mit dem Editionsvorhaben »Akten der Reichskanzlei« sind mittlerweile alle Kabinette der Weimarer Zeit erfaßt und ist der wesentliche Teil des Aktenbestandes ediert und somit leicht benutzbar[57]. Eine weitere Editionsreihe, die Quellen zur Geschichte der deutschen Gewerkschaftsbewegung im 20. Jahrhundert, war für die vorliegende Untersuchung grundlegend. Mit den zwischen 1985 und 1988 erschienenen Bänden I bis

---

55 Vgl. z.B. das Kurzprotokoll der Bundesausschußsitzung vom 30./31. 7. 1929 mit dem Auszug aus dem Wortprotokoll zur gleichen Sitzung in Kukuck/Schiffmann, Quellen III, Dok. 219a und b; vgl. auch die Tagebuchaufzeichnungen Erdmanns über die Bundesausschußsitzung am 29. 8. 1931 mit dem Kurzprotokoll dieser Sitzung; vgl. Aufzeichnung Erdmanns v. 4. 9. 31, in: DGB/NL Erdmann und Jahn, Quellen IV, Dok. 54, S. 391.
56 Punktuell wurden auch Publikationen der Einzelverbände herangezogen.
57 Für diese Arbeit wurden benutzt: Das Kabinett Cuno. 22. November 1922 bis 12. August 1923, bearbeitet von K.-H. Harbeck, Boppard/Rhein 1968. Die Kabinette Wirth I und II; 10. Mai 1921 bis 26. Okt. 1921. 26. Okt. 1921 bis 22. Nov. 1922; Bd. 1: Mai 1921–März 1922; Bd. 2: Apr. 1922–Nov. 22; bearbeitet von Ingrid Schulze-Budlingsmeier, Boppard/Rh. 1973; Die Kabinette Brüning I und II. 30. März 1930 bis 10. Oktober 1931. 10. Oktober 1931 bis 1. Juni 1932, bearbeitet von T. Koops: Bd. 1: 30. März 1930 bis 28. Februar 1931; Bd. 2: 1. März 1931 bis 10. Okt. 1931, Boppard/Rh. 1982; Bd. 3: 10. Okt. 1931 bis 30. Mai 1932, Boppard/Rh. 1990.

IV liegen nunmehr ein großer Teil des ADGB-Archivmaterials und die Bundesausschußprotokolle in edierter Form vor[58].

Über die Benutzung des schriftlichen Quellenmaterials hinaus war es mir möglich, in einem Gespräch am 5. Januar 1988 den letzten Überlebenden aus dem ADGB-Bundesbüro, den ehemaligen Registrator Kurt Exner (geb. 1901), zu befragen.

---

[58] Zu erwähnen ist ferner die Quellensammlung Politik und Wirtschaft in der Krise 1930 bis 1932. Quellen zur Ära Brüning, eingeleitet von G. Schulz, bearbeitet von I. Maurer und U. Wengst, 2 Bde., Düsseldorf 1980.

Teil 1
Organisation und Bürokratie des ADGB

I. Gewerkschaftliche Bürokratie im Kaiserreich

1. Entstehen gewerkschaftlicher Bürokratie

Als im Jahre 1890 das Sozialistengesetz fiel, konnte von der Existenz gewerkschaftlicher Verwaltungsapparate kaum die Rede sein. Wie Schönhoven gezeigt hat, war es nur wenigen mitglieder- und finanzstarken Verbänden wie dem der Buchdrucker schon in den frühen 1890er Jahren möglich, mehrere hauptamtliche Funktionäre in ihren zentralen und bezirklichen Büros zu beschäftigen[1]. Kleinere Verbände besoldeten im besten Falle den Vorsitzenden und dies häufig in sehr bescheidenem Ausmaß. Zahlenmaterial über den Umfang der in den Verbänden angestellten Funktionäre liegt erst für die Zeit ab 1898 vor. Aus einer 1892 unter den Verbänden durchgeführten Umfrage geht jedoch hervor, daß von 52 Verbänden sieben überhaupt keine Aufwendungen für Gehaltskosten verzeichneten, 15 gaben Beträge zwischen einer und 500 Mark pro Jahr aus und nur neun Organisationen wandten mehr als 3000 Mark

---
1 Vgl. Schönhoven, Expansion, S. 226.

im Jahr für persönliche Verwaltungskosten auf[2]. Carl Legien, seit 1887 Vorsitzender des Drechslerverbandes und ab 1889 in dieser Position besoldet, bezog 700 Mark Jahresgehalt und mußte sich den Rest seines Einkommens als Hausarbeiter in seinem erlernten Beruf als Drechsler hinzuverdienen. Als »Verbandsbüro« diente das Zimmer, das er als Schlafbursche gemietet hatte[3]. Auch Alexander Knoll, seit 1892 Vorsitzender des Steinsetzerverbandes und späteres Bundesvorstandsmitglied des ADGB, verrichtete die ersten drei Jahre seiner Amtszeit das Amt des Vorsitzenden, des Redakteurs und zeitweise auch des Kassiers im Nebenamt, entschädigt mit 350 Mark pro Jahr. Auch er mußte seinen Lebensunterhalt in seinem Beruf (Steinsetzer) verdienen[4].

In den Jahren bis 1914 bauten die freigewerkschaftlichen Organisationen ihren hauptamtlichen Funktionärsapparat Schritt für Schritt aus. Über die zahlenmäßige Entwicklung gibt die folgende Tabelle Auskunft:

Tabelle 1

Zahl der Gewerkschaftsbeamten der freigewerkschaftlichen Zentralverbände von 1898 bis 1914

Jahr	Zahl der Beamten	Gewerkschafts-mitglieder[a]	Beamte pro 1000 Mitglieder
1898	104	493742	0,2
1899	108	580473	0,2
1900	269	680427	0,4
1901	325	677510	0,5
1904	678	1052108	0,6
1907	1625	1865506	0,9
1914	2867	2052377	1,3

Quelle: Schönhoven, Expansion, S. 229f., Fricke, Bd. 2, S. 916.
[a] Jahresdurchschnitt

Kamen auf einen Gewerkschaftsbeamten 1898 4747 Mitglieder, so sank der statistische Mittelwert im ersten Halbjahr 1914 auf 866 Mitglieder pro Gewerkschaftsbeamten. Von den 2867 beschäftigten Gewerkschaftsangestellten 1914 arbeitete die Mehrzahl, 1950, in lokalen Verwaltungs-

---

2 Vgl. ebenda, S. 227.
3 Vgl. Leipart, Carl Legien, S. 18f.
4 Vgl. A. Knoll: Selbstbiographie, in: Geschichte der Straße und ihrer Arbeiter, Bd. III, Berlin 1930, S. 30. Weitere Beispiele vgl. Schönhoven, Expansion, S. 225.

stellen, 408 in den Zentralbüros, 429 in den Bezirksleitungen und 75 als Redakteure.[5]

Der Ausbau der gewerkschaftlichen Verwaltungen war aufgrund mehrerer Faktoren notwendig geworden. Mit dem Anwachsen der Gewerkschaftsverbände zu Massenorganisationen konnte die Verbandsarbeit nicht mehr ehrenamtlich nach Feierabend erledigt werden. Dazu kamen die ständige Fluktuation der Mitglieder und die kurze Mitgliedsdauer[6], die, so Schönhoven, den Ausbau von bürokratischen Apparaten und die Anstellung von festbesoldeten Funktionären erzwangen, um den Fortbestand der lokalen Stellen zu gewährleisten. Weitere Gründe waren die regionale Ausbreitung der Gewerkschaften, der Ausbau des Unterstützungswesens, das Anwachsen von Arbeitskonflikten und Tarifverhandlungen[7].

Die Gewerkschaften taten sich mit dem Aufbau einer leistungsfähigen Bürokratie jedoch schwer. Dies zeigt sich am Beispiel des Schuhmacherverbandes. Josef Simon, ab 1900 Vorsitzender des Verbandes, mußte einige Überzeugungsarbeit bei seinen Vorstandskollegen aufwenden, um eine Mitgliederkarthothek für den etwa 20000 Mitglieder zählenden Verband einzurichten. Auf dem Gewerkschaftskongreß 1905 wurde, so Simon,»allgemein erklärt, daß eine solche Einrichtung für Gewerkschaften nicht durchführbar sei«[8]. Adolf Braun rief 1914 dazu auf, der Registratur insgesamt, nicht nur derjenigen der Mitglieder, »große Aufmerksamkeit und Genauigkeit« zu widmen. Angesichts der nunmehr auch durch die Entwicklung der Schreibmaschine ausgebildeten Technik des Registraturwesens, begehe jeder Gewerkschaftsverband »eine Unterlassung«, wenn er die Möglichkeiten nicht nutze[9]. Doch auch die technischen Neuerungen wurden von den Gewerkschaftsfunktionären erst allmählich zweckrational eingesetzt und als Erleichterung empfunden. So schrieb Carl Legien 1901 auf der neuerworbenen Schreibmaschine der Generalkommission an Theodor Leipart, damals zweiter Vorsitzender des Holzarbeiter-Verbandes: »Es macht ja etwas mehr Arbeit, geht aber mindestens so schnell wie das Schreiben mit der Hand. Für die Kor-

---

5 Vgl. Schönhoven, Expansion, S. 231; Fricke, Bd. 2, S. 997ff.
6 Vgl. dazu ausführlich Schönhoven, Expansion, S. 150ff.
7 Vgl. Schönhoven, Gewerkschaftswachstum, S. 31f. Zum gewerkschaftlichen Unterstützungswesen ders.: Selbsthilfe als Form von Solidarität. Das gewerkschaftliche Unterstützungswesen im Deutschen Kaiserreich bis 1914, in: AfS 20, S. 147–193; vgl. auch Fricke, Bd. 2, S. 992ff.
8 Zit. n. Schönhoven, Expansion, S. 226.
9 Vgl. Braun, Gewerkschaften (1914), S. 90f. Braun (1862–1929), 1913 Chefredakteur der »Fränkischen Tagespost«, ab 1920 Sekretär im PV der SPD, vgl. Handbuch Arbeiterpresse, 1927, S. 147.

respondenz eignet sie sich noch weniger, weil dazu große Übung gehört, wenn das Ding sich rentieren soll.«[10]

Theodor Cassau stellte noch Mitte der 1920er Jahre »bei der Buchhaltung und dem Registraturbetrieb ein geradezu merkwürdiges Versagen« fest[11]. Er führte dies auf die ursprüngliche Praxis der Gewerkschaften zurück, ausschließlich Verbandsmitglieder und keine ausgebildeten Fachkräfte in den Büros einzustellen. Es sei, so Cassau, »bereits eine außerordentliche Neuerung« gewesen, »als nach der Einführung der Schreibmaschine, nicht etwa mit ihr, auch die Stenotypistin ihren Einzug in das Gewerkschaftsbüro hielt«[12]. Es ist bezeichnend für das Frauenbild der Gewerkschaften, daß die Funktionäre, die ansonsten auf ihre autodidaktisch erworbenen Kenntnisse mit Stolz verwiesen, sich mit den rein »technischen« Arbeiten des Bürobetriebs nicht befaßten, sondern dies weiblichem Schreibpersonal überließen, das seit der Jahrhundertwende zumindest in den gewerkschaftlichen Zentralbüros eingestellt wurde[13].

1.1 Ortskartelle

Die bisherigen Ausführungen bezogen sich auf die Verwaltungen der einzelnen Gewerkschaftsverbände. Außer diesen Verwaltungsstellen existierten lokale Zusammenschlüsse der am jeweiligen Ort vertretenen Gewerkschaften, die Ortskartelle[14]. Diese hatten sich bereits zu Zeiten des Sozialistengesetzes gebildet und breiteten sich nach dessen Ende rasch aus. Ab 1901 liegt Zahlenmaterial zu den bestehenden Ortskartellen vor (vgl. Tabelle 2).

Zunehmend wurden von den Ortskartellen sogenannte Arbeitersekretariate unterhalten, die Rechtsberatung und Prozeßvertretung in Versicherungsstreitfällen anboten[15]. Das erste Arbeitersekretariat wurde 1894 in Nürnberg ins Leben gerufen, 1901 bestanden 33 solcher Einrichtungen, 24 davon wurden von insgesamt 41 festbesoldeten Angestellten verwaltet. 1914 erfaßte die gewerkschaftliche Statistik 130 Arbeitersekreta-

---

10 Zit. n. Leipart, Carl Legien, S. 98.
11 Vgl. Cassau, Gewerkschaftsbewegung (2. Aufl. 1930), S. 76.
12 Vgl. ebenda, S. 75.
13 Zur Veränderung der Büroorganisation durch die Schreibmaschine und zum damit zusammenhängenden Einzug weiblicher Angestellter in die Büros vgl. allgemein M. König: Die Angestellten unterwegs. Vom Berufsstand zur modernen Gewerkschaft 1890–1990, Köln 1991, S. 40ff. sowie U. Nienhaus: Berufsstand weiblich. Die ersten weiblichen Angestellten, Berlin 1982.
14 Zu den Ortskartellen vgl. Umbreit, 25 Jahre, S. 36ff.; Fricke, Bd. 2, S. 948ff.; Bergmann/Schleiter/Wickel: Handbuch der Arbeit III, S. 57ff.
15 Ein Teil der Arbeitersekretariate wurde auch von der Generalkommission direkt unterhalten; zu den Arbeitersekretariaten vgl. Zwing, Geschichte, S. 101ff.; Barclay, Wissell, S. 38ff.; M. Martiny: Die politische Bedeutung der gewerkschaftlichen Arbeitersekretariate vor dem Ersten Weltkrieg, in: Vom Sozialistengesetz zur Mitbestimmung, S. 153–174.

Tabelle 2

Ortskartelle der freien Gewerkschaften 1901-1914

Jahr	Zahl der Kartelle	Jahr	Zahl der Kartelle
1901	353	1908	623
1902	393	1909	654
1903	413	1910	684
1904	433	1911	707
1905	480	1912	744
1906	553	1913	800
1907	587	1914	820

Quelle: Korrespondenzblatt, Statistische Beilage, Nr. 1, 23. 7. 1921, S. 23.

riate[16]. Die Zahl der in den Ortskartellen fest angestellten Funktionäre, in ihrer Mehrheit Arbeitersekretäre, stieg von 48 im Jahre 1904 bis auf 207 1914 an[17].

Tabelle 3

Angestellte in den Ortskartellen 1904 bis 1914

Jahr	1904	1905	1906	1907	1908	1909	1910	1911	1912	1913	1914
Ange-stellte	48	84	110	131	137	146	152	171	188	204	207

Quelle: Correspondenzblatt, Statistische Beilage, 1909-1915.

Über die Aufgaben der Kartelle kam es in den 1890er Jahren zunehmend zu Differenzen zwischen den örtlichen Kartellen einerseits und den Zentralverbänden bzw. der seit 1890 bestehenden Dachorganisation, der Generalkommission, andererseits. War der Zweck der Kartelle anfänglich gewesen, »eine örtliche Regelung in die Durchführung der Lohnkämpfe zu bringen, die notwendigen Gelder zu sammeln und die Kämpfe und die Verwendung der gesammelten Gelder zu kontrollieren«[18], so wurde nun das Recht, über Streiks zu entscheiden, ausschließlich von den Zentralen der Verbände beansprucht. Auf dem Frankfurter Gewerkschaftskongreß 1899 wurde per Resolution festgelegt: »Die Beschlußfas-

---

16 Vgl. Korrespondenzblatt, Statistische Beilage, Nr. 2, 24. 9. 1921, S. 33 und 54.
17 Vgl. Correspondenzblatt, Statistische Beilage, Nr. 4, 15. 5. 1909, S. 130; ebenda, Statistische Beilage, Nr. 5, 4. 12. 1915, S. 146.
18 Vgl. Umbreit, 25 Jahre, S. 36.

sung über Streiks ist ausschließlich Aufgabe der Vorstände der Zentralverbände.«[19] Besonders das Leipziger Kartell opponierte gegen eine derartige Einschränkung seiner Aufgaben. Der Paragraph 1 seines Statuts nannte als Aufgabe des Kartells unter anderem: »Unterstützung und Regelung der wirtschaftlichen Kämpfe der Arbeiter«[20]. Es habe, so Nestriepke, Jahre gedauert, bis der Konflikt mit dem Leipziger Kartell beigelegt wurde[21]. Der Kölner Kongreß von 1905 präzisierte noch einmal die Aufgaben der Kartelle und wiederholte, daß sie über die Durchführung von Streiks keine Entscheidungsbefugnis besäßen[22]. Der Münchner Kongreß von 1914 legte die Aufgaben der Ortskartelle schließlich wie folgt fest:

»a) Aufklärung der Arbeiter über ihre wirtschaftliche Lage;
b) Pflege der auf die wirtschaftliche Lage der Arbeiter bezugnehmenden Statistiken;
c) Beobachtung und Durchführung der durch die Reichs- und Landesgesetze im Interesse der Arbeiter getroffenen Einrichtungen;
d) Vorbereitung der Wahlen von Vertretern zu den Gewerbe- und Kaufmannsgerichten, den Krankenkassen, Handwerkerkammern und den auf Grund der Arbeiter- und Angestelltenversicherungsgesetze geschaffenen Institutionen;
e) Förderung des Bibliothekswesens und der Bildungsbestrebungen;
f) Schaffung von Einrichtungen zur Erziehung der Jugend;
g) Regelung des Herbergswesens;
h) Verständigung mit den angeschlossenen Organisationen über Veranstaltung von Arbeiterfestlichkeiten;
i) Sicherung von Versammlungslokalen.«[23]

Doch auch in der Folgezeit blieben Selbständigkeitstendenzen der Ortskartelle und Konflikte zwischen ihnen und den Zentralen nicht aus. In den 1920er Jahren setzten die Zentralinstanzen schließlich noch schärfere Abgrenzungen durch[24].

1.2 Bürokratiekritik

Mit dem Entstehen und Ausbau der gewerkschaftlichen Bürokratie in den Jahren bis 1914 flammte auch eine Diskussion über Nutzen und Schaden dieser Entwicklung auf. Die Kritik an der Gewerkschaftsbürokratie speiste sich aus unterschiedlichen Quellen. Zum einen stand sie im

---
19 Zit. n. Nestriepke, Bd. 1, S. 285.
20 Zit. n. Fricke, Bd. 2, S. 949.
21 Vgl. Nestriepke, Bd. 1, S. 285; zum Konflikt mit dem Leipziger Kartell vgl. ebenda, S. 284f.; Fricke, Bd. 2, S. 949ff.; Umbreit, 25 Jahre, S. 37f.
22 Vgl. Zwing, Geschichte, S. 96f.; Nestriepke, Bd. 1, S. 285.
23 Zit. n. Zwing, Geschichte, S. 98.
24 Vgl. dazu Teil 1, II. 3 und IV. 4.

Zusammenhang mit der Streitfrage um Strategie und Taktik der sozialdemokratischen Arbeiterbewegung[25], andererseits war sie mit Befürchtungen der Mitglieder verbunden, die besoldeten Führer würden sich von der Basis und deren Sorgen und Nöten entfremden.
Den besoldeten Gewerkschaftsfunktionären wurde nicht nur vom linken Flügel der Sozialdemokratie, z.B. von Rosa Luxemburg, sondern auch von führenden Gewerkschaftsfunktionären – wie Hermann Jäckel – vorgeworfen, sie verlören das »Endziel« aus den Augen. Jäckel schrieb 1908 in der »Neuen Zeit«, der Gewerkschaftsbeamte sei »mit rein praktischen, oft recht kleinlichen und nur die Gegenwartsinteressen der Arbeiter berührenden Fragen« befaßt. Durch jahrelange, derart »einseitige Gewerkschaftsarbeit« gelangte er zu einer Überschätzung dieser praktischen Arbeit. Das »Endziel« bedeutet ihm wenig, die »Bewegung ist alles«. Die Gewerkschaftsbeamten würden so »unbewußt« mit den Revisionisten zusammenarbeiten, die sich in ähnlicher Richtung bewegten. »Der unverdorbene Proletarier« aus der Fabrik sei jedoch »revolutionär in seinem Denken und Fühlen« und durch keinen gewerkschaftlichen oder parlamentarischen Erfolg zu befriedigen[26].
Andere Gewerkschaftsfunktionäre, wie der DMV-Redakteur August Quist, wiesen solche Vorwürfe zurück. Die ganze praktische Tätigkeit der Gewerkschaften könne sich, so Quist, doch nur »auf den Gegenwartsstaat erstrecken«[27]. Der Vorwurf, die Gewerkschaftsbeamten hätten die Fühlung zu den Massen verloren, könne nur von Personen erhoben werden, die »nicht die geringste Einsicht« in die Tätigkeit der Funktionäre hätten[28]. In einer Replik auf Jäckels Aufsatz wurde diesem selbst vorgeworfen, »daß er jedenfalls nicht genügend Fühlung mit den gewerkschaftlich organisierten Arbeitern« besitze, anderenfalls könne er nicht von einer »steigenden Animosität« der Mitglieder gegenüber der Führung sprechen[29].
Skepsis gegenüber den angestellten Funktionären entstand außerdem in der Gehaltsfrage. Der Verdienst der Gewerkschaftsbeamten sollte den

---

25 Vgl. dazu z.B. P. Friedemann (Hrsg.): Materialien zum politischen Richtungsstreit in der deutschen Sozialdemokratie 1890-1917, 2 Bde., Frankfurt/M., Berlin, Wien 1977.
26 Vgl. H. Jäckel: Gewerkschaftsbeamte und Partei, in: Die Neue Zeit, 27 (1908), Bd. 1, S. 327-330; Zitate: S. 329f. Jäckel war zu diesem Zeitpunkt bereits Sekretär im Hauptvorstand des Textilarbeiterverbandes. Ähnlich wie Jäckel lautete Luxemburgs Kritik, vgl. R. Luxemburg: Massenstreik, Partei und Gewerkschaften, in: Werke, Bd. 2, S. 163ff.
27 Vgl. A. Quist: Die Stellung der Gewerkschaftsbeamten in der Arbeiterbewegung, in: SMH, Jg. 1906, S. 672f.
28 Vgl. ebenda, S. 669.
29 Vgl. H. Peters: Gewerkschaftsbeamte und Partei. Eine Erwiderung, in: Die Neue Zeit, 27 (1908), Bd. 1, S. 678.

Lohn der im Berufsleben stehenden Mitglieder nicht überschreiten. Damit sollte vermieden werden, daß die Funktionäre eine »verbürgerlichte«, über die Berufskollegen emporgehobene Existenz führten und sich so von den Mitgliedern entfremdeten[30]. Man wollte »kämpfende Verbandsgenossen und keine privilegierten Beamten«, so eine im Fabrikarbeiterverband (FAV) 1904 formulierte Forderung, die sich gegen eine Gehaltserhöhung der Verbandsangestellten richtete[31]. Umbreit erinnerte sich später, daß Beitragserhöhungen und Beamtenneuanstellungen bisweilen »ganze Mitgliederkreise zum Austritt« aus dem Verband veranlaßten[32]. Jäckel hielt die Gehälter der Gewerkschaftsbeamten für »gewiß nicht hoch«, dennoch gebe es einen wesentlichen Unterschied zwischen Gewerkschaftsbeamten und im Beruf stehenden Mitgliedern, da die Unsicherheit der Existenz beim Gewerkschaftsbeamten weitgehend wegfalle und damit ein wesentliches Movens für die revolutionäre Grundhaltung. »Der Mangel dieser Existenzunsicherheit« fördere beim Gewerkschaftsbeamten die Wertschätzung der »praktischen Arbeit« und diese zwinge zu Kompromissen mit den Kapitalisten[33].

In der Forschung ist diese Verbürgerlichungsthese umstritten. Vertreter der marxistisch-leninistischen Geschichtswissenschaft bauen auf dieser These auf und polarisieren, wie Dieter Fricke in der Neuauflage seines Handbuches zur Geschichte der deutschen Arbeiterbewegung 1987, in hie die »Masse der revolutionären Gewerkschaftsmitglieder« und da die »reformistischen Führer«. Fricke bestreitet nicht die Notwendigkeit festbesoldeter Gewerkschaftsangestellter und meint auch, daß der Anteil dieser Funktionäre gemessen an der Zahl der Mitglieder durchaus nicht zu hoch war. Seit dem Beginn »der Epoche des Imperialismus« habe sich jedoch ein neuer Typ von Funktionär herausgebildet, entsprechend dem »von Lenin nachgewiesenen gesetzmäßigen Zusammenhang zwischen Opportunismus und Imperialismus«[34]. Nach Fricke hatten diese Gewerkschaftsbeamten die gewerkschaftliche Demokratie mehr und mehr eingeengt und die Gewerkschaften »immer stärker mit dem Geist des Reformismus« durchtränkt[35]. Klaus Schönhoven weist diese These zurück. Die Verbürgerlichung sei empirisch nicht nachzuweisen, außerdem habe bei aller bestehenden innergewerkschaftlichen Opposition die

---

30 Vgl. dazu M. Prager: Grenzen der Gewerkschaftsbewegung, in: Archiv für Sozialwissenschaft und Sozialpolitik, N.F., Bd. 2, 1905, S. 229–300, S. 258f.
31 Zit. n. ebenda, S. 256.
32 Vgl. Umbreit, 25 Jahre, S. 35.
33 Vgl. Jäckel (wie Anm. 26), S. 329.
34 Vgl. Fricke, Bd. 2, S. 1001ff. und S. 1269, Anm. 217.
35 Vgl. ebenda, Bd. 2, S. 1004.

»überwältigende Mehrheit [...] die Amtsautorität der Gewerkschaftsfunktionäre« respektiert und deren Politik akzeptiert[36].

Daß sich mit Übergang von der Lohnarbeit zur relativ gesicherten hauptamtlichen Funktionärsarbeit ein grundlegender Wandel der Existenz vollzog und daß sich dadurch auch der individuelle Blickwinkel veränderte, liegt auf der Hand und wurde auch in der Weimarer Zeit in den gewerkschaftlichen Diskussionen immer wieder thematisiert. Ob diese Entwicklung mit der Leninschen Agententheorie, hinter der ja der Vorwurf der Korrumpierbarkeit der Arbeiterführer und ihres Verrates an der Arbeiterklasse steckte, befriedigend beschrieben werden kann, ist zweifelhaft.[37]

2. Die Generalkommission

Die Entwicklung der freien Gewerkschaften in der Zeit zwischen dem Ende des Sozialistengesetzes und dem Ersten Weltkrieg ist geprägt von Tendenzen der Zentralisation und Konzentration. Durch freiwillige Zusammenschlüsse reduzierte sich die Zahl der freigewerkschaftlichen Verbände von 51 im Jahre 1893 auf 46 1914. Das eigentliche Organisationsgefüge veränderte sich, wie Schönhoven nachgewiesen hat, noch tiefgreifender, als es diese Zahlen vermuten lassen. So hat sich mehr als die Hälfte der 1893 bestehenden Verbände bis 1913 aufgelöst oder ist mit anderen Verbänden verschmolzen. Mit dem Metallarbeiterverband und dem Holzarbeiterverband wurden die mehrere Berufszweige umfassenden »Industrieverbände« geschaffen.[38]

Als wichtigstes Ergebnis der organisatorischen Entwicklung nach 1890 ist neben der grundsätzlichen Entscheidung für das zentralistische Organisationsprinzip die Schaffung einer freigewerkschaftlichen Dachorganisation zu nennen. Pläne zur Gründung eines Dachverbandes existierten schon am Vorabend des Sozialistengesetzes. Bereits im Juni 1878 sollte ein allgemeiner Gewerkschaftskongreß den Dachverband gründen. Das im Oktober 1878 verkündete »Gesetz gegen die gemeingefährlichen Bestrebungen der Sozialdemokratie« behinderte jedoch auch die soziali-

---

36 Vgl. Schönhoven, Gewerkschaften (1987), S. 93.
37 Zur Kritik der Leninschen Agententheorie vgl. Bieber, Bd. 1, S. 54ff. und Beier, Arbeiteraristokratie. Zu oligarchischen Tendenzen in den Gewerkschaften vgl. für die Zeit des Ersten Weltkrieges dieses Kapitel unten I. 3, für die Weimarer Zeit Teil 1, IV.
38 Vgl. dazu ausführlich Schönhoven, Expansion, S. 306ff. und S. 331ff.; vgl. auch Fricke, Bd. 2, S. 952ff.

stisch orientierten Gewerkschaften, und an die Einberufung eines nationalen Kongresses war in den folgenden zwölf Jahren des Ausnahmegesetzes nicht mehr zu denken.[39]

1890 wurde die Idee der Gründung einer gewerkschaftlichen Spitzenorganisation erneut aufgenommen. Die Initiative ging von den fünf »Vertrauensmännern der Metallarbeiter Deutschlands« aus, die in einem Aufruf vom 17. August 1890 eine Konferenz sämtlicher Gewerkschaftsorganisationen vorschlugen.[40] Am 16./17. November 1890 fand in Berlin die Konferenz statt. Auf ihr waren die wichtigsten Funktionsträger (Verbandsvorsitzende, Vorsitzende von Gewerkschaftskartellen usw.) vertreten. Herausragendes Thema der Tagung war die Frage der zukünftigen Organisationsform der Gewerkschaften. Das wichtigste Ergebnis war die Gründung der »Generalkommission der Gewerkschaften Deutschlands«, mit Sitz in Hamburg (ab 1903 in Berlin). An die Spitze dieses siebenköpfigen Gremiums wurde der knapp 29jährige Carl Legien gewählt.[41] Die Generalkommission sollte einen allgemeinen Gewerkschaftskongreß vorbereiten und eine Vorlage zur Organisationsform ausarbeiten. Zudem erhielt sie das Recht, bei Abwehrstreiks Streikunterstützung zu zahlen. Die dazu erforderlichen Gelder sollten von den einzelnen Organisationen entsprechend der Mitgliederzahl an die Generalkommission abgeführt werden. Seit Januar 1891 gab die Generalkommission auch ein eigenes Organ, das »Correspondenzblatt der Generalkommission der Gewerkschaften Deutschlands« heraus. Im September 1891 wurde auf einer Funktionärskonferenz in Halberstadt die weitere Existenz der Kommission beschlossen.

Im März 1892 fand dann in Halberstadt der erste allgemeine deutsche Gewerkschaftskongreß statt. Dieser Kongreß, auf dem 208 Delegierte etwa 300000 Mitglieder vertraten, fällte zwei grundlegende Entscheidungen. Der Kongreß optierte für die zentralistische Organisationsform und

---

39 Zum geplanten Kongreß 1878 und dessen Verhinderung vgl. W. Albrecht: Fachverein – Berufsgewerkschaft – Zentralverband. Organisationsprobleme der deutschen Gewerkschaften 1870–1890, Bonn 1982, S. 234ff. u. 241ff. Bereits Anfang der 1870er Jahre hatte Theodor York, Vorsitzender der Internationalen Gewerksgenossenschaft der Holzarbeiter, die Gründung einer verbandsübergreifenden Gewerkschaftsunion vorgeschlagen, ebenda, S. 131ff.
40 Zur Initiative und ihren Hintergründen vgl. Schönhoven, Expansion, S. 264f.; Nestriepke, Bd. 1, S. 276. Der 1884 gegründete Zentralverband der Metallarbeiter wurde 1885 mittels der Bestimmungen des Sozialistengesetzes wieder verboten. Statt dessen wurde ein System reichsweiter Vertrauensleute für die jeweiligen Branchen (Former, Klempner, Schlosser, Maschinenbauer und Schmiede) errichtet. Erst 1891 wurde der Deutsche Metallarbeiter-Verband gegründet. Vgl. Albrecht, S. 359ff. u. S. 477ff.; Schönhoven, Expansion, S. 308ff.
41 Zur Gründung und Entwicklung der Generalkommission vgl. ausführlich Schönhoven, Expansion, S. 264ff. u. 283ff.

gegen den »Lokalismus«[42], und er beschloß das Fortbestehen der Generalkommission. Allerdings wurde deren Aufgabenbereich erheblich eingeengt. Das Recht, Streikunterstützung zu zahlen, wurde ihr wieder entzogen. Dieser Entschluß resultierte nicht nur aus der Verärgerung der Delegierten über die großzügige Ausgabenpolitik der Generalkommission, sondern vor allem auch aus dem grundsätzlichen Unwillen der Zentralverbände, in Fragen des Streiks an eine übergeordnete Instanz Kompetenzen abzugeben. Mit dem Verlust dieser Aufgabe hatte die Generalkommission wesentlich an Einfluß auf die Einzelorganisationen eingebüßt.[43] Auf dem zweiten Kongreß 1896 in Berlin versuchte die Generalkommission, ihre Kompetenzen wieder auf das Gebiet der Streikunterstützung auszudehnen. Ihr Vorschlag, einen aus Finanzmitteln der Verbände gespeisten Streikfonds unter ihrer Verwaltung einzurichten, wurde jedoch mit großer Mehrheit abgelehnt. Die Generalkommission wollte die Verbände darauf verpflichten, sich zuerst mit der Generalkommission zu verständigen, wenn sie einen Streik einleiten wollten. Die Generalkommission beanspruchte außerdem das Recht, vor und während des Streiks zwischen streikführender Gewerkschaft und Unternehmern zu vermitteln und gegebenenfalls die Unterstützung aus dem Streikfonds entziehen zu können, falls die betreffende Gewerkschaft ein nach Meinung der Generalkommission angemessenes Angebot der Arbeitgeber ablehnte. Für die Einzelgewerkschaften waren derartige tief in ihre Autonomie eingreifende Regelungen unannehmbar.[44]

Bis zur Mitte der 1890er Jahre hatte die Generalkommission um ihre Weiterexistenz hart zu kämpfen. Die Einzelgewerkschaften führten nur zögerlich und unvollständig ihre Beiträge zur Unterhaltung der Kommission[45] ab, stellten sie manchmal sogar ganz ein. Der Vorstand der Tabakarbeiter bezeichnete die Generalkommission im Frühjahr 1895 als

---

42 Die Lokalisten traten für autonome lokale Gewerkschaftsorganisationen ein, die ökonomische und politische Interessenvertretung sein sollten. Die Anhänger der Zentralverbände bekannten sich demgegenüber zu einer Arbeitsteilung zwischen wirtschaftlicher Interessenvertretung durch die Gewerkschaften und politischer durch die SPD; vgl. ebenda, S. 278; zum Lokalismus vgl. Dirk H. Müller: Versammlungsdemokratie und Arbeiterdelegierte in der deutschen Gewerkschaftsbewegung vor 1918. Ein Beitrag zur Geschichte des Lokalismus, des Syndikalismus und der entstehenden Rätebewegung, Berlin 1984.
43 Für den 16wöchigen, erfolglosen Streik der Hamburger Tabakarbeiter 1890/91 hatte die Generalkommission (GK) allein drei Viertel ihrer Gesamtausgaben für die Unterstützung von Abwehrstreiks, 150000 Mark, ausgegeben; vgl. Schönhoven, Expansion, S. 284. Zu den Beschlüssen des Halberstädter Kongresses s. ebenda, S. 283ff.
44 Vgl. ebenda, S. 296f.
45 Der Kongreß von 1892 legte die Beiträge auf 5 Pfennig pro Mitglied und Quartal fest, vgl. ebenda, S. 286.

»Frühgeburt« und »Unglückskind«[46]. Der Metallarbeiterverband hielt sie für einen »Generalstab ohne Armeekorps« und forderte auf dem zweiten allgemeinen Gewerkschaftskongreß 1896 in Berlin sogar ihre Auflösung.[47]

Zu den innergewerkschaftlichen Problemen kamen die Querelen mit der SPD-Führungsspitze. Auf dem SPD-Parteitag 1893 in Köln brach der Streit offen aus. Während Legien die Meinung vertrat, Partei und Gewerkschaften seien »fast gleich wichtig«, prognostizierte der Parteivorsitzende August Bebel ein absehbares Ende der Gewerkschaften. Wenn das Kapital einmal allgemein soviel Macht erlange, wie es jetzt schon in der Kohle- und Stahlindustrie Rheinland-Westfalens besitze, dann sei es mit den Gewerkschaften aus und es helfe nur noch der politische Kampf. Das Parteivorstandsmitglied Richard Fischer bezeichnete es als »Größenwahn«, daß man »eine Art parlamentarisches Komitee der Gewerkschaften« gebildet habe, das mit der Parteileitung »wie von Macht zu Macht« verhandeln wolle[48].

Trotz dieser Anfeindungen konnte die Generalkommission sich in den folgenden Jahren behaupten. Der Kongreß in Berlin 1896 sprach sich mit großer Mehrheit für die weitere Existenz der Generalkommission aus. Bis zur Jahrhundertwende etablierte sie sich als weitgehend anerkannte überverbandliche Instanz der Gewerkschaften.

Der Streit mit der SPD wurde erst mit dem sogenannten »Mannheimer Abkommen« 1906 beigelegt. Von nun an erkannte die Sozialdemokratische Partei die Gewerkschaften als gleichberechtigte zweite Säule der Arbeiterbewegung an.[49]

Seit der Jahrhundertwende nahm die Generalkommission verstärkt sozialpolitische Aufgaben wahr, ein Tätigkeitsbereich, der zuvor ausschließlich der Partei zugeschrieben worden war. Der Gewerkschaftskongreß von 1899 hatte die Generalkommission beauftragt, sie solle amtliche

---

46 Vgl. ebenda, S. 291.
47 Vgl. Metallarbeiter-Zeitung v. 11. 11. 1893, zit. n. Schönhoven, Expansion, S. 288. Zum Auflösungsantrag vgl. Barthel, Handbuch 1916, S. 112f. Zur Haltung der übrigen Verbände ebenda und Schönhoven, Expansion, S. 290ff.
48 Zu den Auseinandersetzungen zwischen SPD und GK vgl. Varain, Freie Gewerkschaften, S. 13ff. und S. 26ff., Zitate S. 15f. sowie K. Schönhoven: Die Gewerkschaften als Massenbewegung im Wilhelminischen Kaiserreich 1890–1918, in: Tenfelde u.a.: Geschichte der deutschen Gewerkschaften, S. 191ff. u. S. 236ff.; Fricke, Bd. 2, S. 926ff.; H.-J. Steinberg: Die Entwicklung des Verhältnisses von Gewerkschaften und Sozialdemokratie bis zum Ausbruch des Ersten Weltkrieges, in: Vom Sozialistengesetz zur Mitbestimmung, S. 121–134.
49 Vgl. Varain, Freie Gewerkschaften, S. 35; Fricke, Bd. 2, S. 931f.

Publikationen des Reiches, der Einzelstaaten und Gemeinden, Berichte der Versicherungsbehörden, Krankenkassen etc. sammeln und der gewerkschaftlichen Öffentlichkeit zugänglich machen. Das »Correspondenzblatt« sollte in diesem Sinne erweitert werden, die Arbeiterschaft über die staatliche Sozialversicherung informiert, die Wahlen von Arbeitervertretern zu den entsprechenden Körperschaften von der Generalkommission geleitet werden[50]. Das erweiterte Engagement auf dem sozialpolitischen Gebiet gipfelte in der Gründung der Sozialpolitischen Abteilung im Jahre 1910. Die Konferenz der Verbandsvorstände hatte im März 1909 die Errichtung dieser Abteilung beschlossen, sie sollte »Materialien für den Arbeiterschutz« sammeln und »die Propaganda für die Beseitigung sozialer Mißstände« betreiben[51]. Die SPD beteiligte sich sogar an der Finanzierung der Abteilung, da das Material »vornehmlich von den Abgeordneten der sozialdemokratischen Partei benutzt werden« würde[52]. Andere »Referate« der Generalkommission hatten schon vorher bestanden: das Zentralarbeitssekretariat seit 1903, das die Rechtsvertretung der Arbeiter vor dem Reichsversicherungsamt wahrnahm; das Arbeiterinnensekretariat seit 1905 und die statistische Abteilung[53].

Die Generalkommission wurde, nachdem sie 1896 auf fünf Mitglieder eingeschränkt wurde, ab 1899 personell ausgebaut, von sieben Mitgliedern (1899) auf 13 (1908)[54]. Auch der Verwaltungsstab der Generalkommission wurde in den Jahren bis 1914 erweitert. Bis Juli 1894 hatte Legien die in der Generalkommission zu verrichtenden Arbeiten, Korrespondenzen, Verfassung von Flugblättern und Broschüren, Erstellen von Statistiken, Expedition des »Correspondenzblattes« und Agitationsreisen, alleine erledigt[55]. Erst 1896 wurde mit Gustav Sabath ein zweiter Beamter der Generalkommission angestellt[56]. In den folgenden Jahren wurde das Büro der Generalkommission allmählich ausgebaut, die Zahl

---

50 Vgl. Barthel, Handbuch 1916, S. 120f.; vgl. auch Nestriepke, Bd. 1, S. 405; Schönhoven, Expansion, S. 303.
51 Vgl. Barthel, Handbuch 1916, S. 400.
52 So der Rechenschaftsbericht der GK an den Kongreß 1911, vgl. ebenda, S. 401; vgl. auch Schönhoven, Expansion, S. 305.
53 Zu den Abteilungen der GK vgl. z. B. Zwing, Geschichte, S. 145ff. Zur Gründung des Arbeiterinnensekretariats vgl. G. Losseff-Tillmanns: Das erste Arbeiterinnensekretariat bei den Freien Gewerkschaften und seine Entstehung, in: Frauen und Arbeit, 1985, H. 8–10, S. 1–12.
54 Vgl. Schönhoven, Expansion, S. 305.
55 Vgl. Rechenschaftsbericht der GK, in: Protokoll Berlin, 1896, S. 34.
56 Vgl. Rechenschaftsbericht der GK, in: Protokoll Frankfurt, 1899, S. 40; GZ, Jg. 38, Nr. 17, 28. 4. 1928, S. 268.

der hauptamtlichen Sekretäre und Hilfskräfte stieg bis 1911 auf insgesamt 23 und bis Mai 1914 auf 26 an[57].

Seit dem Berliner Kongreß 1896 wurde der Generalkommission, die prinzipiell nur dem Gewerkschaftskongreß gegenüber verantwortlich war, ein Gewerkschaftsausschuß als beratendes Gremium zur Seite gestellt. Dieser Ausschuß setzte sich aus Vertretern der Einzelgewerkschaften, die am Sitz der Kommission wohnten, zusammen. Die Sitzungen dienten vor allem dem Meinungsaustausch zwischen den Vertretern der Einzelgewerkschaften und der Generalkommission und trugen so zu einer Verbesserung der Kommunikation zwischen Spitzenorganisation und Einzelverbänden bei.

Als Kontrollorgan war dieser Ausschuß, in dem die Mitglieder der Generalkommission volles Stimmrecht hatten, nicht gedacht und auch kaum tauglich[58]. Nach der Jahrhundertwende übernahmen die Konferenzen der Vorstände der Zentralverbände, kurz Vorständekonferenzen, zunehmend die Funktion dieses Ausschusses. Dieser wurde nach Beschluß des Münchner Kongresses im Juni 1914 endgültig abgeschafft[59]. Die Vorständekonferenzen, die sich zu einem Leitungsorgan neben der Generalkommission entwickelt hatten, deren Rolle jedoch nicht exakt definiert war, erhielten nach dem in München 1914 beschlossenen Regulativ folgende zentrale Aufgaben zugewiesen: Kontrolle der Tätigkeit der Generalkommission, Revision von deren Jahresabrechnungen, Beschließen von Maßnahmen zur Durchführung der Kongreßbeschlüsse; Entscheidung über Anstellung und Besoldung von Beamten[60]. Mit dieser Aufgabenzuweisung waren die Grundlagen für das spätere Kontrollorgan des ADGB-Vorstandes, den Bundesausschuß, zwar noch nicht in Statuten eines festen Gewerkschaftsbundes gefaßt, jedoch faktisch vorhanden[61]. Allerdings besaßen, im Unterschied zur späteren Regelung im ADGB, neben den Vorstandsvertretern der Einzelverbände (pro Verband je

---

57 Zahlen einschließlich der Redakteure; dazu kamen jeweils noch Funktionäre, die, von der GK besoldet, als Bezirks- oder Arbeitersekretäre tätig waren (1914 insgesamt 8); vgl. Rechenschaftsbericht der GK für die Zeit vom 1. 6. 1908 bis 31. 5. 1911, Berlin 1911, S. 90f. und Rechenschaftsbericht der GK für die Zeit vom 1. 6. 1911 bis 31. 5. 1914, Berlin 1914, S. 80. Zur Entwicklung des Büros der GK in den Jahren bis 1911 vgl. jeweils die Rechenschaftsberichte der GK an die Kongresse in: Protokoll Stuttgart, 1902, S. 58f.; Protokoll Köln, 1905, S. 106ff.; Protokoll Hamburg, 1908, S. 126f.
58 Zwischen Juni 1896 bis Mai 1899 fanden insgesamt 15 Ausschußsitzungen statt. Zum Gewerkschaftsausschuß vgl. Barthel, Handbuch 1916, S. 158ff.; Schönhoven, Expansion, S. 299; Fricke, Bd. 2, S. 940.
59 Vgl. ebenda, S. 940 sowie Barthel, Handbuch 1916, S. 160.
60 Zu den Bestimmungen des Regulativs vgl. ebenda, S. 352ff. Zur Rolle der Vorständekonferenzen s. Schönhoven, Quellen I, S. 45ff.; Fricke, Bd. 2, S. 940ff.
61 Zu den Organen des ADGB vgl. unten Teil 1, II. 3.

einer) die Mitglieder der Generalkommission in den Vorständekonferenzen volles Stimmrecht[62].

Die Generalkommission hatte sich bis 1914 gerade durch ihr in der Arbeiter- und Gewerkschaftsbewegung allgemein anerkanntes sozialpolitisches Engagement von einem mehr oder minder geduldeten Organ zur grundsätzlich akzeptierten Zentralinstanz entwickelt. Dennoch konnte man, so Theodor Cassau 1925, »von einer wirklichen Führung durch die Generalkommission bis zum Kriege nicht sprechen«. Sie blieb »ein gemeinsames Organ der selbständigen Verbände, hatte aber keine größere Autorität«[63].

3. »Instanzen« und Verbandsdemokratie 1914 bis 1918

In den Jahren des Ersten Weltkrieges änderte sich die Rolle der Generalkommission grundlegend. Nun entwickelte sie sich tatsächlich zu einem zentralen Führungsorgan der freien Gewerkschaftsbewegung. Die Generalkommission zeichnete zusammen mit den jetzt häufiger als in den Friedenszeiten tagenden Vorständekonferenzen für die im Namen der freien Gewerkschaften formulierte Politik verantwortlich. Die Entscheidungen dieser Spitzengremien wurden während der Kriegsjahre auf keinem allgemeinen Gewerkschaftskongreß zur Diskussion gestellt. Nach dem in München 1914 beschlossenen Regulativ hätte die Generalkommission spätestens im Juli 1917 einen allgemeinen Gewerkschaftskongreß einberufen müssen. Die Vorständekonferenz vom 20. bis 22. März 1917 sprach sich jedoch mehrheitlich gegen die Abhaltung eines Kongresses in diesem Jahr aus[64]. Auch die Mehrzahl der Einzelgewerkschaften verzichtete auf die Abhaltung von Verbandstagen während der Kriegsjahre[65]. Der vielzitierte Satz Legiens in der Vorständekonferenz vom 2. August 1914 machte die Aushebelung innerverbandlicher demokratischer Strukturen in der Kriegszeit deutlich. In dieser Sitzung, die die Grundlage für die »Burgfriedenspolitik« der freien Gewerkschaften legte, äußerte der Vorsitzende der Generalkommission, daß nunmehr die

---

62 Vgl. Regulativ v. 1914, Punkt 12, in: Barthel, Handbuch 1916, S. 354.
63 Vgl. Cassau, Gewerkschaftsbewegung (2. Aufl. 1930), S. 107.
64 Vgl. Schönhoven, Quellen I, Dok. 33, S. 343. Legien selbst hatte sich jedoch für die Einberufung eines Kongresses ausgesprochen, vgl. ebenda.
65 Bis Ende 1917 hatten nur die Metallarbeiter, die Schuhmacher, Maler und Fabrikarbeiter Verbandstage abgehalten; im Laufe des Jahres 1918 taten dies die Bäcker, Bauarbeiter, Böttcher, Buchdrucker, Buchdruckereihilfsarbeiter, Kürschner, Notenstecher, Schneider und Steinarbeiter; vgl. Nestriepke, Bd. 2, S. 24.

Demokratie in den Gewerkschaften aufhöre, »jetzt haben die Vorstände auf eigene Verantwortung zu entscheiden, und zwar so, wie sie es vor ihrem Gewissen verantworten können«[66].

Während die Führungen der Einzelgewerkschaften und die Generalkommission mit wenigen Ausnahmen personell unverändert und stabil blieben, machte sich in der Mitgliedschaft eine enorme Erosion bemerkbar. Durch Einberufungen und durch die anfänglich hohe Arbeitslosigkeit in den nicht kriegswichtigen Gewerben schrumpfte die Mitgliedschaft der freien Gewerkschaften von über 2,5 Millionen Ende Juni 1914 auf 945000 am Jahresende 1916. Zum Teil wurden die Austritte auch damit begründet, daß angesichts des »Burgfriedens« der Verband nun nicht mehr auf die Lohn- und Arbeitsbedingungen einwirken könne und deshalb »nutzlos« sei[67]. Eine Folge der Mitgliederverluste war der Verfall der Basisorganisationen[68]. Über die Entwicklung der örtlichen Verwaltungsstellen der Zentralverbände und der Ortskartelle gibt die folgende Tabelle Auskunft:

Tabelle 4

Lokale Zweigstellen und Ortskartelle 1913–1919 (Jahresende)

	1913	1914	1915	1916	1917	1918	1919
Zweigstellen	12296	11485	10267	9600	9624	10365	23862
Ortskartelle[a]	771	578	524	469	453	443	727

Quelle: Cbl./Kbl., Jgg. 24–30, Statist. Beilage, 1914–1920.
[a] Erfaßt sind nur Ortskartelle, die sich an der Statistik der Generalkommission beteiligt hatten. 1919 gab es insgesamt 920 Ortskartelle. Vgl. Kbl., Statist. Beilage, Nr. 2, 14. 8. 1920, S. 21f.

Die rückläufige Zahl der Basisorganisationen war auch stark bedingt durch die Einberufungen der lokalen Funktionäre. Während die führenden Funktionäre in den Zentralen allein aufgrund ihres Alters oder wegen Reklamationen überwiegend vom Kriegsdienst freigestellt waren, wurden die unteren Funktionärskader durch Einberufungen ausgezehrt, mit der Folge, daß zahlreiche Verwaltungsstellen ihre Arbeit einstellen mußten. Über den Personalbestand der Generalkommission in den Kriegsjahren liegen keine gesonderten Angaben vor. Aus dem Rechen-

---

66 Vgl. Schönhoven, Quellen I, Dok. 2, S. 74ff., Zitat: S. 83.
67 So der Bericht eines Bezirksleiters im Bauarbeiterverband 1915, vgl. Bieber, Bd. 1, S. 101; weitere Beispiele S. 100f., Zahlen, ebenda, S. 99.
68 Vgl. ebenda, S. 108ff.

schaftsbericht der Generalkommission an den Nürnberger Kongreß 1919 geht jedoch hervor, daß die Anzahl der Angestellten weitgehend konstant blieb. Zum Kriegsdienst einberufen wurden aus dem Büro der Generalkommission insgesamt vier Angestellte, wobei nur die Stelle von Heinrich Backhaus, Sekretär in der Statistischen Abteilung, nicht neu besetzt wurde[69]. Über die Stabilität der Zentralen und die rückläufige Entwicklung in den lokalen Gewerkschaftsgliederungen gibt die folgende Tabelle Auskunft[70]:

Tabelle 5

Angestellte in den Zentralverbänden[a], in den Ortskartellen[b] und in der Generalkommission[c] 1914–1918

Angestellte	1914[d]	1914[e]	1915	1916	1917	1918
Zentralen	407	366	297	245	262	368
Gauverwaltungen	429	370	290	269	303	369
Ortsverwaltungen	1956	1482	860	694	750	1532
Redakteure	75	69	57	54	51	63
Gesamt	2867	2287	1504	1262	1366	2332
Einberufene	–	560	665	272	153	19
Ortskartelle	204[f]	207	183	161	158	170
Generalkommission						
Beamte	17	–	–	–	–	16[g]
Hilfsarbeiter	7	–	–	–	–	6[g]

Quellen: [a] Cbl., Statist. Beilage, Nr. 3, 8. 11. 1919, S. 68f.
[b] Cbl., Statistische Beilagen, 1914–1919.
[c] Rechenschaftsbericht der Generalkommission v. 1. 6. 1911–31. 5. 1914, S. 80; Protokoll Nürnberg, 1919, S. 269.
[d] Vor Kriegsbeginn.
[e] Jahresende.
[f] Ende 1913.
[g] Juni 1919.

Doch nicht nur innerorganisatorische Gründe verstärkten das Gewicht der Zentralen.

Mit ihrer Burgfriedenspolitik, also dem Verzicht auf Streiks, und der Bejahung des vermeintlichen Verteidigungskrieges, stellte sich die Ge-

---

69 Vgl. Rechenschaftsbericht der GK, in: Protokoll Nürnberg, 1919, S. 267ff. Überlegungen der GK zu Anfang des Krieges, einen Teil der Angestellten zu entlassen, wurden von diesen zurückgewiesen. Statt dessen schlugen sie vor, auf einen Teil ihres Gehalts zu verzichten. Vgl. Vorständekonferenz v. 17. 8. 1914, in: Schönhoven, Quellen I, Dok. 4, S. 102.
70 Vgl. Bieber, Bd. 1, S. 108ff. und 113ff.

werkschaftsführung in den Dienst staatlicher Kriegspolitik[71]. Regierung, Verwaltung und Militärs des kaiserlichen Deutschlands waren an einer ruhigen Arbeiterschaft interessiert. Die gewerkschaftlichen Führer, die sich ihrerseits in die »nationale Einheitsfront« des kriegführenden Deutschen Reichs eingeliederten und mit entsprechender Schärfe gegen die sich ab 1915 stärker artikulierende innerparteiliche bzw. -gewerkschaftliche Opposition auftraten, wurden zu wichtigen Verhandlungspartnern der staatlichen Stellen. Die gewerkschaftliche Führung wurde bis zu einem gewissen Grade in politische Entscheidungsprozesse und Mitverantwortung einbezogen. Daraus ergab sich ein Zuwachs an Informationen und Handlungsmöglichkeiten für die Führung. Besonders die Bedeutung der Generalkommission als zentrale Vertretungsinstanz nahm angesichts dieser Entwicklung erheblich zu[72]. Zu der aus taktischen Gründen gewandelten Haltung des Staates gegenüber den Gewerkschaften kam angesichts der sich abzeichnenden Niederlage Deutschlands die Anerkennung der Gewerkschaften durch die Unternehmer. Selbst jene Kreise der Schwerindustrie, die die Gewerkschaften bislang als Verhandlungspartner strikt abgelehnt hatten, fanden sich jetzt zu einer moderateren Haltung bereit. Die Furcht vor einer möglichen Entwicklung nach sowjetischem Muster ließ die Verständigung mit den gemäßigten Gewerkschaftsführern allemal als das kleinere Übel erscheinen. Die seit dem Oktober 1918 zwischen den Spitzen der Gewerkschaften und der Unternehmerorganisationen geführten Verhandlungen mündeten schließlich in das am 15. November 1918 geschlossene Abkommen über die »Arbeitsgemeinschaft« zwischen Unternehmern und Gewerkschaften, das sogenannte »Stinnes-Legien-Abkommen«[73].

In den Jahren des Ersten Weltkrieges wird deutlich, was Kritiker innerhalb der Arbeiterbewegung schon um die Jahrhundertwende behauptet hatten: die Tendenz einer Verselbständigung der gewerkschaftlichen Führung und eine zunehmende Entfremdung zwischen ihr und »den Massen«. Generalkommission und Vorständekonferenz hielten auch dann an der von ihr eingeschlagenen Politik fest, als sich auf dem Hintergrund der enorm verschärften Versorgungslage die Unzufriedenheit der Arbeiterschaft in Unruhen und »wilden«, gegen den Willen der Verbandsführun-

---

71 Zur Politik der Gewerkschaften im Ersten Weltkrieg vgl. ausführlich Bieber; vgl. auch G.D. Feldman: Armee, Industrie und Arbeiterschaft in Deutschland 1914–1918, Berlin/Bonn 1985; Varain, Freie Gewerkschaften, S. 71ff. Vgl. auch unten Teil 2, I.
72 Vgl. Bieber, Bd. 1, S. 119f.
73 Vgl. ebenda, Bd. 2, S. 595ff.; Feldman/Steinisch, Industrie und Gewerkschaften, Abdruck des Abkommens ebenda, S. 135ff. Zu den Verhandlungen vgl. auch Steinisch, Arbeitszeitverkürzung, S. 363ff. sowie unten Teil 2, III. 2.

gen durchgeführten Streiks entlud, bei denen zunehmend auch politische Forderungen gestellt wurden[74]. Selbst nach dem Ausbruch der Revolution im November 1918 ließen sich die Mitglieder der Generalkommission und die an den Verhandlungen mit den Unternehmern beteiligten Gewerkschaftsvorstände nicht beirren, an dem Konzept Arbeitsgemeinschaft mit den Unternehmern festzuhalten, obwohl von Arbeitgeberseite angefragt wurde, ob angesichts der Revolution für die Gewerkschaften weitere Verhandlungen überhaupt sinnvoll seien und sie sich dadurch in der Arbeiterschaft nicht diskreditieren würden[75]. Die Gewerkschaftsmitglieder wurden über diese Verhandlungen nicht oder nur andeutungsweise informiert. Erst auf dem Kongreß in Nürnberg, im Juni 1919, wurde die Politik der Generalkommission im Weltkrieg und ihr Abkommen mit den Unternehmern zur Diskussion gestellt[76].

---

[74] Vgl. dazu J. Kocka: Klassengesellschaft im Krieg 1914–1918, Göttingen 1973, S. 33ff., bes. S. 51ff.; Schönhoven, Quellen I, S. 20ff.; Bieber, Bd. 1, S. 115, S. 260ff. u. S. 441ff.; Nestriepke, Bd. 2, S. 32ff. Zur Verselbständigung der Gewerkschaftsführung im Ersten Weltkrieg vgl. auch H. Potthoff: Probleme gewerkschaftlicher Organisation in Weltkrieg, Revolution und Republik, in: Arbeiterbewegung und industrieller Wandel, S. 151f.
[75] So Walther Rathenau am 11.11.1918 in einer Frage an Legien, vgl. Feldman/Steinisch, Industrie und Gewerkschaften, S. 27f.
[76] Vgl. Bieber, Bd. 2, S. 604f.; Feldman/Steinisch, Industrie und Gewerkschaften, S. 27. Vgl. ausführlicher unten Teil 1, IV. 3 und Teil 2, III. 2.

II. Gewerkschaftliche Organisation und Bürokratie in der Weimarer Republik

1. Ausgangssituation

1.1 Allgemeine Anerkennung und erweiterter Aufgabenbereich

Staatliche Anerkennung hatten die Gewerkschaften bereits während des Ersten Weltkrieges erlangt. Doch erst mit der Revolution fielen die letzten Beschränkungen der Koalitionsfreiheit. Der Rat der Volksbeauftragten erklärte am 12. November 1918 die volle Vereinigungs- und Versammlungsfreiheit auch für Beamte, Staatsarbeiter und Landarbeiter[1].

Die Weimarer Reichsverfassung garantierte in Artikel 159 die uneingeschränkte Koalitionsfreiheit: »Die Vereinigungsfreiheit zur Wahrung und Förderung der Arbeits- und Wirtschaftsbedingungen ist für jedermann und für alle Berufe gewährleistet.«[2] Auch die Unternehmer hatten im Abkommen über die Zentralarbeitsgemeinschaft (ZAG) vom 15. November 1918 die Gewerkschaften »als berufene Vertretung der Arbeiterschaft anerkannt«[3].

Als Zweck der Arbeitsgemeinschaft hatten die Unternehmerverbände und Gewerkschaften »die gemeinsame Lösung aller die Industrie und das Gewerbe Deutschlands berührenden wirtschaftlichen und sozialen Fragen sowie aller sie betreffenden Gesetzgebungs- und Verwaltungsangele-

---

1 Vgl. Aufruf des Rates der Volksbeauftragten an das deutsche Volk, 12. 11. 1918, abgedruckt in: Die Regierung der Volksbeauftragten 1918/19, eingel. v. E. Matthias, bearb. v. S. Miller unter Mitwirkung v. H. Potthoff, Düsseldorf 1969, Teil I, Dok. 9, S. 37 f. Zu den Koalitionsbeschränkungen vgl. K. Schönhoven: Die Gewerkschaften als Massenbewegung im Wilhelminischen Kaiserreich 1890–1918, in: Tenfelde u. a.: Geschichte der deutschen Gewerkschaften, S. 207 f.; Huber, Verfassungsgeschichte, Bd. IV, S. 1226 u. 1232 f. Zur Aufhebung der Beschränkungen vgl. Neumann, Koalitionsfreiheit, S. 7 f.; Huber, Verfassungsgeschichte, Bd. VI, S. 1114 ff.
2 Vgl. Die Verfassung des Deutschen Reiches, vom 11. 8. 1919, in Auszügen abgedruckt in: Kollektives Arbeitsrecht, Bd. 1, S. 201–205, S. 203.
3 Vgl. ebenda, S. 181; Feldman, Origins, S. 85; Feldman/Steinisch: Industrie und Gewerkschaften, S. 135 ff.

genheiten« vereinbart[4]. Dies bedeutete eine wesentliche Erweiterung des gewerkschaftlichen Tätigkeitsfeldes vom sozialpolitischen Bereich in den wirtschaftspolitischen Sektor.

Die Vereinbarungen der Zentralarbeitsgemeinschaft fanden ihren Niederschlag in der Weimarer Verfassung. Der Artikel 165 der Verfassung ermöglichte den Gewerkschaften umfassende Mitbestimmungsmöglichkeiten: »Die Arbeiter und Angestellten sind dazu berufen, gleichberechtigt in Gemeinschaft mit den Unternehmern an der Regelung der Lohn- und Arbeitsbedingungen sowie an der gesamten wirtschaftlichen Entwicklung der produktiven Kräfte mitzuwirken. Die beiderseitigen Organisationen und ihre Vereinbarungen werden anerkannt.«[5]

Der Artikel 165 schuf gleichzeitig die Grundlage zum Aufbau von Betriebsräten sowie Bezirkswirtschaftsräten und einem Reichswirtschaftsrat. Über die per Gesetz vom 4. Februar 1920 errichteten Betriebsräte[6] und das ab Mai 1920 bestehende Provisorium des »Vorläufigen Reichswirtschaftsrates« ist der Aufbau eines »Rätesystems« bzw. »Wirtschaftsparlaments« nicht hinausgekommen.

Der Vorläufige Reichswirtschaftsrat setzte sich aus drei Abteilungen zusammen, die der Arbeitgeber (Abteilung I), der Arbeitnehmer (Abt. II) und die der Verbraucher, Selbständigen, Beamten und Sachverständigen (Abt. III). Er konnte von Anfang an nur begrenzt Einfluß auf die staatliche Politik nehmen. Seine Tätigkeit beschränkte sich auf die Ausfertigung von Gutachten. Er besaß allerdings auch ein Gesetzesinitiativrecht. Dies wurde ihm jedoch infolge von Sparmaßnahmen ab 1924 genommen. Die gesamte Arbeit des Reichswirtschaftsrates wurde nun auf die drei Hauptausschüsse Wirtschafts-, Finanz- und Sozialpolitik begrenzt[7]. Auch die Zentralarbeitsgemeinschaft hatte die besonders von Gewerkschaftsseite an sie geknüpften Erwartungen nicht erfüllt. Mit dem Austritt des ADGB im Januar 1924 war ihre Existenz faktisch beendet[8].

---

4 § 1 der ZAG-Satzung vom Dezember 1918, zit. n. Cbl., 28. Jg., Nr. 49, 7. 12. 1918, S. 464.
5 Zit. nach Kollektives Arbeitsrecht, Bd. I, S. 204.
6 Zu Betriebsräten und Betriebsrätegesetz vgl. z.B. Potthoff, Betriebsräte und Gewerkschaften; ders., Gewerkschaften (1979), S. 141ff.; Schneider, Höhen, S. 303f. Zum Verhältnis Gewerkschaften – Betriebsräte vgl. unten Teil 1, IV. 4.
7 Zum Vorläufigen Reichswirtschaftsrat (VRWR) vgl. Winkler, Revolution, S. 237f.; Potthoff, Gewerkschaften (1987), S. 175ff.; Preller, Sozialpolitik, S. 251f. u. S. 324f.; Böhret, Institutionalisierte Einflußwege, S. 221, sowie H. Hauschild, Reichswirtschaftsrat, in: Internationales Handwörterbuch, Bd. 2, S. 1319ff. Trotz des beschränkten Einflusses des VRWR maßen die Gewerkschaften ihm eine große Wichtigkeit bei. Vgl. z.B. Th. Leipart: Gewerkschaften und Reichswirtschaftsrat, in: Die Arbeit 1 (1924), S. 193–200; vgl. auch Euchner/Stockhausen: SPD, Gewerkschaften und Reichswirtschaftsrat, in: Solidargemeinschaft, S. 61ff.
8 Zur Entwicklung und Bedeutung der ZAG vgl. unten Teil 2, III. 2.

Die wirtschaftspolitische Betätigung und die allgemeine gesellschaftliche Mitverantwortung der Gewerkschaften beschränkte sich jedoch nicht auf die Zentralarbeitsgemeinschaft und den Reichswirtschaftsrat. Die Gewerkschaften waren auch in Körperschaften wie dem Reichskohlen- und Reichskalirat vertreten, die als Folge der »Sozialisierung«, bzw. dessen, was davon übrig blieb, geschaffen wurden. In die Verwaltungsbeiräte staatlicher »Wirtschafts- und Verwaltungskörperschaften« wie der Reichsbahn, Reichspost und der Reichsbank waren ebenfalls Gewerkschaftsvertreter delegiert[9]. Auch durch den Aufbau gewerkschaftlicher Eigenunternehmen wie der »Bank der Arbeiter, Angestellten und Beamten AG«, kurz »Arbeiterbank«, der gewerkschaftlichen Wohnungsfürsorgegesellschaft »Dewog«, beide 1923 gegründet, und anderer »gemeinwirtschaftlicher« Betriebe erweiterte sich das gewerkschaftliche Tätigkeitsfeld in den wirtschaftlichen Sektor hinein[10].

In den Organen der Sozialversicherung hatten die Gewerkschaften – auch dies verfassungsmäßig garantiert (Art. 161 WRV) – Sitz und Stimme. Die mit dem »Gesetz über Arbeitsvermittlung und Arbeitslosenversicherung« (AVAVG, Oktober 1927) geschaffenen Einrichtungen der »Reichsanstalt«, der Landes- und der lokalen Arbeitsämter wurden in Drittelparität von Vertretern der Unternehmer, der Kommunen und Länder und der Gewerkschaften selbstverwaltet[11]. Ebenso waren die Gewerkschaften neben den Unternehmerverbänden in der Arbeitsgerichtsbarkeit (Gesetz vom 23. 12. 1926) als Prozeßbevollmächtigte und als Beisitzer in allen drei Instanzen vertreten[12].

Die Gewerkschaften verließen »den gesicherten Boden ihres anerkannten Tätigkeitsfeldes« nicht nur, indem sie sich verstärkt mit Wirtschaftspolitik beschäftigten; auch mit ihrem Engagement in der Innen- und Außenpolitik, ihrem »eigenständigen Auftreten in der allgemeinen Staatspolitik«[13], betraten sie Neuland.

Traten die Gewerkschaften beim »Kapp-Putsch« (1920) oder in der »Republikschutzkampagne« (1922)[14] als Schützerinnen der Republik nach innen auf, so reihten sie sich bei Bedrohungen der nationalen Souveräni-

---

9 Vgl. Winkler, Revolution, S. 194f.; Neumann, Koalitionsfreiheit, S. 63; Wirtschaftsdemokratie, S. 38ff. und S. 188ff.
10 Vgl. ebenda, S. 88ff.
11 Vgl. Preller, Sozialpolitik, S. 374ff.; Wirtschaftsdemokratie, S. 148ff.; Neumann, Koalitionsfreiheit, S. 62.
12 Vgl. RGBl I, 1926, Nr. 68, S. 507; Neumann, Koalitionsfreiheit, S. 63.
13 Vgl. Potthoff, Gewerkschaften (1979), S. 450.
14 Zum Generalstreik gegen den Kapp-Putsch vgl. Potthoff, Gewerkschaften (1979), S. 261ff.; zur Republikschutzkampagne ebenda, S. 306ff.

tät von »außen« in die »nationale Einheitsfront« ein, so beim »Kampf um Oberschlesien« (1921) oder beim »Ruhrkampf« (1923). Besonders in außenpolitischen Fragen arbeiteten die Gewerkschaften eng mit staatlichen Stellen zusammen. Die staatliche Exekutive ging ihrerseits so weit, dem ADGB in »Krisenzonen«, wie dem besetzten Ruhrgebiet, »staatliche Aufgaben« zu übertragen[15].

Allgemein stellte sich in der Weimarer Republik die Praxis ein, daß die Regierungen bzw. deren leitende Beamte vor einschneidenden Maßnahmen sowohl die Gewerkschaften als auch die Unternehmerverbände zur Information und Beratung heranzogen. In welchem Ausmaß dies geschah und welchen Einfluß die Gewerkschaften einerseits und die Unternehmerverbände andererseits auf politische Entscheidungen der Regierung nehmen konnten, hing von deren politischen Zusammensetzung und ihrem jeweiligen Verhältnis zu den wirtschaftlichen Interessenorganisationen ab.

1.2 Interessenvertretung auf der Spitzenebene

Mit der Erweiterung des gewerkschaftlichen Aufgabengebietes und der allgemeinen Anerkennung der Gewerkschaften als Interessenvertretung war eine Entwicklung verbunden, die durch eine Institutionalisierung der Interessenpolitik und deren zunehmende Verlagerung auf die Spitzenebene gekennzeichnet war. Hermann Seelbach, ab 1930 Leiter der ADGB-Bundesschule in Bernau, nannte 1932 als Folge des sozialen Systems der Weimarer Republik, »daß alle wichtigen Entscheidungen in kleineren Kommissionen ausgekämpft wurden«[16], und ein anderer Zeitgenosse notierte, der »Klassenkampf« werde mehr und mehr »an Verhandlungstischen und in Beratungszimmern geführt«[17]. Institutionen und Gremien wie die Zentralarbeitsgemeinschaft und der Vorläufige Reichswirtschaftsrat sind Beispiele für die genannte Entwicklung.

Die Zentralarbeitsgemeinschaft wurde im wesentlichen von den Spitzenverbänden im Vorstand der ZAG repräsentiert[18]. Von den Reichsarbeitsgemeinschaften Bergbau, chemische Industrie und Papierindustrie abgesehen, wurde der in der Satzung vorgesehene organisatorische Aufbau

---

15 Vgl. ebenda, S. 446; ders.: Gewerkschaften und Oberschlesienfrage, in: IWK 15 (1979), H. 1, S. 114–119. Zum Ruhrkampf vgl. unten Teil 2, IV. 1.
16 H. Seelbach: Kernfragen der Bildungsarbeit an der Bundesschule Bernau, in: Vierteljahreshefte der Berliner Gewerkschaftsschule, 1932, H. 3/4, S. 75.
17 Vgl. F. Gumpert: Die Bildungsbestrebungen der freien Gewerkschaften, Jena 1923, S. 39.
18 Vgl. Feldman/Steinisch, Industrie und Gewerkschaften, S. 53.

der ZAG nicht in die Realität umgesetzt. Geplant waren die Errichtung von Reichsgemeinschaften geordnet nach Industrie- und Gewerbezweigen sowie die Bildung örtlicher, bezirklicher und fachlicher Gruppen[19].

Auch der Reichswirtschaftsrat bildete nur seine Spitze aus. Seine organisatorische Untergliederung in Bezirkswirtschaftsräte wurde nie durchgeführt. Der Schwerpunkt seiner Arbeit lag nicht in der etwa 320 Mitglieder umfassenden Generalversammlung, sondern in den Ausschüssen[20].

Die im Ersten Weltkrieg beginnende und sich in der Weimarer Republik unter gewandelten Bedingungen fortsetzende, staatliche Intervention in die Konflikte zwischen Kapital und Arbeit ist ein weiterer Aspekt der institutionalisierten Konfliktlösung. Durch die in den Weimarer Jahren zunehmende Tendenz des Staates, in die Lohn- und Tarifauseinandersetzungen mittels der staatlichen Schlichtung einzugreifen, mußten allgemeingewerkschaftliche Interessen in diesem Bereich auch gegenüber dem Staat, besonders dem Reichsarbeitsministerium, vertreten werden. Die Frage der Schlichtung war ja nicht nur ein Problem einzelner Gewerkschaftsorganisationen, sondern ein Punkt, mit dem sich die gesamte Gewerkschaftsbewegung auseinanderzusetzen hatte und die die wesentliche Frage des Verhältnisses zwischen Gewerkschaften und Staat berührte[21]. Die staatliche Exekutive spielte – nicht nur in Schlichtungsfragen – als Ansprech- und Verhandlungspartner für die Gewerkschaften und für die Unternehmerverbände in der Weimarer Republik eine herausragende Rolle[22]. Demgegenüber besaß in der Gesamtschau der Weimarer Jahre die parlamentarische Vermittlung gewerkschaftlicher Forderungen geringeres Gewicht. Feldman hat diesen »korporativen Pluralismus« als eine langfristige Konsequenz des Ersten Weltkrieges bezeichnet[23].

Wie sich Organisationsaufbau und Bürokratie des ADGB auf dem Hintergrund dieser Ausgangslage entwickelten, soll in den folgenden Kapiteln beschrieben werden.

---

19 Satzung der ZAG ebenda, S. 137ff.
20 Vgl. die in Anm. 7 angegebene Literatur.
21 Zum Komplex staatliche Schlichtung vgl. ausführlicher unten Teil 2, III. 1.
22 Zur Bedeutung der Exekutive als Adressat gewerkschaftlicher Politik vgl. Potthoff, Gewerkschaften (1987), S. 245ff.; Stein, Teilnahme der Gewerkschaften, S. 9ff.
23 G.D. Feldman: Der deutsche Organisierte Kapitalismus während der Kriegs- und Inflationsjahre 1914–1923, in: Organisierter Kapitalismus, S. 150–171, bes. S. 166.

2. Gründung des ADGB und seine Aufgaben

In den freien Gewerkschaften war die Schaffung eines Gewerkschaftsbundes unter den ab 1918/19 gewandelten Bedingungen weitgehend unumstritten. Frühere Bestrebungen, die lockere Form der Generalkommission in einen mit festen Statuten ausgestatteten Bund umzuwandeln, waren angesichts vereinsrechtlicher Beschränkungen, aber auch wegen der Autonomieansprüche der Einzelgewerkschaften gescheitert[24]. Die »neuen Aufgaben« der Gewerkschaften in der Weimarer Republik konnten jedoch, so der spätere Redakteur der »Gewerkschafts-Zeitung«, Richard Seidel 1925, nicht von einzelnen Berufs- und Industrieverbänden erfüllt werden, »sondern nur von einer umfassenden Verbindung«[25]. Mit großer Mehrheit beschloß der zehnte Kongreß der freien Gewerkschaften in Nürnberg am 5. Juli 1919 die Gründung des »Allgemeinen Deutschen Gewerkschaftsbundes« (ADGB)[26]. Theodor Leipart, der den Antrag auf Gründung des Bundes erläuterte, stellte fest, daß sich »an den seitherigen Regeln für das Zusammenwirken der Verbände« im großen und ganzen nichts ändern werde. Die Selbständigkeit der Verbände bleibe bestehen, eigentlich werde nur der Name geändert[27].

In der Tat unterschieden sich die ADGB-Satzungen von 1919 in der Zweckbestimmung des Bundes nur unwesentlich von dem auf dem Münchner Kongreß 1914 verabschiedeten »Regulativ für das Zusammenwirken der Gewerkschaften Deutschlands«. Der Zweck des Bundes war ein »ständiges Zusammenwirken der gewerkschaftlichen Zentralverbände zur Vertretung der gemeinsamen Interessen der gewerkschaftlich organisierten Arbeiter und Arbeiterinnen Deutschland«. Dieser Zweck sollte erreicht werden durch:

»a) die Förderung der gewerkschaftlichen Agitation, durch Sammlung und Verwertung sozialpolitischer Materialien, Aufnahme allgemeiner gewerkschaftlicher Statistiken, Herausgabe von Publikations- und Agitationsschriften;
b) Die Förderung und Wahrung des Arbeiterschutzes, Unterhaltung von Beratungs-

---

24 Bereits auf den Kongressen von 1896 und 1899 waren Anträge zur Gründung eines Gewerkschaftsbundes gestellt worden, vgl. Barthel, Handbuch 1916, S. 327f. und S. 335.
25 Vgl. Seidel, Gewerkschaften (1925), S. 145. Vgl. auch Briefs: Gewerkschaftswesen, S. 1139.
26 Von 636 Delegierten stimmten ca. 70 dagegen, vgl. Protokoll Nürnberg, 1919, S. 523. Zur Gründung des ADGB vgl. Potthoff, Gewerkschaften (1987), S. 26f.; Nestriepke, Gewerkschaftsbewegung, Bd. 2, S. 123f. Neben dem ADGB bestanden als zwei weitere »Säulen« der freien Gewerkschaftsbewegung der im November 1920 gegründete Dachverband der Angestelltenverbände, AfA-Bund, und der im Juni 1922 gegründete »Allgemeine Deutsche Beamtenbund« (ADB) als Dachorganisation der freien Beamtenverbände. Vgl. Potthoff, Gewerkschaften (1987), S. 25ff.
27 Vgl. Protokoll Nürnberg, 1919, S. 504.

und Vertretungsstellen in Rechtsstreitigkeiten, Durchführung von Wahlen für die sozialpolitischen Arbeitervertretungen;
c) die Veranstaltung gewerkschaftlicher Unterrichtskurse;
d) die Abgrenzung der Organisations- und Agitationsgebiete der Gewerkschaften und die Entscheidung über Grenzstreitigkeiten;
e) die gegenseitige Unterstützung der Gewerkschaften in der Durchführung außerordentlicher Kämpfe;
f) die Pflege internationaler Beziehungen zu den Gewerkschaften anderer Länder.«[28]

Leipart betonte jedoch auch, daß der ADGB »in Zukunft doch etwas anderes sein wird. An Stelle der bisherigen losen Verbindung soll jetzt ein dauerndes ständiges Zusammenarbeiten in einem geschlossenen Bund treten. Dadurch wird die Macht und der Einfluß der deutschen Gewerkschaften noch mehr in die Erscheinung treten. Diese Stärkung soll auch der Zweck der Änderung sein«[29].

Das »Correspondenzblatt«, Organ des ADGB, prognostizierte am 26. Juli 1919 in einem Artikel zum Kongreß, daß der Bundesvorstand und der Bundesausschuß »in der Zukunft eine größere Machtentfaltung des gewerkschaftlichen Centralisationsgedankens bedeuten [werden], als bisher die Generalkommission und die Konferenz der Verbandsvorstände«[30].

In einer Zeit, in der sich gewerkschaftliche Politik auf »gewerkschaftsfremde« Bereiche ausdehnte und dementsprechend die Außenvertretung der freien Gewerkschaftsbewegung eine wichtigere Rolle einnahm, nahm die Bedeutung des Spitzenverbandes zu. Hermann Schlimme, ab 1923 Sekretär beim Bundesvorstand, stellte in einem Aufsatz 1927 fest, daß die Gründung des ADGB eben nicht »lediglich eine Titeländerung«, sondern vielmehr »die Sichtbarmachung des veränderten Wesens der Gewerkschaften« gewesen sei. Eine Fülle neuer Aufgaben, vor allem wirtschaftspolitische, mußten »nun einer gewerkschaftlichen Gesamtvertretung übertragen werden«[31]. Nach der Einschätzung von Salomon Schwarz, dem Verfasser des ADGB-offiziellen Handbuchs der Gewerkschaftskongresse, war die »starke Betonung des föderalistischen Charakters des Bundes [...] viel mehr für die Tradition der deutschen Gewerk-

---

28 § 1 der ADGB-Satzung in der Fassung von 1919, vgl. Protokoll Nürnberg, 1919, S. 64. Vgl. auch Schwarz, Handbuch, S. 17f.; zum Regulativ von 1914 vgl. Barthel, Handbuch 1916, S. 352ff.
29 Vgl. Protokoll Nürnberg, 1919, S. 504.
30 Cbl., Jg. 29, Nr. 30, 26. 7. 1919, S. 338.
31 Vgl. H. Schlimme: Mittel und Wege zur gewerkschaftlichen Machtentfaltung, in: Die Arbeit 4 (1927), S. 509–524, Zitat: S. 522. Auch Fritz Tarnow betonte, daß der ADGB keineswegs nur eine »neue Firmenbezeichnung« für die alte Generalkommission sei, vgl. F. Tarnow: Das Organisationsproblem im ADGB, Berlin 1925, zit. n. Seidel, Die Gewerkschaften (1925), S. 147.

schaftsbewegung als für die tatsächliche Entwicklung des Bundes charakteristisch«. Diese habe sich »vielmehr in der Richtung einer wachsenden Erweiterung der Bundesaufgaben und einer allmählichen Stärkung der Bundesgewalt« vollzogen[32].

Die in der ADGB-Satzung von 1919 festgelegten Kompetenzen der Führungsgremien des Bundes und die in den 1920er Jahren vorgenommenen Satzungsänderungen dokumentieren den Bedeutungs- und Machtzuwachs des Spitzenverbandes[33].

3. Organistorischer Aufbau des ADGB

3.1 Der Bundesvorstand

Die Exekutive des ADGB war der Bundesvorstand. Er bestand aus sieben hauptamtlichen, besoldeten Mitgliedern und acht unbesoldeten Beisitzern, wurde vom Kongreß gewählt und war diesem gegenüber verantwortlich. Im allgemeinen tagte er wöchentlich.

Nach der Satzung von 1919 hatte der Bundesvorstand die Aufgaben des Bundes wahrzunehmen, den Kongreß und die Bundesausschußsitzungen vorzubereiten und einzuberufen und für die Durchführung der Beschlüsse des Kongresses und des Ausschusses zu sorgen[34]. Der dem Bundesvorstand per Satzung eingeräumte Handlungsspielraum war von Anfang an groß und wurde durch spätere Satzungsänderungen noch erweitert. So mußte der Bundesvorstand beispielsweise »wichtige Beschlüsse« vor ihrer Durchführung zwar den Zentralvorständen zur Begutachtung vorlegen oder in einer Bundesausschußsitzung zur Diskussion stellen (§ 19 ADGB-Satzung); was als »wichtiger Beschluß« einzuordnen war, lag jedoch im Ermessen des Bundesvorstandes.

Der Leipziger Kongreß von 1922 beauftragte den Bundesvorstand, neben der sozialpolitischen Abteilung eine wirtschaftspolitische Abteilung einzurichten (§ 18h ADGB-Satzung). Der Breslauer Kongreß 1925 erweiterte das Aufgabengebiet der Rechtsabteilung des Vorstandes von der Rechtsberatung und Vertretung in Versicherungsstreitfällen (beim Reichsversicherungsamt etc.) auf das Feld des Arbeitsrechtes (Überwa-

---

32 Vgl. Schwarz, Handbuch, S. 38.
33 Zur ADGB-Satzung und ihren jeweiligen Änderungen vgl. den Anhang zu Potthoff, Gewerkschaften (1987) sowie Schwarz, Handbuch, S. 9ff.
34 Zu den Aufgaben des Bundesvorstandes vgl. ebenda, S. 29ff.

chung der Durchführung arbeitsrechtlicher Gesetze, Information über arbeitsrechtliche Judikatur und Literatur etc., § 18e ADGB-Satzung)[35].

Waren diese Änderungen eigentlich nur eine Reaktion auf die reale Entwicklung – stärkeres wirtschaftspolitisches Engagement der Gewerkschaften, Entwicklung des Arbeitsrechts – so erhielt der Bundesvorstand durch vage Formulierungen einen Handlungsspielraum, wie er in dieser Form zuvor in den Satzungen nicht enthalten war. Er sollte nämlich in sozial- und wirtschaftspolitischen Fragen »unmittelbar die Arbeiterinteressen« wahrnehmen sowie »die Entwicklung des Arbeitsrechts fortschrittlich« beeinflussen[36]. Damit wurde, so Schwarz, »der vorwiegend aktive, weniger der archivarische Charakter der Tätigkeit« der Abteilungen beim Vorstand des ADGB betont[37].

Die sonst ihre Autonomie so sorgsam hegenden Einzelgewerkschaften problematisierten diesen Machtzuwachs der Dachorganisation, insbesondere des Vorstandes, offenbar nicht. Jedenfalls gab es über diese Satzungsänderungen im Bundesausschuß und auf dem Kongreß laut Protokoll keinerlei Dissens[38].

Auch in das Gebiet der Lohn- und Tarifpolitik – laut Satzung »eigene Aufgabe jeder Gewerkschaft« (§ 38 ADGB-Satzung) – erweiterte sich der Auftrag an den Bundesvorstand in bisher nicht gekanntem Maße[39].

3.2 Der Bundesausschuß

Der Bundesausschuß war das Kontrollgremium des Bundesvorstandes. Er hatte dessen Tätigkeit zu überwachen und »die zur Durchführung von Beschlüssen der Gewerkschaftskongresse erforderlichen taktischen Maßnahmen zu beschließen«. Weitere Aufgaben waren: Entscheidung über Anstellung von Beamten und deren Wahl, gegebenenfalls Durchführung von Ersatzwahlen für den Bundesvorstand. Außerdem lag die Finanzhoheit des ADGB beim Ausschuß. Er setzte die Höhe der Gehälter etc. fest (§ 24 ADGB-Satzung)[40].

Der Bundesausschuß tagte nach Bedarf, mindestes jedoch halbjährlich. In den Jahren 1919 bis 1933 trat er zwischen drei- und achtmal pro Jahr zusammen. Nach dem ADGB-Statut von 1919 war im Bundesausschuß

---

35 Zu diesen Satzungsänderungen vgl. ebenda, S. 30ff.
36 § 18h und e der ADGB-Satzung. Vgl. Potthoff, Gewerkschaften (1987), S. 31f. und S. 324f. sowie Schwarz, Handbuch, S. 30f.
37 Vgl. ebenda, S. 33.
38 Vgl. Ruck, Quellen II, Dok. 57 (BA-Sitzung vom 28./29. 3. 1922); Protokoll Leipzig, 1922, S. 582.
39 Vgl. dazu dieses Kapitel unten II. 5.
40 Zu den Aufgaben des Bundesausschusses vgl. Schwarz, Handbuch, S. 34ff.

nur je ein Vorstandsmitglied (meist der Vorsitzende) der Einzelgewerkschaften vertreten. Ab 1922 wurde den großen Verbänden, deren Mitgliederzahl 500000 überschritt, ein weiterer Vertreter zugestanden. Von 1928 an konnten Gewerkschaften mit mehr als 300000 Mitgliedern zwei Delegierte, mit mehr als 600000 Mitgliedern drei und für je 300000 weitere Mitglieder einen weiteren Vertreter zu den Bundesausschußsitzungen entsenden (§ 20 ADGB-Satzung)[41]. 1919 waren so 52 Vertreter der Mitgliedsgewerkschaften im Ausschuß vertreten, ab 1922 stieg diese Zahl bei 49 Mitgliedsgewerkschaften auf 55 an, um im Zuge der Fusionierung mehrerer Mitgliedsgewerkschaften wieder abzusinken. 1931 setzte sich der Ausschuß bei 31 Verbänden aus 38 Verbandsvertretern zusammen[42].

An den Sitzungen des Bundesausschusses nahmen neben Vertretern befreundeter Organisationen auch die Angestellten des Bundesbüros und die Mitglieder des Bundesvorstandes teil. Stimmberechtigt waren jedoch nur die Ausschußmitglieder. Darin unterschied sich die ADGB-Satzung von den früheren Regelungen, nach denen die Mitglieder der Generalkommission in den Vorständekonferenzen stimmberechtigt waren. Durch diese Bestimmung wurde die Einflußnahme des Bundesvorstandes formal stärker begrenzt, als dies bei der Generalkommission der Fall war. Dennoch konnte er, wie zu zeigen sein wird, die Gewerkschaftspolitik weit mehr bestimmen als seine Vorgängerin.

Besonders wichtig für das Verhältnis zwischen Einzelgewerkschaften und Gewerkschaftsbund war der § 23 des ADGB-Statuts, der den Abstimmungsmodus im Bundesausschuß festlegte. Danach sollten bindende Beschlüsse »nur mit Einstimmigkeit gefaßt werden, mit Stimmenmehrheit nur dann, wenn der Beschluß nicht in das Selbstbestimmungsrecht oder die statutarischen Einrichtungen der einzelnen Gewerkschaften eingreift und wenn der Beratungsgegenstand rechtzeitig vorher den Zentralvorständen mitgeteilt war«. Mehrheitsbeschlüsse sollten bindende Kraft erhalten, wenn nicht innerhalb von vier Wochen von einem Zentralvorstand Einspruch erhoben wurde und wenn sie in einer wiederholten Abstimmung mit Stimmenmehrheit angenommen wurden[43].

Leipart betonte auf dem Nürnberger Kongreß zwar, daß »innerhalb unseres Bundes niemand vergewaltigt oder überstimmt werden soll« und daß »einträchtige Verständigung« der »Leitstern« sein solle; es sei jedoch nicht zuzulassen, »daß ein einziger Verband durch seinen Widerspruch

---
41 Vgl. ebenda, S. 34.
42 Zur Zahl der ADGB-Verbände vgl. dieses Kapitel unten II. 5.
43 Vgl. Schwarz, Handbuch, S. 34.

die Arbeit lahmlegt«. Deshalb seien Mehrheitsbeschlüsse notwendig[44]. Dieses Verfahren wurde in der Zukunft immer häufiger genutzt – gerade in Fällen von grundlegender Bedeutung, z. B. dem »Ruhrkampf« oder der gewerkschaftlichen Bildungspolitik[45].

3.3 Der Gewerkschaftskongreß

Der Kongreß, das höchste Bundesgremium, tagte in dreijährigem Turnus (§ 30 ADGB-Satzung). Außerordentliche Kongresse konnten per Beschluß des Ausschusses oder auf Antrag der Hälfte der Mitgliedsverbände abgehalten werden (§ 31 ADGB-Satzung).

In der Zeit der Weimarer Republik tagten die im ADGB zusammengeschlossenen Gewerkschaften auf insgesamt fünf ordentlichen Kongressen (vgl. Tabelle 6). Am 13. April 1932 wurde in Berlin außerdem ein außerordentlicher Kongreß, der sogenannte »Krisenkongreß« einberufen.

Tabelle 6

ADGB-Kongresse 1919 bis 1933

Zeitpunkt	Ort	Delegierte	vertretene Mitglieder
30. 6.– 5. 7. 1919	Nürnberg	636	4,86 Mio.
19. 6.–24. 6. 1922	Leipzig	690	7,57 Mio.
31. 8.– 4. 9. 1925	Breslau	313	4,55 Mio.
3. 9.– 7. 9. 1928	Hamburg	282	4,07 Mio.
31. 8.– 4. 9. 1931	Frankfurt/M.	307	4,74 Mio.

Quellen: Protokolle der Kongresse 1919–1931.

Die dem Bund angeschlossenen Verbände entsandten für je 10000 ihrer Mitglieder (ab 1922 15000) je einen Delegierten. Einen weiteren Delegierten bekamen jene Verbände zugestanden, die eine »überschüssige Mitgliederzahl« von mindestens 5000 hatten. Die Art der Delegiertenwahl war den Verbänden überlassen[46].

Jede angeschlossene Gewerkschaft sowie ihre Bezirks- und Ortsverwaltungen konnten Anträge an den Kongreß stellen. Über die Antragsberechtigung des Bundesvorstandes, dessen Mitglieder, sofern sie nicht

---

[44] Vgl. Protokoll Nürnberg, 1919, S. 506f.
[45] Vgl. Schwarz, Handbuch, S. 38ff. Zum »Ruhrkampf« vgl. unten Teil 2, IV. 1. Zur Bildungspolitik vgl. unten Teil 1, III. 2.
[46] Vgl. Schwarz, Handbuch, S. 42f. Vgl. auch unten Teil 1, IV. 3.

gleichzeitig Delegierte waren, auf dem Kongreß nicht stimmberechtigt waren, und des Bundesausschusses sagen die Satzungen nichts aus[47]. Tatsächlich waren jedoch die grundlegenden Entschließungen der Kongresse in ihrer Mehrheit durch Anträge des Bundesvorstandes und des Bundesausschusses initiiert[48]. Auch die Lokalorganisationen des ADGB, die Ortsausschüsse, brachten zumindest bis zum Leipziger Kongreß Anträge ein[49]. Seit dem Breslauer Kongreß sind in den Protokollen allerdings keine Anträge von Ortsausschüssen mehr vermerkt.

Die Geschäftsordnungen der Kongresse bestimmten lediglich, daß Anträge schriftlich eingereicht und von mindestens 50 Delegierten (bzw. 20 Delegierten auf dem Nürnberger Kongreß) unterstützt werden mußten, um zur Verhandlung zu kommen. Seit dem Hamburger Kongreß wurde zusätzlich festgelegt, daß nur noch die unterstützten Anträge in das gedruckte Protokoll aufgenommen wurden[50].

Der Kongreß beschloß mit einfacher Mehrheit; wenn mindestens 50 (ab 1922: 100) Delegierte es beantragten, wurden die Stimmen entsprechend der von den Delegierten vertretenen Mitgliederzahl ausgezählt[51].

3.4 Die Ortsausschüsse

Lokale Zusammenschlüsse der Gewerkschaftsverbände existierten seit der Zeit des Sozialistengeetzes. Mit der Gründung des ADGB wurden diese rechtlich selbständigen Ortskartelle in lokale Gliederungen der Dachorganisation, nun Ortsausschüsse genannt, umgewandelt[52].

Diese Umwandlung entsprach der stärkeren Zentralisierung der freien Gewerkschaftsbewegung nach dem Ersten Weltkrieg. Durch die Satzungen des ADGB und durch die vom Bundesvorstand ausgearbeiteten Musterstatuten für Ortsausschüsse wurden die Aufgaben und Kompetenzen der Ortsausschüsse klar abgegrenzt[53].

---

47 Vgl. § 34 ADGB-Satzung, ebenda, S. 42.
48 Vgl. dazu unten Teil 1, IV. 3.
49 Vgl. z.B. Protokoll Leipzig, 1922, S. 39 u. 45.
50 Zur Geschäftsordnung der Kongresse s. Schwarz, Handbuch, S. 221ff.
51 Satzungsbestimmungen zum Kongreß vgl. Potthoff, Gewerkschaften (1987), S. 328f.; Schwarz, Handbuch, S. 41ff. Zur Antragskommission und Mandatsprüfungskommission der Kongresse vgl. ebenda, S. 110 u. S. 264ff.
52 Zu den Ortsausschüssen (OA) vgl. P. Umbreit: Ortskartelle (Freie Gewerkschaften), in: Internationales Handwörterbuch, Bd. 2, S. 1215f.; Bergmann/Schleiter/Wickel: Handbuch der Arbeit III, S. 57ff. Statistische Angaben zu den OAen s. die Statistischen Beilagen des Kbl. bzw. ab 1922 die Jbb. des ADGB.
53 Vgl. Schwarz, Handbuch, S. 67ff.; zu den Musterstatuten von 1919 vgl. Cbl., 29. Jg., Nr. 52, 27. 12. 1919, S. 606ff.

Waren in den früheren Kartellen durchaus auch Gewerkschaftsorganisationen vertreten, die sich nicht zur Generalkommission bekannten (z. B. die »lokalistischen« Vereine), so durften nunmehr ausschließlich Zweigstellen der ADGB-Mitgliedsverbände den Ortsausschüssen angehören[54].

Tabelle 7

Ortsausschüsse des ADGB 1919 bis 1931

Jahr	Anzahl	Jahr	Anzahl	Jahr	Anzahl
1919	920	1924	1011	1928	1269
1920	1138	1925	1067	1929	1280
1921	1314	1926	1295	1930	1288
1922	1403	1927	1285	1931	1295

Quelle: Jb. ADGB, 1931, S. 210; für die Jahre 1923, 1932 und 1933 liegen keine Zahlen vor.

Aufgabe der Ortsausschüsse war es, im Einvernehmen mit dem Bundesvorstand »die gemeinsamen gewerkschaftlichen Interessen aller Gewerkschaftsmitglieder in seinem Wirkungsbereich zu vertreten und die örtlichen Aufgaben der Gewerkschaften« zu fördern. Zu diesem Zweck sollten die Ortsausschüsse sich den folgenden Aufgaben widmen: Aufklärung der Arbeiter durch Agitation und Versammlungen, Förderung des Bildungswesens, Regelung des Herbergswesens, Kontrolle des Vergnügungswesens, Sicherung von Versammlungslokalen für Veranstaltungen der Arbeiterschaft, Rechtsauskunft und Vorbereitung der Wahlen von Arbeitervertretern in Schlichtungsausschüssen, Handwerkskammern, Gewerbegerichten und Institutionen der Sozialversicherung[55]. Ausdrücklich untersagt war es den Ortsausschüssen, in Lohnbewegungen einzugreifen oder gar Streiks selbst zu beschließen. Auch Geldsammlungen für Streiks oder Aussperrungen durften sie nur mit Zustimmung der ADGB-Führung durchführen[56]. In der Realität kamen allerdings immer wieder Fälle vor, in denen Ortsausschüsse lokale, von den Verbandsvorständen nicht unterstützte Streiks mittrugen oder solche selbst organisierten[57].

54 Vgl. Musterstatut 1919, I. § 1, in: Cbl., 29. Jg., Nr. 52, 27. 12. 1919, S. 606. Zu »Lokalismus« vgl. D.H. Müller: Versammlungsdemokratie und Arbeiterdelegierte in der deutschen Gewerkschaftsbewegung vor 1918. Ein Beitrag zur Geschichte des Lokalismus, des Syndikalismus und der entstehenden Rätebewegung, Berlin 1984.
55 Musterstatut 1919, I. § 2., vgl. Cbl., 29. Jg., Nr. 52, 27. 12. 1919, S. 606f.
56 §§ 71 u. 72 der ADGB-Satzung, in der Fassung nach dem Breslauer Kongreß 1925, vgl. Schwarz, Handbuch, S. 69.
57 Vgl. u.a. Ruck, Quellen II, Dok. 42, bes. Anm. 62; Potthoff, Gewerkschaften (1987), S. 60. Vgl. auch unten Teil 1, IV. 4.

Der Bundesvorstand versuchte, die lokalen Gliederungen einer schärferen Kontrolle zu unterziehen: durch die Schaffung der Bezirkssekretariate ab 1922 (vgl. den folgenden Abschnitt), durch die vom Breslauer Kongreß beschlossenen Satzungsänderungen und die Neufassung der Musterstatuten vom Dezember 1925.

Unter dem Abschnitt »XIII. Ortsausschüsse« der Bundessatzung wurde nunmehr festgelegt, daß sich jeder Ortsausschuß eine Satzung zu geben hatte, »die in allen grundsätzlichen Teilen« der Mustersatzung entsprechen mußte. Die Geschäftsführung der Ortsausschüsse mußte sich »in Übereinstimmung mit der Bundessatzung, den geltenden Kongreßbeschlüssen und den Anweisungen des Bundesvorstandes halten«. Ortsausschüsse, die dagegen verstießen, konnten vom Bundesvorstand aufgelöst werden[58]. Im Unterschied zur Fassung von 1919 bestimmte die Mustersatzung von 1925 im § 7, daß der gewählte Vorstand des Ortsausschusses durch den Bundesvorstand bestätigt werden mußte[59].

Auch in einem anderen Bereich wurden die Kompetenzen der Ortsausschüsse eingeengt. War die Gründung von örtlichen Einrichtungen wie Gewerkschaftshäusern zunächst »Sache der örtlichen Instanzen« gewesen, so mußten die Ortsausschüsse ab 1925 die Zustimmung des Bezirkssekretariats einholen, bevor neue Projekte in Angriff genommen werden konnten. Denn oft sei, so der Sekretär im Bundesbüro, Ernst Schulze, »der entwickelte Unternehmungsgeist sehr weit über die Grenze des Möglichen« hinausgegangen, die Folgen seien »bittere Klagen über die drückenden finanziellen Lasten« gewesen. 1930 schließlich gründete der Bundesvorstand die »Verwaltungsgesellschaft deutscher Gewerkschaftshäuser«, um Schäden »durch verfehlte Unternehmungen« zu vermeiden. Bei der Errichtung von Gewerkschaftshäusern durfte nunmehr »nur noch die Verwaltungsgesellschaft in Anspruch genommen werden«. Mit dieser Gründung erfuhr, so der Bericht der »Gewerkschafts-Zeitung«, »das zentrale Aufgabengebiet der Gewerkschaften eine bemerkenswerte Erweiterung«[60].

---

58 § 64 ADGB-Satzung, Fassung nach dem Breslauer Kongreß 1925, vgl. Schwarz, Handbuch, S. 67. Vgl. unten Teil 1, IV. 4.
59 Musterstatut, Fassung 1925, vgl. Schwarz, Handbuch, S. 72.
60 Vgl. E. Schulze: Verwaltungsgesellschaft Deutscher Gewerkschaftshäuser A.G., in: GZ, Jg. 41, Nr. 11, 14. 3. 1931, S. 173f.; vgl. auch Jb. ADGB, 1930, S. 278; Jahn, Quellen IV, Dok. 35, S. 130f.; Rundschreiben Nr. 48 des BV v. 31. 3. 1931, in: HiKo NB 82/57.

3.5 Die Bezirksausschüsse

Der Leipziger ADGB-Kongreß 1922 nahm neben den erwähnten Kompetenzerweiterungen für den Bundesvorstand eine weitere Änderung in der ADGB-Satzung vor, die den strafferen Aufbau des Dachverbandes zum Inhalt hatte. Der Kongreß beschloß die Errichtung von ADGB-Bezirksausschüssen.

In Rheinland-Westfalen bestand schon seit 1919 ein Bezirkssekretariat, und in Baden, Bayern, Sachsen, Schlesien und Württemberg existierten sogenannte »Landeskommissionen«[61]. Diese regionalen Gewerkschaftszusammenschlüsse hatten jedoch keine durch die ADGB-Satzung klar definierten Aufgaben.

Die neu zu errichtenden Bezirksausschüsse sollten sämtliche Ortsausschüsse des Bezirks »zu einheitlichem Handeln« zusammenfassen, die Ortsausschüsse bei der gewerkschaftlichen Bildungsarbeit unterstützen, die sozialen Wahlen vorbereiten und durchführen, Material zu wirtschaftlichen und sozialen Fragen des Bezirks sammeln, die Ortsausschüsse in allen gewerkschaftlichen Fragen beraten und deren Geschäftsführung überwachen. Außerdem sollten sie regelmäßig an den Bundesvorstand über alle wichtigen Vorgänge im Bezirk, die für die Gewerkschaftsbewegung von Bedeutung waren, Bericht erstatten und den Bundesvorstand »in der Durchführung seiner satzungsmäßigen Aufgaben« unterstützen[62].

Die Bezirksorganisation wurde von den in den jeweiligen Bezirken vorhandenen Ortsausschüssen gebildet. Ein vom Bundesvorstand gewählter und besoldeter Bezirkssekretär hatte »als Vorsitzender des Bezirksausschusses dessen Geschäfte zu führen«, die übrigen Mitglieder des Ausschusses (vier bis sechs) wurden von Delegierten der Ortsausschüsse auf der Bezirkskonferenz gewählt.

Die wichtigste Funktion der Bezirksorganisation übten nicht die von den Bezirkskonferenzen gewählten Ausschußmitglieder, sondern die vom Bundesvorstand eingesetzten Bezirkssekretäre aus. Sie hatten »in erster Linie« die oben beschriebenen Aufgaben zu erfüllen. Der Bundesvorstand konnte die Bezirkssekretäre zur Berichterstattung und Information regelmäßig zu Konferenzen zusammenrufen[63].

Die Errichtung der Bezirksausschüsse war umstritten. Auf dem Leipziger

---

61 Vgl. Potthoff, Gewerkschaften (1987), S. 36. Zur Gründung des Bezirkssekretariats Rheinland-Westfalen vgl. Cbl., 29. Jg., Nr. 46, 15. 11. 1919, S. 531.
62 Zu den Satzungsbestimmungen über die Bezirksausschüsse vgl. Schwarz, Handbuch, S. 61 ff.
63 Vgl. ebenda, S. 61 f.

Kongreß kritisierte die kommunistische Opposition unter anderem die Art der Wahl der Bezirkssekretäre und den direkten Einfluß des Bundesvorstandes. Der Antrag Jakob Walchers »und Genossen«, daß auch der Bezirkssekretär von den Delegierten der Ortsausschüsse und nicht vom Bundesvorstand gewählt werden sollte, wurde jedoch zusammen mit weiteren Änderungsanträgen Walchers vom Kongreß »mit erdrückender Mehrheit« abgelehnt[64]. Schon vor dem Kongreß hatten einzelne Ortsausschüsse ähnliche Forderungen gestellt[65]. Auch im Bundesausschuß war es bei der Beratung der Vorlage des Bundesvorstandes über die Errichtung der Bezirksausschüsse zu Kontroversen gekommen. Peter Graßmann, stellvertretender ADGB-Vorsitzender, betonte im Ausschuß am 18. August 1921, daß durch diese Änderung »weder neben noch vor die Verbände« irgendein neues Instrument gestellt werden solle[66]. In der folgenden Sitzung im Dezember 1921 lehnten die Vertreter des Bauarbeiterverbandes und des DMV, Fritz Paeplow und Robert Dißmann, die Vorlage jedoch mit der Begründung ab, daß anstatt weiterer Zentralisierung des Bundes der Aufbau von großen Industrieverbänden gefördert werden solle[67].

Ernst Schulze, im Bundesbüro für die Orts- und Bezirksausschüsse verantwortlich, betonte jedoch die Notwendigkeit einer Zwischeninstanz zwischen Bundesvorstand und Ortsausschüssen. Allein wegen deren großer Zahl, etwa 1350, gestalte sich die Kommunikation äußerst schwierig. »Bei dem losen Zusammenhang kann sich der Einfluß des Bundesvorstandes auf die Maßnahmen der Ortsausschüsse nicht in wünschenswerter Weise auswirken. Die Hilflosigkeit und das oft sehr abwegige Verhalten der Ortsausschüsse sind dieser mangelnden Übersicht zuzuschreiben.«[68] Kontrolle und Disziplinierung der Lokalorganisationen waren wesentliche Beweggründe für den Aufbau der Bezirksausschüsse.

Die zunächst 14 Bezirke lehnten sich räumlich an die geplanten Bezirkswirtschaftsräte an. 1928 wurden die Bezirke neu gegliedert. Die nunmehr zwölf Bezirke deckten sich mit den Gebieten der Landesarbeitsämter[69].

---

64 Vgl. ebenda, S. 65; Änderungsanträge Walchers vgl. Protokoll Leipzig, 1922, S. 579ff., bes. S. 581 u. 586.
65 Zur Kritik aus den Reihen der OAe vgl. Ruck, Quellen II, Dok. 50, S. 442.
66 Vgl. Ruck, Quellen II, Dok. 42, S. 378.
67 Vgl. ebenda, Dok. 50, S. 442ff.
68 Vgl. ebenda, S. 441.
69 Zur Entwicklung der Bezirksausschüsse vgl. Potthoff, Gewerkschaften (1987), S. 35f.; Bergmann/Schleiter/Wickel: Handbuch der Arbeit III, S. 64f. sowie die Jbb. des ADGB ab 1922, Kapitel »Innere Verwaltung« bzw. »Aus den Bezirken«.

Tabelle 8

ADGB-Bezirke ab 1928

1.	Stuttgart:	Württemberg, Baden, Pfalz
2.	Nürnberg:	Bayern
3.	Düsseldorf:	Rheinland, Westfalen, beide Lippe u. Birkenfeld[a]
4.	Frankfurt:	Hessen, Hessen-Nassau
5.	Jena[b]:	Thüringen, Provinz Sachsen, Anhalt
6.	Dresden:	Freistaat Sachsen
7.	Berlin:	Berlin, Brandenburg, Grenzmark
8.	Breslau:	Schlesien
9.	Hannover:	Hannover, Braunschweig, Oldenburg, Bremer Gebiet
10.	Hamburg:	Hamburger Gebiet, Lübeck, Oldenburg-Lübeck, Mecklenburg-Schwerin, Schleswig-Holstein
11.	Stettin:	Pommern, Mecklenburg-Strelitz
12.	Königsberg:	Ostpreußen einschließlich Danzig

Quelle: Jb. ADGB, 1928, S. 308f. [a] Ab 1927 wurde das Saargebiet vom Bezirk Düsseldorf mitverwaltet (Jb. ADGB, 1927, S. 273). [b] 1928 wurden die Bezirke Halle und Jena zusammengelegt (Jb. ADGB, 1928, S. 227f.).

4. Entwicklung der Bürokratie

4.1 Spitzenverband

Zum Zeitpunkt der Gründung des ADGB 1919 wurden von der Bundeskasse insgesamt 34 Personen der Bundesverwaltung besoldet. Darin eingeschlossen waren neben den im Bundesbüro angestellten Sekretären und Hilfskräften die sieben hauptamtlichen Vorstandsmitglieder, sieben Angestellte, die im Außendienst als Bezirkssekretär (Heinrich Meyer in Düsseldorf) oder als sogenannte »Arbeitersekretäre« (verantwortlich für Rechtsberatung und Rechtsvertretung) tätig waren, sowie die in der ADGB-Verlagsgesellschaft beschäftigten Personen[70].

Noch vor der Gründung, im Februar 1919, beklagte Leipart die unzureichende Personalausstattung. Es sei eine Blamage, daß die Zentrale so schlecht gestellt sei. Man könne mindestens ein halbes Dutzend Leute zusätzlich gebrauchen, »die genug zu tun hätten«. Auch im Sommer 1922 stellte Leipart noch fest, »daß wir entsetzlich unter Personalmangel zu leiden haben«[71].

Während die Mitgliederzahl der freien Gewerkschaften Million um Mil-

---

70 Vgl. Gehaltsliste der Vorstände und der vom BV besoldeten Angestellten, zur Kenntnis gebracht in der BA-Sitzung vom 19./20. 8. 1919, vgl. Ruck, Quellen II, Dok. 3, S. 96.
71 Leipart in der Vorständekonferenz vom 1./2. 2. 1919, vgl. Schönhoven, Quellen I, Dok. 62, S. 666 und in der BA-Sitzung vom 16.–23. 6. 1922, vgl. Ruck, Quellen II, Dok. 60, S. 572.

lion zunahm, arbeitete die Zentrale fast mit der gleichen Anzahl der Angestellten und in denselben Büroräumen wie die Generalkommission. Angesichts der beengten Räumlichkeiten – das zentrale Büro war kaum größer als eine »große Etagenwohnung« – beschloß der Bundesausschuß 1922 den Bau eines Bürohauses. 1923 zog der Bundesvorstand in das neue Bundeshaus an der Inselstraße in Berlin-Mitte um[72].

Mit Beginn der 1920er Jahre baute der Bundesvorstand seinen Verwaltungsstab schrittweise aus[73]. Im Mai 1920 gründete der ADGB zusammen mit dem AfA-Bund die »freigewerkschaftliche Betriebsrätezentrale«[74]. Neben der Anstellung zweier neuer Sekretäre in der sozialpolitischen Abteilung und eines Sekretärs für die Angelegenheiten des Vorläufigen Reichswirtschaftsrats ab 1921 richtete der Bundesvorstand ab Februar 1922 ein Jugendsekretariat und ab Dezember des Jahres eine volkswirtschaftliche Abteilung im Bundesbüro ein. Ende 1922 war der Personalbestand des Bundesbüros, einschließlich der Angestellten der ADGB-Verlagsgesellschaft und der Außenbeamten, auf 55 Angestellte und Hilfskräfte angewachsen[75]. Bis Mitte 1923 wurden zwei weitere Sekretäre im Bundesbüro angestellt. Insgesamt sieben Bezirkssekretariate hatten bis zu diesem Zeitpunkt ihre Arbeit aufgenommen.

Doch die Inflation verhinderte vorerst den weiteren Ausbau der Verwaltung. Durch die rapide Geldentwertung im zweiten Halbjahr 1923 war der Bund zu »ganz unerträglichen Einschränkungen« gezwungen. Allein aus dem Bundesbüro wurden sechs Sekretäre entlassen, die Abteilungen Jugend, Bauarbeiterschutz, Wirtschaftspolitik und das Zentralarbeitersekretariat stillgelegt. 14 Hilfskräfte (Stenotypistinnen, technisches Personal) mußten gekündigt werden oder schieden freiwillig aus. Nur durch internationale Unterstützung konnten vier Bezirkssekretariate weitergeführt werden, der Rest wurde aufgelöst. Zwei vakante Vorstandsposten konnten nicht besetzt werden[76].

---

72 Zum Bau des Bundeshauses und zum Umzug vgl. Jb. ADGB, 1922, S. 226ff.; Jb. ADGB, 1923, S. 178ff. Zur Beschreibung des alten Büros vgl. Beier, Schulter, S. 69.
73 Zu den Einrichtungen der Generalkommission vgl. oben Teil 1, I. 2.
74 ADGB und AfA-Bund wollten damit den Aktivitäten der Verfechter eines revolutionären Rätesystems entgegenwirken. Vgl. Kbl., 30. Jg., Nr. 23, 5. 6. 1920, S. 297ff.; Potthoff, Betriebsräte und Gewerkschaften, S. 26ff.
75 Zur Entwicklung der ADGB-Verwaltung bis 1922 vgl. Protokoll Leipzig, 1922, S. 266ff. (Bericht des BV) und Jb. ADGB, 1922, S. 223ff. Zur personellen Besetzung der einzelnen Abteilungen vgl. unten die Übersicht in Teil 1, III. 3. 2.
76 Zu den Entlassungen im Bundesbüro 1923 vgl. Jb. ADGB, 1923, S. 186ff. Der Internationale Gewerkschaftsbund (IGB) hatte im November 1923 zu einer Spendenaktion für die deutschen Gewerkschaften aufgerufen, damit deren Zusammenbruch nicht der Reaktion in Deutschland freies Spiel lasse, vgl. Ruck, Quellen II, Dok. 99, S. 941, bes. Anm. 4.

Ab 1924 wurden jedoch nicht nur die Lücken der Inflationszeit aufgefüllt, sondern das Bundesbüro wesentlich erweitert. Die Abteilungen Wirtschafts- und Sozialpolitik und Statistik wurden durch die Anstellung teils wissenschaftlich geschulter Kräfte ausgebaut, die Sekretariate Gewerbehygiene (ab 1925) und Bildung (ab 1927) neu gegründet. Für die Einrichtung einer zentralen Registratur konnte ab 1926 eine qualifizierte Kraft gewonnen werden, die »Gewerkschafts-Zeitung« erhielt im gleichen Jahr einen zweiten Redakteur. Die Presse des ADGB erfuhr durch die Herausgabe des wissenschaftlichen Organs »Die Arbeit« ab 1924 und durch die Gründung weiterer Periodica (z. B. »Arbeitsrechts-Praxis« ab 1928) eine wichtige Erweiterung. Bis 1928 wurde auch der Personalbestand der Bezirksorganisation vervollständigt. In allen zwölf Bezirken waren nun Bezirkssekretäre beschäftigt[77].

Der Ausbau der Zentralverwaltung fand auf dem Hintergrund der »wachsenden Fülle der vom Dachverband wahrzunehmenden Aufgaben« statt. Gegen den Widerstand des DMV und vor allem von dessen Vorsitzenden Robert Dißmann setzte sich im Bundesausschuß die Argumentation durch, daß angesichts der »ganzen Entwicklung, die die Gewerkschaftsbewegung auf sozialpolitischem, wirtschaftspolitischem und staatspolitischem Gebiet in den letzten Jahren durchlebt habe«, der zentrale Ausbau notwendig sei[78].

Über die Entwicklung des Personalbestandes des ADGB gibt Tabelle 9 Auskunft.

Entsprechend der beschriebenen Entwicklung erhöhten sich die Verwaltungskosten des Bundesvorstandes, die sich zum überwiegenden Teil aus den gezahlten Gehältern zusammensetzten. Sie betrugen 1924 9,9 Prozent der Gesamtausgaben, 1930 12,7 Prozent und 1931 infolge von Gehaltskürzungen 11,9 Prozent.

Rechnet man die Verwaltungsausgaben der Bezirke und der Ortsausschüsse hinzu, so erhöhen sich die Prozentanteile für die Jahre 1924 auf 17,4 Prozent der Gesamtausgaben aller ADGB-Gliederungen, 1930 und 1931 auf 20,3 Prozent.

Der Verwaltungsaufwand der einzelnen Ortsausschüsse war höchst

---

77 Zur Entwicklung der ADGB-Verwaltung ab 1924 vgl. die Jbb. ADGB, 1924–1931, jeweils die Rubrik »Innere Verwaltung«; vgl. auch Kukuck/Schiffmann, Quellen III, S. 64ff.; Kukuck, Wiederaufschwung, S. 157f.
78 Zur Diskussion in der BA-Sitzung vom 27.–29. 1. 1925 vgl. Kukuck/Schiffmann, Quellen III, Dok. 29, S. 260ff. Im Unterschied zu Dißmann äußerte der andere Vorsitzende des DMV, Georg Reichel, daß man den »begründeten Darlegungen Leiparts betreffend Ausbau der sozialpolitischen und wirtschaftspolitischen Abteilungen im ADGB« zustimmen müsse, ebenda, S. 266f.

Tabelle 9

Hauptamtlich Beschäftigte beim ADGB

Jahresende	Zentrale	Bezirke[a]	Ortsausschüsse	Ges.
1919	27[b]	7[b]	252	286
1920	32[c]	6[c]	322	360
1921	35[c]	5[c]	384	424
1922	49[d]	6	371	476
1923	28[d]	4	—[e]	—
1924	29	8	233	270
1925	34	12	245	291
1926	36	11	253	300
1927	39	12	260	311
1928	43	12	314	369
1929	44	39	329	412
1930	44	33	336	413
1931	44	41	325	410

[a] Bezirkssekretäre und vom Bund besoldete sonstige »Außenbeamte« (z.B. Arbeitersekretäre). Bis einschließlich 1928 liegen nur Angaben zu den vom BV besoldeten Bezirkssekretären vor, nicht aber zu weiteren Angestellten in den Bezirkssekretariaten.
[b] Zeitpunkt: August 1919.
[c] Zeitpunkt: Juli 1920 bzw. 1921.
[d] Einschließlich der Angestellten der ADGB-Verlagsgesellschaft.
[e] Keine Angabe.

Tabelle 10

Verwaltungskosten des ADGB-Vorstandes (in 1000 RM)[79]

Jahr	Gesamt-ausgaben	Verwaltungskosten			in % der Ge-samtausgaben
		persönl.	sachl.	ges.	
1924	1317,1	100,4	30,1	130,5	9,9
1925	2469,7	184,2	60,9	245,1	9,9
1926	2977,1	223,7	62,6	286,3	9,6
1927	2512,0	257,5	65,3	322,8	12,9
1928	2373,0	298,2	84,2	382,4	16,1
1929	2795,0	307,9	67,4	375,3	13,4
1930	3014,0	315,8	68,2	384,0	12,7
1931	3160,1	305,9	69,9	375,9	11,9

Quelle: Jbb. ADGB, 1924–1931, Rubrik »Bundeskasse«.

unterschiedlich. In der Statistik für 1931 wies der Ortsausschuß Leipzig zum Beispiel 70 Prozent, Gelsenkirchen gar 88 Prozent seiner Einnah-

---

[79] Wegen der inflationären Entwicklung sind die Angaben für die Jahre 1919–1923 als Vergleichszahlen unbrauchbar.

Tabelle 11

Verwaltungskosten des ADGB (Zentrale, Bezirke, Ortsausschüsse, in 1000 RM)

Jahr	Gesamtausgaben	Verwaltungskosten	in % der Gesamtausgaben
1924	2922,0	508,4	17,4
1925	5008,7	885,7	17,7
1926	6043,8	1094,5	18,1
1927	6159,0	1209,9	19,6
1928	6759,6	1414,6	20,9
1929	7557,8	1538,6	20,4
1930	8404,7	1709,4	20,3
1931	7915,5	1608,8	20,3

Errechnet nach den Angaben in den Jbb. ADGB, 1924–1931.

men für Verwaltung aus, der Anteil in Hannover lag dagegen bei nur 3,7 Prozent. Diese Angaben sagen über den tatsächlichen Verwaltungsaufwand jedoch wenig aus. Unklar ist, inwieweit die Gehaltskosten für die Gewerkschaftsangestellten in der Rubrik »Verwaltung« verbucht wurden, oder ob sie unter dem Titel »Aufwand für das Sekretariat« geführt wurden. Der Ortsausschuß Hannover, der zwei Angestellte beschäftigte, verfuhr offenbar nach letzterer Methode. Im übrigen hing die Höhe der Kosten auch davon ab, ob die Arbeiten in den örtlichen Gewerkschaftsbüros von ehrenamtlichen oder besoldeten Funktionären verrichtet wurden.

Das Jahrbuch des ADGB für 1931 gab die Zahl der in der freien Gewerkschaftsbewegung ehrenamtlich tätigen Funktionäre insgesamt mit ca. 500000 an[80].

Die zunehmenden Verwaltungskosten des Dachverbandes mußten von den Mitgliedsverbänden finanziert werden. Deren Beitragszahlungen waren die Haupteinnahmequelle des ADGB. 1919 führten die Mitgliedsgewerkschaften pro Mitglied und Jahr 20 Pfennig an den Dachverband ab. Diesen Beitragssatz hatte schon der Münchner Gewerkschaftskongreß 1914 beschlossen[81]. Während der Inflation mußte der Beitragssatz häufig, zuletzt monatlich, an den Stand der Geldentwertung angeglichen werden. Nach der Währungsstabilisierung setzte der Bundesausschuß am 15. Januar 1924 den Bundesbeitrag neu fest: 1 Pfennig pro Monat und

---

80 Vgl. Jb. ADGB, 1931, S. 190; Ausgaben der OAe ebenda, S. 318.
81 Vgl. Potthoff, Gewerkschaften (1987), S. 322, und Barthel, Handbuch 1916, S. 77.

männliches Mitglied, ⅔ Pfennig pro Monat und weibliches bzw. jugendliches Mitglied[82]. Der Ausbau des ADGB konnte jedoch bei sinkenden Mitgliederzahlen mit diesem Beitragssatz nicht finanziert werden. Deshalb beschloß der Breslauer Kongreß 1925 auf Antrag von Bundesvorstand und Bundesausschuß eine Beitragserhöhung von 1½ bzw. 1 Pfennig pro Monat[83]. Der Hamburger Kongreß 1928 erhöhte schließlich auf Antrag des Bundesvorstandes den Bundesbeitrag auf 2½ respektive 1¼ Pfennig pro Monat[84]. In der Weltwirtschaftskrise wurde angesichts der hohen Arbeitslosigkeit unter den Gewerkschaftsmitgliedern und dem entsprechend niedrigeren Beitragsaufkommen der Mitgliedsgewerkschaften der Beitragssatz für erwerbslose Mitglieder ermäßigt. Nach einem Beschluß des Bundesausschusses vom 16. Februar 1932 mußten für erwerbslose Mitglieder nur 20 Prozent des Bundesbeitrages an den ADGB abgeführt werden[85].

Die Tabelle 12 gibt einen Überblick über die Höhe der Beiträge an den ADGB. Die Zahlen von 1919 bis 1923 sind aufgrund der inflationären Entwicklung als Vergleichszahlen unbrauchbar.

Tabelle 12

Beitragszahlungen an den ADGB

Jahr	Beitragszahlungen	Gesamteinnahmen
1924	624 265	1 317 141
1925	626 515	2 469 700[a]
1926	700 936	2 977 187[a]
1927	623 072	2 512 012
1928	741 875	2 372 958
1929	1 278 546	2 794 987
1930	1 315 790	3 014 024
1931	1 244 331	3 160 072

[a] Darin jeweils enthalten rund 1 Mio. RM an Sonderbeiträgen für Unterstützung der dänischen Gewerkschaften (1925) und der englischen Gewerkschaften (1926).
Quelle: Jbb. ADGB 1924–1931, jew. Rubrik Bundeskasse.

Daß bei aller Kritik am Ausbau des ADGB die dafür notwendigen Beitragserhöhungen mit jeweils großen Mehrheiten beschlossen und ak-

---
82 Vgl. Jb. ADGB, 1924, S. 194.
83 Vgl. Protokoll Breslau, 1925, S. 325ff., sowie Jb. ADGB, 1924, S. 194.
84 Vgl. Protokoll Hamburg, 1928, S. 304ff.
85 Vgl. Jahn, Quellen IV, Dok. 77, S. 514f.

zeptiert wurden, ist zweifelsohne ein weiterer Beleg für die gefestigte Stellung des ADGB als Dachverband[86].

Heinrich Potthoff und Gerhard Beier deuten die personell relativ schwach ausgestattete Verwaltung des ADGB als Hinweis darauf, daß von einer Ausuferung der Bürokratie nicht die Rede sein könne[87], ja daß dies sogar eine »extrem geringe Professionalisierung und Zentralisierung« bezeuge[88]. Für Michael Schneider ist der gemessen an den Apparaten mancher Einzelgewerkschaften kleine Mitarbeiterstab in der Bundeszentrale ein Beweis für die »relativ schwache« Ausbildung des ADGB als Dachverband[89]. Die Tendenzen der Bürokratisierung und Zentralisierung, die Frage der Stellung des Dachverbandes in der Gewerkschaftsbewegung lassen sich jedoch nicht allein an der Zahl der Gewerkschaftsangestellten ablesen. Die oben beschriebenen Änderungen des ADGB-Statuts, die dabei vorgenommenen Machtverlagerungen hin zum Dachverband sowie die realen Positionen von Personen und Organen des ADGB in den gewerkschaftlichen Willensbildungsprozessen und die Rolle des Dachverbandes in der gewerkschaftlichen Interessenvertretung sind hier aussagekräftigere Indikatoren[90].

4.2 Mitgliedsverbände

Schneller und umfangreicher als die Bundesorganisation bauten die Mitgliedsverbände des ADGB ihre Verwaltungen aus. Allein der enorme Mitgliederzuwachs zu Beginn der Weimarer Republik setzte sich in zusätzlicher Verwaltungsarbeit um.

Schönhoven behauptet, »der forcierte Ausbau der gewerkschaftlichen Verwaltungsapparate [sei] bis 1914 zu einem gewissen Abschluß gekommen«; der Stand der bürokratischen Organisation habe sich nach 1918 nicht mehr »wesentlich« verändert[91]. Zu dieser Schlußfolgerung gelangt er durch den Vergleich der Zahl von 1914 (erstes Halbjahr), nach der auf 1000 Gewerkschaftsmitglieder 1,2 Beamte entfielen, mit der Verhältniszahl von 1931, als auf 1000 Mitglieder 1,5 Beamte kamen. Diese Feststellung ist irreführend. Sie erweckt den Anschein, als sei die personelle

---

86 Zur Diskussion im BA vgl. Sitzung vom 3./4. 7. 1925, in: Kukuck/Schiffmann, Quellen III, Dok. 53, S. 430ff.; Sitzung vom 29. 6. 1928, in: Ebenda, Dok. 194, S. 1123ff.; zur Diskussion bzw. Abstimmung auf den Kongressen vgl. Protokoll Breslau, 1925, S. 325ff., und Protokoll Hamburg, 1928, S. 304ff.
87 Potthoff, Gewerkschaften (1987), S. 66.
88 Beier, Arbeiteraristokratie, S. 162.
89 Schneider, Höhen, S. 310.
90 Vgl. ausführlich unten Teil 1, III. und IV.
91 Vgl. Schönhoven, Gewerkschaftswachstum, S. 33; ders., Expansion, S. 228ff.

Entwicklung der gewerkschaftlichen Verwaltungsstäbe 1918 im wesentlichen abgeschlossen gewesen. Dies war mitnichten der Fall. Nicht beachtet wird die enorme Erweiterung der Funktionärsapparate in den frühen zwanziger Jahren.

Der DMV, dessen Mitgliederzahl von ca. 790000 am Jahresende 1918 auf über 1,6 Millionen im Dezember 1919 anstieg, hatte mit der Neueinstellung von 686 Gewerkschaftsangestellten seinen Mitarbeiterstab in diesem Zeitraum mehr als verdoppelt (von 555 auf 1241)[92]. Dennoch klagten auch die Büros der Einzelgewerkschaften über Arbeitsüberlastung. Das Jahrbuch des Bergarbeiterverbandes für 1921 notierte, daß trotz der Erweiterung des Personals »besonders die Vorstandsmitglieder und diejenigen Angestellten, die berufen sind, an den Verhandlungen mit den Unternehmern und Behörden teilzunehmen, sehr stark in Anspruch genommen waren«[93]. Beim DMV begründete ein Angestellter seine Kündigung damit, daß »er nicht 14 Stunden täglich arbeiten wolle, um sich noch obendrein bei verhältnismäßig niederer Bezahlung von den Kollegen verholzen zu lassen«[94].

Die Folgen der Inflation und der massenhafte Exodus der Mitglieder ab 1923 zwangen auch die Einzelgewerkschaften zur drastischen Reduzierung ihrer Mitarbeiterstäbe. Allein der DMV mußte die Zahl der Angestellten von 1521 (Ende 1922) auf 972 (Ende 1924) verringern. Besonders stark war das Zentralbüro betroffen. Hier wurden im Laufe der Jahre 1923 und 1924 über 50 Personen entlassen (Dezember 1922: 127, Dezember 1924: 73)[95].

In den Jahren bis zur Weltwirtschaftskrise wurden die gewerkschaftlichen Verwaltungen reorganisiert. Am Jahresende 1930 waren in den Verbänden des ADGB insgesamt 6575 Angestellte beschäftigt, davon 1069 in den Zentralen, 1410 in den Bezirken und 4125 in lokalen Gewerkschaftsbüros[96]. Spitzenreiter waren der DMV mit 1157 und der Gesamtverband mit 1047 Beschäftigten. Während das personelle Schwergewicht des DMV in den Ortsverwaltungen lag (1023 Beschäftigte), hatte der Gesamtverband mit 233 Mitarbeitern und Mitarbeiterinnen einen überaus stark ausgestatteten Zentralapparat.

Anders als die Bundesorganisation, die ihren Personalbestand bis 1933 konstant halten konnte, mußten die Mitgliedsverbände ihre Mitarbeiter-

---

92 Vgl. Jb. DMV, 1919, S. 80.
93 Jb. Bergarbeiterverband, 1921, S. 96f.
94 Jb. DMV, 1919, S. 80.
95 Jb. DMV, 1924, S. 110.
96 Jb. ADGB, 1930, S. 248.

stäbe im Zeichen der Wirtschaftskrise der 1930er Jahre reduzieren. So war Ende 1931 die Gesamtzahl der Verbandsangestellten auf 6308 gesunken[97].

Die kleinen Verbände fielen mit ihren Verwaltungsstäben im Vergleich zu den Großorganisationen zahlenmäßig absolut zwar wenig ins Gewicht, in Relation zu ihren Mitgliedszahlen hatten sie jedoch große Verwaltungen. Während im Holzarbeiterverband 1931 auf einen hauptamtlichen Funktionär 1054 Mitglieder kamen und beim DMV 807, so lagen die Vergleichszahlen bei Kleinorganisationen wie dem Verband der Melker bei 248, den Friseurgehilfen bei 301, dem Verband der Hotel-, Restaurant- und Caféangestellten bei 277 Mitgliedern pro Angestellten[98]. Entsprechend hoch waren die Verwaltungskosten der kleineren Verbände. Der Verband der Hotel-, Restaurant- und Caféangestellten gab 1931 pro Mitglied 40 RM aus, über die Hälfte, 21,45 RM, verschlangen die Verwaltungskosten, allein 18,30 RM für die Hauptverwaltung, dagegen nur knapp 8 RM für gewerkschaftliche Unterstützungen und 0,42 RM für Arbeitskämpfe. Zum Vergleich die Ausgaben des DMV pro Mitglied: gesamt 55,32 RM, davon 11 RM für Verwaltung, über 35 RM für Unterstützungen und 2,80 RM für Arbeitskämpfe[99].

Über die Gesamtentwicklung der Verwaltungsausgaben aller ADGB-Verbände gibt Tabelle 13 Auskunft. Zum Vergleich sind die Ausgaben für Unterstützungen und Arbeitskämpfe mit angeführt. Die Angaben für die Jahre 1919 bis 1923 sind wegen der inflationären Entwicklung als Vergleichszahlen unbrauchbar.

Trotz der von den Gewerkschaftsführungen betonten Sparsamkeit gaben die Verwaltungskosten Anlaß zur öffentlichen Diskussion.

In der ADGB-Vorstandssitzung vom 12. Oktober 1932 stand die Frage der Verwaltungskosten auf der Tagesordnung. Die Presse, so Leipart, habe sich wiederholt mit den »hohen Verwaltungskosten der Gewerkschaften« beschäftigt[100]. Leipart stellte für die Verbuchung der Verwaltungskosten im Jahrbuch 1932 einen Vorschlag des Bergarbeiterverbandes zur Diskussion, der darauf hinauslief, »diese Summe dadurch zu ermäßigen, daß z. B. die Gehälter der Bildungssekretäre unter Bildungs-

---

97 Vgl. ebenda, S. 190.
98 Zahlen errechnet nach Angaben in Jb. ADGB, 1931, S. 190 u. 302f.
99 Vgl. ebenda, S. 310f.
100 Bereits 1927 nahm die Berliner Börsen-Zeitung die Verwaltungsausgaben der ADGB-Verbände in Höhe von 38 Mio. RM für das Jahr 1926 zum Anlaß, die »maßlos angeschwollene Verwaltungsbürokratie« und den »machtlüsternen Überzentralismus« der ADGB-Verbände zu geißeln. Vgl. Berliner Börsen-Zeitung, Nr. 359, 4. 8. 1927, in: BArch ZSg. 126/825.

Tabelle 13

Ausgaben der ADGB-Verbände für Verwaltung, Unterstützungen und Arbeitskämpfe (in Mio. RM)

Jahr	Gesamt-ausgaben	Verwal-tung	in %	Unter-stütz.	in %	Arbeits-kämpfe	in %
1913	75,0	13,6	18,1	30,3	40,4	17,5	23,4
1924	69,1	25,2	36,5	10,3	14,9	16,7	24,2
1925	125,9	35,5	28,2	33,0	26,2	29,7	23,5
1926	135,5	38,6	28,5	62,0	47,4	6,1	4,5
1927	129,5	43,2	33,3	41,0	31,6	11,4	8,8
1928	189,4	52,2	27,5	62,5	33,0	32,2	17,0
1929	202,9	58,8	28,9	87,0	42,7	13,3	6,5
1930	241,2	60,9	25,2	123,5	51,2	9,9	4,1
1931	215,6	53,4	24,8	109,9	51,0	10,6	4,9

Quellen: Bergmann/Schleiter/Wickel: Handbuch der Arbeit III, S. 75 u. 79; Jbb. ADGB, 1924, S. 140f., 1930, S. 252, 1931, S. 188.

wesen, die Gehälter der Arbeitersekretäre unter Rechtsschutz, die Gehälter der mit der Führung von Lohnbewegungen betrauten Angestellten unter Lohnbewegungen verbucht werden usw.« Die statistische Abteilung des Bundesbüros hatte sich der Anregung angeschlossen und unterbreitete für die Verhandlungen mit den Verbänden »eine entsprechende Vorlage«[101]. In den folgenden Monaten bis zur Zerschlagung der Gewerkschaften im Mai 1933 wurde dieses Vorhaben jedoch offenbar nicht mehr durchgeführt.

5. Das Verhältnis Dachverband – Mitgliedsverbände

Jede Gewerkschaft, die die Bundessatzungen und die Beschlüsse der Gewerkschaftskongresse anerkannte und keine Konkurrenzorganisation eines schon dem Bund angeschlossenen Verbandes darstellte, konnte Mitglied des ADGB werden. Über die Aufnahme entschied der Bundesausschuß[102].

---

101 Vgl. Protokoll der BV-Sitzung vom 12. 10. 1932, in: HiKo NB 5, Bl. 56–58, Zitat: Bl. 57.
102 § 2 ADGB-Satzung, vgl. Schwarz, Handbuch, S. 22.

5.1 Organisationsform und Größe der Mitgliedsverbände

In ihrer Größe und der Organisationsform differierten die Mitgliedsverbände des ADGB erheblich. Die Palette reichte von der größten Einzelgewerkschaft der Welt, dem Metallarbeiterverband (DMV), mit über 1,6 Millionen Mitgliedern Ende Dezember 1919 bis hin zum Verband der Xylographen mit 98 Mitgliedern zum selben Zeitpunkt[103].

Tabelle 14

ADGB Verbände und Gesamtzahl der Mitglieder 1919–1931 (Jahresdurchschnitt, in Mio.)

Jahr	Verbände	Mitglieder	Jahr	Verbände	Mitglieder
1919	52	5,48	1926	38	3,98
1920	52	7,89	1927	38	4,15
1921	49	7,57	1928	35	4,65
1922	49	7,89	1929	35	4,91
1923	44	7,14	1930	31	4,82
1924	41	4,62	1931	30	4,42
1925	40	4,16	1932[a]	28	3,79

Quelle: Jb. ADGB, 1931, S. 298f. [a] Potthoff, Gewerkschaften (1987), S. 41, 348f. und 352ff.

Neben den traditionellen, meist kleineren Berufsverbänden (z. B. Buchdrucker, Zimmerer, Dachdecker usw.) bestanden große Industrieverbände wie der DMV oder der Baugewerksbund, die allerdings keine Industriegewerkschaften im heutigen Sinne, sondern eher Dachorganisationen verwandter Berufe darstellten. Außer diesen beiden Verbandsprinzipien existierten als Sonderfälle Gewerkschaften, die auf einer einheitlichen Betriebsorganisation aufbauten und außer Arbeitern auch Angestellte und Beamte organisierten, so der Eisenbahnerverband und der Verband der Gemeinde- und Staatsarbeiter.

Auf die weitreichende und kontrovers geführte Diskussion um die sinnvollste Organisationsform, die bereits in den 1890er Jahren begonnen hatte, kann an dieser Stelle nicht ausführlicher eingegangen werden[104]. Nur soviel sei angemerkt:

---

103 Vgl. statistische Beilage des Kbl., Nr. 4, 30. 10. 1920, S. 79. Der Verband der Xylographen schloß sich Anfang 1921 dem Verband der Lithographen an, vgl. Kbl., 30. Jg., Nr. 52, 25. 12. 1920, S. 700. Zur Entwicklung der Mitgliedsverbände allgemein vgl. Bergmann/Schleiter/Wickel: Handbuch der Arbeit III, S. 85ff.
104 Vgl. dazu Potthoff, Gewerkschaften (1987), S. 38ff.; Schwarz, Handbuch, S. 272ff.; Buhl, Sozialistische Gewerkschaftsarbeit, S. 223ff.

Die Verfechter des Industrieverbandsprinzips, Dißmann und Paeplow, hoben in ihrem Antrag zum Gewerkschaftskongreß 1922 die »Konzentration kapitalistischer Kräfte« hervor, die »eine Trennung der Unternehmungen auf rein beruflicher Grundlage mehr und mehr in den Hintergrund« treten lasse. Ein erfolgreicher Gewerkschaftskampf werde erschwert, »wenn mehrere Berufsorganisationen in einer Industriegruppe ihr Betätigungsfeld erblicken« und wenn bei Tarifverhandlungen »einem Unternehmer oder einer einheitlichen Unternehmergruppe eine Anzahl von Berufsorganisationen gegenüberstehen«. Dem »straff organisierten Unternehmertum« müsse deshalb »eine in große, leistungsfähige Industrieorganisationen zusammengefaßte Arbeiterschaft entgegengestellt werden«[105].

Die Gewerkschaftsvertreter, die wie der Vorsitzende des Holzarbeiterverbandes, Fritz Tarnow, für ein Weiterbestehen der Berufsverbände plädierten, führten ins Feld, daß wie bisher »auch in Zukunft die Berufssolidarität ein wertvolles Mittel der gewerkschaftlichen Organisierung, Schulung und Disziplinierung« sein würde. Auch für die »Erhaltung der Organisationstreue« erweise sich die Form des Berufsverbandes günstiger, »weil für die meisten Arbeiter der Beruf das dauernde ist, während Arbeitsplatz und Industrie wechseln«[106].

Eine endgültige Lösung der Organisationsfrage wurde in der Zeit der Weimarer Republik nicht gefunden. Zwar sprachen sich die Kongresse in Leipzig und Breslau für die Schaffung von Industrieverbänden als Ziel aus, betonten jedoch gleichzeitig das Prinzip der Freiwilligkeit bei der Verschmelzung von Verbänden, so daß das Weiterbestehen von Berufsverbänden garantiert war. Durch freiwillige Zusammenschlüsse, die u.a. zu Großorganisationen wie dem »Gesamtverband der Arbeitnehmer der öffentlichen Betriebe und des Personen- und Warenverkehrs«, kurz Gesamtverband, führten, verringerte sich die Zahl der Mitgliedsorganisationen von 52 (1919) auf 28 (1932)[107].

Mit der Organisationsfrage eng verbunden war das Problem der sogenannten »Grenzstreitigkeiten«, das die gesamte Weimarer Zeit hindurch immer wieder Anlaß zu Auseinandersetzungen zwischen den Verbänden

---

105 Entschließung Dißmann, Paeplow und Genossen zum Leipziger Kongreß, 1922, zit. n. Schwarz, Handbuch, S. 277ff.
106 Entschließung Tarnow zum Leipziger Kongreß, vgl. ebenda, S. 276f.
107 Vgl. Potthoff, Gewerkschaften (1987), S. 41. Mit Wirkung vom 1. 1. 1930 schlossen sich der Deutsche Verkehrsbund, der Verband der Gemeinde- und Staatsarbeiter sowie die Verbände der Gärtner, der Berufsfeuerwehrleute, der Masseure und der Verein sozialistischer Ärzte zum Gesamtverband zusammen, vgl. F.J. Furtwängler: ÖTV. Die Geschichte einer Gewerkschaft, Stuttgart 1955, S. 472f. u. 633. Zur Verschmelzung von Einzelverbänden vgl. auch Jb. ADGB, 1927, S. 236ff.

bot. Die Bestimmungen der Bundessatzungen reichten hier für eine verbindliche Lösung offenbar nicht aus. Der § 3 machte den Mitgliedsgewerkschaften »ein gedeihliches Nebeneinander- und Zusammenwirken« zur Pflicht. Jeder Verband sollte nur unter den Arbeitern und Arbeiterinnen »seines Berufs oder seiner Industriegruppe« Mitglieder werben. Als Organisationsgebiete wurden z. B. Baugewebe, Bergbau, Metallindustrie, Holzindustrie etc. genannt, gleichzeitig aber eingeräumt, daß die einzelnen Industriegebiete »vielfach ineinanderfließen«, die Organisationsgebiete also nicht schematisch abgegrenzt werde könnten. Bei strittigen Organisationsgebieten sollten sich die betroffenen Verbände, gegebenenfalls unter Vermittlung des Bundesvorstandes, einigen. Kam eine Einigung nicht zustande, sollte ein Schiedsgericht angerufen werden. Die Gewerkschaften waren angehalten, jede »unlautere Agitation, besonders unter Hinweis auf niedrigere Beiträge oder höhere Unterstützungen« zu unterlassen[108].

Um die Konkurrenz zwischen den einzelnen Mitgliedsverbänden abzubauen, wurden in der zweiten Hälfte der 1920er Jahre im Bundesausschuß eine Reihe von Richtlinien zur Vereinheitlichung der Mitgliedsbeiträge und der gewerkschaftlichen Unterstützungsleistungen beschlossen. Diese Richtlinien waren nicht zwingend, sondern sollten den Verbänden als Orientierung für entsprechende Änderungen ihrer Satzungen dienen. Auf dem Hamburger Kongreß 1928 wußte Leipart zu berichten, daß die Verbände ihre Satzungen »in der Regel« aneinander angeglichen hätten[109]. Dennoch waren Streitigkeiten nicht endgültig ausgeräumt, wie die Auseinandersetzung im Bundesvorstand im Februar 1931 über Übertritte von Mitgliedern und unterschiedliche Unterstützungsleistungen bewies[110].

5.2 Streikreglement, Lohn- und Tarifpolitik

Die Führung von Lohnkämpfen war nach der ADGB-Satzung in der Fassung von 1919 ausschließlich Sache der Einzelgewerkschaften. Nur in besonderen Fällen konnte die Bundesorganisation eingeschaltet werden. Bei Arbeitskämpfen, deren Weiterführung »im Interesse aller Gewerkschaften« lag, die Mittel der streikführenden Gewerkschaft jedoch über-

---

108 Vgl. Schwarz, Handbuch, S. 22 ff.
109 Vgl. Protokoll Hamburg, 1928, S. 96. Zur Reform der gewerkschaftlichen Verwaltung, bes. der Vereinheitlichung der Mitgliedsbeiträge und Unterstützungsleistungen vgl. Schwarz, Handbuch, S. 329 ff.; H. Schlimme: Die Verwaltungsreform in den Gewerkschaften, in: GZ, Jg. 38, Nr. 17, 28. 4. 1928, S. 257 f. u. Nr. 18, 5. 5. 1928, S. 276 ff.
110 Vgl. Jahn, Quellen IV, Dok. 28, S. 247 ff.

stieg, konnte die Unterstützung des Bundes beantragt werden. Voraussetzung für die Bundeshilfe war, »daß die Gewerkschaft bei der Einleitung des Kampfes die gebotene Vorsicht geübt und die gewerkschaftlichen Regeln beachtet hat« und daß sie »dem Bundesvorstand das Mitbestimmungsrecht über alle taktischen Maßnahmen und über die Leitung des Kampfes bis zu seiner Beendigung einräumt«[111].

Im Laufe der 1920er Jahre wurden durch Beschlüsse des Bundesausschusses und des Kongresses die Kompetenzen des Bundesvorstandes in Lohn- und Tariffragen erweitert und die Autonomie der Mitgliedsverbände in einigen grundsätzlichen Bereichen eingeengt.

Im Vorfeld des Leipziger Kongresses 1922 diskutierte der Bundesausschuß die Schaffung von einheitlichen, für alle Mitgliedsverbände verbindlichen Streikregeln. Eine vom Bundesausschuß am 24. Januar 1922 eingesetzte Kommission, der Vertreter der Maschinisten und Heizer, des DMV, der Fabrikarbeiter, der Holzarbeiter, Bergarbeiter, Bauarbeiter und Transportarbeiter angehörten, legte einen Entwurf vor, der am 29. März, am 2. und 3. Mai 1922 im Bundesausschuß diskutiert wurde[112]. Ausgangspunkte dieser Diskussion waren:

1. die allgemein als notwendig erachtete Eindämmung »wilder« Streiks, die gegen den Willen der Gewerkschaftsvorstände, oft aber mit Unterstützung lokaler Gewerkschaftsgliederungen geführt wurden[113],
2. der Abbau von Zwistigkeiten bei Streiks, die von mehreren Verbänden gemeinsam geführt wurden, und
3. die Abwehr der Technischen Nothilfe (Teno)[114].

Die Grenzstreitigkeiten zwischen den Mitgliedsverbänden des ADGB tauchten nicht nur bei Fragen der Organisation auf, sondern auch und besonders bei Lohnkämpfen, an denen mehrere Verbände gleichzeitig beteiligt waren.

Der § 37 der Bundessatzungen bestimmte, daß die Verbände sich in solchen Fällen rechtzeitig vorher gegenseitig verständigen oder sich über die Durchführung des Arbeitskampfes einigen sollten[115]. Dieser Grund-

---

111 ADGB-Satzung, X. Bundeshilfe. Vgl. Schwarz, Handbuch, S. 46ff.
112 Vgl. Ruck, Quellen II, Dok. 52, S. 464; Dok. 57, S. 505ff.; Dok. 58, S. 530ff.
113 Vgl. dazu Teil 1, II. 3. und IV. 4.
114 Aufgabe der 1919 von Reichswehrminister Gustav Noske (SPD) ins Leben gerufenen Teno war es, bei Streiks in »lebensnotwendigen« Betrieben die Versorgung der Bevölkerung zu sichern. Die Gewerkschaften lehnten die Teno zunehmend ab, weil sie immer mehr als Streikbrecherorganisation fungierte. Vgl. M.H. Kater: Die »Technische Nothilfe« im Spannungsfeld zwischen Arbeiterunruhen, Unternehmerinteressen und Parteipolitik, in: VfZ 27 (1979), S. 30–78.
115 Vgl. Schwarz, Handbuch, S. 46.

satz wurde jedoch häufig nicht befolgt und es kam zu teilweise aggressiv ausgetragenen Auseinandersetzungen zwischen den Verbänden[116]. In den Streikregeln wurden deshalb die Bestimmungen konkretisiert.

Die Führung der Lohnbewegung sollte in den Fällen, in denen mehrere Berufe bzw. Mitglieder mehrerer Verbände vertreten waren, die Gewerkschaft übernehmen, die mit der Mehrheit der Mitglieder beteiligt war. Die Mitgliedsverbände wurden verpflichtet, ihre Satzungen diesen Regelungen entsprechend zu ändern[117].

Ein wesentlicher Teil der Streikregeln befaßte sich mit Streiks in »gemeinnötigen« bzw. »lebensnotwendigen« Betrieben (z. B. Wasser- und Elektrizitätswerke, öffentliches Gesundheitswesen, Kohlebergbau). Bei Arbeitsniederlegungen in solchen Betrieben sollten sich die Gewerkschaften zu bestimmten Notarbeiten verpflichten, um den Einsatz der Teno überflüssig zu machen. Heftig umstritten war die vorgesehene direkte Einflußnahme des Bundesvorstandes bei derartigen Arbeitskämpfen. Der Entwurf sah vor, daß Beschlüsse über Streiks in lebensnotwendigen Betrieben erst dann gefaßt werden durften, wenn zuvor der Bundesvorstand benachrichtigt und ihm »eine angemessene Frist zur Vermittlung zwecks gütlicher Beilegung belassen worden ist«. Gegen eine zum Teil große Minderheit beschloß der Bundesausschuß am 2. und 3. Mai 1922 die einzelnen Abschnitte der Streikrichtlinien als Vorlage für den Leipziger Kongreß[118]. Dort kam es jedoch nicht zur Abstimmung; die Widerstände gegen diesen Eingriff in die Selbständigkeit der Gewerkschaften brachen in voller Deutlichkeit auf. Neben den kommunistischen Delegierten, den Vertretern des DMV, der Gemeinde- und Staatsarbeiter und anderen sah sich auch der Vorsitzende des Bergarbeiterverbands, Fritz Husemann, außerstande, den Richtlinien zuzustimmen: »Es ist unmöglich, daß wir uns in unserer ganzen Aktionsfähigkeit so binden lassen.«[119] Die Vorlage wurde an den Bundesausschuß zurückverwiesen und dort nach nochmaliger kontroverser Debatte Ende September 1922 mit 48 gegen sieben

---

116 Vgl. die Auseinandersetzungen zwischen dem Verband der Maschinisten und Heizer mit dem Bergarbeiterverband bzw. dem DMV, vgl. Jb. für 1921, hrsg. vom Vorstand des Verbandes der Bergarbeiter Deutschlands, S. 104ff.; I. Steinisch: Die gewerkschaftliche Organisation der rheinisch-westfälischen Arbeiterschaft in der eisen- und stahlerzeugenden Industrie 1918–1924, in: Arbeiterbewegung und industrieller Wandel, S. 128f.
117 Vgl. Ruck, Quellen II, Dok. 57, S. 507f., und Schwarz, Handbuch S. 53ff.
118 Zur Abstimmung vgl. Ruck, Quellen II, Dok. 58, S. 531ff.
119 Vgl. ebenda, S. 564f.; zur Diskussion in Leipzig ebenda, S. 560ff.

Stimmen verabschiedet[120]. Per Beschluß des Breslauer Kongresses 1925 wurden die Streikregeln in die ADGB-Satzungen aufgenommen[121].

Die endgültige Verabschiedung der Streikregeln verhinderte weitere Differenzen jedoch nicht. Der Bundesausschuß sah sich mehrmals veranlaßt, die Beachtung der Streikregeln und solidarische Zusammenarbeit der Einzelgewerkschaften anzumahnen. Im Dezember 1928 beschloß er weitreichende Befugnisse des Bundesvorstandes bei Streitfällen in Tarifangelegenheiten. Konnten sich die Verbände nicht einigen, wer zur Unterschrift des Tarifvertrages zugelassen werden sollte oder waren sie sich uneins, wer von ihnen einen Antrag auf Allgemeinverbindlicherklärung des Tarifvertrages stellen durfte, so war der Bundesvorstand »ermächtigt, nach vorheriger Aussprache mit den Vertretern der beteiligten Verbände« eine verbindliche Entscheidung herbeizuführen[122].

Dieser Beschluß kam auf dem Hintergrund des heftigen Konflikts zwischen dem Verband der Gemeinde- und Staatsarbeiter und dem Zentralverband der Maschinisten und Heizer zustande. Dieser Konflikt brach anläßlich eines Streiks der Gemeindearbeiter im Ölgaswerk Pintsch in Berlin-Rummelsburg im Oktober 1927 aus. Beide Verbände hatten Beschäftigte des Werkes organisiert, beide fühlten sich zum Abschluß eines Tarifvertrages berechtigt. Dem Verband der Maschinisten, der den Streik ablehnte und sich gegen einen gemeinsamen Abschluß eines Tarifvertrages wehrte, wurde sogar Streikbruch vorgeworfen. Durch Vermittlung des Bundesvorstandes wurde der Streit vorerst beigelegt. Der Verband der Maschinisten erklärte sich bereit, in Zukunft die Bundessatzungen zu beachten und sich loyal zu verhalten. Doch entgegen seiner Zusage schloß er im Frühjahr 1929 einen Tarifvertrag ab, ohne den Verband der Gemeindearbeiter zu informieren. Trotz dieses Vorgehens sah der Bundesausschuß von einem Ausschluß des Verbandes ab, erteilte ihm jedoch »die schärfste Rüge« wegen Verletzung »der elementarsten Grundregeln für das solidarische Zusammenarbeiten der Gewerkschaften«[123].

Zusätzlich zu den genannten Eingriffsmöglichkeiten nahm der Bundesvorstand, so das ADGB-offizielle Handbuch der Gewerkschaftskongresse, auf dem Gebiet der Lohn- und Tarifpolitik allgemein »gewisse

---

120 Zur Diskussion und Abstimmung in der BA-Sitzung vom 28. 9.–1. 10. 1922 vgl. Ruck, Quellen II, Dok. 67, S. 667 ff.
121 Vgl. Schwarz, Handbuch, S. 58. Ebenda, S. 52 ff. der endgültige Wortlaut der Streikregeln. Zu den Streikregeln vgl. auch Domansky, Arbeitskampf, S. 52 ff.
122 Vgl. Kukuck/Schiffmann Quellen III, Dok. 200, S. 1184; Schwarz, Handbuch, S. 60 f.; Jb. ADGB, 1928, S. 192 ff.
123 Zur Diskussion im BA vgl. Kukuck/Schiffmann, Quellen III, Dok. 176, 189 u. 210; vgl. ferner: Buhl, Sozialistische Gewerkschaftsarbeit, S. 230 f.

Aufgaben« wahr, »ohne daß es in den Bundessatzungen besonders erwähnt« war[124].

Besonders zur Zeit der Inflationskrise machte der Bundesvorstand die Lohnpolitik »in steigendem Maße« zu seiner Aufgabe, »unbeschadet dessen, daß die Führung der Lohnbewegung die eigene Aufgabe jeder Gewerkschaft ist«, denn, so die offizielle Formulierung, der Bundesvorstand mußte bestrebt sein, in der Zeit des Währungsverfalls »dem Arbeitnehmer eine Existenzgrundlage zu sichern«[125]. Ausgehend von einer Anregung des Holzarbeiterverbandes, der Bundesvorstand möge die »Durchführung einer einheitlichen Lohnpolitik« gewährleisten, verabschiedete der Bundesausschuß am 8. September 1923 Richtlinien zur Lohnpolitik. Darin wurde der Bundesvorstand beauftragt, eine Abteilung für Lohn- und Tarifpolitik einzurichten und einen lohnpolitischen Ausschuß, bestehend aus »besonders erfahrenen« Verbandsvertretern einzusetzen. Der Ausschuß sollte gemeinsam mit dem Bundesvorstand »Richtlinien für die allgemeine Lohn- und Tarifpolitik der Gewerkschaften« aufstellen, den Bundesvorstand bei Verhandlungen mit den Arbeitgeberverbänden beraten sowie Material über Lohn- und Tariffragen sammeln und den Gewerkschaften zur Verfügung stellen[126].

Im Mai 1927 schlug der Bundesvorstand vor, »eine laufende Berichterstattung über Lohnbewegungen« zur besseren Information der Gewerkschaften einzuführen. Allerdings brauchte man dafür auch »eine besondere Kraft«, da die Aufgabe nicht leicht sei[127]. Die Stelle eines lohnpolitischen Sekretärs beim Bundesvorstand wurde ausgeschrieben. Leipart erwartete, daß der neue Sekretär, »ohne daß eine Änderung in den Satzungen eintritt«, vielleicht eine »engere Fühlungnahme zwischen den Verbänden und dem Bundesvorstand bei Lohnkämpfen herbeiführen« könnte[128]. In der Bundesausschußsitzung Ende Juli 1929 mußte Leipart jedoch mitteilen, daß immer noch kein geeigneter Kandidat gefunden sei. Einige Bewerber würden offenbar vermuten, »aus dieser Arbeit fortgesetzt in Zwistigkeiten mit den Verbandsvertretern zu geraten«[129]. Ab 1930 gab der Bundesvorstand als »vorläufiges Provisorium«

---

124 Vgl. Schwarz, Handbuch, S. 18f.
125 Vgl. Jb. ADGB, 1923, S. 75.
126 Vgl. Ruck, Quellen II, Dok. 96, S. 931; Diskussion: S. 927ff. Bereits im November 1920 wurde vom OA Nürnberg und vom Bergarbeiterverband die Durchführung einer einheitlichen Lohnpolitik durch den BV angeregt. Vgl. ebenda, Dok. 22, S. 238, auch Dok. 23, S. 246ff.
127 Vgl. Kukuck/Schiffmann, Quellen III, Dok. 151, S. 909.
128 Stellenausschreibung in GZ, Jg. 38, Nr. 3, 21. 1. 1928, S. 48. Redebeitrag Leiparts in der BA-Sitzung vom 20./21. 3. 1928 vgl. Kukuck/Schiffmann, Quellen III, Dok. 189, S. 1067.
129 Vgl. ebenda, Dok. 219, S. 1268.

einen »Nachrichtendienst über Arbeitskämpfe und Tarifbewegungen« heraus, in dem wöchentlich für die Sachbearbeiter der Verbandsvorstände Angaben zu Tarifabschlüssen, Verlauf von Arbeitskämpfen etc. zusammengestellt wurden[130].

In einem anderen Fall setzte der Bundesausschuß dem Streben des Bundesvorstandes nach Erweiterung seines Aufgabenbereichs von vornherein klare Grenzen. Der Vorstand hatte in der Bundesausschußsitzung vom 4./5. Juni 1928 vorgeschlagen, die Prozeßvertretung vor Landesarbeitsgerichten und Oberversicherungsämtern zu zentralisieren. Für diese Aufgabe seien Spezialisten mit Fachkenntnissen nötig. Besonders kleinere Verbände hätten nicht die Möglichkeit, derartige Kräfte einzustellen. Dem Bund falle somit die Aufgabe zu, solche Experten zu schulen und die Prozeßvertretung zu rationalisieren. Der Bundesvorstand wollte 35 Prozeßvertreter in den Bezirkssekretariaten einstellen und aus Bundesmitteln besolden. Der Bundesbeitrag sollte zu diesem Zweck erhöht werden. Besonders Vertreter großer Einzelverbände kritisierten diesen Plan. Georg Reichel vom DMV gab zu verstehen, daß er einem »so weitgehendem Ausbau der Bundesorgane« nicht zustimmen könne. Der DMV beschäftige selbst »besonders durchgebildete« Angestellte für diese Aufgabe und außerdem wirke die Tätigkeit der Prozeßvertreter agitatorisch auf die Mitgliedschaft.[131] Auch Karl Schmidt vom Hauptvorstand des FAV hob auf dem Hamburger Kongreß im September 1928 hervor, daß, wenn die Verbände die Prozeßvertretung an den Bund abgäben, ihnen ein »sehr wichtiges Bindemittel mit der Mitgliedschaft« abhanden komme. Die Arbeitersekretäre, die momentan die Prozeßvertretung wahrnähmen, stünden mit der Mitgliedschaft viel mehr in Kontakt als ein vom Bund eingesetzter bezirklicher Prozeßvertreter[132].

Die Einzelverbände wollten vor allem nicht, daß der Bund in ihre Aufgabengebiete eingriff. Schmidt (FAV) betonte, daß den Hauptteil der Prozesse Tarifstreitigkeiten ausmachten, die Vertretung dieser Fälle sei jedoch Aufgabe der Einzelverbände[133]. Tarnow meinte in der Bundesaus-

---

130 Vgl. Jb. ADGB, 1930, S. 285; Jahn, Quellen IV, Dok. 35, S. 273. Eine Teilüberlieferung des Nachrichtendienstes befindet sich in HiKo NB 233.
131 Vgl. Kukuck/Schiffmann, Quellen III, Dok. 192, S. 1111. Ähnlich äußerte sich Karl Schrader vom Textilarbeiterverband. Ebenda, S. 1109. Von Vertretern kleinerer, aber auch großer Verbände wurde die Zentralisierung der Prozeßvertretung in dieser Sitzung durchaus positiv aufgenommen, vgl. z.B. Redebeiträge Nikolaus Bernhards (Baugewerksbund), S. 1109f., und Wilhelm Wolgasts vom Zimmererverband, S. 1111.
132 Vgl. Protokoll Hamburg, 1928, S. 118; ähnlich argumentierte Max Urich vom DMV, Berlin, ebenda, S. 112.
133 Vgl. ebenda, S. 118.

schußsitzung vom 29. Juni 1928, eine »gewisse Rationalisierung« sei in Ordnung, aber alle weitergehenden Forderungen würden darauf hinauslaufen, »daß die Verbände schließlich nur noch als Verwaltungsorgane des Bundes gelten würden«[134]. Der Vorschlag des Bundesvorstandes wurde im Bundesausschuß am 29. Juni 1928 abgelehnt. Als Kompromiß setzte sich die Lösung durch, daß zunächst in zwei oder drei Bezirken Prozeßvertreter des Bundes eingestellt und die Vertreter der großen Verbände auch den kleinen Gewerkschaften zur Verfügung gestellt werden sollten[135].

---

134 Vgl. Kukuck/Schiffman, Quellen III, Dok. 194, S. 1129.
135 Vgl. Kukuck, Wiederaufschwung, S. 177 sowie Leipart auf dem Hamburger Kongreß, Protokoll Hamburg, 1928, S. 97.

III. Kontinuität und Wandel im Führungs- und Verwaltungsstab

Der Skizzierung von Organisationsaufbau und Bürokratieentwicklung im vorigen Kapitel folgt nun eine Analyse der »inneren« personellen Strukturen der ADGB-Spitze. Welche Auswirkungen hatten die Aufgabenerweiterung und die stärkere Machtstellung des Dachverbandes auf die Zusammensetzung des Bundesvorstandes und des Mitarbeiterstabes im Bundesbüro? Verändern sich »biographische Muster«, entstehen neue Funktionärstypen? Zunächst werden das vorherrschende Funktionärsbild der Weimarer Zeit und die Entwicklung der Funktionärsschulung geschildert. Wieweit das Funktionärsbild mit der Realität im Bundesvorstand und Verwaltungsstab übereinstimmte und ob sich die neuen Bildungsmöglichkeiten in der Zentrale des ADGB auswirkten, wird die Untersuchung von Binnenstruktur und Sozialprofil des Bundesvorstandes und seines Angestelltenstabes zeigen.

1. Das Funktionärsbild der Weimarer Zeit

Das »Korrespondenzblatt« beschrieb in einem Nachruf den am 26. Dezember 1920 verstorbenen Carl Legien als einen jener alten Genossen, »die mit der Bewegung auf *allen* Gebieten aufs engste vertraut waren und ihre Kräfte in *allen* Zweigen erprobt hatten«. Legien sei zugleich »Redner wie Artikelschreiber, Statistiker wie Organisator und Gewerkschaftsführer wie Politiker« gewesen[1]. Auch Legiens Nachfolger Leipart wurde als ein solcher »Alleskönner« charakterisiert[2]. Das »Korrespondenzblatt« klagte gleichzeitig darüber, daß »mit dem Wachstum der Gewerkschaften« jene »Universalmenschen« immer seltener würden; »sie machen den Spezialisten Platz, von denen ein halbes Dutzend Kräfte dazu gehören,

---
1 Vgl. Kbl., 31. Jg., Nr. 1, 1. 1. 1921, S. 2.
2 Vgl. Kbl., 31. Jg., Nr. 5, 29. 1. 1921, S. 64.

den einen Mann zu ersetzen, wenn sich die Führerkraft des einen so leicht von vielen ersetzen lassen könnte«[3].

Das Organ des ADGB registrierte damit einen Wandel, der angesichts der immer komplizierter werdenden Aufgaben der Gewerkschaften unausweichlich war. Das breite gewerkschaftliche Engagement in der Sozial- und Wirtschaftspolitik und in der allgemeinen Staatspolitik erforderte Fachwissen in sehr unterschiedlichen Bereichen, die von jenen traditionellen Führerpersönlichkeiten allein kaum übersehen, geschweige denn bewältigt werden konnten.

Eduard Bernstein unterschied 1911 den »echten Führer«, der nur von der Rücksicht auf das Ziel und nicht von formalen Weisungen geleitet sei, von jenem Gewerkschaftsbeamten, der an »den Buchstaben des Statuts oder seiner Instruktionen« gebunden sei[4]. Sieht man von jenen Funktionären ab, die reine Verwaltungstätigkeiten ausübten, so läßt sich diese Unterscheidung Bernsteins zumindest für die Weimarer Jahre nicht mehr aufrechterhalten. Theodor Cassau behauptete 1924 sogar, das gewerkschaftliche Beamtenwesen sei »von seiner Entstehung an nur zum Teil Exekutivorgan gewesen und zum erheblichen Teil stets berufsmäßiges Führerelement«[5]. Die Deutsche Zentralstelle für Berufsberatung der Akademiker beschrieb den Gewerkschaftsbeamten 1929 in ihren »Merkblättern für Berufsberatung« als weisungsgebundenen »Beamten«, der jedoch »in vielen Fällen seinen Mitgliedern verantwortlich, ihr Beauftragter, ihr Führer« sei[6].

Gewerkschaftliche Publikationen der Weimarer Zeit zeichneten die Gewerkschaftsbeamten als Menschen, die sich für die Organisation selbstlos hingäben und unermüdlich für sie tätig seien[7]. »Jeder Schritt, jeder Atemzug, jeder Schmerz, jede Enttäuschung, jede Freude« des Gewerkschaftssekretärs stünden im Dienste der Bewegung, er stelle seine Person »der Sache gegenüber« zurück[8]. Derartige Idealisierungen hatten natürlich auch den Zweck, den verbreiteten Anfeindungen und Verleumdungen

---

3 Vgl. Kbl., 31. Jg., Nr. 1, 1. 1. 1921, S. 2.
4 Vgl. E. Bernstein: Recht und Ethik im Klassenkampf, I.: Die Rolle und die Rechte der Führer und Beamten, in: Graphische Presse, 24. Jg., Nr. 18, 5. 5. 1911, S. 151f. Gerhard Beier greift in seinem »Essay über Typus und Sprache des Gewerkschafters« Bernsteins »Theorie« gewerkschaftlicher Herrschaft auf, geht aber fälschlicherweise von einer Autorenschaft Paul Barthels, Redakteur der »Graphischen Presse«, aus. Vgl. Beier, Schulter, S. 218ff.
5 Vgl. Cassau, Wirtschaftspolitischer Ausbau, S. 79. Cassau (geb. 1884) 1919–1921 Referent im Reichswirtschaftsministerium, bis 1923 volkswirtschaftlicher Berater des DHV.
6 Fr. Schlünz: Der Gewerkschaftsbeamte, in: Merkblätter für Berufsberatung der Deutschen Zentralstelle für Berufsberatung der Akademiker e. V., Berlin Neuausgabe 1929, S. 2, in: DGB 16 I/81.
7 Vgl. Protokoll Hamburg, 1928, S. 26.
8 Vgl. Kbl., 30. Jg., Nr. 32, 7. 8. 1920, S. 432f.

der Gewerkschaftsfunktionäre entgegenzutreten[9]. Doch auch das nüchterne Berufsbild, das die »Merkblätter für Berufsberatung« beschrieben, setzte für die Tätigkeit des Gewerkschaftssekretärs außerordentliche charakterliche Eigenschaften voraus.

Schlünz, 1921/22 Dozent an der Akademie der Arbeit und anschließend an der Düsseldorfer Wirtschaftsschule, skizzierte als Autor der »Merkblätter« folgende Voraussetzungen, die ein Gewerkschaftssekretär mitzubringen hatte:

> »Körperliche Leistungsfähigkeit, ein Nervensystem, das nicht leicht ermüdbar und stärksten Anspannungen gewachsen ist, praktische Psychologie in Menschenkenntnis und Behandlung verschiedenster Persönlichkeiten und gesellschaftlicher Gruppen, Diplomatie, Taktik und Anpassungsfähigkeit in Verhandlung, Besprechung und Sitzung, Überzeugungstreue, pädagogisches Geschick in der Behandlung und Schulung von Massen, umfassendes, lebendiges Wissen über Organisation, Wirtschaft und Gesellschaft.«[10]

Ähnlich umfassend beschrieb Schlünz das Arbeitsgebiet des besoldeten Funktionärs. An erster Stelle stand dabei »die Vertretung der Rechtsinteressen des Arbeiters im Wirtschaftsprozeß«. Diese Aufgabe erfordere einen »gründlichen Einblick in die Wirtschaftsverhältnisse«. Als nächstes nannte er den »juristischen Aufgabenkreis«, der durch den Aufbau des Arbeitsrechts »ungemein« erweitert worden sei. Schlünz zählte unter anderem die Rechtsberatung und Vertretung der Mitglieder (z.B. beim Arbeitsgericht) und das Tarif- und Schlichtungswesen auf. Als drittes kam die Vertretung der Mitgliedschaft in »sozialen Institutionen« (z.B. Arbeitsämter, Sozialversicherung) hinzu. Außerdem müsse der Gewerkschaftsbeamte »ständig bemüht sein, die Macht der Organisation zu stärken«. Das bedeute nicht nur Werbung von Mitgliedern, sondern auch Disziplinierung und Schulung vor allem der jugendlichen Mitglieder[11]. Die Stellung der Gewerkschaft als einer »im gewissen Sinne öffentlich-

---

9 Ein skurriles Beispiel für die Anfeindungen gegenüber Gewerkschaftsfunktinären ist jener anonyme Drohbrief, den die Berliner DMV-Sekretäre Max Urich und Otto Ziska im Sommer 1923 erhielten. Der Briefeschreiber forderte die beiden ultimativ dazu auf, den Generalstreik zu proklamieren, anderenfalls sie ihren »elenden Geist« zwischen dem 13. und 15. Juli aushauchen würden. Er besitze zwei Ladestreifen à 8 Patronen. Damit werde er soviele »reformistische Gewerkschaftsführer niederknallen«, bis er von den »Regierungshetzhunden« gestellt werde. Vgl. ZA FDGB/NL 54/47.
10 Schlünz: Der Gewerkschaftsbeamte (vgl. o. Anm. 6), S. 5. Vor seiner Tätigkeit an der Düsseldorfer Wirtschaftsschule war Schlünz Lehrer am Dinta (Deutsches Institut für technische Arbeitsschulung, 1925 vom Verein Deutscher Eisenhüttenleute gegründet) und Parteiredner für die SPD, vgl. DGB 16 I/83. Zum Dinta vgl. z.B. Winkler, Schein, S. 617f. Zur Person Schlünz' vgl. auch F. Gumpert: Die Bildungsbestrebungen der freien Gewerkschaften, Jena 1923, S. 50.
11 Vgl. Schlünz: Der Gewerkschaftsbeamte (vgl. o. Anm. 6), S. 1–3.

rechtlichen Institution« [!] erfordere vom Gewerkschaftsbeamten, seine Organisation öffentlich vertreten zu können. »Die Gewerkschaft ist wirtschaftspolitischer Faktor der heutigen Gesellschaft geworden. Der Gewerkschaftsbeamte ist sein Ausdruck.«[12]

Natürlich konnte in der Realität nicht erwartet werden, daß ein Gewerkschaftssekretär auf all den beschriebenen Gebieten gleichermaßen beschlagen war. In den gewerkschaftlichen Stellenausschreibungen wurde denn auch auf den jeweiligen Tätigkeitsbereich hin differenziert. So sollte ein »Arbeitersekretär«, der die Mitglieder rechtlich zu beraten und zu vertreten hatte, »Erfahrung in Rechtssachen«, eine »mehrjährige Praxis« aufweisen und die einschlägige Gesetzgebung beherrschen. Voraussetzung für die Stelle eines Sekretärs bei einem Ortsausschuß war zum Beispiel Kenntnis der sozialpolitischen Gesetze, »organisatorische sowie rednerische Befähigung«[13].

Schlünz machte jedoch mit seiner Aufzählung der Tätigkeitsfelder des Gewerkschaftssekretärs deutlich, wie sehr sich die Anforderungen an die Funktionäre gewandelt hatten. War damit eine Tendenz der Professionalisierung angedeutet, so verwies Schlünz andererseits darauf, daß es für den Gewerkschaftsbeamten »keine schulmäßige Fachausbildung« gebe. »Wirtschaftliche Lebenserfahrung« und »Erfahrung der funktionellen Mitarbeit in seiner Organisation« bildeten »die wertvollste Grundlage aller theoretischen Bildung«, die durch gewerkschaftliche wie staatliche Institute wahrgenommen werden konnte[14]. Dies deckte sich mit jener in den Gewerkschaften verbreiteten Auffassung, daß alle hauptamtlichen Funktionäre vor ihrer Anstellung ehrenamtlich in ihren Verbänden tätig gewesen sein mußten. Auf zahlreiche beim ADGB-Vorstand eingegangene Bewerbungen wurde fast stereotyp geantwortet: »Die Anstellung von Gewerkschaftsfunktionären erfolgt in der Regel erst dann, wenn die Betreffenden schon sehr lange in ihrer Berufsorganisation als Funktionär tätig gewesen sind. Ein erlernter Beruf ist die Stellung eines Gewerkschaftssekretärs nicht.«[15] Überhaupt deckten sich die Vorstellungen des

---

12 Vgl. ebenda, S. 3. Ähnlich wurde das Aufgabengebiet des Gewerkschaftsbeamten von den christlichen Gewerkschaften beschrieben, vgl. Alphons Nobel (Chefredakteur der christl.-gewerkschaftl. Tageszeitung »Der Deutsche«): Die Gewerkschaften. Die deutsche Wirtschaft und Ihre Führer, Bd. II, Gotha 1925, S. 123f.
13 Stellenausschreibungen z. B. in: Cbl., Jg. 28, Nr. 51, 21. 12. 1918, S 474, und in Kbl. 32. Jg., Nr. 2, 14. 1. 1922, S. 24, und Nr. 17, 29. 4. 1922, S. 236.
14 Vgl. Schlünz: Der Gewerkschaftsbeamte (vgl. o. Anm. 6), S. 5f.
15 Vgl. Schreiben Alban Welkers (ADGB-Bundesbüro) vom 15. 3. 1929, in: HiKo NB 729 II/338. Weitere Bewerbungs- u. Antwortschreiben befinden sich in den Resten der ADGB-Vorstandskorrespondenz (DGB-Archiv).

Bundesvorstandes und die Darstellung in den »Merkblättern« weitgehend. Leipart hatte an den »Auffassungen im allgemeinen nichts auszusetzen«, auch Erdmann fand die Broschüre »einwandfrei«[16].

Bei dem »ungeschriebenen Gesetz« der ehrenamtlichen Arbeit als Voraussetzung für eine gewerkschaftliche Karriere handelte es sich jedoch um einen Anspruch, der in der Weimarer Zeit – wenn zunächst auch zögernd – Stück für Stück verletzt wurde[17].

Ein weiterer gewerkschaftlicher Grundsatz war, »daß auf den Verbandsbüros der tüchtige und bewährte Verbandskollege dominieren muß«[18]. Es liege an der »Eigenart der Aufgaben der Gewerkschaften, die zu erfüllen fast ausschließlich den aus dem gleichen Beruf eines Verbandes hervorgegangenen Vertrauensmännern der Arbeit zufällt«[19]. Akademiker sollten als Volkswirtschaftler und Juristen höchstens beratende Funktionen ausüben. Die starken Vorbehalte der Gewerkschaften gegen das »akademische Element« hatten ihre Ursache in der Überzeugung, daß der berufs-, gewerkschafts- und meist auch klassen»fremde« Akademiker die »Lebenssituation« des Arbeiters nicht ausreichend kenne und dementsprechend dessen Interessen nicht effizient genug vertreten könne[20].

Die Realität brachte eine andere Entwicklung. Besonders ab Mitte der zwanziger Jahre gab der ADGB seine bisher in der »Akademikerfrage« bewiesene Zurückhaltung auf. Unter dem Hinweis, daß auch die Unternehmerverbände »diesen Weg« mit Erfolg beschritten hätten, stellte er einige jüngere Akademiker im Bundesbüro ein[21]. Johann Sassenbach diagnostizierte rückblickend gar eine »langsame, aber stetige Invasion junger Akademiker, die keine innere Verbindung mit der Gewerkschaftsbewegung hatten«[22]. Trotz dieser Entwicklung hielt sich die Überzeu-

---

16 Vgl. DGB 16/I/82, 83. Ähnlich äußerten sich Peter Graßmann und Clemens Nörpel. Leipart meinte gar, es könne nicht schaden, »wenn jeder Gewerkschaftsfunktionär das Merkblatt lesen würde!« Zum Vorgang s. DGB 16 I/78–87.
17 Vgl. ausführlicher unten Teil 1, III. 3. 2.
18 So die »Holzarbeiter-Zeitung« im Januar 1925, zit. n. GZ, Jg. 35, Nr. 4, 24. 1. 1925, S. 60.
19 Welker in einem Schreiben vom 11. 12. 1929 (DGB 20/418).
20 In den Diskussionen und Publikationen der Arbeiter- und Gewerkschaftsbewegung finden sich zahlreiche Beispiele für die Akademikerfeindlichkeit; vgl. auch: G. Auernheimer: »Genosse Herr Doktor«. Zur Rolle von Akademikern in der deutschen Sozialdemokratie 1890–1933, Gießen 1985. Kritisch hierzu: F. Walter: Konfliktreiche Integration: Arbeiterkultur im Kaiserreich und in der Weimarer Republik. Eine Zwischenbilanz, in: IWK 24 (1988), S. 54–88, S. 79ff.
21 Vgl. Jb. ADGB, 1925, S. 219f.
22 Vgl. J. Sassenbach: Lebenserinnerungen 1936, Transkript mit vorläufigem Register, hrsg. v. H.-J. Haubold, Mannheim 1978, in: DGB/NL Sassenbach (ebenda auch Durchschlag d. Orig.), Zitat: S. 177.

gung, daß der Beruf des Gewerkschaftsbeamten dem Akademiker »schwerlich zugänglich« sei[23].

Der Gewerkschaftssekretär kam aus der »Masse«, arbeitete sich in der »Bewegung« zum angestellten Beamten und eventuell zum »Führer« empor. Daß er durch diesen gesellschaftlichen Aufstieg vom »Arbeiter« zum »Angestellten« zu etwas »Wesensanderem« wurde, wurde nicht nur vom linken Flügel der Arbeiterbewegung kritisiert[24], sondern auch von Theodor Cassau, keineswegs als Linkssozialist verdächtig, sowie von dem bürgerlichen Sozialreformer Ludwig Heyde festgestellt[25]. Die Schlußfolgerungen waren jedoch äußerst verschieden. Während die Autoren des »Roten Gewerkschaftsbuches« in diesem Aufstieg die Entfremdung der hauptamtlichen Funktionäre von den einfachen Mitgliedern und Arbeitern witterten und als Aufgabe der »revolutionär-oppositionell eingestellten Gewerkschafter« den Kampf gegen die »Bonzokratisierung« und für die »Revolutionierung der Gewerkschaften« ansahen[26], verband Cassau mit seiner Kritik an der »Verkleinbürgerlichung« des gewerkschaftlichen Beamten- und Führertums das glatte Gegenteil. Cassau kritisierte, daß die Gewerkschaften ihren führenden Funktionären nicht den Lebensstandard gewährten, der diesen aufgrund ihrer Stellung zustände. Die deutschen Gewerkschaften würden ihrer »Führern« nur ein Einkommen zubilligen, »das dem der unteren Gruppen der mittleren Beamtenschaft gleichkommt«. Der Gewerkschaftsführer müsse jedoch »die Möglichkeit bekommen, als Gleichstehender auch vor allem gesellschaftlich in den Schichten zu verkehren, mit denen er beruflich zu tun hat«. Um die »Industrie wirklich zu erobern«, müsse er auch gesellschaftlich vom »Handwerksmeister« zum »Generaldirektor« emporsteigen[27].

Die Befürchtung einer »Entfremdung« der gewerkschaftlichen Führung von den »Massen« war ein Thema, das schon in den Jahren vor dem Ersten Weltkrieg breit und kontrovers diskutiert wurde[28]. War in der Kaiserzeit selbst die Beschäftigung besoldeter Kräfte noch umstritten

---

23 Vgl. Schlünz: Der Gewerkschaftsbeamte (vgl. o. Anm. 6), S. 7.
24 Vgl. Das Rote Gewerkschaftsbuch, bes. S. 91 f.
25 Vgl. Cassau, Führerproblem, S. 12; Heyde, Führerproblem, in: Internationales Handwörterbuch, Bd. 1, S. 549. Heyde, Vorstandsmitglied der »Gesellschaft für soziale Reform« und Mitherausgeber der »Sozialen Praxis«, sprach von einem »ständischen Aufstieg«.
26 Vgl. Das Rote Gewerkschaftsbuch, S. 92 und 95.
27 Vgl. Cassau, Führerproblem, S. 19f. Auch hier trafen sich Cassau und die Autoren des »Roten Gewerkschaftsbuches« in ihrer Kritik. Dort hieß es, viele führende Funktionäre zeigten noch den »Handwerkerzuschnitt«. Natürlich begründeten die linken Kritiker die Ursachen dieser Erscheinung anders: Die »Nur-Gewerkschaftsarbeit« verenge den »Führerblick« jener, die »vielfach noch ›von der Pike auf‹ gedient haben«, vgl. Das Rote Gewerkschaftsbuch, S. 89.
28 Vgl. dazu oben Teil 1, I. 1.

gewesen, so war dies innerhalb der Gewerkschaftsbewegung der Weimarer Republik im großen und ganzen kein Thema mehr. Auseinandersetzungen gab es jedoch um die Gehaltshöhe.

Im Februar 1920 stellte der Bundesausschuß fest, »daß einzelne Organisationen in bezug auf die Gehaltsbemessung noch sehr weit hinter dem, was die Zeitverhältnisse gebieten, zurückstehen«. Er hielt im Interesse der Gewerkschaftsbewegung eine Erhöhung der Gehälter für wünschenswert[29]. Im Dezember 1921 schlug die Gehaltskommission des ADGB eine Erhöhung der Vorstandsgehälter vor, da sie bei deren »Zurückbleiben hinter der allgemeinen Lohnbewegung einen Zusammenbruch unserer Gewerkschaftsführung« befürchtete. Denn »alle unsere intelligenten Führer haben täglich die Möglichkeit, wollen sie sich nur von Gehaltsfragen leiten lassen, diese in anderen Stellungen zu verdoppeln«[30]. In der Tat waren aus dem Kreis der Angestellten Klagen über unzureichende Bezahlung laut geworden. Alfred Striemer, seit 1920 Redakteur der »Betriebsräte-Zeitung« und seit 1921 Angestellter in der Sozialpolitischen Abteilung, beschwerte sich mehrmals über sein Gehalt. Er habe vor dem Kriege als leitender Angestellter in der Industrie mehr als das Doppelte eines hochqualifizierten Handarbeiters verdient. Heute verdiene er weniger als ein Handarbeiter. Falls keine wesentliche Änderung eintrete, sei er gezwungen, wieder in die Industrie zurückzukehren[31].

Ein Streitpunkt war die Abstufung der Gehälter für die im Bundesvorstand Beschäftigten, von der sogenannten »Hilfskraft« bis hinauf zum Vorsitzenden. Während Dißmann sich für eine stärkere Nivellierung der Gehälter aussprach, drohte Leipart sogar mit seinem Rücktritt, weil in der geplanten Neuregelung im Dezember 1921 sein Amt als Vorsitzender nicht mit der entsprechenden Besoldungshöhe hervorgehoben war[32].

Die monatlichen Anfangs- und Endgehälter der Bundesvorstände und der im Bundesbüro beschäftigten Angestellten staffelten sich im August 1919 von 400 bis 575 Mark für »Hilfsarbeiter« (z. B. Schreibkräfte, tech-

---

29 Vgl. Ruck, Quellen II, Dok. 5, S. 140.
30 Vgl. ebenda, Dok. 50, S. 416.
31 Vgl. Striemer an Wissell, undatiert, vermutlich 1922, in: BArch NL 209/19, 2386; vgl. auch Schreiben vom 6. 5. 1922 an ADGB-Vorstand, unsigniert, in: ebenda, 2383/2384. Striemer ging nach seinem Abschied vom Bundesbüro im Frühjahr 1923 zur Firma Borsig, Berlin als Redakteur der Werkszeitung. Zur Person Striemers vgl. besonders unten Teil 2, III. 2.
32 Diskussion in der BA-Sitzung vom 13.–17. 12. 1921, Beitrag Dißmann und Leipart vgl. Ruck, Quellen II, Dok. 50, S. 416 u. 449f.

nisches Personal) bis zu 1000 bis 1250 Mark für den Bundesvorsitzenden. Während der Inflationszeit wurden die Gehälter häufig erhöht[33].

Im Januar 1928 erhielten die Vorstandsmitglieder und die Angestellten des Vorstands folgende Monatsgehälter:

Erster Vorsitzender	940 RM
Hauptkassierer, erster Redakteur	785 RM
Vorstandsmitglieder und Angestellte in leitender Stellung	615–785 RM
Angestellte mit verantwortlicher Tätigkeit	530 RM
Hilfsarbeiter	392 RM
Hilfsarbeiterinnen	212–323 RM
Bezirkssekretäre	590 RM[34]

In der Weltwirtschaftskrise wurden die Gehälter mehrmals gekürzt[35].

Wenn bisher durchweg von *dem* Gewerkschaftsbeamten die Rede war, so ist dies keine Folge ignoranter »männlicher« Sprachregelung. In der Tat war *die* Gewerkschaftsbeamtin in den männlich dominierten deutschen Gewerkschaften eine große Seltenheit. Dies galt selbst für Verbände mit hohem weiblichem Mitgliederanteil. In den ehrenamtlichen Funktionen (Betriebsratsmitglieder usw.) waren Frauen deutlich unterrepräsentiert. Die meisten weiblichen Gewerkschaftsangestellten waren als sogenannte »Hilfskräfte«, d.h. als Schreibkräfte beschäftigt. Nur wenige Frauen arbeiteten in gehobenen Stellungen, so z.B. Gertrud Hanna, 1907 bis 1933 Leiterin des Arbeiterinnensekretariats beim Bundesvorstand; Else Niewiera, 1927 bis 1933 Vorstandsmitglied im Textilarbeiterverband, oder Toni Sender, Redakteurin beim DMV und ab 1926 Leiterin der »Betriebsräte-Zeitschrift« des DMV. Männliche Verbandsvorstände sahen den »tieferen Sinn« der geringeren Aktivität der Frauen »eben in der Natur der Frau selbst« begründet[36]. »Typisch weibliche« Eigenschaften waren es denn auch, die an der Gewerkschaftsbeamtin geschätzt wurden:

---

33 Gehälter 1919 vgl. ebenda, Dok. 3, S. 96; Gehaltserhöhungen vgl. ebenda, Dok. 15, S. 184, Dok. 29, S. 295, Dok. 67, S. 662f. Vgl. auch »Gehaltsregelung für den Vorstand, die Angestellten und Hilfsarbeiter des ADGB, Juli 1920«, in: HiKo NB 593/40.
34 Vgl. die Übersicht über die Höhe der Gehälter der Verbandsangestellten, Januar 1928, in: HiKo NB 80/26. 1927 verdiente ein ADGB-Bezirkssekretär 535 RM/Monat, ein Geschäftsführer einer örtlichen Zahlstelle des DMV 595 RM. Vgl. Kukuck/Schiffmann, Quellen III, Dok. 166, S. 961; vgl. auch Borsdorf, Böckler, S. 239f.
35 Vgl. Jahn, Quellen IV, Dok. 54, S. 388ff., Dok. 132, S. 726. Wilhelm Leuschner wurde bei seinem Eintritt in den BV (ab 1. 1. 1933) ein Gehalt von 575 RM zugesagt. Vgl. Notiz Leuschners v. 22. 6. 1932, in: HStA, Abt. 029 NL Leuschner 3/3.
36 So der Vorsitzende des Verbandes der Buchbinder, Eugen Haueisen: Die Frauen in den Gewerkschaften, in: Die Arbeit 5 (1928), S. 764ff., Zit.: S. 766.

die »warmherzige Kraft« und »selbstlose Hingabe an die Sache«, die »anmutige Sachlichkeit ihres Auftretens«[37].

Das Idealbild vom Gewerkschaftsbeamten in der Weimarer Republik war eine Mischung aus Traditionellem (kein Beruf »im eigentlichen Sinne«, nicht erlernbar, Vorbehalte gegen Akademiker) und Elementen, die den neuen Anforderungen an die gewerkschaftlichen Verwaltungsapparate geschuldet waren. Unter den Bedingungen der Weimarer Republik – Institutionalisierung und »Verrechtlichung« gewerkschaftlicher Interessenvertretung – war nicht mehr so sehr der »Agitator«, sondern der mit den entsprechenden Verordnungen und Gesetzen vertraute, in Verhandlungen sicher auftretende, erfolgreiche Funktionär gefragt. Der Gewerkschaftsbeamte sollte in seinem Wesen die neue gewerkschaftliche Stellung im Staat verkörpern. Dafür waren eingehende Kenntnisse, insbesondere auf wirtschaftlichem und rechtlichem Gebiet erforderlich.

Der realen Entwicklung zum Trotz galt jedoch weiterhin der Gewerkschaftspraktiker, der sein Handwerk von der »Pike« auf gelernt hatte und sein Wissen gegebenenfalls durch Kurse und ähnliches erweiterte, als der Idealtypus.

2. Funktionärs- und Nachwuchsschulung

Die Führungen und Mitarbeiterstäbe der Einzelgewerkschaften wie auch des Spitzenverbandes waren auf die neuen Erfordernisse der Mitarbeit in Staat und Gesellschaft nur ungenügend vorbereitet. Theodor Cassau kritisierte 1924, daß die Gewerkschaften, die vor dem Kriege keinerlei wirtschaftspolitische Tätigkeit ausgeübt und sich auch um eine »wissenschaftlich eingehende Beobachtung der industriellen Entwicklung« wenig gekümmert hätten, nun nach dem Krieg »ihre verdienten Kräfte in die

---

37 So die Charakterisierung Gertrud Hannas in: Internationales Handwörterbuch, Bd. 1, S. 750 und in: GZ, Jg. 42, Nr. 27, 2. 7. 1932, S. 431f. Zum Frauenanteil an Betriebsräten vgl. z.B. GZ, Jg. 41, Nr. 10, 7. 3. 1931, S. 148. Zum Thema Frauen und Gewerkschaften allg. G. Hanna: Die Frauen in den Gewerkschaften, in: Die Arbeit 5 (1928), S. 693–703; Schwarz, Handbuch, S. 225ff.; Gisela Loseff-Tillmanns: Frau und Gewerkschaft, Frankfurt/M. 1982; dies.: Frauenemanzipation und Gewerkschaften, Wuppertal 1978; Ute Frevert: Frauen im freigewerkschaftlichen »Zentralverband der Angestellten« – oder das Auseinanderklaffen von allgemeiner und Frauenemanzipation in der sozialdemokratischen Praxis der Weimarer Republik, in: Geschichte der Arbeiterbewegung. ITH-Tagungsberichte, Bd. 13, Teil 1, Wien 1980, S. 234–249.

Front« stellten, »ohne ausreichende Prüfung, ob diese den neuen Aufgaben gewachsen waren«[38].

Trotz dieser Bildungsdefizite hielten sich in der Weimarer Zeit starke Vorbehalte gegen eine zweckgerichtete, fundierte Funktionärsausbildung. Der ADGB konnte sich auf seinem Nürnberger Kongreß 1919 lediglich dazu entschließen, die während der Kriegszeit ausgesetzten, von der Generalkommission veranstalteten gewerkschaftlichen Unterrichtskurse wieder einzuführen[39]. Erst mit Beginn der zwanziger Jahre engagierte er sich für Bildungseinrichtungen, die auf Initiative staatlicher Stellen oder von Einzelpersönlichkeiten, wie z. B. dem Vorsitzenden des Dachdecker-Verbandes, Theodor Thomas, errichtet worden waren.

Thomas hatte sich besonders für die Errichtung einer »Arbeiterakademie« in Frankfurt am Main engagiert. Im Mai 1921 wurde die mit der Frankfurter Universität verbundene »Akademie der Arbeit« (AdA) eröffnet[40]. Im Jahre 1922 kamen die beiden Wirtschaftsschulen in Berlin und Düsseldorf als weitere staatliche Institutionen der Funktionärsschulung hinzu. Beide Einrichtungen wurden vom preußischen Staat finanziert (im Falle der AdA zusätzlich von der Kommune) und von den Gewerkschaften aller drei Richtungen mit Schülern beschickt. Für den Unterhalt der Schüler hatten die Gewerkschaften aufzukommen. Über die Lehrpläne konnten die Gewerkschaften durch ihre Beteiligung an den jeweiligen Kuratorien der Institute mitentscheiden.

Beide Schultypen hatten die Aufgabe, Arbeiter, Angestellte und Beamte für ihre Tätigkeit »in der wirtschaftlichen, sozialen und politischen Selbstverwaltung« zu schulen[41]. Während die AdA den Anspruch hatte, ihren Hörerinnen und Hörern eine hochschulmäßige Ausbildung zu vermitteln – Unterrichtsfächer waren Wirtschafts- und Staatslehre, Naturwissenschaften und »Grundlagen einer philosophischen Bildung«[42] – waren die Wirtschaftsschulen mehr auf die Praxis der Angestellten in

---

38 Vgl. Cassau, Wirtschaftspolitischer Ausbau, S. 82ff. Zu Bildungsdefiziten in wirtschaftspolitischen Fragen vgl. auch Potthoff, Gewerkschaften (1979), S. 447; O. Neuloh: Arbeiterbildung im neuen Deutschland, Leipzig 1930, S. 68; F. Gumpert: Die Bildungsbestrebungen der freien Gewerkschaften, Jena 1923, S. 29.
39 Vgl. Protokoll Nürnberg, 1919, S. 576; Schwarz, Handbuch, S. 196f. Zu den Unterrichtskursen vgl. weiter Schönhoven, Quellen I, Dok. 66 und 67, S. 765f. und 772.
40 Zur AdA vgl. E. Michel: Akademie der Arbeit, in: Internationales Handwörterbuch, Bd. 1, S. 13; O. Antrick: Die Akademie der Arbeit in der Universität Frankfurt/M. Ideen, Werden, Gestalt, Darmstadt 1966. Zum Engagement Thomas' vgl. z. B. Ruck, Quellen II, Dok. 15, S. 194f., bes. Anm. 48; Dok. 22, S. 239f., und Dok. 23, S. 244f.
41 Vgl. Leipart/Erdmann, Arbeiterbildung, S. 29; vgl. auch F. Gumpert: Die Bildungsbestrebungen der freien Gewerkschaften, Jena 1923, S. 47ff. u. S. 51f.
42 Vgl. BA-Sitzung vom 19./20. 1. 1921, in: Ruck, Quellen II, Dok. 26, S. 280.

Gewerkschaften, Genossenschaften usw. ausgerichtet. Lehrgebiete waren hier Wirtschafts- und Sozialpolitik, Arbeitsrecht, Gewerkschaftsorganisation und kommunalpolitische Fragen[43]. Eine weitere vom Staat getragene Einrichtung der gewerkschaftlichen Schulungsarbeit war die Heimvolkshochschule Tinz. 1920 von der USPD gegründet, war sie ab 1923 im Besitz des Landes Thüringen, das die finanzielle Hauptlast trug. Als »sozialistische Weltanschauungsschule« unterschied sie sich deutlich von den vorgenannten Schultypen, die politische Neutralität zum Grundsatz hatten[44].

Die unterschiedlichen, parallel bestehenden Bildungseinrichtungen wurden nicht als optimale Lösung des Bildungsproblems gesehen. Der Bundesvorstand und auch Vertreter der Einzelgewerkschaften (Vorreiter war auch hier wieder Theodor Thomas) forderten deshalb ein koordiniertes, zentralisiertes gewerkschaftliches Bildungssystem.

Wenn ein solcher zentral gelenkter und in den verschiedenen Ebenen der Schulung aufeinander abgestimmter Aufbau der Bildungsarbeit vorerst und in letzter Konsequenz auch im weiteren Verlauf der Weimarer Republik nicht zustande kam, so hatte das verschiedene Gründe: Inflationskrise, Widerstände von großen Einzelgewerkschaften, besonders des DMV, und nicht zuletzt auch die sehr unterschiedlichen Auffassungen von der politischen wie auch qualitativen Gestaltung der Bildungsarbeit.

Die Verschärfung der Inflation gefährdete die eben erst begonnene gewerkschaftliche Schulungsarbeit. Während die AdA und die Düsseldorfer Wirtschaftsschule mit Einschränkungen weitergeführt werden konnten, mußte die Berliner Wirtschaftsschule 1923 schließen. Erst 1926 wurde sie wiedereröffnet[45].

Der ADGB machte jedoch nicht allein die Inflationskrise, sondern auch die mangelnde Koordination der gewerkschaftlichen Bildungsarbeit für

---

43 Vgl. H. Seelbach: Was macht die Düsseldorfer Wirtschaftsschule?, in: Kbl., 32. Jg., Nr. 34, 2. 9. 1922, S. 493.
44 Vgl. Winkler, Schein, S. 616; Langewiesche, Kompetenzerweiterung, S. 23ff.; K. Peschke: 10 Jahre Heimvolkshochschule Tinz, in: Vierteljahreshefte der Berliner Gewerkschaftsschule, 1931, S. 23ff. Zu lokalen, gewerkschaftlichen Schulungseinrichtungen vgl. Woldt, Wirtschaftliche Schulungsarbeit, S. 31ff.; Bieber, Bd. 2, S. 788ff.; 10 Jahre Freigewerkschaftliches Seminar in Köln am Rhein im August 1930. Stätten und Formen gewerkschaftlicher Bildungsarbeit, hrsg. vom Vorstand des ADGB, H. 1, Berlin 1930; F. Fricke: 10 Jahre gewerkschaftliche Bildungsarbeit in Berlin, in: Vierteljahreshefte der Berliner Gewerkschaftsschule, 1931, S. 75ff. Zur gewerkschaftlichen Bildungsarbeit vgl. außerdem P. Krug: Gewerkschaften und Arbeiterbildung von den Anfängen bis zur Weimarer Republik, Köln 1980; H. Feidel-Mertz: Zur Ideologie der Arbeiterbildung, Frankfurt/M. 1972 (2. Aufl.), bes. S. 68ff.; N. Reichling: Akademische Arbeiterbildung in der Weimarer Republik, Münster 1983.
45 Vgl. Jb. ADGB, 1923, S. 172, und Jb. ADGB, 1926, S. 186.

die Gefährdung der staatlichen Schulungseinrichtungen verantwortlich[46]. Auf dem Kongreß in Leipzig 1922 wurde deshalb vom Dachdecker-Verband die Einführung eines »Kulturbeitrages« der Mitgliedsverbände an den Bund gefordert, um die Aufrechterhaltung und den Ausbau der gewerkschaftlichen Bildungsarbeit zu sichern. Die alarmierende Nachricht von der Ermordung Walter Rathenaus verhinderte eine Beratung dieses Antrags. Er wurde zur Behandlung an den Bundesausschuß verwiesen[47]. Dort wurde nach längerer Auseinandersetzung erst im Januar 1925 auf Vorschlag des Bundesvorstandes beschlossen, daß die Mitgliedsverbände einen »Kulturbeitrag« von fünf Pfennigen pro Mitglied und Jahr an den Bund zahlen sollten. In der Aussprache erläuterten Leipart und Graßmann, wie sich der Bundesvorstand den Aufbau der gewerkschaftlichen Bildungsarbeit vorstellte. Die Bildungsarbeit sollte zentralisiert und stufenweise gegliedert werden. Als erste Stufe sollten die Gewerkschaftsfunktionäre durch die Praxis in den Verbänden (Volontärstätigkeit) und durch verbandseigene Bildungsorgane geschult werden. Zweite Stufe sollten örtliche Kurse sein, dritte die Heimvolkshochschule Tinz, vierte die Wirtschaftsschulen und fünfte Stufe die AdA[48].

Sieben Verbände, darunter der DMV, stimmten gegen die Einführung des »Kulturbeitrages«[49]. Der Vorsitzende des DMV, Robert Dißmann, kündigte bereits vor der Abstimmung an, daß sein Verband sich auch von einem »Zwangsbeschluß« nicht umstimmen lasse, dazu böten die Statuten des ADGB keine Handhabe. Auch in der Folgezeit beugte sich der Verband nicht dem Beschluß und nahm konsequenterweise den Bildungsfonds auch nicht in Anspruch. Statt dessen baute er sein eigenes Bildungssytem aus und eröffnete 1926 seine Wirtschaftsschule in Bad Dürrenberg[50]. Der DMV kritisierte vor allem die Verquickung von Staat und Gewerkschaften im Bereich der Bildungsarbeit, wie sie sich gerade bei der AdA und den Wirtschaftsschulen zeigte. Während Dißmann die Heimvolkshochschule Tinz positiv beurteilte, »weil die Lehrer dort der Arbeiterbewegung verständnisvoller gegenüberstehen«, stellte er fest, daß der DMV für die staatlichen Institute in Düsseldorf und Berlin keine »Verpflichtung übernommen« habe und auch nicht gewillt sei, diese zu halten. Auch mit der AdA habe der Verband schlechte Erfahrungen

---

46 Vgl. Jb. ADGB, 1922, S. 204.
47 Vgl. Schwarz, Handbuch, S. 199.
48 Vgl. Kukuck/Schiffmann, Quellen III, Dok. 29, S. 284 und 287.
49 Vgl. ebenda, S. 288; GZ, Jg. 35, Nr. 6, 7. 2. 1925, S. 83. Wer die übrigen Verbände waren, läßt sich weder aus dem Ausschußprotokoll noch aus dem Pressebericht in der GZ ermitteln.
50 Zur DMV-Schule in Bad Dürrenberg vgl. z.B. A. Knoll: Die Wirtschaftsschule des Metallarbeiter-Verbandes, in: GZ, Jg. 36, Nr. 14, 3. 4. 1926, S. 196f.

sammeln müssen[51]. Noch deutlicher war der Leiter der DMV-Schule in Dürrenberg, Engelberg Graf. 1926 kritisierte er AdA und Wirtschaftsschulen wegen des »Fehlens eines bestimmten Arbeiter-Klassengesichtspunktes in diesen Schulen«[52].

Im Gegensatz dazu feierte der ADGB-Vorstand die Tatsache, »daß der Staat heute gegenüber dem Bildungswesen der Gewerkschaften eine wesentlich andere Stellung einnimmt« und es als seine »Pflicht anerkennt«, dieses zu fördern als eine »der wertvollsten Errungenschaften der Revolution«[53]. Leipart und Erdmann betonten 1928: »Die Gewerkschaften sind mit dem Staat so stark verbunden und wollen diese Bindung, daß die Frage Staatsbejahung oder Staatsverneinung praktisch keine Bedeutung mehr hat.« Dieses »Verwachsen der Gewerkschaften mit dem Staat« habe dazu geführt, »daß der Schulung der Gewerkschaftsfunktionäre auch im öffentlichen Bildungswesen Raum geschaffen werden mußte«[54].

Die Effizienz der Schulung in den staatlichen Anstalten war auch in den Kreisen, die diese Institutionen bejahten, umstritten. Der Vorsitzende des Verkehrsbundes, Oswald Schumann, stellte in der Bundesausschußsitzung Ende Januar 1925 fest, die »hochgespannten Erwartungen« an die Akademie der Arbeit und die Wirtschaftsschulen und auch »die Erwartungen der Schüler betreffend die Erlangung einer hervorragenden Position« seien nicht erfüllt worden. Ähnlich äußerte sich Karl Thiemig vom Fabrikarbeiterverband (FAV)[55]. Der Vorsitzende des Holzarbeiterverbandes, Tarnow, behauptete gar, daß all diesen staatlichen Bildungsanstalten kein großer Erfolg beschieden sei. »Man kann Gewerkschaftsführer nicht machen, sie bilden sich auf andere Weise.« Er schlug statt dessen vor, »tüchtige junge Leute in unsere Büros [zu] nehmen und sie durch alle

---

51 Zur Haltung des DMV vgl. Ruck, Quellen II, Dok. 79 (BA-Sitzung v. 16. und 17. 2. 1923), S. 800; Kukuck/Schiffmann, Quellen III, Dok. 29 (BA-Sitzung v. 27.–29. 1. 1925), S. 283ff. Von Vertretern anderer Verbände wurde Tinz als »zu ideologisch« kritisiert, vgl. Redebeiträge Adolf Schönfelders (Zimmerer-Verband) und Oswald Schumanns (Verkehrsbund), ebenda, S. 285.
52 Vgl. GZ, Jg. 37, Nr. 1, 1. 1. 1927, S. 15. Vgl. auch Grafs Ausführungen gegenüber DMV-Betriebsräten im Oktober 1922, vgl. Protokoll der Sitzung des Reichsbeirates der Betriebsräte des DMV am 6. und 7. Oktober [1922] in der Liederhalle in Stuttgart, in: ZA FDGB/Nr. 234, S. 18. Graf meinte, die staatlichen Schulen würden die Hörer nur verwirren. Man dürfe den Schülern nicht verschiedene Anschauungen vorsetzen. Der DMV wolle nicht »nivellierend wirken, sondern revolutionär«.
53 Vgl. Jb. ADGB, 1922, S. 202.
54 Vgl. Leipart/Erdmann, Arbeiterbildung, S. 18; ähnlich die Sichtweise bei O. Heßler: Gewerkschaftliches Bildungswesen, in: Die Arbeit 9 (1932), S. 194–199.
55 Vgl. Kukuck/Schiffmann, Quellen III, Dok. 29, S. 284ff. (BA-Sitzung vom 27.–29. 1. 1925).

praktische Arbeit hindurchgehen [zu] lassen«[56]. Wenn Tarnow in der Diskussion des Bundesausschusses mit seiner Meinung auch alleine stand, so zeigt sich doch, daß gegen eine gezielte Schulung von Funktionären nach wie vor Vorbehalte bestanden.

Die relativ geringe Anzahl von Absolventen der AdA, Wirtschaftsschulen usw., die in den Organisationen eine Anstellung fanden, dürfte ein weiterer Hinweis auf ein noch bestehendes Mißtrauen sein. Nach einer Statistik des ADGB wurden in den Jahren 1922 bis 1926 in den Wirtschaftsschulen, der AdA und in Tinz insgesamt 479 Mitglieder, darunter 50 Frauen, geschult. Von den 358 Mitgliedern, die bislang noch nicht in den Verbänden angestellt waren, traten nach der Ausbildung nur 26 in den Dienst der Organisationen ein[57] – und dies in einer Zeit, in der die gewerkschaftlichen Verwaltungen nach der Inflationszeit reorganisiert und ausgebaut wurden. Vielfach erhielten die wenigen angestellten Schulabsolventen dann auch noch ihrer Qualifikation gänzlich ungemäße Aufgaben, wie Ausschreiben von Mitgliedsbüchern etc., zugeteilt[58].

Franz Josef Furtwängler, Sekretär im ADGB-Bundesbüro und selbst Absolvent der Akademie der Arbeit, verband 1924 seinen Appell nach einem der Ausbildung angemessenen Einsatz mit der Forderung, die AdA sollte weniger »Allgemeinbildung« vermitteln und statt dessen gezielter und akademisch fundierter in den fachlichen Richtungen bilden, die den Gewerkschaften Nutzen brächten (vor allem im Bereich Wirtschaft und Arbeitsrecht). Außerdem plädierte er für die Möglichkeit eines weiteren Studiums an der Universität nach Abschluß der AdA für besonders befähigte Kräfte. Er begründete dies mit dem gewerkschaftlichen Aufgabenkreis, der immer weiter in das allgemeine öffentliche und wirtschaftliche Leben übergreife. Die Gewerkschaften könnten deswegen »heute auf wissenschaftlich geschulte Mitarbeiterschaft nicht mehr verzichten«. Da sei es doch »ein unschätzbarer Vorteil, wenn wenigstens ein Teil dieser akademischen Kräfte aus dem Boden der Arbeiterklasse selbst kommt«[59].

---

56 Ebenda, S. 285. Bereits 1921 hob Tarnow hervor, daß die Gewerkschaften erst dann das »Recht der wirtschaftlichen Demokratie« richtig ausnutzen könnten, wenn sie sich »in praktischer Tätigkeit die erforderliche Sachverständigkeit angeeignet« haben. »Das theoretische Studieren und Spintisieren allein tut es nicht«, vgl. F. Tarnow: Gewerkschaftliche Zeit- und Streitfragen, Referat, gehalten auf dem 12. Verbandstag des DHV vom 5.–11. 6. 1921 in Hamburg, Berlin 1921, S. 18.
57 Vgl. Jb. ADGB, 1926, S. 188.
58 Vgl. die Schilderung des AdA-Absolventen W. Streicher: Was wird aus den Hörern der Akademie der Arbeit, in: Die Arbeit 2 (1925), S. 238–240.
59 Vgl. Furtwängler: Die gewerkschaftlichen Bildungsziele und die Akademie der Arbeit, in: Die Arbeit 1 (1924), S. 222–228, Zit.: S. 227.

Auf den möglichen Einwand, die Gewerkschaften würden es trotz aller Bildungsarbeit nicht verhindern können, daß immer mehr »routinierte Männer vom Fach« in die Gewerkschaftsbewegung hineingezogen werden müßten, entgegnete Furtwängler: »Aber die Funktionen, die diese Fachmänner (Juristen, Volkswirtschaftler usw.) bei uns – wenn auch nur beratend – ausüben, sind so wichtig und für den Gesamtkurs der Gewerkschaftspolitik so entscheidend, daß der führende Gewerkschafter auf jeden Fall imstande sein muß, die Praxis und Betätigungsrichtung seiner fachwissenschaftlichen Mitarbeiter beurteilen zu können, wenn anders er nicht vom Lenker zum Gelenkten in seiner eigenen Bewegung langsam hinabgleiten will.«[60] Deshalb müßten die Gewerkschaften »die hierfür erforderlichen Personen ausbilden«[61].

Bereits früher und im Kern noch weitgehender setzte sich Theodor Cassau für die akademische Ausbildung führender Gewerkschaftsfunktionäre ein. Cassau forderte, daß die Gewerkschaften »sich aus ihrer Mitgliedschaft für die leitenden Posten einen Nachwuchs heranziehen, der eine dem Unternehmersyndikus gleichwertige Vorbildung besitzt«[62]. Diese »Gewerkschaftssyndici« müßten auf »wirtschaftlichem, politischem, sozialpolitischem und juristischem Gebiet den besten Spezialisten der Gegenpartei gewachsen« sein[63]. Der Gefahr, daß sich angesichts der »komplizierter« werdenden Wirtschaft ein »Monopol der Führer« entwickelt, »die ihren Auftraggebern durch Intelligenz und Fachkenntnisse überlegen sind«, konnte man nach Cassau nur damit begegnen, »wenn in der Arbeiterbewegung eine starke *neue Intellektuellenschicht* geschaffen wird, die mit ihrem geistigen Leben einen Sauerteig für die gesamte Bewegung und mit ihren Fähigkeiten ein Kontrollorgan bildet«[64].

Auch Leipart und Erdmann nahmen die Forderung nach akademischer Ausbildung für leitende Funktionäre auf. Doch in den weiteren Planungen der gewerkschaftlichen Bildung spielte diese Frage keine Rolle[65].

Im Mai 1927 billigte der Bundesausschuß den Plan des Bundesvorstandes, zwei Bundesschulen zu errichten, um »unsere Funktionärsschulung

---

60 Vgl. Furtwängler: Gewerkschaftliche Zweckbildung und Akademie der Arbeit, in: Die Arbeit 2 (1925), S. 228–238; S. 277–282; Zit.: S. 237.
61 Vgl. ebenda, S. 280. Zur Auseinandersetzung um Furtwänglers Vorschläge, in der er von den Lehrern der AdA Sturmfels und Michel kritisiert, von Seelbach und Fricke unterstützt wurde, vgl. die entsprechenden Beiträge in den Jgg. 1924–1926 der »Arbeit«.
62 Vgl. Th. Cassau: Gewerkschaftsbeamte und Studium, in: Neue Zeit 40 (1922), Bd. 2, S. 605–608, Zit.: S. 605.
63 Vgl. Cassau, Führerproblem, S. 12.
64 Vgl. Cassau, Wirtschaftspolitischer Ausbau, S. 87.
65 Leipart/Erdmann, Arbeiterbildung, S. 38f. Zur »Akademiker-Frage« vgl. auch das folgende Kapitel.

auf breitere Basis« zu stellen und für eine Vereinheitlichung der Bildungsarbeit zu sorgen. Zur Bewältigung der neuen Aufgaben (Bau der Schule, Organisation etc.) errichtete der Bundesvorstand eigens ein Bildungsreferat im Bundesbüro.

Eine der Schulen sollte im besetzten Gebiet im Westen Deutschlands errichtet und aus den Mitteln der sogenannten »Ruhrkampfentschädigung« des Reiches an die Gewerkschaften finanziert werden. Für die zweite Schule wurde der Standort Bernau bei Berlin gewählt. Sie wurde von den Gewerkschaftsverbänden finanziert[66]. Während die Bernauer Schule im Mai 1930 eingeweiht werden konnte, war der Bau der Schule im Westen »durch Kriseneinflüsse« nicht durchführbar[67]. Leiter der Bundesschule Bernau wurde Hermann Seelbach. Die Schule sollte keine Konkurrenz der staatlichen Wirtschaftsschulen sein, vielmehr als »Vorstufe« die Auslese möglicher Teilnehmer der weiterführenden Institute erleichtern und auch den kleineren Verbänden, die keine oder nur unzureichende Möglichkeiten hatten, die Schulung ihrer Mitglieder und Funtionäre gewährleisten. In jeweils vierwöchigen Einführungs-, Fortgeschrittenen- und Sonderkursen wurden die Lehrgebiete Betriebswirtschaft, Wirtschafts- und Sozialpolitik, Arbeitsrecht und Verbandswesen vermittelt. Leitung und Verwaltung der Schule lagen in der Hand des ADGB-Vorstandes[68].

Auf dem Hamburger Kongreß 1928 war die gewerkschaftliche Bildung eines der beiden Hauptthemen. Nicht von ungefähr war das andere bestimmende Thema die »Wirtschaftsdemokratie«. In seinem Referat über das Konzept der »Wirtschaftsdemokratie« betonte Fritz Naphtali den Zusammenhang zwischen dem Ziel der Demokratisierung der Wirtschaft und der Bildungsfrage: »Es wäre töricht, wenn wir es verschleiern wollten, daß in der Praxis manche gegebenen Möglichkeiten des Einflusses von der Arbeiterschaft deshalb nicht voll ausgenutzt werden können, weil es ihr an fachlicher Bildung fehlt, weil ihre Vertreter nicht mit der gleichen Bildungsrüstung ausgestattet sind, über die die Vertreter der Gegenseite oft verfügen.« Es gelte, »die Kräfte zu schulen für die prakti-

---

66 Zum Beschluß des BA vgl. Kukuck/Schiffmann, Quellen III, Dok. 151, S. 920ff. DMV, FAV, Landarbeiterverband und einige kleinere Verbände beteiligten sich an der Bundesschule nicht. Vgl. Jb. ADGB, 1929, S. 259. Zur »Ruhrkampfentschädigung« vgl. unten Teil 2, IV. 1.9.
67 Vgl. Aktennotiz Heßlers über Besprechung im Reichsinnenministerium vom 21. 4. 32, in: HiKo NB 171/123.
68 Zur Bundesschule Bernau vgl. GZ, Jg. 38, Nr. 19, 12. 5. 1928, S. 294ff.; Jb. ADGB 1927, S. 213ff.; Leipart/Erdmann, Arbeiterbildung, S. 25f. sowie H. Deutschland: Die Bernauer Gewerkschaftsschule im Wandel der Zeiten, in: BzG 32 (1990), S. 673–686.

schen Arbeiten, die mit der Demokratisierung der Wirtschaft in ständig wachsendem Maße an die Arbeiterschaft herantreten«[69].

Der Kongreß nahm eine Entschließung an, in der es hieß: »Die beständig wachsende, vielverzweigte Tätigkeit der Gewerkschaften verlangt von jedem Mitglied Vertiefung des Wissens auf zahlreichen Gebieten.«[70] Die Funktionäre, so die Leitsätze zur Entschließung, bedürften »für ihre immer verantwortlichere Arbeit in dem sich stetig erweiternden Aufgabenkreis einer besonders gründlichen und vielseitigen Durchbildung ihrer seelischen und geistigen Kräfte«[71]. Der Aufbau des gewerkschaftlichen Bildungssystems wurde entsprechend dem von Leipart 1925 beschriebenen »Stufenplan« von der praktischen Volontärstätigkeit in den Verbänden bis hin zur Akademie der Arbeit festgeschrieben; hinzu kamen als »Zwischenstufe« die Bundesschulen[72].

Mit dem Hamburger Kongreß, der Errichtung eines Bildungsreferats beim ADGB-Vorstand und der Einweihung der Bundesschule im Mai 1930 war die Entwicklung gewerkschaftlicher Bildungsarbeit in der Weimarer Republik abgeschlossen. Bei allen Einschränkungen ist auch in der Bildungspolitik eine stärkere Gewichtung der Bundesorganisation und damit des Bundesvorstandes unübersehbar. Dies wird auch deutlich anhand der Bildungsausgaben des ADGB. Waren diese 1924 mit 0,1 Prozent der Gesamtausgaben verschwindend gering, so betrugen sie 1927 18,5 Prozent, um im Verlauf der Weltwirtschaftskrise jedoch wieder auf 14,6 Prozent (1931) abzusinken[73].

Ein einheitliches, zentral organisiertes System gewerkschaftlicher Bildung war damit trotzdem nicht geschaffen. Vorbehalte gegen eine (hoch-)schulmäßige Qualifizierung von Spezialkräften bestanden weiter. Vielfach setzte man noch auf das traditionelle Konzept »Erfahrung durch Praxis«. Dies verhinderte jedoch nicht, daß die Gewerkschaftsführungen sich zunehmend auf die Arbeiten akademisch geschulter Sachbearbeiter

---

69 Vgl. Protokoll Hamburg, 1928, S. 188; vgl. auch Winkler, Schein, S. 613 ff. Zum Konzept der Wirtschaftsdemokratie und zur Person Naphtalis vgl. unten Teil 1, IV. 1. 3. und Teil 2, II.2.
70 Vgl. Protokoll Hamburg, 1928, S. 23. Entschließung, Leitsätze und Referat vgl. Protokoll Hamburg, 1928, S. 23, 26f., 252ff., und Schwarz, Handbuch, S. 200ff. Zur Rolle der gewerkschaftlichen Bildungsarbeit für den innergewerkschaftlichen Diskussions- und Willensbildungsprozeß vgl. unten Teil 1, IV 1. 1.
71 Vgl. Protokoll Hamburg, 1928, S. 26.
72 Vgl. ebenda, S. 271 f. Zur Kritik des Kongreßbeschlusses vgl. F. Fricke: Gewerkschaftliche Bildungsarbeit – Kritische Betrachtungen zum Gewerkschaftskongreß, in: Die Arbeit 5 (1928), S. 744ff.
73 Zahlen errechnet nach den Jbb. ADGB, 1924, 1927, 1931, jeweils Abrechnungen der Bundeskasse. Die von den Mitgliedsverbänden angegebenen Zahlen sind wenig aussagekräftig, da hier unter Bildung auch Presseorgane usw. verbucht sind; vgl. jeweils die Statistischen Beilagen des Kbl. bzw. die Jbb. ADGB, 1922–1931.

und Experten innerhalb und außerhalb ihrer zentralen Büros stützen mußten[74].

3. Binnenstruktur und Sozialprofil

Im folgenden Kapitel wird die Binnenstruktur des Bundesvorstandes und seines Angestelltenstabes analysiert. Untersucht werden Wahlverfahren, Auswahlkriterien, Amtszeiten, Altersstruktur, Fragen der Herkunft, der Bildung und des Karrierewegs sowie grundlegende Faktoren der politischen Sozialisation.

Diese Untersuchung ist von mehrfacher Bedeutung. Zum einen wird geprüft, inwieweit sich die gesteigerten Anforderungen an Gewerkschaftsarbeit und die gestiegene Bedeutung des Dachverbandes in der ADGB-Zentrale ausgewirkt haben. Sind zum Beispiel Professionalisierungstendenzen festzustellen? Entsteht ein gewerkschaftliches »Expertentum« oder herrschen traditionelle Führungsstrukturen weiterhin vor.

Zweitens werden die Erfahrungshorizonte und Prägungen der unterschiedlichen im Führungs- und Verwaltungsstab des ADGB vertretenen Funktionärsgenerationen untersucht.

Beide Dimensionen sind Voraussetzung für die Analyse der Struktur des Willensbildungsprozesses des ADGB und der in diesem Prozeß entwikkelten politischen Inhalte. Die Einbeziehung der Angestellten beim Bundesvorstand in eine solche Untersuchung ist zwingend. An ihrem Beispiel wird ein Wechsel des Funktionärstypus deutlich, und gerade aus ihrem Kreis kamen jene Impulse zu einer Neudefinierung von Gewerkschaft, die mit den traditionellen Vorstellungen in Konkurrenz traten.

Zur Abgrenzung der Generationen greife ich auf jenes von Detlev Peukert entworfene Generationenmodell zurück, das er in Anlehnung an Karl Mannheims »Prägungshypothese« entwickelt hat. Peukert fragte, »wann jene in der Weimarer Republik verantwortlichen Persönlichkeiten ihre prägenden politischen und gesellschaftlichen Erfahrungen gemacht hatten und unter welchen Bedingungen sie selber dazu übergingen, Politik und Gesellschaft mitzuprägen«, und grenzte folgende vier Generationen voneinander ab: 1. die »Wilhelminische Generation« der in den 1850er/60er Jahren Geborenen; 2. die »Gründerzeitgeneration« der im Jahrzehnt der Reichsgründung Geborenen; 3. die »Frontgeneration« der in den 1880er/90er Jahren Geborenen und schließlich 4. die »überflüssige

---
74 Vgl. dazu unten Teil 1, III. 3. 2 und IV. 1. 2. und 1. 3.

Generation«, der seit 1900 Geborenen[75]. Peukert schränkte ein, daß dies ein begrenzter Ansatz sei und daß andere Fragen zu anderen Generationsmustern führen würden. Für meinen Zweck, die Gruppe der ADGB-Führung in Generationen zu fassen, ist dieser Ansatz jedoch vor allem deshalb zweckmäßig, weil er es ermöglicht, Ereignisse und Phasen wie das Sozialistengesetz oder den Ersten Weltkrieg als generationsprägend zu begreifen. Dies ist, wie zu zeigen sein wird, für die politischen Einstellungen der Bundesvorstandsmitglieder und ihrer Angestellten von großer Wichtigkeit[76].

Die folgende Analyse basiert zu einem großen Teil auf der Auswertung biographischer Daten. Borsdorf und Beier haben in ihren Arbeiten bereits erläutert, wie problematisch die Materiallage für Biographien von Gewerkschaftsvorsitzenden ist[77]. Biographische Informationen über die angestellten Mitarbeiter in den Verwaltungsstäben sind noch weitaus schwieriger zu ermitteln.

Das im folgenden zugrunde gelegte Material stammt aus sehr unterschiedlichen Quellen. Zu nennen sind biographische Nachschlagewerke, biographische Skizzen in der Gewerkschaftspresse, Hinweise in Nachlässen und sonstigen gewerkschaftlichen Archivalien, autobiographische

---

75 Vgl. Peukert, Weimarer Republik, S. 26. Die 4. Generation hatte ein Gefühl der Überflüssigkeit, da sie auf eine stagnierende Wirtschaft mit hoher Arbeitslosigkeit gestoßen sei, im Krieg das Erlebnis einer »depravierten« Jugend gehabt habe und zugleich aus dem »legitimierenden Mythos der Fronterfahrung« ausgeschlossen war. Ebenda, S. 30. Die »Prägungshypothese«, von Wilhelm Dilthey schon 1875 beschrieben, definiert Generation als einen »Kreis von Individuen, welche durch Abhängigkeit von denselben großen Tatsachen und Veränderungen, wie sie in dem Zeitalter ihrer Empfänglichkeit auftraten, [...] zu einem homogenen Ganzen verbunden sind«. Mannheim hat 50 Jahre später diesen Gedanken weitergeführt: »Die ›Generationslagerung‹ umfaßt eine nicht fest begrenzte Folge von Geburtsjahrgängen innerhalb eines gemeinsamen historischen Lebensraumes. Prägende Ereignisse stiften unter den für sie empfänglichen Geburtsjahrgängen einen ›Generationszusammenhang‹. Die unterschiedliche Verarbeitung der prägenden Ereignisse, zum Beispiel durch die verschiedenen sozialen Schichten, führt zur Ausbildung von ›Generationseinheiten‹.« Vgl. Doerry, Übergangsmenschen, S. 37; H. Mommsen: Generationskonflikt und Jugendrevolte in der Weimarer Republik, in:»Mit uns zieht die neue Zeit«, S. 51.
76 Das von Borsdorf 1977 verwandte Generationenmodell ist für eine solche Analyse nicht tauglich. Borsdorf nennt drei Generationen von Gewerkschaftsführern: die Jahrgänge 1860 bis 1875 (»Gründer«), die »Gewerkschaftsbeamten« (Jahrgänge 1875 bis 1890) und die »Funktionäre« (Jahrgänge 1890 bis 1900ff.). Er ordnete in seine Typologisierung die Vorstände bzw. Vorstandsmitglieder der Spitzenverbände der Weimarer Richtungsgewerkschaften sowie, ab 1949, des DGB ein, nicht jedoch die Angestellten der jeweiligen Gewerkschaftszentralen. Borsdorf baute auf Cassau auf, der bereits 1925 die Existenz »Funktionärsgenerationen« mit unterschiedlichen Merkmalen (besonders hinsichtlich der Ausbildung) feststellte. Vgl. Cassau, Gewerkschaftsbewegung, S. 131ff. Vgl. Borsdorf, Gewerkschaftsführer. Zur Kritik an Borsdorf sowie zu weiteren Literaturhinweisen vgl. den Forschungsbericht in der Einleitung.
77 Vgl. Borsdorf, Böckler, S. 18ff.; G. Beier: Willi Richter. Ein Leben für die soziale Neuordnung, Köln 1978, S. 9ff.

Zeugnisse, Parlamentshandbücher sowie die (wenigen) biographischen Arbeiten in der neueren Geschichtsschreibung[78]. Trotz weit ausholender Recherchen ist es nicht möglich gewesen, zu allen beim ADGB-Vorstand tätigen Personen biographisches Datenmaterial in dem Umfang zu erhalten, den eine umfassendere quantitative Auswertung erfordert. Zu den Vorstandsmitgliedern und zu »wichtigen« Persönlichkeiten aus dem Verwaltungsstab (Abteilungsleiter, Redakteure) liegen dennoch Informationen so weit vor, daß wesentliche Entwicklungslinien herausgearbeitet werden können.

3.1 Der Bundesvorstand

Personelle Zusammensetzung und Zuständigkeiten

Über die Besetzung der hauptamtlichen Vorstandssitze gibt Tabelle 15 Aufschluß[79].

Im August 1919 gab Legien im Bundesausschuß die Aufgabengebiete der hauptamtlichen Vorstandsmitglieder bekannt:

1. und 2. Vorsitzender: Führung der laufenden Geschäfte und Repräsentation des ADGB nach außen; 3. Vorsitzender: Angelegenheiten der Zentralarbeitsgemeinschaft; Kassier: Kassengeschäfte; Redakteur: Schriftleitung des »Korrespondenzblattes«; 1. Sekretär: Leitung der Sozialpolitischen Abteilung; 2. Sekretär: Kartellwesen und Rechtssachen[80].

Schon bald zeigte sich jedoch, daß die jeweiligen Aufgabengebiete der Vorstandsposten nicht klar festgelegt waren, sondern sich nach den Schwerpunkten richteten, mit denen sich die einzelnen Vorstandsmitglieder beschäftigten. So machte Knoll sich »schon nach kurzer Zeit« eine Anzahl anderer Arbeitsgebiete zu eigen (z.B. Ausbau des ADGB-Archivs, Engagement im Bereich gewerkschaftliches Bildungswesen), da

---

78 Vgl. ebenda. Von den biographischen Hilfsmitteln sind hervorzuheben die Handbücher des Vereins Arbeiterpresse, 3. Lieferung, Berlin 1914 und 4. Lieferung, Berlin 1927, die Kurzbiographien im Internationalen Handwörterbuch des Gewerkschaftswesens, hrsg. v. L. Heyde, 2 Bde., Berlin 1931/32 sowie W.H. Schröder: Sozialdemokratische Reichstagsabgeordnete und Reichstagskandidaten 1898–1918. Biographisch-statistisches Handbuch, Düsseldorf 1986.
79 Zur Zusammensetzung des BV vgl. Schwarz, Handbuch, S. 203ff., Borsdorf, Gewerkschaftsführer, S. 24f., Potthoff, Gewerkschaften (1987), S. 30ff.
80 Vgl. Ruck, Quellen II, Dok. 3, S. 95f.

Tabelle 15

Hauptamtlicher Bundesvorstand 1919-1933 (mit Geburtsjahr und Verbandszugehörigkeit)

1. Vors.:	Carl Legien (1861, DHV), bis Dezember 1920
	Theodor Leipart (1867, DHV), Januar 1921–1933
2. Vors.:	Peter Graßmann (1873, Buchdrucker), 1919–1933
3. Vors.:	Adolf Cohen (1870, DMV), 1919–1923
	Hermann Müller-Lichtenberg (1868, Lithogr.), März 1924–Sept. 1931
	Willy Eggert (1880, DMV), Sept. 1931–1933
Kassier:	Hermann Kube (1865, Zimmerer), 1919–Sept. 1931
	Ernst Schulze (1879, Sattler), Februar 1932–1933
Redakteur:	Paul Umbreit (1868, DHV), 1919–März 1932
	Wilhelm Leuschner (1890, DHV)[a], Januar–Mai 1933
Sekretär:	Alexander Knoll (1864, Steinarbeiter), 1919–September 1931
	Hermann Schlimme (1882, DHV)[b], September 1931–1933
Sekretär:	Heinrich Löffler (1879, VBD), 1919
	Rudolf Wissell (1869, DMV), Januar 1921–Dezember 1923
	Willy Eggert, September 1924–September 1931
	Franz Spliedt (1877, Sattler), September 1931–1933

[a] Nach Umbreits Tod (21. 3. 1932) wurde die Praxis aufgegeben, daß der Redakteur Mitglied des BV sein mußte. Umbreits Nachfolger in der Redaktionsleitung der GZ war Richard Seidel.
[b] Schlimme war im Holzarbeiterverband organisiert, bevor er im Transportarbeiterverband bzw. Verkehrsbund angestellt war.

ihm die Tätigkeit in der Sozialpolitischen Abteilung nicht lag[81]. Seine Funktion übernahm ab Oktober 1919 Wissell, der im Januar 1921 als Nachfolger Löfflers in den Bundesvorstand gewählt wurde[82]. Auch spätere Abgrenzungen der Tätigkeitsbereiche wurden in der Realität nicht eingehalten. So sollte der Nachfolger Cohens, der Ende 1923 aus gesundheitlichen Gründen aus dem Vorstand ausschied, sich in erster Linie um die inneren Vorstandsangelegenheiten kümmern. Leipart sollte dagegen die Repräsentation nach außen und Graßmann, seit 1924 im Reichstag, die gewerkschaftlichen Interessen auf parlamentarischer und parteilicher Ebene wahrnehmen[83]. Dementgegen vertrat Müller-Lichtenberg, im März 1924 vom Bundesausschuß als Nachfolger Cohens ge-

---

81 Vgl. A. Knoll: Erinnerungen aus meinem Leben, in: Die Freie Gewerkschaft, 2. Jg., Nr. 269, 16. 11. 1946, S. 3. Vgl. auch »Alexander Knoll«, in: GZ, Jg. 39, Nr. 16, 20. 4. 1929, S. 253.
82 Vgl. Wissell, Aus meinen Lebensjahren, S. 157. Löffler wurde vom Bergarbeiterverband als Arbeitnehmervertreter in das Direktorium des Reichskohlenrates delegiert. Ab 1. 1. 1920 war er Direktor des Reichskohlenverbandes. Vgl. Schwarz, Handbuch, S. 204, sowie: Wirtschaftsführer, Sp. 1375. Zur Wahl Wissells vgl. Ruck, Quellen II, Dok. 26, S. 271. Ab Januar 1924 war Wissell Schlichter für den Bezirk Brandenburg, vgl. Schröder, Handbuch, S. 224f.
83 Vgl. Kukuck/Schiffmann, Quellen III, Dok. 5, S. 165ff.; Potthoff, Gewerkschaften (1987), S. 31.

wählt, die Interessen der deutschen Gewerkschaften beim Internationalen Arbeitsamt und erhielt 1928 auch ein Reichstagsmandat[84]. Die auf dem Frankfurter Kongreß 1931 neugewählten Vorstandsmitglieder hatten folgende Aufgabengebiete: Eggert, nun dritter Vorsitzender, leitete die Abteilung Wirtschaftspolitik, die neuen Sekretäre Schlimme und Spliedt waren für den Bereich Organisation bzw. für Sozialpolitik, speziell Arbeitsmarkt- und Tarifpolitik, zuständig.

Tabelle 16

Unbesoldete Vorstandsmitglieder 1919–1933 (mit Geburtsjahr und Verbandszugehörigkeit)

1919	1922	1925	1928	1931
Backert	Backert	Backert	Tarnow	Tarnow
(1874, Lebensmittel- und Getränkearbeiter)			(1880, DHV)	
Brunner	Brunner	Brunner	Reichel	Reichel
(1865, DEV, DVB)			(1870, DMV)	
Bruns	Bruns	Bruns	Bruns	Bruns
(1876, FAV)				
Giebel	Janschek[a]	Janschek	Janschek	Janschek
(1878, ZdA)	(1874, VBD)			
Sabath	Sabath	Sabath	Mahler	Mahler
(1863, Bekleidungsarbeiter)			(1872, Lederarbeiter)	
Sassenbach	Jäckel[b]	Jäckel	Schrader	Schrader
(1866, Sattler)	(1869, DTV)		(1868, DTV)	
G. Schmidt	G. Schmidt	G. Schmidt	G. Schmidt	Becker
(1875, DLV)				(1876, Gesamtverb.)
Silberschmidt	Silberschmidt	Silberschmidt	Bernhard[c]	Bernhard
(1866, Bauarbeiter-/Baugewerksbund)			(1881, Baugewerksbd.)	

[a] Giebel, einer der Vorsitzenden des ZdA, schied aus dem BV aus, nachdem sein Verband im Oktober 1921 zum AfA-Bund übergetreten war. Im Dezember 1921 wurde Janschek in den BV gewählt.
[b] Jäckel wurde im Juli 1923 in den BV gewählt.
[c] Nach Silberschmidts Tod im Dezember 1927 war bis September 1928 Otto Lehmann (1872, Baugewerksbund) Mitglied des BV.

Die unbesoldeten Vorstandsmitglieder waren in ihrer Mehrheit (12 von

---

[84] Mit dem Versailler Vertrag wurde die »Internationale Arbeitsorganisation« geschaffen, in deren Beschlußorgan, der »Internationalen Arbeitskonferenz«, Regierungen, Arbeitgeber und Arbeitnehmer zu gleichen Teilen vertreten waren. Das »Internationale Arbeitsamt« war das Vollzugsorgan und der Verwaltungsrat des IAA dessen Aufsichtsorgan, vgl. Preller, Sozialpolitik, S. 243. Zu den Funktionen Müllers vgl. Internationales Handwörterbuch, Bd. 2, S. 1133, sowie GZ, Jg. 42, Nr. 47, 19. 11. 1932, S. 737ff. Zur Frage, ob Vorstandsmitglieder politische Mandate annehmen sollten oder nicht, vgl. auch Wissell, Aus meinen Lebensjahren, S. 174ff.

insgesamt 17 im gesamten Zeitraum) Vorsitzende oder stellvertretende Vorsitzende von ADGB-Mitgliedsverbänden. Die übrigen waren hohe Gewerkschaftsangestellte. Conrad Bruns leitete bis 1919 die Berliner Zahlstelle des Fabrikarbeiterverbandes und war anschließend Mitvorsitzender des Haupttarifamtes für die chemische Industrie. Der FAV hatte deshalb kein Mitglied seines Vorstandes zur Wahl in den Bundesvorstand vorgeschlagen, weil seine Zentrale nicht in Berlin, sondern in Hannover lag. Um an den meist wöchentlich tagenden Bundesvorstandssitzungen teilnehmen zu können, war es jedoch erforderlich, einen Vertreter am Sitz des ADGB in Berlin zu haben. Das gleiche galt für Alfred Janschek. Der Bergarbeiterverband hatte seinen Hauptsitz in Bochum, Janschek war der Leiter des Berliner Verbandsbüros[85].

Verbandszugehörigkeit

Im hauptamtlichen Bundesvorstand waren von den gewerkschaftlichen Großorganisationen nur der Holzarbeiterverband und der DMV repräsentiert. Auffällig ist die große Zahl von Vertretern kleinerer Berufsverbände wie dem Sattlerverband, dem Lithographen- oder dem Steinarbeiterverband. Stellt man in Rechnung, daß der Holzarbeiterverband, aus dem allein fünf von insgesamt 15 hauptamtlichen Vorstandsmitgliedern im gesamten Zeitraum 1919 bis 1933 stammten, nicht »eigentlich« Industrieverband, sondern eher Dachorganisation ehemaliger handwerklich geprägter Berufsverbände wie dem Drechslerverband usw. war, und daß er sich außerdem in der Frage der Organisationsform für das Berufsverbandsprinzip stark machte, so kann der hauptamtliche Vorstand als eine Domäne der Berufsverbände gelten.

Auch bei den ehrenamtlichen Beisitzern waren die großen Verbände ihrer Mitgliederzahl entsprechend zunächst unterrepräsentiert.

Der Versuch der mitgliedsstarken Verbände, im Bundesvorstand an Einfluß zu gewinnen, stieß auf den erfolgreichen Widerstand der kleinen Organisationen wie auch des Bundesvorstandes selbst. So setzte sich als Nachfolger Cohens 1924 nicht der DMV-Kandidat Schliestedt, sondern

---

85 Lehmann, kurzzeitiger Nachfolger des im Dezember 1927 verstorbenen Silberschmidt, war Gauleiter des Baugewerksbundes in Berlin. Sabath, bis 1920 Redakteur der Fachzeitung des Schneiderverbandes, führte 1920–1928 den Vorsitz im Berliner OA des ADGB. Sassenbach, ab 1922 Sekretär des IGB, hatte zum Zeitpunkt seiner Beisitzertätigkeit verschiedene Funktionen inne, u. a. die Geschäftsführung des Berliner Gewerkschaftshauses (bis 1922), Vorsitz in der Internationale der Sattler (bis 1921), Sozialattaché der deutschen Botschaft in Rom (1919). Zur Einrichtung der Sozialattachés vgl. F. Kummer: Sozialattachés I./II. in: Kbl., 30. Jg., Nr. 21, 22. 5. 1920, S. 268ff. u. Nr. 22, 29. 5. 1920, S. 283ff. Brunner, 1916–1921 1. Vorsitzender des DEV, wechselte anschließend als Redakteur in den Hauptvorstand des Deutschen Verkehrsbundes.

Müller-Lichtenberg vom Lithographenverband (Mitgliederzahl Ende 1924: ca. 19000) durch[86]. Der Textilarbeiterverband, der im Vorfeld des Leipziger Kongresses (1922) und auf dem Kongreß selbst seine Vertretung im Bundesvorstand unter Hinweis auf seine Mitgliederzahl vehement beansprucht hatte, erhielt erst im Juli 1923 nach dem Ausscheiden Sassenbachs (Sattlerverband) einen unbesoldeten Vorstandssitz[87].

Bis in die zweite Hälfte der zwanziger Jahre entsprach die Zusammensetzung des Bundesvorstandes »eher der Gewichtsverteilung innerhalb der freien Gewerkschaftsbewegung um die Jahrhunderwende« als derjenigen in der Weimarer Republik[88]. Ein großer Teil der Vorstandsmitglieder stammte aus handwerklich geprägten traditionellen Berufsorganisationen, was den »stillen, aber erfolgreichen Widerstand, der von ihnen gegen organisatorische Umwälzungspläne im Gewerkschaftsleben ausgegangen ist«[89], erklärte. Erst mit dem Hamburger Kongreß 1928 setzte eine Änderung – zumindest bei den ehrenamtlichen Vorständen – ein. Als Vertreter der kleinen Organisationen war nur einer, Heinrich Mahler vom Lederarbeiterverband, als Beisitzer in den Vorstand eingetreten. Die übrigen unbesoldeten Vorstandssitze teilten sich die Großorganisationen DMV, Holzarbeiterverband, Textilarbeiterverband usw. Durch die ehrenamtlichen Beisitzer waren nun über 63 Prozent der gesamten ADGB-Mitgliedschaft repräsentiert[90].

Amtskontinuität und Altersstruktur

Ein wesentliches Merkmal des ADGB-Vorstandes war seine hohe personelle Kontinuität.

Von den 1919 gewählten hauptamtlichen Vorständen hatten außer Graßmann und Löffler alle bereits dem früheren Leitungsgremium, der Generalkommission, angehört. Auch die Hälfte der Beisitzer war entweder gewähltes Mitglied der Generalkommission oder dort angestellt ge-

---

86 Zur Wahl Müllers vgl. Kukuck, Wiederaufschwung, S. 159. Zur Mitgliederzahl des Lithographenverbandes vgl. Jb. ADGB, 1924, S. 152.
87 Vgl. Ruck, Quellen II, Dok. 60, S. 577; Wahl Jäckels: ebenda, Dok. 91, S. 893. Der DTV war 1923 mit knapp 690000 Mitgliedern der zweitstärkste Verband im ADGB, vgl. Jb. ADGB, 1923, S. 142.
88 Vgl. Kukuck/Schiffmann, Quellen III, S. 58; vgl. auch Potthoff, Gewerkschaften (1987), S. 32f.
89 So die Formulierung L. Heydes: Leipart, Theodor, in: Internationales Handwörterbuch, Bd. II, S. 1053.
90 Vgl. Kukuck/Schiffmann, Quellen III, S. 59f. 1931 war mit Otto Becker dann auch die nach dem DMV zweitstärkste Organisation, der 1930 durch die Verschmelzung verschiedener Verbände entstandene Gesamtverband im BV vertreten.

wesen[91]. Gleiches gilt für die in den folgenden Jahren nachrückenden Wissell und Müller-Lichtenberg[92].

Die längste Amtszeit hatte Gustav Sabath. Er gehörte von 1893 bis 1928 ununterbrochen der Leitung des gewerkschaftlichen Spitzenverbandes an. Paul Umbreit hatte bis zu seinem Tode 32 Jahre lang das Bundesorgan geleitet. Carl Legien führte von 1890 bis 1920 den Vorsitz der Generalkommission bzw. des Bundesvorstandes; Knoll und Kube, beide seit 1902 in der Generalkommission, standen jeweils 29 Jahre im Dienst des Spitzenverbandes.

Auch bei den erst in der Weimarer Zeit in den Vorstand Gewählten ist eine große Kontinuität feststellbar. Leipart und Graßmann führten die Geschäfte des Bundes 12 bzw. 14 Jahre lang. Von den Beisitzern gehörte Conrad Bruns seit 1919 durchgehend dem Vorstand an.

Robert Michels und Max Weber haben als Gründe für die Kontinuität der Führungspositionen in Massenorganisationen Sachkenntnis, Erfahrung, Routine und Beherrschung des Apparates und die aus diesen Faktoren entstehende Unentbehrlichkeit der Führung genannt. »Je komplizierter das politische Metier, je unübersehbarer die Bestimmungen der sozialen Gesetzgebung«, desto größer »der persönliche Unentbehrlichkeitswert der gehobenen Arbeiterexistenzen« und, so Michels weiter, desto größer ihre »Unantastbarkeit«[93].

In der Tat galt für den hauptamtlichen Bundesvorstand das »unausgesprochene Gesetz der Wiederwahl«[94]. Anders war die Situation bei den Beisitzern. Hier bestand eine Konkurrenz zwischen den Mitgliedsverbänden, die jeweils beanspruchten, im Bundesvorstand vertreten zu sein.

Personelle Veränderungen im hauptamtlichen Vorstand erfolgten nur, wenn Vorstandsmitglieder aus Gesundheitsgründen, Überschreitung der Altersgrenze oder durch Tod ausschieden, oder wie Löffler und Wissell in eine außergewerkschaftliche Funktion wechselten. Die Nachfolger gelangten in der Regel per Kooptation in den Bundesvorstand und wurden

---

91 Neben Sabath galt dies für Sassenbach und Silberschmidt, beide Mitglieder der GK seit 1902, vgl. Borsdorf, Gewerkschaftsführer, S. 24f. Brunner war seit 1893 Mitarbeiter der GK und 1903–1908 im Büro der GK fest angestellt, vgl. GZ, Jg. 40, Nr. 10, 8. 3. 1930, S. 157.
92 Wissell war 1908–1918 Leiter des Zentralarbeitersekretariats der GK und von Dezember 1918 an kurzzeitig 2. Bevollmächtigter der GK. Vgl. Schönhoven, Quellen I, Dok. 59, S. 596, sowie Wissell, Aus meinen Lebensjahren, S. 97f. u. 174. Müller war 1905–1921 Angestellter im Zentralarbeitersekretariat und 1922–1924 2. Redakteur des Kbl., vgl. Internationales Handwörterbuch, Bd. II, S. 1133.
93 Vgl. Michels, Oligarchische Tendenzen, S. 160f. (Zitat); Weber, Wirtschaft und Gesellschaft, Bd. 2, S. 548. Zur Unentbehrlichkeit der Führung vgl. ausführlicher Teil 1, IV. 1.
94 So die Formulierung bei Kukuck/Schiffmann, Quellen III, S. 59; ähnlich Ruck, Quellen II, S. 43.

Tabelle 17

Zugehörigkeit zur Generalkommission und zum ADGB-Vorstand

	1890	1895	1900	1905	1910	1915	1920	1925	1930	1933
<u>Legien</u>	**xxxxxxxxxxxxxxxxxxxxxxxxxxxxxxxxxxxxxxxxxxx**									
Brunner		xxxxxxxxxxxxxxxxxxxxx				**xxxxxxxxxxxxxx**				
<u>Sabath</u>	**xxxxxxxxxxxxxxxxxxxxxxxxxxxxxxxxxxxxxxxxxxxxxxxxxxx**									
<u>Umbreit</u>			xxxxxxxxxxxxxxxxxxxxxx**xxxxxxxxxxxxxxxxxxxxxxx**							
Cohen				**xxxxxxxxxxxxxxxxxxxxxxxxxxxx**						
<u>Knoll</u>				**xxxxxxxxxxxxxxxxxxxxxxxxxxxxxxxxxxxxxxxxxxx**						
Sassenbach				**xxxxxxxxxxxxxxxxxxxxxxxxxxxxx**						
Silberschmidt				**xxxxxxxxxxxxxxxxxxxxxxxxxxxxxxxxxx**						
<u>Kube</u>				**xxxxxxxxxxxxxxxxxxxxxxxxxxxxxxxxxxxxxxxxxx**						
<u>Müller-L.</u>					xxxxxxxxxxxxxxxxxxxxxxx**xxxxxxxxxxxxxx**					
<u>Wissell</u>						xxxxxxxxxxx**xxxxxxxxxxx**				
Graßmann							**xxxxxxxxxxxxxxxxxxxxxxxx**			
Löffler							**xxx**			
Backert							**xxxxxxxxxxxxx**			
Bruns							**xxxxxxxxxxxxxxxxxxxxxxxxx**			
Giebel							**xxxxx**			
Schmidt, G.							**xxxxxxxxxxxxxxxxxx**			
<u>Schulze, E.</u>							xxxxxxxxxxxxxxxxxx**xxxxx**			
Leipart							**xxxxxxxxxxxxxxxxxxxx**			
Spliedt							xxxxxxxxxxxxxxx**xxxxx**			
Janschek							**xxxxxxxxxxxxxxxxxx**			
Jäckel							**xxxxxxx**			
Schlimme							xxxxxxxxxxxxx**xxxxxx**			
Eggert							**xxxxxxxxxxxxxxxxxx**			
Bernhard								**xxxxxxxxxxx**		
Mahler								**xxxxxxxxxxx**		
Reichel								**xxxxxxxxxxx**		
Schrader								**xxxxxxxxxxx**		
Tarnow								**xxxxxxxxxxx**		
Becker									**xxxxxx**	
Leuschner									**xxx**	

Unterstrichene Namen: Hauptamtliche Vorstandsmitglieder
xxx: In der Generalkommission bzw. im ADGB-Vorstand angestellt
xxx: Gewählte Mitglieder der Generalkommission/des ADGB-Vorstandes

erst nachträglich durch Bundesausschuß bzw. Kongreß bestätigt[95]. Die im Bundesvorstand und Bundesausschuß abgestimmten Wahlvorschläge

---

95 Vgl. Borsdorf, Gewerkschaftsführer, S. 27, und Ruck, Quellen II, s. 43. Ähnliche Tendenzen werden auch für die deutsche Gewerkschaftsbewegung nach 1945 beschrieben; vgl. W. Müller-Jentsch: Soziologie der industriellen Beziehungen, Frankfurt/M. 1986, S. 109.

wurden von den ADGB-Kongressen jeweils mit großen Mehrheiten bestätigt[96].

Die in der Zeit zwischen den Kongressen notwendig gewordenen Ersatzwahlen wurden vom Bundesausschuß, der dazu satzungsgemäß berechtigt war (§ 15, ADGB-Satzung), vorgenommen und erst im nachhinein vom Kongreß sanktioniert. Dies war bei Leipart, Wissell, Müller-Lichtenberg und Eggert der Fall. Leipart, vom Bundesvorstand als Nachfolger Legiens vorgeschlagen, hatte sich »so eindeutig als Kronprinz profiliert, daß seine Berufung nur mehr eine Formalie darstellte«[97]. Die Wahl Leiparts erfolgte jedoch gegen den Protest von Dißmann (DMV), Simon, Vorsitzender des Schuhmacherverbandes, Feinhals, Sekretär beim Hauptvorstand des Textilarbeiterverbandes, und Müntner, zweiter Vorsitzender des Gemeinde- und Staatsarbeiterverbandes. Sie wollten die Wahl des Vorsitzenden dem nächsten Gewerkschaftskongreß überlassen. Die Ausschußmehrheit beschloß jedoch im Januar 1921, die Wahl Leiparts sofort vorzunehmen[98]. Auch bei der Wahl Wissells folgte der Ausschuß dem Vorschlag des Vorstandes. Eggert vom DMV trat auf dem Hintergrund in den Vorstand ein, daß dieser »einen Vertreter der größten Organisation in seiner Mitte« wünschte[99]. Müller-Lichtenberg wurde auf Empfehlung einer vom Ausschuß eingesetzten Kommission gewählt[100]. Schulze und Leuschner, die 1932 bzw. 1933 in den Vorstand eintraten, konnte kein Kongreß mehr bestätigen. Leuschners Eintritt in den Vorstand ab 1. Januar 1933 erfolgte per Vorstandsbeschluß. Die Zustimmung des Ausschusses wurde erst nachträglich eingeholt[101]. Bei den Ergänzungswahlen zum Bundesvorstand lassen sich in hohem Maße »Tendenzen einer abgehobenen Selbstrekrutierung« erkennen. Nur Eggert und Leuschner kamen nicht direkt aus dem Bundesbüro[102].

Eine Folge der langen Amtszeiten war, daß im hauptamtlichen Bundes-

---

96 Nur auf dem Nürnberger Kongreß 1919 lag ein alternativer Wahlvorschlag der Opposition vor. Auf dem Leipziger Kongreß 1922 waren auf 152 von 652 abgegebenen Stimmzetteln alle Namen der Vorschlagsliste durchgestrichen. Vgl. Protokoll Nürnberg, 1919, S. 554f.; Protokoll Leipzig, 1922, S. 587f.; Schwarz, Handbuch, S. 203ff.
97 So Potthoff, Gewerkschaften (1987), S. 30 u. Anm. 2.
98 Zur Wahl Leiparts in der BA-Sitzung vom 19./20. 1. 1921 vgl. Ruck, Quellen II, Dok. 26, S. 270f.
99 Zur Wahl Wissells vgl. ebenda; Eggert wurde vom DMV vorgeschlagen, nachdem Schliestedt (DMV) die Wahl zum Vorstandssekretär abgelehnt hatte, vgl. Kukuck/Schiffmann, Quellen III, Dok. 5, S. 167, Dok. 9, S. 189 (Zitat), Dok. 16, S. 221.
100 Zur Wahl Müllers vgl. ebenda, Dok. 5, S. 165ff.
101 Zum Eintritt Leuschners in den BV vgl. BV-Sitzung vom 6. 4. 1932 (HiKo NB 4, Bl. 61f.); BV-Sitzung vom 28. 4. 1932 (ebenda, Bl. 71) u. BV-Sitzung vom 26. 10. 1932 (HiKo NB 5, Bl. 63) sowie den Bericht über die BA-Sitzung vom 21. 1. 1933 in: GZ, Jg. 43, Nr. 4, 28. 1. 1933, S. 62.
102 Vgl. Jahn, Quellen IV, S. 21. Eggert war bis 1924 im DMV-Vorstand tätig, Leuschner von 1926–1928 hessischer Bezirkssekretär und anschließend hessischer Innenminister.

vorstand bis 1931 die in den 1860er Jahren Geborenen dominierten. Allein fünf von sieben bis zum Frankfurter Kongreß 1931 amtierenden, hauptamtlichen Vorstandsmitgliedern – Leipart, Umbreit, Knoll, Kube und Müller-Lichtenberg – gehörten dieser Generation an. Graßmann, 1873 geboren, zählte dem Peukertschen Generationsmodell entsprechend zur zweiten Generation. Erst ab 1924 war mit Eggert (Jahrgang 1880) ein Vertreter der dritten Generation im hauptamtlichen Vorstand vertreten. Auch bei den unbesoldeten Vorstandsmitgliedern herrschten die Jahrgänge 1860/1870 vor. Erst ab 1928 traten mit Tarnow (Jahrgang 1880) und Bernhard (Jahrgang 1881) zwei Angehörige der dritten Generation als Beisitzer in den Vorstand ein (vgl. Tabelle 16).

Ab 1931 sind Anzeichen eines »Generationenwechsels« im Bundesvorstand erkennbar. Für die ausscheidenden Müller-Lichtenberg, Kube und Knoll rückten Funktionäre aus der zweiten und dritten Generation nach: Hermann Schlimme (geb. 1882), Franz Spliedt (geb. 1877) und Ernst Schulze (geb. 1879). Mit der Berufung Leuschners (geb. 1890) in den Bundesvorstand ab Januar 1933 trat eine deutliche Verjüngung in der gewählten Spitze des ADGB ein. Ob dies, wie Borsdorf vermutet, auf den Willen der ADGB-Führung hindeutete, »politisch das Ruder noch herumzureißen«[103], erscheint jedoch fraglich.

Leuschners Wahl erfolgte, weil man einen Ersatz für den im März 1932 verstorbenen Umbreit und gleichzeitig einen Nachfolger des im November des Jahres ebenfalls verstorbenen Müller-Lichtenberg beim Internationalen Arbeitsamt (IAA) in Genf brauchte. Leuschner wurde für die Tätigkeit in Genf als der geeignete Mann angesehen. Er sei sprachkundig, auf allen Gebieten gut bewandert und imstande, »sich schnell Autorität zu verschaffen«[104]. Umbreit, der auf dem Kongreß im September 1931 mit großer Mehrheit wiedergewählt worden war, hätte mit Sicherheit sein Amt bis zur Zerschlagung der Gewerkschaftsorganisationen weitergeführt. Leuschners Wahl ergab sich aus der Not der Ereignisse heraus und war kein Resultat politischen Umdenkens.

Die Vermutung, die Wahl jüngerer Vorstandsmitglieder sei ein Zeichen politischer Neubesinnung gewesen, impliziert eine Kritik an der Altersstruktur des ADGB-Vorstandes. Borsdorf sah die Überalterung der gewerkschaftlichen Führer als eine Ursache der politischen Inflexibilität

---

103 Vgl. Borsdorf, Gewerkschaftsführer, S. 28; ähnlich Jahn, Quellen IV, S. 21. (Borsdorf argumentiert hier etwas widersprüchlich, denn auf S. 27 schreibt er selbst, daß Leuschner weniger aus »politischen Gründen« berufen wurde, sondern weil Umbreit verstorben sei.)
104 Vgl. BV-Sitzung vom 6. 4. 1932, in: HiKo NB 4, Bl. 61f.

gegen Ende der Weimarer Republik an[105]. In der zeitgenössischen Diskussion wurde besonders von jüngeren Funktionären Kritik an der Überalterung des ADGB-Vorstandes geübt[106].

Die Tatsache, daß ein großer Teil der Bundesvorstandsmitglieder gegen Ende der Weimarer Republik 60 Jahre und älter war, begründet allein noch nicht die politischen Handlungsweisen des ADGB-Vorstandes. Wichtig sind hierbei die sozialen und politischen Prägungen jener älteren Generation und die daraus resultierenden politischen Denk- und Handlungsmuster.

Im folgenden sollen zunächst Fragen der Herkunft, der Ausbildung und der Karrierewege in der Gewerkschaftsbewegung untersucht werden.

Herkunft

Fritz Fricke, der Leiter der Berliner Gewerkschaftsschule, behauptete 1930, die heute 40- bis 60jährigen Arbeiterführer, d.h. also die von 1870 bis 1890 Geborenen, entstammten fast ohne Ausnahme dem Proletariat[107]. Auch in der modernen Literatur werden jene Gewerkschaftsführer, die wie Legien in den 1890er Jahren die Gewerkschaftsorganisationen neu aufbauten, als »Abkömmlinge einer proletarischen Generation« bezeichnet[108]. Borsdorf hat dagegen festgestellt, daß von einer proletarischen Herkunft jener von ihm als »Gründer« benannten Funktionärsgeneration nur sehr bedingt gesprochen werden könne[109]. Soweit Quellenmaterial zur Verfügung steht, kann für die Mitglieder des ADGB-Vorstandes diese Aussage Borsdorfs bekräftigt werden.

Die Väter Legiens und Graßmanns waren kleine Beamte. Auch Wissell kam aus einer kleinbürgerlichen Familie[110]. Backert und Löffler entstammten bäuerlichen Familien und Eggerts Vater arbeitete als Aufseher

---

105 Vgl. Borsdorf, Gewerkschaftsführer, S. 27. Gates hält dagegen im Zusammenhang mit dem Immobilismus der sozialdemokratischen Arbeiterbewegung die Überalterung der SPD- und ADGB-Führung für höchstens sekundär, vgl. Gates, Sozialpolitik, S. 221.
106 Vgl. die Aufzeichnungen Erdmanns vom 2. 12. 1933, in: DGB/NL Erdmann; Lothar Frey (d.i. Walther Pahl): Deutschland wohin? Bilanz der nationalsozialistischen Revolution, Zürich 1934, z.B. S. 15 u. 23. Außerdem: Hemmer, Erdmann, S. 624ff.
107 Vgl. F. Fricke: Kampf gegen die Bonzen!, in: Vierteljahreshefte der Berliner Gewerkschaftsschule, H. 2, Jg. 1390, S. 50. Fricke widersprach sich mit dieser Behauptung selbst, denn an anderer Stelle schrieb er, daß die Väter und Großväter der Mehrheit der Lohnarbeiter und Angestellten von heute (1930) noch selbständige Kleinbürger und Bauern gewesen seien, vgl. ebenda, S. 48.
108 So Schönhoven, Expansion, S. 93, der sich dabei auf Ritter/Tenfelde: Der Durchbruch der Freien Gewerkschaften Deutschlands zur Massenbewegung, S. 77, bezieht.
109 Vgl. Borsdorf, Gewerkschaftsführer, S. 22.
110 Vgl. Barclay, Wissell, S. 32f. Nachweise für Legien und Graßmann s. Anm. 112.

Tabelle 18

Soziale Herkunft der Vorstandsmitglieder

Name/Geburtsjahr	Vaterberuf
Legien (1861)	Steueraufseher
Sabath (1863)	Hausweber
Knoll (1864)	Webergeselle, Akkordsteinträger
Silberschmidt (1866)	Maurer
Sassenbach (1866)	Sattler u. Gastwirt
Leipart (1867)	Damenschneider
Schrader (1868)	Strumpfwirker
Umbreit (1868)	Kammachermeister
Wissell (1869)	Seemann, Obersteuermann
Jäckel (1869)	Tuchmachermeister
Mahler (1872)	Heizer u. Maschinist
Graßmann (1873)	Eisenbahnbeamter
Backert (1874)	Landwirt
Janschek (1874)	Bergmann
Giebel (1878)	Zimmerer
Löffler (1879)	Landwirt
Eggert (1880)	Gutsaufseher
Tarnow (1880)	Tischler
Schlimme (1882)	Arbeiter
Leuschner (1890)	Ofensetzer

auf einem Rittergut. Sassenbachs Vater betrieb eine »Landsattlerei, verbunden mit Schankwirtschaft und etwas Landbau«[111].

Die vorliegenden Informationen sind jedoch nur begrenzt aussagekräftig. Von den 32 Personen, die im Laufe der Weimarer Zeit im Bundesvorstand vertreten waren, liegen nur bei 20 Hinweise zu ihrer sozialen Herkunft vor. Diese beschränken sich zumeist auf Angaben zum Vaterberuf[112], wobei bei den Angaben nicht gesichert ist, inwieweit es sich um

---

111 Nachweise für Backert, Löffler und Eggert, s. ebenda. Zu Sassenbach vgl. Johann Sassenbach: Lebenserinnerungen 1936, hrsg. von H.-J. Haubold, Mannheim 1978 (Transkript mit vorl. Register), S. 2; in: DGB/NL Sassenbach.
112 Die Vaterberufe sind nachgewiesen für Legien in: Leipart, Carl Legien, S. 9; für Leipart in: Internationales Handwörterbuch, Bd. 2, S. 1053; für Sassenbach in: Lebenserinnerungen 1936 (wie Anm. 111), S. 2; für Wissell in: Aus meinen Lebensjahren, S. 20; für Knoll: Ders., Selbstbiographie, in: Ders.: Geschichte der Straße und ihrer Arbeiter, Bd. III, Berlin 1930, S. 18; für Umbreit: Archiv für publizistische Arbeit (Intern. biogr. Archiv), 23. 9. 1930, in: AsD/Slg. Personalia, Mappe Umbreit; für Backert: »Lebenserinnerungen«, Bl. 3ff., in: DGB/NL Backert; für Graßmann in RHB, Bd. I, S. 585; für Giebel, Jäckel, Janschek, Silberschmidt in den jeweiligen Kurzbiographien in: Schröder, Handbuch; für Eggert, Löffler und Mahler in: Wirtschaftsführer, Sp. 524, Sp. 1375, Sp. 1412; für Schrader in: Internationales Handwörterbuch, Bd. 2, S. 1413; für Sabath in; Kbl., 33 Jg., Nr. 17, 28. 4. 1923, S. 196; für Leuschner und Tarnow in: Beier, Schulter, S. 134 u. 198; für

erlernte oder ausgeübte Berufe handelt. Ein Beispiel: Der Beruf von Leiparts Vater wird mit Damenschneider angegeben. Daß sich dahinter keine selbständige Handwerkerexistenz verbirgt, ergibt sich aus den autobiographischen Aufzeichnungen Leiparts, in denen er mitteilte, daß sein Vater nur gelegentlich als Schneider tätig war, ansonsten als Aushilfskraft bei einem Kürschner arbeitete und umherzog, um auf Gutshöfen Bettfedern zu reinigen[113]. Leipart ist damit einer der wenigen Fälle, in denen autobiographische Aufzeichnungen nähere Informationen zur familiären und sozialen Situation enthalten.

Die Erfahrung materieller Not in Kindheit und Jugend war fast allen Vorstandsmitgliedern gemeinsam. Einzig Sassenbach berichtete, daß »für unsere bescheidene Gegend [Bergisches Land] ohne große Güter und ohne Industrie [...] mein Vater zu den Wohlhabenden und auf jeden Fall zu den Angesehenen« gehörte[114]. Für die anderen waren eine große Geschwisterzahl, frühzeitiger Tod der Eltern, Arbeitslosigkeit des Vaters prägende Erfahrungen.

Umbreit wurde als sechstes von 18 Kindern, Leipart als siebtes von zwölf geboren[115]. Legien und Sassenbach verwaisten früh und wuchsen im Waisenhaus (Legien) oder bei Verwandten (Sassenbach) auf. Auch Leiparts Vater starb früh[116]. Wissells Vater mußte wegen der Erblindung eines Auges seinen Beruf als Seemann aufgeben und wurde arbeitslos. Im elterlichen Haushalt herrschte deshalb eine »gedrückte« Lebenslage, die sich, so Wissell, von den Arbeiterexistenzen in der Nachbarschaft nicht unterschied. »Belag aufs Brot gab es nur am Sonntagabend.«[117]

Knoll bezeichnete seine Eltern als »Lumpenproletarier«, die den Familienunterhalt durch Gelegenheitsarbeit, Straßenbettel, Kleinkriminalität und Untervermietung an Schlafburschen und Prostituierte bestrit-

---

Schlimme: Geschichte der deutschen Arbeiterbewegung. Biographisches Lexikon, Berlin (DDR), 1970, S. 397. Die Herkunft der übrigen Vorstandsmitglieder bleibt vage, die Hinweise erschöpfen sich hier in Formulierungen wie »aus ganz engen Verhältnissen kommend« und ähnlichem. Vgl. z. B. »Conrad Bruns 25 Jahre Angestellter«, in: GZ, Jg. 39, Nr. 5, 2. 2. 1929, S. 77. Auch Angaben zum Vaterberuf wie »Arbeiter« lassen keine Rückschlüsse auf die sozialen Verhältnisse des Elternhauses zu.

113 Vgl. Theodor Leipart: Aus meinem Leben, unveröffentlichtes, undatiertes Manuskript (nach 1945), in: ZA FDGB/NL 2/1.
114 Vgl. Sassenbach, Lebenserinnerungen (wie Anm. 111), S. 2. Zu Sassenbach vgl. auch B. Voigt: Der Gewerkschaftsführer, Verleger und Publizist Johann Sassenbach (1866–1940), in: Literarisches Leben in Berlin 1871–1933, hrsg. v. Peter Wruck, Berlin (DDR) 1987, Bd. 1, S. 299–333.
115 Vgl. Archiv f. publizistische Arbeit (Intern. Biogr. Archiv), 23. 9. 1930, in: AsD, Slg. Personalia/Mappe Umbreit; vgl. Deutschland, Theodor Leipart, S. 350.
116 Vgl. Leipart, Carl Legien, S. 9; Sassenbach, Lebenserinnerungen (wie Anm. 111), S. 4f.; Leipart, Aus meinem Leben, S. 2, in: ZA FDGB/NL 2/1.
117 Vgl. Wissell, Aus meinen Lebensjahren, S. 26. Vgl. auch Barclay, Wissell, S. 32f.

ten. Die Familie, häufig exmittiert, führte »ein Nomadenleben in der Großstadt« (Berlin). Knoll wuchs zum Teil bei einer fremden Familie, »die die Haltung von Pflegekindern gewerbsmäßig« betrieb, auf und arbeitete bereits als Neunjähriger in der Boxhagener Glashütte (Stralau) in ständiger Nachtschicht[118].

Zum Komplex der Herkunft zählt nicht nur die familiäre, soziale Situation, sondern auch die regionale Abstammung, die Frage nach ländlicher oder städtischer Prägung. Auf die ländlich-bäuerliche Herkunft einiger Vorstandsmitglieder wurde bereits verwiesen. Andere wie Knoll, Umbreit und Wissell wuchsen in Großstädten auf. Insgesamt sind die Angaben zur regionalen Herkunft so heterogen, daß sich angesichts der geringen hier untersuchten Personenzahl kaum allgemeinere Schlüsse ziehen lassen.

Generationsspezifische Unterschiede in der Herkunft lassen sich bei den hier untersuchten Vorstandsmitgliedern nicht feststellen.

Ausbildung

Die Schul- und Berufsausbildung der Vorstandsmitglieder ist bei weitem besser dokumentiert als ihre Herkunft. Von den 32 in der Zeit von 1919 bis 1933 amtierenden Vorstandsmitgliedern liegen für alle Angaben zur Berufsausbildung, für 26 Angaben zur Schulbildung vor.

20 der Vorstandsmitglieder absolvierten die meist achtjährige Volksschule; sechs besuchten »Bürger-« oder Realschulen. Leipart z. B. konnte »durch das hochherzige Anerbieten des Vaters eines Schulkameraden, für ihn das Schulgeld zu bezahlen«, in die Mittelschule eintreten und erhielt so eine »leidliche Schulbildung«[119]. Jene, die wie Sassenbach, Backert oder Silberschmidt ihre Schulzeit in Dorfschulen verbrachten, genossen einen weit weniger »leidlichen« Unterricht. Backert, in dessen Schule mehrere Schülerjahrgänge in einem Raum unterrichtet wurden, »mußte wahrnehmen, daß die Schule mir nur wenig mitgegeben hatte«[120]. Sassenbach konnte, als er eingeschult wurde, bereits lesen und schreiben. »Viel

---

118 Vgl. Knoll, Selbstbiographie, in: Ders.: Geschichte der Straße und ihrer Arbeiter, Bd. III, Berlin 1930, S. 15ff.
119 Vgl. Deutschland, Leipart, S. 350. Umbreit, Wissell und Giebel besuchten eine »Bürgerschule«, Müller eine Bürger- und eine Realschule, Graßmann eine »Lateinschule«; zu Giebel und Wissell vgl. Schröder, Handbuch, S. 114 u. 224. Zu Graßmann vgl. RHB, Bd. I, S. 585; zu Müller vgl. Reichstagshandbuch, IV. Wahlperiode, 1928, S. 396; zu Umbreit vgl. Keil, Erlebnisse, Bd. 1, S. 67.
120 Vgl. Backert, Lebenserinnerungen, Bl. 13, in: DGB/NL Backert.

mehr war auch in meiner Landschule nicht zu lernen.«[121] Knoll, dessen Vater den Schulbesuch »für entbehrlichen Luxus« hielt, hatte gar nur dreieinhalb Jahre auf der Schulbank verbracht[122].

Nach der Schulzeit begannen 28 eine Handwerkslehre, bei 22 ist eine Gesellenwanderschaft nach Beendigung der Lehrzeit nachgewiesen[123]. Der einzige ungelernte Arbeiter im Bundesvorstand war Conrad Bruns, der bis zu seiner Anstellung als Gewerkschaftssekretär im Fabrikarbeiterverband (1903) bei der Berliner Firma Borsig gearbeitet hatte[124].

Besonders häufig waren Berufe der Holzbranche. Allein fünf – Legien, Leipart, Umbreit, Brunner und Schlimme – hatten Drechsler gelernt, Tarnow war Tischler und Leuschner Holzbildhauer.

Am zweithäufigsten waren metallverarbeitende Berufe: Eggert und Bekker hatten das Schlosserhandwerk erlernt, Reichel war Klempner, Cohen Mechaniker und Wissell Dreher und Maschinenbauer[125]. Die traditionelle Wanderschaft führte manche der späteren Bundesvorstände weit über die Grenzen Deutschlands hinaus. So bereiste der gelernte Schriftsetzer Graßmann in den Jahren 1891 bis 1895 Österreich, Ungarn, die Schweiz und Skandinavien. Sassenbach wanderte nach Österreich, Italien, Frankreich und in die Schweiz[126].

Bei der Schul- und Berufsausbildung unterscheiden sich die im Bundesvorstand vertretenen Generationen kaum. Das handwerkliche Element ist stark vertreten. Sowohl Legien wie auch das jüngste Vorstandsmitglied Leuschner hatten nach achtjähriger Volksschule ein Handwerk erlernt und waren danach auf Wanderschaft gezogen.

Generationsspezifische Unterschiede lassen sich jedoch bei den Möglichkeiten zur Weiterbildung feststellen.

---

121 Vgl. Sassenbach, Lebenserinnerungen (wie Anm. 111), S. 3. Auch Silberschmidt genoß einen »kümmerlichen Dorfschulunterricht«, vgl. Internationales Handwörterbuch, Bd. 2, S. 1467.
122 Vgl. Knoll: Erinnerungen aus meinem Leben, in: Die Freie Gewerkschaft, 2. Jg., Nr. 269, 16. 11. 1946, S. 3.
123 Für fünf Vorstandsmitglieder liegen keine Angaben vor. Fünf gingen aufgrund ihres Berufs nicht auf Gesellenwanderschaft: Bruns (ungelernter Arbeiter), Giebel (Bürogehilfe), Schlimme (zunächst Drechsler, dann Handlungshilfsarbeiter), Janschek und Löffler (Bergleute).
124 Vgl. GZ, Jg. 39, Nr. 5, 2. 2. 1929, S. 77.
125 Die übrigen Berufe waren Sattler (Sassenbach, Schulze), Schneider (Sabath), Tapezierer (Spliedt), Weber u. Spinner (Jäckel), Wirker (Schrader), Lohgerber (Mahler), Zimmerer (Kube), Steinsetzer (Knoll), Maurer (Bernhard, Lehmann, Silberschmidt), Schriftsetzer (Graßmann), Brauer (Backert), Gärtner (G. Schmidt), Bergmann (Löffler, Janschek), Bürogehilfe (Giebel). Zur starken handwerklichen Prägung vgl. Borsdorf, Gewerkschaftsführer, S. 22; Schönhoven, Quellen I, S. 43.
126 Zu Graßmann vgl. RHB, Bd. 1, S. 585; zu Sassenbach vgl. G. Beier: Johann Sassenbach..., in: Ders.: Schulter, S. 158; Bernhard »machte als Geselle große Reisen durch die wichtigsten europäischen Staaten«. Vgl. Internationales Handwörterbuch, Bd. 1, S. 192.

Cassau hatte bereits Mitte der 1920er Jahre drei Funktionärsgenerationen mit unterschiedlichen Bildungsmöglichkeiten festgestellt. Die erste Generation der Jahrgänge 1855 bis 1870 sei von »ursprünglichem Bildungsdrang« erfüllt gewesen und habe für ihre Weiterbildung größte Opfer gebracht. Die zweite Generation (Jahrgänge 1870 bis 1885) sei zwar immer noch auf autodidaktische Studien angewiesen gewesen, habe jedoch durch Einrichtungen wie die Unterrichtskurse der Generalkommission und die SPD-Parteischule bereits bessere Weiterbildungsmöglichkeiten gehabt. Die dritte Generation (Jahrgänge 1890 bis 1900ff.) schließlich sei zwar durch den Krieg in ihren Bildungsmöglichkeiten gehemmt gewesen, habe jedoch insgesamt dann durch Einrichtungen wie die Akademie der Arbeit erheblich verbesserte Möglichkeiten vorgefunden[127].

Für den hier untersuchten Personenkreis liegen zu zwölf Personen Hinweise zu ihrer Weiterbildung vor. Sieht man davon ab, daß Cassau andere Generationsgrenzen zog, als sie dieser Untersuchung zugrunde gelegt sind, so bestätigen diese Hinweise seine Aussagen.

Die Angehörigen der beiden älteren Generationen, der in den 1860er und 1870er Jahren Geborenen, bildeten sich weitgehend autodidaktisch weiter.

Wilhelm Keil berichtete, daß er und sein Freund Paul Umbreit ihre Abende, »soweit sie nicht mit Versammlungen ausgefüllt waren, und oft auch die Sonntage, [mit] der Lektüre von Zeitungen und Büchern und der Schreiberei« verbrachten. Umbreit habe bereits zu dieser Zeit – Ende der 1880er Jahre – »einen ansehnlichen Bücherbestand sein eigen« genannt[128]. Auch Alexander Knoll nutzte seine freie Zeit, um sich »mit den Schätzen der Bibliothek« des Handwerkervereins, dessen Mitglied er war, vertraut zu machen[129]. Legien schrieb sich mit 35 Jahren bei der Berliner Humboldt-Akademie als Hörer ein, »um dort in den Freistunden nach den Reichstagssitzungen an rechtsphilosophischen Vorlesungen teilzunehmen«[130]. Sassenbach besuchte Anfang der 1890er Jahre »ohne Anrecht und ohne Erlaubnis« Vorlesungen an der Berliner Universität, verschaffte sich durch »jahrzehntelange Sprachstudien« die »intime

---

127 Vgl. Cassau, Gewerkschaftsbewegung, S. 131 ff. Vgl. auch Borsdorf, Gewerkschaftsführer, S. 22 ff.
128 Vgl. Keil, Erlebnisse, Bd. 1, S. 79. Keil (1870–1968), Drechsler, war u. a. 1896–1930 Redakteur der »Schwäbischen Tagwacht« und 1900–1932 MdR.
129 Vgl. Knoll, Selbstbiographie (wie Anm. 118), S. 27. Wissell machte sich in der Bibliothek des Freidenkerverbandes in Kiel, dem er 1893 beigetreten war, »mit der sozialistischen Theorie etwas vertrauter«. Vgl. Barclay, Wissell, S. 36, sowie Wissell, Aus meinen Lebensjahren, S. 38.
130 Vgl. Leipart, Carl Legien, S. 80.

Kenntnis« von sieben lebenden Sprachen und besaß eine umfangreiche Bibliothek[131]. Silberschmidt hatte noch mit 40 Jahren einen halbjährigen Kursus über »Geschichte und Theorie des Sozialismus« besucht[132]. Die Angehörigen der dritten Generation nutzten häufiger gewerkschafts- oder parteieigene Bildungseinrichtungen. Eggert absolvierte die ab 1906 eingerichteten Unterrichtskurse der Generalkommission und Tarnow 1908/09 einen Halbjahreskurs der SPD-Parteischule. Schlimme besuchte, allerdings schon 39jährig, die staatliche Wirtschaftsschule in Berlin[133]. Leuschner hatte sein Wissen durch Selbststudium erweitert (Mathematik in Fernunterricht, Fremdsprachen) und besuchte über seine Berufsausbildung als Holzbildhauer hinaus im Wintersemester 1909/10 die Akademie der Bildenden Künste in Nürnberg[134].

Gewerkschaftlicher Karriereverlauf

Betrachtet man den gewerkschaftlichen Werdegang der ersten Generation, so kristallisiert sich, bei allen individuellen Unterschieden, ein typischer Weg heraus, der über folgende Stationen führt: Zwischen dem 18. und 25. Lebensjahr, vielfach noch in der Zeit des Sozialistengesetzes, Beitritt zur Gewerkschaft, ehrenamtliches Engagement im lokalen Bereich, maßgebliche Beteiligung am Aufbau der Organisation, Aufstieg in führende Positionen zwischen dem 25. und 35. Lebensjahr als Verbandsvorsitzender oder Mitglied der Generalkommission, die bis in die 1920er und 1930er Jahre gehalten werden.

Legien war 1886 dem Fachverein der Drechsler in Hamburg beigetreten. Als im Sommer 1887 die »Vereinigung der Drechsler« gegründet wurde, wählte sie Legien als Zentralvorsitzenden. Mit 29 Jahren übernahm er den Vorsitz der neugebildeten Generalkommission und blieb bis zu seinem Tod im Dezember 1920 an der Spitze der freien Gewerkschaftsbewegung[135].

---

131 Vgl. Sassenbach, Lebenserinnerungen (wie Anm. 111), S. 51; Heyde: Sassenbach, Johann, in: Internationales Handwörterbuch, Bd. 2, S. 1390.
132 Vgl. Internationales Handwörterbuch, Bd. 2, S. 1468. Der Kurs fand vermutlich an der ab 1906 bestehenden SPD-Parteischule statt; die im gleichen Jahr eingerichteten Unterrichtskurse der Generalkommission dauerten nur zwischen vier und sechs Wochen. Zur SPD-Parteischule und zu den Unterrichtskursen vgl. Fricke, Bd. 1, S. 691ff.
133 Zu Eggert vgl. Wirtschaftsführer, Sp. 524; zu Tarnow Internationales Handwörterbuch, Bd. 2, S. 1676; zu Schlimme: ebenda, S. 1405. Löffler nahm an »volkswirtschaftlichen Sonderkursen« teil, vgl. Wirtschaftsführer, Sp. 1375. Bernhard besuchte Kurse in einer Arbeiterbildungsschule; vgl. Neues Deutschland, 4. 12. 1948.
134 Zu Leuschner vgl. J.G. Leithäuser: Wilhelm Leuschner. Ein Leben für die Republik, Köln 1962, S. 13f.
135 Vgl. Internationales Handwörterbuch, Bd. 2, S. 1051ff.; Leipart, Carl Legien, bes. S. 17ff.

Leipart war bereits 1886 Vorstandsmitglied des Hamburger Drechslerfachvereins und wurde 1887 als Schriftführer des Zentralverbandes gewählt. 1891 übernahm er – 24jährig – dessen Vorsitz. Nach dem Übertritt des Drechslerverbandes in den Holzarbeiter-Verband (DHV) 1893 bekleidete Leipart zunächst das Amt des zweiten Vorsitzenden und von 1908 bis 1919 des ersten Vorsitzenden des DHV. Anfang 1921 übernahm er dann als Nachfolger Legiens den Vorsitz des ADGB[136].

Knoll wurde mit 28 Jahren zum Vorsitzenden seines Verbandes (Steinsetzer) gewählt und trat mit 38 in die Generalkommission ein. Umbreit, mit ca. 20 Jahren Mitglied der Gewerkschaft, baute in Elberfeld die Drechslerorganisation noch während des Sozialistengesetzes mit auf; er erhielt mit 32 Jahren den Redakteurposten bei der Generalkommission[137]. Sabath trat mit 24 Jahren dem Schneiderverband bei und war bereits mit 30 Jahren Mitglied der Generalkommission; Sassenbach, mit 23 Jahren Gewerkschaftsmitglied, übernahm mit 25 den Vorsitz seiner Organisation (Sattler) und wurde mit 36 Jahren in die Generalkommission gewählt[138].

Natürlich verliefen die Karrierewege nicht immer geradlinig vom einfachen Mitglied zum Vorsitzenden. Hermann Kube zum Beispiel bekleidete in seiner Organisation, deren Mitglied er seit 1889 war, keine Vorstandsposition oder eine vergleichbare Spitzenstellung und wurde mit 37 Mitglied der Generalkommission[139].

Rudolf Wissell trat 1888 dem Fachverein der Schlosser und Maschinenbauer in Kiel bei und wurde etwa ein halbes Jahr später dessen Vorsitzender. 1890 schloß sich der Fachverein dem neugegründeten DMV an und Wissell übernahm nach seiner Militärzeit den Vorsitz der DMV-Zahlstelle in Kiel (1894–1899). Ab 1901 war er als Arbeitersekretär in Lübeck tätig und wechselte zum Jahresende 1908 in das Zentralarbeitersekretariat der Generalkommission. Ab Oktober 1918 war er kurzzeitig zweiter Vorsitzender der Generalkommission (anstelle des ausgeschiedenen Gustav Bauer) und wurde erst Anfang 1921, nach einem kurzen politischen Zwischenspiel als Volksbeauftragter bzw. Reichswirtschaftsminister, als

---

136 Vgl. RHB, Bd. II, S. 1094; Deutschland, Leipart, S. 350 ff.
137 Zu Knoll Internationales Handwörterbuch, Bd. 1, S. 957. Zu Umbreit vgl. ebenda, Bd. 2, S. 1743 ff.; Keil, Erlebnisse, Bd. I, S. 82.
138 Zu Sabath vgl. Internationale Handwörterbuch, Bd. 2, S. 1378 f.; GZ, 38. Jg., Nr. 17, 28. 4. 1928, S. 268 f. Zu Sassenbach vgl. Schröder, Handbuch, S. 188 f.; GZ, 41. Jg., Nr. 5, 31. 1. 1931, S. 77 f.
139 Kube arbeitete ab 1898 als besoldeter Kassier der Ortsverwaltung Berlin des Zimmererverbandes und war ab 1899 Mitglied des Verbandsausschusses, ab 1903 dessen Vorsitzender, vgl. GZ, Jg. 42, Nr. 4, 23. 1. 1932, S. 49 f.

besoldetes Mitglied in den ADGB-Vorstand gewählt. Er war zu diesem Zeitpunkt 52 Jahre alt[140].

Bei der zweiten Generation der in den 1870er Jahren Geborenen zeichnet sich eine Verlangsamung der Karrierewege ab. Zwar erreichte Cohen (geb. 1870) noch in relativ jungem Alter, mit 32 Jahren, seine Spitzenposition in der Generalkommission[141], doch schon Peter Graßmanns Karriereweg verlief langsamer. 1873 geboren, gehörte er der »alten Garde« der Gewerkschaftsführer, die noch unter dem Sozialistengesetz mit dem Aufbau der Gewerkschaften begonnen hatten, nicht mehr an. Ab 1893 übernahm er ehrenamtliche Funktionen im Buchdruckerverband, zehn Jahre später wurde er als besoldeter Gauleiter eingestellt und mit 35 Jahren zum zweiten Vorsitzenden des Verbandes gewählt. Als er 1919 stellvertretender Vorsitzender des ADGB wurde, war er 46 Jahre alt[142]. Spliedt (geb. 1877) war zwar mit 32 Jahren Vorsitzender des Tapeziererverbandes, wurde jedoch erst mit 54 Jahren in den ADGB-Vorstand gewählt. Auch Ernst Schulze (geb. 1879) war bereits 52, als er Bundesvorstandsmitglied wurde[143].

Was sich bei der zweiten Generation andeutet, wird für die dritte Generation der in den 1880er und 1890er Jahren Geborenen zur Regel. Ihre Karrierewege sind länger, sie müssen die sogenannte »Ochsentour« durchlaufen, die verschiedenen Verbandsebenen, bis sie in Spitzenpositionen gelangen.

Auch die Funktionäre dieser Generation traten im Alter von 18 bis 25 in die Organisation ein. Sie betätigten sich ehrenamtlich und übernahmen im Alter von 25 bis 30 Jahren besoldete Funktionen auf der lokalen oder regionalen Organisationsebene ihres Verbandes. Anschließend wechselten sie als Angestellte oder Vorstandsmitglieder in die Zentrale der Orga-

---

140 Zum Werdegang Wissells vgl. Schröder, Handbuch, S. 224f.; Barclay, Wissell, S. 32ff. Auch Müller-Lichtenberg wurde erst mit 56 Jahren Bundesvorstandsmitglied. Er arbeitete seit 1905 als Angestellter der GK (Zentralarbeitersekr.). 1907–1908 leitete er den »Senefelder Bund«. Vgl. Internationales Handwörterbuch, Bd. 2, S. 1133.
141 Cohen war seit 1901 DMV-Bezirksleiter in Berlin und wurde 1902 in die GK gewählt. Vgl. GZ, Jg. 40, Nr. 20, 17. 5. 1930, S. 316f.
142 Vgl. Internationales Handwörterbuch, Bd. 1, S. 731.
143 Spliedt war 1905 »Hilfsarbeiter« im HV des Tapeziererverbands, 1908 Hauptkassierer, 1909–1920 Verbandsvors., ab 1921 im Bundesbüro des ADGB, 1931 Vorstandsmitglied des ADGB, vgl. Internationales Handwörterbuch, Bd. 2, S. 1540. Schulze, ab 1932 BV-Mitglied, war von 1905 bis 1919 Vorsitzender der Berliner Verwaltungsstelle des Sattlerverbandes und ab 1919 Sekretär im Bundesbüro, vgl. Sattler-, Tapezierer- und Portefeuiller-Zeitung, 45. Jg., Nr. 9, 26. 2. 1932, S. 36. Löffler, geb. 1879, 1919 BV-Mitglied, war seit 1905 Angestellter des Bergarbeiterverbandes, vgl. Wirtschaftsführer, Sp. 1375.

nisation. Mit 45 bis 55 Jahren erreichten sie ihre Positionen als Vorstandsmitglieder des Spitzenverbandes.

Willy Eggert, Jahrgang 1880, wurde mit 26 Angestellter der Ortskrankenkasse der Schlosser in Berlin, die weiteren Stationen seines Werdegangs waren: 1908: Angestellter der DMV-Bezirksleitung Brandenburg, 1909: DMV-Bevollmächtigter in Stuttgart, 1921: Vorstandsmitglied des DMV, 1924: Vorstandsmitglied des ADGB, 1931: dritter Vorsitzender des ADGB[144].

Ähnlich verlief der Werdegang Hermann Schlimmes (geb. 1882), der mit 49 Jahren zum Vorstandsmitglied des ADGB gewählt wurde. Mit 29 wurde er Bezirksleiter des Deutschen Verkehrsbundes, elf Jahre später arbeitete er als Angestellter in der Zentrale des Verbandes und ab 1923 als Sekretär im Bundesbüro des ADGB[145]. Auch Nikolaus Bernhard (geb. 1881) und Fritz Tarnow (geb. 1880), beide 1928 mit 47 bzw. 48 Jahren als Beisitzer in den Bundesvorstand gewählt, hatten vergleichbare Karrierewege, die sich nur darin unterschieden, daß sie in ihren Organisationen höhere Positionen erreicht hatten. Bernhard übte ab 1906 lokale Funktionen im Bauarbeiterverband aus, war ab 1914 Angestellter im Hauptvorstand, 1922 gewählter Vorstandssekretär, 1924 stellvertretender Vorsitzender und 1927 erster Vorsitzender des Verbandes. Tarnow war mit 19 Jahren Mitglied der Ortsverwaltung des DHV in Rastatt, 1906 Angestellter im Hauptbüro des Verbandes, 1919 Vorstandsmitglied und ab 1920 Verbandsvorsitzender[146]. Leuschners Werdegang war weniger von Funktionen in seiner Organisation, sondern von solchen im Spitzenverband geprägt. Zwar hatte auch er sich in seinem Verband ehrenamtlich engagiert und wurde schon 1909, also mit 19, Bezirksleiter des Bildhauerverbandes in Darmstadt. Die weiteren Stationen waren jedoch Funktionen im Dachverband: 1919 übernahm er den Vorsitz des ADGB-Ortsausschusses in Darmstadt und von 1926 bis 1928 war er als ADGB-Bezirkssekretär für Hessen tätig. Nachdem er ab 1928 hessischer Innenminister war, kam er 1933 mit 43 Jahren in den Bundesvorstand des ADGB[147].

---

144 Vgl. Internationales Handwörterbuch, Bd. 1, S. 408f.; Wirtschaftsführer, Sp. 524.
145 Vgl. Internationales Handwörterbuch, Bd. 2, S. 1405.
146 Zu Bernhard vgl. Internationales Handwörterbuch, Bd. 1, S. 192; Handbuch Arbeiterpresse, 1914, S. 525; dass., 1927, S. 356. Zu Tarnow vgl. Internationales Handwörterbuch, Bd. 2, S. 1678f. sowie Tarnow an Wegener (Red. des »Telegraf«) v. 29. 12. 1948, in: DGB/NL Tarnow 1.
147 Vgl. Handbuch Arbeiterpresse, 1927, S. 317; G. Beier: Wilhelm Leuschner. Kampf bis zum Schafott: Für die Einheitsgewerkschaft, in: Ders., Schulter, S. 133ff.

Zwischenergebnis

Während in den Fragen der Herkunft sich bei dem hier untersuchten Kreis der Vorstandsmitglieder des ADGB keine generationsspezifischen Unterschiede zeigen, sind diese in Fragen der Bildung und des Karriereverlaufs deutlich erkennbar. Weniger hinsichtlich der Schul- und Berufsausbildung, hier waren bei älteren wie jüngeren das handwerkliche Element und Volksschulbildung dominierend. Bei der Weiterbildung als Funktionäre der Arbeiterbewegung waren jedoch die Möglichkeiten der drei hier vertretenen Generationen sehr unterschiedlich. Während vor allem die erste Generation der in den 1860er Jahren Geborenen und auch noch die zweite der in den 1870er Jahren Geborenen weitgehend auf autodidaktische Studien und Eigeninitiative angewiesen waren, boten sich für die ab 1880 Geborenen bereits andere Möglichkeiten der Weiterbildung vor allem durch Angebote gewerkschaftlicher und parteilicher Bildungsveranstaltungen.

Die Karrierewege der ersten Generationen waren kurz. In jungen Jahren gelangten die ihr Angehörenden in Spitzenpositionen, die sie bis weit in die Weimarer Jahre behielten und somit die Positionen für die nachfolgenden Generationen blockierten. Bereits bei der zweiten Generation der 1870er Jahrgänge verliefen die Karrieren langsamer und bei der folgenden Generation wurde die »Ochsentour« vollends zur Regel.

Die Führerauslese war weniger eine Sache demokratischer Auswahl, sondern eine Angelegenheit interner Absprachen. Kriterien waren dabei neben den für die Gewerkschaftsbewegung gängigen – langjährige Tätigkeit in der Organisation, gewerkschaftliche Erfahrung – ein gewisser Verbändeproporz, wobei die großen Industrieverbände im hauptamtlichen Vorstand wie unter den Beisitzern zunächst unterrepräsentiert blieben und der Bundesvorstand eine Domäne der traditionellen Berufsverbände mit starkem handwerklichem Zuschnitt war.

3.2 Die Angestellten des Bundesvorstandes

Als Angestellte werden im folgenden nur solche Personen verstanden, die auf den »Gehaltslisten« des Bundesvorstandes als »Sekretäre, die dem Bundesvorstand nicht angehören« oder als »Angestellte« geführt wurden[148]. In die Analyse der Altersstruktur, des Karriereverlaufs etc. sind also die sogenannten »Hilfskräfte« nicht mit einbezogen, außer wenn sie

---

148 In die folgende Untersuchung sind jene Angestellte (Müller-L., Schlimme, Schulze und Spliedt), die in hauptamtliche Vorstandspositionen aufstiegen, nicht mit einbezogen.

in den Status »Angestellte« aufgestiegen sind. Die »Außenbeamten« des Bundesvorstandes, die Bezirkssekretäre, werden gesondert untersucht.

Personal und Abteilungen des Bundesbüros

In der Übersicht 1 sind die einzelnen Abteilungen des Bundesbüros und die darin tätigen Angestellten aufgelistet[149]. Soweit Referate von hauptamtlichen Mitgliedern des Bundesvorstandes geleitet wurden, ist dies bei den jeweiligen Namen in Klammern angemerkt.

Übersicht 1

Personelle Zusammensetzung und Abteilungen des Bundesbüros (mit Geburtsdaten)

1. *Leitung des Bundesbüros* und Personalangelegenheiten:
1913–1933: Alban Welker (1873)

2. *Bundeskasse*
Leitung:
1903–1932: Hermann Kube (1865, Mitgl. des BV)
1932–1933: Ernst Schulze (1879, ab 1932 Mitgl. des BV)
Angestellte:
1907–1933: Richard Engelhardt (1875)

3. *Organisation*
1919–1933: Ernst Schulze (1879, ab 1932 Mitgl. des BV, verantwortlich für Orts- und Bezirksausschüsse)
1923–1933: Hermann Schlimme (1882, ab 1931 Mitgl. des BV)

4. *Statistische Abteilung*
Leitung:
1908–1928: Karl Herrmann (1864)
1928–1933: Wladimir Woytinsky (1885)
Angestellte:
1928–1930: K. Herrmann
1930–1933: Hermann Neh (1886)
1931–1933: Bruno Gleitze (1903)
Hilfskräfte:
?–1932: Hans Müller (?)
1920–1931: Bruno Gleitze

---

149 Als Quelle dienten in erster Linie die Jahrbücher des ADGB (1922–1931) sowie Mitteilungen des Bundesvorstandes über Veränderungen in der Verwaltung an den Kongreß und an den Ausschuß, einzelne Notizen in der Gewerkschaftspresse und in Archivalien. Nicht immer ließ sich die personelle Besetzung exakt ermitteln, so daß einzelne Unklarheiten und Lücken bestehen bleiben.

Personelle Zusammensetzung und Abteilungen des Bundesbüros
(mit Geburtsdaten)

5. *Sozialpolitische Abteilung* (gegr. 1910)
Leitung:
1919: Alexander Knoll (1864, Mitgl. des BV)
Okt. 1919–Nov. 1923: Rudolf Wissell (1869, ab Jan. 1921 Mitgl. des BV)
ab 1924: Franz Spliedt (?, 1877, ab 1931 Mitgl. des BV)
Angestellte:
1915–1923: Max Ebel (1878)
Jan.–Mai 1921: Robert Schmidt (1864)
Jan. 1921–März 1923: Dr. Alfred Striemer (1879, literarische Arbeiten)
Aug. 1921–[1933]: Franz Spliedt (Abt. Arbeitsmarkt, Tarifpolitik)
1925–1933: Dr. Bruno Broecker (1900, Abt. Arbeitsmarkt, Tarifpolitik)
1910–1923: Gustav Heinke (1850, Abt. Bauarbeiterschutz)
1925–1933: Robert Sachs (1889, Abt. Bauarbeiterschutz)
Hilfsarbeiter:
1911–1923: Vinzent Hampel (1867)

6. *Zentralarbeitersekretariat* (gegr. 1903, ab 1924: Rechtsabteilung)
Leitung:
bis 1923: Hermann Müller-Lichtenberg (1868)
1924–1933: Richard Peterhansel (1868), Heinrich Backhaus (1874)
Angestellte:
1910–1923: Richard Peterhansel
1919–1923: Heinrich Backhaus
Hilfskräfte:
1910–1920(?): Grete Sehner (1886)

7. *Arbeiterinnensekretariat* (gegr. 1905)
1907–1933: Gertrud Hanna (1876)

8. *Wirtschaftspolitische Abteilung* (gegr. Dez. 1922)
Leitung:
ab 1924: Willy Eggert (1880, Mitgl. des BV)
Angestellte:
1922/23: Dr. Fritz Kucharski (1893)
1925–1933: Dr. Hans Arons (1889)

9. *Jugendsekretariat* (gegr. 1922)
1922–1923, 1924–1933: Walter Maschke (1891)

10. *Betriebsrätezentrale* (Juni 1920–Ende 1923)
Juni 1920–Aug. 1922: Fritz Brolat (1883)
Juni 1920–Dez. 1923: Clemens Nörpel (1885, zunächst AfA-Bund, ab 1922 Angest. des ADGB)

11. *Abt. Gewerbehygiene und Gesundheitsschutz* (gegr. Nov. 1925)
1925–1926: Dr. Karl Sehmsdorf (1883)
1927–1933: Dr. Franz Karl Meyer-Brodnitz (1897)

Personelle Zusammensetzung und Abteilungen des Bundesbüros
(mit Geburtsdaten)

12. *Bildungssekretariat* (gegr. 1927)
1927–1933: Otto Heßler

13. *Registratur*
1926–1933: Kurt Exner (1901)
Hilfskräfte:
1924–1926: Richard Ortleb (1877)
?–1933: Gerhard Sachtleber

14. *Archiv, Bibliothek*
1923–1932: August Quist (1870, Archiv)
1932–1933: Hans Müller (Archiv)
1920–1933: Adolf Henschel (1887)

15. *Angestellte, die keiner besonderen Abteilung zugeordnet waren:*
1923–1933: Franz Josef Furtwängler (1894): Übersetzer, Auslandsexperte
1922–1933: Clemens Nörpel (1885): Experte für Arbeitsrecht
1921–1923: Fritz Kunze (1880): Angelegenheiten des Reichswirtschaftsrats
1932–1933: Dr. Walther Pahl (1903): Geschäftsführer der »Reichsarbeitsgemeinschaft Sozialer Dienst«, verantwortlich für den Freiwilligen Arbeitsdienst
1909–1920: Margarethe Philipp (1888): Arbeitsgebiet unbekannt

16. *Presse*
Organe:
»Korrespondenzblatt«/»Gewerkschafts-Zeitung«
Leitung:
1900–1932: Paul Umbreit (1868, Mitglied des BV)
1932–1933: Richard Seidel (1882)
2. Redakteur:
1905–1919: Wilhelm Jansson (1877)
1920–1921: August Quist (1870)
1922–1923: Hermann Müller-Lichtenberg (1868)
1926–1932: Richard Seidel

»Die Arbeit« (gegr. 1924)
Leitung: Lothar Erdmann (1888)

»Gewerkschaftliche Frauenzeitung« (gegr. 1916)
Leitung: Gertrud Hanna

»Betriebsrätezeitung« (1920–1923)
Leitung 1920–1923: Dr. Alfred Striemer, 1923: Clemens Nörpel

»Arbeitsnachweis und Erwerbslosenfürsorge« (1927–1933, ab Okt. 1927: »Arbeitsvermittlung und Arbeitslosenversicherung«)
Leitung: Dr. Bruno Broecker

»Arbeitsrechtspraxis« (1928–1933)
Leitung: Clemens Nörpel

»Jugendführer« (1926–1933)
Leitung: Walter Maschke

Personelle Zusammensetzung und Abteilungen des Bundesbüros
(mit Geburtsdaten)

»Bundes-Mitteilungen für die Ortsausschüsse des ADGB« (1921–1933)
Leitung: Ernst Schulze [?]

»Nachrichtendienst über Arbeitskämpfe und Tarifbewegungen« (1930–1933)
Leitung: Bruno Gleitze

Presseabteilung:
a) Gewerkschaftlicher Nachrichtendienst (1919–1923)
1919–1920: Wilhelm Jansson/Redaktion des »Korrespondenzblattes«
1921–1923: August Quist

b) 1923: Lothar Erdmann

c) Mitteilungen für die Gewerkschaftspresse (1926–1933)
1926–1933: Lothar Erdmann

Ende 1919 waren von den 13 im Bundesbüro arbeitenden Angestellten zwei Frauen: Margarethe Philipp und Gertrud Hanna. 1931 war unter den 23 Angestellten des Bundesbüros nur noch Hanna als einzige Frau. Die übrigen Frauen in der Zentrale arbeiteten als Hilfs- und Schreibkräfte[150].

Auswahlverfahren

Nach der ADGB-Satzung mußten alle Angestellten der Zentrale, die nicht Mitglieder des Bundesvorstandes waren, vom Bundesausschuß gewählt werden (§ 15)[151]. In der Realität bestimmte jedoch der Bundesvorstand, wer im Bundesbüro eingestellt wurde, und ersuchte den Bundesausschuß erst nachträglich um seine Zustimmung[152]. Nur August Quist wurde als zweiter Redakteur des »Korrespondenzblattes« direkt vom Bundesausschuß gewählt. Für die Anstellung Hermann Schlimmes hatte der Bundesausschuß dem Bundesvorstand zuvor Vollmacht gegeben[153].

---

150 Zahlen nach Ruck, Quellen II, Dok. 3, S. 96; Jb. ADGB, 1931, S. 219. Angestellte der ADGB-Verlagsgesellschaft sind in den Zahlen nicht enthalten.
151 Vgl. Schwarz, Handbuch, S. 30.
152 Ähnlich verfuhr der Vorstand des DHV, vgl. z.B. 46. Sitzung des Vorstandes des DHV, 10. 5. 1922, und 48. Sitzung, 29. 5. 1922, in: ZA FDGB/Nr. 269.
153 Zur Wahl Quists s. Ruck, Quellen II, Dok. 4 (BA-Sitzung vom 15.–17. 12. 1919), S. 118. Betr. Schlimme s. u. Anm. 156.

Widerspruch gegen die Personalentscheidungen des Bundesvorstandes wurde vom Ausschuß im allgemeinen nicht erhoben[154].

Die im Bundesbüro zu besetzenden Stellen wurden nur in vier Fällen in der Gewerkschaftspresse ausgeschrieben.

Als der Bundesvorstand 1925 die Sozialpolitische Abteilung erweitern wollte, suchte er per Anzeige im »Zentral-Stellennachweis« des ADGB einen Sekretär für den Bauarbeiterschutz und einen Sekretär »für die Bearbeitung und Vertretung der allgemeinen sozialpolitischen Interessen der Arbeiterschaft«. 1928 schrieb der Vorstand die Stelle eines »lohnpolitischen Sekretärs« aus, und 1929 suchte er auf dem gleichen Weg einen Leiter der Statistischen Abteilung[155]. In den übrigen Fällen wurden die Angestellten durch Absprache mit den Mitgliedsverbänden, aus deren Verwaltungen die jeweiligen Kandidaten kamen oder die an der zu besetzenden Stelle besonderes Interesse hatten, ausgewählt. Zum Teil dürften auch verwandtschaftliche Verhältnisse oder persönliche Vermittlung eine Rolle gespielt haben.

Schlimme wurde während seiner Ausbildung in der Berliner Wirtschaftsschule Ende Februar 1923 von Leipart angerufen, »er wolle mit mir einmal persönlich in seinem Büro sprechen«. Wie Leipart auf Schlimme kam, ist unklar, möglicherweise hatte der Vorsitzende des Deutschen Verkehrsbundes, Oswald Schumann, vermittelt. Schlimme selbst kannte Leipart bis dato jedenfalls nur von Bildern. Nun teilte Leipart Schlimme mit, er benötige einen »tüchtigen Kerl«, der auch in Leiparts Abwesenheit Entscheidungen treffen und ihn bei seiner Arbeit als Präsident des Reichswirtschaftsrates entlasten könne. Schlimme bewarb sich und erhielt Anfang März Mitteilung über seine Einstellung[156].

Robert Sachs, im Bundesbüro verantwortlich für den Bauarbeiterschutz, war 1925 »im Benehmen der beteiligten Bauarbeiterverbände« eingestellt

---

154 Nur im Falle Dr. Alfred Striemers, ab 1920 nebenamtlich als Redakteur und ab 1921 als Angestellter in der Sozialpolitischen Abteilung beschäftigt, entstand eine kontroverse Diskussion, in der sich Dißmann (DMV) und Simon (Schuhmacherverband) unter Hinweis auf Striemers politische Haltung gegen ihn aussprachen. Vgl. ausführlicher unten Teil 2, III. 2.
155 Der Zentral-Stellennachweis wurde im April 1921 gegründet; vgl. Kbl., Jg. 31, Nr. 17, 23. 4. 1921, S. 240, und Nr. 19, 7. 5. 1921, S. 272. Zu den Stellenausschreibungen vgl. GZ, Jg. 35, Nr. 10, 7. 3. 1925, S. 144; GZ, Jg. 38, Nr. 4, 21. 1. 1928, S. 48, u. Nr. 5, 28. 1. 1928, S. 62; GZ, Jg. 39, Nr. 41, 12. 10. 1929, S. 656, u. Nr. 42, 19. 10. 1929, S. 672. Die Stelle des lohnpolitischen Sekretärs konnte nicht besetzt werden, da sich keine Bewerber fanden, vgl. dazu oben Teil 1, II. 5.
156 Vgl. die Schilderung Schlimmes in: »Mein Lebenslauf 1. Fortsetzung«, Zeitraum 1918–1937, in: ZA FDGB/NL 16/1. Schlimme wurde als Nachfolger Fritz Kunzes eingestellt. Kunze schied Ende Januar 1923 aus dem Bundesbüro aus, um eine Referentenstelle im RArbM zu übernehmen, vgl. Jb. ADGB, 1923, S. 186; Ruck, Quellen II, Dok. 79, S. 790. Mitteilung über Anstellung Schlimmes ebenda, Dok. 83, S. 812.

worden[157]. Richard Seidel wurde 1926 nach Einwilligung des Eisenbahnerverbandes, dessen Fachzeitung er redigierte, als zweiter Redakteur der »Gewerkschafts-Zeitung« engagiert[158].

Bruno Gleitze, der ab 1920 im Bundesbüro als »Hilfsstatistiker« arbeitete, wurde auf Empfehlung des damaligen Leiters der statistischen Abteilung, Karl Herrmann, angestellt. Bei Gleitzes Vorstellungsgespräch hatte Legien – so die Überlieferung bei Gerhard Beier – geäußert: »Ich kenne Ihren Vater.« Gleitzes Vater arbeitete als unbesoldeter Funktionär in der Tarifkommission des Holzarbeiterverbandes. Gleitze habe über seine Aktivitäten in der Sozialistischen Arbeiterjugend (SAJ) berichtet und sei engagiert gewesen[159].

Bei der Anstellung Kurt Exners, ab 1926 verantwortlich für die Registratur des ADGB, hatte sich der »Bürodirektor« des Bundesbüros, Alban Welker, offenbar vorher mit dem Vorstand des Holzarbeiterverbandes in Verbindung gesetzt. Exner hatte dort ab 1921 die Registratur aufgebaut. Auch Exners Vater war Funktionär im Holzarbeiterverband (Gauleiter) und mit Leipart bekannt[160].

Als Auswahlkriterien sollten für die Anstellung im Bundesbüro neben der fachlichen Eignung stets »reiche gewerkschaftliche Erfahrungen« gelten (vgl. oben Teil 1, III. 1.). Die tatsächliche Einstellungspraxis entwickelte sich jedoch, wie anhand der Karriereverläufe zu zeigen sein wird, besonders bei einem Teil der Funktionäre aus der dritten und vierten Generation anders.

Um die politische Geschlossenheit der ADGB-Zentrale zu wahren, wurde generell darauf geachtet, daß, wie das »Rote Gewerkschaftsbuch« es ausdrückte, »die parteipolitischen Papiere« der dort Beschäftigten »in Ordnung« waren und daß die Übereinstimmung des Personals mit der Tendenz des »Betriebs« (Ludwig Heyde) als gesichert galt[161]. Die Ange-

---

157 Vgl. Kukuck/Schiffmann, Quellen III, Dok. 50, S. 376.
158 Vgl. ebenda, Dok. 99, S. 672.
159 Vgl. G. Beier: Chefökonom der Gewerkschaften, in: Ders., Schulter, S. 68f.
160 Vgl. Glückwunschschreiben Leiparts an Georg Exner zum 25jährigen Dienstjubiläum als Angestellter des DHV, vom 26. 8. 1931, in: DGB/ADGB-BV-Korrespondenz: Eng – Ext/267. Zu Exners Vater vgl. u. a. Handbuch Arbeiterpresse, 1927, S. 153. Alle weiteren Informationen zu Kurt Exners Anstellung sind dem Interview, das der Verfasser am 5. 1. 1988 mit Exner führte, entnommen. Exners Anstellung als Registrator im Vorstand des DHV hatten seinerzeit vier Vorstandsmitglieder abgelehnt, »weil sein Vater ebenfalls im Verband beschäftigt ist«. Dennoch beschloß der DHV-Vorstand, Exner einzustellen. Vgl. DHV-Vorstand, 84. Sitzung, 4. 1. 1921, in: ZA FDGB/A 36. Nach Exners eigener Angabe war er ab 1923 beim DHV beschäftigt.
161 Das Rote Gewerkschaftsbuch, S. 90; L. Heyde: Verbandsbeamter, in: Internationales Handwörterbuch, Bd. 2, S. 1881. Kurt Exner bestätigte im Gespräch mit dem Verfasser am 5. 1. 1988, daß sich die Gewerkschaften ihre Leute nach politischen Gesichtspunkten »sorgfältig ausgesucht« hätten.

stellten beim Bundesvorstand, wie die Vorstände selbst, sind von ihrer politischen Orientierung her ausnahmslos alle der SPD zuzurechnen. Seidel, Nörpel und Heßler hatten sich nach der Parteispaltung der USPD angeschlossen, kehrten jedoch nach der Wiedervereinigung von MSPD und USPD zur SPD zurück[162].

Altersstruktur

Die Angestellten im Bundesbüro waren durchschnittlich 10 bis 15 Jahre jünger als der gewählte Bundesvorstand, besonders dessen hauptamtliche Mitglieder.

Anders als im hauptamtlichen Bundesvorstand war die erste Generation der in den 1850er/60er Jahren Geborenen unter den 32 im gesamten Zeitraum der Weimarer Jahre im Bundesbüro tätigen Angestellten nur mit drei Personen vertreten. Der mit Abstand Älteste war Gustav Heinke. 1850 geboren, war er ab 1910 im Büro der Generalkommission für den Bauarbeiterschutz zuständig und füllte diese Tätigkeit bis 1923 aus. Auch Karl Herrmann und Richard Peterhansel, beide 1864 geboren, gehörten dem Zentralbüro bereits seit 1908 bzw. 1910 an[163]. Auch von den acht Angehörigen der zweiten Generation (1870er Jahrgänge) waren fünf bereits im Büro der Generalkommission beschäftigt[164].

Die meisten Angestellten, 17 von 32, zählten zur dritten Generation der in den 1880er/90er Jahren Geborenen. Von ihnen war nur Margarethe Philipp (geb. 1888) ab 1909 schon bei der Generalkommission tätig gewe-

---

162 Zu Seidel vgl. Osterroth, Biographisches Lexikon, S. 285f. Zu Nörpel vgl. Potthoff, Gewerkschaften (1979), S. 155f. Nörpels Zugehörigkeit zur USPD geht aus seinem Abstimmungsverhalten auf dem Nürnberger Kongreß von 1919 hervor. Bei den namentlichen Abstimmungen stimmte er stets mit der Opposition. Zu Heßler vgl. U. Wichert: Gewerkschaften und Jugend in der Weimarer Republik, in: Prinz/Rexin (Hrsg.): Gewerkschaftsjugend im Weimarer Staat, Köln 1983, S. 23ff. Nach Wichert war Heßler der persönliche Referent des USPD-Vorsitzenden Hugo Haase. Von den gewählten BV-Mitgliedern gehörten Jäckel und Sabath der USPD bis 1922 an. Zu Jäckel vgl. Ruck, Quellen II, S. 43. Zu Sabath vgl. GZ, Jg. 38, Nr. 17, 28. 4. 1928, S. 268. Sabath war Delegierter auf dem außerordentlichen Parteitag der USPD in Halle (12.–17. 10. 1920). Vgl. Protokoll über die Verhandlungen des außerordentlichen Parteitages [der USPD] in Halle, Oktober 1920, S. 266ff.
163 Zu Heinke vgl. Internationales Handwörterbuch, Bd. 1, S. 764; Der Grundstein Nr. 41, 11. 11. 1930, S. 395; »Unserem lieben Mitarbeiter Gustav Heinke zum 70. Geburtstag gewidmet«, in: HiKo NB 594/9; zu Herrmann vgl. GZ, Jg. 39, Nr. 32, 10. 8. 1929, S. 506; zu Peterhansel: GZ, Jg. 38, Nr. 10, 10. 3. 1928, S. 155.
164 Richard Engelhardt (geb. 1875) und Gertrud Hanna (geb. 1876) arbeiteten seit 1907 im Büro der GK, Alban Welker (geb. 1873) ab 1913 und Max Ebel (geb. 1878) war seit 1915 angestellt. Wilhelm Jansson (geb. 1877), seit 1905 2. Redakteur des Korrespondenzblattes, schied kurz nach Gründung des ADGB aus seinem Amt aus. Vgl. Nachruf auf Jansson (gest. 1923) von Ludwig Heyde, in: Soziale Praxis, Jg. 32 (1923), Nr. 33, Sp. 760f.

sen. Alle übrigen traten erst nach der Gründung des ADGB in das Bundesbüro ein.

Im Laufe der 1920er Jahre waren auch Funktionäre der vierten Generation (geb. 1900 und später) im Bundesbüro beschäftigt. Bruno Gleitze (geb. 1903) ab 1920 als »Hilfsstatistiker« tätig, stieg 1931 in die Gruppe der Angestellten auf[165]. Außer Gleitze zählten Exner (geb. 1901), Pahl (geb. 1903) und Broecker (geb. 1900) zu dieser Generation. Broecker trat 1925, Exner 1926 und Pahl 1932 in das Bundesbüro ein.

Im folgenden sollen analog zu der obigen Untersuchung der Bundesvorstandsmitglieder Fragen der Herkunft, der Ausbildung und der Karrierewege der Angestellten untersucht werden.

Herkunft

Biographische Informationen zu den beim Bundesvorstand angestellten Funktionären sind leider nur lückenhaft. So ist nur bei neun von insgesamt 32 Personen aus dem gesamten Untersuchungszeitraum die soziale Herkunft bekannt[166]. Von ihnen kamen jene, die als Akademiker im Bundesbüro arbeiteten, sofern sie ihr Hochschulstudium nicht wie Bruno Gleitze auf dem zweiten Bildungsweg erwarben, aus bürgerlichen Familien.

Leo Arons, der Vater Hans Arons', war habilitierter Physiker. Der Vater Lothar Erdmanns lehrte als Professor der Philosophie und Wladimir Woytinskys Vater war Mathematikprofessor. Franz-Karl Meyer-Brodnitz stammte aus einer Bankiersfamilie, und Striemers Vater war Kaufmann[167].

Die übrigen, von denen die familiäre Herkunft bekannt ist, stammten aus eher proletarischen Verhältnissen.

Kurt Exner kommt aus dem Arbeitermilieu. Sein Vater hatte Tischler gelernt, seine Mutter arbeitete in der Textilindustrie. Auch Gleitzes Vater

---

165 Dies geht aus einer Notiz im Jb. ADGB, 1931, S. 219 hervor. Dort heißt es, daß »eine Hilfskraft aus der Statistischen Abteilung in das Angestelltenverhältnis übernommen wurde«.
166 Robert Schmidt, ehem. Mitglied der GK und 1921 nur für ein halbes Jahr Angestellter im Bundesbüro, ist hier nicht einbezogen. Sein Vater war Tischlermeister, vgl. Schröder, Handbuch, S. 200f.
167 Zu Leo Arons vgl. Schröder, Handbuch, S. 75. Zur Herkunft Erdmanns vgl. z.B. Hemmer, Erdmann, S. 615; zu Woytinsky vgl. Emma S. Woytinsky: World Citizen and Friend, in: So much alive. The Life and Work of W.S. Woytinsky, hrsg. v. Emma S. Woytinsky, New York 1962, S. 189; zu Meyer-Brodnitz: Röder/Strauss, Biographisches Handbuch, Bd. 2, S. 814; zu Striemer vgl. Lebenslauf in: Ders.: Der Einfluß der Dringlichkeit auf die wirtschaftliche Befriedigung der Tauschbedürfnisse, Rechts- und staatswiss. Diss. (Ms.) Halle 1919. Auch Pahl stammte vermutlich aus bürgerlichem Elternhaus; zumindest läßt sein Ausbildungsverlauf darauf schließen: Gymnasium, Abitur, Universität, Promotion auf dem ersten Bildungsweg; vgl. unten Anm. 175.

war Tischler und der Vater Franz Josef Furtwänglers arbeitete als Uhrmacher im Schwarzwald. Von Gertrud Hanna heißt es, sie habe als »Berliner Arbeiterkind« von früh auf »die Entbindungen und Mühsale des proletarischen Daseins« kennengelernt[168].

Diese wenigen Hinweise lassen eine generationsspezifische Gewichtung der sozialen Herkunft der Angestellten nicht zu.

Bezüglich der regionalen Herkunft gilt für die Angestellten ähnliches wie für die gewählten Vorstandsmitglieder. Zwar liegen mit drei Ausnahmen zu allen Personen die Geburtsorte vor, jedoch sind diese so breit gestreut, daß sich kaum allgemeinere Aussagen machen lassen. Zudem sind die Angaben zu Geburtsorten allein nicht aussagekräftig genug, um Rückschlüsse auf die Lebensverhältnisse zu ziehen.

Ausbildung

Bei den Angestellten der ersten Generation herrscht ein ähnliches Ausbildungsmuster vor, wie es oben für die in den 1860er Jahren geborenen Vorstandsmitglieder beschrieben wurde: Volksschule und anschließende Handwerkslehre in Berufen wie Ofensetzer (Heinke), Schuhmacher (Herrmann) oder Drechsler (Peterhansel). Dies trifft auch für die folgende Generation (Jahrgänge 1870) zu. Nur Gertrud Hannas und Alfred Striemers Ausbildungswege wichen davon ab. Hanna arbeitete nach der Volksschule als Buchdruckereihilfsarbeiterin. Striemer hatte das Gymnasium bis zur Prima besucht, erlernte danach »handwerksmäßig« Maschinenbau und holte als »Externer« das Abitur nach, um anschließend Ingenieurwissenschaft und Nationalökonomie zu studieren (Promotion 1919)[169].

In der dritten Generation (Jahrgänge 1880/90) hatten sich die Ausbildungsmuster jedoch gründlich verändert. Nur sieben von 17 dieser Gene-

---

168 Angaben zu Exner lt. Interview v.5. 1. 1988; zu Gleitze vgl. G. Beier: Bruno Gleitze. Chefökonom der Gewerkschaften, in: Ders., Schulter, S. 68; zu Furtwängler vgl. Lebenslauf in: DGB/NL Furtwängler 1; zu Hanna s. GZ, Jg. 42, Nr. 27, 2. 7. 1932, S. 431.
169 Zu Hanna vgl. Internationales Handwörterbuch, Bd. 1, S. 750; zu Striemer vgl. dessen Lebenslauf in seiner Dissertation (s.o. Anm. 167). Die übrigen Berufe waren: Steinbildhauer (Welker, geb. 1873), Schriftsetzer (Backhaus, geb. 1874), Mechaniker (Quist, geb. 1870), Zimmerer (Engelhardt, geb. 1875), Gärtner (Jansson, geb. 1877), Buchdrucker (Ebel, geb. 1878). Die Volksschulbildung ist hier nicht immer eindeutig belegt, die Berufsausbildung läßt jedoch darauf schließen. Nachweise der Berufsangaben jeweils in Handbuch Arbeiterpresse, 1927.

ration angehörenden Angestellten hatten noch ein Handwerk erlernt[170]. Zwei – Maschke und Nörpel – waren in Angestelltenberufen ausgebildet[171]. Die einzige in dieser Generation vertretene Frau, Margarete Philipp (geb. 1888), hatte wie Gertrud Hanna keine handwerksmäßige Ausbildung, sondern hatte als Stickerin gearbeitet[172].

Allein sechs waren Akademiker. Hans Arons und Fritz Kucharski waren promovierte Volkswirtschaftler. Lothar Erdmann hatte ein Studium der Germanistik, Geschichte und Philosophie absolviert, dieses jedoch vor der Promotion abgebrochen. Wladimir Woytinsky hatte Volkswirtschaft und Statistik studiert. Karl Sehmsdorf, Leiter der Abteilung für Gewerbehygiene bis 1926 und sein Nachfolger Franz-Karl Meyer-Brodnitz waren Ärzte[173].

Furtwängler nutzte die verbesserten Möglichkeiten der Weiterbildung für Arbeiter. Er besuchte 1921/22 die Akademie der Arbeit in Frankfurt am Main und belegte anschließend Vorlesungen an der Universität Frankfurt[174].

Auch das Bildungsniveau der vier Angehörigen der vierten Generation (geb. ab 1900) war hoch. Broecker (geb. 1900) hatte in Jura, Pahl (geb. 1903) in Volkswirtschaft promoviert[175]. Gleitze, gelernter Verwaltungsangestellter, holte in den Arbeiter-Abiturienten-Kursen der Karl-Marx-Schule in Berlin-Neukölln das Abitur nach, um anschließend Volkswirtschaft zu studieren (Promotion nach 1933). Exner hatte die mittlere Reife absolviert, eine Ausbildung als kaufmännischer Angestellter durchlaufen

---

170 Dies waren Neh (geb. 1886, Müller), Brolat (geb. 1883, Metallarbeiter), Kunze (1880, Schneider), Sachs (1889, Maurer), Seidel (1882, Lithograph), Henschel (1887, Mechaniker), Furtwängler (1894, Schlosser); zu den Berufsangaben vgl. jeweils das Handbuch Arbeiterpresse, 1927.
171 Vgl. ebenda, S. 181 und 185.
172 Berufsangaben Philipp vgl. Handbuch Arbeiterpresse, 1927, S. 187. Der Beruf von Heßler (geb. ca. 1885–1890) ist unbekannt.
173 Zu Arons, Kucharski und Sehmsdorf vgl. Handbuch Arbeiterpresse, 1927, S. 142, 174 u. 199. Sehmsdorf schied Ende 1926 aus seinem Amt aus, nachdem sich »die Erwartungen« in ihn nicht erfüllt hatten, vgl. Jb. ADGB, 1926, S. 216. Zu Erdmann vgl. das Fragment eines Lebenslaufs in: DGB/NL Erdmann. Zu Woytinsky s. Internationales Handwörterbuch, Bd. 2, S. 2086. Zu Meyer-Brodnitz vgl. o. Anm. 167.
174 Vgl. Lebenslauf, in: DGB/NL Furtwängler 1.
175 Zu Broecker, vgl. Handbuch Arbeiterpresse, 1927, S. 148. Zu Pahl vgl. neuerdings K. Linne: Walter Pahl – Eine Gewerkschafter-Karriere, in: 1999 5 (1990), H. 3, S. 39. Linne bezieht sich bei seinen biographischen Angaben zu Pahl auf dessen Trauschein von 1929 und zwei von Pahl verfaßte Lebensläufe. Die biographischen Angaben in: Sozialdemokratische Arbeiterbewegung, hrsg. v. W. Luthardt, Bd. 2, S. 419 sind größtenteils nicht korrekt. So heißt es z. B., Pahl habe 1932 promoviert und habe sein Abitur auf dem zweiten Bildungsweg gemacht. Auch sein Geburtsjahr wird mit 1896 unkorrekt angegeben.

und besuchte, allerdings ohne Hochschulberechtigung, Vorlesungen in Betriebswirtschaft an der Berliner Handelshochschule[176].

Die Angehörigen der dritten und vierten Generation hatten erheblich verbesserte Ausbildungsmöglichkeiten als die Angestellten und die Vorstandsmitglieder der ersten und zweiten Generation und entsprechend höhere Ausbildungsstandards.

Das autodidaktische Element verschwand damit jedoch nicht ganz. Furtwängler (geb. 1894) hatte seine vielfältigen Sprachkenntisse im wesentlichen im Selbststudium erlernt. Auch Nörpel (geb. 1885) hatte sich sein Expertenwissen im Bereich Arbeitsrecht fast ausschließlich autodidaktisch angeeignet.

Gewerkschaftlicher Karriereverlauf

Die Angestellten aus der ersten und zum größten Teil auch aus der zweiten Generation hatten einen traditionellen Karriereweg, von ehrenamtlichen über besoldete Funktionen in ihrer Gewerkschaftsorganisation bis zur Anstellung im Spitzenverband durchlaufen. Richard Peterhansel und Gustav Heinke zählen noch zu den »Gründern« der Gewerkschaftsorganisationen. Peterhansel hatte 1896 den Verband der Stockarbeiter ins Leben gerufen, der 1898 mit dem DHV fusionierte. Um die Jahrhundertwende hatte er verschiedene Funktionen beim DHV im lokalen und regionalen Bereich inne und trat 1910 in das Büro der Generalkommission als Angestellter des Zentralarbeitersekretariats ein. Dieses Amt erfüllte er bis Mai 1933. Heinke war 1888 einer der fünf Vertrauensmänner des Töpferverbandes im Reich und hatte sich »unermüdlich« für die Zentralisation seines Verbandes eingesetzt[177]. Peterhansel, Heinke und Herrmann kamen über vergleichsweise hohe Positionen in ihren Verbänden zum Spitzenverband. Sie waren zur Zeit ihrer Einstellung bei der Generalkommission bereits über 40. Dies mag damit zusammenhängen, daß Angestellte in nennenswertem Umfang erst ab der Jahrhundertwende bei der Generalkommission beschäftigt waren und man zu dieser Zeit vorwiegend auf erfahrene und somit ältere Gewerkschaftsfunktionäre zurückgriff.

---

176 Zu Gleitze vgl. Handbuch Arbeiterpresse, 1927, S. 158, sowie Beier (wie Anm. 168). Zu den Arbeiter-Abiturienten-Kursen vgl. z.B. Dorothea Kolland: Klassenkampf und Erziehung in der Weimarer Republik, in: Wie das Leben lernen... Kurt Löwensteins Entwurf einer sozialistischen Erziehung, hrsg. v. G. Betz u.a., Berlin 1985, bes. S. 54ff. Zu Exner vgl. Presse- u. Informationsdienst des Landes Berlin, März 1963, in: AsD, »Telegraf«-Archiv sowie Exners Angaben im Interview mit dem Verf. am 5. 1. 1988.
177 Zu Peterhansel vgl. GZ, Jg. 38, Nr. 10, 10. 3. 1928, S. 155; zu Heinke vgl. HiKo NB 594/9.

Übersicht 2

Karrierewege der Angestellten
Stationen mit Zeitpunkt und jeweiligem Lebensalter

1. Generation (1850/60er Jahrgänge)

Name/ Geburtsjahr	Verband	Funktionen Verband	Funktionen Spitzenverband
Heinke (1850)	Töpfer/Baugewerksbd. (1885)	ab 1888 ehrenamtl. 1893: Redakteur (43) 1899: Sekr. Zentralkomm. Bauarbeiterschutz	1910: Angestellter, Büro der GK (60)
Herrmann (1864)	Schuhmacher (1892?)	1899: Bezirksl. (35) 1906: Sekr. HV (42)	1908: Angestellter, Büro der GK (44)
Peterhansel (1868)	Stockarbeiter/DHV (1896)	1896: Vors. (28) 1902: Gauvorstandsmitgl. DHV (34)	1910: Angestellter, Büro der GK (42)

HV = Hauptvorstand, GK = Generalkommission

Ähnlich verliefen die Karrierewege der zweiten Generation. Mit Ausnahme des Akademikers Striemer, bei dem keinerlei Verbandstätigkeit vor seiner Anstellung im Bundesbüro nachgewiesen ist, hatten die Angehörigen dieser Generation Funktionen in den Gewerkschaften ausgeübt. Vier von ihnen – Hanna, Jansson, Quist und Welker – sind in ihrer Organisation bis zur Vorstandsebene gelangt[178]. Die übrigen waren auf lokaler und regionaler Ebene als besoldete Funktionäre in ihren Organisationen tätig. Die zweite Generation war zur Zeit ihrer Anstellung zwischen Ende 20 und 40 Jahre alt[179].

Auch die Angestellten der dritten Generation wurden zwischen dem 30. und 40. Lebensjahr in der ADGB-Zentrale eingestellt. Sieben der 17 in

---

178 Zu Hanna vgl. Anm. 168 und 169 sowie Handbuch Arbeiterpresse, 1914, S. 267f. Zu Jansson vgl. Anm. 164. Zu Welker vgl. Internationales Handwörterbuch, Bd. 2, S. 1958. Quist war bis 1919 Redakteur der Metallarbeiter-Zeitung gewesen. Vgl. GZ, Jg. 38, Nr. 48, 1. 12. 1928, S. 762, und Handbuch Arbeiterpresse, 1927, S. 188.
179 Ausnahme war Quist, der zur Zeit der Anstellung beim ADGB 50 Jahre alt war. Sein Wechsel ins Bundesbüro hatte jedoch politische Hintergründe. Er mußte aufgrund der veränderten politischen Machtverhältnisse im DMV (USPD-Mehrheit in der DMV-Führung) seine Stellung aufgeben und wechselte 1920 in die Redaktion des Korrespondenzblattes.

Übersicht 3

Karrierewege der Angestellten
Stationen mit Zeitpunkt und jeweiligem Lebensjahr

2. Generation (1870er Jahrgänge)

Name/ Geburtsjahr	Verband	Funktionen Verband	Funktionen Spitzenverband
Backhaus (1874)	Buchdrucker	1903: Gauvorsteher (27)	1913: Angestellter, Büro der GK (37)
Ebel (1878)	Buchdrucker	1905: Funktionär 1913: Sekr. Zahlstelle Berlin (35)	1915: Angestellter, Büro der GK (37)
Engelhardt (1875)	Zimmerer	1904: Mitgl. Verbandsausschuß (29)	1907: Angestellter, Büro der GK (32)
Hanna (1876)	Buchdruckereihilfsarb.	1897: Mitvors. (21)	1907: Angestellte, Büro der GK (31)
Jansson (1877)	Gärtner	1896: Ortsvors. (19) 1897: Mitgl. Verbandsausschuß (20) 1902: Mitgl. HV (25)	1905: Angestellter, Büro der GK (28)
Quist (1870)	Mechaniker/ DMV (1889)	1889: Funktionär/ Mechaniker/DMV 1905: Redakteur (35)	1920: Angestellter, Bundesbüro (50)
Striemer (1879)	–	–	1921: Angestellter, Bundesbüro (42)
Welker (1873)	Bildhauer	?: Vors. Zahlstelle Berlin 1903: 2. Vors. HV (30)	1913: Angestellter, Büro der GK (40)

GK = Generalkommission, HV = Hauptvorstand, OA = Ortsausschuß

den 1880er/1890er Jahren geborenen Angestellten waren Funktionäre in ihren Verbänden, bevor sie zum ADGB kamen. Bei fünf Personen liegen darüber keine Angaben vor.

Die Angestellten mit einer akademischen Vorbildung hatten naturgemäß einen anderen Karriereweg durchlaufen. Sie kamen nicht aus der Verbandsarbeit und hatten vor ihrer Zeit als Gewerkschaftsangestellte z.T. keinerlei Verbindung zur Gewerkschafts- und Arbeiterbewegung. Erdmann kam mit der Gewerkschaftsbewegung erst 1921 in Berührung, als er im Anschluß an seine Tätigkeit als Auslandskorrespondent für das Wolffsche Telegraphenbüro in Amsterdam für den Internationalen Gewerkschaftsbund tätig war. Auch von Arons, der von seinem Elternhaus her gute Referenzen in der Arbeiterbewegung hatte, ist eine Tätigkeit in einem Gewerkschaftsverband vor seiner Einstellung als Wirtschaftsfachmann des ADGB nicht bekannt. Woytinsky arbeitete als Journalist, bevor er Leiter der Statistischen Abteilung des ADGB wurde[180].

Doch nicht nur bei den Akademikern fiel die sonst als Bedingung für eine hauptamtliche Gewerkschaftslaufbahn geltende Verbandstätigkeit weg. Auch bei den Angestellten aus dem Arbeitermilieu mit Volksschulbildung zeichnete sich eine Veränderung ab. So wurde Furtwängler, der 1908 in den DMV eingetreten war, nach Absolvierung der Akademie der Arbeit Ende 1923, mit 29, »unter Umgehung aller Laufbahn- und Karriereregrundsätze« in das Bundesbüro »berufen«. In seinem Verband hatte er vorher keine Funktionärstätigkeit ausgeübt[181].

Bei den vier Jüngsten, Broecker, Gleitze, Pahl und Exner, sind die Karrierewege noch kürzer als bei Furtwängler. Exner, als Handlungsgehilfe im ZdA bzw. seiner Vorläuferorganisation organisiert, wurde schon mit 20 Jahren im Hauptvorstand des DHV als Sekretär eingestellt und wechselte mit 26 in das Bundesbüro. Gleitze wurde bereits mit 17 als Hilfskraft in der ADGB-Zentrale eingestellt. Broecker, mit 25 Jahren im Bundesbüro, war zuvor beim ZdA in Köln beschäftigt. Pahl trat 1927 mit 24 in das Hauptbüro des Verbandes der Gemeinde- und Staatsarbeiter ein, arbeitete dort in der volkswirtschaftlichen Abteilung, wurde 1932 im Zuge des Abbaus dieser Abteilung »freigestellt« und wechselte nach kurzem Zwischenspiel als Bearbeiter für Arbeitsdienstfragen beim »Reichsbanner« mit 29 in die ADGB-Zentrale[182].

Zwischenergebnis

Die beiden älteren Generationen der Angestellten unterscheiden sich hinsichtlich der Ausbildung und des Karriereverlaufs kaum voneinander. Mit Ausnahme des Akademikers Striemer und Gertrud Hannas, die als Frau keine traditionell handwerkliche Ausbildung absolviert hatte, dominiert das handwerkliche Element. Der Karriereweg verläuft traditionell über Positionen in der Einzelgewerkschaft bis zur Anstellung im Spitzenverband. Über die Herkunft dieser Angestellten liegen nur verein-

---

180 Zu Erdmann, Arons und Woytinsky vgl. Anm. 167 und 173. Sehmsdorf, wie Woytinsky Emigrant aus der Sowjetunion, hatte dort diverse Funktionen inne, u.a. »Vorsitzender der Tarifkommission der medizinischen und [?] Eisenbahnergewerkschaft im Gouvernement Tscheljabinsk/Sibirien«, vgl. Handbuch Arbeiterpresse, 1927, S. 199.
181 Vgl. Lebenslauf, in: DGB/NL Furtwängler 1.
182 Zu Broecker vgl. Handbuch Arbeiterpresse, 1927, S. 148, und Jb. ADGB, 1925, S. 220; zu Gleitze und Exner vgl. o. Anm. 168; zu Pahl vgl. BV-Sitzung v. 3. 8. 1932, in: HiKo NB 5, Bl. 16; vgl. auch Linne, Walter Pahl (wie Anm. 175), S. 39; Linne schreibt fälschlicherweise, Pahl sei 1927 direkt zum ADGB als »wissenschaftlicher« Sekretär gegangen.

Übersicht 4

Karrierewege der Angestellten, Stationen mit Zeitpunkt und jeweiligem Lebensalter

3. Generation (1880/90er Jahrgänge)

Name/ Geburtsjahr	Verband	Funktionen Verband	Funktionen Spitzenverb.
Arons (1889)	–	–	1925: Angestellter Bundesbüro (36)
Brolat (1883)	DMV	?: Funktionär	1920: Angestellter, Bundesbüro (37)
Erdmann (1888)	–	–	[1921: Korrespondent beim IGB] 1923: Angestellter, Bundesbüro (35)
Furtwängler (1894)	DMV (1908)	–	1923: Angestellter, Bundesbüro (29)
Henschel (1887)	DMV [?]	?	1920: Hilfskraft (33) 1927: Angestellter, Bundesbüro (40)
Heßler (ca. 1885–1890)	?	?	1921: Sekretär, OA Berlin 1927: Angestellter, Bundesbüro
Kucharski (1893)	?	?	1922: Angestellter, Bundesbüro (29)
Kunze (1880)	Schneider	ab 1901: Zahlstellenleiter (21)	1921: Angestellter, Bundesbüro (41)
Maschke (1891)	Handlungsgehilfen/ZdA (1908)	[Jugendarbeit] 1920: Sekr. HV ZdA (29)	1922: Angestellter, Bundesbüro (31)
Meyer-Brodnitz (1897)	?	–	1927: Angestellter, Bundesbüro (30)
Neh (1886)	Nahrungsmittel- u. Getränkearbeiter	1922: Lokalangest. dann Sekr. im HV	1930: Angestellter, Bundesbüro (44)
Nörpel (1885)	Büroangestellte/ZdA	?: Sekr. Ortsverwaltung	1920: Angestellter, AfA-Bund (35) 1922: Angestellter, Bundesbüro (37)
Philipp (1888)	?	?	1909: Angestellte, Büro der GK (21)
Sachs (1889)	Baugewerksbd.	?	1925: Angestellter, Bundesbüro (36)
Sehmsdorf (1883)	–	–	1925: Angestellter, Bundesbüro (42)

Name/ Geburtsjahr	Verband	Funktionen Verband	Funktionen Spitzenverb.
Seidel (1882)	Lithographen	?: Sekr. Ortsverwaltung 1922: Angestellter HV Eisenbahnerverband (40)	1926: Angestellter, Bundesbüro (44)
Woytinsky (1885)	–	–	1928: Angestellter, Bundesbüro (43)

4. Generation (Jahrgänge ab 1900)

Broecker (1900)	?	?: Sekr. ZdA/Köln	1925: Angestellter, Bundesbüro (25)
Exner (1901)	ZdA (1917)	[gewerkschaftl. Jugendarbeit] 1921: Sekr. HV DHV (20)	1926: Angestellter, Bundesbüro (25)
Gleitze (1903)	?	–	1920: Hilfskraft (17) 1931: Angestellter, Bundesbüro (28)
Pahl (1903)	?	1927: Sekr. HV Gemeinde- u. Staatsarbeiterverband (24)	1932: Angestellter, Bundesbüro (29)

HV = Hauptvorstand, OA = Ortsausschuß, GK = Generalkommission

zelte Hinweise vor, so daß keine generalisierenden Aussagen gemacht werden können.

In den folgenden beiden Generationen zeichnet sich ein Wandel ab, sowohl hinsichtlich der Ausbildungsstandards als auch hinsichtlich der Karrierewege. Unter den Angestellten der dritten und vierten Generation befindet sich eine Reihe von Akademikern, die nicht nur ein höheres Ausbildungsniveau aufweisen, sondern in der Mehrzahl auch aus bürgerlichen Verhältnissen kommen und mit der Gewerkschaftsbewegung vor ihrer Anstellung im ADGB kaum in Berührung standen. Auch die Ausbildungsstandards der Nicht-Akademiker sind in der Tendenz durch die Wahrnehmung verbesserter gewerkschaftlicher wie staatlicher Weiterbildungsmöglichkeiten höher als in den älteren Generationen. Die Karrierewege verkürzen sich, eine Entwicklung, die in der dritten Generation nicht nur bei den Akademikern bemerkbar ist und in der vierten vollends deutlich wird. Eine Entwicklung der Professionalisierung ist festzustellen. Besonders in den beiden jüngeren Generationen bilden sich Ansätze eines teils akademisch, teils autodidaktisch erworbenen Expertentums heraus.

Exkurs:
Die Bezirkssekretäre

Die Bezirkssekretäre nahmen unter den Angestellten des Bundesvorstandes eine Sonderrolle ein. Sie waren nicht im Bundesbüro selbst tätig, sondern hatten als Zwischeninstanz zwischen Zentrale und lokalen Gewerkschaftsgliederungen (Ortsausschüsse) die Aufgabe, Stimmungen der Basis nach »oben« zu vermitteln und Weisungen des Bundesvorstandes nach »unten« weiterzuleiten und deren Durchführung zu gewährleisten[183]. Diese Funktion brachte es mit sich, daß sie nicht jene exponierte Stellung erreichten, die einige Sachbearbeiter und Experten im Bundesbüro des ADGB innehatten.

Nur Heinrich Meyer erlangte als Bezirkssekretär von Rheinland und Westfalen Bekanntheitsgrad über die Gewerkschaftsorganisation hinaus. Für seine Verdienste im »Ruhrkampf« 1923 verlieh ihm die Universität Bonn 1925 den Doktor honoris causa[184]. Andere, wie Leuschner und Böckler, wurden nicht in ihrer Eigenschaft als Bezirkssekretär in der Öffentlichkeit bekannt, sondern wegen ihrer späteren Funktionen als hessischer Innenminister (1928–1933) bzw. in der Widerstandsbewegung gegen das Hitlerregime (Leuschner) oder als erster Vorsitzender des 1949 neugegründeten DGB (Böckler).

Anders als die Stellen im Bundesbüro wurden die Stellen der Bezirkssekretäre überwiegend in der Gewerkschaftspresse ausgeschrieben[185]. Die Wahl der Sekretäre erfolgte durch den Bundesvorstand (ADGB-Satzung, § 56).

In der Regel blieben die einmal gewählten Bezirkssekretäre bis 1933 im Amt, es sei denn sie wechselten wie Meyer (ab 1927 Polizeipräsident von Duisburg) oder Leuschner in staatliche Stellungen oder schieden wie Wernicke wegen Todes aus. Nur Adolf Decker wurde fristlos entlassen, weil er »das in ihn gesetzte Vertrauen [...] nicht gerechtfertigt« hatte[186].

Angaben zur Person liegen in größerem Umfang nur bei Böckler, Leuschner und Vollmerhaus vor. Nur in diesen Fällen ist die soziale Herkunft bekannt. Böcklers Vater war Landarbeiter und später Kutscher, seine Mutter Tagelöhnerin. Vollmerhaus stammte aus bäuerlichen

---

183 Zu den Aufgaben der Bezirkssekretäre vgl. o. Teil 1, II. 3.
184 Vgl. Jb. ADGB, 1925, S. 221. Zum Ruhrkampf vgl. Teil 2, IV. 1.
185 Vgl. z.B. GZ, Jg. 35, Nr. 47, 21. 11. 1925, S. 688; ebenda, Nr. 51, 19. 12. 1925, S. 736.
186 Vgl. Jb. ADGB, 1926, S. 224. Über die näheren Umstände von Deckers Entlassung ist nichts bekannt. In den Resten der ADGB-Vorstandskorrespondenz befindet sich ein Hinweiszettel »Betr.: Decker, Stettin, s. Akten: Bez. 12 (Fall Decker), zu den Akten: Allgemeines, Unterschlagungen.« DGB 30/158.

Übersicht 5

Bezirkssekretäre des ADGB mit Dienstzeit und Geburtsjahr

1. Stuttgart		1923–1933:	Jakob Weimer (1887)
2. Nürnberg		1926–1933:	Erhard Kupfer (1882)
3. Düsseldorf		1919–1927:	Heinrich Meyer (1876)
		1927–1933:	Hans Böckler (1875)
4. Frankfurt a.M.		1926–1928:	Wilhelm Leuschner (1890)
		1928–1933:	Karl Grötzner (1879)
5. Jena		1923–1933:	Karl Hartmann (1885)
6. Halle[a]		1924–1928:	Friedrich Wernicke (1870)
7. Dresden		1925–1933:	Karl Arndt (1886)
8. Berlin		1922–1933:	Karl Vollmerhaus (1883)
9. Breslau		1923–1933:	Oswald Wiersich (1882)
10. Hannover		1927–1933:	Otto Brennecke (1882)
11. Hamburg		1923–1933:	August Hein (1888)
12. Stettin		1923–1926:	Adolf Decker (1866)
		1927–1933:	Arthur Zabel (1891)
13. Königsberg		1928–1933:	August Quallo (1885)
14. Saarbrücken[b]		1922–1926:	Wilhelm Kimmritz (1879)

[a] Nach dem Tod Wernickes (1928) wurden die Bezirke Halle und Jena zusammengelegt (Jb. ADGB, 1928, S. 227f.)
[b] Ab 1927 wurde das Saargebiet vom Bezirk Düsseldorf mitverwaltet (Jb. ADGB, 1927, S. 273).

Verhältnissen, wurde mit acht Jahren Vollwaise und wurde von einem Onkel, ebenfalls Bauer, großgezogen. Leuschners Vater war Ofensetzer[187].

Bei sechs von insgesamt 17 Bezirkssekretären liegen Angaben zur Schulbildung vor. Fünf davon hatten eine Volksschule, Zabel eine Bürgerschule besucht. Die Art der erlernten Berufe läßt auch bei den übrigen auf einen Volksschulabschluß schließen[188]. Die Mehrzahl der Bezirkssekretäre, insgesamt elf, gehörten der dritten Generation an. Nur Decker war noch in den 1860er Jahren geboren, die restlichen fünf gehörten Jahrgängen der 1870er Jahre an.

Die Bezirkssekretäre waren zu Beginn ihrer Arbeit durchschnittlich 43 Jahre alt. Sie kamen ohne Ausnahme aus der Verbandsarbeit, waren »Gewerkschaftspraktiker«, die zuvor meist im lokalen oder regionalen

---

187 Zu Böckler vgl. Borsdorf, Böckler, S. 37ff. Zu Vollmerhaus vgl. dessen »Lebenserinnerungen und Erfahrungen«. Bl. 1f., in: DGB/NL Vollmerhaus 1; vgl. außerdem: Dieter Buslau: Carl Vollmerhaus. Ein Leben für die Arbeitnehmer, Koblenz 1973. Zu Leuschner vgl. oben Teil 1, III. 3. 1.
188 Der Schulabschluß ist bei Böckler, Decker, Kupfer, Leuschner, Vollmerhaus und Zabel belegt. Die erlernten Berufe waren: Schlosser (2), Mechaniker (2), Goldschläger (1), Transportarbeiter (2), Eisenbahner (1), Tischler (1), Steindrucker (1), Schuhmacher (1), Bildhauer (1), Maurer (1), Zimmerer (1), Buchbinder (1), Schneider (1).

Bereich entweder in ihrem Verband oder in Ortsausschüssen des ADGB
tätig waren. Mehrere von ihnen waren auch auf der politischen Ebene
aktiv, als Abgeordnete in Kommunalparlamenten, in Kreis- oder Landtagen. Als Bezirkssekretäre nahmen sie auch die Vertretung der Gewerkschaften in Landesarbeitsämtern, Landesversicherungsanstalten etc.
wahr[189]. Dieses Karrierebild entspricht der Tätigkeit der Bezirkssekretäre, bei der kein Expertenwissen gefragt war, sondern allgemein gewerkschaftliche Erfahrung.

3.3 Generationen im Bundesvorstand und Bundesbüro

Im folgenden soll untersucht werden, auf welche Weise die ADGB-Vorstandsmitglieder und die Angestellten des Bundesbüros mit den Ideen
der Arbeiterbewegung in Berührung kamen und durch welche Erfahrungen und Ereignisse ihre politischen Haltungen und Einstellungen geprägt
wurden. Ziel dieser Untersuchung ist es, die unterschiedliche politische
Sozialisation der verschiedenen Generationen herauszuarbeiten.

Politische Sozialisation

Soweit Informationen zur familiären Herkunft vorliegen, kann man feststellen, daß die in den 1860er Jahren geborenen Mitglieder und Angestellten des Bundesvorstandes in der Regel noch keine »geborenen Sozialdemokraten« waren[190]. Nur Umbreit war bereits im Elternhaus durch
die Ideen der Arbeiterbewegung geprägt worden. Umbreits Vater war
Sozialdemokrat und »ein Freund Bebels«[191]. Sassenbach z.B. kam dagegen aus einer stark katholisch geprägten Familie. Erst nachdem er seine
ländliche Heimat verlassen hatte und auf Wanderschaft gegangen war,
kam er mit sozialdemokratischen und gewerkschaftlichen Ideen in Berührung. 1887 wurde ihm in Bremen »der Organisationsgedanke zum
ersten Male nahe gebracht«[192]. Auch Knoll und Wissell berichten in ihren
Lebenserinnerungen, daß in ihrem Elternhaus über soziale Dinge nie

---

189 Vollmerhaus war z.B. Mitglied des Landesarbeitsamtes und der LVA und 1920–1922 Bezirksverordneter in Berlin, vgl. Handbuch Arbeiterpresse, 1927, S. 103. Zabel war ab 1932 Mitglied des preuß. Landtages, vgl. Handbuch für den Preuß. Landtag (4. Wahlperiode), Berlin 1932, S. 503; Kupfer war 1932–33 Mitgl. des bayr. Landtages, vgl. Amtliches Handbuch des Bayr. Landtages 1932, S. 44.
190 Vgl. auch Doerry, Übergangsmenschen, S. 114f.
191 Vgl. Keil, Erlebnisse, Bd. 1, S. 67.
192 Vgl. Johann Sassenbach: Lebenserinnerungen 1936, hrsg. v. H.-J. Haubold, Mannheim 1978 (Transkript mit vorl. Register), S. 2f. und S. 13, in: DGB/NL Sassenbach. Ähnlich erging es Silberschmidt, der, vom Dorf kommend, sich in der Großstadt Berlin 1885 der Arbeiterbewegung anschloß. Vgl. Internationales Handwörterbuch, Bd. 2, S. 1467.

gesprochen worden und eine Einwirkung im sozialistischen Sinne nicht erfolgt sei[193]. Knoll erhielt noch in der Zeit des Sozialistengesetzes, in der ersten Hälfte der 1880er Jahre, seine erste politische Anregung von dem Sohn der Wirtsleute, bei denen er als Geselle wohnte. Dieser gab ihm mehrere Nummern des illegalen Organs »Der Sozialdemokrat« zu lesen[194]. Zur gleichen Zeit etwa stieß Wissell zum ersten Mal auf sozialistisches Gedankengut. Als Lehrling in einer Bremer Maschinenfabrik war er einem Gesellen zugeteilt, der Sozialdemokrat war[195].

Die in den 1860er Jahren Geborenen kamen durch eigene Erfahrungen am Arbeitsplatz, auf der Wanderschaft, durch Hinweise von Kollegen oder ähnliches in Kontakt zur Arbeiterbewegung. Noch während des Sozialistengesetzes traten sie Partei und Gewerkschaft bei[196] und bekamen nicht selten die polizeistaatliche Unterdrückung am eigenen Leibe zu spüren. Leipart verbüßte zum Beispiel 1888 eine sechstägige Haftstrafe, weil er die Sitzungen der Agitationskommission nicht ordnungsgemäß bei der Polizei angemeldet hatte[197]. Die Verfolgung hielt jedoch auch nach dem Ende des Sozialistengesetzes an. So wurde Silberschmidt auch in den 1890er Jahren noch mehrmals wegen seiner Organisationstätigkeit mit Gefängnis bestraft[198].

Von der zweiten Generation erhielten nur die älteren, wie Georg Reichel oder August Quist, beide 1870 geboren, noch als junge Erwachsene einen eigenen Eindruck der Verfolgung während des Sozialistengesetzes. Reichel war auf dem Lande aufgewachsen, wurde als Wandergeselle in Leipzig von den Ideen der Arbeiterbewegung beeinflußt und trat 1888 der Gewerkschaft bei. Wegen Übertretung des sächsischen Vereinsgesetzes verbüßte er eine Gefängnisstrafe[199]. Die jüngeren dieser Generation, wie Gertrud Hanna (geb. 1876) oder Eduard Backert (geb. 1874), hatten die Zeit der Verfolgung nur als Kinder und Jugendliche erlebt und traten in die Organisationen der Arbeiterbewegung ein, als diese Zeit der Vergan-

---

193 Vgl. Knoll, Selbstbiographie, in: Ders.: Geschichte der Straße und ihrer Arbeiter, Bd. III, Berlin 1930, S. 19; Wissell, Aus meinen Lebensjahren S. 25.
194 Vgl. Knoll, Selbstbiographie (wie Anm. 193), S. 16ff. u. 28f.
195 Vgl. Wissell, Aus meinen Lebensjahren, S. 25 und S. 27f.; Barclay, Wissell, S. 33.
196 Dies war bei Heinke (Gewerkschaftsbeitritt 1885), Jäckel (1885 SPD/Gewerkschaft), Legien (1885 SPD, 1886 Gewerkschaft), Leipart (1886 Gewerkschaft), Sabath (1887 Gewerkschaft), Silberschmidt (1885 SPD/Gewerkschaft), Umbreit (SPD/Gewerkschaft 1880er Jahre) und Wissell (SPD/Gewerkschaft 1888) der Fall. Auch von Kube wird berichtet, er sei »aus der harten Schule des Sozialistengesetzes hervorgewachsen«, vgl. Internationales Handwörterbuch, Bd. 2, S. 1038.
197 Vgl. Deutschland, Leipart, S. 351.
198 Vgl. Internationales Handwörterbuch, Bd. 2, S. 1468.
199 Vgl. »Georg Reichel 60 Jahre alt«, in: Metallarbeiter-Zeitung, Jg. 48, Nr. 15, 12. 4. 1930, S. 118 und Schröder, Handbuch, S. 182. Auch Quist (geb. 1870) trat 1889 der Gewerkschaft bei, vgl. GZ, Jg. 38, Nr. 48, 1. 12. 1928, S. 762.

genheit angehörte und sich die Bedingungen trotz weiterwirkender Restriktionen und Unterdrückungsmaßnahmen doch grundlegend geändert hatten. Die Arbeiterbewegung begann sich zu einer stabilen, in aller Öffentlichkeit wirkenden politischen Kraft zu entwickeln[200].

Vermutlich waren auch die Angehörigen der zweiten Generation keine »geborenen Sozialdemokraten«. Informationen liegen hier jedoch nur für Eduard Backert vor, der aus einem bäuerlichen Elternhaus stammte und in einem Dorf im Thüringer Wald aufwuchs[201].

Als die dritte Generation zur Arbeiter- und Gewerkschaftsbewegung stieß, hatten sich Sozialdemokratie und Gewerkschaften bereits zu Massenorganisationen entwickelt, war, wie Cassau es ausdrückte, Gewerkschaftsangestellter fast schon ein »bürgerlicher Beruf« geworden[202].

Für die dritte Generation ist ein sozialdemokratisches Elternhaus für Tarnow (geb. 1880) und Arons (geb. 1889) nachgewiesen. Tarnow, dessen Vater Gewerkschafter war, hatte eine »sozialistische Kinderstube«[203]. Hans Arons' Vater, Leo Arons, war ein Mäzen der Berliner Gewerkschaftsbewegung, Mitarbeiter bei den »Sozialistischen Monatsheften« und verlor aufgrund seiner politischen Gesinnung 1900 die Lehrerlaubnis an der Berliner Universität[204].

Angaben zur politischen Sozialisation liegen für diese Generation nur noch für Furtwängler, Erdmann und Woytinsky vor. Das Elternhaus war bei diesen Personen zumindest im sozialdemokratischen Sinne nicht prägend.

Franz Josef Furtwängler (geb. 1894) beschrieb 1947 seine Entwicklung zum Sozialisten. In der Schwarzwälder Kleinindustrie habe er im ersten Jahrzehnt des 20. Jahrhunderts die »entwürdigende Lage einer organisationslosen, atomisierten Industriearbeiterschaft« kennengelernt. Als er das »Kommunistische Manifest« in die Hände bekam, schien ihm, als habe »jemand meine eigenen Empfindungen in souveräner Meisterschaft zu Ende gedacht und niedergeschrieben«. Furtwängler fühlte sich »bis

---

200 Backert (geb. 1874) kam noch als Lehrling 1889 mit Sozialdemokraten in Kontakt; vgl. Backert, Lebenserinnerungen, Bl. 23f. in: DGB/NL Backert; 1892 trat er der Gewerkschaft bei, vgl. GZ, Jg. 34, Nr. 16, 19. 4. 1924, S. 120. Vgl. auch »Gertrud Hanna«, in: GZ, Jg. 42, Nr. 27, 2. 7. 1932, S. 431; A. Martmöller: Janschek, Alfred, in: Internationales Handwörterbuch, Bd. 1, S. 862; Janschek (geb. 1874) trat Partei und Gewerkschaft 1897 bei; auch Spliedt (geb. 1877) war seit 1895 Gewerkschaftsmitglied, vgl. Welt der Arbeit, 18. 1. 1952, in: AsD/Slg. Personalia, Mappe Spliedt.
201 Vgl. Backert, Lebenserinnerungen, Bl. 3ff., in: DGB/NL Backert.
202 Vgl. Cassau, Gewerkschaftsbewegung, S. 132. Eggert trat 1898 in den DMV, 1899 in die SPD ein; Schlimme: 1899 DHV, 1906 SPD, Tarnow: 1900 DHV, 1903 (?) SPD.
203 Vgl. GZ, Jg. 41, Nr. 49, 5. 12. 1931, S. 782.
204 Vgl. u.a. Schröder, Handbuch, S. 75.

auf weiteres« als Kommunist, bis er zunächst »wütend« feststellte, daß die Sozialdemokraten die Revolution »gar nicht herbeiwünschten«. Furtwängler nannte seinen Lehrer in der sozialistischen Arbeiterjugend, Ludwig Frank, der zu den Revisionisten zählte, und den französischen Sozialistenführer Jean Jaurès, den er während eines längeren Aufenthalts in Paris in den Jahren 1913/14 als 19jähriger kennengelernt hatte, als Persönlichkeiten, die seinen weiteren Lebensweg beeinflußt hätten[205].

Während Furtwängler bereits als Lehrling ab 1908 gewerkschaftlich organisiert war, fand der aus bildungsbürgerlichem Hause stammende Lothar Erdmann (geb. 1888) erst mit 22 Jahren durch die Bekanntschaft mit einem »großen Sozialisten« – George Bernard Shaw – zur sozialistischen Bewegung. Während eines Englandaufenthalts 1910 besuchte Erdmann Vorträge Shaws. »Der Eindruck dieser großen Persönlichkeit wandelte seine bisherigen Anschauungen und er begeisterte sich für den Sozialismus, besonders für die von Shaw vertretenen Anschauungen der Fabier.«[206] Shaw war der einzige Sozialist, so Erdmann, »unter den Führern zu mir selbst. [...] Meine anderen Lehrer sind Dichter und Philosophen: Dilthey, Goethe, Spinoza, Luther, Dostojewski, Rilke, Freud, Flaubert.« 1918 trat Erdmann schließlich in die MSDP ein[207].

Einen besonderen politischen Werdegang hatte auch Wladimir Woytinsky, den Paul Umbreit als »eine der eigenartigsten Persönlichkeiten in der freigewerkschaftlichen Arbeiterbewegung« bezeichnet hat, durchlaufen. 1885 in Petersburg geboren, nahm er an der russischen Revolution von 1905 teil und war als »Propagandist« tätig. 1908 verhaftet und nach Sibirien in die Verbannung geschickt, konnte er 1917 nach Petersburg zurückkehren und wurde Mitglied der ersten Exekutive des allrussischen Sowjets. Von den Bolschewiki 1917 erneut verhaftet, emigrierte er nach seiner Haftentlassung nach Deutschland[208].

Gleitze (geb. 1903) und Exner (geb. 1901) waren von ihrem Elternhaus eindeutig im Sinne der sozialdemokratischen, freigewerkschaftlichen Bewegung geprägt worden. Ihre Väter waren als Gewerkschaftsfunktionäre

---

205 Vgl. Furtwängler: Bedeutung und zukünftige Aufgaben der Arbeiterbewegung, Frankfurt/M. 1947, S. 13ff. und S. 18 sowie Lebenslauf, in: DGB/NL Furtwängler 1. Ludwig Frank hatte sich am 4. 8. 1914 als Kriegsfreiwilliger gemeldet und war im September 1914 bereits gefallen. Zu L. Frank vgl. z.B. Osterroth, Biographisches Lexikon, S. 84f.; zu Jean Jaurès vgl. J. Seidel: »Welches Glück, daß dieser Teufelskerl zu uns gehört.« Jean Jaurès, in: BzG 32 (1990), S. 102–112.
206 Vgl. den unvollständigen Lebenslauf Erdmanns (wahrscheinlich verfaßt von Erdmanns Frau), in: DGB/NL Erdmann.
207 Vgl. R. Seidel: In Memoriam Lothar Erdmann, in: GMH 1 (1950), S. 4; Zitat vgl. Tagebuchaufzeichnung Erdmanns vom 22. 7. 1931, in: DGB/NL Erdmann.
208 Vgl. Umbreit: Woytinsky, Wladimir, in: Internationales Handwörterbuch, Bd. 2, S. 2088. Vgl. auch Woytinsky, Stormy Passage.

tätig. Beide engagierten sich frühzeitig in der politischen bzw. gewerkschaftlichen Jugendarbeit – Gleitze in der SAJ, Exner als Mitgründer der jungsozialistischen Bewegung in Berlin – und traten kurz nach dem Kriege der MSPD bei[209]. Pahl hatte sich während seines Studiums einer sozialistischen Studentengruppe angeschlossen und trat 1926 in die SPD ein[210].

Bei der Mehrzahl der hier untersuchten Personen, gerade bei den Angestellten des Bundesbüros, bleiben die Motive und Impulse, sich der Arbeiterbewegung anzuschließen, im dunkeln.

Trotz der begrenzten Aussagekraft des zur Verfügung stehenden Quellenmaterials scheinen in der politischen Sozialisation der verschiedenen Generationen folgende Unterschiede zu bestehen:

Während die Angehörigen der ersten und zweiten Generation vom Elternhaus her so gut wie gar nicht im sozialdemokratischen, freigewerkschaftlichen Sinne beeinflußt waren, ist dies in der dritten und vierten Generation häufiger der Fall. Die Angehörigen der beiden älteren Generationen kamen durch die persönliche Erfahrung der Arbeiterexistenz, durch Kontakte am Arbeitsplatz und auf der Wanderschaft mit den sozialistischen Ideen in Berührung. Ihre Politisierung und ihr gewerkschaftliches Engagement erfolgte, besonders bei den in den 1850/60er Jahren Geborenen, auf dem Hintergrund des Sozialistengesetzes und der Erfahrung politischer Repression.

Die politischen und gesellschaftlichen Prägungen der dritten Generation sind andere. Sie haben die Zeit politischer Verfolgung nicht mehr bewußt erlebt. Als sie sich in der Zeit um die Jahrhundertwende politisch und gewerkschaftlich engagierten, war die Zeit des Aufbruchs vorbei und eine Etablierung, auch eine gewisse Stagnation in der Arbeiterbewegung eingetreten. Jene Funktionäre schließlich, die aus bürgerlichen Schichten und mit akademischen Ausbildungen zum ADGB stießen, waren noch ganz anders geprägt. Bei Lothar Erdmann war nicht die persönliche Erfahrung des »proletarischen Elends« Motiv für das Eintreten für »den Sozialismus«, sondern – zumindest zunächst – eher der Wille, mit dem eigenen Milieu bzw. der vom Elternhaus vorgezeichneten (akademischen) Laufbahn zu brechen.

Die der vierten Generation angehörenden Funktionäre entfalteten wäh-

---

209 Angaben zu Exner nach Gespräch des Verfassers mit Exner am 5. 1. 1988; zu Gleitze vgl. G. Beier: Bruno Gleitze. Chefökonom der Gewerkschaften, in: Ders.: Schulter, S. 69.
210 Vgl. Linne, Walter Pahl, in 1999 5 (1990), S. 39. Nach Linne trat Pahl 1924 in die SPD ein, nach Pahls eigener Angabe in einem Brief an Prof. Peiser vom 17. 8. 1850 war der Beitritt jedoch erst 1926, vgl. AsD/Slg. Personalia, Mappe Pahl.

rend des Weltkrieges und der Revolution politisches und gewerkschaftliches Engagement. Sie kannten die Zeit der politischen Verfolgung und des Aufbaus ab 1890 nur noch aus Erzählungen.

Militärdienst und Kriegserlebnis

Der Militärdienst war ein wesentlicher Aspekt in der Sozialisation der männlichen Gewerkschaftsfunktionäre. Das Militär war im wilhelminischen Deutschland ein gewichtiger Faktor in der Gesellschaft bzw. in der »Nation«. Fritz Fricke hatte 1930 festgestellt, in der Seele jedes Proletariers läge »genau wie beim Bürger und Bauer, wovon er abstammt – Rebell und Tyrann dicht nebeneinander«. Dies sei »eine Folge eines jahrhundertealten Militärsystems, das mit seinen Untergebenen- und Vorgesetztenverhältnissen, seinem Kadavergehorsam und seinen Umgangsformen mit der Zeit alle zivilen Einrichtungen, vor allem aber die Denkweise der breiten Massen aller Schichten und Klassen völlig durchzog«[211].

Die Beurteilung des Militärs durch jene Gewerkschafter, die »gedient« hatten, eröffnet Einblicke in ihr Verhältnis zu jener militarisierten Gesellschaft, zur Nation, aus der sie als Sozialisten ausgeschlossen waren. Im Militär konnte sich der Sozialdemokrat gegen die Vorurteile der Vorgesetzten beweisen und sich, obwohl Sozialdemokrat, als würdig erweisen, zur Nation dazuzugehören[212].

Das Erlebnis des Ersten Weltkrieges schließlich schied die Generationen voneinander. Er war eine Zäsur zwischen jenen, die vor 1914 bereits ihre politischen Anschauungen gefestigt hatten und jenen, deren Weltbild durch die Erfahrung als Frontsoldat einerseits oder als Kinder und Jugendliche unter Kriegsbedingungen andererseits geprägt wurde[213]. Adolf Braun vermutete bereits 1915 »neue massenpsychologische Wirkungen« durch den Krieg und mutmaßte, daß die Gedankenwelt der aus dem Krieg Zurückkehrenden »vielleicht anders sein« werde als heute[214].

Beide Aspekte, Militärdienst und Kriegserlebnis sind für die politischen Haltungen der in der Weimarer Zeit in der ADGB-Spitze agierenden Funktionäre und für die von ihnen entworfenen politischen Konzepte von grundlegender Bedeutung.

---

211 F. Fricke: Kampf den Bonzen!, in: Vierteljahresschrift der Berliner Gewerkschaftsschule, Jg. 1930, H. 2, S. 53f.
212 Vgl. dazu auch Doerry, Übergangsmenschen, S. 17 und 88f.
213 Vgl. dazu u.a. H. Mommsen: Generationskonflikt und Jugendrevolte in der Weimarer Republik, in: »Mit uns zieht die neue Zeit«, S. 51f.
214 Vgl. A. Braun: Gewerkschaften. Betrachtungen und Überlegungen während des Weltkrieges, Leipzig 1915, S. 37 und S. 43.

Von den Funktionären der ersten Generation hatten Legien, Leipart, Knoll, Wissell, Sassenbach und Schrader meist als 20/21jährige, nach abgeschlossener Lehrzeit und Wanderschaft, für zwei oder drei Jahre Militärdienst geleistet. Umbreit, durch einen Arbeitsunfall zum Invaliden geworden, und Jäckel waren vom Militär freigestellt[215]. Diese Generation hatte am Weltkrieg schon allein ihres Alters wegen nicht mehr aktiv teilgenommen.

Für die zweite Generation ist ein Militärdienst bei Graßmann, Backert und Böckler nachgewiesen[216]. Eine Teilnahme am Weltkrieg ist bei Spliedt, Striemer, Becker, Mahler, Engelhardt und Backhaus bekannt[217]. Von den übrigen Funktionären dieser Generation ist eine Kriegsteilnahme nicht belegt. Vermutlich waren viele von ihnen, ähnlich wie Bakkert, für die Verbandsarbeit reklamiert[218].

Die dritte Generation schließlich war die »Frontgeneration«. Aus den Reihen der dieser Generation angehörenden ADGB-Vorstandsmitglieder und Vorstandsangestellten hatten Eggert, Erdmann, Furtwängler, Leuschner, Nörpel, Meyer-Brodnitz, Schlimme, Tarnow und der Stuttgarter Bezirkssekretär Weimer als aktive Soldaten am Weltkrieg teilgenommen[219]. Von den übrigen Funktionären dieser Generation ist eine Kriegsteilnahme nicht bekannt.

Mitteilungen über den Militärdienst vor dem Weltkrieg liegen mit Aus-

---

215 Nachweise für Legien vgl. Leipart, Carl Legien, S. 10ff.; für Leipart: Aus meinem Leben, in: ZA FDGB/NL 2/1; Knoll: Selbstbiographie (wie Anm. 193), S. 28; Wissell: Aus meinen Lebensjahren, S. 47ff.; Sassenbach: Lebenserinnerungen (wie Anm. 192), S. 11f.; Schrader: Internationales Handwörterbuch, Bd. 2, S. 1413; Jäckel: Schröder, Handbuch, S. 137f.; Umbreit: Wirtschaftsführer, Sp. 2324.
216 Vgl. zu Graßmann RHB, Bd. I, S. 585; zu Backert vgl. Lebenserinnerungen, Bl. 48, in: DGB/NL Backert; zu Böckler vgl. Schröder, Handbuch, S. 84.
217 Zu Spliedt vgl. Reichstagshandbuch, VI. Wahlperiode 1932, S. 223; Striemer vgl. Lebenslauf in seiner Dissertation; Becker vgl. Internationales Handwörterbuch, Bd. 1, S. 173; Mahler vgl. ebenda, Bd. 2, S. 1098; Engelhardt vgl. Protokoll Nürnberg, 1919, S. 268; Backhaus vgl. ebenda S. 268f.
218 Backert war Ende September 1914 einberufen worden, wurde jedoch bereits im Dezember des Jahres von seiner Gewerkschaft für die Verbandstätigkeit reklamiert. Vgl. Backert, Lebenserinnerungen, Bl. 95, in: DGB/NL Backert.
219 Eggert hatte von 1900–1902 Militärdienst geleistet und war 46 Monate als Soldat im Weltkrieg, vgl. RHB, Bd. 1, S. 373 und Eggert an Robert Kappes vom 31. 3. 1928, in: DGB 6/215; für Erdmann vgl. den unvollständigen Lebenslauf in: DGB/NL Erdmann; Furtwängler: Lebenslauf, in: DGB/NL Furtwängler 1; Leuschner: Leithäuser: Wilhelm Leuschner. Ein Leben für die Republik, Köln 19622, S. 18; Nörpel: vgl. »Fragebogen für Mitglieder« des Reichsverbandes Deutscher Schriftsteller, von Nörpel unterschrieben am 8. 12. 1933, in: AsD/Slg. Personalia, Mappe Nörpel; Meyer-Brodnitz vgl. Röder/Strauss, Biographisches Handbuch, Bd. 2, S. 814: zu Tarnow vgl. ebenda, Bd. 1, S. 755; zu Schlimme vgl. Geschichte der deutschen Arbeiterbewegung, Biographisches Lexikon, Berlin (DDR) 1970, S. 397; zu Weimer vgl. M. Schwarz: MdR. Biographisches Handbuch der Reichstage, Hannover 1965, S. 786.

nahme des Bezirkssekretärs für Brandenburg, Vollmerhaus (geb. 1883), nur aus den Reihen der ersten und zweiten Generation vor. Trotz aller Kritik am »Kadavergehorsam« scheint der Militärdienst als etwas Selbstverständliches hingenommen worden zu sein; zumindest wird er, sofern überhaupt, niemals als ein dramatischer Einschnitt beschrieben.

Knoll, der sich über sein Elternhaus und seinen Werdegang als Gewerkschaftsfunktionär ausführlich äußerte, widmete seiner Militärpflicht nur einen Nebensatz[220]. Backert resümierte über seine Dienstzeit, er wolle »weder als Sozialdemokrat noch als Gewerkschaftler leugnen, daß, wenn man sich den imperialistischen Zweck des Militärs und die illegale Schikaniererei durch die Unteroffiziere aller Grade sowie der älteren Leute wegdenkt, die Militärjahre im großen gesehen eine gute Vorschulung für das Leben waren«[221]. Leipart, der im Oktober 1889 zu einer zehnwöchigen militärischen Ausbildung als Ersatzreservist eingezogen wurde, war »im Grunde froh darüber, weil ich mich nun täglich ordentlich satt essen konnte«[222]. Auch Wissell übte an der Militärzeit nicht ernsthaft Kritik und hob statt dessen das korrekte Verhalten und die Vorurteilslosigkeit seiner Vorgesetzten hervor[223]. Da Wissell sich »nichts zuschulden« kommen ließ, hatte er wenig Ärger. Die Beschreibung der Militärzeit bei Wissell ist für sozialdemokratische, autobiographische Darstellungen geradezu stereotyp. Auch von Karl Vollmerhaus ist ähnliches überliefert. Während seiner Dienstzeit von 1905 bis 1907 fragte ihn ein Leutnant: »Was haben denn die Kollegen gesagt, als Sie zum Militär gingen?« Vollmerhaus antwortete, sie hätten gesagt, »ich sollte ein tüchtiger Soldat werden und ihnen keine Schande machen«. Darauf der Leutnant: »Das ist die Eigenart der Sozis. Der rechte Flügelmann der 1. Kompanie ist auch so einer, aber zugleich der tüchtigste Soldat.«[224] Die Kritik am Militär wurde zwar genannt, jedoch wurden anstatt der verbreiteten Schikanen beim Militär[225] das anständige Verhalten der Offiziere hervorgehoben und dies, obwohl man Sozialdemokrat war. Es zeigte sich also, daß man dennoch »der tüchtigste Soldat« sein konnte.

Die militärische Sozialisation wurde deutlich bei der Militarisierung der

---

220 Vgl. Knoll, Selbstbiographie (wie Anm. 193), S. 28.
221 Vgl. Backert, Lebenserinnerungen, Bl. 48, in: DGB/NL Backert.
222 Vgl. Leipart, Aus meinem Leben, S. 7, in: ZA FDGB/NL 2/1.
223 Vgl. Wissell, Aus meinen Lebensjahren, S. 47-54.
224 Vgl. Lebenserinnerungen und Erfahrungen von Karl Vollmerhaus, S. 3f., in: DGB/NL Vollmerhaus 1. Auch der Leipziger Sozialdemokrat und Gewerkschafter Heinrich Lange (geb. 1861), geriet an einen Leutnant, der ihn »anständig« behandelte, vgl. Doerry, Übergangsmenschen, S. 89.
225 Vgl. H. Wiedner: Soldatenmißhandlungen im Wilhelminischen Kaiserreich (1890-1914), in: AfS 22 (1982), S. 159-199.

Sprache und bei jener Betonung von Disziplin als Grundvoraussetzung geordneten und effektiven Handelns, die gerade bei den Gewerkschaften zum Prinzip erhoben wurde.

»Die Disziplin, man merkt's noch heut', hat man Dir wacker eingebleut«, hieß es in einem Scherzgedicht, das Paul Umbreit und Emma Ihrer 1910 auf Legiens Soldatenzeit verfaßt hatten[226].

»Die Analogie zum militärischen Körper«[227] wurde nicht nur in der wissenschaftlichen Literatur festgestellt, auch die Gewerkschaften selbst verglichen den Aufbau der Organisation mit der militärischen Hierarchie. Da wurden gewerkschaftliche Vertrauensleute, die die Basisagitation zu führen hatten, zu »Unteroffizieren«, der Gewerkschaftsführer zum »General« in der »Schlacht«, der gewerkschaftliche Klassenkampf zum »Feldzug«[228]. In den Diskussionen der ADGB-Führungsgremien war der Terminus »nicht Offizier ohne Mannschaft werden zu dürfen«, häufig zu hören[229].

Robert Michels bemerkte über die SPD, »wie sehr die demokratische Kampfpartei mit der Heeresorganisation verwandt« sei, beweise schon deren Terminologie. »Es gibt kaum einen Ausdruck der Heerestaktik, der Strategie und des Kasernenhofs, kurz, des militärischen Jargons, der sich nicht in den Leitartikeln der sozialdemokratischen Presse wiederfände.«[230] Gleiches galt für den gewerkschaftlichen Sprachgebrauch.

Den Ersten Weltkrieg erfuhren die vier Generationen auf sehr unterschiedliche Weise. Die erste Generation und zu einem Teil auch die zweite erlebten den Krieg als Gewerkschaftsführer, die den »Burgfrieden« und den sogenannten »Verteidigungskrieg« befürworteten, an der »Heimatfront«. Die Zeit des Ausgeschlossenseins aus der Nation war nun endgültig vorbei, man hatte die Gewerkschaften in die »nationale Einheit« eingegliedert. Zwar wurden auch diese älteren Gewerkschaftsführer von den schmerzlichen Folgen des Krieges nicht verschont – so verlor Leipart seinen einzigen Sohn bereits im Dezember 1914 – jedoch dieser Verlust wurde, zumindest von Leipart, als eine Art Opfer für das Vaterland

---

226 Vgl. Leipart, Carl Legien, S. 12. Emma Ihrer (1857–1911), Arbeiterin, Mitglied der GK 1890, aktiv in der Frauenbewegung, Lebensgefährtin Legiens, vgl. ebenda, S. 77; G. Beier: Emma Ihrer. »Evangelistin des Sozialismus«, in: Ders.: Schulter, S. 93ff.
227 Ph. A. Koller: Das Massen- und Führerproblem in den freien Gewerkschaften, Tübingen 1920, S. 30. Zur Militarisierung des Jargons vgl. auch Doerry, Übergangsmenschen, S. 114 und 142.
228 Vgl. z. B. Die Gewerkschaft, Nr. 3, 7. 2. 1898, zit. n. Schönhoven, Expansion, S. 210; Braun, Gewerkschaften (1914), S. 94.
229 Vgl. z. B. Bernhard in der BA-Sitzung vom 14./15. 12. 1930, in: Jahn, Quellen IV, Dok. 19, S. 198, und Graßmann in der BV-Sitzung vom 10. 6. 1931, in: ebenda, Dok. 44, S. 319.
230 Michels, Soziologie (2. Aufl.), S. 52.

gewertet. Dies geht zumindest aus jenen Notizen hervor, die Leipart 1915 in seinem Taschenkalender festhielt. Leipart fragte: »Du Vaterland, wirst Du einst eingedenk sein, was ich Dir hingegeben? Ich und alle die übrigen Väter, die auch ihre Söhne Dir geopfert haben? Geopfert mit aller Hingabe und Liebe zum Volke, doch mit blutendem Herzen, das keine Zeit ganz heilen wird!«[231] Die direkte Konfrontation mit den Kriegshandlungen blieb diesen älteren Gewerkschaftsführern erspart, sie war die zentrale Erfahrung der Jahrgänge 1880/90. Die ab 1900 Geborenen erlebten den Krieg als Kinder und Heranwachsende. Zeugnisse der Angehörigen dieser Generation in der ADGB-Zentrale über die Kriegszeit liegen nicht vor[232].

Die Erfahrungssituation im Weltkrieg unterschied sich nicht allein in »Front« einerseits und »Heimatfront« andererseits. Auch das Kriegserlebnis der »Frontkämpfer« unterschied sich, je nach der persönlichen Ausgangslage der einzelnen. So wurde der Krieg von jungen Kriegsfreiwilligen wohl anders erfahren als von Familienvätern, die von einer gefestigten Existenz weg in den Krieg ziehen mußten[233]. Für Arbeiter und Gewerkschafter war es sicher von Bedeutung, inwieweit sie in ihrem politischen Bewußtsein bereits gefestigt und wie stark sie in die Organisationen der Arbeiterbewegung integriert waren. So dürften bei Eggert und Schlimme, die beide bei Kriegsausbruch das 30. Lebensjahr überschritten und schon mehrere Jahre als besoldete Funktionäre gearbeitet hatten, und Furtwängler, der mit 20 einberufen worden war, Unterschiede in der individuellen Wahrnehmung bestanden haben.

Daß der Weltkrieg auch klassenspezifisch unterschiedlich erfahren wurde, zeigen die Aufzeichnungen Erdmanns und Leuschners.

Der aus bürgerlichem Hause stammende, akademisch gebildete Erdmann hatte am Krieg als Offizier teilgenommen. Leuschner hingegen wurde aufgrund geringerer Schulbildung von einer Beförderung zum Offiziersanwärter ausgeschlossen und empfand »so recht das Proleten-

---

231 Vgl. Almanach des DHV für das Jahr 1915, persönliches Exemplar Leiparts, in: Archiv Gewerkschaft Holz und Kunststoff (zit. nach Hemmer, Erdmann, S. 618, Anm. 15).
232 Vgl. allgemein E. Domansky: Politische Dimensionen von Jugendprotest und Generationenkonflikt in der Zwischenkriegszeit in Deutschland, in: Jugendprotest und Generationskonflikt in Europa im 20. Jahrhundert, hrsg. von D. Dowe, Bonn 1986, S. 113–137; D. Peukert: Alltagsleben und Generationenerfahrungen von Jugendlichen in der Zwischenkriegszeit, in: ebenda, S. 139–150.
233 Vgl. z.B. K. Vondung: Propaganda oder Sinndeutung?, in: Kriegserlebnis, S. 25; auch A. Braun differenzierte schon 1915 in ähnlicher Weise, vgl. Braun: Gewerkschaften. Betrachtungen und Überlegungen während des Weltkrieges, Leipzig 1915, S. 36f.

tum« und den Ansporn, seinen Kindern nichts zu versagen, »was sie emporheben kann«[234].

Erdmann und Leuschner sind die einzigen, von denen Aufzeichnungen aus dem Kriege überliefert sind. Von den übrigen Kriegsteilnehmern sind allenfalls rückblickende Darstellungen erhalten, die jedoch mit Ausnahme von Schlimme auf die Erlebnisse des Krieges nicht eingehen[235]. Schlimme war am Maschinengewehr und an optischen Geräten zum Abschießen von Flugzeugen ausgebildet worden. Die Orte an der Westfront, so erinnerte er sich, seien alle dem Erdboden gleichgemacht worden. »An mehreren Tagen aus einem Rohr 600 bis 700 Granaten, je 16 Pfund schwer, haben wir verschossen, Furchtbares dabei erlebt.« Schlimmes Fazit: Viereinhalb Jahre »planmäßiges Morden und Vernichten« habe schließlich auch empfindsame Naturen abgestumpft[236].

Leuschner, zunächst »nur garnisondienstverwendungsfähig«, wurde bei der Artillerie einem Schallmeßtrupp zugeteilt, war 1916 an der Ostfront und ab Mai 1917 in Frankreich. Der Krieg schien ihm anfangs angenehmer, als er ihn sich vorgestellt hatte[237]. Nachdem er jedoch die ersten Bombenopfer gesehen hatte, konnte er »den ganzen Tag die seelische Depression nicht loswerden«[238]. Je länger der Krieg dauerte, desto mehr wünschte er, daß dieser »Schwindel ein Ende hat, ganz gleich auf welche Art«[239].

---

234 Vgl. Kriegstagebuch I, S. 8, Eintrag vom 11. 2. 1917; vgl. auch Kriegstagebuch II, S. 9, Eintrag vom 30. 1. 1918, in: HStA, Abt. 029, NL Leuschner 1/2.
235 Eggert, »46 Monate an den Fronten«, schrieb an einen Freund: »Es kostete mich Seele und Nerven.« Eggert an Robert Kappes vom 31. 3. 1928, in: DGB 6/215. In einem Lebenslauf Tarnows heißt es nur kurz: »1915 als Soldat eingezogen, im April 1918 verwundet, bis Januar 1919 im Lazarett.« Tarnow war durch einen Granatsplitter verwundet worden, eine Lähmung des rechten Arms und eine verkrüppelte Hand waren die bleibenden Folgen. Vgl. Tarnow als Wegener (Redaktion des »Telegraf«) vom 29. 12. 1948, in: DGB/NL Tarnow 1; GZ, Jg. 41, Nr. 49, 5. 12. 1931, S. 782. Furtwängler, Frontsoldat ab 1914, MG-Schütze, 1916 bei Verdun verwundet, berichtete nur, daß er im Lazarett die russische Sprache autodidaktisch erlernt und sich während seiner englischen Kriegsgefangenschaft (1917–1919) als Dolmetscher betätigt habe. Vgl. Lebenslauf, in: DGB/NL Furtwängler 1.
236 Vgl. »Mein Lebenslauf 1. Fortsetzung«, in: ZA FDGB/NL 16/1.
237 So schrieb Leuschner am 31. 12. 1916: »Und doch hatte ich mir Sylvester im Felde ganz anders vorgestellt. Wir waren in recht gemütlicher Weise zusammen und tranken.« Kriegstagebuch I., S. 3, in: HStA, Abt. 029, NL Leuschner, 1/2.
238 Vgl. ebenda, S. 11, Eintrag vom 5. 3. 1917.
239 Vgl. ebenda, S. 20, Eintrag vom 25. 5. 1917. Als Leuschner im Januar 1918 von den Massenstreiks in Deutschland erfährt, schreibt er: »Die Treibereien unserer Regierung bez. des Wahlgesetzes für Preußen, die Brest-Litowsk-Frage, sowohl die Machenschaften unser ›Vaterlandsfreunde‹, den Alldeutschen, müssen ja über kurz oder lang dazu führen, diese Ansicht allgemein im Felde. Nieder mit der Privilegienwirtschaft auch beim Militär.« Vgl. ebenda, Kriegstagebuch II., S. 9, Eintrag vom 30. 1. 1918.

Auch bei Erdmann hatte sich die anfangs euphorische Einstellung im Laufe des Krieges verändert[240]. Erdmann, der sich 1914 freiwillig gemeldet hatte, schrieb im Oktober des Jahres an seine Schwester: »Es ist erhebend und ich bin dankbar dafür, daß ich mich [...] der Gefahr aussetzen darf. [...] ich bin ersetzlich wie tausend andere, aber unser Land und der deutsche Geist sind nicht zu ersetzen, und es wäre schön, für beides sich zu opfern.«[241] Die Grausamkeiten, die Erdmann im Herbst 1916 an der Westfront, an der Somme, erlebte, führten zu einem Nervenzusammenbruch. Erdmann wurde ins Lazarett eingeliefert[242]. Im Oktober 1916 notierte er: »Vaterland, Deutschtum – läsen wir keine Zeitungen, wir wären uns unserer Nationalität so wenig bewußt, wie wir umgekehrt Haß empfinden gegen den Feind uns gegenüber.« Und: »Im Grunde werden wir im Felde zu Skeptikern an der Politik und ihrer fragwürdigen Tochter, der Journalistik, zu Skeptikern, um nicht zu sagen zu Verächtern. Wir *kämpfen* den Krieg und lesen in den Zeitungen schweigend, ohne die Möglichkeit des Protestes, warum wir ihn führen, bis zur Erreichung welcher Ziele er geführt werden soll. Wir lesen die Reden und Schriften derer daheim, die nicht kämpfen, wir hören von einer geheimen Propaganda, die ihr häusliches, allzu häusliches Überdeutschtum fanatisch zu Annexionsdogmen zusammenballt, um mit diesen chauvinistischen Kieseln jede Regierung aus dem Amt zu steinigen, die auf das Schweigen der Front ebenso hört wie auf die Stimmen der Heimat.«[243]

Trotz wachsender Kritik während der Kriegszeit hielt Erdmann nicht den Krieg als solchen für das Übel, sondern seine »Entartung«:

»Der Krieg, in dem alle Kriegführenden unter den Kämpfenden sind, reinigt das Leben. Da ist auch die Politik Mannesarbeit. Das Übel ist, daß wir *zu wenig* Kampf im Kriege haben, daß er nicht überall hingreift, keinen gesunden Mann, keine Kreise und Cliquen unter keinem Vorwande verschont.«[244] Auch 1930 schrieb Erdmann noch von sich, daß er

---

240 Über die sich im zeitlichen Prozeß verändernde Erfahrungssituation vgl. auch Vondung: Propaganda oder Sinndeutung?, S. 25.
241 Erdmann in einem Brief an seine Schwester Ilse, vom 8. 10. 1914, in: DGB/NL Erdmann.
242 Vgl. Elisabeth Erdmann-Macke: Erinnerung an August Macke, 3. Aufl. Frankfurt/M. 1987, S. 327.
243 Aufzeichnungen Erdmanns aus dem Ersten Weltkrieg vom 16. 10. 1916 u. vom 19. 10. 1916, in: DGB/NL Erdmann.
244 Vgl. Aufzeichnung vom 28. 10. 1916, in: DGB/NL Erdmann.

zwar »kein kriegerischer Mensch«, jedoch auch »in keinem Sinne Pazifist« sei, denn »der Krieg ist ein Element der menschlichen Natur«[245].

Trotz des Nervenzusammenbruchs wollte sich Erdmann wieder zur Front zurückmelden, »da er die Kameraden draußen wußte«, doch der Arzt verbot es ihm[246]. Dieses Zurück-an-die-Front-müssen wird in der Literatur als Ausdruck jener empfundenen »Kameradschaft« an der Front beschrieben, die nach dem Kriege »als Erlebnis der Überwindung von Klassengegensätzen im Einsatz für die Nation ideologisch überhöht« wurde[247]. Erdmann selbst hatte in einem Brief an seine Schwester Käte vom 12. Oktober 1914 geschrieben: »Unsere Korporalschaft bleibt zusammen. Wir werden bei allen Angriffen fest zusammenhalten, wir alle und unser Unteroffizier hängen in treuer Kameradschaft aneinander.«[248] Selbst Leuschner, der zum Krieg eine erheblich nüchternere Einstellung als Erdmann hatte, nutzte die Möglichkeit der Reklamation nicht. Am 10. März 1917 schrieb er: »Trotzdem ich gerne zu Hause wäre, gehe ich doch ungerne von hier fort. [...] Ein Interesse an einer Reklamation habe ich nicht.«[249]

Hans Mommsen betont zwar, daß die Frontgeneration, im Fronterlebnis »gerade nicht die Erfüllung ihrer Sehnsucht nach Gemeinschaft jenseits sozialer und militärischer Ränge fand«. Die spätere Heroisierung habe »keineswegs der ernüchternden und deprimierenden Erfahrung in den Schützengräben« entsprochen. Jedoch sei aus dieser Erfahrung die Überzeugung entstanden, »daß es Aufgabe der jungen Generation sei, eine grundlegende gesellschaftliche Erneuerung herbeizuführen.«[250] Eben jener »Mission« der jungen Generation hatten sich Erdmann und Pahl,

---

245 Vgl. Aufzeichnungen vom 20. 12. 1930, in: DGB/NL Erdmann. Die Parallelen zu Ernst Jünger, der den Krieg als »Grundbedingung« des Lebens sah, sind nicht zufällig. Erdmann berief sich ausdrücklich auf Jünger. Vgl. ebenda sowie die Notizen vom 2. 1. 1935, in: ebenda. Zu Jünger vgl. z. B. George L. Mosse: Nationalismus und Sexualität, Hamburg 1987, S. 195f. und Vondung, Propaganda oder Sinndeutung?, S. 24.
246 Vgl. unvollständiger Lebenslauf in: DGB/NL Erdmann. Nach seinem Lazarettaufenthalt wurde Erdmann für eine Tätigkeit als Auslandskorrespondent beim Wolffschen Telegraphenbüro in Amsterdam beurlaubt. Vgl. u. a. Hemmer, Erdmann, S. 616.
247 Vgl. Jahn, Gewerkschaften in der Krise, S. 251f.; vgl. auch Mosse, Nationalismus und Sexualität, S. 162f.; zu »Fronterlebnis« und »Frontsoldatenideologie« vgl. auch K. Rohe: Das Reichsbanner Schwarz-Rot-Gold. Ein Beitrag zur Geschichte und Struktur der politischen Kampfverbände zur Zeit der Weimarer Republik, Düsseldorf 1966, S. 126ff.
248 Vgl. Brief Erdmanns vom 12. 10. 1914, in: DGB/NL Erdmann.
249 Vgl. Kriegstagebuch I, S. 11, Eintrag 10. 3. 1917, in: HStA, Abt. 029, NL Leuschner 1/2.
250 Vgl. Mommsen, Generationskonflikt, S. 55. Reulecke stellt jedoch fest, daß viele vor allem jüngere Soldaten in der »Soldatenkameradschaft« durchaus eine »emotionale Heimat« gefunden hätten; dementsprechend fanden sie sich, als sie 1918/19 »desillusioniert« zurückkamen, im Alltag zu Hause nicht mehr zurecht. Vgl. J. Reulecke: Männerbund versus Familie, in: »Mit uns zieht die neue Zeit«, S. 209.

der selbst zu jung war, um Frontsoldat gewesen zu sein, und andere jüngere Funktionäre in der ADGB-Zentrale[251] verschrieben.

Unter dem Pseudonym Lothar Frey schrieb Pahl nach der »Machtergreifung«: »Wir wußten die toten Kameraden der Front an unserer Seite, wenn wir nach dem Kriege aus dem Geiste der Kameradschaft und der Selbstverwaltung und der Freiheit heraus an die Neugestaltung Deutschlands herangingen! Der Aufbau Deutschlands aus diesem Geiste ist uns vorerst nicht gelungen.«[252] Ähnlich formulierte Erdmann im März 1933: »Als die Freiwilligen aus der Arbeiterschaft sich im August 1914 drängten, Deutschland zu verteidigen, nahmen sie in ihrem Gefühl die Synthese von Sozialismus und Nation vorweg. [...] Dieses gleich tiefe Erlebnis von Nation und Sozialismus, [...] war und ist vielen altgeborenen Menschen im sozialistischen Lager fremd geblieben.«[253]

3.4 Zusammenfassung

Zusammenfassend lassen sich die vier Funktionärsgenerationen in der Zentrale des ADGB wie folgt charakterisieren:

Die Angehörigen der ersten Generation, in den 1860er Jahren geboren, kamen, politisch kaum vom häufig bäuerlichen oder kleinbürgerlichen Elternhaus im sozialistischen Sinne vorgeprägt, aus eigenem Erfahren und Erleben ihrer Situation in der Arbeitswelt heraus zur Arbeiter- und Gewerkschaftsbewegung. Meist noch während des Sozialistengesetzes traten sie der Sozialdemokratie bei und waren aktiv an der Reorganisation und Neugründung der Gewerkschaften beteiligt. In jungen Jahren nahmen sie bereits gewerkschaftliche Führungspositionen ein und behielten diese Ämter häufig bis weit in die Weimarer Zeit hinein.

Diese Generation hatte nach der Volksschule überwiegend ein Handwerk erlernt und war anschließend auf Gesellenwanderschaft gezogen. Die berufliche Identifikation spielte für diese Funktionäre, die vielfach in traditionellen Berufsverbänden wie den Drechslern, Lithographen etc.

---

251 Peter Jahn zählt außer Erdmann und Pahl auch Arons, Furtwängler, Nörpel und den Leiter der ADGB-Bundesschule, Seelbach, zu jener »Gruppe«. Vgl. Jahn, Gewerkschaften in der Krise, S. 252.
252 Frey/Pahl, Deutschland wohin?, S. 7.
253 Erdmann: Nation, Gewerkschaften und Sozialismus, in: Die Arbeit 10 (1933), H. 3, S. 129–161, S. 131. Dieser Aufsatz, für Erdmann eine »Generalabrechnung und ein Bekenntnis« (Aufzeichnung Erdmanns vom 20. 6. 1934, in: DGB/NL Erdmann) war nicht, wie Titel und Zeitpunkt vermuten läßt, ein Zugeständnis an den herrschenden »Zeitgeist«, so z. B. die Einschätzung bei Winkler, Weg, S. 895. Wie auch Hemmer feststellt, nahm Erdmann in diesem Aufsatz Gedankengänge auf, die er schon in der ersten Hälfte der 1920er Jahre formuliert hatte, vgl. Hemmer, Erdmann, S. 622f. Zu Erdmanns politischen Konzeptionen vgl. ausführlich unten Teil 2, I.

organisiert waren, eine wichtige Rolle. Dies mag auch ein Grund sein für ihre Abwehr gegen eine organisatorische Modernisierung der Gewerkschaften (Industrieverbände) unter dem Eindruck der industriellen Entwicklung der 1920er und 1930er Jahre, in der die berufliche Differenzierung durch industrielle Fertigungsabläufe zunehmend zurückgedrängt wurde.

Bei ihrer Weiterqualifikation waren die Funktionäre dieser Generation ausschließlich auf ihre Eigeninitiative und autodidaktische Studien angewiesen – möglicherweise ein Hintergrund für die bis in die Mitte der 1920er Jahre anhaltende Zurückhaltung, Akademiker in die gewerkschaftlichen Verwaltungen einzustellen.

Die zweite Generation der in den 1870er Jahren Geborenen unterschied sich in Ausbildung und Herkunft kaum von der ersten Generation. Nur Striemer hatte als Akademiker einen anderen Ausbildungsverlauf und entstammte einem bürgerlichen Elternhaus. Auch Gertrud Hanna wich von dem vorherrschenden Ausbildungsmuster – Volksschule, Handwerk – als Hilfsarbeiterin ohne handwerkliche Ausbildung ab. Der Karriereweg dieser Generation verlief jedoch langsamer. So erreichte zum Beispiel Graßmann erst 1919 seine Spitzenposition.

In der dritten Generation (Jahrgänge 1880/90) vollzieht sich eine deutliche Wandlung. Unter den Angestellten dieser Generation befinden sich allein sechs Akademiker, die sich in ihrer Herkunft, Ausbildung und gewerkschaftlichen Karriere von den traditionellen Gewerkschaftspraktikern gründlich unterschieden. Alle stammten aus bürgerlichem Hause, hatten mit der Gewerkschaftsbewegung vor ihrer Anstellung kaum in engerer Berührung gestanden und hatten dementsprechend auch nicht den sonst üblichen Karriereweg von der ehrenamtlichen Tätigkeit bis zur besoldeten Position in der Gewerkschaft durchlaufen. Im Bundesbüro nahmen sie zum Teil eine gewisse Sonderrolle ein. So erinnerte sich Woytinsky, daß der Vorstand zwar auf seinen Rat hörte, »but nobody would call me by my first name as they called one another; I remained to them ›Herr Doktor‹«.[254] Bei Erdmann war ein »Fremdheitsgefühl« vorhanden: »Die Arbeiterbewegung ist nicht meine Heimat, in keinem Sinne die politische Partei, die Sozialdemokratie; in einem nur begrenzten Sinne die Gewerkschaften.«[255]

Die sogenannte »Ochsentour« war für die übrigen Funktionäre dieser Generation geradezu obligatorisch, obwohl sich am Beispiel Furtwäng-

---

254 Vgl. Woytinsky, Stormy Passage, S. 461.
255 Aufzeichnungen Erdmanns vom 22. 7. 1931, in: DGB/NL Erdmann.

lers zeigt, daß sich auch für Nicht-Akademiker der Karriereverlauf verkürzte, eine Tendenz, die sich bei den Angestellten der vierten Generation (ab 1900 geboren) fortsetzte.

Als weitere Entwicklungen sind für die dritte Generation ein Rückgang des handwerklichen Elements und generell höhere Ausbildungsniveaus festzustellen.

Die Funktionäre der vierten Generation zeichneten sich durch ein hohes Bildungsniveau und kurze Karrierewege aus. Unter Umgehung der besonders für die dritte Generation typischen Karriereleiter traten sie in jungen Jahren als Angestellte in die Zentrale des Dachverbandes ein.

Eine Entwicklung der Professionalisierung wird ab der dritten Generation erkennbar. Im Unterschied zu den »Alleskönnern« der ersten und zweiten Generation bilden sich in den folgenden Generationen Ansätze eines teils akademischen, aber auch autodidaktisch erworbenen Expertentums besonders im Verwaltungsstab des ADGB heraus.

Die Angehörigen der ersten Generation und auch die älteren der zweiten, wie zum Beispiel Reichel, waren stark von der Verfolgung durch den wilhelminischen Obrigkeitsstaat geprägt. Diese Gewerkschafter, die unter dem Ruch der »Vaterlandslosigkeit« standen, andererseits jedoch durch Schule, Militär und häufig wohl auch durch das Elternhaus im Sinne einer Identifikation mit »der Nation« sozialisiert waren[256], begriffen die Zugehörigkeit zur »nationalen Einheit«, in die sie die Gewerkschaften 1914 geführt hatten, und die schrittweise Anerkennung von Staat und Unternehmern als politischen und wohl auch individuellen Erfolg.

Anders als diese älteren Gewerkschaftsführer hatte die Mehrzahl der Funktionäre aus der dritten Generation den Ersten Weltkrieg als aktive Soldaten erlebt. Das »Fronterlebnis« war bei einem Teil dieser Funktionäre grundlegendes Element späterer politischer Anschauungen und Konzepte. Zumindest bei den Aufzeichnungen Erdmanns liest sich auch ein Generationskonflikt heraus zwischen den an der Front für nicht mehr nachvollziehbare Ziele Kämpfenden und »denen daheim, die nicht kämpfen« und Durchhalteparolen verbreiten.

Die »Generationenfrage« in der ADGB-Spitze war verknüpft mit der dort herrschenden hierarchischen Ordnung.

Der gewählte Bundesvorstand, besonders der hauptamtliche, war dominiert von Angehörigen der ersten Generation. Nur zögernd traten Funk-

---

256 Vgl. auch Doerry, Übergangsmenschen, S. 17.

tionäre der zweiten und dritten Generation in die gewählte Führungsspitze ein. Im Verwaltungsstab herrschten die Vertreter der dritten Generation vor, Funktionäre der jüngsten Generation rückten nach. Nur wenige Angestellte der zweiten und dritten Generation stiegen in besoldete Vorstandspositionen auf.

Aus den Reihen der jüngeren Angestellten kamen denn auch kritische Stimmen zur Zusammensetzung des gewählten Vorstands. Die Autorität der Vorstandsmitglieder sei, so Erdmann, »oft nicht auf überlegenes Können, sondern auf Alter und Herkunft aus der mühseligen Funktionärslaufbahn« gegründet gewesen. Müller-Lichtenberg war seiner Meinung nach »obwohl klug und wissend wie wenige, doch ein müder, allzu historischer Geist«, auch Umbreit »ein alter Mann«, der »auf seinen Lorbeeren« ruhte[257].

Abgesehen von den im gewählten Vorstand einerseits und im Angestelltenstab andererseits jeweils dominierenden Generationen unterschied sich die Zusammensetzung von Vorstand und Stab auch in folgender Hinsicht: Im gewählten Vorstand waren ausnahmslos nur Funktionäre vertreten, die als Arbeiter aus der Gewerkschaftsbewegung kamen und langjährige Erfahrungen in den Organisationen besaßen. Auch der 1933 in den Vorstand kooptierte Leuschner unterschied sich in dieser Beziehung nicht von seinen älteren Kollegen. Im Angestelltenstab war jedoch eine Entwicklung festzustellen, in der der sogenannte Gewerkschaftspraktiker und »verdiente Kollege« zum Teil einem hochqualifizierten Experten Platz machte, der weniger mit langjähriger Funktionärstätigkeit als mit Fachwissen aufwarten konnte. Somit liefen in der ADGB-Zentrale Tradition und Veränderung parallel. Die Folgen dieses Trends für den Willensbildungsprozeß und die Entscheidungsstrukturen des ADGB sollen im folgenden Kapitel analysiert werden.

---

257 Vgl. Aufzeichnungen vom 2. 12. 1933 und 31. 3. 1932, in: DGB/NL Erdmann.

IV. Willensbildung und innergewerkschaftliche Demokratie

Im folgenden Kapitel wird die Struktur des gewerkschaftlichen Willensbildungsprozesses analysiert. Welchen Einfluß konnten die einzelnen Glieder des ADGB vom Bundesvorstand bis hin zu den Mitgliedern auf die Willensbildung nehmen? Welche Bedeutung hatten gewerkschaftliche und außergewerkschaftliche Experten?

Theodor Cassau schrieb 1925, die Gewerkschaften von heute seien von wenigen Ausnahmen abgesehen »Großbetriebe«. Der Großbetrieb sei jedoch »seiner Natur nach undemokratisch. Er ist seinem Wesen nach autoritär, verlangt die berufliche Leitung durch wenige und erträgt nur schwer Leitung durch die Gesamtheit.«[1]

Mit dieser Aussage befand sich Cassau auf der Argumentationslinie Robert Michels'. Dieser hatte schon 1908, also vor dem Erscheinen seiner »Soziologie des Parteienwesens« 1911, die »oligarchischen Tendenzen der Gesellschaft« beschrieben[2]. Aus der nicht zu bestreitenden Tatsache, daß mit dem Wachsen der Organisation auch die Verwaltungsaufgaben zunehmen, folgte für Michels eine Entwicklung, in der jene Aufgaben immer mehr »den bezahlten Funktionären« überlassen werden und die Mitglieder sich »mit summarischen Berichten und der Bestellung von Revisoren begnügen. Die demokratische Kontrolle schrumpft zu einem nichtigen Scheinwesen zusammen.«[3] Es entstehe eine streng abgegrenzte Hierarchie[4] und ein Führertum, das aufgrund seiner höheren Sachkenntnis für die Mitglieder zunehmend »unentbehrlich« sei und wegen dieser Überlegenheit auch unkontrollierbar werde. Unentbehrlichkeit und »Gewohnheitsrecht der Delegation« begründe die Amtssicherheit und

---

1 Cassau, Führerproblem, S. 7.
2 R. Michels: Die oligarchischen Tendenzen der Gesellschaft. Ein Beitrag zum Problem der Demokratie, in: Ders.: Masse, Führer, Intellektuelle. Politisch-soziologische Aufsätze 1906–1933, mit einer Einführung v. J. Milles, Frankfurt/New York 1987, S. 133–181 (Erstveröffentl. 1908).
3 Ebenda, S. 154.
4 Ebenda, S. 156.

Machtkontinuität der Führung. Diese wiederum entfremde sich angesichts ihrer exponierten Stellung und ihrer veränderten Lebensumstände (gesicherte Existenz) von »den Massen«[5]. Die Organisation entwickele sich vom Kampfinstrument zum Selbstzweck[6]. In reichlich polemischer Überspitzung ordnete Michels den Gewerkschaftsführern neben »dem Element der Erfahrung« Eigennutz, Faulheit und Feigheit als Eigenschaften zu[7]. Michels' Quintessenz war das »eherne Gesetz der Oligarchie«; die von ihm beschriebenen Tendenzen waren danach allen Massenorganisationen, auch den »antioligarchischen«, demokratischen, immanent.

Cassau hat zwar seine Betrachtungen zur gewerkschaftlichen Führungsschicht und zur innergewerkschaftlichen Demokratie nicht mit jener »ziellosen Rigidität« (Borsdorf) wie Michels vorgetragen. Doch der eingangs zitierte Satz läßt an Deutlichkeit nichts zu wünschen übrig[8].

Robert Michels hat mit seinen Studien die wissenschaftliche Diskussion bis in die heutige Zeit entscheidend angeregt. Philipp Alexander Koller behauptete in seiner 1920 veröffentlichten Dissertation, daß für die Parteiorganisation die Oligarchiethese wohl zutreffen könne, nicht aber für die Gewerkschaften. Er begründete dies mit den unterschiedlichen Aufgabenbereichen von SPD und Gewerkschaften. Die Partei verfolge als politische Interessenvertretung »allgemeine ideale Ziele«, während die Gewerkschaften den »wirtschaftlichen Klassenkampf« führten und damit die Daseinsinteressen »der Individuen« weit unmittelbarer berührten. Die Mitglieder würden deshalb »viel eifersüchtiger darüber wachen, daß wirklich ihr Gesamtinteresse vertreten« werde, würden deshalb viel weniger als die Parteimitglieder »regierbar« sein und darauf bedacht bleiben, »ihr demokratisches Mitbestimmungsrecht zu wahren«[9] – ein, wie im einzelnen zu belegen sein wird, wenig überzeugendes Argument.

Der grundätzliche Konflikt zwischen Individuen und Organisation, die Notwendigkeit individuellen Einordnens unter den Gesamtwillen der Organisation sei, so Koller, im übrigen eine prinzipielle Erscheinung

---

5 Zu Rolle und Eigenschaften des Führertums vgl. ebenda, S. 158 ff. und Michels, Soziologie (2. Aufl. 1925), S. 54 ff., S. 117 ff.
6 Ebenda, S. 385.
7 Ebenda, S. 386.
8 Cassau selbst hat Michels' »Soziologie des modernen Parteienwesens« im übrigen sehr positiv bewertet, vgl. Cassau: Die Gewerkschaften und die Politik, in: Gewerkschafts-Archiv, 2 (1925), I., Nr. 6, S. 339.
9 Ph. A. Koller: Das Massen- und Führerproblem in den Freien Gewerkschaften, Heidelberg, phil. Diss. 1918 (Referent war Eberhard Gothein, Prof. der Staatswissenschaften), im Buchhandel: (Archiv für Sozialwissenschaft und Sozialpolitik, Erg. H. 17) Tübingen 1920, S. 21 ff., Zitate: S. 25 f.

jeder größeren Organisation und habe mit »Entrechtung der Massen« und der Durchsetzung der Politik des »Führers« gegen diese nichts zu tun[10]. Ähnlich wie Koller argumentiert der Historiker Hans-Joachim Bieber in seiner 1981 erschienenen Studie über Gewerkschaften in Krieg und Revolution: Anders als in der politischen Organisation sei bei den Gewerkschaften »die Rückkopplung der Führer an die Massen über materielle Verbesserungen« gelaufen. Blieben solche aus, so habe eine »heftige Reaktion der Mitgliedschaft kaum lange auf sich warten« lassen. Deshalb hätten die Gewerkschaftsführer auf die Dauer »schwerlich gegen die Interessen der Mitglieder handeln« können. Anders sei jedoch die Position der hauptamtlichen Mitglieder der Generalkommission gewesen. Diese hätten keine Lohnkämpfe geführt und auch keine Zeit gehabt, »Kontakt mit den Basisorganisationen aller Einzelgewerkschaften zu pflegen«. Der Einfluß dieser Zentralinstanz sei vor 1914 jedoch ein geringer gewesen[11].

In der modernen Literatur wird vor allem Michels' Demokratieverständnis kritisiert. Michels sei von einem »verschwommenen Basisdemokratie-Konzept« ausgegangen[12] und habe die »Dialektik der Repräsentation« verkannt, denn: »Ohne eine gewisse Selbständigkeit der Repräsentanten kann eine moderne Demokratie ebensowenig existieren wie irgendeine demokratische Organisation.«[13] Nach Schönhoven hat das Michelssche »eherne Gesetz« nur einen »begrenzten wissenschaftlichen Erklärungswert«. Zwar sei die »Amtssicherheit« der gewerkschaftlichen Führung groß, auch Mißbrauch von Kompetenzen sei nicht auszuschließen. Der Handlungsspielraum der Führung werde jedoch letztlich durch die Mitgliederinteressen definiert. Auch wenn deren »Ermittlung und Vermittlung« in der Praxis Sache der Leitungsgremien sei, könne von einer Willkürherrschaft der »Gewählten über die Wähler« nicht die Rede sein. Vielmehr hätten sich in den Gewerkschaften demokratische Wertorientierungen und eine »demokratische Infrastruktur« erhalten[14]. Demgegenüber behauptet Theo Pirker, daß die Gewerkschaften zum Zeitpunkt, als Michels seine Oligarchie-These veröffentlichte, schon »weit darüber hin-

---

10 Vgl. ebenda, u.a. S. 12ff. u. 79ff.
11 Bieber, Bd. 1, S. 50ff.
12 Borsdorf, Gewerkschaftsführer, S. 14.
13 H.A. Winkler: Robert Michels, in: Deutsche Historiker, Bd. IV, hrsg. von H.-U. Wehler, Göttingen 1972, S. 65–80, S. 70.
14 Vgl. Schönhoven, Gewerkschaften, S. 11. Ähnlich die Position von Borsdorf: Gewerkschaften und Geschichte. Ein Nachwort mit bibliografischen Anmerkungen, in: Tenfelde u.a.: Geschichte der deutschen Gewerkschaften, S. 506.

aus« gewesen seien und die Oligarchie »statutenmäßig und in der internen Praxis schon lange exerziert« hätten[15].

Entkleidet man die Michelsschen Studien ihrer häufig unsachlichen Polemik, so bleiben Kernaussagen bestehen, die nach wie vor als Ausgangspunkt für die Erforschung der innerorganisatorischen Demokratie und der strukturellen Voraussetzungen des Willensbildungsprozesses dienen können und dabei überprüft werden müssen. Angesichts der erweiterten und komplizierteren Aufgaben der Gewerkschaften in der Weimarer Republik, der weiteren Zentralisierung und der stärkeren Führungsrolle des Dachverbandes erhalten die Thesen Michels' von der »Überlegenheit« der Führung und der »Unfähigkeit« der Massen zur Kontrolle eine ganz andere Qualität als in der Vorkriegszeit.

1. Dominanz der Zentrale

Götz Briefs konstatierte 1927, daß die bisherige Entwicklung der Gewerkschaften offensichtlich »eine Stärkung des Einflusses der Spitzenverbände und ihrer Organe« mit sich gebracht habe und der Vorstand des Spitzenverbandes »das Schwergewicht der Führung« repräsentiere[16]. Cassau schilderte 1925 die Bedingungen und die Konsequenzen der weiteren Zentralisierung gewerkschaftlicher Willensbildung. Im Laufe des Ersten Weltkrieges seien die Vertreter der Spitzenorganisation die Verhandlungspartner von Militär und Verwaltung und schließlich auch der Unternehmerverbände gewesen. Dies alles habe die Spitzenorganisation gegenüber den Einzelverbänden gestärkt und auch den Prozeß der Willensbildung verändert. Die »Führer« hätten einen »Vorteil in ihrem Monopol der Kenntnisse gegenüber ihren Kritikern« besessen. Auch in der Inflationszeit, in der angesichts gewerkschaftlicher Mißerfolge Kritik an der Führung aufkam, habe »der Führer, der in Berlin alle Fäden in der Hand hatte, [...] stets über eine Fülle draußen unbekannten und unkontrollierbaren Materials [verfügt], mit dem er jede Opposition ersticken konnte«[17]. Damit hatte Cassau einige wesentliche Voraussetzungen für die Machtstellung der gewerkschaftlichen Führung benannt: die Überlegenheit der Führung gegenüber »den Massen«, basierend auf

---

15 Th. Pirker: Zum Verhalten der Organisationen der deutschen Arbeiterbewegung in der Endphase der Weimarer Republik, in: Weimar. Selbstpreisgabe einer Demokratie, S. 329f.
16 Vgl. Briefs, Gewerkschaftswesen, S. 1140. Ähnlich Fricke: Kampf den Bonzen, in: Vierteljahreshefte der Berliner Gewerkschaftsschule 1930, S. 51.
17 Cassau, Gewerkschaftsbewegung, S. 109ff., Zitate: S. 110f.

ihrem Informationsvorsprung und ihrer höheren Sachkenntnis; ihre Unkontrollierbarkeit und damit implizit ihre »Beherrschung des Apparats«[18]. Nach Michels traten hinzu die »Unentbehrlichkeit« der Führung und, daraus folgend, die Kontinuität der Führungsstellung[19]. Max Weber hatte in seiner »Soziologie der Herrschaft« diese Faktoren zu den Bedingungen für die beherrschende Stellung des »dem Herrschaftsgebilde zugehörigen Personenkreises«, sprich der Führung, gegenüber den »beherrschten Massen« gezählt. »Die quantitative und ebenso die qualitative Entfaltung der Verwaltungsaufgaben« begründe eine »technische Überlegenheit«. Diese wiederum begünstige »auf die Dauer unweigerlich die zumindest faktische Kontinuität mindestens eines Teils der Funktionäre«. Weber nannte als weitere Voraussetzung den »Vorteil der kleinen Zahl«, d.h. die Möglichkeit, sich schnell zu verständigen. Dieser »Vorteil der kleinen Zahl« komme voll zur Geltung »durch Geheimhaltung der Absichten, gefaßten Beschlüsse und Kenntnisse der Herrschenden, welche mit jeder Vergrößerung der Zahl schwieriger und unwahrscheinlicher« werde. »Jede auf Kontinuierlichkeit eingerichtete Herrschaft ist an irgendeinem entscheidenden Punkt Geheimherrschaft.«[20]

Was Weber hier idealtypisch entwarf, wurde in wissenschaftlichen wie gewerkschaftlichen Publikationen seit der Jahrhundertwende als Bedingungen gewerkschaftlicher Führung für notwendig erkannt oder kritisiert, jeweils abhängig vom Standpunkt der Autorinnen und Autoren[21]. August Quist, seinerzeit Redakteur beim DMV und ab 1919 Angestellter im Bundesbüro des ADGB, stellte 1906 fest, daß wohl kein Beruf so viele Geschäftsgeheimnisse habe, wie der eines Gewerkschaftsbeamten. »Dieser erfährt sehr vieles, was er geheim halten muß. Ebenso hat er auch manche Arbeit zu verrichten, von der außer ihm nur sehr wenige Kenntnis haben.«[22]

Die Geheimhaltung geplanter Aktionen und Schritte der Führung wurde

---

18 Vgl. auch Cassau, Führerproblem, S. 9.
19 Vgl. Michels, Oligarchische Tendenzen, S. 158 u. 160.
20 Max Weber, Wirtschaft und Gesellschaft, 5. Aufl. Tübingen 1976, 2. Halbbd., S. 548. Unter »Herrschaft« versteht Weber den Tatbestand, »daß ein bekundeter Wille (›Befehl‹) des oder der ›Herrschenden‹ das Handeln anderer (des oder der ›Beherrschten‹) beeinflussen will und tatsächlich in der Art beeinflußt, daß dies Handeln, in einem sozial relevanten Grade, so abläuft, als ob die Beherrschten den Inhalt des Befehls, um seiner selbst willen, zur Maxime ihres Handelns gemacht hätten (›Gehorsam‹).« Ebenda, S. 544.
21 Zur Kritik vgl. außer Michels z.B. Rosa Luxemburg: Massenstreik, Partei und Gewerkschaften, in: Werke, Bd. 2, bes. S. 165. Durch die »Konzentrierung der Fäden der Bewegung« in den Händen der Führung werde die Mitgliedschaft, so Luxemburg, »zur urteilsunfähigen Masse degradiert«. Vgl. weiter: Das Rote Gewerkschaftsbuch, S. 77ff.
22 A. Quist: Die Stellung der Gewerkschaftsbeamten in der Arbeiterbewegung, in: SMH, Jg. 1906, S. 666.

auch in der Weimarer Zeit mit der gegenüber den Unternehmern notwendigen Taktik begründet[23]. »Je kleiner der Kreis ist, der bestimmt, wann und wie vorgegangen werden soll, desto besser.«[24] Um die Schlagkraft der Organisation zu wahren und wenn »Gefahr im Verzuge« sei, sei die freie Entfaltung eigener Initiative der Führung vonnöten (Adolf Weber), eine weitreichende Entscheidungskompetenz unabhängig von formalen Weisungen und »Gefühlswallungen« der Mitglieder gefordert (Bernstein)[25]. Diese Eigeninitiative sollte, nach Adolf Braun, sogar so weit reichen, daß die Führung, sofern eine »höhere Pflicht« es gebiete, »ohne Rücksicht auf die Beschlüsse der Generalversammlungen gegen den Willen, ja öfter zum scheinbaren Schaden der Mitglieder, Entscheidungen im Lebensinteresse der gesamten Organisation« zu treffen berechtigt sein sollte[26]. Für Richard Seidel kollidierte derart »souveränes Handeln« der Führung nicht mit der demokratischen Verfassung der Gewerkschaften, denn – so sein Argument – die höchste Führerstelle stehe »jedem offen«[27]. Die oben geschilderte Machtkontinuität des ADGB-Vorstandes und auch die Art der Rekrutierung des Führungsnachwuchses zeigen, daß dies wohl theoretisch, aber keineswegs praktisch der Fall war. Abgesehen davon ist Seidels Einwand nicht gerade ein Argument gegen die bestimmende Rolle der Führung im Willensbildungsprozeß.

1.1 Der gewählte Bundesvorstand

Der hauptamtliche Bundesvorstand habe, so Ruck, einen Informations- und Handlungsvorsprung besessen, der es ihm häufig ermöglichte, »die Richtung der freigewerkschaftlichen Politik maßgeblich vorauszubestimmen«[28]. Auch Potthoff, der ansonsten die Machtbefugnisse des Dachverbandes durch seine föderative Struktur eher begrenzt einschätzt, spricht vom Bundesvorstand als dem »maßgeblichen Exekutiv- und Koordinierungsorgan«, das als »eine Art Gewerkschaftsregierung« fungiert habe[29]. Zu unterscheiden ist jedoch zwischen den hauptamtlichen Vorständen und den unbesoldeten Beisitzern. Letztere setzten sich überwiegend aus

---

23 Vgl. ebenda, S. 671; vgl. auch Braun, Gewerkschaften, 1914, S. 93; Leipart an H. Schützendorf (Berlin) vom 25. 11. 1932, in: DGB 16 II/624; F. Fricke: 10 Jahre gewerkschaftliche Bildungsarbeit in Berlin, in: Vierteljahreshefte der Berliner Gewerkschaftsschule, 1931, S. 83.
24 Vgl. Quist, Zur Stellung, S. 671.
25 Vgl. A. Weber: Der Kampf zwischen Kapital und Arbeit, 5. Aufl. Tübingen 1930, S. 88 u. 93. E. Bernstein: Recht und Ethik im Klassenkampf I.: Die Rolle und die Rechte der Führer und Beamten, in: Graphische Presse, 24. Jg., Nr. 18, 5. 5. 1911, S. 151f.
26 Braun, Gewerkschaften, 1914, S. 94.
27 Vgl. Seidel, Gewerkschaften (1925), S. 142f.
28 Vgl. Ruck, Quellen II, S. 42; ähnlich die Einschätzung bei Kukuck/Schiffmann, Quellen III, S. 63.
29 Vgl. Potthoff, Gewerkschaften (1987), S. 31f.

Vorständen der Mitgliedsgewerkschaften zusammen und waren durch ihre Positionen in den Verbänden »voll ausgelastet«. Sie kamen nur zu den jeweils wöchentlich tagenden Vorstandssitzungen. Die »Hauptamtlichen« dagegen waren täglich in der Zentrale präsent, sie waren »der eigentliche Führungskreis«[30].

Worauf gründeten sich Informations- und Handlungsvorsprung des Bundesvorstandes?

Die Mitglieder des Bundesvorstandes, besonders die hauptamtlichen, hatten alle langjährige Erfahrungen in führenden gewerkschaftlichen Positionen. Mit wenigen Ausnahmen gehörten sie lange Jahre vor der Gründung des ADGB bereits als gewählte Mitglieder oder als Angestellte der Generalkommission an bzw. waren Vorstandsmitglieder von Einzelgewerkschaften. 1915 bezeichnete Adolf Braun die gewerkschaftlichen Führer insgesamt als »die geistigen Beherrscher der Gewerkschaften«[31].

Mit den neuartigen und komplizierteren Sachverhalten, mit denen sich die ADGB-Führung auseinanderzusetzen hatte, mußte auch ihr Informationsvorsprung gegenüber den Kontrollorganen und erst recht gegenüber den Mitgliedern größer werden. Der hauptamtliche Bundesvorstand, der die »politischen Tagesgeschäfte« zu erledigen hatte und täglich in der Zentrale anwesend war, hatte ständig Kontakte zu Regierung, Ministerialbürokratie, Unternehmerverbänden und Parteiführungen. Mitglieder des Bundesvorstandes vertraten den ADGB in Spitzengremien. Der paritätisch besetzte geschäftsführende Vorstand der ZAG wurde aus den ZAG-Vorsitzenden, der ZAG-Geschäftsführung und je einem Vertreter der Spitzenorganisationen gebildet. Somit waren in den Jahren 1919/20 mit Legien und seinem Nachfolger Leipart als ZAG-Vorsitzende, Cohen als ZAG-Geschäftsführer und einem weiteren ADGB-Vertreter ausschließlich Funktionäre des Dachverbandes in der engeren ZAG-Leitung vertreten[32]. Auch im Vorläufigen Reichswirtschaftsrat nahmen Bundesvorstandsmitglieder Spitzenfunktionen ein. Umbreit führte bis zu seinem Tode 1932 den Vorsitz des sozialpolitischen Ausschusses, sein Nachfolger in diesem Amt war Spliedt. Wissell war bis zum Februar 1923 stellvertretender Vorsitzender des wirtschaftspoliti-

---

30 Vgl. ebenda, S. 32, vgl. auch Braunthal, ADGB, S. 105; Kukuck, Wiederaufschwung, S. 159.
31 Braun: Gewerkschaften. Betrachtungen und Überlegungen während des Weltkrieges, Leipzig 1915, S. 135.
32 Vgl. Zentralarbeitsgemeinschaft der industriellen und gewerblichen Arbeitgeber und Arbeitnehmer Deutschlands. Geschäftsbericht über die Tätigkeit des Zentralvorstandes 1919/20, Berlin 1922, S. 33ff. Zur Position Cohens vgl. auch Schönhoven, Quellen I, Dok. 62, S. 682.

schen Ausschusses, ab Februar 1925 übernahm Tarnow diese Aufgabe; Eggert, ab 1924 ADGB-Vorstandsmitglied, war Mitglied im wirtschafts- und im finanzpolitischen Ausschuß[33]. Für die Kommunikation zwischen den Spitzen von ADGB und SPD sorgte der »gut funktionierende persönliche Draht« zwischen Leipart und dem SPD-Vorsitzenden Wels[34]. Ab 1925 nahm außerdem der zweite ADGB-Vorsitzende Graßmann an den Sitzungen des SPD-Parteiausschusses teil[35].

Zu den eher offiziellen, institutionellen Kontakten kamen informelle Kontakte, die den Zugang zu Informationen wie auch Einflußmöglichkeiten eröffneten. Ein Beispiel aus dem Ersten Weltkrieg ist der sogenannte David-Kreis, benannt nach Eduard David, Mitglied des Vorstandes der SPD-Reichstagsfraktion. Diese informelle Gruppe übte auf die Politik der (M)SPD bis in die Anfänge der Weimarer Republik großen Einfluß aus. Ihr gehörten von gewerkschaftlicher Seite Leipart, seinerzeit noch Vorsitzender des Holzarbeiterverbandes, Gustav Bauer, zweiter Vorsitzender der Generalkommission, sowie Robert Schmidt, Leiter der sozialpolitischen Abteilung bei der Generalkommission, an[36].

Durch seine Verhandlungstätigkeit mit staatlichen Stellen, politischen und wirtschaftlichen Spitzen war der Bundesvorstand in der Lage, Informationen »aus erster Hand« zu erhalten. Manche solcher Spitzengespräche wurden vorerst oder überhaupt geheimgehalten, die gewerkschaftliche Öffentlichkeit, z.T. auch das Kontrollgremium Bundesausschuß, erst nachträglich oder eben gar nicht in Kenntnis gesetzt[37]. Der Informationsvorsprung des Vorstandes wurde dadurch noch erhöht.

Als Beispiel für die Kontakte zur Ministerialbürokratie sei Hans Schäffer

---

33 Vgl. H. Hauschild: Der Vorläufige Reichswirtschaftsrat 1920–1926, Berlin 1926, S. 12 (Wissell), S. 261 (Umbreit); HiKo NB 422/151 (Eggert), ebenda/263 (Spliedt). Auch auf internationaler Ebene nahmen Vorstandsmitglieder Spitzenpositionen ein: Leipart vertrat ab 1921 die deutschen Gewerkschaften im Verwaltungsrat des Internationalen Arbeitsamtes (IAA) in Genf. Ab 1924 übernahm Müller-Lichtenberg diese Aufgabe, ihm folgte Leuschner nach. Vgl. Kukuck/Schiffmann, Quellen III, Dok. 50, S. 377 und Teil 1, III. 3. 1.
34 Vgl. Potthoff, Gewerkschaften (1987), S. 257. Auch zu anderen SPD-Spitzenfunktionären besaß Leipart enge Kontakte, so z.B. zu Wilhelm Keil, den er bereits seit 1888 kannte (s. Keil, Erlebnisse, Bd. 1, S. 54) und mit dem er sich über interne Vorgänge in Partei und Gewerkschaften austauschte. Keil (1870–1968) war von 1900 bis 1932 MdR.
35 Im Gegenzug nahm ein Mitglied des SPD-Parteivorstandes (meistens Wels) an den Sitzungen des ADGB-Ausschusses teil, vgl. Kukuck/Schiffmann, Quellen III, S. 18.
36 Zum David-Kreis vgl. K. Rintelen: Der David-Kreis und die linke Minderheit. Anmerkungen zum Problem des »Handlungsspielraums« der Mehrheitssozialdemokratischen Führung bis 1918/19, in: IWK 26 (1990), S. 14–34.
37 Als Beispiele für solche »Geheimverhandlungen« vgl. die Verhandlungen zwischen ADGB und RDI 1926 sowie im Frühjahr 1930 und die Verhandlungen des BV mit der Reichsregierung am 30. 7. 1932 und am 28. 11. 1932, vgl. dazu unten Teil 2, III. 2 und IV. 6.

genannt. Schäffer war ab 1923 Ministerialdirektor im Reichswirtschaftsministerium und von 1929 bis 1932 Staatssekretär im Reichsfinanzministerium. Er unterhielt weitverzweigte Verbindungen zu Spitzenvertretern der Gewerkschaften, der Parteien, der Wirtschaft sowie – auch nach seinem Ausscheiden als Staatssekretär – zu Angehörigen der Reichsregierung und war über interne Vorgänge in der Politik bestens informiert[38]. Durch Schäffers Vermittlung kamen die Spitzengespräche zwischen Vertretern des Reichsverbandes der Deutschen Industrie (RDI) und des ADGB im Frühjahr 1926 und zwischen Bundesvorstand und der Reichsregierung am 30. Juli 1932 zustande[39].

Das Bewußtsein, »die Lage besser übersehen« zu können, war bei den Vorstandsmitgliedern nicht nur gegenüber der Basis vorhanden, sondern auch im Umgang mit Spitzenfunktionären der Mitgliedsverbände bemerkbar. Ein Beispiel dafür ist eine Unterredung zwischen dem zweiten ADGB-Vorsitzenden und Reichstagsmitglied Graßmann und dem Vorsitzenden des Dachdecker-Verbandes und Bundesausschußmitglied Theodor Thomas im Jahre 1928. Die erstaunlich weitsichtigen Warnungen Thomas', Gewerkschaften und SPD sollten die Gefahr des Nationalsozialismus ernster nehmen, wies Graßmann mit den Worten zurück: Sie, die im Reichstag vertreten seien, sähen »die Ereignisse deutlicher, als wir z.B. in Frankfurt a.M.«, wo der Dachdecker-Verband seinen Sitz hatte. »Man solle doch nicht glauben, daß sich die Fraktion von denen um Frick und Co. auf den Kopf spucken läßt. [...] Die Gewerkschaften würden mit Feder und Genossen schon fertig werden.«[40]

Wie der Bundesvorstand durch seine Kontakte einen Informationsvorsprung erhielt und wie sich daraus auch ein Handlungsvorsprung ergab, zeigt das folgende Beispiel: Am 24. Mai 1928 schrieb der dritte ADGB-Vorsitzende Müller-Lichtenberg an Leipart, der Vorsitzende des Holzarbeiterverbandes, Tarnow, habe ihm heute mitgeteilt, daß am 25. Mai beim preußischen Ministerpräsidenten, Otto Braun, über das

---

38 Zur Person Schäffers vgl. E. Wandel: Hans Schäffer – Steuermann in politischen und wirtschaftlichen Krisen, Stuttgart 1974. Über die Kontakte und die genauen Kenntnisse Schäffers geben seine im Institut für Zeitgeschichte in München (IfZ) liegenden Tagebücher Aufschluß.
39 Vgl. dazu unten Teil 2, III. 2 und IV. 6. Schäffer waren die Kontakte zum ADGB jedoch offenbar nicht eng genug. Am 1. 1. 1928 und im Oktober 1930 rief er den BV dazu auf, die Möglichkeit zu persönlichen Rücksprachen doch häufiger wahrzunehmen, und beklagte die Erfolglosigkeit seiner diesbezüglichen Bemühungen. Eggert wies diese Einschätzungen zurück: »Der ganze Brief« sei unrichtig, s. Handnotiz Eggerts auf Schreiben Schäffers vom 1. 1. 1928 in: DGB 15b/324; Schreiben vom Oktober 1930 ebenda 325.
40 S. Handnotizen Th. Thomas', in: Dachdecker-Kalender 1928, S. 63f., in: AsD/NL Thomas 2.

künftige Regierungsprogramm gesprochen werde[41]. Tarnow wiederum hatte diese Information von Kurt Heinig erhalten, der über private Beziehungen zu Braun verfügte[42]. Man sei übereingekommen, daß die Gewerkschaften bei dieser Besprechung ihre Ansprüche anmelden sollten. Über die Punkte, die vorzuschlagen seien, hätte er, Müller-Lichtenberg, sich mit Tarnow und Heinig verständigt. Sie beinhalteten zentrale Fragen wie die Ratifizierung des Washingtoner Abkommens über den Achtstundentag[43], die Reform der Arbeiterversicherung, die Selbstverwaltung der Sozialversicherung und die Ablehnung von Preiserhöhungen. Müller bat Leipart, der in der Nachbarschaft Brauns wohnte, zu sondieren, ob ein solches Gespräch tatsächlich stattfinde, und sich der Sache anzunehmen, »damit die Wähler für ihr Wahlverhalten belohnt werden«. Leipart nahm an dieser Besprechung teil und brachte die genannten Punkte in die Verhandlungen ein[44]. Dieser Vorgang ist ein typisches Beispiel »schneller« Entscheidungen in »kleinem Kreis«, die immerhin für die (freien) Gewerkschaften insgesamt von grundlegender Bedeutung waren (Einflußnahme auf das Regierungsprogramm) und bei denen überdies ein elitärer Zug (die »Belohnung« der Wähler) deutlich wird. Besonders in den Krisenphasen zu Anfang und zu Ende der Weimarer Republik entwickelte der Bundesvorstand in hohem Maße Eigeninitiative und fällte in eigener Verantwortung unter partieller Hinzuziehung von in Berlin ansässigen Verbandsvorständen weitreichende Entscheidungen. Er schuf damit, häufig durch die Schnelligkeit der Ereignisse dazu gezwungen, vollendete Tatsachen und griff damit der Willensbildung vor[45].

---

41 Das Schreiben ist abgedruckt in: Kukuck/Schiffmann, Quellen III, Dok. 191, S. 1091f. Zu der Besprechung, die im Vorfeld der Gründung der »Großen Koalition« 1928 geführt wurde und bei der vor allem die Frage der Reichskanzlerschaft diskutiert wurde, vgl. Schulze, Otto Braun, S. 540f.
42 Heinig war Leiter der wirtschaftspolitischen Abteilung des Deutschen Werkmeisterverbandes im AfA-Bund und MdR, SPD, vgl. Handbuch Arbeiterpresse 1927, S. 163. Zu Heinigs Beziehungen zu Braun vgl. Schulze, Otto Braun, S. 494.
43 Das Washingtoner Abkommen, von der 1. Konferenz der Internationalen Arbeitsorganisation 1919 beschlossen, begrenzte die Arbeitszeit auf 8 Stunden täglich bzw. 48 Stunden wöchentlich. Vgl. dazu Teil 2, IV. 2.
44 Vgl. die Mitteilung Leiparts in der BA-Sitzung vom 4. 6. 1928, in: Kukuck/Schiffmann, Quellen III, Dok. 192, S. 1092ff. Eine Diskussion darüber ist im Protokoll der Sitzung nicht vermerkt, ebensowenig im Protokoll des Hamburger Kongresses Anfang September des Jahres, auf dem Leipart die Stellung des ADGB zur Großen Koalition erläuterte, die Besprechung bei Braun jedoch nicht erwähnte. Vgl. Protokoll Hamburg, 1928, S. 79f.
45 Außer den oben in Anm. 37 genannten Beispielen sei hier noch die Rolle der ADGB-Führung während des Generalstreiks gegen den Kapp-Putsch 1920 angeführt: Die Entscheidungen während des Streiks waren »fast allein von dem kleinen Gremium des Bundesvorstandes unter Führung Legiens getragen worden«. Erst nach seinem Abbruch und unter dem Druck von Vorwürfen, nur »ein Berliner Klüngel« habe »die Sache« gemacht, und es sei fraglich, ob die deutsche Arbeiterschaft »hinter diesem Klüngel« stehe (so Reichswehrminister Geßler), ließ der BV seine Maßnahmen nachträglich vom BA legitimieren. Vgl. Potthoff, Gewerkschaften (1979), S. 279f.; Sitzung des BA

Mit der Gewerkschaftspresse und dem gewerkschaftlichen Bildungssystem standen dem Bundesvorstand entscheidende Instrumente zur Verfügung, um auf die gewerkschaftliche Willensbildung Einfluß zu nehmen. Die zentralen Organe des ADGB, vor allem »Gewerkschafts-Zeitung« und »Arbeit«, wurden von hauptamtlichen Mitgliedern oder Angestellten des Bundesvorstandes redigiert[46].

Die gewerkschaftliche Bildung sollte zum Verständnis der Mitglieder für die Politik der Führung beitragen. Der Bildungssekretär des Bundesvorstandes Heßler hatte in seinem Referat auf dem Hamburger Kongreß 1928 ausgeführt, daß die gewerkschaftliche Bildung »dem letzten Mitglied« klarmachen müsse, »daß in der Arbeit des Tages das Große liegt«[47]. In den Bildungsveranstaltungen sollten die Spannungen zwischen dem »großen Apparat« und dem Einzelmitglied abgebaut werden und der Funktionär verstehen lernen, daß »ein Apparat mit wohlgeordneten Instanzen notwendig und unvermeidlich« sei. Durch die Teilnahme von Vorstandsvertretern an Bildungskursen würden sich »Führer« und Kollegen aus dem Betrieb kennenlernen, der einzelne Funktionär werde so »von dem Gefühl durchströmt, daß die Gewerkschaft vom Führer bis zum letzten Mitglied eine große, lebensvolle Gemeinschaft von Kameraden ist. [...] Wahre Kameradschaft ist die beste praktische Lösung des Problems Masse und Führer.«[48]

In zahlreichen Kursen, z.B. in der Bundesschule Bernau, fungierten Vorstandsmitglieder und Angestellte als Lehrer, die nach offiziellen Berichten aufgrund ihrer »reichen Erfahrungen« auch Kritiker unter den Mitgliedern von der Richtigkeit der Politik des Bundesvorstandes »überzeugen« konnten. So berichtete der Leiter der Bundesschule, Seelbach, 1932 von einem Kurs des Bergarbeiterverbandes, in dem die Teilnehmer gegenüber dem derzeit dritten Vorsitzenden, Eggert, scharfe Kritik an der Wirtschaftspolitik des ADGB äußerten: »Kollege Eggert schöpfte aus seinen reichen Erfahrungen, die ihm aus dauernder Verhandlungstätig-

---

vom 27. 3. 1920 in: Ruck, Quellen II, Dok. 9, S. 157ff. Zu den Konsequenzen »schneller Entscheidungen« für die Willensbildung vgl. Schmädel, Führung im Interessenverband, S. 59: je größer die Notwendigkeit schneller Entscheidungen für den Interessenverband, desto stärker werde die Tendenz zur Machtkonzentration und zu autokratischer Meinungsbildung.
46 Zur Bedeutung der Gewerkschaftspresse vgl. z.B. Potthoff, Gewerkschaften (1987), S. 64 u. 259.
47 Vgl. Protokoll Hamburg, 1928, S. 271.
48 Ebenda, S. 270. Vgl. auch: H. Seelbach: Die Schulungsarbeit des Gesamtverbandes, in: Gewerkschaft, Jg. 34, Nr. 35, 30. 8. 1930, Sp. 769f.

keit zur Verfügung standen. [...] Die Wucht der Tatsachen legte sich schwer auf jeden Funktionär.«[49]

Das »Eigengewicht des Bundesvorstandes« wurde, so Ruck, durch das hohe Maß seiner inneren Geschlossenheit und die weitgehende personelle Kontinuität verstärkt. Nicht nur in der parteipolitischen Orientierung, auch in der inhaltlichen Ausrichtung, dem Ziel und den Mitteln der Gewerkschaftspolitik waren sich die Bundesvorstandsmitglieder weitgehend einig. Dies gilt im besonderen Maße für den engeren Kreis der hauptamtlichen Vorstände[50]. Dies heißt nicht, daß diese in allen Fragen von vorneherein einer Meinung gewesen wären. Die Auseinandersetzungen im Bundesvorstand fanden jedoch stärker zwischen den »Hauptamtlichen« einerseits und den unbesoldeten Beisitzern andererseits statt. Denn die Einzelgewerkschaften versuchten die Beisitzerposten als zusätzliche, dem Bundesausschuß vorgeschaltete, direkte Möglichkeit zur Kontrolle des Vorstandes zu nutzen. Entsprechend waren sie auch bemüht, unbesoldete Vorstandspositionen zu besetzen[51]. Als Beispiele für Kritik am hauptamtlichen Vorstand aus den Reihen der Beisitzer seien hier die Angriffe gegenüber Graßmann und Müller-Lichtenberg genannt, die von Tarnow, Bernhard und Georg Schmidt im Vorfeld des Frankfurter Kongresses 1931 ausgingen und in denen die Führungsqualitäten der beiden stellvertretenden Vorsitzenden in Frage gestellt wurden. So erhob Tarnow den Vorwurf, in der Zeit, in der Leipart aufgrund eines schweren Autounfalls (im Oktober 1929) seinen Geschäften längere Zeit nicht nachgehen konnte, sei der ADGB »ohne Steuermann« gewesen[52]. Auch in Sachfragen, die konkret einzelgewerkschaftliche Interessen berührten, agierten die unbesoldeten Vorstandsmitglieder als Vertreter ihres Verban-

---

49 Vgl. Seelbach: Kernfragen der Bildungsarbeit an der Bundesschule Bernau, in: Vierteljahreshefte der Berliner Gewerkschaftsschule, 1932, H. 3/4, S. 78. Auch der Verband der Nahrungsmittel- und Getränkearbeiter konnte nach einem Kurs des Verbandes in Bernau im März 1931, bei dem als Lehrer u.a. Nörpel, Schlimme, Spliedt und Graßmann anwesend waren, einen Erfolg vermelden. Jene Kursteilnehmer, die nicht in Illusionen schwelgten, sondern mit beiden Beinen im »Verbandsgetriebe« ständen, seien beim Besuch des Zentralbüros des Verbands in ihrer Meinung bestärkt worden, daß dort »keine Bürokratie, sondern denkbar größte Beweglichkeit« herrsche. Vgl. Mitteilungsblatt des Verbandes der Nahrungsmittel- und Getränkearbeiter (Agitations-Ausgabe), o.D., o.Nr. (Nr. 41, 28. 5. 1931), S. 373, in: BArch NS 26/933.
50 Vgl. Ruck, Quellen II, S. 42; Potthoff, Gewerkschaften (1987), S. 32, sowie Teil 1, III. 3. 1.
51 Vgl. dazu Teil 1, III. 3. 1. Vgl. auch Kukuck/Schiffmann, Quellen III, S. 59f.
52 Vgl. die Aufzeichnungen Erdmanns über die den Kongreß vorbereitende Bundesausschußsitzung vom 28. 8. 1931: »Tarnow und Bernhard ergingen sich in psychologisch sehr ungeschickter, menschlich unangenehmer Weise in unbestimmten Andeutungen«, ohne die Angriffe zu untermauern, s. Aufzeichnung vom 4. 9. 1931, in: DGB/NL Erdmann. Im Protokoll der BA-Sitzung vom 28. 8. 1931 ist die Auseinandersetzung nicht vermerkt, s. Jahn, Quellen IV, Dok. 54.

des und opponierten gegebenenfalls gegen die Mehrheitsmeinung des Vorstandes[53].

Der breite Handlungsspielraum, der dem Bundesvorstand in der ADGB-Satzung eingeräumt wurde, war in den Kreisen der Mitgliedsverbände nicht immer unumstritten. Ungenügende Information über die einzelnen Schritte des Vorstandes und sein teilweise eigenmächtiges Vorgehen ohne vorherige Abstimmung mit den Kontrollorganen wurden durchaus kritisiert[54]. Gegenüber solchen Vorwürfen konterte der Bundesvorstand, falls er den Bundesausschuß über jeden seiner einzelnen Schritte informieren wollte, müßte dieser in Permanenz tagen, und falls dem Vorstand ein weitreichender Entscheidungsspielraum nicht eingeräumt werde, müsse sich dieser auf »reine Verwaltungstätigkeit beschränken« und alle Mitarbeit bei der Vorbereitung von Gesetzen unterlassen«[55].

Der Bundesvorstand, als Exekutive des ADGB eigentlich eher ausführendes Organ, entwickelte sich angesichts der von ihm wahrgenommenen Aufgaben und dem ihm eingeräumten Handlungsspielraum zum Führungsorgan. Allerdings konnte er niemals autoritär führen und gegen den Mehrheitswillen der im Bundesausschuß vertretenen Vorstände der Einzelgewerkschaften agieren. Welche Rolle Ausschuß und Mitgliedsverbände im Willensbildungsprozeß einnahmen, welche Möglichkeiten zur Kontrolle und Einflußnahme sie hatten, wird weiter unten zu skizzieren sein. Zunächst wird jedoch die Stellung der angestellten Sachbearbeiter und Experten im Bundesbüro untersucht.

1.2 Der Verwaltungsstab

Dem Bundesvorstand stand mit den im Bundesbüro angestellten Sachbearbeitern ein Mitarbeiterstab zur Verfügung, der sich durch hohe Qualifikation und Sachkompetenz auswies. Durch die Führungsrolle des Dachverbandes und die vielfältigen neuartigen Aufgaben, die er zu bewältigen hatte, war der ADGB zunehmend auf die Arbeit von Experten angewiesen. Dieser Situation trug der ADGB unter anderem durch die Anstellung einer Reihe von Akademikern im Laufe der 1920er Jahre Rechnung. Diese Entwicklung wurde von gewerkschaftlichen Zeitgenos-

---

53 Ein Beispiel ist die Frage des Freiwilligen Arbeitsdienstes (FAD) 1931/32. Vgl. dazu Teil 2, IV. 6.
54 Vgl. Teil 1, IV. 2.
55 Vgl. Graßmann in der BA-Sitzung vom 14. 12. 1921, in: Ruck, Quellen II, Dok. 50, S. 410. Der BV hatte den BA gebeten, angesichts eines von der Reichsregierung geplanten Notgesetzes zur Arbeitslosenfürsorge »sofort zu einer schnellen Entscheidung« zu kommen. Thomas und Dißmann hatten dies abgelehnt und kritisiert, daß nun wieder »wie in anderen Fällen so plötzlich eine grundlegende Entscheidung gefällt werden« solle. Vgl. ebenda, S. 409f. und 413.

sen auch als Gefahr erkannt. So prognostizierten Furtwängler und Cassau 1924 bzw. 1925, daß die gewerkschaftlichen Führer durch die Abhängigkeit von Fachleuten von »Lenkern zu Gelenkten« werden könnten, da sie der Sachkompetenz und dem Bildungsvorsprung der Experten nichts Entsprechendes entgegensetzen und deren Arbeit somit nicht wirkungsvoll kontrollieren könnten[56].

In der modernen organisationssoziologischen Literatur werden dreierlei Arten von »Autorität« unterschieden, die eine Machtstellung der Führung in Interessenverbänden wie den Gewerkschaften begründen können: a) Die »formale Autorität«; bezogen auf die gewerkschaftliche Organisation sind darunter die satzungsmäßig festgelegten Leitungsorgane wie Vorsitzender, Vorstand und ähnliches zu verstehen; b) die »personale Autorität«, die sich durch Dienstjahre, Popularität oder Charisma ergibt, und c) die »technische« oder »funktionale Autorität«, die dem »speziellen Wissen und den besonderen Fähigkeiten einer Person entspringt«[57]. »Stabspositionen«, d.h. wissenschaftliche Mitarbeiterstäbe, die der gewählten Führung zur Seite gestellt sind, können, so Schmädel, zu »Positionen werden, von denen aus Personen mit großer funktionaler Autorität die Führung selbst großer Verbände mit hohem Bürokratisierungsgrad wesentlich beeinflussen können«[58]. Andererseits beschreibt die Organisationssoziologie auch die Konflikte zwischen den auf selbständiger Handlungsfähigkeit beharrenden Experten, der organisatorischen Hierarchie und den bürokratischen Regelabläufen[59].

Derartige Konflikte beschäftigten Theodor Cassau schon Mitte der 1920er Jahre. Er kritisierte, daß die Gewerkschaftsführer dazu neigten, den wissenschaftlich geschulten Gewerkschaftssekretär ohne Rücksicht auf dessen intellektuelle Qualitäten lediglich als Angestellten zu behandeln, »der im Grunde nur zur Information der wirklichen Führer

---

56 Vgl. dazu Teil 1, III. 2. Zu ihren Schlußfolgerungen für die gewerkschaftliche Bildungsarbeit vgl. ebenda.
57 Vgl. Schmädel, Führung im Interessenverband, S. 26; zum Begriff der »funktionalen Autorität« vgl. H. Hartmann: Funktionale Autorität und Bürokratie, in: Mayntz (Hrsg.): Bürokratische Organisation, Köln, Berlin 1968, S. 191–200.
58 Vgl. Schmädel, Führung im Interessenverband, S. 101. Vgl. auch Schumann: Gewerkschaften, in: Bernsdorf, Wörterbuch der Soziologie, Bd. 1, S. 307.
59 Vgl. W.R. Scott: Konflikte zwischen Spezialisten und bürokratischen Organisationen, in: Mayntz (Hrsg.), Bürokratische Organisation, S. 201–216; V.A. Thompson: Hierarchie, Spezialisierung und organisationsinterner Konflikt, in: ebenda, S. 217–227.

dient«[60]. Cassau, der selbst als Mitarbeiter mit Universitätsausbildung einige Jahre in der Zentrale des Holzarbeiterverbandes beschäftigt war, forderte demgegenüber, in die gewerkschaftlichen Apparate Personen hineinzubringen, die »aus ihrer wissenschaftlichen Schulung den Drang mitbringen, frei von aller Schablone die Wahrheit zu suchen«[61]. Auch Lothar Erdmann beklagte, daß die Arbeiterbewegung für »befähigte Persönlichkeiten« zuwenig Anziehungskraft besitze, da deren Initiative, die nach selbständiger Betätigung verlange, »in bürokratische Fesseln gelegt werde«. Solche Persönlichkeiten seien nicht durch den gewerkschaftlichen Organisationsgedanken zu gewinnen, sondern »nur durch das Betätigungsfeld«[62]. Im Dezember 1933 resümierte Erdmann mit Bitterkeit, daß eine Initiative der Angestellten im Bundesbüro, »die oft im starken Antrieb erfolgverheißend einsetzte, nie zur vollen Auswirkung kam, weil die Jüngeren, Nörpel, Broecker, Heßler, in gewissen Grenzen auch Arons und Maschke, vor allem auch Woytinsky und in der späteren Zeit Seidel, obwohl sie in vielen Dingen einer Meinung waren, doch die hierarchische Ordnung nicht durchbrechen konnten«[63].

Derartige Äußerungen deuten auf ein Spannungsverhältnis zwischen angestellten »Experten« und gewählten Repräsentanten hin. Sie zeugen auch von einer Tendenz zur Professionalisierung im zentralen Büro des ADGB. Die Einschätzung Erdmanns verweist jedoch darauf, daß von einer Führung der Experten und jenem von Furtwängler und Cassau befürchtetem Herabsinken des gewählten Vorstandes zu »Gelenkten« nicht die Rede sein konnte. Gleichwohl wäre es falsch, die Position der Angestellten im Bundesbüro auf die weisungsgebundener Beamten zu reduzieren[64]. Ruck, auch Kukuck und Schiffmann konstatieren, daß

---

60 Vgl. Cassau, Gewerkschaftsbewegung, S. 156.
61 Vgl. Cassau, Wirtschaftspolitischer Ausbau, S. 85. Cassau war von 1921–1923 volkswirtschaftlicher Berater des Holzarbeiterverbandes; vgl. Wirtschaftsführer, Sp. 375f.
62 Vgl. Erdmann: Zu den Richtlinien für die künftige Wirksamkeit der Gewerkschaften, in: Die Arbeit 1 (1924), S. 385–397, S. 396f.
63 Vgl. die Aufzeichnungen vom 2. 12. 1933 in: DGB/NL Erdmann. Auch der Leiter der Bundesschule, Seelbach, beklagte die mangelnde Durchsetzungskraft der »wenigen, die wirklich etwas wollen. [...] Die besten Anregungen verlaufen nach kurzer Zeit im Sande«. Vgl. Seelbach: Das Ende der Gewerkschaften, S. 6.
64 Die Formulierung Leuschners, daß die Angestellten im Bundesbüro, er nannte unter anderen Heßler, Nörpel, Seidel, Furtwängler und Arons, »für die Politik des ADGB in keiner Beziehung verantwortlich und lediglich fachliche Sachbearbeiter waren«, entsprach nicht den Tatsachen. Vgl. Leuschner an Staatskommissar für den ADGB vom 9. 5. 1933, in: HStA, Abt. 029 (NL Leuschner), Nr. 3/5. Der Zweck des Schreibens, nämlich die Bitte um Freilassung der am 2. 5. 1933 inhaftierten ADGB-Mitarbeiter, macht deutlich, daß die Formulierung Leuschners taktisch begründet war.

außer dem hauptamtlichen Bundesvorstand auch die Sachbearbeiter jenen Informations- und Handlungsvorsprung hatten, der es ihnen ermöglichte,»die Richtung der freigewerkschaftlichen Politik maßgeblich vorauszubestimmen«[65]. Manfred Buhl meint, die Funktion Erdmanns als »Chefideologe« und engster Berater Leiparts »dürfte« eine umfassende Rezeption der Erdmannschen Ideen unter der gewerkschaftlichen Funktionärsschaft garantiert haben[66]. Bezogen auf die Schlußphase der Weimarer Republik, in der die ADGB-Führung teils nach neuen Orientierungen suchte, teils bewegungsunfähig erstarrte, sprechen eine Reihe von Autorinnen und Autoren von der Initiative und dem Einfluß gerade der jüngeren Angestellten im Bundesbüro[67].

Beim Mitarbeiterstab des Bundesvorstandes im Bundesbüro ist zu unterscheiden zwischen Sekretären, die vorwiegend für verwaltungstechnische Arbeiten, z.B. Registratur, Kassenverwaltung, eingesetzt, oder, wie der »Bürodirektor« Alban Welker, für die Organisation des eigentlichen Bürobetriebs verantwortlich waren und jenen, die als Abteilungsleiter, Redakteure und Referenten explizit meinungsbildend wirkten. Auch wenn Personen aus der ersten Gruppe hin und wieder Initiative entwickelten[68], so sind für die Analyse des Willensbildungsprozesses in erster Linie die letztgenannten Sekretäre von Interesse[69].

Der Informations- und Handlungsvorsprung der angestellten Sachbearbeiter resultierte zum einen aus ähnlichen Quellen wie derjenige der hauptamtlichen Vorstandsmitglieder. Wie diese waren auch die Sachbearbeiter täglich in der Zentrale präsent. Auch sie wurden zu Spitzen-

---

65 Vgl. Ruck, Quellen II, S. 42; Kukuck/Schiffmann, Quellen III, S. 63.
66 Vgl. Buhl, Sozialistische Gewerkschaftsarbeit, S. 218. Vgl. dazu auch Teil 2, I.
67 Vgl. z.B. Borsdorf, Böckler, S. 284; Hüllbüsch, Gewerkschaften, S. 182; Grebing, Gewerkschaftliches Verhalten, S. 38; Schildt, Militärische Ratio, S. 353.
68 So hatte der Registrator Kurt Exner Leipart vorgeschlagen, Hitlers »Mein Kampf« zu lesen, weil Exner sich vorstellen konnte, »daß das so laufen könnte, wenn die [Nazis] zum Zuge kommen«. Leipart habe abgelehnt, jedoch als sichtbar wurde, »daß diese Welle eben doch überschwappt«, erreichte Exner mit Hilfe Erdmanns, Leipart dennoch die entscheidenden Stellen aus »Mein Kampf« zur Gewerkschaftsfrage, zum Antisemitismus usw. vorzulesen. Leipart habe darauf geantwortet: »Sie glauben doch hoffentlich diesen Quatsch nicht«, worauf Exner entgegnete, dies hätte mit Glauben gar nichts zu tun, sondern damit, was vorstellbar sei, gerade »bei der deutschen Veranlagung« (Gespräch des Verfassers mit Exner am 5. 1. 1988).
69 Zur personellen Besetzung der einzelnen Abteilungen und Referate im Bundesbüro vgl. die Übersicht 1 in Teil 1, III. 3. 2. Zur Unterscheidung der beiden »Arten« von Sekretären vgl. bereits Braun, Die Gewerkschaften (1914), S. 89; Braun spricht von jenen, die mit der »engeren Büroarbeit« betraut sind, und jenen, die er als »gewerkschaftliche Diplomatie« bezeichnet.

verhandlungen herangezogen oder führten solche Verhandlungen alleine[70]. Im Laufe der zwanziger Jahre nahmen Angestellte des Bundesbüros zunehmend auch die Vertretung des Bundes in öffentlichen Institutionen wahr. So vertraten ab 1922 Spliedt und Gertrud Hanna den ADGB im Verwaltungsrat des Reichsamtes für Arbeitsvermittlung; ab 1927 war Spliedt Vorstandsmitglied der Reichsanstalt für Arbeitsvermittlung und Arbeitslosenversicherung und Broecker sowie Hanna wurden zu Mitgliedern in deren Verwaltungsrat ernannt[71].

Als fachliche Berater des hauptamtlichen Vorstandes waren die Angestellten in den internen Diskussionsprozeß des Vorstandes eingebunden. Sie hatten die Aufgabe, dem Vorstand zuzuarbeiten, Reden und Aufsätze der Vorstandsmitglieder zu entwerfen und durch Zusammenstellung von Material, Ausfertigung von Exposés und Gutachten gewerkschaftliche Stellungnahmen zu Unternehmerforderungen oder Regierungsmaßnahmen vorzubereiten. Lothar Erdmann verfaßte als persönlicher Berater Leiparts die meisten Reden und Aufsätze des Vorsitzenden, auch die öffentlichen Aufrufe und Kundgebungen des ADGB stammten überwiegend aus seiner Feder[72]. Die Redaktion der »Gewerkschafts-Zeitung« wurde offiziell zwar vom Bundesvorstandsmitglied Umbreit geleitet. Da dieser sich jedoch vorwiegend um seine Arbeit im Reichswirtschaftsrat kümmerte, lag die Schriftleitung de facto in den Händen des seit 1926 angestellten zweiten Redakteurs, Richard Seidel[73]. An der Entwicklung richtungsweisender gewerkschaftlicher Programme, wie dem der »Wirt-

---

70 Vgl. z.B. die Verhandlungen zwischen Gewerkschaften und Arbeitgebern im RArbM zum Thema Schlichtung am 16. 10. 1928. Für den ADGB waren Spliedt und Nörpel anwesend. vgl. Kukuck/Schiffmann, Quellen III, Dok. 198. Auch auf internationaler Ebene waren Angestellte der ADGB-Zentrale beteiligt. So referierte der Auslandsexperte Furtwängler auf der Internationalen Arbeitskonferenz 1929 in Genf über die Zwangsarbeit in den Kolonien. Ein unvollständiges Redemanuskript befindet sich in: DGB/NL Furtwängler 2. Zum Vorgang vgl. auch GZ, Jg. 39, Nr. 28, 13. 7. 1929, S. 435f.
71 Zu den Positionen Spliedts und Hannas im Reichsamt für Arbeitsvermittlung vgl. Mitgliederliste im Protokoll über die 55. Sitzung des VRWR-Vorstandes, vom 19. 1. 1926, S. 7f., in: HiKo NB 423/13; Reichstagshandbuch, VI. Wahlperiode 1932, S. 223; zum Reichsamt für Arbeitsvermittlung vgl. z.B. Preller, Sozialpolitik, S. 236 u. 290. Zu den Positionen Spliedts, Hannas und Broeckers in der Reichsanstalt vgl. Jb. ADGB, 1927, S. 70. Zum Aufbau der Reichsanstalt s. ebenda, S. 69ff. und Preller, Sozialpolitik, u.a. S. 371f.
72 Zur Rolle Erdmanns vgl. Hemmer, Erdmann, S. 618ff. Walter Maschke hatte über das Verhältnis Leipart/Erdmann rückblickend festgestellt, Leipart habe »mehr Einfluß auf Erdmann ausgeübt als umgekehrt«. Vgl. Maschke an Manfred Schmidt, vom 5. 4. 1974, in: ZA FDGB/NL 28/24. Diese Beurteilung trifft m.E. nicht zu. Zum Einfluß Erdmanns vgl. auch Teil 2, I.
73 Vgl. BV-Sitzung vom 6. 4. 1932, in: HiKo NB 4, Bl. 61f.

schaftsdemokratie«, waren Angestellte des Bundesbüros maßgeblich beteiligt[74].

Zum Informations- und Handlungsvorsprung kam die fachliche Überlegenheit der Angestellten gegenüber den gewählten Vorständen. Auf ihren jeweiligen Fachgebieten erlangten die Sachbearbeiter schnell einen Wissensvorsprung gegenüber den gewählten Vorständen. Diese waren nach Ausbildung und wegen ihrer Aufgabe, den ADGB insgesamt zu repräsentieren, in komplizierten Fachfragen weniger urteilsfähig[75]. Ein gutes Beispiel dafür ist die Diskussion um den Arbeitsbeschaffungsplan des ADGB in den Jahren 1931/32[76].

Trotz aller hierarchischen Eingebundenheit entwickelten einige Sachbearbeiter eine weitgehende Eigenständigkeit. Die Vorstandsangestellten beeinflußten innovativ und meinungsbildend intern den gewerkschaftlichen Entscheidungsprozeß, zum Teil auch nach außen die allgemeine politische Diskussion und gesetzgeberische Initiativen. Einige Beispiele:

Spliedt und Broecker hatten mit ihren Vorarbeiten und Entwürfen das Gesetz über Arbeitsvermittlung und Arbeitslosenversicherung (AVAVG), das 1927 vom Reichstag beschlossen wurde, und das zu Recht als Markstein staatlicher Sozialpolitik gilt, in seinen grundlegenden Bestandteilen geprägt[77].

Woytinsky, der Leiter der statistischen Abteilung seit 1928, war mit seinen Ideen einer antizyklischen Konjunkturpolitik der eigentliche Motor des gewerkschaftlichen Arbeitsbeschaffungsprogramms von 1932[78]. Auf seine Initiative hin wurde 1928 die Statistik des ADGB – besonders im Bereich Arbeitsmarkt – auf eine völlig neue Grundlage gestellt. Die den Gewerkschaftsverbänden angehörenden Berufsgruppen wurden in eine »Konjunkturgruppe« und eine »Saisongruppe« aufgeteilt, um die saisonale deutlicher von der konjunkturellen Arbeitslosigkeit trennen zu können. Der Zusammenhang zwischen Konjunktur und Arbeitslosigkeit

---

74 Von den Angestellten des Bundesbüros waren Arons, Erdmann, Nörpel und Broecker an der Ausarbeitung beteiligt. Weiter wirkten mit: Eggert (BV), Tarnow als Vorsitzender des Holzarbeiterverbandes, Hilferding (SPD-Parteivorstand), die Mitarbeiter der Forschungsstelle (u.a. Naphtali und Baade) sowie eine Reihe von Wissenschaftlern wie Prof. Hugo Sinzheimer, Prof. Erik Nölting, vgl. Wirtschaftsdemokratie, S. 3.
75 Zu den Ausbildungsstandards der Vorstandsmitglieder und der Sachbearbeiter vgl. Teil 1, III. 3.
76 Vgl. ausführlicher den folgenden Abschnitt IV. 1. 3.
77 Zum Einfluß des ADGB bei der Entwicklung des AVAVG allgmein vgl. Kukuck/Schiffmann, Quellen III, S. 32, Kukuck, Aufschwung, S. 176, Buhl, Sozialistische Gewerkschaftsarbeit, S. 265ff., und Preller, Sozialpolitik, S. 372; zur Rolle Spliedts und Broeckers konkret s. Internationales Handwörterbuch, Bd. 2, S. 1540, sowie Aufzeichnungen Erdmanns vom 2. 12. 1933, in: DGB/NL Erdmann.
78 Zur Rolle Woytinskys bei der Entwicklung des WTB-Plans vgl. Schneider, Arbeitsbeschaffungsprogramm, S. 61ff., s. auch Teil 1, IV. 1. 3.

wurde damit klarer und die gewerkschaftliche Arbeitslosenstatistik aussagekräftiger[79].

Die seit November 1925 bestehende Abteilung für Gesundheitsschutz und Gewerbehygiene im Bundesbüro stellte unter der Leitung des Mediziners Meyer-Brodnitz ab 1927 eigene Untersuchungen gesundheitsschädlicher Stoffe im Arbeitsleben an und arbeitete mit verschiedenen wissenschaftlichen Instituten zusammen, um so neue Maßstäbe in der Arbeitsmedizin zu setzen[80].

Die meinungsbildende Funktion der Sachbearbeiter wurde unterstrichen durch deren publizistische Tätigkeiten, die sie als Chefredakteure oder Autoren gewerkschaftlicher Organe, durch Herausgabe von Büchern und Broschüren in der ADGB-Verlagsgesellschaft oder in außergewerkschaftlichen Medien entwickelten[81]. Lothar Erdmann trat hier besonders hervor. In der Leitung der »Arbeit« hatte er weitgehend freie Hand und wollte nach eigenem Bekunden die Zeitschrift von »parteipolitischer oder gewerkschaftsbürokratischer Verengung des Horizonts« freihalten[82]. Erdmann entwickelte die »Arbeit« zu einem auch über die Grenzen der Gewerkschaftsbewegung hinaus beachteten Diskussionsforum, in dem namhafte Autoren publizierten. Er selbst nahm in programmatischen Artikeln zu so grundlegenden Problemen der Gewerkschaftsbewegung Stellung wie z.B. zum Verhältnis der Gewerkschaften zu Nation und Staat[83]. Auch Clemens Nörpel, der Arbeitsrechtsexperte des ADGB, »hatte ziemliche Freiheit«[84]. Er prägte nicht nur die Arbeitsrechtspolitik der Gewerkschaften und der Sozialdemokratie »wie kein anderer«[85], sondern nahm auch generell entscheidenden Einfluß auf die arbeitsrechtliche

---

79 Zur Umstellung der Statistik vgl. Woytinsky: Der Arbeitsmarkt, in: GZ, Jg. 39, Nr. 4, 26. 1. 1929, S. 49ff.; auch die Tarifstatistik wurde neu organisiert, vgl. Jb. ADGB, 1929, S. 239f.; Woytinsky: Probleme der Tarif- und Lohnstatistik, in: Die Arbeit, 8 (1931), S. 179–189. Zur Bedeutung der gewerkschaftlichen Statistik s. Potthoff, Gewerkschaften (1987), S. 262.
80 Vgl. die Jbb. ADGB 1927ff., jeweils die Rubrik »Gewerbehygiene und allgemeines Gesundheitswesen«; vgl. auch Kukuck/Schiffmann, S. 65.
81 Zu den Organen des ADGB vgl. die Übersicht 1 über die Zusammensetzung des Bundesbüros oben III. 3. Zu den Veröffentlichungen der Angestellten vgl. z.B. das Literaturverzeichnis im Anhang.
82 Vgl. Erdmann: Der Weg der Gewerkschaften, in: Die Arbeit 1 (1924), S. 7.
83 Vgl. z.B. Hemmer, Erdmann, S. 618. Den großen Freiraum Erdmanns bestätigte auch Kurt Exner in einem Gespräch mit dem Verfasser am 5. 1. 1988. An Aufsätzen Erdmanns vgl. z.B. Der Weg der Gewerkschaften, in: Die Arbeit 1 (1924), S. 1ff.; Gewerkschaften und Sozialismus, in: ebenda, 2 (1925), S. 657ff.; Zu den Richtlinien für die künftige Wirksamkeit der Gewerkschaften, in: ebenda, S. 385f.; Nation, Gewerkschaften und Sozialismus, in: ebenda, 10 (1933), S. 129–161.
84 So die Aussage Exners: Nörpel sei »im Rechtsgebiet sowieso alleine« gewesen, »das war gar kein Sekretariat extra von einem Bundesvorstandsmitglied abgeleitet, sondern lief als besonderes Ressort nebenher«. (Gespräch vom 5. 1. 1988).
85 So das Urteil von Martiny, Integration, S. 134.

Diskussion im damaligen Deutschland[86]. In der von ihm redigierten Zeitschrift »Arbeitsrechts-Praxis« veröffentlichten namhafte Arbeitsrechtler[87].

Zu fachlicher Qualifikation und Informationsvorsprung kamen auch bei den Angestellten des Verwaltungsstabes informelle Kontakte und Gesprächskreise, die ihnen in einigen Fällen weitere Informations- und auch Einflußmöglichkeiten eröffneten. So war Arons von der wirtschaftspolitischen Abteilung des ADGB neben Naphtali von der »Forschungsstelle für Wirtschaftspolitik« Mitglied im sogenannten »Montagsklub«, in dem sich junge Volkswirte und Juristen trafen, die beruflich mit gewerkschaftlichen und politischen Fragen befaßt waren[88]. Bei diesem »Montagsklub« handelte es sich vermutlich um jene von Naphtali mitinitiierte, im Mai 1929 gegründete »Sozialistische Vereinigung für Wirtschafts- und Gesellschaftsforschung«, die sich zum Ziel gesetzt hatte, die in den bestehenden wissenschaftlichen Vereinigungen sozialistisch orientierten gesellschaftswissenschaftlichen und vor allem wirtschaftswissenschaftlichen Theoretiker und Praktiker zu sammeln und deren Einfluß zu stärken[89].

Erdmann besuchte den »Maaß-Kreis«, einen exklusiven Kreis von »So-

---

86 Nörpel wurde 1927 zum ehrenamtlichen Richter am Reichsarbeitsgericht in Leipzig gewählt. Ein Beispiel für Nörpels Einfluß ist die Kontroverse zwischen ihm und dem Arbeitsrechtler Kahn-Freund. Nörpel begnügte sich nicht nur damit, Kahn-Freunds Buch über »Das soziale Ideal des Reichsarbeitsgerichts« (Mannheim 1931), in dem die Rechtsprechung des Gerichts als faschistisch bezeichnet wurde, gründlich zu verreißen, er forderte gleichzeitig die bekanntesten Arbeitsrechtler auf, sich in aller Öffentlichkeit von Kahn-Freunds Thesen zu distanzieren, vgl. diverse Schreiben in DGB 6/112ff. Kahn-Freund selbst attackierte er als einen Intellektuellen, der sich auf Kosten der Arbeiterbewegung, aus der er nicht stamme, persönlich profilieren wolle, vgl. Schreiben vom 18. 2. 1931, in: DGB 6/99 und 105. Als Kahn-Freund für die Neubesetzung einer Referentenstelle im Preußischen Handelsministerium vorgeschlagen war, wehrte sich Nörpel zusammen mit Hanna und Spliedt erfolgreich gegen eine Berufung Kahn-Freunds, da die »Gewerkschaften keineswegs geneigt seien, Kahn-Freund als ihren Vertreter anzuerkennen«, vgl. Aktennotiz vom 25. 2. 1931 über eine Besprechung Nörpels, Splicdts und Hannas mit Stahl, MdPrL (SPD), in: DGB 6/106. Zur Kontroverse Nörpel-Kahn-Freund vgl. W. Luthardt: Arbeit, Recht und Gerechtigkeit. Zur Erinnerung an Otto Kahn-Freund (1900–1979), in: IWK 26 (1990), S. 181–190 und besonders Martiny, Integration, S. 133ff. Zu Nörpels Stellung zu Fragen des Arbeitsrechts allgemein s. ebenda, passim. Vgl. außerdem K. Linne: Von Leipart zu Ley: Clemens Nörpel, in: 1999, 3 (1988), S. 92–104.
87 So z. B. Heinz Potthoff, Franz Neumann oder Kurt Gusko, vgl. Arbeitsrechts-Praxis, Jg. 4, 1931, August- und Dezember-Heft.
88 Vgl. dazu Georg Werner: Meine Rechnung geht in Ordung, Berlin 1958, S. 335f. Werner, von Beruf Bergmann, bzw. Steiger, bis 1925 Angestellter in der Verbandsleitung des Bundes der technischen Angestellten und Beamten (Butab) im AfA-Bund und ab 1926 Herausgeber der Zeitschrift »Die Knappschaft« (vgl. Handbuch Arbeiterpresse, 1927 S. 208), gehörte dem »Montagsklub« ebenfalls an.
89 Vgl. Weinzen: Fritz Naphtali. Bibliographie, in: IWK 17 (1981), S. 43f.; weiteres Material zu dieser Vereinigung vgl. HiKo NB 116; Kukuck/Schiffmann, Quellen III, Dok. 219, S. 1270f. (BA-Sitzung v. 30. und 31. 7. 1929 über die Gründung der Vereinigung). Auch Erdmann scheint mit dieser Vereinigung in Verbindung gestanden zu haben, vgl. Weinzen, Naphtali, S. 43f.

zialisten und Gewerkschaftern« in Erdmanns Alter, »die sich mit der Klärung grundsätzlicher und aktueller Fragen« beschäftigten[90]. Der Kreis hatte sich 1931/32 um den Geschäftsführer des Reichsausschusses deutscher Jugendverbände, Hermann Maaß (SPD), gebildet und diskutierte über Themen wie »Nation und Sozialismus« oder die Stellung der Arbeiterbewegung zum »Wehrgedanken«. Themen dieser Art hatten unter jüngeren Sozialdemokraten, die die Arbeiterbewegung aus einer Position von »rechts« her reformieren wollten, eine herausragende Bedeutung. Die ADGB-Sekretäre Heßler, Maschke und Pahl gehörten dem Kreis ebenfalls an, auch Arons war eingeladen[91]. Pahl war außerdem Mitglied im Beirat der »Neuen Blätter für den Sozialismus«, einer Zeitschrift, die ähnlich dem Maaß-Kreis für eine »Nationalisierung« der Arbeiterbewegung, gegen pazifistische Tendenzen in der Sozialdemokratie und für einen »militanten Sozialismus« mit starken Führerfiguren eintrat[92].

Breite Kontakte zur politischen Rechten pflegte Franz Josef Furtwängler, Auslandsexperte und Übersetzer im Bundesbüro, der nach Aussage seines früheren Kollegen Walter Maschke, »viel auf eigene Faust« unternommen habe[93]. Er war der informelle Kontaktmann der ADGB-Spitze zum »nationalen«, rechten Lager schlechthin. Furtwängler gehörte seit Mai 1929 nicht nur dem Hauptausschuß des »Vereins für das Deutschtum im Auslande« an – einer Organisation, die ihre Aktivitäten mit dem Bekenntnis zur Republik bemäntelte, letztlich jedoch nationalistische und revanchistische Ziele verfolgte –, er pflegte auch weitreichende Kontakte mit Personen und Organisationen, die sich für die »koloniale Sache« engagierten, sprich für die Wiedererlangung des deutschen Kolonialbesitzes kämpften[94]. Einer der wichtigsten Kontakte Furtwänglers war seine spätestens seit 1928 bestehende Verbindung zu dem Geopoliti-

---

90 Vgl. die Aufzeichnungen Erdmanns vom Oktober 1932, in: DGB/NL Erdmann. Die Exklusivität des Kreises geht aus einem Einladungsschreiben Maaß' hervor, in dem es heißt: »Diese Einladung gilt nur für Sie persönlich. Gäste können nur nach vorheriger Verabredung mit mir eingeführt werden«; vgl. Schreiben vom 29. 10. 1932, in: DGB 10/17f.
91 Material zum Maaß-Kreis in DGB 10/14, 17f., 22, 25, 57, 62. Vgl. außerdem die Aufzeichnungen Erdmanns vom November 1932, in: DGB/NL Erdmann.
92 Vgl. M. Martiny: Die Entstehung und politische Bedeutung der »Neuen Blätter für den Sozialismus« und ihres Freundeskreises, in: VfZ 25 (1977), S. 373–419; zu Pahls Mitgliedschaft vgl. ebenda, S. 385, Anm. 66 und S. 388. Vgl. außerdem Fritz Borinski: Die Neuen Blätter für den Sozialismus, in: Rathmann, Arbeiterleben, S. 191. Laut Borinski stand auch Erdmann in enger Verbindung zu den »Neuen Blättern«, ebenda, S. 198.
93 Vgl. Schmidt, ADGB-Führung, S. 262, Anm. 93. Schmidt sprach mit Maschke im Januar 1972. Maschke schätzte andererseits den Einfluß Furtwänglers auf Leipart eher gering ein, vgl. Maschke an Manfred Schmidt, vom 5. 4. 1974, in: ZA FDGB/NL 28/24.
94 Zu Furtwänglers Engagement für diese Organisation und zu deren Zielen vgl. Teil 2, I.

ker Prof. Haushofer aus München, der die Ausdehnung des deutschen »Lebensraumes« für notwendig hielt und dessen Auffassungen in diesem Punkt weitgehend identisch mit der nationalsozialistischen »Lebensraumideologie« waren. Haushofer selbst war mit führenden Nationalsozialisten bekannt[95]. Derartige Kontakte gewannen in der Endzeit der Weimarer Republik an Bedeutung, als der ADGB kurzzeitig nach neuartigen Koalitionen Ausschau hielt und nach der Regierungsübernahme Hitlers schließlich den aussichtslosen Versuch unternahm, den organiatorischen Bestand der Gewerkschaften auch im NS-Staat zu sichern[96].

Die Bedeutung der angestellten Sachbearbeiter läßt sich auch an ihrer Funktion ablesen, die sie in Sitzungen des Bundesausschusses und auf den Kongressen innehatten. Im Unterschied zu den Sitzungen der früheren Generalkommission und der Vorständekonferenzen, in denen die Diskussionen fast ausschließlich von den gewählten Kommissionsmitgliedern und von den Verbandsvorsitzenden geführt wurden, traten ab Mitte der zwanziger Jahre Angestellte zunehmend als Referenten und Debattenredner auf. Dies gilt besonders für Spliedt, in etwas geringerem Maße auch für Gertrud Hanna und Hermann Schlimme, die in den Sitzungen des Ausschusses häufig das Wort ergriffen[97]. Auch auf den ADGB-Kongressen hielten Sachbearbeiter des Bundesvorstandes Referate zu grundlegenden Problemen der Gewerkschaftspolitik, so Nörpel zum Verhältnis von Betriebsräten und Gewerkschaften auf dem Leipziger Kongreß von 1922 und zur Entwicklung des Arbeitsrechts auf dem Frankfurter Kongreß 1931, der Bildungssekretär Heßler referierte auf dem Hamburger Kongreß 1928 über die Aufgaben und Ziele der gewerkschaftlichen Bildungspolitik[98]. Doch nicht die Häufigkeit der Redebeiträge allein, sondern wesentlicher noch ihr Inhalt ist ein Gradmesser für den Einfluß der angestellten Experten. So trat Nörpel als Sprecher in den Ausschußsitzungen relativ selten auf, seine Ausführungen zum Thema Arbeitsrecht, besonders seine Auffassungen über die gewerkschaftliche Stellung zur staatlichen Schlichtung und deren Aufgaben beeinflußten jedoch die Haltung des ADGB trotz bestehender Meinungsunterschiede

---

95 Zu Haushofer vgl. bes. Dan Diner: »Grundbuch des Planeten«. Zur Geopolitik Karl Haushofers, in: VfZ 32 (1984), S. 1–28; zu Furtwänglers Briefkontakt mit Haushofer vgl. HiKo NB 710 II./301, 314–328.
96 Vgl. dazu Teil 2, IV. 6.
97 Vgl. Kukuck/Schiffmann, Quellen III, S. 63. Zu den Vorständekonferenzen s. Schönhoven, Quellen I.
98 Vgl. Protokoll Leipzig, 1922, S. 409ff.; Protokoll Hamburg, 1928, S. 252ff. und Protokoll Frankfurt, 1931, S. 258ff. Auch auf Verbandstagen der Mitgliedsverbände traten Angestellte des Bundesbüros als Referenten auf, so z.B. Nörpel auf dem Verbandstag der Lithographen 1928, vgl. 56. Vorstandssitzung des Lithographenverbandes, 11. 7. 1928, in: ZA FDGB/A 118, S. 445.

nachhaltig. Nörpel ging so weit, daß er auf dem Kongreß von 1928 zum Thema Schlichtungswesen einen Gedanken in die Debatte einbrachte, der weder im Bundesvorstand noch im Ausschuß diskutiert worden war. Nörpel forderte mit Unterstützung Broeckers und Spliedts, daß die Verbindlichkeitserklärung eines Schiedsspruches nur von den Gewerkschaften, gegebenenfalls von Amts wegen, nicht aber von den Arbeitgebern beantragt werden dürfte. Darauf hingewiesen, daß sich seine Meinung in diesem Punkt nicht mit der in dem Geschäftsbericht des Vorstandes an den Kongreß vertretenen Haltung decke, machte Nörpel klar, daß er »kein Mitglied des Bundesvorstandes« sei. Und Spliedt hob »in aller Deutlichkeit« hervor, daß »wir Sachbearbeiter, Nörpel, Dr. Broecker, ich und andere durchaus eine einheitliche Auffassung auf diesem Gebiete vertreten, [...]. Das bindet den Vorstand und den Bundesausschuß nicht im geringsten, sondern das sind persönliche Auffassungen über eine Frage, über die wir uns noch sehr eingehend auseinandersetzen müssen.«[99] Daß dieser Gedanke, den die genannten Sachbearbeiter auch in der Gewerkschaftspresse publizierten[100], in der Folgezeit, auch unter dem Eindruck der Unternehmerangriffe auf das staatliche Schlichtungswesen (Ruhreisenstreit 1928)[101], nicht mehr aufgegriffen wurde, kann nicht darüber hinwegtäuschen, mit welcher Eigenständigkeit Sachbearbeiter des Bundesbüros selbst auf dem höchsten Forum, dem Kongreß, mit »persönlichen« Äußerungen, vom Vorstand unautorisiert, in die Meinungsbildung eingriffen. Dies ist insofern bedeutsam, als die Angestellten im Unterschied zu den gewählten Vorstandsmitgliedern kein Mandat hatten. Anders als in der ADGB-Satzung vorgesehen, wurden sie in ihrer überwiegenden Mehrheit nicht vom Bundesausschuß gewählt, sondern vom Vorstand eingesetzt. Strenggenommen waren sie nur diesem verantwortlich.

Die Webersche idealtypische Trennung zwischen »Herren«, die ihre »Befehlsgewalt nicht von der Übertragung durch andere Führer ableiten«, und dem »Apparat«, einem Kreis von Personen, der »an Gehorsam gegenüber den Befehlen von Führern« gewöhnt, »durch Beteiligung an der Herrschaft und deren Vorteilen« an deren Bestehen persönlich interessiert sei, »sich dauernd zur Verfügung« halte und sich »in die Ausübung

---

99 Redebeiträge Nörpels und Spliedts vgl. Protokoll Hamburg, 1928, S. 138 und 145, vgl. auch Schwarz, Handbuch, S. 356f.
100 Vgl. B. Broecker: Wirtschaftliche Selbstverwaltung und staatliche Schlichtung, Teil I und II, in: Die Arbeit 5 (1928), S. 144ff. und 213ff.; C. Nörpel: Zweck und Bedeutung des Schlichtungswesens, Teil I, in: GZ, Jg. 38, Nr. 38, 22. 9. 1928, S. 595ff., und Teil II, in: ebenda, Nr. 39, 29. 9. 1928, S. 611ff., bes. S. 613.
101 Vgl. dazu und zum Komplex staatliche Schlichtung Teil 2, III. 1.

derjenigen Befehls- und Zwangsgewalten teilt, welche der Erhaltung und Herrschaft dienen«[102], trifft für die ADGB-Spitze so nicht zu. Die Angestellten im Bundesbüro besaßen in ihren jeweiligen Arbeitsgebieten ein hohes Maß an Freiräumen und Eigenständigkeit[103]. Sachkompetenz, Kreativität und Initiative sicherten ihnen einen beträchtlichen Einfluß auf die Vorstandspolitik, auch wenn dieser Einfluß seine Grenzen an den bestehenden hierarchischen Strukturen fand.

1.3 Willensbildung und Experten

Bei der Entwicklung seiner politischen Forderungen stützte sich der ADGB ab Mitte der 1920er Jahre auch auf wissenschaftliche Untersuchungen, die in Forschungsinstituten erarbeitet wurden. Wichtig waren insbesondere die »Forschungsstelle für Wirtschaftspolitik« und das »Institut für Konjunkturforschung«. Beide Institute wurden 1925 gegründet und von den Gewerkschaften mitgetragen und mitfinanziert[104].

Die »Forschungsstelle« entstand aus der sogenannten Zollabwehrstelle, die 1925 von den freien Gewerkschaften, der SPD und den Konsumgenossenschaften ins Leben gerufen wurde mit dem Ziel, die Kampagne gegen die Schutzzollpläne der Reichsregierung mit wissenschaftlichen Untersuchungen zu untermauern. Von Anfang an wurde es für wichtig gehalten, diese Einrichtung auch nach den Auseinandersetzungen um die Zollpolitik beizubehalten, und zur Jahreswende 1925/26 wurde die Zollabwehrstelle mit Zustimmung des Bundesausschusses in die »Forschungsstelle« umgewandelt[105]. Neben dem bereits in der Zollabwehrstelle tätigen Fritz Baade wurde Fritz Naphtali ab 1. 4. 1926 für die Leitung des Instituts gewonnen. Naphtali war verantwortlich für die Abteilung Industrie und Handel, Baade für die Abteilung Landwirt-

---

102 Vgl. Max Weber: Wirtschaft und Gesellschaft, 5. Aufl. Tübingen 1976, 2. Halbbd., S. 549.
103 Ähnliches trifft auch auf leitende Angestellte der ADGB-Mitgliedsgewerkschaften zu. So begründete Arons die Zulassung Karl Körbeckers, Sekretär der volkswirtschaftlichen Abteilung des Eisenbahnerverbandes, zum Studium ohne Reifezeugnis damit, daß Körbeckers Tätigkeit »praktisch frei von bevormundenden Eingriffen, mit steigender Beeinflussungsmöglichkeit« sei, und er mit seinen Informationen »25000 Funktionäre seines Verbandes und die zehnfache Anzahl von Mitgliedern« beeinflusse. Körbecker halte die Grundlage seines Wissens für nicht mehr ausreichend und wolle deshalb studieren. Vgl. Arons an Prüfungsstelle für die Zulassung zum Studium ohne Reifezeugnis, Berlin, vom 16. 2. 1928, in: HiKo NB 717 I./128.
104 Vgl. Potthoff, Gewerkschaften (1987), S. 66; Schneider, Höhen, S. 373.
105 Zur Entstehung der Zollabwehrstelle/Forschungsstelle vgl. die BA-Sitzungen vom 12./13. 6. 1925, in: Kukuck/Schiffmann, Quellen III, Dok. 52, bes. S. 409, vom 12./13. 8. 1925, in: ebenda, Dok. 59, S. 480 und vom 8./9. 12. 1925, in: ebenda, Dok. 81, S. 571; sowie Jb. ADGB, 1925, S. 23. Zur Zollpolitik der Reichsregierung 1925 vgl. z.B. ebenda, S. 22ff.; Buhl, Sozialistische Gewerkschaftsarbeit, S. 147ff.; Kukuck/Schiffmann, Quellen III, S. 42.

schaft. Ab 1928 leitete Naphtali die Forschungsstelle allein[106]. Die Forschungsstelle war, so Baade, ein Institut, »das vollkommen unabhängig der wissenschaftlichen Erforschung des Wirtschaftslebens dient, jedoch die Ergebnisse seiner Forschungstätigkeit den Organisationen der Arbeiterbewegung [...] zur Verfügung stellt«. Diese Forschungstätigkeit habe »einen starken und merklichen Einfluß auf die Ideenbildung und das praktische Verhalten der deutschen sozialistischen Arbeiterbewegung gewonnen«[107]. Die Forschungsstelle arbeitete eng mit der wirtschaftspolitischen Abteilung der ADGB-Zentrale zusammen, war beratend und publizistisch tätig. An der Entwicklung von Denkschriften und Programmen der freien Gewerkschaften wirkte sie entscheidend mit. Das Programm der Wirtschaftsdemokratie kam unter der maßgeblichen Mitarbeit der Forschungsstelle zustande. Naphtali, Herausgeber des in Buchform veröffentlichten Programms, hielt das Referat zum Thema auf dem Hamburger Kongreß 1928; seine Ideen haben, so Baade, diesem Programm »den Stempel aufgedrückt«[108]. Naphtali, der unter anderem auch Mitglied des Reichswirtschaftsrates und Aufsichtsratsmitglied der Arbeiterbank war, vertrat am 1. August 1931 sogar den ADGB, als er zusammen mit Leipart mit Reichskanzler Brüning über die aktuelle Wirtschaftslage verhandelte[109]. Infolge der Differenzen über das Arbeitsbeschaffungsprogramm des ADGB (vgl. unten) kam es 1932 allerdings zu einer Vertrauenskrise zwischen Forschungsstelle und Bundesvorstand. Naphtali fühlte sich veranlaßt, beim Bundesvorstand anzufragen, ob sich aus den Meinungsverschiedenheiten ein dauerndes Manko an Vertrauen in die Arbeit der Forschungsstelle ergeben würde. Falls ja, könne er

---

106 Naphtali (1888–1961) hatte zuvor als Wirtschaftsjournalist gearbeitet, u.a. bei der Frankfurter Zeitung. Zur Biographie Naphtalis vgl. F. Baade: Naphtali, Fritz, in: Internationales Handwörterbuch, Bd. 2, S. 1136; H.W. Weinzen: Gewerkschaften und Sozialismus, Frankfurt/M., New York 1982, S. 28ff. Baade (1893–1974), Landwirt und promovierter Wirtschaftswissenschaftler war landwirtschaftlicher Experte der SPD. Weitere Mitarbeiter der Forschungsstelle waren: Georg Denicke, Alfred Braunthal, Kurt Mendelssohn, Jakob Marschak, Harry Bading und Hans Wilbrandt und bis 1927 Kurt Bloch. Vgl. ebenda, S. 30; Tätigkeitsbericht Naphtalis in der BA-Sitzung vom 13. 9. 1927, in: Kukuck/Schiffmann, Quellen III, Dok. 166, S. 964ff. sowie W. Plum (Hrsg.): Georg Denicke (Georg Decker): Erinnerungen und Aufsätze eines Menschewiken und Sozialdemokraten, Bonn 1980, S. 8.
107 Baade: Naphtali, Fritz, in: Internationales Handwörterbuch, Bd. 2, S. 1136.
108 Vgl. ebenda. Zur vielfältigen Tätigkeit der Forschungsstelle vgl. den Bericht Naphtalis in der BA-Sitzung vom 13. 9. 1927, in: Kukuck/Schiffmann, Quellen III, Dok. 166, S. 964ff.
109 Zu den Funktionen Naphtalis vgl. Baade: Naphtali, Fritz, in: Internationales Handwörterbuch, Bd. 2, S. 1136. Zur Besprechung mit Brüning am 1. 8. 1931 vgl. die Aktennotiz Leiparts, abgedruckt in: Jahn, Quellen IV, Dok. 52, S. 369ff. Leipart selbst hielt große Stücke auf Naphtali. Vgl. die Schreiben vom 13. 9. 1928 und vom 24. 8. 1931, in: DGB 12/67 und 77, in denen er Naphtali in überschwenglichen Worten für seine »hingebungsvolle Arbeit« dankte. Er habe sich »an der aus dem Herzen strömenden Leidenschaftlichkeit gewärmt«, mit der Naphtali »unbeirrbar für den Sozialismus« eintrete und werbe.

»seine Position nicht aufrechterhalten«, was wohl heißen sollte, daß Naphtali dann von der Leitung der Forschungsstelle zurücktreten wollte. Leipart versicherte ihm jedoch, daß die Forschungsstelle nach wie vor das Vertrauen der ADGB-Führung besitze. Der Bundesvorstand behalte sich aber vor, »den Rat der Forschungsstelle nicht zu akzeptieren, wenn er es nicht für richtig halte«[110].

Das zweite Institut, auf dessen wissenschaftliche Arbeiten der ADGB zurückgriff, war das »Institut für Konjunkturforschung«. Vom Präsidenten des Statistischen Reichsamtes, Ernst Wagemann, geleitet, stand das Institut in enger Verbindung mit dem Reichsamt. Es wurde aus Reichsmitteln, von Reichsbahn und Reichspost, von den Spitzenverbänden der Industrie und der Banken, der Genossenschaften und der Gewerkschaften finanziert[111]. Im Kuratorium des Instituts vertrat Leipart den ADGB. Nachdem die Gewerkschaften ihren Finanzierungsbeitrag erhöht und gleichzeitig eine stärkere Vertretung im Kuratorium gefordert hatten, waren ab Sommer 1930 im Kuratorium neben Leipart auch Eggert sowie die Stellvertreter Arons und Georg Schmidt, Vorsitzender des Landarbeiterverbandes und Beisitzer im Bundesvorstand[112]. Die Gewerkschaften, die dem Institut ihre eigenen statistischen Erhebungen zur Verfügung stellten, nahmen ihrerseits in der Gewerkschaftspresse vielfach Bezug auf Ergebnisse des Instituts; zum Teil dienten sie auch als Argumentationsgrundlage für gewerkschaftliche Forderungen[113]. Wagemann selbst trat in gewerkschaftlichen Spitzengremien als Referent auf, so in der Bundesausschußsitzung vom 26./27. März 1929, in der er über »Lohnpolitik im Lichte der Konjunkturforschung« sprach[114]. Der ADGB-Vorstand hatte Wagemann vor dem Hintergrund zunehmender Unternehmerkritik an angeblich zu hohen und konjunkturhemmenden Löhnen eingeladen[115].

---

110 Vgl. Bericht Leiparts in der BV-Sitzung vom 4. 5. 1932, in: Jahn, Quellen IV, Dok. 88, S. 559.
111 Zum Institut für Konjunkturforschung vgl. z. B. GZ, Jg. 35, Nr. 32, 8. 8. 1925, S. 461; ebd., Jg. 36, Nr. 25, 19. 6. 1926, S. 360. K. Zwing: Konjunkturforschung, in: Gewerkschafts-Archiv 2 (1925), Bd. 2, S. 165f.
112 Vgl. BA-Sitzung vom 12./13. 8. 1925, in: Kukuck/Schiffmann, Quellen III, Dok. 59, S. 459f.; BA-Sitzung vom 4./5. 5. 1930, in: Jahn, Quellen IV, Dok. 1, S. 82 und vom 19. 9. 1930, in: ebenda, Dok. 13, S. 132. Wieviel der ADGB monatlich/jährlich an das Institut abführte, ist unklar. In der Sitzung vom August 1925 ist nur pauschal von einem Betrag von 10000 RM die Rede. Im September 1930 teilte der BV dem Ausschuß mit, er habe den Beitrag um 5000 RM erhöht. Die christlichen Gewerkschaften waren im Kuratorium durch Otte, der AfA-Bund durch Suhr, der RDI durch Kastl und der Zentralverband des deutschen Bank- und Bankiersgewerbes durch den Rechtsanwalt Bernstein vertreten. Vgl. das Protokoll über die Kuratoriumssitzung vom 28. 4. 1931, in: HiKo NB 737.
113 Vgl. Potthoff, Gewerkschaften (1987), S. 66.
114 Vgl. Kukuck/Schiffmann, Quellen III, Dok. 210, S. 1209ff.
115 Vgl. zum Thema ausführlicher unten Teil 2, IV. sowie z. B. A. Braunthal: Löhne, Konjunktur und Kapitalbildung, in: GZ, Jg. 39, Nr. 8, 23. 2. 1929, S. 115ff.

Wagemann wies die Behauptung der Arbeitgeber zurück, daß die Herabsetzung der Löhne in der Depression eine Absatzerweiterung ermögliche. Das Lohnproblem sei keine konjunkturpolitische, sondern eine strukturpolitische Frage, ein Problem volkswirtschaftlicher Organisation[116]. Leipart betonte in seinem Schlußwort, vieles von Wagemanns Ausführungen werde von den Gewerkschaften geteilt. Entgegen dem von den Unternehmern erhobenen Vorwurf sei die gewerkschaftliche Lohnpolitik nicht »wirtschaftsschädigend, sondern wirtschaftsfördernd«[117].

Der Ende 1931 von Wagemann vorgelegte Geld- und Kreditreformplan spielte auch in der Arbeitsbeschaffungsdiskussion des ADGB eine Rolle, da er Möglichkeiten zur Finanzierung staatlicher Arbeitsbeschaffungsmaßnahmen aufzeigte. In der Bundesausschußsitzung vom 15./16. Februar 1932, in der die Arbeitsbeschaffungsfrage zentrales Thema war, referierte der Direktor der Arbeiterbank, Bachem, ausführlich über den Wagemann-Plan und betonte, daß dieser »unerhört wichtig im Zusammenhang mit allen Arbeitsbeschaffungsplänen« sei, denn die »Krankheit des Kreditapparates« schaffe immer neue Arbeitslosigkeit. Die Gewerkschaften sollten »an der weiteren Gestaltung des Planes positiv mitarbeiten«, denn es sei ein Plan zur »Unterbauung der Währung«[118].

Die Entwicklung des gewerkschaftlichen Arbeitsbeschaffungsprogramms ist ein Beispiel für die Rolle, die Experten im gewerkschaftlichen Willensbildungsprozeß spielten.

Bereits im Februar 1931 hatte Woytinsky »Grundrisse eines Aktionsprogramms zur Belebung der Wirtschaft« verfaßt, in denen er seine Vorschläge in Richtung einer antizyklischen Konjunkturpolitik in Grundzügen niederlegte[119]. Am 17. Juni 1931 stellte er dieses Programm im Bun-

---

116 Vgl. Kukuck/Schiffmann, Quellen III, Dok. 210, S. 1210 und 1212.
117 Vgl. ebenda, S. 1216.
118 Vgl. Jahn, Dok. 76, S. 504ff.; Zitat: S. 512. Zum Wagemann-Plan, der im Januar 1932 vom Kabinett Brüning wegen seines angeblich inflatorischen Charakters abgelehnt wurde, vgl. A. Korsch: Der Stand der beschäftigungspolitischen Diskussion zur Zeit der Weltwirtschaftskrise in Deutschland, in: Der Keynesianismus, Bd. 1, S. 82f.; R. Regul: Der Wagemann-Plan, in: ebenda, Bd. 3, S. 421–447; W. v. Moellendorff: Der Wagemann-Plan zur Reform des deutschen Geld- und Kreditwesens, in: Die Arbeit, 9 (1932), S. 73ff. Bachem gehörte mit v. Moellendorf und Reichswirtschaftsminister Warmbold einem Freundeskreis an, dessen geistiger Mittelpunkt Wagemann war und der »eigene Lösungen politischer und wirtschaftlicher Probleme beriet«. Vgl. G. Schulz: Reparations- und Krisenprobleme nach dem Wahlsieg der NSDAP 1930. Betrachtungen zur Regierung Brüning, in: VSWG 67 (1980), S. 216. Schulz bezeichnet Bachem fälschlicherweise als Direktor der Arbeiterbank der christlichen Gewerkschaften; Bachem war jedoch Direktor der freigewerkschaftlichen Bank für Arbeiter, Angestellte und Beamte.
119 Vgl. Schneider, Arbeitsbeschaffungsprogramm, S. 63f.

desvorstand vor, mit der Begründung, daß er bei einer etwaigen Veröffentlichung nicht in Widerspruch mit den Auffassungen des Vorstandes geraten wolle. Der Bundesvorstand besprach Woytinskys Vorschläge nur kurz und beschloß, den Bundesausschuß darüber vorerst nicht in Kenntnis zu setzen, um »keine Verwirrung« zu stiften. Ein kleiner Kreis »interessierter Kollegen« sollte das Programm diskutieren und dieses »nach Überarbeitung« gedruckt werden[120]. Bereits im Juni-Heft der »Arbeit« erschien Woytinskys »Aktionsprogramm« in etwas veränderter Form. Erdmann, der die Ideen Woytinskys nachhaltig unterstützte, stellte diesem die »Arbeit« als Plattform zur Verfügung. Noch bevor Bundesvorstand und Bundesausschuß endgültige Beschlüsse zum Thema faßten, wurden hier die grundlegenden Auseinandersetzungen zwischen Anhängern und Gegnern einer »aktiven Wirtschaftspolitik« ausgefochten[121]. Woytinsky selbst ging um die Jahreswende 1931/32 mit seinem Programm auf SPD-Parteiveranstaltungen hausieren, was ihm allerdings scharfe Kritik von der SPD-Führung einbrachte[122]. Ende 1931/Anfang 1932 lag dann der unter Mitarbeit von Tarnow und Baade entworfene sogenannte »WTB-Plan« vor. Obwohl der Bundesvorstand angesichts der ablehnenden Haltung der SPD-Führung[123] zunächst meinte, sich nicht offiziell für diesen Plan einsetzen zu können, wie Leipart am 3. Februar 1932 in der Vorstandssitzung erläuterte, entschloß der Vorstand sich schon eine Woche später, nun endlich den Bundesausschuß mit diesem Thema und der Frage zu befassen, ob auf einem außerordentlichen Kongreß die Forderung nach Arbeitsbeschaffung erhoben werden sollte[124]. Nach all diesen Vorbereitungen, die im wesentlichen von einem kleinen Kreis von Experten durchgeführt wurden, diskutierte der Bundesausschuß am 15./16. Februar 1932 das Programm[125]. Die Diskussion wurde dominiert von Tarnow, Woytinsky und dem Direktor der »Arbeiterbank«, Bachem, als Befürworter und von Naphtali als Kritiker des

---

120 Vgl. Jahn, Quellen IV, Dok. 46, S. 330f.
121 Vgl. Woytinsky: Aktive Weltwirtschaftspolitik, in: Die Arbeit 8 (1991), S. 413–440. Zur Auseinandersetzung in der Arbeit vgl. u. a. Naphtali: Neuer Angelpunkt der aktiven Konjunkturpolitik oder Fehlleitung von Energien?, in: ebenda, S. 485ff., und Woytinsky: Und dennoch Währungspolitik gegen die Weltwirtschaftskrise!; in: ebenda, S. 498ff. Zu Erdmanns Förderung der Woytinsky-Ideen vgl. Aufzeichnungen Erdmanns vom 2. 12. 1933, in: DGB/NL Erdmann und Woytinsky, Stormy Passage, S. 464f.
122 Vgl. Schreiben Woytinsky an Wels vom 28. 1. 1932, in: AsD/ADGB 1.
123 Zur Auseinandersetzung in SPD und ADGB über die Frage der Arbeitsbeschaffung vgl. neben Schneider, Arbeitsbeschaffungsprogramm, S. 118ff., auch Winkler, Weg, S. 494ff.
124 Vgl. BV-Sitzungen vom 3. 2. und vom 10. 2. 1932, in: Jahn, Quellen IV, Dok. 74 u. 75.
125 Vgl. ebenda, Dok. 76, S. 499ff.

WTB-Plans[126]. Eggert und Leipart gingen in ihren Einführungsreferaten auf den Arbeitsbeschaffungsplan explizit nicht ein, sondern bezogen sich nur auf bisherige Initiativen wie Siedlungsprogramme und die Forderung nach Arbeitszeitverkürzung. Die übrigen Debattenredner aus dem Kreis der Verbandsvorsitzenden unterstrichen zwar ausdrücklich die Forderung nach Arbeitsbeschaffung, auf den eigentlichen Streitpunkt, ob Kreditschöpfung Inflationsgefahr bedeute, gingen sie jedoch nicht ein. Schliestedt vom DMV meinte, man müsse die Forderung nach Arbeitsbeschaffung auf jeden Fall erheben, »ohne bis ins Letzte die finanzielle Lösung zu zeigen«. Sein Verbandskollege Kummer ging noch weiter und forderte, das Arbeitsbeschaffungsprogramm zu veröffentlichen, »ungeachtet der wissenschaftlichen Meinungsverschiedenheiten«. In dem Beschluß des Bundesausschusses wurde auf die Finanzierung der Arbeitsbeschaffung nicht eingegangen[127]. In den Wochen vor dem sogenannten »Krisenkongreß« am 13. April 1932 versuchten die Befürworter einer aktiven Konjunkturpolitik, allen voran Woytinsky, unterstützt von Tarnow, durch eine publizistische Offensive in der Gewerkschaftspresse den gewerkschaftlichen Meinungsbildungsprozeß zu beeinflussen, mit dem Erfolg, so Michael Schneider, daß sich bei aller fortbestehenden Kritik, »nach und nach auch schon vor dem Krisenkongreß eine deutliche Dominanz der konjunkturpolitischen Reformideen in der gewerkschaftlichen Presse abzeichnete«[128]. Der Krisenkongreß selbst diente lediglich der öffentlichkeitswirksamen Vertretung des WTB-Plans nach außen[129]. Wenn auch, wie Erdmann resümierte, die »wertvollen Gedanken« Woytinskys in den »Händen unzulänglicher Kräfte aus dem ›Rat der Alten‹ [sprich ADGB- und SPD-Vorstand] verpfuscht« worden sind und der WTB-Plan in der Öffentlichkeit nicht entschieden genug vertreten wurde[130], so ist die Entstehungsgeschichte des Plans dennoch ein anschauliches Beispiel einerseits für den weitreichenden Einfluß, den Sachbearbeiter des Bundesbüros auf die Politik des ADGB ausüben konnten und andererseits für die Rolle von Experten allgemein auf die Strategieentwicklung des ADGB.

---

126 Zur Kritik Naphtalis vgl. Schneider, Arbeitsbeschaffungsprogramm, S. 74ff.
127 Redebeiträge Schliestedt und Kummer vgl. Jahn, Quellen IV, Dok. 76, S. 509 u. 511; BA-Beschluß ebenda, S. 512f.
128 Vgl. Schneider, Arbeitsbeschaffungsprogramm, S. 87.
129 Zum Krisenkongreß vgl. u.a. GZ, Jg. 42, Nr. 17, 23. 4. 1932, S. 257ff.
130 Vgl. die Aufzeichnungen Erdmanns vom 2. 12. 1933, in: DGB/NL Erdmann. Zum WTB-Plan im Zusammenhang mit der Reparationsfrage vgl. Teil 2, IV. 4.8.

2. Kontrollorgan Bundesausschuß?

Der Bundesausschuß war das Gremium, in dem die grundlegenden Entscheidungen getroffen und die Politik des ADGB festgeschrieben wurde. In diesem Urteil ist sich die Forschungsliteratur weitgehend einig[131]. Der Einfluß dieses Gremiums auf den Willensbildungsprozeß wird jedoch unterschiedlich gewertet.

Manfred Schmidt schätzt den Bundesausschuß als »einflußreichstes Leitungsorgan des ADGB« ein. Seiner Meinung nach gaben die sechs größten Verbände – er nennt DMV, Gesamtverband, Baugewerksbund, Holzarbeiterverband, FAV und Textilarbeiterverband – zusammen mit dem Bundesvorstand »den Ausschlag« für die ADGB-Politik[132]. Kukuck schränkt demgegenüber ein, im Ausschuß seien zwar die wichtigsten Entscheidungen getroffen worden, dieser sei dabei jedoch im wesentlichen den Initiativen des Vorstandes gefolgt, »der die entscheidenden Weichen stellte«[133].

Der Bundesausschuß, der als maßgebliches Beschlußorgan in der Zeit zwischen den Kongressen und von seiner Aufgabenstellung her (Kontrolle der Exekutive, Finanzhoheit) ein mächtiges Organ des ADGB darstellte, war aufgrund zweier Faktoren gegenüber dem Bundesvorstand im Nachteil:

1. Anders als der wöchentlich tagende Vorstand trat der Ausschuß in den Jahren 1919 bis 1933 nur zwischen drei- und achtmal im Jahr zusammen. Die vom Bundesvorstand in der Zwischenzeit unternommenen Schritte konnten vom Ausschuß nur im nachhinein sanktioniert, gegebenenfalls kritisiert werden. Neben der Kritik am teilweise eigenmächtigen Handeln und mangelhafter Informationspolitik von seiten des Bundesvorstandes wurde aus den Reihen der Einzelgewerkschaften auch die Forderung erhoben, daß man bei wichtigen Fragen, wie Arbeitsrecht und Sozialversicherung, ruhig einige Sitzungen im Jahr anhängen könne, damit »etwas mehr Demokratie im eigenen Hause«, d.h. im ADGB, hergestellt werde[134].

2. Neben dem längeren Tagungsrhythmus schränkte ein weiterer Umstand die demokratische Kontrollfunktion des Ausschusses ein: die

---

131 Vgl. z.B. Potthoff, Gewerkschaften (1987), S. 34; Ruck, Quellen II, S. 47ff.; Braunthal, ADGB, S. 105f.; Schmidt, Politik der ADGB-Führung, S. 7.
132 Vgl. ebenda, S. 2 u. 7.
133 Vgl. Kukuck, Wiederaufschwung, S. 159f. Ähnlich Braunthal, ADGB, S. 106.
134 So das Vorstandsdmitglied des FAV, Schmidt, auf dem Hamburger Kongreß, vgl. Protokoll Hamburg, 1928, S. 117.

Größe des Gremiums. Daß der Bundesausschuß ein »relativ großes Gremium« war, blieb, darauf haben Kukuck und Schiffmann hingewiesen, nicht ohne Einfluß auf seine Arbeitsweise[135]. In der Regel nahmen etwa 75 bis 90 Personen an den Bundesausschußsitzungen teil. Neben den Vertretern der Mitgliedsgewerkschaften waren alle 15 Mitglieder des ADGB-Vorstandes, etwa die gleiche Anzahl von Angestellten des Bundesbüros, Vertreter der gewerkschaftlichen Eigenbetriebe (z. B. Arbeiterbank) und ab 1929 auch die Gewerkschaftsredakteure, Vorstandsmitglieder von AfA-Bund, ADB und ab 1925 auch der SPD, teilweise auch die ADGB-Bezirkssekretäre sowie hin und wieder als Gäste Vertreter von Regierungsstellen, Kommunen etc. anwesend. Stimmberechtigt waren nur die Vertreter der Mitgliedsgewerkschaften. Ihre Zahl schwankte zwischen 55 (1922) und 38 (1931). Die Meinungsbildung im Ausschuß wurde »von einem Fünftel, bestenfalls von einem Viertel« der Sitzungsteilnehmer geprägt, ein Kreis, der sich aus den Bundesvorstandsmitgliedern, Angestellten des Bundesbüros und Vertretern vor allem der großen Einzelverbände, aber auch kleinerer Organisationen wie dem Dachdeckerverband und dem Schuhmacherverband zusammensetzte[136].

Nach den Bestimmungen von 1919 entsandten die Einzelgewerkschaften, damals noch 52 an der Zahl, je einen Vertreter in den Ausschuß, egal wie viele Mitglieder sie jeweils hatten. Dadurch ergab sich die kuriose Tatsache, daß die Stimme der weltgrößten Einzelgewerkschaft, des DMV mit 1,6 Millionen Mitgliedern Ende 1919 gleich gezählt wurde wie z. B. diejenige des Glaserverbandes mit nur 4000 Mitgliedern am Jahrsschluß 1919[137]. Nur in finanziellen Entscheidungen wurde entsprechend der Mitgliederzahl der Einzelverbände abgestimmt. Mit den Entschließungen des Leipziger Kongresses 1922 und vor allem des Hamburger Kongresses 1928 wurde der Vertreterschlüssel weiter abgestuft und wurden die größeren Verbände stärker berücksichtigt[138]. Der Einfluß der größeren Verbände wurde damit im Ausschuß zweifellos größer als in den Anfangsjahren der Weimarer Republik, eine Entwicklung, die durch den Konzentrationsprozeß, also die freiwilligen Zusammenschlüsse von Gewerkschaftsverbänden im Laufe der Weimarer Zeit, noch verstärkt wurde. Die Schlußfolgerung von Heinrich Potthoff, daß diese Tendenzen auf die eher schwache Position des ADGB als Dachverband verweisen,

---
135 Vgl. Kukuck/Schiffmann, Quellen III, S. 62f.
136 Vgl. ebenda. Wer wie oft in den BA-Sitzungen in die Diskussion eingegriffen hat, ist aus den Sprecherregistern in den Anhängen zu den Quellenbänden Ruck, Quellen II; Kukuck/Schiffmann, Quellen III und Jahn, Quellen IV ersichtlich. Zur Anzahl der BA-Mitglieder vgl. auch Teil 1, II. 3.
137 Mitgliederzahlen vgl. Kbl., Jg. 30, statistische Beilage, S. 79.
138 Vgl. Teil 1, II. 3.

scheint mir jedoch nicht stichhaltig zu sein. Potthoff behauptet, daß sich durch den Konzentrationsprozeß die Gewichte im ADGB verschoben hätten. »Der Preis für die Bündelung der Organisationsmacht in großen Industrieverbänden« sei »die Verfestigung von ›Herzogtümern‹ und ein Substanzverlust der Bundesinstitutionen« gewesen[139]. Die Konfrontationen zwischen Einzelgewerkschaften und Dachverband verstärkten sich jedoch nicht parallel zum Konzentrationsprozeß. Am Anfang der Weimarer Republik, als im ADGB noch 52 Organisationen vereinigt waren, waren die Auseinandersetzungen erheblich schärfer als in jener Zeit, in der die Zahl der Mitgliedsgewerkschaften durch Fusionen auf 28 (1932) gesunken war[140]. Die Kontroversen waren politisch begründet, gerade was die Konfrontation zwischen dem USPD-geführten DMV und der MSPD-orientierten ADGB-Führung betraf. Mit der Wiederannäherung der beiden Flügel der Sozialdemokratie und im Zuge der Entwicklung des DMV hin zur Mehrheitsmeinung im ADGB ebbten die Auseinandersetzungen im Bundesausschuß ab.

Der ADGB wurde als Dachverband gegenüber den Einzelgewerkschaften im Laufe der Weimarer Jahre nicht schwächer, sondern eher stärker. Die zunehmende Akzeptanz seiner führenden Rolle in der Gesamtbewegung läßt sich deutlich an der Stellung seiner Kontrollorgane ablesen. Der Bundesausschuß entwickelte sich von einem Organ, das das föderative Element des Bundes verkörpern und eine Plattform der Führungen der Einzelverbände darstellen sollte, zunehmend zu einem Organ, das – wie Potthoff an anderer Stelle selbst hervorgehoben hat – den Bundesbelangen diente und die Bedeutung des Dachverbandes unterstrich[141]. Dies zeigte sich zum einen an den Beschlüssen, den Apparat des Bundesvorstandes auszubauen. Hierfür votierten im übrigen nicht nur die kleinen Berufsverbände, die allein schon wegen ihrer schwächer ausgestatteten Verwaltungsapparate auf die Zentrale stärker angewiesen waren, sondern auch größere Einzelgewerkschaften wie der Holzarbeiterverband oder der Textilarbeiterverband[142]. Demgegenüber wandten sich andere große Einzelverbände, allen voran der DMV, aber auch der Baugewerksbund, gegen den Ausbau des ADGB und hielten für die Stärkung der Gewerkschaftsbewegung die Errichtung von Industrieverbänden für

---

139 H. Potthoff: Die Freien Gewerkschaften. Perspektiven, Programme und Praxis, in: Solidargemeinschaft und Klassenkampf, S. 18.
140 Zum Konzentrationsprozeß in den freien Gewerkschaften vgl. Potthoff, Gewerkschaften (1987), S. 41.
141 Vgl. ebenda, S. 34.
142 Vgl. die Redebeiträge Tarnows und des Vorsitzenden des Textilarbeiterverbandes, Jäckel, in der Ausschußsitzung vom Januar 1925, vgl. Kukuck/Schiffmann, Quellen III, Dok. 29, S. 264.

sinnvoller[143]. Gegen die Ausschußmehrheit konnten sie sich jedoch nicht durchsetzen. Die Schaffung von Industrieverbänden wurde zwar zum – unverbindlichen – Ziel erklärt, Ausbau und Kompetenzerweiterung der Zentralgewalt jedoch vom Ausschuß akzeptiert und durchgesetzt. Selbst das umstrittene Streikreglement von 1922, das die Autonomie der Einzelverbände einschränkte und dem Bundesvorstand zumindest bei Streiks in sogenannten lebenswichtigen Betrieben ein Eingriffsrecht in die Führung von Lohnkämpfen sicherte, wurde letztlich vom Bundesausschuß verabschiedet[144].

Nicht zuletzt die Einrichtung des Lohnpolitischen Ausschusses ab 1923 deutet auf den Funktionswandel des Bundesausschusses hin. Der Lohnpolitische Ausschuß setzte sich aus Mitgliedern des Bundesausschusses zusammen, sollte durch die Erarbeitung von Richtlinien eine einheitlichere Lohnpolitik der im ADGB zusammengeschlossenen Verbände ermöglichen und zur Beratung und Information des Bundesvorstandes dienen.

Die Entwicklung des Bundesausschusses zu einem den Dachverband stärkenden Organ zeigte sich auch am Abstimmungsverfahren. Zwar sollten bindende Beschlüsse möglichst einstimmig gefaßt werden, doch sollte auch die Möglichkeit vermieden werden, daß ein einziger Verband durch ein negatives Votum die Entscheidungsfähigkeit des Gremiums lahmlegen konnte. In der Praxis wurde daher zunehmend nach dem Mehrheitsprinzip abgestimmt und so die innergewerkschaftliche Opposition, repräsentiert durch die Vertreter des DMV und des Schuhmacherverbandes, überstimmt[145]. Der Bundesausschuß konnte also per Mehrheitsbeschluß zugunsten der Gesamtinteressen des Bundes und gegen einzelverbandliche Interessen entscheiden. Er verfügte aber nicht über wirksame Möglichkeiten, die Verbände zur Einhaltung der Beschlüsse zu zwingen. Gerade gegenüber so mächtigen Organisationen wie dem DMV fehlte es ihm an Sanktionsmöglichkeiten. Der DMV hatte sich in drei Fällen ganz offen nicht an die Beschlüsse des Ausschusses gehalten: bei der »Ruhrhilfe«, dem Beschluß, von den Mitgliedsverbänden einen »Kulturbeitrag« zur Finanzierung der gewerkschaftlichen Bildung zu erheben

---

143 Vgl. die Redebeiträge Paeplows, Vors. des Baugewerksbundes, und Dißmanns (DMV) in der BA-Sitzung vom Dezember 1921, in: Ruck, Quellen II, Dok. 50, S. 443f. Vgl. auch R. Dißmann: Berufsorganisationen oder Industrieverbände?, Stuttgart o.J. [1925], bes. S. 14 und 32.
144 Zu Kompetenzerweiterungen des Vorstandes, Ausbau des Bundes und Streikreglement vgl. Teil 1, II.
145 Zum Abstimmungsmodus vgl. Schwarz, Handbuch, S. 36ff.

und bei der sogenannten »Dänenhilfe«[146]. Der in der Satzung des ADGB vorgesehene Ausschluß aus dem Bund wurde selbst bei groben Verletzungen der gewerkschaftlichen Disziplin und Solidarität durch einzelne Verbände nicht angewandt[147].

Der Bundesausschuß konnte den Bundesvorstand nur wirksam kontrollieren, wenn er über ausreichende Informationen verfügte. Daß die Mitglieder und Angestellten des Bundesvorstands einen Vorsprung an Informationen und damit auch Handlungsmöglichkeiten besaßen, wurde bereits ausgeführt. Andererseits gilt für die Mitglieder des Ausschusses durchaus ähnliches wie für die Bundesvorstandsmitglieder. Die Vertreter der Einzelverbände im Ausschuß bekleideten in ihren Organisationen ohne Ausnahme hohe Positionen, meist den Vorsitz. Auch sie hatten überwiegend langjährige Erfahrungen als Gewerkschaftsführer, waren zum Teil auch in der parteipolitischen Arbeit z. B. als Reichstagsabgeordnete aktiv[148] und hatten sicherlich ebenfalls die Möglichkeit, sich über informelle Kontakte etc. Informationen zu beschaffen. Was die Maßnahmen des ADGB-Vorstandes betraf, so waren sie jedoch in erster Linie auf dessen Tätigkeitsberichte oder auf persönliche Unterrichtung durch einzelne Vorstandsmitglieder angewiesen. Jene Einzelverbände, die im Bundesvorstand mit einem Beisitzer vertreten waren, hatten hier Vorteile.

Es wäre jedoch falsch, die dem Ausschuß angehörenden Vertreter der Mitgliedsverbände bzw. deren Positionen und Meinungen im Ausschuß mit *den* Vorständen der Einzelverbände und deren Positionen oder gar einzelverbandlichen Interessen schlechthin gleichzusetzen. Zwischen den im ADGB-Ausschuß vertretenen Verbandsvorsitzenden und den übrigen Vorstandsmitgliedern der Einzelverbände war die Frage, wie das Verhält-

---

146 Zur »Ruhrhilfe«, einer gemeinsamen Hilfsaktion von Unternehmern und Gewerkschaften für das Ruhrgebiet im »Ruhrkampf« 1923 vgl. Teil 2, III. 2. Zum »Kulturbeitrag« vgl. Teil 1, III. 2. Die »Dänenhilfe« war eine Hilfsaktion der freien Gewerkschaften Deutschlands für die im Frühjahr 1925 massenhaft ausgesperrten dänischen Arbeiter. Der BA beschloß, 30 Pfennig pro Mitglied über den IGB an die dänischen Organisationen zu leiten. Der DMV widersetzte sich dem Beschluß, führte eigene Spenden über das Internationale Berufssekretariat der Metallarbeiter nach Dänemark und blieb einen Restbetrag schuldig, den er erst im Februar 1931 endgültig beglich. Vgl. Jahn, Quellen IV, Dok. 19, S. 182f., bes. Anm. 13; Schwarz, Handbuch, S. 38ff.
147 Vgl. dazu die Auseinandersetzungen über das Verhalten des Verbandes der Maschinisten und Heizer in Tarifkonflikten, s. Teil 1, II. 5.
148 So war z. B. August Brey (1864–1937) von 1890–1931 Vorsitzender des FAV und 1906–1932 MdR (SPD); Fritz Husemann (1873–1935), 1919–1933 Vorsitzender des Bergarbeiterverbandes, war seit 1902 Vorstandssekretär und seit 1911 2. Vors. des Verbandes, MdR (SPD) von 1924–1933; Josef Simon (1865–1949): seit 1900 Vors. des Schuhmacherverbandes, seit 1912 MdR (SPD/USPD/SPD); zu diesen Angaben vgl. Handbuch Verein Arbeiterpresse, 1927, S. 220, 380 und 504, sowie z. B. Personenregister im Anhang zu Kukuck/Schiffmann, Quellen III.

nis zwischen Dachverband und Einzelgewerkschaften zu gestalten sei, durchaus umstritten. Derartige Differenzen waren zum Beispiel im Vorstand des Holzarbeiterverbandes stark ausgeprägt. Während der Vorsitzende Tarnow, Bundesausschußmitglied und ab 1928 Beisitzer im Bundesvorstand, als vehementer Verfechter eines Ausbaus des ADGB einer Erhöhung des Mitgliedsbeitrages an den Dachverband in der Bundesausschußsitzung vom 29. Juni 1928 zugestimmt hatte[149], wandte sich Markus Schleicher, Tarifexperte im Verbandsvorstand, in der Vorstandssitzung des Holzarbeiterverbandes am 2. Juli 1928 scharf gegen diese Haltung. Schleicher vertrat die Auffassung, daß der ADGB bzw. dessen Bundesbüro genügend ausgestattet sei und keine Erweiterung benötige und eine Erhöhung des Bundesbeitrages sich deshalb erübrige. Außerdem hätte Tarnow einer Erhöhung nur zustimmen dürfen, nachdem er den Verbandsvorstand zu Rate gezogen hätte. Im Zusammenhang damit kritisierte Schleicher, daß über die Tätigkeit des Bundesvorstandes »nur der kleine Kreis der Verbandsvorsitzenden informiert« werde, die übrigen Vorstandsmitglieder jedoch nicht. Dieser Mißstand habe seine Ursache offensichtlich nicht in der unzureichenden personellen Ausstattung des Bundesbüros, nein, »es fehle der gute Wille dazu«. Und dagegen müsse »Front gemacht werden, denn dieses Verhalten des Bundesvorstandes erschwere die praktische Arbeit der Verbandsfunktionäre«[150]. Auf der Verbandsbeiratssitzung am 23. August 1928 stand diese Streitfrage ebenfalls auf der Tagesordnung. Tarnow wiederholte noch einmal, daß der ADGB »eine Gesamtorganisation der Gewerkschaften« sei und man ihr die benötigten Mittel zugestehen müsse. Schleicher forderte jedoch, daß der ADGB als Gesamtorganisation »mit den Verbänden zusammenarbeiten« müsse und sich nicht als Stelle betrachten dürfe, »die über den Gewerkschaften stehe«, wie es heute der Fall sei. Die »Art des Verkehrs des Bundesvorstandes mit den Funktionären« sei zu kritisieren. Wenn der Bundesvorstand praktische Fragen erörtere und beschließe, »dann macht er das ohne die Männer aus der Praxis«[151].

Auch der Vorstand des Buchbinderverbandes kritisierte die Informationspolitik des ADGB gegenüber den Vorständen der Mitgliedsverbände. In seiner Sitzung vom 22. März 1926 beschloß er, »beim ADGB dahin zu wirken, daß über Verhandlungen der Spitzenorganisationen mit

---

149 Vgl. Kukuck/Schiffmann, Quellen III, Dok. 194, S. 1124; vgl. auch Tarnow in der 49. Sitzung des Vorstandes des DHV vom 2. 7. 1928, TOP 4, in: ZA FDGB/A 52.
150 Vgl. ebenda.
151 Vgl. 6. Verbandsbeiratssitzung vom 23. 8. 1928, in: ZA FDGB/A 54, Bl. 110 und 112 (Redebeitrag Schleicher) und Bl. 111 (Redebeitrag Tarnow).

Regierungsstellen den Verbandsvorständen und der Gewerkschaftspresse sofort Kenntnis von dem Verlauf gegeben wird und diese sich nicht allein auf die Veröffentlichungen der politischen Presse zu verlassen brauchen«[152].

Was den Informationsstand über die »große« Politik des ADGB anbelangt, so läßt sich eine Hierarchie in Form einer »Pyramide« feststellen, an deren Spitze die hauptamtlichen Bundesvorstandsmitglieder und die Mitarbeiter des Bundesbüros, gefolgt von den Beisitzern des Bundesvorstandes und den Bundesausschußmitgliedern stehen. Als nächste Stufe folgen die im Ausschuß nicht vertretenen hauptamtlichen Vorstandsmitglieder der Einzelverbände, sodann die Beisitzer der Verbandsvorstände. Daran schließen sich die jeweiligen regionalen und lokalen Organisationsgliederungen an.

Auffällig ist, daß in den Vorstandssitzungen der Holzarbeiter, der Buchdrucker, der Buchbinder und auch der Lithographen über die Bundesausschußsitzungen eher knapp informiert wurde, man z. T. sogar auf eine Berichterstattung verzichtete, da, wie z. B. der Vorsitzende des Buchbinderverbandes, Haueisen, in der Vorstandssitzung vom 21. Februar 1927 erläuterte, »über die Hauptsache der Tagesordnung bereits in der Tagespresse berichtet« worden sei[153].

Auch wenn über die Ausschußsitzungen ausführlicher berichtet wurde, verzeichneten die Protokolle nur relativ selten Diskussionen zu den jeweiligen Tagesordnungspunkten der Ausschußsitzungen. Über die ungenügende Information der Verbandsvorstände durch die im Ausschuß vertretenen Verbandsvorsitzenden wurden aber durchaus auch Beschwerden laut. Als z. B. in der Sitzung des Holzarbeitervorstandes vom 23. April 1919 die »Richtlinien für die künftige Wirksamkeit der Gewerkschaften«, jenes Grundsatzprogramm der freien Gewerkschaften[154], bekanntgegeben wurden, monierte der Beisitzer Hans Müller, »zu den Richtlinien Stellung zu nehmen sei schwer, wenn man nicht eingehende Kenntnis von ihnen« habe[155]. Überhaupt beschwerten sich die Beisitzer im Verbands-

---

152 Vgl. 29. Vorstandssitzung des Buchbinderverbandes vom 22. 3. 1926, in: ZA FDGB/A 144, S. 162. In der 30. Vorstandssitzung vom 29. 3. 1926 wurde mitgeteilt, daß der ADGB »die Berechtigung unseres Verlangens [...], sofort unterrichtet zu werden, anerkannt« habe, s. ebenda, S. 169.
153 Vgl. ZA FDGB/A 144, S. 376f. Zahlreiche andere Beispiele finden sich z. B. in: ZA FDGB/A 37 (Protokolle Vorstandssitzungen des DHV vom 7. 3. 1921–10. 4. 1922), ZA FDGB/A 138 und A 100 (Protokolle Vorstandssitzungen der Buchdrucker, 5. 7. 1921–31. 7. 1922 und 27. 8. 1923–16. 6. 1924); ZA FDGB/A 117 u. A 118 (Protokolle der Vorstandssitzungen der Lithographen, 24. 7. 1922–8. 1. 1923 und 22. 1. 1923–3. 9. 1930).
154 Vgl. dazu Teil 1, IV. 3. und 4.
155 Vgl. 209. Sitzung des DHV-Vorstandes vom 23. 4. 1919, in: ZA FDGB/A 34.

vorstand der Holzarbeiter, daß in den Sitzungen zwar über jeden allerkleinsten Streik geredet werde, über die Tätigkeit der leitenden Funktionäre im Reichswirtschaftsrat und in anderen öffentlichen Körperschaften jedoch nicht ausreichend informiert und insgesamt zu wenig über allgemeinere politische und strategische Fragen diskutiert werde[156]. Auch im Vorstand des Verbandes der Lithographen, Steindrucker und verwandten Berufe kritisierte man die Informationspolitik des ADGB. Als der Verbandsvorsitzende Johannes Haß über die Vorgänge des Kapp-Putsches und des Generalstreiks sowie über die Bundesausschußsitzungen in diesem Zeitraum berichtete, bemängelten in erster Linie die nebenamtlichen Vorstandsmitglieder, daß »so wenig Nachrichten herausgekommen seien«[157].

Vergleicht man die Diskussionen in den Vorständen der Einzelverbände mit denen im Bundesvorstand oder Bundesausschuß so wird der unterschiedliche Blickwinkel von Einzelverbandsvorständen und ADGB-Führung und auch die Aufgabenteilung zwischen Dachverband und Mitgliedsverbänden deutlich[158]. Während Themen wie Lohn- und Tarifverhandlungen, Probleme der Arbeitszeit und der Schlichtung sowie Verbandsangelegenheiten in den Sitzungen der Einzelverbandsvorstände breiten Raum einnahmen, vermißt man selbst zu solch denkwürdigen Zeiten wie der Novemberrevolution, der Ruhrbesetzung 1923 und ähnlichen herausragenden Daten eine ausführlichere, allgemein politischere Diskussion in den Protokollen der Vorstandssitzungen der Einzelgewerkschaften[159]. Der ADGB wiederum handelte als Dachverband zwar allgemeine Richtlinien in den Bereichen Lohnpolitik, Arbeitszeitfrage etc. aus, war jedoch nicht so unmittelbar darin eingebunden wie jene Tarifexperten der Einzelverbände, die sich mit Gauvorstehern, Bezirken und örtlichen Verwaltungsstellen abstimmen mußten und insofern auch di-

---

156 Vgl. 57. Sitzung des DHV-Vorstandes vom 7. 8. 1922, in: ZA FDGB/Nr. 269; in der 62. Sitzung, vom 18. 9. 1922, beschloß der Verbandsvorstand daraufhin eine »Änderung des Geschäftsganges in den Vorstandssitzungen« mit dem Ziel, für prinzipiellere und taktische Fragen mehr Zeit zu haben. Örtliche Streiks sollten nunmehr vom Verbandsbüro selbständig erledigt werden, nur in wichtigen einzelnen Fällen und über Ablehnung von Streikgesuchen sollte der gesamte Vorstand entscheiden. Vgl. ebenda. Trotz dieses Beschlusses wurden die Sitzungen des ADGB-Ausschusses häufig nur kurz und ohne Diskussion behandelt. Vgl. ebenda sowie die sich anschließenden Protokollbände.
157 Vgl. 10. Sitzung des Vorstandes der Lithographen etc. vom 29. 3. 1920, TOP 3, in: ZA FDGB/ A 99.
158 Auf diese Unterschiede hat auch Zollitsch im Zusammenhang mit der Weltwirtschaftskrise und der Arbeitsbeschaffungsfrage hingewiesen, vgl. W. Zollitsch: Einzelgewerkschaften und Arbeitsbeschaffung: Zum Handlungsspielraum der Arbeiterbewegung in der Spätphase der Weimarer Republik, in: GuG 8 (1982), S. 89.
159 Dieser Befund ergibt sich zumindest nach Durchsicht der ungedruckten Vorstandsprotokolle der Holzarbeiter, der Lithographen, der Buchdrucker und Buchbinder im ZA FDGB.

rekter mit den Problemen konfrontiert waren als die Mitarbeiter des Bundesbüros. Daß sich daraus Differenzen zwischen ADGB und Verbandsvorständen, bzw. einzelnen Mitgliedern von Verbandsvorständen, ergeben konnten, ist naheliegend.

Auch die im Ausschuß vertretenen Verbandsvorstände hatten, trotz solcher ausgeprägten Verfechter eines starken Dachverbandes wie Tarnow[160], grundsätzlich andere Aufgaben als die Vorstandsmitglieder des ADGB. Letztere hatten die Gesamtaufgaben des Dachverbandes im Blick, während die Vorsitzenden der Mitgliedsverbände mehr von den einzelgewerkschaftlichen Erfordernissen auszugehen hatten. Auch wenn sie als Vorsitzende nicht gerade in ständiger, direkter »Fühlung zu den Massen« standen, so waren sie mit den Problemen der Mitglieder dennoch direkter konfrontiert als der ADGB-Vorstand. Diese unterschiedlichen Ausgangspositionen konnten durchaus zu Kontroversen über die ADGB-Politik führen[161].

Trotz aller Kritik räumten die Verbandsvertreter dem Bundesvorstand jedoch einen breiten Handlungsspielraum ein[162]. Auch bei der Vorbereitung wichtiger Kongreßentschließungen ließ der Ausschuß dem Vorstand weitgehend freie Hand. So beschloß er in der Sitzung vom 30. Juli 1928, die endgültige Redaktion der Entschließung über die »Wirtschaftsdemokratie«, die auf dem Hamburger Kongreß verabschiedet wurde, dem Vorstand und dem Referenten – Naphtali – zu überlassen. In der folgenden Sitzung vom 1. September 1928 stimmte der Bundesausschuß den vom Vorstand vorgelegten Entschließungen für den Kongreß »ohne Debatte« zu[163]. Ähnlich wurde vor dem Frankfurter Kongreß von 1931 verfahren, dessen Hauptthema die Forderung der 40-Stunden-Woche war. In der Bundesausschußsitzung vom 10. August 1931 gab Leipart bekannt, daß der Bundesvorstand wegen der Kürze der Zeit noch keine

---

160 In seiner Broschüre zur Organisationsfrage forderte Tarnow eine noch weitergehende Aufgabenzuweisung an den ADGB und sprach von »der Notwendigkeit einer weiteren Entwicklung der Bundesorganisation [...], selbst wenn dadurch die öffentliche Bedeutung der Einzelverbände und deren absolute Selbständigkeit geschmälert werden sollte«. Vgl. Tarnow: Das Organisationsproblem im ADGB, Berlin 1925, S. 35.
161 Vgl. dazu u. z.B. Teil 2, IV. 5. und IV. 6.
162 So auch die Einschätzung bei Ruck, Quellen II, S. 48.
163 In der BA-Sitzung vom 30. 7. 1928 hielt zwar Schumann (Verkehrsbund) die Entschließung zur Wirtschaftsdemokratie für so wichtig, »daß sie in den einzelnen Vorständen beraten werden müßte. Die endgültige Redigierung könnte auf dem Kongreß erfolgen«. Leipart betonte dagegen, die Vorlage für den Kongreß müsse rechtzeitig vorher veröffentlicht werden, »und zwar wie bisher im Namen des Bundesvorstandes und des Bundesausschusses«. Vgl. Kukuck/Schiffmann, Quellen III, Dok. 195, S. 1132f. Zur BA-Sitzung vom 1. 9. 1928 s. ebenda, Dok. 197, S. 1142.

Möglichkeit gehabt habe, die Entwürfe der Referenten zu besprechen. Der Bundesausschuß müsse deshalb heute auf eine endgültige Verabschiedung verzichten. Er schlage vor, daß der Ausschuß den Vorstand mit der endgültigen Formulierung betraue. Dem stimmte der Bundesausschuß zu[164].

Der Handlungsspielraum des Vorstandes hatte seine Grenzen dort, wo die Vorstände der Mitgliedsverbände ihre Verbandsinteressen verletzt sahen oder durch bestimmte Entscheidungen einen Vertrauensverlust bei ihren Mitgliedern befürchten mußten. In einigen Fällen wurde der Bundesvorstand durch das Votum des Bundesausschusses gezwungen, auch einmal seine Politik zu revidieren, bzw. eigenmächtig gestartete Initiativen abzubrechen[165].

Außer der Willensbildung dienten die Bundesausschußsitzungen auch dem Zweck der Außenwirkung. Zu einer Art »öffentlichen Kundgebung« wurden z. B. die gemeinsamen öffentlichen Ausschußsitzungen des ADGB, des AfA-Bundes und des ADB am 17. Oktober 1923[166] und am 17./18. März 1925[167], bei denen jeweils Vertreter der Reichsregierung anwesend waren und die Gewerkschaften ihre Forderungen in Grundsatzreferaten vortrugen. Auch in der Bundesausschußsitzung vom 9./10. Juli 1926, die nicht eigens als öffentliche Sitzung ausgewiesen war, nahmen als Vertreter der Regierung Reichswirtschaftsminister Curtius, Ministerialdirektor Weigert vom Reichsarbeitsministerium und Syrup, Präsident der Reichsarbeitsverwaltung teil. Leipart meinte, die Gewerkschaften müßten »Wert darauf legen«, daß Vertreter der Reichsbehörden nicht nur alle drei Jahre auf dem Kongreß zu Gast seien, sondern daß außerdem »in dringenden Fällen Gelegenheit geboten werde zu einem Meinungsaustausch«[168]. In der Folgezeit waren jedoch nur in wenigen Einzelfällen Regierungsvertreter in ADGB-Ausschußsitzungen anwesend, so am 17. Februar 1930, als Reichsarbeitsminister Wissell an der Diskussion des Ausschusses über Finanz- und Steuerfragen bzw. über die Zukunft der Arbeitslosenversicherung teilnahm[169].

---

164 Vgl. Jahn, Quellen IV, Dok. 53, S. 384 und 386.
165 Vgl. z. B. Teil 2, III. 2.
166 Vgl. Ruck, Quellen II, Dok. 104.
167 Vgl. Kukuck/Schiffmann, Quellen III, Dok. 36.
168 Vgl. ebenda, Dok. 106, S. 685 ff., Zitat: S. 686.
169 Vgl. ebenda, Dok. 250, S. 1392 ff.

3. Der Kongreß – Willensbildungs- oder Akklamationsorgan?

Der Gewerkschaftskongreß des ADGB war formal das höchste Entscheidungsgremium des Bundes. Für Götz Briefs stellte er gegenüber den Verbandstagen der einzelnen Mitgliedsverbände »die wirkliche Haupt- und Staatsaktion der gewerkschaftlichen Bewegung« dar[170]. Gerard Braunthal beurteilt die Kongresse als lediglich »formale Diskussionsgremien«. Die Kongresse hätten in erster Linie als Forum mit breiter Öffentlichkeitswirkung und als Veranstaltung gedient, »um Politik auf längere Sicht zu artikulieren«. Unmittelbare Auswirkung auf die Mitglieder hätten sie nicht gehabt[171]. Auch Potthoff stellt fest, daß abgesehen von den ersten beiden Kongressen 1919 und 1922, auf welchen heftige Kontroversen ausgetragen worden waren, ab 1925 die Kongresse der Vorstandslinie »akklamierten« und »nur gestört von einigen kommunistischen Delegierten« ihr Soll als »Wahlorgan und Forum zur Propagierung gewerkschaftlicher Zielsetzungen« erfüllt hätten[172]. Die Kongresse, und Potthoff schließt hier diejenigen der Mitgliedsgewerkschaften mit ein, hätten »weder eine wirksame ›parlamentarische‹ Überwachungsfunktion« ausgeübt, noch »im Normalfall die wirklich richtungsweisenden Weichen« gestellt[173].

Zeitgenossen urteilten ähnlich. Nicht nur das »Rote Gewerkschaftsbuch« bezeichnete die Kongresse als »nichts anderes als ›apparatmäßig‹ aufgezogene Veranstaltungen, die ›um der Demokratie willen‹ stattfinden müssen, damit die ›Realpolitik‹ der Verbands- und Bundesvorstände periodisch gerechtfertigt wird«[174]. Auch der in der Sozialdemokratie nicht gerade links stehende Vorsitzende des Dachdeckerverbandes, Theodor Thomas, notierte über den Breslauer Kongreß 1925: »Auf dem Kongreß geht alles wie am Schnürchen, der reine freigewerkschaftliche Katholikentag.«[175] Ähnlich äußerte sich der Vorsitzende des Lithographenverbandes, Haß: »Die Tagung des Gewerkschaftskongresses machte einen

---

170 Vgl. Briefs, Gewerkschaftswesen, S. 1140.
171 Vgl. Braunthal, ADGB, S. 105.
172 Potthoff, Gewerkschaften (1987), S. 35; zur »Außenwirkung« der Kongresse vgl. ebenda, S. 258f. Ähnlich schätzten S. und B. Webb die Kongresse der englischen Gewerkschaften bereits 1895 ein. Der Kongreß diene eher als »Schaustellung« auf Kosten seiner Eigenschaft »als gesetzgebendes Organ«, er sei eine »Feiertagsdemonstration, statt eine verantwortliche, berathschlagende Versammlung«. Vgl. S. u. B. Webb: Die Geschichte des Britischen Trade Unionismus, Stuttgart 1895, S. 420.
173 Vgl. Potthoff, Gewerkschaften (1979), S. 65.
174 Das Rote Gewerkschaftsbuch, S. 80.
175 S. Eintrag vom 31. 8. 1925, in: Deutscher Dachdecker-Kalender 1925, in: AsD/NL Th. Thomas 2.

durchaus geschlossenen Eindruck.«[176] Am deutlichsten drückte sich Tarnow in der Verbandsbeiratssitzung des Holzarbeiterverbandes am 23. August 1928 aus: »Die Gewerkschaftskongresse sind jetzt in der Hauptsache Demonstrationstagungen«, die Arbeit werde in den Bundesausschußsitzungen gemacht[177]. Die liberale »Frankfurter Zeitung« lobte die »recht erfreuliche Wandlung« gegenüber früheren Kongressen, die sich durch »in starke agitatorische Übertreibung gleitende« Diskussionen ausgezeichnet hätten. Vom Hamburger Kongreß 1928 gewann sie den »Eindruck einer außerordentlich gut vorbereiteten Tagung, [...] die sachlich gediegene Arbeit leisten will und jede unnötige Erhitzung, jede lärmende Demonstration vermeiden möchte«[178].

Um die Rolle der ADGB-Kongresse im Prozeß der gewerkschaftlichen Willensbildung beurteilen zu können, müssen folgende Fragen erörtert werden: Wie oft tagte der Kongreß, wie groß war die Zahl der Delegierten und wie setzten sich diese zusammen? Welcher Personenkreis diskutierte auf dem Kongreß, wer führte die »Regie«? Welche Anträge konnten sich durchsetzen?

Laut Satzung des ADGB tagte der Kongreß in dreijährigem Turnus. Auf dem Nürnberger Kongreß 1919 beantragte Dißmann, den Kongreß alle zwei Jahre einzuberufen, mit dem Ziel, »die Demokratie in allen Instanzen des Gewerkschaftsbundes zur Geltung« zu bringen. Vom Berichterstatter der Statutenkommission, Graßmann, wurde der Antrag zurückgewiesen, da ein Kongreß nicht nur beträchtliche Kosten verursache, sondern auch »eine Unmenge« von Vor- und Nacharbeiten mit sich bringe. Der Kongreß sprach sich mehrheitlich gegen den Antrag Dißmanns aus[179]. Das gleiche Schicksal teilte der gleichlautende Antrag Ziskas (DMV, Berlin) auf dem Leipziger Kongreß 1922. Die kommunistische Fraktion hatte in Leipzig sogar einen einjährigen Tagungsrhythmus gefordert, da der Gewerkschaftskongreß eine ebenso große Bedeutung wie ein Parteitag habe. Auch dieser Antrag wurde vom Kongreß abgewiesen[180]. Was oben für den Bundesausschuß gesagt wurde, gilt für den Kongreß um so mehr. Allein der dreijährige Turnus der Kongresse verhinderte, daß diese eine wirksame Kontrolle der Führung ausüben konn-

---

176 Vgl. 1. Vorstandssitzung des Lithographenverbandes vom 14. 9. 1925, in: ZA FDGB/A 118.
177 Vgl. 6. Verbandsbeiratssitzung, 23. 8. 1928, TOP 4, in: ZA FDGB/A 54, Bl. 108.
178 Vgl. Frankfurter Zeitung vom 10. 9. 1928, in: BArch ZSg. 126/825.
179 Antrag Dißmann und Genossen, vgl. Protokoll Nürnberg, 1919, S. 42; Redebeitrag Dißmanns, ebenda, S. 512; Redebeitrag Graßmanns, ebenda, S. 519, Beschluß, ebenda, S. 523; vgl. auch Schwarz, Handbuch, S. 42f.
180 Antrag Ziska und Antrag der kommunistischen Fraktion, s. Protokoll Leipzig, 1922, S. 583; Abstimmung, ebenda, S. 584, vgl. auch Schwarz, Handbuch, S. 43.

ten. In den Jahren zwischen den Kongressen bestimmten Bundesvorstand und Bundesausschuß die Politik des ADGB.

Arbeitsweise und Arbeitseffizienz der Kongresse hingen zudem stark von der Größe der Kongresse ab. Auf dem Nürnberger Kongreß waren 647, auf dem Leipziger Kongreß sogar 694 Delegierte versammelt.

Das »Korrespondenzblatt« notierte, daß eine Tagung, auf der so viele Delegierte anwesend seien, »ihrer Aufgabe nur gerecht werden kann, wenn tiefgehende Meinungsverschiedenheiten fehlen. Diese haben leider in Leipzig nicht gefehlt«[181]. Auf dem Leipziger Kongreß selbst wurde die Notwendigkeit betont, die Zahl der Delegierten zu vermindern, da der Kongreß sonst arbeitsunfähig werde. Der Kongreß beschloß, daß anstatt wie bisher auf 10000 Mitglieder nunmehr auf 15000 Mitglieder ein Delegierter entfallen sollte[182]. Aufgrund dieses neuen Delegiertenschlüssels und der Verminderung der Mitgliedszahlen im ADGB waren auf den folgenden Kongressen nur noch um die 300 Delegierte vertreten.

Es fragt sich, inwieweit die Mitglieder durch die Kongreßdelegierten überhaupt repräsentiert wurden. Die Delegiertenwahl war nach dem ADGB-Statut den einzelnen Verbänden überlassen. Die Praxis der Verbände reichte hier von der Bestimmung der Delegierten durch den Verbandstag oder durch »irgendeine Körperschaft« (Nestriepke) bis hin zur Urwahl durch die Mitgliedschaft[183]. Im Holzarbeiterverband wurde ein Teil der Delegierten in den Vorstandssitzungen aus dem Kreis der hauptamtlichen Vorstandsmitglieder bestimmt, der Rest wurde auf Gauversammlungen gewählt[184]. Die Beisitzer im Verbandsvorstand kritisierten, daß nur hauptamtliche Vorstandsmitglieder den Verband auf den Kongressen vertreten dürften. Tarnow begründete diese Verfahrensweise jedoch damit, daß nur diese die auf dem Verbandstag beschlossene Politik auf den ADGB-Kongressen vertreten könnten, denn nur sie seien dafür dem Verbandstag gegenüber auch verantwortlich[185]. Auch im Lithographenverband wurde als Delegierter jeweils der Vorsitzende Haß durch die

---

181 Kbl., 32. Jg., Nr. 26, 1. 7. 1922, S. 368.
182 Vgl. Protokoll Leipzig, 1922, S. 584f.; vgl. auch Teil 1, II. 3.
183 Das Urwahlprinzip beschloß z.B. der Bäckerverband auf seinem Verbandstag vom 9./10. 5. 1920 mit dem Ziel, »die Gewerkschaftskongresse mehr mit revolutionärem Geist zu beleben«. Vgl. Kbl. 30. Jg. Nr. 23, 5. 6. 1920, S. 308. Zu den unterschiedlichen Wahlverfahren vgl. Nestriepke, Gewerkschaftsbewegung, Bd. 2, S. 136; Laubscher, Opposition, S. 137 u. Potthoff, Gewerkschaften (1979), S. 62.
184 Vgl. z.B. 215. DHV-Vorstandssitzung vom 2. 6. 1919, TOP 69, in: ZA FDGB/A 34; 45. DHV-Vorstandssitzung vom 8. 5. 1922, TOP 33, in: ebenda/269.
185 Vgl. Nachtrag zu TOP 33 der Sitzung vom 8. 5. 1922, in: ebenda.

Vorstandssitzung bestimmt[186]. Von einer demokratischen Wahl durch die Mitglieder konnte in diesen Fällen nicht gesprochen werden. Auch eine ausgewogene regionale Verteilung der Delegierten war nicht immer gegeben. So verwies der Vorstand des Buchbinderverbandes, der die Delegierten auf dem Verbandstag wählen ließ, darauf, daß bei den Vorschlägen nicht nur Berliner Vertreter, sondern auch solche aus anderen Orten berücksichtigt werden sollten[187]. Auf dem Nürnberger Kongreß beantragte Dißmann, die Delegierten »durch Urwahlen in den einzelnen Bezirken« wählen zu lassen, damit der Kongreß »ein richtiges Bild von der Stimmung der Mitgliedschaften« vermittle. Dieser und ein ähnlicher Antrag von Walcher (DMV und KPD) in Leipzig wurden vom Kongreß jeweils mehrheitlich abgelehnt[188].

Für die Autoren des »Roten Gewerkschaftsbuches« war es »eine längst bekannte Tatsache, daß auf den Verbandstagen und Gewerkschaftskongressen durch die sorgfältige Auswahl der Delegierten mittels der ›Technik‹ des Wahlverfahrens die in der Gewerkschaftsbewegung vorhandenen Meinungsströmungen nicht oder nie voll zur Vertretung kommen«[189].

Aber auch anderen Zeitgenossen, die mit »der« Gewerkschaftsbürokratie nicht so hart ins Gericht gingen, war die Repräsentation der Mitglieder durch den Gewerkschaftskongreß nicht im erforderlichen Maße vorhanden. So kommentierte Nestriepke die Beschlüsse des Nürnberger Kongresses, auf dem unter anderem die von der Opposition heftig kritisierte Politik der Generalkommission im Weltkrieg und in der Revolution von der Mehrheit der Delegierten für richtig befunden wurde, man müsse dabei berücksichtigen, daß die Zusammensetzung des Kongresses »ein nicht ganz einwandfreies Bild der Stimmung in den Mitgliederkreisen zu geben vermag, da die Delegierten nicht überall von den Mitgliedern gewählt werden«[190]. Nach der Wahrnehmung Fritz Frickes wurden die Kongresse zwar »nicht ausschließlich, aber doch stark beeinflußt von angestellten Funktionären« der Organisationen[191]. Auch Ludwig Heyde

---

186 Vgl. 142. Vorstandssitzung des Lithographenverbandes vom 5. 6. 1919, TOP 8, in: ZA FDGB/A 99.
187 Vgl. 134. Vorstandssitzung des Buchbinderverbandes vom 11. 6. 1928, in: ZA FDGB/A 144, S. 705.
188 Antrag Dißmann vgl. Protokoll Nürnberg, 1919, S. 43; Redebeitrag Dißmann, ebenda, S. 512. Vgl. auch Högl, Gewerkschaften und USPD, S. 197ff. Antrag Walcher s. Protokoll Leipzig, 1922, S. 585; vgl. auch Schwarz, Handbuch, S. 43.
189 Vgl. Das Rote Gewerkschaftsbuch, S. 79.
190 Vgl. Nestriepke, Gewerkschaftsbewegung, Bd. 2, S. 220. Vgl. auch Högl, Gewerkschaften und USPD, S. 197.
191 Fricke, Kampf den Bonzen, in: Vierteljahreshefte der Berliner Gewerkschaftsschule, 1930, H. 2, S. 51.

fand es bedenklich, daß auf den Kongressen »oft ein Überwiegen der Organisationsangestellten« festzustellen sei[192]. Zum Frankfurter Kongreß 1931 notierte die »Soziale Praxis«, dieser Kongreß habe ebenso wie der Hamburger Kongreß »kein getreues Spiegelbild der Kräfte und Strömungen in den einzelnen Gliedern der Verbände« geboten[193]. Der DMV-Delegierte Oswald Fischer aus Chemnitz kritisierte auf dem Hamburger Kongreß, daß mit ihm höchstens sechs oder acht Kollegen aus den Betrieben vertreten seien und forderte den Kongreß auf, darauf hinzuwirken, daß es künftig auch »Kollegen aus den Betrieben ermöglicht wird, an den Tagungen des ADGB teilzunehmen«[194].

Stichproben unter den Kongreßdelegationen der einzelnen Verbände führen in der Tat zu dem Ergebnis, daß besoldete Verbandsfunktionäre unter den Delegierten bei weitem dominierten. So setzte sich die Delegation der Holzarbeiter auf dem Hamburger Kongreß 1928 zu 100 Prozent aus angestellten Funktionären des Verbandes zusammen, davon allein vier Mitglieder des Hauptvorstandes, 13 Bezirksleiter, ein Angestellter einer Bezirksverwaltung und der Bevollmächtigte der großen Verwaltungsstelle Berlin. Der kleine Dachdeckerverband, der nur einen Delegierten stellte, wurde von seinem ersten Vorsitzenden, Theodor Thomas, vertreten. Der Schuhmacherverband entsandte fünf Delegierte. Darunter war der erste Vorsitzende, zwei Bezirksleiter, ein Ortsbeamter und ein Delegierter, bei dem eine besoldete Funktionärstätigkeit nicht zu ermitteln ist. Bei dem Bergarbeiterverband und dem Metallarbeiterverband waren die Verhältniszahlen zwar nicht so gravierend, jedoch auch bei ihnen überwogen die Verbandsangestellten. Von der 13köpfigen Bergarbeiterdelegation waren 69 Prozent besoldete Funktionäre: zwei Mitglieder des Verbandsvorstandes, ein Bezirksangestellter und sechs Ortsbeamte. Bei vier Delegierten ist eine besoldete Funktionärstätigkeit nicht nachweisbar. Die 49 Delegierten des DMV setzten sich zu 67 Prozent aus Verbandsangestellten zusammen, davon drei Vorstandsmitglieder, elf Bezirksleiter, 19 Ortsbeamte. 16 Delegierte waren offenbar keine besoldeten Funktionäre des Verbandes[195].

Auf dem Nürnberger Kongreß schien, soweit sich das nachprüfen läßt,

---

192 Heyde: Kongresse, in: Internationales Handwörterbuch, Bd. 2, S. 996.
193 W. Bohnstedt: Der 14. Kongreß der Freien Gewerkschaften II., in: Soziale Praxis, 40. Jg., 17. 9. 1931, Sp. 1280.
194 Vgl. Protokoll Hamburg, 1928, S. 141.
195 Die Überprüfung der Kongreßdelegationen wurde anhand des Handbuchs des Vereins Arbeiterpresse, 4. Lieferung 1927 durchgeführt. Darin sind in etwa alle Angestellten in Partei, Gewerkschaften und Genossenschaften aufgelistet. Über die Funktionen (ehrenamtlicher Funktionär, Betriebsrat usw.) der übrigen Delegierten kann nichts ausgesagt werden.

die Situation noch etwas anders. Während sich die Delegationen der Holzarbeiter, Dachdecker und Schuhmacher, was die Stellung der Delegierten im Verband betrifft, in etwa gleich zusammensetzten, herrschte bei den Bergarbeitern und den Metallarbeitern ein anderes Bild: die Bergarbeiterdelegation bestand 1919 nur zu 37 Prozent, die des DMV zu 33 Prozent aus besoldeten Verbandsfunktionären[196]. Der zunehmende Anteil hauptamtlicher Gewerkschaftsfunktionäre unter den Delegierten verstärkte, so auch die Meinung Borsdorfs, die »Bürokratisierungstendenzen«[197]. Noch deutlicher wird das Bild, wenn man den Personenkreis untersucht, der die Diskussionen auf dem Kongreß dominierte. 71 Prozent der Debattenredner auf dem Kongreß 1919 waren besoldete Verbandsangestellte, allein 34 Prozent gehörten Hauptvorständen der Mitgliedsverbände, 13 Prozent der Generalkommission an. Die häufigsten Redebeiträge entfielen auf die Vorsitzenden des Kongresses, Legien, Leipart und Reichel (DMV), sowie auf den Hauptredner der Opposition, Dißmann. Auf dem Hamburger Kongreß wurden die Verhandlungen gar zu 87 Prozent von angestellten Funktionären bestritten, 33 Prozent waren Mitglieder von Hauptvorständen und 27 Prozent gehörten der ADGB-Führung an. Häufigster Debattenredner war Tarnow, Vorsitzender der Holzarbeiter und auf dem Kongreß in den Bundesvorstand gewählt[198]. Die Diskussionen auf den Kongressen wurden demnach überwiegend von der ADGB-Führung und den Vorständen der Mitgliedsverbände geführt, jenem Kreis also, der in Vorstand und Ausschuß die Kongresse vorbereitete, die Tagesordnungen festlegte, die Referenten auswählte und die gestellten Anträge vorberiet[199]. Selbst von Angehörigen des ADGB-Apparates wurde diese Tatsache kritisch kommentiert. So notierte Erdmann über den Frankfurter Kongreß 1931, es hätten allzu viele Verbandsvorsitzende gesprochen. »Der Opposition wurde keine Gelegenheit gegeben, Spielraum zu gewinnen. Fair play für eine schwache

---

[196] Diese Zahlen sind alles in allem recht ungesichert, denn wer 1919 eine besoldete Funktion im Verband ausübte, hat dies 1927 möglicherweise nicht mehr getan. Die dritte Lieferung des Handbuchs des Vereins Arbeiterpresse kam 1914 heraus. Der dazwischen liegende Zeitraum ist also schlecht dokumentiert. Es liegt jedoch nahe, daß besonders in der DMV-Delegation, die einen Großteil der Opposition auf dem Kongreß 1919 stellte, Delegierte dominierten, die keine besoldeten Posten im Verband hatten. Erst auf dem Verbandstag des DMV im Oktober des Jahres eroberte die Opposition die Verbandsleitung und wechselte in der Folge mehrheitssozialdemokratische Funktionäre gegen solche der Opposition in den Verbandsbüros aus.
[197] Vgl. Borsdorf, Gewerkschaftsführer, S. 27.
[198] Zahlen errechnet nach den Rednerlisten in den Kongreßprotokollen und dem Handbuch des Vereins Arbeiterpresse 1927, vgl. dazu auch die Anm. 195 und 196.
[199] Adolf Weber bezeichnete es als »ein recht schwieriges Problem«, daß »die Beamten« einerseits der Generalversammlung bzw. dem Kongreß unterstellt seien, andererseits mit »ihrem Rate« für deren Beschlüsse »unentbehrlich« seien. Vgl. A. Weber, Kapital und Arbeit, S. 92.

Minderheit kann sich eine disziplinierte Bewegung jederzeit leisten. Tut sie es nicht, wird stets (und mit Recht) der Eindruck entstehen, daß der Apparat alles ist«[200].

Die Tagesordnung der Kongresse wurde auf Vorschlag des Bundesvorstandes vom Bundesausschuß festgelegt. Dieser Vorschlag wurde von den Kongressen auch jeweils angenommen. Auf keinem der ADGB-Kongresse konnten sich Alternativanträge zur Tagesordnung, meist von lokalen, oppositionellen Gewerkschaftsgliederungen gestellt, durchsetzen. Entweder wurden sie durch andere Tagesordnungspunkte miterledigt, zurückgezogen, abgelehnt oder fanden von vorneherein nicht die nötige Anzahl der sie unterstützenden Delegierten, um überhaupt zur Abstimmung zu gelangen[201]. Allerdings gestanden die Kongresse 1919 und 1922 der Opposition Korreferenten zu der von der Führung beschlossenen Tagesordnung zu.[202] Auch bei der Vorbereitung des Reichsbetriebsrätekongresses, von ADGB und AfA-Bund im Oktober 1920 abgehalten, betonte Graßmann, man müsse dafür sorgen, daß die Tagesordnung unverändert bleibe. Von der zu erwartenden kommunistisch-syndikalistisch orientierten Opposition würden bestimmt Korreferenten verlangt werden.»Zu den beiden ersten Referaten kann es aber keine Korreferenten geben.« Anders liege es beim dritten Tagesordnungspunkt.»Ohne dieses Zugeständnis von vorneherein zu machen, werden wir aus taktischen Gründen uns eventuell mit einem Korreferenten aus dem Kreis der Delegierten einverstanden erklären können.«[203] Beim außerordentlichen Kongreß 1932, der von vorneherein nicht der Willensbildung, sondern der publikumswirksamen Kundgebung des gewerkschaftlichen Arbeitsbeschaffungsprogramms diente, beschloß der Ausschuß, daß als Redner fünf Vertreter der Verbände und zwei Bezirkssekretäre des ADGB auftreten sollten. Die Auswahl der Diskussionsredner sollte

---

200 Vgl. Tagebucheintrag zum Kongreß 1931, in: DGB/NL Erdmann. Vgl. auch W. Bohnstedt: Der 14. Kongreß..., Sp. 1280. Auch Bohnstedt bedauerte das Fehlen der Opposition.
201 So auf dem Hamburger Kongreß 1928 auf dem verschiedene kommunistisch orientierte Anträge eine Abänderung der TO verlangten, vgl. GZ, Jg. 38, Nr. 29, 21. 7. 1928, S. 450. Ab 1922 mußten Anträge mindestens von 50 Delegierten unterstützt werden, um zur Abstimmung zu gelangen, vgl. II. 3. Zu den Anträgen zur TO der anderen Kongresse, s. Protokoll Nürnberg, 1919, S. 30f. und S. 312; Protokoll Leipzig, 1922, S. 324; Protokoll Breslau, 1925, S. 43; Protokoll Frankfurt, 1931, S. 26.
202 Vgl. Protokoll Nürnberg, 1919, S. 312; Protokoll Leipzig, 1922, S. 324.
203 Graßmann in der BA-Sitzung am 4. 10. 1920; der BA billigte die Vorbereitungen zum Kongreß. Vgl. Ruck, Quellen II, Dok. 20, S. 221 f. Zum Reichsbetriebsrätekongreß s. Protokoll Reichsbetriebsrätekongreß, 1920, 1. TOP des Kongresses war: »Die wirtschaftliche Lage Deutschlands«, Ref. Wissell, 2. TOP: »Die politischen und ökonomischen Machtverhältnisse und die Sozialisierung«, Ref. Hilferding; 3. TOP: »Die Aufgaben der Betriebsräte«, Dißmann und Nörpel s. ebenda, S. 3.

»zweckmäßigerweise« den drei Vorsitzenden des Kongresses, Leipart, Brandes (DMV) und Schumann (Gesamtverband), überlassen werden[204]. Welchen Stellenwert die ADGB-Führung dem Kongreß als Organ der Willensbildung überhaupt einräumte, machen die Beratungen des Ausschusses im Vorfeld des Hamburger Kongresses deutlich. In der Sitzung vom 4./5. Juni 1928 wurden von den Verbandsvertretern verschiedene Vorschläge für die Tagesordnung gemacht. Reichel wollte die Rationalisierung und deren soziale Auswirkungen behandelt wissen, Thomas Handwerkerfragen und Schumann die Konzentration der kapitalistischen Wirtschaft und den Umfang der Gemeinwirtschaft in Deutschland. Leipart entgegnete, sehr viele wichtige Fragen könnten nicht in eigenen Referaten dargestellt werden, und außerdem sei es »auch nicht erforderlich, daß der Kongreß alle Fragen, die augenblicklich das gewerkschaftliche Interesse berühren, behandeln muß«. Die auf dem Kongreß nicht besprochenen Themen könnten »sehr wohl in einer Bundesausschußsitzung beraten und dann öffentlich besprochen werden«[205]. Auch das zentrale Thema »staatliches Schlichtungswesen« setzte der Bundesvorstand angesichts der Gespaltenheit des Bundesausschusses in dieser Frage nicht auf die Tagesordnung des Kongresses. Markus Schleicher, Vorstandsmitglied des Holzarbeiterverbandes, kritisierte bereits in der Verbandsbeiratssitzung des DHV vom 23. August 1928, daß zwischen den Anträgen zum Kongreß und seiner Tagesordnung »kein rechter Zusammenhang« bestehe. Das lasse darauf schließen, »daß die Massen andere Gedanken bewegen als Wirtschaftsdemokratie und Bildungsfragen«[206]. Auch auf dem Kongreß wiederholte Schleicher seine Kritik und unterstellte dem Bundesvorstand mangelnden Kontakt zur Mitgliederbasis[207].

Von Interesse ist, wie Vorstand und Ausschuß mit »gegnerischen« Anträgen umgingen. In der den Hamburger Kongreß vorbereitenden Ausschußsitzung am 29. Juni 1928 teilte Leipart mit, daß die Zentrale der KPD eine große Zahl von Entwürfen zu Resolutionen für den Gewerkschaftskongreß an die kommunistischen Zellen in den Ortsverwaltungen der Verbände und in den ADGB-Ortsausschüssen verbreitet habe. Der Vorstand sei im Besitz dieser Entwürfe und werde sie den Verbandsvorständen zusenden. Es sei damit zu rechnen, daß ein Teil der Ortsverwaltungen diese Entwürfe als Anträge zum Kongreß einreichen werde. Es

---

204 Vgl. BA-Sitzung am 12. 4. 1932, in: Jahn, Quellen IV, Dok. 84, S. 544.
205 Vgl. Kukuck/Schiffmann, Quellen III, Dok. 192, S. 1101, zu den Anträgen Reichels, Thomas' und Schumanns s. S. 1100f.
206 Vgl. 6. Verbandsbeiratssitzung vom 23. 8. 1928, TOP 4, in: ZA FDGB/A 54, Bl. 109f.
207 Vgl. Protokoll Hamburg, 1928, S. 129. Zur Schlichtungsfrage vgl. ausführlicher Teil 2, III. 1.

frage sich, wie mit diesen Anträgen zu verfahren sei. Der Vorstand empfahl dem Ausschuß, derartige Anträge als »nicht gestellt« zu betrachten, da sie von einer Partei ausgingen, die sich von »außen« her in »rein gewerkschaftliche Angelegenheiten« einmische. Dies müßten sich die Gewerkschaften verbitten. Der Vorstand habe nichts gegen »loyale« Opposition, die sachliche Kritik üben wolle, aber Anträge zum Kongreß müßten »aus eigener Initiative, aus der eigenen positiven Mitarbeit und aus einer von hohem Verantwortungsgefühl getragenen Mitarbeit hervorgehen«[208]. Während Brey (FAV) Leipart voll zustimmte, gab Reichel immerhin zu bedenken, »daß nach dem Wortlaut der Bundessatzung alle Anträge an den Kongreß veröffentlicht werden müssen«. Umbreit ging noch weiter als Leipart. Er schlug vor, um den »fremden Einfluß« wirksam zu verhindern, sollten alle Anträge der Ortsverwaltungen zunächst den Verbandsvorständen vorgelegt und erst nach deren Zustimmung veröffentlicht werden. Tarnow gab jedoch zu bedenken, Umbreits Vorschlag könne dazu führen, daß in Zukunft jede Opposition »totgeschwiegen« werde. Schließlich einigte sich der Bundesausschuß darauf, die kommunistischen Anträge »unter Hinweis auf ihre Herkunft« in der »Gewerkschafts-Zeitung« zu veröffentlichen[209].

Bei den für die ADGB-Politik grundlegenden Entschließungen folgte der Kongreß in den überwiegenden Fällen den Vorlagen des Vorstandes und des Ausschusses. Die Willensbildung war zum Zeitpunkt der Kongresse bereits abgeschlossen. Dies war bei der Arbeitsgemeinschaftpolitik der Fall, die auf dem Nürnberger Kongreß zur Diskussion stand. Der Kongreß sanktionierte nur mehr eine bereits seit einem dreiviertel Jahr bestehende vollendete Tatsache, die durch Beschluß der Generalkommission und der Verbandsvorstände geschaffen war[210]. Ähnlich verhielt es sich bei den von der Vorständekonferenz vorgelegten »Richtlinien über die künftige Wirksamkeit der Gewerkschaften«, in denen Grundlagen und Ziele der künftigen gewerkschaftlichen Politik und das Verhältnis der Gewerkschaften zu den Betriebsräten festgelegt wurden. Diese Richtlinien waren von einer von der Vorständekonferenz eingesetzten Studienkommission ausgearbeitet worden und von der Vorständekonferenz am 25. April 1919 beschlossen worden. Wie Potthoff richtig feststellt, hatte die Diskussion dieser Richtlinien »bis zu einem gewissen Grade den Charakter des Elitären«. Auf der Ebene des Kongresses habe »keine wirkliche in die Tiefe und Breite gehende Debatte« mehr stattgefunden, das Ergebnis

---
208 Vgl. Kukuck/Schiffmann, Quellen III, Dok. 194, S. 1122.
209 Redebeiträge Reichel, Umbreit, Tarnow s. ebenda, S. 1123.
210 Vgl. dazu Teil 1, I. und besonders Teil 2, III. 2.

»wurde im Grunde nur noch von den Delegierten sanktioniert«[211]. Auf dem Breslauer Kongreß 1925 waren von insgesamt 17 angenommenen Entschließungen allein 13 vom Bundesvorstand, eine vom Bundesausschuß, eine von Ausschuß und Vorstand gemeinsam vorgelegt worden. Eine weitere war von den Vorständen der großen Verbände DMV, FAV, DHV, Baugewerksbund, Bergarbeiterverband und Verkehrsbund initiiert[212]. Ähnlich war die Situation auf dem Hamburger Kongreß. Von neun angenommenen Entschließungen waren sechs vom Bundesvorstand, zwei von Verbandsvorständen und eine von der vom Ausschuß vorgeschlagenen und vom Kongreß gewählten Antragskommission eingebracht worden[213]. Das Hauptthema des Kongresses, die Wirtschaftsdemokratie, war von einer Expertenkommission vorbereitet worden, und dem Kongreß in Buchform unterbreitet worden. Auch beim Frankfurter Kongreß lag den Delegierten zur Hauptforderung, der 40-Stunden-Woche, ein von Angestellten des Bundesbüros und der Forschungsstelle erarbeitetes Buch vor. Von den sieben angenommenen Entschließungen hatte der Bundesvorstand fünf vorgelegt, die übrigen zwei stammten von Vorständen der Mitgliedsverbände.

Für die »Frankfurter Zeitung« mutete das Vertrauen, das der Bundesvorstand genoß, »an den Verhältnissen etwa mittelmäßigen Parteienlebens gemessen, nahezu phantastisch an. Nicht, daß er (gegen eine Stimme) von 306 Delegierten ein Vertrauensvotum bekommt, sondern wie man ihm *geistig* folgt, ist das Entscheidende«. Gleichzeitig schränkte sie jedoch ein, daß die, die so handelten »freilich Funktionäre und Delegierte« seien. Und da liege auch »das Fragezeichen des Kongresses. Gleiche Disziplin und Ruhe lassen sich von den einfachen Mitgliedern nicht ohne weiteres erwarten, zumal da die Not sie meist unmittelbar bedrückt.«[214] Lothar Erdmann kritisierte, daß der Kongreß »nicht vor Alternativen gestellt« worden sei. »An die Teilnehmer wurden keine geistigen Anforderungen gestellt. So bot der Kongreß während der Debatte nie das Schauspiel eines aufmerksamen Auditoriums. Das ist keine Me-

---

211 Vgl. Potthoff, Gewerkschaften (1979), S. 122. Zur Einsetzung der Studienkommission vgl. Schönhoven, Quellen I, Dok. 62, S. 684ff.; zur Beratung der Richtlinien in der Vorständekonferenz ebenda, Dok. 65, S. 706ff. Die Richtlinien sind abgedruckt in: Protokoll Nürnberg, 1919, S. 57ff.
212 Eine weitere wurde von Frauen eingebracht zum Thema »Wochenhilfe«. Zu den Entschließungen des Breslauer Kongresses s. Protokoll Breslau, 1925, S. 19ff.
213 Zu den Entschließungen des Hamburger Kongresses s. Protokoll Hamburg, 1928, S. 18ff.; zur Wahl der Antragskommission s. ebenda, S. 76.
214 Vgl. Frankfurter Zeitung vom 8. 9. 1931, in: BArch/ZSg. 126/825.

thode, die Demokratie lebendig zu machen.«[215] Eine klare Verbindung zwischen Bürokratisierung und Willensbildung zog die »Soziale Praxis«. In ihrem Bericht über den Frankfurter Kongreß stellte sie fest, daß eine Debatte über innergewerkschaftliche Fragen vollkommen gefehlt habe. Viele Differenzen, die früher auf den Kongressen ausgetragen wurden, würden jetzt in der Zwischenzeit erledigt. »Hinzu kommt der Ausbau des Bundesausschusses und des Apparates des Bundesvorstandes, die beide auch als Filter für die Klärung mancher Meinungsverschiedenheiten dienen mögen.«[216]

Die ADGB-Kongresse waren ab Mitte der zwanziger Jahre kaum mehr Plattformen, auf denen die gewerkschaftlichen Diskussionen kontrovers ausgetragen wurden. Dies lag zum einen sicherlich daran, daß die MSPD- und USPD-orientierten Gewerkschaftsfraktionen sich einander wieder annäherten und daß die kommunistisch orientierte Opposition teils aus Gründen der kommunistischen Gewerkschaftspolitik selbst, jedoch auch wesentlich durch die Ausschlußpraxis der freien Gewerkschaften auf den Kongressen keine Rolle mehr spielte. Doch diese politischen Aspekte sind nicht allein verantwortlich für die zunehmend monolithische Kongreßgestaltung. Vielmehr sorgte die Zentralisierung der Entscheidungen zum Bundesvorstand und Bundesausschuß hin für einen Bedeutungsverlust der Kongresse als Orte demokratischer Willensbildung. Die Darstellung von Geschlossenheit nach außen mochte zwar das Bild von Stärke vermitteln, barg jedoch auch die Gefahr, daß dieses Bild ein Trugbild sein konnte. Die völlig unzureichende Repräsentation der Mitglieder auf den Kongressen und die geringe Beachtung jener Probleme, die die Arbeiterschaft und die gewerkschaftliche Basis beschäftigten, trugen mit Sicherheit zu einem Entfremdungsprozeß zwischen Funktionärsschaft und vor allem Gewerkschaftsführung und Mitgliedern bei. Diese Zentralisierung der Entscheidungen ohne ausreichende Einbeziehung eines breiteren gewerkschaftlichen Diskussionsprozesses hatte, wie zu zeigen sein wird, Auswirkungen auf die Entwicklung gewerkschaftlicher Politik. Zunächst soll jedoch auf die Rolle der aktiven gewerkschaftlichen Basis und der Mitglieder insgesamt in der gewerkschaftlichen Willensbildung eingegangen werden.

---

215 Aufzeichnungen Erdmanns zum Frankfurter Kongreß 1931, in: DGB/NL Erdmann.
216 Vgl. W. Bohnstedt: Der 14. Kongreß..., Sp. 1280.

4. Gezähmte Basis?

Die Mitglieder in ihrer Gesamtheit spielen im Willensbildungsprozeß solcher Massenorganisationen wie den Gewerkschaften von vorneherein eine eingeschränkte Rolle. Mit der Größe der Organisation und der zunehmenden Komplexität der zu entscheidenden Fragen vermindert sich die aktive Einbeziehung jedes einzelnen Mitglieds in die Entscheidungsfindung. Willensbildung und Kontrolle der Führung vollziehen sich über ein System repräsentativer Demokratie. Daß durch das gewerkschaftliche Delegiertensystem nur sehr beschränkt Mitgliederwillen repräsentiert wurde, ist im vorangegangenen Abschnitt gezeigt worden.

Ein weiterer, für Massenorganisationen gewissermaßen »natürlicher« Umstand kommt hinzu: einer großen »schweigenden Mehrheit« der Mitglieder steht ein relativ kleiner, an der Basis aktiver Teil gegenüber. Graßmann berichtete auf dem Nürnberger Kongreß 1919, daß bei der Wahl zu den Kongreßdelegierten von 168000 Mitgliedern des DMV in Berlin nur 10000 von ihrem Wahlrecht Gebrauch gemacht hätten[217]. Auch aus Verwaltungsstellen der Einzelverbände und aus ADGB-Ortsausschüssen liegen Hinweise für das Desinteresse in Teilen der Mitgliedschaft vor. So beklagte der Vorsitzende des Ortsausschusses Nauen, daß im Geschäftsjahr 1926 die gewerkschaftlichen Versammlungen nur schwach besucht worden seien[218]. Der Vorsitzende der Verwaltungsstelle Lehnin des Holzarbeiterverbandes mahnte in einer Sitzung vom Januar 1929, daß die Mitglieder doch mehr Interesse an der Organisation zeigen sollten[219].

Bei der Untersuchung der Rolle der Mitgliederbasis im gewerkschaftlichen Willensbildungsprozeß rücken zwei Fragen ins Blickfeld:
1. Welche Bedeutung hatten die »Massen« als Objekte für die Entscheidungen der Führung?
2. Welche realen Möglichkeiten besaßen die aktiven Teile der Basis in den Ortsausschüssen des ADGB, den Ortsverwaltungen der Mitgliedsverbände und die Betriebsräte, als handelnde Subjekte auf die Führung Einfluß zu nehmen?

Die »Stimmung in den Massen« war für die politischen Entscheidungen der Führung ein wesentlicher Faktor. Inwieweit »die Massen« die Politik

---
217 Vgl. Protokoll Nürnberg, 1919, S. 520; zur geringen Beteiligung an Urwahlen und Mitgliederversammlungen vgl. auch Potthoff, Gewerkschaften (1979), S. 65f.
218 Vgl. Generalversammlung des OA Nauen vom 8. 1. 1927, TOP 1, in: ZA FDGB/A 6.
219 Vgl. Protokoll der Generalversammlung der Verwaltungsstelle Lehnin vom 13. 1. 1929, TOP 1, in: ZA FDGB/A 44.

der Führung verstehen würden, Vertrauen zur Führung verlorengehen, bzw. verlorenes Vertrauen wiederhergestellt werden könnte – derartige Fragen wurden vom Bundesausschuß und Bundesvorstand und auch in den Vorständen der Einzelverbände besonders in den Krisenzeiten der Inflation und der Wirtschaftskrise der 1930er Jahre immer wieder diskutiert. Äußerungen wie die Leiparts in der Ausschußsitzung vom 25. November 1931, man könne nicht verlangen, »daß von jedem Mitglied alles verstanden wird, was wir gesagt und getan haben«[220], dokumentieren den elitären Grundzug im Bewußtsein der Führung. Die gewerkschaftliche Mitgliedschaft wurde, wie Rosa Luxemburg es formulierte, zur »urteilsunfähigen Masse«[221] gestempelt. Daß man nicht alle Einzelheiten geplanter Aktionen und Schritte der Führung in Mitgliederkreisen öffentlich zur Diskussion stellen könne, wurde mit der gegenüber den Unternehmern notwendigen Taktik der Geheimhaltung begründet[222] – ein Argument, das schon vor 1914 ins Feld geführt wurde, wie überhaupt der sogenannte »Massen-Führer-Konflikt« bereits in den Gewerkschaften der Kaiserzeit ein lebhaft diskutiertes Thema war[223]. Wenn also die Mitgliedschaft auch nicht detailliert ins Bild gesetzt werden sollte, so sollte es andererseits doch erreicht werden, die »Mitglieder dahin [zu] bringen, wenigstens die Generallinie der Verbandspolitik zu billigen, innerlich zu begreifen«[224]. Gerade Funktionäre, die in der gewerkschaftlichen Bildung tätig waren, verwiesen darauf, daß den Mitgliedern häufig die nötigen Informationen über das gefehlt hätten, »was tatsächlich getan wurde«. Dies habe sich besonders in »kritischen Zeiten« ungünstig ausgewirkt, »da die Massen die Schuld für die schlechten Verhältnisse nicht nur bei den gegnerischen Gruppen, sondern auch bei ihren eigenen Führern suchten«. Es sei also, so Seelbach, eine »Kernfrage« der Arbeiterbildung, »Führung und Massen einander näher zu bringen«[225]. Es handelte sich jedoch nicht nur um ein unbestrittenes Informationsdefizit, sondern auch um den konkret unterschiedlichen Erfahrungshorizont, den die leitenden

---

220 Vgl. BA-Sitzung vom 25. 11. 1931, in: Jahn, Quellen IV, Dok. 63, S. 430; ähnlich äußerte sich Tarnow in der Sitzung vom 20. 6. 1931, für ihn war es sicher »daß die Massen nicht in der Lage sind, die wirtschaftliche und politische Situation zu überschauen«. Vgl. ebenda, Dok. 47, S. 342.
221 Rosa Luxemburg: Massenstreik, Partei und Gewerkschaften, in: Gesammelte Werke, Bd. 2, S. 163. Michels stellte dagegen von vornherein die »Unreife der Masse«, deren immanente Inkompetenz und daraus folgend die Führungsbedürftigkeit der »amorphen Masse« fest, vgl. Michels, Soziologie (2. Aufl. 1925), S. 508.
222 Vgl. Teil 1, IV. 1.
223 Vgl. Teil 1, I. und IV. 1.
224 F. Fricke: 10 Jahre gewerkschaftlicher Bildungsarbeit in Berlin, in: Vierteljahreshefte der Berliner Gewerkschaftsschule, 1931, S. 83.
225 H. Seelbach: Kernfragen der Bildungsarbeit an der Bundesschule Bernau, in: ebenda, 1932, H. 3/4, S. 77.

Personen in der Zentrale einerseits und die Mitglieder und Funktionäre an der Basis andererseits hatten. Fritz Fricke stellte 1930 »große Abstände zwischen den an ihren Arbeitsplatz oder Wohnort gebundenen Mitgliedern, deren Gesichtskreis natürlich auch nicht weit über diese Grenzen hinausreicht, und jener Führerkategorie, die in den Spitzenkörperschaften dem Einfluß der Mitgliedschaften der einzelnen Orte und Bezirke nicht mehr direkt unterliegt«, fest[226]. Daß die leitenden Funktionäre sich nicht mehr ausreichend in »die Lage der Kollegen in den Betrieben« hineindenken könnten, war denn auch ein Vorwurf aus den Reihen der Mitglieder[227]. Die Führung selbst hielt sich jedoch durchaus für die Sachwalterin der Arbeiterinteressen. Leipart antwortete einem kritischen Briefeschreiber im November 1932, daß »alle Sorgen, die Sie äußern, auch meine Mitarbeiter und mich selbst dauernd beschäftigen. Daß wir den ›Pulsschlag der Arbeitermasse nie gefühlt‹ hätten, werden Sie wohl nicht im Ernst gemeint haben.«[228] Die Mitglieder der ADGB-Führung, die aus eigener Erfahrung der Arbeiterexistenz zur Gewerkschaftsbewegung gestoßen waren, waren der Überzeugung, daß sie, aus »der gleichen Kinderstube« kommend, den »gleichen Druck« wie die Mitgliedschaft empfänden. »Wenn auch der Arbeiter einmal auf den Führer schimpft, er weiß, daß es sein Mann ist, der zu ihm redet, der letztlich doch das Richtige geraten hat.«[229] Auf der anderen Seite scheint unter den leitenden ADGB-Funktionären auch die Befürchtung vorhanden gewesen zu sein, mit der Mitgliedschaft nicht genügend in Kontakt zu stehen. So äußerte Leipart Ende 1923 gegenüber Tarnow den Wunsch, »einmal an einer Gauvorsteherkonferenz teilzunehmen, um in Fühlung mit dem praktischen Gewerkschaftsleben zu bleiben«[230].

Zwar konnten die Mitglieder in ihrer Gesamtheit auf die Politik der Gewerkschaftsorganisationen direkt kaum Einfluß ausüben, jedoch besaßen sie ein wirksames Mittel, mit dem sie bewußt oder unbewußt ihrer

---

226 Vgl. Fritz Fricke: Kampf den Bonzen, in: ebenda, 1930, H. 2, S. 51.
227 Vgl. Schreiben des Zentralverbandes der Hotel-, Restaurant- u. Café-Angestellten an Clemens Nörpel vom 26. 10. 1932 nebst Anlage, in: DGB 4/116f.
228 Vgl. Leipart an Schützendorf vom 25. 11. 1932 in: DGB 16 II/624.
229 So Graßmann in den Verhandlungen zwischen NSBO und ADGB am 13. 4. 1933, in denen es um die weitere Existenz der Gewerkschaften ging. Gegen die Forderungen der NSBO, die bisherigen Führer müßten z.T. gegen NSBO-Funktionäre ausgewechselt werden und zwar ohne Wahl durch die Mitgliedschaft, führten die ADGB-Vorstandsmitglieder die Verbundenheit der Mitglieder mit der Führung ins Feld. Mit einer von »außen« eingesetzten Führung könnte man niemals die Arbeiter »innerlich erfassen«. Protokoll dieser Sitzung in: Jahn, Quellen IV, Dok. 201, Redebeitrag Graßmann: S. 891.
230 Vgl. Mitteilung Tarnows in der 23. Vorstandssitzung des DHV, vom 3. 12. 1923, in: ZA FDGB/A 50.

Meinung über die Politik der gewerkschaftlichen Führung Ausdruck verleihen konnten: den Austritt aus der Gewerkschaft. Die Krisenphasen zu Anfang und zu Ende der Weimarer Republik waren jeweils mit starken Mitgliederverlusten der Gewerkschaften verbunden. Besonders in den Jahren 1923/24 hatten die Gewerkschaften einen Massenexodus ihrer Mitgliedschaften zu verzeichnen, der seinen Hintergrund auch in der Enttäuschung der Mitglieder über die Politik der Gewerkschaftsführungen bzw. deren Ineffizienz und Machtlosigkeit und einem daraus resultierenden Vertrauensverlust der gewerkschaftlichen Führung hatte[231].

Die lokalen Gliederungen, die Ortsausschüsse des ADGB wie die Ortsverwaltungen der Mitgliedsverbände, waren Mittlerinnen zwischen den Mitgliedern und der »weitgehend anonymen Gewerkschaftsbürokratie«[232]. Sie waren gewissermaßen die Sprachrohre, die die Stimmung in der Mitgliedschaft an die Zentrale vermittelten. Auf der anderen Seite waren sie durch Disziplinierungsmaßnahmen der Zentrale, straffere Organisationsstatuten und Streikreglement in ihrem Handlungsspielraum stark eingeengt[233]. Insgesamt konnten die lokalen Stellen den Willensbildungsprozeß kaum beeinflussen.

Trotz der Disziplinierungsmaßnahmen sind besonders in der ersten Hälfte der 1920er Jahre, aber auch in der folgenden Zeit Selbständigkeitstendenzen und eigenmächtige Aktionen festzustellen. So unterstützten Ortsausschüsse entgegen dem Streikreglement und den wiederholten Mahnungen der Zentrale immer wieder »wilde«, von den Verbandsleitungen nicht genehmigte Streiks und setzten sich auch in anderen Fällen, z. B. bei der »Ruhrhilfe«, über die Beschlüsse und Weisungen der Zentrale hinweg[234]. Dies galt auch für den Verkehr mit Regierungsstellen. Nicht nur der größte ADGB-Ortsausschuß in Berlin, auch kleinere Ortsausschüsse richteten unter Umgehung des »Instanzenweges« über die Zentrale Resolutionen und Forderungen direkt an Ministerien des Reiches oder Preußens. So forderte der kleine Ortsausschuß in Bunzlau/ Schlesien in einem Schreiben vom 20. Mai 1920 den Reichskanzler Mül-

---

231 Zu den Hintergründen und Zusammenhängen dieses Mitgliederverhaltens und den Reaktionen der Führung vgl. Teil 2, IV. 3. und IV. 5.
232 Mai, Geislinger Metallarbeiterbewegung, S. 71.
233 Vgl. dazu Teil 1, II. 3.
234 Zur Unterstützung »wilder« Streiks s. ebenda; vgl. auch Bundesmitteilung für die OAe des ADGB, Nr. 11, 15. 12. 1922, in: HiKo NB 79/11 (betr. Streik bei BASF) sowie die Protokollbücher des OA Nauen, der kommunistisch dominiert war. Zur Unterstützung des »wilden« Streiks bei BASF gab der OA Nauen Sammellisten heraus, vgl. Kartellsitzung vom 7. 1. 1923, in: ZA FDGB/A 5. Zur »Ruhrhilfe« vgl. Teil 2, III. 2.

ler (SPD) auf, den Gewerkschaften »den größten Einfluß speziell in wirtschaftlicher Beziehung bei der Regierung zu sichern«[235].

Im Juli 1921 einigten sich Reichsarbeitsministerium und Bundesvorstand angesichts der »großen Zahl von Zuschriften einzelner Gewerkschaftsstellen« darauf, diese an die Verbandsleitungen zurückzuverweisen[236]. In der Zukunft sollten sich lokale Stellen mit Eingaben und ähnlichem zunächst an die Verbandszentralen oder den ADGB-Vorstand wenden. Obwohl der Bundesvorstand in der Folgezeit wiederholt darauf hinwies, daß Ortsausschüsse nicht isoliert vorgehen und sich nicht direkt an Regierungsstellen wenden sollten[237], forderte ein kleinerer sächsischer Ortsausschuß noch im September 1930 in einer Eingabe an den Reichspräsidenten (!), die Krisenunterstützung für Bauarbeiter in seinem Bezirk auszudehnen[238]. Wenngleich derartige Aktionen letztlich erfolglos blieben, liefern sie dennoch Indizien dafür, daß in den lokalen Stellen ein gewisser Rest an Eigenständigkeit verankert blieb.

Andererseits ist im Verhältnis von lokalen Verwaltungsstellen und Zentrale nicht von vorneherein ein auch politisch artikuliertes Oppositionsverhalten der Basis gegenüber der Führung vorauszusetzen. Am Beispiel der Geislinger DMV-Verwaltungsstelle stellte Gunther Mai fest, daß politische Fragen in der Alltagsarbeit der Verwaltungsstelle »in einem bemerkenswerten Maße ausgeklammert« gewesen seien. »Die Äußerungen über die Notverordnungen, die Ursachen der Wirtschaftskrise [...], die Bekämpfung des Nationalsozialismus entsprachen in der Regel der offiziellen Haltung von DMV und ADGB.«[239] Ähnliches gilt für die Verwaltungsstelle des Holzarbeiterverbandes in Lehnin. Themen der Sitzungen waren vor allem Verwaltungsangelegenheiten und Fragen, wo und wie Festveranstaltungen des Verbandes durchzuführen seien etc. Politische Diskussionen sind in den Protokollen der Verwaltungsstelle nicht festgehalten[240].

---

235 Schreiben in: BArch R 43 I, 2023/37. Die Berliner Gewerkschaftskommission (= OA Berlin) richtete z.B. im Jahr 1923 mehrere Schreiben an die Reichsregierung, in denen Maßnahmen zur Linderung der Not und eine Besprechung zwischen dem OA Berlin und der Reichsregierung gefordert wurden. Vgl. z.B. Schreiben vom 2. 6. 1923 an RK Cuno, in: BArch R 43 I, 1134/22–25; Schreiben vom 20. 8. 1923 an RK Stresemann, in: ebenda/169–171.
236 Vgl. das Rundschreiben des BV an die Verbandsvorstände vom 30. 7. 1921, in dem das entsprechende Schreiben des RArbM vom 16. 7. 1921 wiedergegeben ist, in: HiKo NB 596/25.
237 Vgl. die Bundesmitteilungen für die OAe des ADGB, Nr. 7, 12. 6. 1923, S. 5, in: HiKo NB 79/17; Nr. 2, 9. 2. 1927, S. 1, in: ebenda/ 51; Nr. 7, 10. 10. 1928, S. 2, in: ebenda/64.
238 Vgl. Rundschreiben Nr. 23 des Bezirksausschusses Sachsen vom 15. 9. 1930, in: HiKo NB 83/143.
239 Vgl. Mai, Geislinger Metallarbeiterbewegung, S. 67.
240 Vgl. Protokollbuch für die Verwaltungsstelle Lehnin für die Zeit vom 21. 3. 1928–22. 1. 1933, in: ZA FDGB/A 44.

Im Zusammenhang mit dem Verhältnis zwischen der ADGB-Führung und den Ortsausschüssen spielen auch die Auseinandersetzungen der Gewerkschaftsführung mit den Kommunisten eine wesentliche Rolle. Besonders 1922 und 1923 hatten die Kommunisten in den gewerkschaftlichen Basisgliederungen an Einfluß gewonnen[241]. Betont werden muß jedoch, daß Kritik an der Politik der Führung keineswegs nur von KPD-orientierten Funktionären geübt wurde[242]. Gegen die »kommunistische Zerstörungsarbeit«, die nach einer Entschließung des Bundesausschusses vom 16. Januar 1924 zum Ziel hatte, »das Vertrauen der Gewerkschaftsmitglieder zu den eigenen Organisationen zu untergraben«[243], gingen ADGB-Führung und Verbandsleitungen mit Ausschlüssen kommunistischer Mitglieder und Schließung kommunistisch dominierter Ortsausschüsse und Verwaltungsstellen vor[244].

Auf die einzelnen Vorgänge wie auf die Taktik kommunistischer Gewerkschaftsarbeit kann im Rahmen dieser Studie nicht näher eingegangen werden[245]. Von Interesse sind jedoch die Stellungnahmen zweier Zeitgenossen, die alles andere als im Verdacht stehen, KP-Sympathisanten gewesen zu sein. So kritisierte Ludwig Preller die Ausschlußpraxis der Gewerkschaften. Dadurch sei zwar der gewerkschaftliche Friede wiederhergestellt worden, dies sei aber durch »Ausmerzung« und nicht durch

---

241 Vgl. dazu Teil 2, IV. 3.; vgl. auch Laubscher, Opposition, S. 245 ff.
242 Vgl. z. B. die Aufforderungen von OAen, der ADGB solle gemeinsam mit der SPD mehr Aktivität zeigen, s. Teil 2, IV. 3.
243 Zit. nach E. Schulze: Die Rettung vor dem Untergang. Eine Antwort des ADGB, Berlin 1924, S. 22. Diese Broschüre war die Reaktion des ADGB-Vorstandes auf die von den Kommunisten einberufene Konferenz der ADGB-Ortsausschüsse in Weimar am 25. 11. 1923. Zu dieser Konferenz, bei der von über 1000 Ortsausschüssen 181 vertreten waren, erschien ein Protokoll mit dem Titel: »Wie retten wir die deutschen Gewerkschaften, wie retten wir die deutsche Arbeiterklasse vor dem Untergang?« (Erfurt o. J.)
244 Im Nov. 1924 löste der BV den kommunistisch dominierten OA Gotha auf. Der OA hatte satzungswidrig zum Kampf um Lohnerhöhung und Arbeitszeitbegrenzung aufgerufen. Vgl. Kukuck/Schiffmann, Quellen III, Dok. 29, S. 258 ff.; GZ, Jg. 34, Nr. 47, 22. 11. 1924, S. 467. Bereits 1921 löste der BV den kommunistischen OA Halle wegen Verstoßes gegen gewerkschaftliche Beschlüsse auf. Vgl. Ruck, Quellen II, Dok. 27 und 34; Potthoff, Gewerkschaften (1979), S. 363 ff. Zur Schließung von OAen vgl. auch Jb. ADGB, 1924, S. 170 ff.; Jahresbericht des ADGB-Bezirks Sachsen für 1929, in: HiKo NB 83/67a. Der OA Nauen wurde im August 1929 »zur Abwehr der kommunistischen Machenschaften« durch den ADGB-Bezirksausschuß aufgelöst, vgl. Notiz vom 26. 8. 1930 am Schluß des Protokollbuches des OA Nauen für die Zeit vom Oktober 1924 bis August 1930, in: ZA FDGB/A 6. Zum Ausschluß kommunistischer Gewerkschaftsmitglieder vgl. u. a. Kukuck/Schiffmann, Quellen III, Dok. 5, S. 151 f.; ebenda, Dok. 29, S. 291 f.; Jahn, Quellen IV, Dok. 2, S. 98 f.
245 Vgl. dazu u. a. Freya Eisner: Das Verhältnis der KPD zu den Gewerkschaften in der Weimarer Republik, Frankfurt/M. o. J.; F. Deppe/W. Roßmann; Kommunistische Gewerkschaftspolitik in der Weimarer Republik, in: Solidarität und Menschenwürde, S. 209–231; Potthoff, Gewerkschaften (1979), S. 358 ff.; W. Müller: Lohnkampf, Massenstreik, Sowjetmacht. Ziele und Grenzen der »Revolutionären Gewerkschafts-Opposition« (RGO) in Deutschland 1928–1933, Köln 1988.

»Überzeugung und Einverleibung« geschehen. »Die Folgen dieses Vorgehens [...] wirkten in nicht geringem Maße auf die Alterszusammensetzung der Mitglieder und Führer, auf den Apparat und die Lebendigkeit seiner Organisation ein. Die Opposition der Kommunisten war destruktiv, aber es mangelte den Verbänden nunmehr auch an einer aufbauenden Opposition, die die Führer angesichts der veränderten politischen Situation der späteren Jahre mit dem Denken und Fühlen der gewerkschaftlichen Massen in engere und fruchtbarere Verbindung gebracht hätte.«[246] Auch das Urteil Lothar Erdmanns ging in eine ähnliche Richtung. Ohne eine parteipolitisch gebundene Opposition direkt beim Namen zu nennen, beschrieb er die Gewerkschaften als »organisatorisches Wunderwerk«, in dem alles »wie am Schnürchen ging, [...] in dem das innere Leben der ›Bewegung‹ seinen vorgeschriebenen, seinen geordneten Lauf nahm [...]. Aber wenn der bürokratische Mechanismus so präzise arbeitet, daß ›Störungen‹ automatisch ausgeschaltet werden, so gibt es keine Bewegung in der ›Bewegung‹ mehr.«[247]

Das Verhältnis zwischen Gewerkschaften und Betriebsräten, jener in der Weimarer Republik neuen Schicht von gewerkschaftlichen Basisfunktionären, war von Beginn an gespannt. Die 1919 vom Nürnberger Kongreß verabschiedeten programmatischen »Richtlinien über die künftige Wirksamkeit der Gewerkschaften« zielten auf die Anbindung der (Betriebs-)Rätebewegung an die Gewerkschaften einerseits und andererseits auf die klare Trennung zwischen den Aufgaben der Gewerkschaften und der Betriebsräte. Die traditionellen gewerkschaftlichen Aufgaben der Interessenvertretung sollten durch die Räte nicht angetastet werden, die Betriebsräte sich im Betrieb nur um soziale Belange der Belegschaft (Mitsprache bei Einstellungen und Entlassungen usw.) kümmern[248]. Leipart stellte am 2. März 1928 in seinem Vortrag vor sächsischen Gewerkschaftsfunktionären in Dresden in aller Deutlichkeit fest: »Die Funktionen der Betriebsräte hören außerhalb der Tore des eigenen Betriebes auf, also da, wo die Funktionen der Gewerkschaften in der Gesamtwirtschaft beginnen.«[249] Auch im Programm der Wirtschaftsdemokratie, das die paritätische Mitbestimmung in allen wirtschaftlichen Fragen auf die Fahnen geschrieben hatte, wurde die Verankerung des Mitbestimmungs-

---

246 Vgl. Preller, Sozialpolitik, S. 183.
247 Erdmann in einem undatierten Manuskriptfragment, in dem er sich über die Bedeutung des 20. Juli 1932 für die Arbeiterbewegung äußerte, in: DGB/NL Erdmann.
248 Die »Richtlinien« sind abgedruckt im Protokoll Nürnberg, 1919, S. 57ff., zu den Bestimmungen über die Betriebsräte, s. S. 60f. Zum Verhältnis Gewerkschaften – Betriebsräte vgl. auch C. Nörpel: Der Betriebsrat, in: Die Arbeit 1 (1924), S. 87–91.
249 Vgl. Leipart: Auf dem Wege zur Wirtschaftsdemokratie?, S. 15.

gedankens auf betrieblicher Ebene völlig vernachlässigt. In dem betreffenden, sehr kurzen Abschnitt über »Betriebsdemokratie und Wirtschaftsführung« hieß es: »Erst die organisierte und von den Gewerkschaften kontrollierte Wirtschaft, die auch den Unternehmer zum beauftragten und gebundenen Führer eines Betriebes macht, wird die wirksame Kontrolle dieser Betriebsführung durch den gesetzlich eingesetzten Betriebsrat möglich machen. Heute dagegen sind die Betriebsräte nicht Träger der Demokratisierung der Wirtschaft, sondern Ausdruck einer sozialen Selbstverwaltung im Betriebe.«[250] Erst sollte die Wirtschaftsdemokratie also »von oben« verwirklicht werden, bevor sie auch »unten« praktiziert werden konnte. Dißmann hatte demgegenüber 1925 den »Arbeiten und Aufgaben der Betriebsräte, insbesondere nach der wirtschaftlichen Seite, größte Bedeutung für die Zukunft« beigemessen. Nicht dem ADGB-Vorstand könne man »diese Wirtschaftsaufgaben zuweisen, sondern von unten auf muß diese Arbeit in Angriff genommen werden«[251]. Das starke freigewerkschaftliche Potential unter den Betriebsräten wurde vom ADGB jedoch nicht genutzt. Nach den Betriebsratswahlen von 1930 gehörten 86,9 Prozent der Betriebsräte (Arbeiterräte) den freien Gewerkschaften an, 1931 waren es 83,6 Prozent und selbst in den bereits unter nationalsozialistischen Terroraktionen stattfindenden Wahlen im Frühjahr 1933 konnten sich freigewerkschaftliche Betriebsräte überwiegend behaupten: Von den bis April 1933 gewählten 9235 Betriebsräten gehörten 73,4 Prozent freigewerkschaftlichen Verbänden an[252].

Die Vernachlässigung der betrieblichen Einflußnahme via Betriebsräte entsprang, so Hans Mommsen, dem traditionellen Argwohn der Gewerkschaften gegenüber den Betriebsräten, der mit dem befürchteten Verlust des gewerkschaftlichen Vertretungsmonopols verknüpft war. Auch die »gewohnte zentralistische Willensbildung [...] und die Vorstellung, daß effektive Erfolge nur auf gesamtgesellschaftlicher Ebene er-

---

250 Vgl. Wirtschaftsdemokratie, S. 152f. Vgl. auch J. Herzig, Die Stellung der deutschen Arbeitergewerkschaften zum Problem der Wirtschaftsdemokratie, Jena 1933, S. 21f.
251 Vgl. Dißmann: Berufsorganisationen oder Industrieverbände, Stuttgart o. J. [1925], S. 14.
252 Zahlen zu 1930 und 1931 s. GZ, Jg. 41, Nr. 48, 28. 11. 1931, S. 758f.; Zahlen 1933 s. ebenda, Jg. 43, Nr. 17, 29. 4. 1933, S. 270. Mai und Zollitzsch verweisen jedoch auch auf »explosionsartige« Gewinne der NSBO in den Betriebsrätewahlen 1933, so im Ruhrbergbau, vgl. G. Mai: Die Nationalsozialistische Betriebszellen-Organisation, in: Solidarität und Menschenwürde, S. 282, und W. Zollitsch: Arbeiter zwischen Weltwirtschaftskrise und Nationalsozialismus. Ein Beitrag zur Sozialgeschichte der Jahre 1928 bis 1936, Göttingen 1990, S. 184f. und S. 191.

reichbar seien«, waren Gründe für diese Haltung[253]. Sie hatte zur Folge, daß »die Kommunikation zwischen Gewerkschaftsapparat und den Mitgliedern« geschwächt wurde[254].

Aus den Reihen der Betriebsräte wurde frühzeitig kritisiert, daß »der ADGB nicht das nötige Interesse für die Betriebsräte« habe, so der Betriebsrat Freund aus Koswig auf der Tagung des Reichsbeirats der Betriebsräte im DMV am 6./7. Oktober 1922[255]. Die Tatsache, daß der ADGB in den 14 Jahren der Republik die Betriebsräte nur zweimal zu einem reichsweiten Kongreß zusammenrief, weist auf die eher zweitrangige Rolle hin, die die Betriebsräte für Politik und Strategie der Gewerkschaftsführung spielten. Stand der erste Kongreß im Oktober 1920 ganz im Zeichen der Integration der Betriebsräte und der Abwehr syndikalistischer und kommunistischer Bestrebungen und war diese Tagung Schauplatz heftiger Auseinandersetzungen[256], so diente die Reichsbetriebsrätekonferenz im Januar 1933 im Vorfeld der Betriebsrätewahlen nur mehr der Rechtfertigung der Politik der ADGB-Spitze und der Zurückweisung diverser in der Öffentlichkeit kursierender »Gerüchte«, die geeignet waren, die Führung vor der Basis zu diskreditieren[257]. Folgt man dem Bericht in der »Gewerkschafts-Zeitung«, so stand diese Konferenz im Zeichen »strenger Selbstbescheidung bei der Ausdehnung der Diskussion«, d.h. eine Diskussion fand kaum statt. Neben den Vertretern des Bundesvorstandes, die in ausführlichen Referaten die Politik des Vorstandes darstellten, sprachen aus den Reihen der Betriebsräte nur wenige, die jedoch alle versicherten, daß der Gewerkschaftsführung »ihr volles Vertrauen gehöre«. Die Betriebsräte hätten die Haltung der Gewerkschaften zu den wechselnden Regierungen im Reiche »mit Verständnis verfolgt«. Ob solcher Einhelligkeit konnte Graßmann in seinem Schlußwort feststellen, die Konferenz habe »das Vertrauen zwischen Führern

---

253 Vgl. Mommsen, Klassenkampf, S. 22f.; ders.: Die verspielte Freiheit, S. 92; vgl. auch Bahl, Lohnverhandlungssystem, S. 404f.; Winkler, Schein, S. 611f. Zum Verhältnis Gewerkschaften – Betriebsräte vgl. u.a. Potthoff, Betriebsräte und Gewerkschaften. Zur Vernachlässigung der Betriebsratsebene und der Verkennung der Bedeutung des »betriebsdemokratischen Bereichs« durch den Bergarbeiterverband vgl. Tschirbs, Tarifpolitik, S. 474.
254 Vgl. Mommsen, Klassenkampf, S. 25.
255 Vgl. Protokoll der Sitzung des Reichsbeirates der Betriebsräte des DMV am 6. u. 7. Oktober 1922 in Stuttgart, S. 18, in: ZA FDGB/Nr. 234.
256 Zum Betriebsrätekongreß 1920 vgl. Protokoll Reichsbetriebsrätekongreß, 1920; vgl. auch Teil 1, IV. 3.
257 Vgl. dazu Teil 2, IV. 6.

und Massen bestätigt und bekräftigt«. Dies war auch der Zweck der Konferenz[258].

Wenngleich die aktiven Teile der Gewerkschaftsbasis sich einen gewissen Rest an Eigenständigkeit bewahrt hatten und auch eigene Initiativen entwickelten, konnten sie auf den immer stärker zentralisierten Willensbildungs- und Entscheidungsprozeß kaum Einfluß nehmen. Die Gewerkschaften wurden ihrem eigenen demokratischen Anspruch nicht gerecht. Leipart hatte im Januar 1918 geschrieben, daß der »demokratische Aufbau der Organisation« den veränderten Verhältnissen angepaßt werden müsse, »damit die Mitglieder stets die Möglichkeit behalten, mitzuarbeiten und in allen wichtigen Fragen die Entscheidung selbst zu fällen«. Vertrauensvolles »Zusammenarbeiten« zwischen Führung und Masse sei in Zukunft noch wichtiger als bisher. Die Mitglieder müßten in »freudiger und verständnisvoller Mitwirkung« an der Seite der Führung stehen[259]. Was Leipart hier mit »verständnisvoller Mitwirkung« umschrieb, brachte Umbreit im selben Jahr auf einen deutlicheren Nenner. Auch Umbreit meinte, die Mitglieder müßten »zur regsten Mitarbeit in ihrer Organisation und zur Mitkontrolle der Führung der Geschäfte herangezogen werden«. Die »innere Festigkeit der Organisation« werde jedoch »in erster Linie durch das unbedingte Vertrauen der Mitglieder zu ihrer selbstgewählten Führung« gewährleistet. »Wo dieses Vertrauen vorhanden ist, da werden auch die Erfolge erzielt, weil die Gewerkschaftsleitung von ihren Mitgliedschaften jedes Opfer und jede Hingabe an das Organisationsinteresse verlangen kann«[260]. Welche Folgen dieses auf Hierarchie und Disziplin abgestellte Verhältnis zwischen Führung und Basis hatte, wird weiter unten zu untersuchen sein.

Zunächst sollen jedoch die Ergebnisse des Kapitels IV. zusammengefaßt werden:

5. Zusammenfassung

Der Willensbildungsprozeß im ADGB wurde in der Weimarer Zeit zunehmend zentralisiert und verlief von »oben« nach »unten«, so zum Beispiel bei der Entwicklung zentraler gewerkschaftlicher Programme wie den »Richtlinien für die zukünftige Wirksamkeit der Gewerkschaf-

---

[258] Zur Reichsbetriebsrätekonferenz des ADGB und AfA-Bundes am 22. 1. 1933 vgl. GZ, Jg. 43, Nr. 4, 28. 1. 1933, S. 51 ff., Zitate: S. 61.
[259] Vgl. Leipart: Zukunftsaufgaben der Gewerkschaften, in: Die Glocke, 3. Jg., 26. 1. 1918, S. 646.
[260] Vgl. Umbreit, Der Gewerkschaftliche Wiederaufbau nach dem Kriege, Berlin 1918, S. 41 f.

ten« oder der »Wirtschaftsdemokratie«. Die Zentrale des ADGB, insbesondere der hauptamtliche Bundesvorstand und der Angestelltenstab im Bundesbüro, besaßen einen deutlichen Informations- und Handlungsvorsprung, der sich aus ihrer Aufgabe als Exekutive des ADGB und aus dem ihnen eingeräumten Handlungsspielraum ergab. Der ADGB war bei seiner Arbeit zunehmend auf Experten angewiesen, die entweder im Bundesbüro angestellt waren oder in von den Gewerkschaften mitgetragenen Forschungsinstituten arbeiteten. Durch die komplexer und komplizierter werdenden Aufgaben wurde eine demokratische und wirksame Kontrolle zusätzlich eingeengt. Die Experten waren es, die vielfach innovativ und meinungsbildend wirkten, jedoch andererseits nach wie vor in die hierarchische Entscheidungsstruktur eingebunden waren.

Das Kontrollgremium Bundesausschuß, jene Plattform des förderalistischen Elements im ADGB, entwickelte sich zunehmend von einem den Bundesvorstand kontrollierenden Organ zu einem Organ, das die Führungsrolle des ADGB akzeptierte und unterstrich. Die vom Bundesausschuß gefällten Entscheidungen zum Ausbau des Dachverbandes, der breite Handlungsspielraum, den der Ausschuß dem Bundesvorstand einräumte, und die Abstimmungspraxis, die zunehmend zugunsten der Bundesbelange und gegen die Kritiker aus den Einzelgewerkschaften gerichtet war, verdeutlichen den Wandel des Bundesausschusses. Dabei ergaben sich jedoch Kontroversen zwischen jenen Einzelverbandsvorständen, die im Bundesausschuß vertreten waren und sich wie Tarnow für die Bundesbelange stark machten und jenen Vorstandsmitgliedern der Einzelverbände, die Informationspolitik und Machtanspruch des Dachverbandes kritisierten.

Der Kongreß schließlich, jenes höchste Beschlußgremium des ADGB, verlor im Willensbildungsprozeß zunehmend an Bedeutung und entwickelte sich zu einem Forum, auf dem die in Bundesvorstand und Bundesausschuß vorbereiteten Entschließungen ohne größere Kontroversen angenommen wurden. Ein Ort demokratischer Diskussion und Kontrolle waren die Kongresse zumindest ab 1925 nur noch bedingt. Die Zusammensetzung der Kongreßdelegationen zeigte zudem, daß einfache Mitglieder oder ehrenamtliche Funktionäre auf den Kongressen immer weniger repräsentiert waren und die hauptamtlichen Funktionäre dominierten.

Die Mitglieder bzw. die aktive Basis konnten unter solchen Umständen kaum wirksam in die Willensbildung eingreifen, obwohl durchaus Einflußversuche unternommen und Eigeninitiativen entwickelt wurden.

Teil 2
Verantwortung für das »Volksganze« oder Klasseninteresse?

Theodor Leipart schrieb in einem Aufsatz 1926, die Gewerkschaften würden »für den Staat, für die Wirtschaft und für das ganze Volk« wirken, »obwohl sie und gerade weil sie in erster Linie für die geistigen und materiellen Interessen der Arbeiterschaft eintreten«[1]. Leipart formulierte damit jenen besonders vom freigewerkschaftlichen Dachverband vertretenen Anspruch, gewerkschaftliche Interessenvertretung würde nicht »klassenegoistische« Ziele, sondern letztlich das Interesse des »Volksganzen« verfolgen.

Das Verhältnis der freien Gewerkschaften zu Nation und Staat ist in der Literatur wiederholt diskutiert worden. Allerdings wurden dabei bislang strukturelle Elemente, besonders des Willensbildungsprozesses und der Rolle des Dachverbandes kaum in Rechnung gestellt. Dieses zu tun, ist jedoch unter folgenden Gesichtspunkten von Interesse:

Wie bereits ausgeführt, übernahm der Dachverband ADGB die Vertretung der gewerkschaftlichen Gesamtinteressen. Er entwickelte somit stärker als die ihm angeschlossenen Einzelgewerkschaften den Blick »fürs

---

[1] Leipart: Gewerkschaften und Volk. Zum Gedächtnis von Carl Legiens Sterbetag, in: Die Arbeit 3 (1926), S. 8.

Ganze«; diese Orientierung wurde dadurch verstärkt, daß die Gewerkschaften bereit waren, Verantwortung für das gesellschaftliche und staatliche System der Weimarer Republik zu übernehmen. Die Gewerkschaften verstanden sich als Stützen der Republik und sahen sich dementsprechend veranlaßt, ihre gewerkschaftlichen Forderungen innerhalb der akzeptierten gesellschaftlichen und wirtschaftlichen Rahmenbedingungen zu formulieren. Der ADGB mußte in diesem Sinne als gesamtgewerkschaftliche Vertretung den Blick auf die gesamtgesellschaftlichen Erfordernisse richten.

Zu fragen bleibt, inwieweit dieser von der Führung des ADGB formulierte und von der Mehrheit der Spitzen der Einzelgewerkschaften mitgetragene Anspruch tatsächlich Ausdruck einer gesamtgewerkschaftlichen Willensbildung war. Wurden die an der Spitze formulierten Anschauungen von »der Basis« und in den Funktionärsschichten der Einzelgewerkschaften mitgetragen? Wie groß waren im Konkreten die »nationale Begeisterung« und die Opferbereitschaft zugunsten sogenannter »nationaler« Interessen? Dies führt zu der Frage, ob mit dem Anspruch, nationale und Klasseninteressen gleichermaßen vertreten zu wollen, ein Dilemma gewerkschaftlicher Interessenpolitik verbunden war. Das Verhältnis zwischen »Führern« und »Masse«, die Fähigkeit der Zentrale, ihre an diesem Anspruch ausgerichtete Politik nach »unten« zu vermitteln, wird hierbei zu prüfen sein. In diesem Zusammenhang werden auch die in der Weimarer Republik praktizierten, verschiedenen Möglichkeiten gewerkschaftlicher Interessenpolitik diskutiert – Vermittlung gewerkschaftlicher Forderungen über »den Staat« oder über das Konzept »Arbeitsgemeinschaft«. Das Verhältnis der Gewerkschaften zur Nation, ihr Staatsverständnis und die Definition gewerkschaftlicher Aufgaben wird auch auf dem Hintergrund der »Generationenfrage« untersucht. Haben sich die Anschauungen zu diesen Fragen in den unterschiedlichen »Funktionärsgenerationen« verändert?

Die Begriffe »Nation«, »Staat«, »Volk«, »Allgemeinwohl« usw. sind in den gewerkschaftlichen Äußerungen selten klar abgegrenzt und definiert[2].

In den folgenden Abschnitten soll ungeachtet der vorherrschenden Begriffsverwirrung das Verhältnis der Gewerkschaften zur Nation, ihr Ver-

---

2 Vgl. die eingangs zitierten Äußerungen Leiparts (Anm. 1). Erich Matthias stellte für die deutsche Sozialdemokratie fest, daß von einer »sauberen begrifflichen Abgrenzung« zwischen »Nation« und »Volk« keine Rede sein könne. Vgl. Matthias: Sozialdemokratie und Nation. Ein Beitrag zur Ideengeschichte der sozialdemokratischen Emigration in der Prager Zeit des Parteivorstandes 1933–1938, Stuttgart 1952, S. 46f.

hältnis zum Staat sowie zur Unternehmerschaft diskutiert und im Anschluß daran die Frage nach dem Dilemma gewerkschaftlicher Interessenpolitik an konkreten Konfliktpunkten untersucht werden.

I. Gewerkschaften und Nation

War das Streben der Gewerkschaftsführungen vor 1914 auf Integration und Gleichberechtigung in der Nation gerichtet, ein Ziel, dem man sich ab 1914 näher gekommen sah, so entwickelten jüngere Funktionäre des Dachverbandes auf dem Hintergrund anderer Generationserfahrungen unter dem Stichwort Synthese von Nation und Sozialismus neue Zielvorstellungen, die über das bloße Zur-Nation-dazugehören-Wollen weit hinaus gingen. Diese Entwicklung bedeutete einen qualitativen Wandel im Verhältnis Gewerkschaften–Nation.

In der historischen Forschung vertreten dagegen manche Autorinnen und Autoren die These, das Verhältnis der Gewerkschaften zur Nation habe sich seit der Zeit vor dem Ersten Weltkrieg bis zum Ende der Weimarer Republik ohne tiefgreifende Brüche entwickelt. So meinte Ursula Hüllbüsch 1958, der Weg des ADGB zu einem nationalen Sozialismus habe sich »theoretisch ohne Bruch« vollzogen und »lediglich mit dem Hervorheben des einen Elements, zur Anlehnung an nationalsozialistische Ideologien [geführt], als dies den freien Gewerkschaften erforderlich zu sein schien«[3]. Diese besonders in den Beiträgen von Erdmann formulierte Stellung zu Nationalismus und Nationalstaat sei nicht »unvermittelt« entstanden, sondern lasse sich zumindest seit der Entscheidung der Gewerkschaften zur Burgfriedenspolitik am 1. August 1914 nachweisen[4].

John A. Moses geht noch weiter. Er nennt Legien, Leipart und Erdmann in einem Atemzug als Gewerkschaftsführer, die die Gewerkschaften in die Nation integrieren wollten[5]. Erdmanns Aufsatz im Märzheft der »Arbeit« 1933 interpretiert er als »a frank expression of the self-perception of the union movement since Bismarck's time«, als Ausdruck eines

---
3 Hüllbüsch, Gewerkschaften, S. 244.
4 Ebenda, S. 64.
5 Moses, Trade Unionism, u.a. S. 415.

»essential patriotism of traditional unionism«[6]. Eine solche Sichtweise unterschlägt die vorhandenen Unterschiede zwischen den Vorstellungen und Zielen der Generation von Legien und Leipart einerseits und jener von Erdmann andererseits und verstellt somit den Blick auf jene Entwicklung innerhalb der ADGB-Führung, in der »Nation« für die Arbeiterbewegung und ihre Ziele neu und in Konkurrenz zu traditionellen Auffassungen definiert wurde. Nicht geleugnet werden soll, daß sich aus der Entscheidung der Gewerkschaften im August 1914 und ihrer Stellung im Weltkrieg tiefgreifende Konsequenzen für die gewerkschaftliche Politik und die gesellschaftliche Position der Gewerkschaften ergaben. Am pointiertesten hat dies Hannes Heer formuliert, nach dessen Ansicht aus den gewerkschaftlichen Entscheidungen von 1914 eine »Konsequenz des Weges« folgte, »der von der Anerkennung durch das Hilfsdienstgesetz über den ADGB als Quasi-Staatsorgan zu Robert Leys Deutscher Arbeitsfront führte«[7]. Selbst wenn man dieser These folgt, heißt das nicht, daß die Ideen von Legien oder Leipart und Erdmann gleichzusetzen wären. Auf die Unterschiede wie auf die Entwicklung des Verhältnisses des ADGB zur Nation im Verlauf der Weimarer Jahre soll im folgenden eingegangen werden.

1. Freie Gewerkschaften und Erster Weltkrieg

Der Erste Weltkrieg stellt eine Zäsur in dem Verhältnis zwischen Gewerkschaften bzw. der sozialdemokratischen Arbeiterbewegung insgesamt und Nation dar. Zwar waren die Sozialdemokratie und die freien Gewerkschaften schon in den Jahren vor 1914 politisch und organisatorisch etabliert und namentlich die Gewerkschaftsführung zielte auf eine Politik der Reformen auf der Basis der bestehenden Verhältnisse und letztlich auf Integration in Staat und Nation. Überdies bekannte man sich auch zum Verteidigungskrieg im Falle eines äußeren Angriffs. Dennoch war die Arbeiterbewegung mit einem Klassenstaat konfrontiert, der auch nach dem Fall des Sozialistengesetzes die Bewegungsfreiheit der sozialdemokratischen Arbeiter- und Gewerkschaftsbewegung immer wieder mit polizeistaatlichen Mitteln einzuengen trachtete. Der Ruch der »vaterlandslosen Gesellen« haftete nach wie vor an den Sozialdemokraten und

---

6 Vgl. ebenda, S. 417 und S. 415.
7 Vgl. Heer, Burgfrieden, S. 12.

Gewerkschaftsmitgliedern[8]. Nun jedoch schien der Krieg, »mit einem Schlage, gleichsam über Nacht« das vermocht zu haben, was im Frieden nie zustande kam: »eine völlige Einheit und Geschlossenheit unseres Volkstums, eine nationale Zusammenarbeit aller Klassen, Berufsstände und Parteien zu einem Zwecke«[9].

In der zeitgenössischen Literatur gewerkschaftlicher und rechtssozialdemokratischer Provenienz wurde die patriotische Pflichterfüllung der Arbeiterschaft gegenüber der Nation hervorgehoben. So schrieb Paul Umbreit 1918: »Da war der Krieg gekommen und hatte das in zwei Lager zerrissene deutsche Volk im Kampfe für seine Existenz und Freiheit zusammengeschweißt. [...] Und gerade in diesem Kriege hatte es sich gezeigt, daß Deutschland seinen ärmsten Söhnen, die auch seine treuesten waren, alles zu danken hatte, sowohl draußen auf den Kampfesfeldern in West, Süd und Ost, als daheim in den Werkstätten des Krieges.«[10] Paul Kampffmeyer, Leiter des SPD-Parteiarchivs, berichtete 1932, »sehr lebendiges vaterländisches Gefühl« habe in den Gewerkschaften »gepulst« und der Geist der »Front« sei durch Hunderte und Aberhunderte von Feldpostbriefen in die Reihen der daheimgebliebenen Verbandsmitglieder »geflutet«[11].

Auch in der Forschungsliteratur wird die Kriegsbegeisterung der Arbeiterschaft festgestellt. Bei Autoren, die wie Rolf Thieringer oder Hermann Heidegger ihre Sympathie für »das nationale Bewußtsein« der Deutschen im Ersten Weltkrieg deutlich zum Ausdruck bringen, verwundert das kaum[12]. Aber auch Helga Grebing vertritt die These, die Haltung der

---

8 Zur Stellung und Politik der freien Gewerkschaften und der Sozialdemokratie im Kaiserreich bis 1914 vgl. z.B. Grebing, Geschichte der Arbeiterbewegung, S. 94ff.; Schönhoven, Gewerkschaften, S. 58ff.; ders.: Die Gewerkschaften als Massenbewegung, in: Tenfelde, Schönhoven u.a.: Geschichte der deutschen Gewerkschaften, S. 169ff.; vgl. auch Teil 1, I. Zum Verhältnis der Arbeiterbewegung zur Nation vor 1914 vgl. auch: H. Mommsen: Der Nationalismus als weltgeschichtlicher Faktor. Probleme einer Theorie des Nationalismus, in: Ders.: Arbeiterbewegung und Nationale Frage, S. 15–60, bes. S. 41ff. sowie Messerschmidt, Militärgeschichtliche Aspekte, S. 104ff.
9 So der Bibliotheksdirektor des preußischen Herrenhauses, Friedrich Thimme: Gemeinsame Arbeit, der Weg zum inneren Frieden, in: Die Arbeiterschaft im neuen Deutschland, hrsg. v. C. Legien und F. Thimme, Leipzig 1915, S. 223. Für Thimme bewahrheitete sich damit, »daß der Krieg der Vater aller Dinge ist«. Zum Entstehen dieser bürgerlich-sozialdemokratischen Gemeinschaftsproduktion vgl. U. Ratz: »Die Arbeiterschaft im neuen Deutschland«. Eine bürgerlich-sozialdemokratische Arbeitsgemeinschaft aus dem Jahre 1915, in: IWK, H. 13 (1971), S. 1–26.
10 Vgl. Umbreit: Der Gewerkschaftliche Wiederaufbau nach dem Kriege, Berlin 1918, S. 129.
11 Vgl. P. Kampffmeyer: Weltkrieg und Gewerkschaften. A, Der Weltkrieg und die Freien Gewerkschaften, in: Internationales Handwörterbuch, Bd. 2, S. 1960.
12 Vgl. R. Thieringer: Das Verhältnis der Gewerkschaften zu Staat und Parteien in der Weimarer Republik 1918 bis 1933. Die ideologischen Verschiedenheiten und taktischen Gemeinsamkeiten der Richtungsgewerkschaften. Der Weg zur Einheitsgewerkschaft, Diss. (Ms.), Tübingen 1954. Auf S. 49 schreibt er: »Die nationale und patriotische Entscheidung der deutschen sozialistischen Bewegung

SPD und der Generalkommission im August 1914 habe der Stimmung in der Arbeiterschaft entsprochen, die wie die übrige deutsche Bevölkerung von einer »nationalen Hochstimmung« erfaßt gewesen sei[13]. Andererseits mehren sich in der neuesten Forschung Stimmen, die die behauptete Kriegsbegeisterung der Arbeiterschaft in Frage stellen. Besonders Wolfgang Kruse führt stichhaltige Argumente ins Feld, die die von den sozialdemokratischen und freigewerkschaftlichen Spitzenfunktionären behauptete Kriegsbegeisterung der Organisationsbasis als Taktik und Rechtfertigung für die eigene, von der Mitgliederbasis nicht demokratisch legitimierte Politik kennzeichnen[14].

Die These, Deutschland führe, vor allem gegen Rußland, einen Verteidigungskrieg, wurde von der deutschen Gewerkschaftsführung bis Kriegsende und auch noch danach vertreten. Robert Schmidt wies in einem Brief vom 24. August 1914 an Adolf Huggler, den Sekretär des schweizerischen Gewerkschaftsbundes, Vorwürfe des Auslandes zurück, Deutschland habe den Krieg entfesselt. Es zeige sich, daß »unsere Gegner die Einkreisungspolitik im Frieden wie im Kriege besser verstanden haben«. Man könne sich nicht des Eindrucks erwehren, daß Rußland ein »Doppelspiel« betrieben habe, nach außen den »friedlichen Biedermann« zur Schau getragen habe, »während man bereits eifrig dabei war, den Kriegspfad zu betreten«[15]. Derselbe Robert Schmidt war allerdings schon am 15. August 1914 zusammen mit anderen prominenten Sozialdemokraten, darunter Gustav Bauer und Philipp Scheidemann, zu der Meinung gekommen, daß Deutschland bewußt einen Präventivkrieg führe![16]

---

beim Kriegsbeginn 1914 war ein Beweis dafür, daß das emotional-politische Nationalbewußtsein noch immer eine ursprünglichere und stärkere Kraft war als eine ideologisch konstruierte Klassensolidarität.« Ähnlich H. Heidegger: Die deutsche Sozialdemokratie und der nationale Staat 1870-1920. Unter besonderer Berücksichtigung der Kriegs- und Revolutionsjahre, Göttingen, Berlin, Frankfurt/M. 1956, u.a. S. 71.

13 Vgl. Grebing: Geschichte der deutschen Arbeiterbewegung, S. 139. Vgl. auch Potthoff, Gewerkschaften (1987), S. 152.

14 Vgl. W. Kruse: Krieg, Neuorientierung und Spaltung. Die politische Entwicklung der deutschen Sozialdemokratie 1914-1918 im Lichte der Vorstellungen ihrer revisionistisch-reformistisch geprägten Kritiker, in: IWK 23 (1987), bes. S. 6f. und S. 12. Vgl. auch W. Wette: Weltmachtstreben, Gewaltkult und Kanonenfutter – Überlegungen zum Beginn der beiden Weltkriege 1914 und 1939, in: GMH 40 (1989), bes. S. 461 sowie Bieber, Bd. 1, S. 79ff.

15 Abdruck des Briefes in: H. Wichers: Gewerkschaften, Krieg und Internationale. Neue Dokumente zur Haltung der deutschen Gewerkschaftsführung im Jahre 1914, in: IWK 23 (1987), Zitat: S. 509f.

16 Vgl. die Aufzeichnung Eduard Davids in seinem »Kriegstagebuch«: Das Kriegstagebuch des Reichstagsabgeordneten Eduard David. In Verbindung mit E. Matthias bearbeitet von S. Miller, Düsseldorf 1966, S. 16f.; vgl. auch Bieber, Bd. 1, S. 84, und Kruse, Krieg, Neuorientierung, S. 5. Zur Haltung der deutschen Gewerkschaftsführung vgl. z.B. Umbreit, 25 Jahre, S. 139ff.; Bieber, Bd. 1, S. 73ff. Zur Auseinandersetzung mit der Kriegsschuldfrage vgl. Winkler, Revolution, S. 212ff.; U. Heinemann: Die verdrängte Niederlage. Politische Öffentlichkeit und Kriegsschuldfrage in der Weimarer Republik, Göttingen 1983, u.a. S. 245ff.

In einem Flugblatt, das »durch Flugzeug« an die englischen Arbeiter verteilt werden sollte und das auf den 5. 11. 1918 datiert ist, erklärten Legien und Sassenbach für die Generalkommission und Molkenbuhr für die MSPD: »Getrieben durch die Furcht vor einem russischen Einfall, haben wir uns unmitten der schicksalsschweren Tage des August 1914 um unsere alte Regierung geschart, um unser Land zu verteidigen. Durch die Tapferkeit und das Blut unserer Söhne und Brüder haben wir uns selbst und das russische Volk, ebensowohl wie die ganze Welt von dem Alp des Zarismus befreit.«[17] In der Vorständekonferenz vom 13./14. Mai 1919 führte Legien aus: »Wir waren der festen Überzeugung, daß es sich um einen Verteidigungskrieg handele, und [...] von dem Grundsatz aus, daß wir die Verpflichtung der Landesverteidigung haben, sind alle Maßnahmen« in der Kriegszeit getroffen worden. »Aber das Schwerste wird der deutschen Arbeiterklasse jetzt in diesem Friedensvertrag geboten. Wer noch während der Kriegszeit jemals daran gezweifelt hat, daß Deutschland sich in einem Verteidigungskrieg befindet, der wird nach Kenntnisnahme dieser Friedensbedingungen diesen Zweifel wohl fallen lassen müssen.«[18]

Welche Schwierigkeiten die Führungsspitzen der freien Gewerkschaften mit der Kriegsschuldfrage hatten, zeigt jene Kontroverse, die eine Erklärung Sassenbachs auf der Vorkonferenz vom 26. Juli 1919 zum internationalen Gewerkschaftskongreß in Amsterdam auslöste. Sassenbach hatte darin erklärt, hätte die deutsche Arbeiterschaft zu Beginn des Krieges von jenen Dingen gewußt, die »in der letzten Zeit« veröffentlicht worden seien, und hätte sie die »Auffassung gewinnen können, daß Deutschland der angreifende Teil sei, so hätte sie sich zweifellos mit allen Mitteln dem Kriege widersetzt«. Sassenbachs Erklärung, die die Wiederannäherung der gewerkschaftlichen Landeszentralen erleichtern sollte, wurde von der deutschen Delegation, die nach der Abgabe dieser Erklärung in Amsterdam eintraf, in einer Gegenerklärung mißbilligt[19]. Wil-

---

17 Vgl. HiKo NB 175/12. Nach Sassenbach wurde das Flugblatt auf Veranlassung der Auslandsabteilung der Obersten Heeresleitung verfaßt; vgl. Schönhoven, Quellen I, S. 536, Anm. 18.
18 Vgl. Schönhoven, Quellen I, Dok. 66, S. 757. Ähnlich äußerte sich Otto Braun auf dem Parteitag der MSPD im Juni 1919, vgl. Winkler, Revolution, S. 213; vgl. auch Schulze, Otto Braun, S. 260.
19 Vorkonferenz und Internationaler Kongreß vom 26. 7.–1. 8. 1919 vgl. Ruck, Quellen II, Dok. 2; Erklärung Sassenbachs ebenda, S. 84f. und 88f.; Gegenerklärung der deutschen Delegation, unterzeichnet von Leipart (DHV), Brey (FAV), Reichel (DMV) u.a., ebenda, S. 87; zur Kontroverse vgl. auch die Protokolle der BA-Sitzungen vom 19./20. 8. 1919, in: Ruck, Quellen II, Dok. 3, S. 94f.; vom 15.–17. 12. 1919, in: ebenda, Dok. 4, S. 120f.; vgl. weiter: J. Sassenbach: Lebenserinnerungen 1936, hrsg. v. H.-J. Haubold, Mannheim 1978 (Transkript mit vorl. Register), S. 178ff., in: DGB/ NL Sassenbach. Sassenbach berichtet, daß er bei seinen deutschen Freunden »vollkommen unten

helm Jannsson, Redakteur beim Correspondenzblatt, kritisierte die Verhaltensweise Sassenbachs scharf. Sie habe »eine verteufelte Ähnlichkeit mit den Methoden der Kinder, sich bei ertappten Streichen herauszureden«. Daß Deutschland die ersten Kriegserklärungen herausgegeben habe, sei seit August 1914 kein Geheimnis, »und die von der Regierung damals angegebenen Motive sind noch nirgends entkräftet worden«[20]. Stellt man zudem in Rechnung, daß führende Mitglieder der Generalkommission, nämlich Gustav Bauer und Robert Schmidt, bereits Mitte August 1914 der Meinung waren, Deutschland führe einen Präventivkrieg (vgl. oben), so erscheinen die immer wieder abgegebenen Beteuerungen, man habe an einen Verteidigungskrieg geglaubt, in einem ganz anderen Licht. Sie hatten nach außen, gegenüber dem Ausland, wie nach innen, gegenüber den Kritikern in den eigenen Reihen, propagandistischen bzw. rechtfertigenden Charakter[21]. Die Bestimmungen des Versailler Friedensvertrages boten für die Führungsspitze der freien Gewerkschaften zusätzlichen Anlaß, die im Weltkrieg betriebene Politik des Burgfriedens und der sogenannten Vaterlandsverteidigung gegen die Kritiker dieser Politik zu rechtfertigen. Gegen die innergewerkschaftliche Opposition gerichtet, führte Legien in seinem Rechenschaftsbericht auf dem Nürnberger Kongreß 1919 aus: »Nur derjenige, der gewünscht hat, daß Deutschland in die furchtbare wirtschaftliche Lage kommt, in der es sich gegenwärtig befindet, der gewünscht hat, daß die grauenhafte Verwüstung auch unser Land träfe, nur der kann unsere Haltung mißbilligen.«[22]

2. Kontinuität oder Wandel?

Legien und mit ihm die Mehrheit der Generalkommission und der Vorstände der Einzelgewerkschaften versuchten gegen die während des Krieges zunehmende Opposition, die Politik der Gewerkschaftsführung als

---

durch« gewesen sei. Immer dann, wenn er mit einem Gewerkschaftsvertreter der Ententemächte gesprochen habe, hätten ihn Blicke von seiten der deutschen Kollegen getroffen, »als ob ich im Begriffe sei, Landesverrat zu begehen«. Ebenda, S. 182f.
20 W. Jannsson: Amsterdam, in: Die Glocke, 5. Jg., 20. Heft, 16. 8. 1919, S. 610.
21 Die These vom Verteidigungskrieg eines von Feinden eingekreisten Deutschlands hatten manche Gewerkschaftsfunktionäre jedoch offenbar stark »verinnerlicht«. So notierte Hermann Schlimme in privaten, unveröffentlichten Aufzeichnungen nachträglich, bei aller sonstigen Kritik am Weltkrieg: »Deutschland hatte Übermenschliches geleistet gegen eine Welt von Feinden.« Vgl. »Mein Lebenslauf. 1. Fortsetzung«, handschriftliche Aufzeichnungen über den Zeitraum 1918 bis 1937, in: ZA FDGB/NL 16/1.
22 Vgl. Protokoll Nürnberg, 1919, S. 318.

die einzig mögliche und auch als jene Politik darzustellen, die aus der bisherigen Haltung der Gewerkschaften logisch folgte. In dem von Legien gemeinsam mit Friedrich Thimme, dem Bibliotheksdirektor des preußischen Herrenhauses, 1915 herausgegebenen Buch, »Die Arbeiterschaft im neuen Deutschland«, betonte Legien die Kontinuität freigewerkschaftlicher Politik im Ersten Weltkrieg: »Die Gewerkschaften haben keinen Augenblick gezögert, sich zu dieser schweren Zeit genau so in den Dienst der Allgemeinheit zu stellen, wie sie bisher den Interessen der Masse der Arbeiter zu dienen bestrebt waren. Da das, was von ihnen geleistet werden sollte, dem bisherigen Wesen und Wirken der Gewerkschaften entsprach, so trat mit der Übernahme dieser neuen Aufgaben weder in ihrer Tendenz noch in ihrer Organisation eine Änderung ein.«[23] Wenn Legien weiter behauptete, daß das Verhalten der Gewerkschaften im Krieg »einfache Pflichterfüllung im Interesse des Volksganzen«[24] gewesen sei, so machen andere Äußerungen Legiens wie auch anderer Spitzenfunktionäre deutlich, daß es außer »nationaler Pflichterfüllung« und der anfänglichen Besorgnis, die Gewerkschaften könnten verboten werden[25], auch klare ökonomische Interessen waren, die die Gewerkschaftsführer auf ihren von annektionistischen und imperialistischen Aspekten begleiteten, politischen Kurs führten. Bezeichnend ist Legiens Ausspruch auf der sozialdemokratischen Reichskonferenz 1916: »Eine Niederlage Deutschlands heißt auch eine Niederlage der deutschen Arbeiterklasse.« Denn: Verliere Deutschland den Krieg, dann werde es nicht mehr ein exportierendes Land sein, »sondern ein menschenexportierendes Land werden, und exportiert werden dann nicht die Kapitalisten, sondern die Arbeiter«[26].

Das »Correspondenzblatt« behauptete 1916, daß die »Politik des 4. August« den »vitalsten Gewerkschaftsinteressen« entspreche. »Diese Politik sichert uns sowohl die heimischen Industrie- und Rohstoffgebiete als auch die Zufuhr der für unsere Produktion benötigten Rohstoffe und die Ausfuhr und den Absatz unserer Erzeugnisse in anderen Ländern.«[27] Paul Umbreit ging noch in seinem Buch »Der Gewerkschaftliche Wieder-

---

23 Legien: Die Gewerkschaften, in: Die Arbeiterschaft im neuen Deutschland, S. 94. Zum Entstehen des Buches vgl. oben Anm. 9.
24 Vgl. Legien: Die Gewerkschaften, in: Die Arbeiterschaft..., S. 96.
25 Eine Besorgnis, die jedoch schnell beseitigt wurde. Bereits vor der Sitzung der Verbandsvorstände am 2. 8. 1914, in der die Grundlagen für die Burgfriedenspolitik beschlossen wurden, hatte die Reichsregierung signalisiert, daß sie nicht vorhabe, die Gewerkschaften aufzulösen; vgl. Schönhoven, Quellen I, S. 74ff., bes. Anm. 3.
26 Zit. nach Bieber, Bd. 1, S. 221.
27 Zit. nach Nestriepke, Gewerkschaftsbewegung, Bd. 2, S. 6f.

aufbau nach dem Kriege«, das er nach dem Brester Frieden (März 1918) geschrieben hat, davon aus, daß »Veränderungen der Landesgrenzen [...] entweder Verengerungen oder Erweiterungen der Rohstoff- und Absatzgebiete bewirken [können]«. Und: »Koloniale Ausdehnung kann uns Rohstoffquellen oder Siedlungsgebiete erschließen, die der Wiedergesundung unseres Wirtschaftslebens förderlich sind.«[28]
Derartige Äußerungen Legiens bzw. der Gewerkschaftsführung widerlegen die Einschätzungen von John A. Moses. Nach seiner Ansicht waren die Entscheidungen Legiens nur aus »seiner patriotischen Haltung« heraus zu erklären, die ihn den evolutionären Weg statt des revolutionären Weges zum Sozialismus einschlagen ließ. Dementsprechend habe er bei Kriegsbeginn auch nicht Generalstreik und Revolution befürwortet. Dies hätte außerdem bedeutet, »daß viele bleibende Werte positiver kultureller Bedeutung in der deutschen Nation zerstört worden wären«. Legiens Ziel aber sei es gewesen, »daß die Arbeiter in die Nation hineinwachsen sollten, um an ihr teilzuhaben, sie zu ergänzen und zu bereichern«. Die Politik des Burgfriedens sei kein »Verrat« an den Legienschen Ideen gewesen, sondern nur ihre Konsequenz. In seiner Interpretation des Sozialismus und dessen Verwirklichung habe Legien »von vorneherein« Gewalt und Kampf gegen das Ausbeutertum ausgeschlossen[29].

In ihrer Zielbestimmung – Integration, soziale Reformen, Mitbestimmung – ist die Burgfriedenspolitik durchaus im Kontext jener sich in den Jahren vor 1914 herausbildenden Politik der Generalkommission und der Mehrheit der Führungen der Einzelgewerkschaften zu sehen. Insofern bedeutet sie auch keinen Bruch mit der Vorkriegspolitik[30]. Angesichts der Folgen des Weltkrieges klingt Moses' Interpretation jedoch nicht nur zynisch, sie verharmlost auch die gewerkschaftliche Kriegspolitik als solche. Denn immerhin wurden die insgesamt bescheidenen sozialpolitischen Erfolge durch eine schwerwiegende Verantwortung der Gewerkschaften für die deutsche Kriegspolitik erkauft. Dies war durchaus ein qualitativer Wandel gewerkschaftlicher Politik. Deutlich wird dies um so mehr, wenn man die antimilitaristische Agitation, die bis in den Sommer 1914 das Versammlungsleben der Arbeiterbewegung bestimmte, mit jener Politik der Generalkommission ab August 1914 kontrastiert.

---

28 Umbreit: Der Gewerkschaftliche Wiederaufbau nach dem Kriege, Berlin 1918, S. 8f. Zu den ökonomischen Motiven, zu expansionistischen und imperialistischen Bezügen der gewerkschaftlichen Politik vgl. z. B. Schönhoven, Gewerkschaften, S. 95; Bieber, Bd. 1, S. 220ff.
29 Vgl. J.A. Moses: Carl Legiens Interpretation des demokratischen Sozialismus. Ein Beitrag zur sozialistischen Ideengeschichte, phil. Diss., Erlangen-Nürnberg 1965, S. 54f.; vgl. ders.: Carl Legien und das deutsche Vaterland im Weltkrieg 1914-1918, in: GWU 26 (1975), S. 595-611.
30 Vgl. auch Bieber, Bd. 1, S. 85; ähnlich Potthoff, Gewerkschaften (1987), S. 152.

Auch die ADGB-offizielle Publizistik der Weimarer Zeit versuchte in der Haltung der freien Gewerkschaften zur Nation eine Kontinuität seit Legiens Zeit nachzuweisen. Anläßlich des fünfjährigen Todestages Legiens betonte Leipart, »die allgemeinen Linien« der gewerkschaftlichen Tätigkeit seien »von Legiens Zeiten bis zur Gegenwart die gleichen geblieben«[31]. Zur Untermauerung seiner Behauptung zitierte Leipart aus Schriften und Reden Legiens. Bereits 1899 habe Legien in einer Broschüre zur Frage des Koalitionsrechts geschrieben: Die Gewerkschaften erzeugten »in dem Arbeiter die Anerkennung der Gleichberechtigung und den Gedanken, durch Wahrung der Interessen der Gemeinschaft, und nicht auf Kosten dieser, den eigenen Vorteil zu wahren«[32].

Zwar ist es vermessen, die Haltung Legiens mit jener der Gewerkschaften pauschal gleichzusetzen, jedoch selbst wenn man sich auf die Person Legien beschränkt, lassen sich ohne Not eine Reihe von Zitaten finden, die nicht die Verantwortung für das Volksganze herausstreichen, sondern auf die Notwendigkeit des Klassenkampfes und die Beseitigung der Lohnarbeit als Ziel der Gewerkschaftsbewegung verweisen. In einem als Broschüre veröffentlichten Vortrag vom 17. Mai 1900 sprach Legien von der Überzeugung, daß »zwischen Kapital und Arbeit eine unüberbrückbare Kluft« bestehe. Die bestehende Gesellschaftsorganisation trage einen Klassencharakter, die Gewerkschaften müßten demnach auf dem Boden des Klassenkampfes stehen, wollten sie eine endgültige Änderung herbeiführen. Allerdings betonte Legien, daß die Gewerkschaften eine »höhere Kultur« erstrebten und diese »auf dem Wege ruhiger Entwicklung herbeiführen« wollten[33]. Von einer Rücksicht des gewerkschaftlichen Kampfes auf die Belange des »Volksganzen« bzw. der Nation ist in dieser Veröffentlichung ebensowenig die Rede wie in der 1911 erschienenen Neuauflage des Legienschen Vortrags[34]. Damit soll nicht geleugnet werden, daß Legien und mit ihm die Mehrzahl der Gewerkschaftsführer eine Integration der Arbeiterschaft bzw. der Gewerkschaften in die Nation bei gleichzeitiger Anerkennung als gleichberechtigte Interessenvertretung in Politik und Wirtschaft anstrebten. Aber die Gegenüberstellung der Zitate zeigt doch den jeweiligen propagandistischen Zweck der Äuße-

---

31 Th. Leipart: Gewerkschaften und Volk. Zum Gedächtnis von Carl Legiens Sterbetag, in: Die Arbeit 3 (1926), S. 1–8; Zitat: S. 8.
32 Zit. nach ebenda, S. 2.
33 Vgl. Legien: Die deutsche Gewerkschaftsbewegung. Vortrag gehalten zu Berlin am 17. Mai 1900, Berlin 1901. Zitate: S. 8f. und S. 17f.
34 Vgl. Legien: Die deutsche Gewerkschaftsbewegung, 2. umgearbeitete Auflage, Berlin 1911.

rungen. Zum einen sollte gegenüber dem Bürgertum, den Unternehmern, der kaiserlichen Regierung bezeugt werden, daß die Gewerkschaften nicht rein »klassenegoistisch« handeln, sondern durchaus Verantwortung für das gesamte Volk übernehmen wollen; zum anderen sollte den Radikaleren in den eigenen Reihen suggeriert werden, daß die Gewerkschaften nach wie vor den Klassenkampf zur Überwindung der Lohnarbeit führen.

Auch Leiparts Aufsatz selbst verfolgte den Zweck, die Öffentlichkeit auf die verantwortliche Haltung der Gewerkschaften hinzuweisen. Leiparts Forderung, jeder, »der in der Wirtschaft wirkt und arbeitet«, solle seine Tätigkeit »als einen Dienst am Volke betrachten«[35], konnte als eine Aufforderung an die Unternehmerschaft verstanden werden, vom egoistischen Profitstreben Abstand zu nehmen und ein dem Allgemeinwohl geschuldetes Verhalten an den Tag zu legen. Ähnlich hatte sich Leipart auf dem Breslauer Kongreß 1925 auf dem Hintergrund des gewerkschaftlichen Niedergangs in den Jahren 1923/24 und der Vorstöße der Arbeitgeber gegen die gewerkschaftlichen Errungenschaften (Achtstundentag) geäußert. Die Gewerkschaften wollten gegenüber »dem einseitigen Machtstreben des Unternehmertums [...] an der alten Auffassung festhalten, daß über den einseitigen Interessen der einzelnen Gesellschaftsschichten und Klassen das große gemeinsame Interesse des Volksganzen, also des Staates steht«[36].

3. Nation und Sozialismus

Die ältere Vorkriegsgeneration der Gewerkschaftsführer, repräsentiert durch Legien, Leipart, Umbreit und andere, war nationalistischem Gedankengut keineswegs abhold. Gerade seit Beginn des Ersten Weltkrieges verstiegen sich führende Gewerkschaftsfunktionäre in Äußerungen, deren »schwärmerischer nationalistischer Ton«, so der Wissell-Biograph Barclay, »fast peinlich« anmutete.[37] Rudolf Wissell z. B. plädierte im September 1916 dafür, daß »solange Hoffnung besteht, die Gegner zu vernichten«, dem zugestrebt werden müsse, denn: »Wir werden in Deutsch-

---

35 Leipart, Gewerkschaften und Volk (wie Anm. 31), S. 7.
36 Protokoll Breslau, 1925, S. 117f.
37 Vgl. Barclay, Wissell, S. 56f.

land nicht eher Frieden haben, bis wir unsere Gegner besiegt haben.«[38] Private Äußerungen und Aufzeichnungen zeigen, daß die »nationalen« bzw. »patriotischen« Emotionen so mancher Gewerkschaftsführer durchaus ernst gemeint waren. Leipart, der seinen einzigen Sohn im Weltkrieg für das »Vaterland geopfert« hatte[39], stellte wenige Monate vor der Zerschlagung der Gewerkschaften 1933 gegenüber seinem Freund Wilhelm Keil fest, daß es »eine Schande« sei, »was alles jetzt dem Ansehen und dem guten Ruf des deutschen Volkes angetan wird. Beinahe volle 50 Jahre habe auch ich mein ganzes Leben, Tage und Nächte, für das Volk hingegeben und bin dafür jetzt meines Lebens nicht mehr sicher.«[40]

Von solch privaten nationalen Emotionen einmal abgesehen, ging es der gewerkschaftlichen Führung um Legien und Leipart vor allem um die Integration der Gewerkschaften und der Arbeiterschaft insgesamt in Nation und Staat. Damit verbunden war die Forderung nach gleichberechtigter Stellung der Arbeiterschaft in Politik und Wirtschaft[41]. In einem biographischen Artikel über Carl Legien stellte Leipart fest, die Erfahrungen im Ersten Weltkrieg hätten bewiesen, daß die Gewerkschaften keine »Fremdkörper im Wirtschaftsleben« seien, sondern »sich vielmehr als bedeutender Faktor zur Förderung« der Volkswirtschaft erwiesen hätten[42]. Wie bereits oben bei den Motiven für die Kriegspolitik der Gewerkschaften angedeutet wurde, ging es wesentlich um ökonomische Gesichtspunkte, um die Erhaltung und Verbesserung des materiellen

---

38 Wissell an A. Meissner vom 19. 9. 1916, in: BArch, NL Wissell I/10/296–297; zit. n. Barclay, Wissell, S. 57, Anm. 96. Robert Schmidt rechtfertigte sogar den deutschen Einmarsch in Belgien, denn, wenn dies auch »bei uns kein angenehmes Empfinden ausgelöst« habe, so sei eben im Krieg »sich jeder selbst der Nächste«. Auch vor rassistischen Äußerungen machte er nicht halt: Wenn die französische Regierung »Regimenter der Eingeborenen« einsetze, so werde das nur dazu beitragen, den Krieg bei der Arbeiterschaft populärer zu machen. Vgl. R. Schmidt an A. Huggler (Schweizer Gewerkschaftsbund) vom 24. 8. 1914, in: H. Wichers: Gewerkschaften, Krieg und Internationale. Neue Dokumente zur Haltung der deutschen Gewerkschaftsführung im Jahre 1914, in: IWK 23 (1987), S. 509f.
39 Vgl. Almanach des DHV für das Jahr 1915, persönliches Exemplar Leiparts, in: Archiv Gewerkschaft Holz und Kunststoff (zit. n. Hemmer, Erdmann, S. 618, Anm. 15); vgl. auch Teil 1, III. 3. 3.
40 Vgl. Leipart an Keil vom 3. 3. 1933, in: Jahn, Quellen IV, Dok. 183, S. 853f. Die »nationalen Bekenntnisse« jener Gewerkschaftsführer lassen sich mit der »Verrats«-These, wie sie besonders in der älteren DDR-Literatur zu finden ist, nicht fassen. Typisch sind z.B. W. Raase: Zur Geschichte der deutschen Gewerkschaftsbewegung 1914–1917 und 1917–1919, Berlin (DDR) o.J. (1969), S. 7ff., oder W. Schröder: Klassenkämpfe und Gewerkschaftseinheit, Berlin (DDR) 1965; Schröder schildert z.B. Legien als jemanden, der sich vom »kampfgewillten« Arbeiter mit »revolutionärer Einstellung« zu einem Spitzenfunktionär gewandelt habe, der »in den Sumpf des Opportunismus« abglitt und so mit anderen Gewerkschaftsführern »Haupttreiber für eine imperialistische Kriegspolitik in der deutschen Arbeiterbewegung« wurde; vgl. S. 201ff.
41 Vgl. z.B. Umbreit, 25 Jahre, S. 154.
42 Vgl. Leipart: Legien, Karl, in: Deutsches biographisches Jahrbuch, Bd. II, 1920, Stuttgart, Berlin, Leipzig 1928, S. 570–576, Zitat: S. 575.

Status der Arbeiterschaft sowie um die Hoffnung auf innere Reformen. Die Lage der Arbeiterschaft wurde dabei direkt in Beziehung gesetzt mit der Lage der deutschen Wirtschaft. Leipart sprach in diesem Zusammenhang von den gemeinsamen Interessen der Unternehmer und der Arbeiter. Dem Arbeiter könne es nur gutgehen, günstige Arbeitsbedingungen und höhere Löhne könnten nur erreicht werden, »wenn das ganze Gewerbe gesund ist und seinen Mann ernährt«[43].

Mit der Anerkennung der Gewerkschaften durch den Staat im Verlauf des Ersten Weltkrieges und der Bildung der Arbeitsgemeinschaft im November 1918 sahen sich die Gewerkschaftsführer der Vorkriegsgeneration an einem wesentlichen Ziel ihrer Politik angelangt. Die Integration der Gewerkschaften in Nation und Staat war vollzogen. Die Gewerkschaften waren formal als gleichberechtigte Partner von den Unternehmern anerkannt.

Die Intentionen von Funktionären wie Erdmann, Furtwängler, Pahl oder Seelbach gingen über dieses Ziel weit hinaus. Mit dem Begriff »Nation« war in ihren Äußerungen erheblich mehr verbunden als z. B. eine volkswirtschaftlich verantwortungsbewußte Haltung gegenüber dem »Volksganzen«. Ihnen genügte das bloße Dazugehören der Arbeiterbewegung zur Nation keineswegs. Sie forderten: Die Arbeiterbewegung »muß die Interessen ihrer Klasse in Staat und Wirtschaft im Hinblick auf die Lebensnotwendigkeiten der ganzen Volksgemeinschaft vertreten und durch diese Synthese allmählich zur Repräsentantin der Nation werden, [...]. Mit anderen Worten: die Arbeiterbewegung ist und muß sein in jedem Lande eine nationale Bewegung mit der Tendenz, *die* nationale Bewegung schlechthin zu werden.«[44] Am ausgeprägtesten vertrat Lothar Erdmann die Forderung, Sozialismus und Nation müßten eine Synthese bilden[45]. »Nation« war für Erdmann »etwas Umfassenderes als die staatlichen und gesellschaftlichen Formen, in denen sich ihr Leben im Laufe ihrer Geschichte ausprägt«[46]. »Nation« hatte etwas mit »Erleben« zu tun: Die »eigenwüchsige nationale Idee der Arbeiterschaft« bedürfe selbst keiner Begründung. »Sie wird erzwungen durch das Erleben von Sozialismus und Nation. Wir sind Sozialisten, weil wir Deutsche sind.«[47] Das

---

43 Vgl. Leipart: Zukunftsaufgaben der Gewerkschaften, in: Die Glocke, 3. Jg., 43. Heft, 26. 1. 1918, S. 640–648, S. 643.
44 Vgl. Erdmann, Ruhrkampf, S. 92; vgl. auch ders.: Gewerkschaften und Sozialismus, in: Die Arbeit 2 (1925), S. 666.
45 Ähnlich formulierte auch Pahl: »Deutsche sozialistische Arbeiterschaft ist deutsche Nation!«; vgl. W. Pahl: Wo bleibt der zweite Mann?, in: NBlfdS 2 (1931), S. 107.
46 Vgl. Erdmann: Gewerkschaften und Sozialismus, in: Die Arbeit 2 (1925), S. 666.
47 Vgl. Erdmann: Nation, Gewerkschaften und Sozialismus, in: Die Arbeit 10 (1933), S. 131.

»Erlebnis« Nation war für Erdmann eng mit dem Kriegs- bzw. Fronterlebnis im Ersten Weltkrieg verbunden, ein »gleich tiefes Erlebnis von Nation und Sozialismus«, das »vielen altgeborenen Menschen im sozialistischen Lager fremd geblieben« sei[48].

Die Forderung nach einem »nationalen Sozialismus«, wie sie Erdmann[49] und andere jüngere Funktionäre im ADGB-Apparat erhoben, war mit einer massiven Kritik an den traditionellen Grundhaltungen der Vorkriegsgeneration verbunden. Pahl wandte sich vehement gegen jene in der wilhelminischen Zeit geprägte geistige Grundhaltung, der ein »von vielen Sozialisten noch vertretener Vulgärmarxismus zugrunde« liege, »der sich in der Negierung der realen Wirklichkeiten von Nation, Staat und Religion gefällt«[50]. Für Erdmann bestand die Krise des Sozialismus darin, daß der »deutsche Sozialismus«, der im letzten Jahrzehnt aus der Opposition herausgetreten sei, »die ihm ein Leben in geistiger Isolierung und Geschlossenheit gestattete«, aus den Theorien von Marx und Engels »keine praktischen Fingerzeige für die praktischen Aufgaben, vor die er sich gestellt sah«, ziehen konnte. Die praktischen Aufgaben, die der Sozialismus heute zu lösen habe, lägen zu einem erheblichen Teil jenseits der Probleme, »denen Marx' Lebenswerk galt«[51].

»Sozialismus« war für Erdmann »kein Ziel, sondern ein Mittel. Und der Sinn des Sozialismus ist für mich, seit ich mich zu ihm bekenne, die innere Geschlossenheit der Nation als die einzig beständige Bürgschaft ihrer äußeren Freiheit.«[52] Es war nach Erdmann »ein tiefer Irrtum, anzunehmen, daß der Sozialismus nur eine wirtschaftliche, nur eine politische Bewegung sei. Die einseitige Betonung des Klassenkampfgedankens hat aus historisch begreiflichen Gründen zu dieser Verkennung seines Wesens Anlaß gegeben« und habe »die freie Entwicklung der Ideen [verhindert], die über den Klassengegensatz hinausweisen, und die überhaupt erst die Arbeiterbewegung [...] zum bewußten Träger eines aus einer

---

48 Erdmann. Nation, Gewerkschaften und Sozialismus, S. 131. Vgl. dazu Teil 1, III. 3. 3.
49 Erdmann bezeichnete sich selbst als einen Menschen, »der auf der Seite des Ganzen steht und infolgedessen mit großer Selbstverständlichkeit Nationalist und Sozialist ist [...] kein Nationalist im Sinne von Jünger, aber doch ein überzeugter Bekenner des Großmachtwillens Deutschlands und aus diesem Grund im Gegensatz zu den meisten Sozialisten«, vgl. Tagebuchaufzeichnung vom 20. 12. 1930, in: DGB/NL Erdmann.
50 W. Pahl: Verjüngung, Aktivierung, konstruktive Politik, in: NBlfdS 2 (1931), S. 199 und 207.
51 Vgl. Erdmann, Gewerkschaften und Sozialismus, S. 658f.
52 Vgl. »Sozialismus und Nation«, maschinenschriftliches Manuskript 1931, in: DGB/NL Erdmann. Mit dieser Definition befand sich Erdmann in der Nähe von Anschauungen sog. neokonservativer Intellektueller wie Oswald Spengler oder Othmar Spann u.a.; vgl. z.B. Mommsen, Die verspielte Freiheit, S. 310.

neuen Gemeinschaftsgesinnung hervorbrechenden Gemeinschaftswollens macht«[53]. Ziel des Sozialismus war es, den Klassenkampf zu überwinden. Die Voraussetzung dafür war »die geistige Überwindung der Klassengegensätze im Denken der einzelnen, in der Gesinnung der verantwortlichen Führer«[54]. Für Erdmann und seine Gesinnungsfreunde galt es, den Sozialismus vom »Marxismus« zu lösen, denn »die Bindung des Sozialismus an eine bestimmte Weltanschauung« erschwere den Gewerkschaften wie der Arbeiterbewegung überhaupt »den Weg zur geistigen Eroberung der Nation«. Wenn der Sozialismus »die *Lebensanschauung* aller Arbeitenden« werden solle, müsse er einer »Legierung« mit den verschiedensten Weltanschauungen fähig sein. Der Sozialismus sei nicht selbst eine Weltanschauung. »Er ist Inbegriff von Überzeugungen von der staatlichen und gesellschaftlichen Gestaltung des Lebens der Nation.«[55]

Mit der Abkehr vom »dogmatischen Marxismus« waren Forderungen nach einer Lösung von der Sozialdemokratischen Partei verbunden, der die Vertretung »marxistischer« Grundsätze angekreidet wurde. Für Erdmann und Furtwängler boten sich die Gewerkschaften als Trägerinnen jener »nationalen« und »sozialistischen« Idee an. Erdmann meinte, sie seien bereits zum »Kristallisationskern« der Arbeiterbewegung geworden[56]. Furtwängler sah die Gewerkschaften als »Lebensformen, die wahrscheinlich das ganze heutige Parteisystem für alle absehbare Zeit überdauern, so sie sich nicht mit den alten Formen des Parteiwesens auf Gedeih und Verderb identifizieren«. Die SPD hingegen werde zwischen »wachsendem nationalen Erwachen« und Bolschewismus zerrieben, »wie alle Zubehörstücke aus dem Kaiserlichen Deutschland, die keine neue Gestalt anzunehmen vermochten«[57]. Entsprechend diesen Auffassungen wurden auch Ansprüche der SPD scharf zurückgewiesen, die darauf abzielten, der Partei die Aufgabe zuzuweisen, Trägerin der Einheit der

---

53 Erdmann, Der Weg der Gewerkschaften, in: die Arbeit 1 (1924), S. 9.
54 Vgl. Erdmann, Gewerkschaften und Sozialismus, S. 673.
55 Vgl. ebenda, S. 667. Ähnliches forderte Seelbach: »Wir brauchen über den Marxismus hinaus eine Neuinterpretation der Lage der Arbeiterschaft, eine neue Sprache für ein neues Leben, eine Weltanschauung, die unmittelbar und ohne Kasuistik der gegenwärtigen Bewegung gerecht wird. Wir brauchen Anschauungen, die wieder aufs Ganze gehen.« Vgl. Seelbach: Die geistigen Kräfte der modernen Arbeiterbewegung, in: Die Arbeit 7 (1930), S. 806–819, Zitat: S. 815. Am 21. 2. 1933 notierte Seelbach: »Der Sozialismus ist keine Angelegenheit internationaler Klassenfronten mehr. Er ist Sache der Nation.« Vgl. Seelbach, Ende der Gewerkschaften, S. 16.
56 Vgl. Erdmann, Gewerkschaften und Sozialismus, S. 661.
57 Vgl. Schreiben Furtwänglers an Leipart vom 8. 10. 1930, in: HiKo NB 177/41.

Arbeiterbewegung und Richtungsweiserin zu sein[58]. Pahl schrieb noch 1953 in den »Gewerkschaftlichen Monatsheften« des DGB, es entspreche nicht den Tatsachen, daß die freien Gewerkschaften vor 1933 parteipolitisch an die SPD gebunden gewesen seien. Die Gewerkschaften seien zwar »sozialistisch« gewesen. Aber der gewerkschaftliche Sozialismus habe mit dem »egalitären, marxistischen Sozialismus nichts mehr gemein« gehabt[59].

4. ADGB und Nation im Wandel

Vergleicht man die vor allem von Erdmann in den Jahren 1924 bis 1933 veröffentlichten Ideen mit Reden und Publikationen Theodor Leiparts im gleichen Zeitraum, so sind nicht nur Unterschiede in der Schwerpunktsetzung erkennbar, man kann auch eine Entwicklung der ADGB-Position in der Frage nach dem Verhältnis zur Nation herausarbeiten. Das heißt nicht, daß die Äußerungen Leiparts ohne weiteres mit den in den Gewerkschaften vorhandenen Auffassungen gleichgesetzt werden können. In der Öffentlichkeit konnte jedoch die Stellungnahme des ersten Vorsitzenden als offizielle Haltung des ADGB gewertet werden. Stellt man zudem in Rechnung, daß die meisten Reden und Schriften Leiparts von Erdmann vorformuliert bzw. verfaßt wurden, so kann an den Veröffentlichungen des ADGB-Vorsitzenden gleichzeitig der Grad des Einflusses der Gruppe um Erdmann[60] auf die politische Haltung des ADGB abgelesen werden.

---

58 Erdmann formulierte einen Brief Leiparts an den SPD-Vorsitzenden Hermann Müller vom 12. 9. 1925, in dem sich Leipart gegen eine Bevormundung der Gewerkschaften durch die Partei verwahrte. In dem Entwurf eines neuen Parteiprogramms für den Heidelberger SPD-Parteitag im September 1925 hieß es, Aufgabe der Partei sei es, »den politischen, den gewerkschaftlichen, den genossenschaftlichen Kampf zu einem bewußten und einheitlichen zu gestalten und ihm sein notwendiges Ziel zu weisen.« Auf die Intervention Leiparts/Erdmanns hin wurden die beanstandeten Stellen des Programmentwurfs geändert. Der Brief ist abgedruckt in: Kukuck/Schiffmann, Quellen III, Dok. 65; zur Autorenschaft Erdmanns s. dessen Aufzeichnungen vom 2. 12. 1933, in: DGB/NL Erdmann. Rückblickend betonte Erdmann, es sei ihm gelungen, »die bewußte Unabhängigkeit der Gewerkschaften von der Partei mit voller Eindeutigkeit festzustellen«. Vgl. ebenda.
59 Pahl zitierte in diesem Aufsatz ausgiebig aus Erdmanns Aufsätzen in der »Arbeit« und hob das »nationale Bekenntnis« der Gewerkschaften besonders hervor. Vgl. Pahl: Gewerkschaften und Sozialdemokratie vor 1933, in: GMH 4 (1953), S. 720–724; Zitate: 720 und 723.
60 Wie auch Jahn feststellt, kann von einer »geschlossenen oder formellen Gruppe« nicht gesprochen werden; Jahn zählt zu dieser »Gruppe« Erdmann, Furtwängler, Arons, Pahl, Nörpel und Seelbach. Vgl. Jahn, Gewerkschaften, S. 252. Erdmann selbst zählte zu »seiner« Gruppe Furtwängler, Heßler, Arons, Nörpel, Broecker und Spliedt, die seine Haltung besonders in außenpolitischen bzw. reparationspolitischen Fragen unterstützt hätten. Vgl. die Aufzeichnungen vom 2. 12. 1933 in: DGB/NL Erdmann. In wirtschafts- und arbeitsmarktpolitischen Fragen kann auch Woytinsky, der von Erdmann stark unterstützt wurde, hinzugezählt werden.

Im September 1926 äußerte Leipart sich in einer Rede vor Berliner Gewerkschaftsfunktionären ähnlich wie in dem oben zitierten Redebeitrag auf dem Breslauer Kongreß: Gegen den Vorwurf der Unternehmer, die Gewerkschaften würden mit ihren Forderungen nach Arbeitszeitverkürzung und Lohnerhöhung volkswirtschaftliche Interessen mißachten, setzte Leipart: »Wir wollen, daß der Arbeit die Bedeutung zuerkannt wird und dem Arbeiter das Bewußtsein gegeben wird, daß der Mensch mit seiner Arbeit nicht einem Herren, sondern einem Ganzen dient, an dessen Gestaltung er mitwirkt.«[61] Leipart kritisierte, daß die verfassungsrechtlich verbrieften Mitbestimmungsrechte der Gewerkschaften zum größten Teil noch keine Realität seien. »Ihre Erfüllung liegt aber durchaus im Interesse der gesamten Volkswirtschaft, die nach der ganzen Entwicklung unserer Verhältnisse auf die Dauer gar nicht gedeihen kann, wenn das Besitzrecht der Unternehmer und ihr Profitinteresse noch länger über das Allgemeinwohl gestellt bleiben.«[62]

Auch in Leiparts Vortrag über die Wirtschaftsdemokratie, den er am 2. März 1928 in Dresden vor Verbandsfunktionären und Vertretern von ADGB-Ortsausschüssen aus dem Bezirk Sachsen hielt, ging es vorrangig um die volkswirtschaftliche Bedeutung gewerkschaftlicher Interessenvertretung und um den Nachweis, daß die gewerkschaftlichen Forderungen im Unterschied zur Unternehmerpolitik im Einklang mit den Interessen des Allgemeinwohls standen[63]. Von »Nation« oder gar der Arbeiterbewegung als »nationaler« Bewegung war in diesen Vorträgen nicht die Rede.

In dem gemeinsam mit Lothar Erdmann veröffentlichten Band über »Arbeiterbildung und Volksbildung« wird »Nation« als Ziel der Emanzipation des »Volkes« definiert. Erst dann werde »ein Volk zur Nation, [...], wenn nicht die Mehrheit seiner Angehörigen zum bloßen Mittel für die wirtschaftliche, soziale, politische und kulturelle Freiheit einer Minderheit herabgewürdigt wird, sondern alle Volksgenossen nach dem Maße ihrer Kraft zu gleichen Rechten und Pflichten dienend und führend an dieser vielfältigen Freiheit teilnehmen«[64]. Diese Definition deckte

---

61 Vgl. Leipart: Die kulturelle und volkswirtschaftliche Bedeutung der Gewerkschaften (Rede in der Versammlung der Berliner Gewerkschaftsfunktionäre am 15. September 1926), Berlin 1926, S. 10f.
62 Vgl. ebenda, S. 11.
63 Vgl. Leipart: Auf dem Wege zur Wirtschaftsdemokratie?, Berlin 1928, z.B. S. 9.
64 Vgl. Leipart/Erdmann: Arbeiterbildung, S. 60. Nach Erich Matthias stellte in der sozialdemokratischen Vorstellungswelt die »Nation« gegenüber dem »Volk« eine höhere Stufe der nationalen Entwicklung dar. Das »Volk« erhebe sich zur »Nation« durch einen Akt der Selbstbewußtwerdung. Die eigentlichen konstitutiven Elemente seien nicht die objektiven, von anderen Völkern unterscheidenden Merkmale, sondern »der subjektive Zusammengehörigkeitswille und die Teilhaftigkeit aller an der politischen Verantwortung«. Vgl. Matthias: Sozialdemokratie und Nation, S. 46f.

sich mit derjenigen, die im Programm der »Wirtschaftsdemokratie« im gleichen Jahr gegeben wurde. Im Abschnitt über die »Demokratisierung des Bildungswesens«, dessen Autor mit hoher Wahrscheinlichkeit Erdmann war, wurde die Situation Deutschlands im 19. Jahrhundert skizziert. Der Kapitalismus habe Deutschland ebenso wie die anderen Industrievölker in »zwei Nationen« gespalten. Als »Nation« habe die »Schicht der Privilegierten«, die Besitzenden, gegolten. Der »Rest«, die Masse der Abhängigen, sei abschätzig als »Volk« bezeichnet worden und aus der »Kulturgemeinschaft« ausgeschlossen gewesen. Diese Menschen seien nicht als »Individuen« angesehen worden, denn das Merkmal des »Individuums« fehlte: der Besitz[65]. In der These von den »zwei Nationen« und dem Ausschluß der »Nicht-Besitzenden« aus der »bürgerlichen Nation« stimmte diese Definition durchaus noch mit Formulierungen der sozialdemokratischen Linken aus der Zeit vor dem Ersten Weltkrieg überein. So stellte Clara Zetkin 1907 fest, daß auch den sogenannten »vaterlandslosen Gesellen« ihre Nationalität und ihr Vaterland teuer seien. Ihr Patriotismus unterscheide sich jedoch grundlegend von jenem der Bourgeoisie. Diese wolle zusammen mit der Aristokratie das »Vaterland als ihre Ausbeutungs- und Herrschaftsdomäne« erhalten. Der proletarische Patriotismus jedoch wolle nicht »erhalten«, sondern »umwälzen«. »Jenseits der zerschmetterten bürgerlichen Ordnung winkt dem Proletariat das freie Vaterland.«[66] Diese Zielbestimmung war allerdings grundverschieden von jener, die sich im Programm der »Wirtschaftsdemokratie« fand: Dort war von der Arbeiterbewegung als einer »gestaltenden Kraft der Nation« die Rede, die als Zielgedanke die »kulturelle Einheit der Nation, die Volkskulturgemeinschaft« habe, »in der alle Klassen des Volkes zu einem organischen, von dem Kreislauf geistigen Lebens durchströmten, lebensvollen Ganzen verbunden sind«[67]. In diesen offiziellen Veröffentlichungen des ADGB aus dem Jahre 1928 ist ein Einfluß der Erdmannschen Vorstellungen unverkennbar. Dennoch waren sie trotz aller Schwammigkeit (»organisches, lebensvolles Ganzes« etc.) in Sprache wie von den Inhalten her noch in einer Form gehalten, die mit den traditionellen Zielen des gewerkschaftlichen Reformismus – Integration in den Staat, sozialpolitische Reformen usw. – in Einklang gebracht werden konnten.

---

65 Vgl. Wirtschaftsdemokratie, S. 161f.
66 Vgl. C. Zetkin: Unser Patriotismus (Mai/Juni 1907), in: Materialien zum politischen Richtungsstreit, Bd. 2, S. 747–764, Zitat: S. 752.
67 Vgl. Wirtschaftsdemokratie, S. 164.

Ganz andere Töne jedoch schlug Leipart im Oktober 1932 in der Bundesschule Bernau vor Betriebsfunktionären des Gesamtverbandes an: »Unsere Arbeit ist Dienst am Volke. Sie kennt den soldatischen Geist der Einordnung und der Hingabe für das Ganze.«[68] Leipart sprach davon, daß keine soziale Schicht sich »der nationalen Entwicklung« entziehen könne. »Auch wir [die Gewerkschaften] haben es nicht getan, als wir[69] im Weltkriege bis zu dem traurigen Zusammenbruch für unser Vaterland gekämpft haben, als wir 1918 die ganze Last des zusammengebrochenen Reiches auf uns genommen haben und seitdem eine Aufbauarbeit leisteten, die in der Geschichte einmal eine ganz andere Bewertung erfahren wird, als es in dieser Zeit der politischen Verwirrung geschieht.«[70] Leipart hob die Opfer hervor, die die Gewerkschaften »für unser Volk« gebracht hätten, im Kriege wie »im Kampfe gegen den Separatismus im Westen und in der Zeit des passiven Widerstandes im Ruhrkampf«. Er verwahrte sich gegen den Vorwurf, die Gewerkschaften seien Pazifisten, »die kein Gefühl für unsere Ehre und für die Interessen unseres Volkes hätten. Wir sind Kämpfer und keine schwächlichen Verständigungspolitiker. [...] Wir führen unseren sozialen Kampf im Interesse der Nation.«[71] Das war nicht »das verwaschene Deutsch einer überalterten Parteidoktrin«, wie es, so Erdmann, von den Arbeiterführern der Vorkriegsgeneration gesprochen wurde[72], das war Originalton Erdmann und Genossen. Unabhängig davon, ob Erdmann oder Seelbach, der Leiter der Bundesschule, die Rede Leiparts verfaßt hat[73], wird in diesem Vortrag Leiparts der Einfluß jener jüngeren »intellektuellen« Mitarbeiter deutlich. Die besonders von Erdmann seit der ersten Hälfte der 1920er Jahre geforderte »nationalere« Gangart schlug sich in der Bernauer Rede voll nieder. Gewerkschaftlicher Kampf wurde mit »nationalen« Inhalten gefüllt. Über die »letzten Ziele« hieß es: »Wir bekennen uns zur revolutionären

---

68 Vgl. Leipart: Die Kulturaufgaben der Gewerkschaften, Vortrag in der Aula der Bundesschule in Bernau am 14. Oktober 1932, Berlin 1932, S. 17.
69 Es mutet schon eigenartig an, Leipart in diesem Zusammenhang in der »Wir«-Form sprechen zu hören. Leipart war viel zu alt, um im Weltkrieg »zu kämpfen«; das ist die Sprache der »Frontkämpfer« und nicht derjenigen, die an der »Heimatfront« ihre »Pflicht« taten.
70 Vgl. Leipart: Die Kulturaufgaben der Gewerkschaften, S. 16f.
71 Vgl. ebenda, S. 18.
72 Vgl. die Formulierung Erdmanns in seinen Aufzeichnungen vom 2. 12. 1933, in: DGB/NL Erdmann.
73 Über die Autorenschaft der Bernauer Rede gibt es unterschiedliche Angaben. Während Jahn Erdmann als Verfasser ansieht (vgl. Jahn, Gewerkschaften, S. 251), verbreiteten die »Führerbriefe« die Version, Seelbach habe die Rede verfaßt; vgl. Deutsche Führerbriefe, Nr. 94, 2. 12. 1932, abgedruckt in: Deppe/Roßmann, Wirtschaftskrise, S. 238–241; die »Deutschen Führerbriefe«, 1928 von Paul Silverbergs Sekretär Otto Meynen und dem Journalisten Franz Reuter gegründet, erschienen bis 1935 und wurden in Kreisen der Industrie- und Finanzwelt abonniert; vgl. Neebe, Großindustrie, S. 154f. und Jahn, Quellen IV, Dok. 137, S. 738, Anm. 10 und Dok. 153, S. 784, Anm. 11.

Idee, weil wir die Erkenntnis haben, [...], daß unsere letzten Ziele nur in einer neuen Ordnung verwirklicht werden können. [...] Wir, die wir vom Rhythmus der kapitalistischen Entwicklung auf das stärkste erfaßt sind, können nicht in dem Bestehenden das Wahre und Große suchen. Wir unterliegen dem faustischen Drange, der immer als Ausdruck deutschen Wesens gegolten hat, [...] und der uns zwingt, diese große Welt der Technik und der Wirtschaft nunmehr dem gesamten Volke zurückzugeben, um damit ein Zeitalter wahrer Kultur herbeizuführen.«[74] Es ist eine völlige Fehlinterpretation, wenn Heinz Deutschland den Satz: »Für uns gilt das Bekenntnis von Karl Marx, daß wir die Welt nicht verstehen, sondern gestalten wollen« als Beleg für das sozialistische Bekenntnis Leiparts deutet[75]. »Faustischer Drang«, »Hingabe für das Ganze«, »soldatische Einordnung« usw., das alles hatte mit »Sozialismus« allenfalls in jenem oben beschriebenen Erdmannschen Sinne etwas zu tun. Statt dessen wurden, wie Peter Jahn hervorhebt, in dieser Rede die Wertvorstellungen »deutscher Innerlichkeit« beschworen, die Arbeiterbewegung der »Nation« untergeordnet und die Gewerkschaften als die für den Aufbau des Staates »unentbehrlichen« Ordnungsfaktoren herausgestellt[76].

Die Rede in Bernau enthielt für die aktuelle politische Situation eine wesentliche Aussage. Es wurde zwar betont, daß der gewerkschaftliche Kampf »vor allem« mit der SPD geführt werde, die sich bisher am meisten bemüht habe, die gewerkschaftlichen Ideen auf dem Wege der Gesetzgebung zu verwirklichen. Im nächsten Satz wurde jedoch unmißverständlich festgestellt: »Wir sind zu sehr auf das Ganze gerichtet, um Parteifesseln zu tragen.«[77] Damit wurde die Distanzierung von der SPD, die in den ADGB-Führungsgremien bereits intern erwogen[78] und von Erdmann, Furtwängler, Seelbach seit längerem gefordert wurde, zur offiziellen Politik des ADGB. Zusammen mit den Sätzen: »Wir wollen etwas leisten und bejahen in diesem Sinne auch den Geist unserer Zeit [!], der

---

74 Vgl. Leipart: Die Kulturaufgaben der Gewerkschaften, S. 21f.
75 Zitat ebenda, S. 11. Deutschland schreibt:»Für Leipart galt das Bekenntnis von Karl Marx, daß, wie er es ausdrückte, ›wir die Welt nicht verstehen, sondern gestalten wollen‹.« Vgl. Deutschland, Theodor Leipart, S. 353. Schildt bezeichnet dieses »Bekenntnis« zu Marx als eine »grandiose und sinnentstellende Irrationalisierung der Marxschen Feuerbachthesen«. Vgl. Schildt, Militärdiktatur, S. 146; ebenso Jahn, Gewerkschaften, S. 251. Im Original hieß es bei Marx:»Die Philosophen haben die Welt nur verschieden interpretiert, es kommt darauf an, sie zu verändern.« Vgl. MEW Bd. 3, Berlin (DDR) 1958, S. 7.
76 Vgl. Jahn, Gwerkschaften, S. 251; Leipart: Die Kulturaufgaben der Gewerkschaften, S. 7.
77 Vgl. ebenda, S. 19.
78 Vgl. die Diskussionen im BA vom 21. 7. 1932 und im BV vom 3. 8. 1932, in denen offen ausgesprochen wurde, ob es nicht besser sei, die starke Bindung zur SPD zu lösen. Vgl. Jahn, Quellen, Dok. 112 und 116.

Neues schaffen will« und: »Wir sehen darum auch nicht in den anderen Parteien von vorneherein schon unsere Gegner. Wir bekämpfen sie nur dann, wenn sie unseren Weg hemmen wollen«[79], wurde diese Distanzierung von der Sozialdemokratie von der politischen Rechten als Bündnisangebot verstanden und konnte allen Dementis zum Trotz durchaus als solches gewertet werden[80].

Man wird der Bedeutung der Rede nicht gerecht, wenn man sie, wie Skrzypczak, als einen Beleg dafür wertet, »how perfectly the men from the Inselstraße [Sitz des ADGB] knew to adapt themselves to the style of the new age«[81]. Die Bernauer Rede steht für eine Wende des ADGB nach »rechts«[82]. Sie wurde in einer Zeit gehalten, in der zahlreiche Gerüchte um eine sogenannte »Querfront« zwischen Teilen der Reichswehr, Stahlhelm und Reichsbanner, Gewerkschaften und Strasser-Flügel der NSDAP kursierten, in der über Kabinette spekuliert wurde, in denen Gregor Strasser zusammen mit Leipart und Stegerwald regieren sollte und in der tatsächlich Kontakte zwischen NSDAP-Mitgliedern und Funktionären des ADGB stattfanden[83]. Gerade auch unter diesem Gesichtspunkt mußte die Bernauer Rede als Bündnisangebot des ADGB an die Rechte verstanden werden[84].

Die Bernauer Rede markiert eine Wende im Verhältnis der Gewerkschaften zur »Nation«. Die »Nation« als sinnstiftendes Ziel der Gewerkschaften, das war etwas gänzlich anderes als die Beteuerungen, die Gewerk-

---

79 Vgl. Leipart: Die Kulturaufgaben der Gewerkschaften, S. 11 und S. 19.
80 Zustimmung erhielt Leipart in der »Täglichen Rundschau«, einem Blatt des »Tat-Kreises«, und von einem Funktionär des Stahlhelm, Bartram, der Leipart gegenüber darauf hinwies, »daß die antikapitalistische Front da sei«; vgl. Jahn, Quellen IV, Dok. 137, S. 738. Auch von NS-Seite wurde die Rede positiv aufgenommen. Gregor Strasser erklärte am 20. 10. 1932 im Berliner Sportpalast, Leiparts Rede enthalte Sätze, die, wenn sie »ehrlich« gemeint seien, »weite Ausblicke in die Zukunft« eröffneten; vgl. Winkler, Weg, S. 747; der »Angriff« vom 10. 11. 1932 meinte: »Hier läuft einmal die Front von morgen.« Die »Führerbriefe« fanden, Leipart habe »die Logik der Entwicklung verstanden«; vgl. Deutsche Führerbriefe, Nr. 94, 2. 12. 1932, in: Deppe/Roßmann, Wirtschaftskrise, S. 238ff. Im Vorwärts, Nr. 500, 22. 10. 1932, Abendausgabe, dementierte Leipart die aus der Bernauer Rede interpretierten Loslösungsbestrebungen des ADGB von der SPD. Nach den »Führerbriefen« vom 2. 12. 1932 hatte er den »ihm von anderer Seite« vorgelegten Text nur »sehr widerwillig« unterschrieben.
81 Vgl. Skrzypczak, From Carl Legien, S. 40.
82 Zur Frage, ob diese »Wende« erst in der zweiten Hälfte des Jahres 1932 einsetzte, so die Einschätzung bei Schönhoven, Gewerkschaften, S. 175f., oder ob dafür schon seit Oktober 1930 bzw. seit Jahresende 1931 Anzeichen vorhanden sind (besonders in der Einschätzung des Reparationsproblems) vgl. Teil 2, IV. 4.
83 Vgl. dazu z.B. Schildt, Militärdiktatur, u.a. S. 138ff.; Skrzypczak, From Carl Legien, S. 39f.; Jahn, Quellen IV, S. 46f.; Winkler, Weg, S. 713ff. sowie Teil 2, IV. 6.
84 Dies tut im übrigen auch Hüllbüsch, trotz ihrer ansonsten betr. Verhältnis Gewerkschaften–Nation aufgestellten Kontinuitätsthese; vgl. Hüllbüsch, Gewerkschaften, S. 184ff.; vgl. auch Heer, Burgfrieden, S. 99 und Winkler, Weg, S. 746ff.; Schildt, Militärische Ratio, S. 356.

schaften würden *auch* im Interesse des Volksganzen arbeiten. Nicht geleugnet werden sollen jene nationalistischen Töne, die die ADGB-Führung im Zusammenhang mit dem gewerkschaftlichen Engagement gegen den Versailler Vertrag[85], in der Oberschlesien-Frage[86] oder im »Ruhrkampf« anschlugen. Doch auch bei letzterem spielte in gewerkschaftlichen oder gewerkschaftsnahen Publikationen, sieht man von Erdmanns »Ruhrkampf«-Buch ab, eine »nationale Idee« im Erdmannschen Sinne keine Rolle. Zwar wurden die Opfer, die die deutsche Arbeiterschaft im Ruhrkampf für das ganze deutsche Volk erlitt, hervorgehoben, doch der Sinn des Kampfes wurde mit anderen Schwerpunkten versehen: So kämpfte die deutsche Arbeiterschaft nach Woldts Verständnis »für den von ihr mitgegründeten und mitgetragenen neuen deutschen Staat«, für die »deutsche Republik«. Außerdem, dies wurde auch in den ADGB-offiziellen Aufrufen hervorgehoben, sei dies ein Kampf gegen »Militarismus« und »Imperialismus«[87]. Die Verquickung zwischen wirtschaftlichen Interessen und Interessen der Arbeiterschaft spielte eine herausragende Rolle. So wurde nach der Auffassung Nikolaus Osterroths der Abwehrkampf an der Ruhr um die Selbstbehauptung der deutschen Wirtschaft und damit vor allem im Interesse der deutschen Industriearbeiterschaft geführt, denn die deutsche Wirtschaft sei »ein Lebensgut der deutschen Arbeiter«[88].

In der Bernauer Rede ging es nicht mehr um die Versicherung, die Gewerkschaften würden auch zur Nation dazugehören und dementsprechend Verantwortung übernehmen. Die Zielrichtung war, »Neues« zu schaffen in »Hingabe an das Ganze«. Die Bernauer Rede markiert damit

---

85 Vgl. Teil 2, IV. 1.; vgl. auch H.-J. Rupieper: Die freien Gewerkschaften und der Versailler Vertrag 1919–1923, in: GWU 29 (1978), S. 482–499; Winkler, Revolution, S. 206ff.
86 Zum Verhalten des ADGB in der Frage um die Teilung Oberschlesiens vgl. H. Potthoff: Gewerkschaften und Oberschlesienfrage, in: IWK 15 (1979), S. 114–119; Winkler, Revolution, S. 417f. Das Engagement der freien Gewerkschaften gegen eine Abtrennung oberschlesischer Gebiete vom Deutschen Reich war mit antipolnischen Ressentiments verbunden. Heinrich Löffler schreckte in einer im Auftrag des ADGB verfaßten Broschüre (Um Oberschlesien, Berlin 1922) sogar vor offenem Rassismus nicht zurück. Im Zusammenhang mit Terrorakten und Mißhandlungen, die Polen im Vorfeld der Volksabstimmung über die Zukunft Oberschlesiens verübt haben/haben sollen, charakterisierte er das polnische Volk insgesamt als »zur Feigheit« und »zur grausamsten Brutalität« neigend (S. 22).
87 Vgl. R. Woldt: Der Endkampf an der Ruhr: politische, wirtschaftliche und soziale Betrachtungen, Berlin 1923, S. 6f. Vgl. auch den Aufruf des ADGB, AfA-Bundes und ADB vom 11. 1. 1923, in: Kbl., 33. Jg., Nr. 3, 20. 1. 1923, S. 25 sowie H. Löffler: Das Proletariat und die Besetzung des Ruhrgebiets, Referat gehalten vor den Funktionären des VSPD, Bezirksverband Berlin, o.J. (1923).
88 Vgl. N. Osterroth: Der deutsche Arbeiter und der Ruhreinfall, Berlin o.J. [1923], S. 20. Ähnlich der Aufruf des ADGB vom 11. 1. 1923, in: Kbl., 20. 1. 1923, S. 26. Osterroth (1875–1933), Bergmann, seit 1898 Gewerkschaftssekretär, 1919 Mitglied der Nationalversammlung, 1920–1933 MdPrL,

einen Wandel im Verhältnis der Gewerkschaften zur »Nation«. Sie ist gleichzeitig ein Beleg für den Einfluß jener jüngeren Funktionäre im ADGB-Apparat, der – nicht nur, aber besonders – in den Jahren der politischen und wirtschaftlichen Krise der 1930er Jahre feststellbar ist[89].

5. Kritik am gewerkschaftlichen Nationalismus

Die hier vorgestellten Positionen des bei allen »nationalen Emotionen« eher pragmatischen Verhältnisses zur Nation einerseits und einem mit irrationalen Inhalten gefüllten Bekenntnis zur »Nation« als nahezu religiösem Wert andererseits geben nicht alle Positionen wieder, die in führenden Funktionärskreisen der freien Gewerkschaftsbewegung vertreten wurden. Verwiesen sei auf Gewerkschaftsführer wie Joseph Simon, der von seinem Alter her (Jahrgang 1865) der Generation von Legien und Leipart zuzurechnen war, auf Robert Dißmann (geb. 1878)[90] oder den noch jüngeren Siegfried Aufhäuser (geb. 1884)[91]. Ursula Hüllbüsch stellte Erdmanns Auffassungen in dessen Ruhrkampfbuch den Äußerungen Aufhäusers gegenüber, die dieser in einer Rede 1924 entwickelt hatte. Dessen Gleichsetzung von »National-Sein« mit der Beseitigung von »sozialen Schäden« verkörperte, so Hüllbüsch, noch ein gänzlich anderes

---

1919–1923 Bergbaureferent im Reichswirtschaftsministerium, 1924–1933 Vorstandsmitgl. der Preuß. Bergwerks- und Hütten AG; vgl. N. Osterroth: Vom Beter zum Kämpfer, 2. Auflage Berlin, Bonn 1980 (1. Aufl. 1920), Vorwort, S. XI.

89 Von einem Einfluß der jüngeren Mitarbeiter um Erdmann im Zusammenhang mit »Rechts«-Wende/Nationalisierung sprechen z.B. auch Grebing, Gewerkschaftliches Verhalten, S. [38]; Schönhoven, Gewerkschaften, S. 176; H. Potthoff: Freie Gewerkschaften und sozialistische Parteien, in: AfS 26 (1986), S. 49–86, S. 83f.; H. Skrzypczak: Gewerkschaften und Parteien. Das Beispiel Freie Gewerkschaften und Sozialdemokratie 1890–1933, in: GMH 33 (1982), S. 465–477, S. 474; Hüllbüsch, Gewerkschaften, S. 182.

90 Simon (1865–1949), 1900–1933 Vorsitzender des Schuhmacherverbandes und Dißmann (1878–1926), 1919–1926 Vors. des DMV, gehörten beide der gemäßigten innergewerkschaftlichen Opposition an, lehnten die Kriegspolitik der Gewerkschaften ab und traten während des Krieges der USPD bei. Simon hatte am 4. August 1914 als Reichstagsabgeordneter des SPD nicht für die Bewilligung der Kriegskredite gestimmt, indem er sich bei der Abstimmung aus dem Plenarsaal entfernte. Auch in der Weimarer Zeit standen beide Gewerkschaftsführer für eine zwar reformistische Gewerkschaftspolitik, die jedoch im Gegensatz zu der besonders von der ADGB-Führung vertretenen Linie die Gewerkschaften eher als Gegenmacht denn als staatserhaltende Organisationen verstand. Zu Simon vgl. Mirkes, Adolf (Hrsg.): Josef Simon. Schuhmacher, Gewerkschafter, Sozialist mit Ecken und Kanten, Köln 1985; vgl. auch Schönhoven, Quellen I, S. 50; zu Dißmann vgl. z.B. GZ, Jg. 36, Nr. 45, 6. 11. 1926, S. 632f. sowie 75 Jahre Industriegewerkschaft 1891 bis 1966. Vom Deutschen Metallarbeiter-Verband zur Industriegewerkschaft Metall, hrsg. v. IG Metall, Frankfurt/M. 1966, S. 20f.

91 Aufhäuser (1884–1969), 1920–1933 Vors. des AfA-Bundes, MdR 1921–1933 (USPD/SPD); 1933 Emigration, 1952 Vors. DAG Berlin; vgl. u.a. Handbuch Arbeiterpresse, 1927, S. 142; M. Schwarz: MdR. Biographisches Handbuch der Reichstage, Hannover 1965, S. 611.

Verständnis von Nation als Erdmanns »rückhaltloses Bekenntnis zum nationalen Machtstaat«[92]. Auch in dem Referat Aufhäusers »Ideologie und Taktik der Angestelltenbewegung«, gehalten auf dem vierten AfA-Bundestag 1931, war von einer Verantwortung für das Volksganze kein einziges Mal die Rede. Statt nationaler Bekenntnisse stellte Aufhäuser das Prinzip Klassenkampf in den Vordergrund[93]. Natürlich hatte der AfA-Bund, der sich mit dem Deutschnationalen Handlungsgehilfen-Verband und dem Hirsch-Dunckerschen Gewerkschaftsbund der Angestellten (GdA) auseinandersetzen mußte, eine andere »Frontstellung«. Die Betonung von Sozialismus und Klassenkampf ist sicherlich auch auf dem Hintergrund zu sehen, daß die gegnerischen Verbände Klassenkampf und Sozialismus ausdrücklich ablehnten und statt dessen auf Standesbewußtsein Wert legten. Die unterschiedliche Stellung zum sogenannten Volksganzen und zur Nation erklärt sich m. E. jedoch auch aus der jeweiligen gesellschaftlichen Stellung von Angestellten auf der einen und Arbeitern auf der anderen Seite. Wenn man bei Leipart ein Bedürfnis, zur Nation dazugehören zu wollen, unterstellen konnte – das häufig genannte nationale Identitätsbedürfnis –, dann spielte dies beim Angestellten Aufhäuser kaum eine Rolle. Angestellte gehörten zur – bürgerlichen – »Nation« und mußten den Weg zu ihr nicht erst über den sogenannten »Geist von 1914« finden. Gesellschaftliche Stellung, historisch gewachsenes, entsprechendes Bewußtsein sowie andere politische »Frontstellung« dürften hier maßgeblich für die unterschiedlichen Stellungnahmen zur Nation gewesen sein. Darüber hinaus waren allerdings auch die politischen Standorte von Belang: Aufhäuser, der ehemalige USPD-Mann, dagegen Leipart und andere traditionell eher auf der »rechten« Seite der Sozialdemokratie angesiedelt[94].

Deutliche Kritik am »Mythos Nation« äußerte der Nationalökonom Paul Hermberg[95]. In einem Aufsatz über »Autarkie und Sozialismus« in der »Arbeit« 1932 setzte er sich zwar mit Vorstellungen des »Tat-Kreises«[96] auseinander. Seine Kritik kann jedoch sehr gut als Gegenposition

---

92 Vgl. Hüllbüsch, Gewerkschaften, S. 65.
93 Vgl. Aufhäuser: Ideologie und Taktik der Angestelltenbewegung, Referat, gehalten auf dem 4. AfA-Gewerkschaftskongreß, Leipzig 1931, Berlin 1931.
94 Zur »links«-Orientierung der sozialdemokratischen Angestellten vgl. auch Winkler, Revolution, S. 273ff.
95 Hermberg (1888–1969), Prof. für Statistik an der Uni Leipzig von 1925–1933. Auf dem Breslauer ADGB-Kongreß referierte er über Wirtschaftsdemokratie. Vgl. Protokoll Breslau, 1925, S. 186ff.
96 Der »Tat-Kreis« setzte sich aus Intellektuellen um die Zeitschrift »Die Tat« zusammen, unterhielt enge Verbindungen zu Schleicher und zum Reichswehrministerium, vertrat autoritäre, ständestaatliche Konzepte und gab sich dabei auch »antikapitalistisch« im Sinne eines »nationalen Sozialismus«. Der »Tat-Kreis« war intensiv darum bemüht, die von Reichswehrminister Schleicher favorisierte

zu den Ideen Erdmanns verstanden werden. Hermberg interpretierte den
»Mythos von Volk und Nation« als einen Mythos des Mittelstandes. Die
Mitglieder des »Tat-Kreises« seien junge Akademiker aus dem Mittelstand, die, aus der Jugendbewegung kommend, im ausklingenden Krieg
»Volk und Nation in schwerster Bedrückung empfunden« hätten[97]. Ihr
Antikapitalismus sei rückwärts gewandt, nicht zum Sozialismus, sondern
zu einem »Vorkapitalismus«. Mit dem »proletarischen« Sozialismus habe
dies alles nichts gemein. Das Proletariat aller Länder sei zwar national
gebunden. Auch achte und liebe der Proletarier »die Werte der nationalen Sonderheit«. »Dem Proletarier ist aber Nation niemals höchster Wert
und vor allem nicht mit dem Nationalstaat unlösbar verbunden. Höchster Wert ist ihm der Sozialismus, der auch den Arbeiter so in die Gesellschaft einordnet, daß er selbst seine Stellung als sinnvoll und menschenwürdig empfinden kann. Wo aber wäre oder bildete sich die Nation, der
er auch nur den Willen zu diesem Sozialismus zutrauen könnte?« Die
einzige Gruppe in allen kapitalistischen Ländern, die immer wieder auf
den Sozialismus hindränge, sei die Arbeiterklasse. »Darum muß proletarischer Sozialismus auf die Klasse bauen und nicht auf die Nation.«[98]

6. Das Verhältnis zur Nation und die Gewerkschaftsbasis

Die beschriebenen Stellungnahmen zum Verhältnis der Gewerkschaften
zur Nation wurden alle ausnahmslos von Spitzenfunktionären der freien
Gewerkschaften entwickelt. Es stellt sich die Frage, inwieweit die unteren
Funktionärsschichten oder gar die Mitglieder von diesen theoretischen
Erörterungen Kenntnis nahmen bzw. überhaupt an diesen Fragen interessiert waren.

Mir scheint die Einschätzung eines Kölner Metallarbeiters und Betriebsrates aus dem Herbst 1922, wenn auch überspitzt, so doch symptomatisch zu sein. Seiner Meinung nach waren »die Interessen der Arbeiter
[...] auf das rein Materielle eingestellt«, ideelle Dinge seien undurchfüh-

---

»Querfront« herzustellen, die die Gewerkschaften als einen Teil der Massenbasis für eine Militärdiktatur mit sozialen Komponenten vorgesehen hatte. Vgl. dazu bes. Schildt, Militärdiktatur. Zu den
Auffassungen des Kreises, besonders zu seiner Haltung gegenüber den freien Gewerkschaften vgl.
C. Rothe: Die Front der Gewerkschaften, Jena 1932.
97 Vgl. P. Hermberg: Autarkie und Sozialismus, in: Die Arbeit 9 (1932), S. 9.
98 Vgl. ebenda, S. 10f.

bar[99]. Dabei soll nicht geleugnet werden, daß nationale Emotionen in der Arbeiterschaft vorhanden waren. Beispiele hierfür sind die Auseinandersetzungen um Oberschlesien und der »Ruhrkampf«. Allerdings nahm das »duldende und kämpfende Heldentum« unter der Arbeiterschaft merklich ab, je länger der passive Widerstand gegen die französisch/belgische Besetzung dauerte und je aussichtsloser er wurde. Auch die Durchhalteparolen der ADGB-Führung konnten dies nicht verhindern[100].

Es gibt jedoch weitere Hinweise darauf, daß sogenanntes »nationales« Gedankengut nicht ausschließlich unter Spitzenfunktionären der Gewerkschaften verbreitet war. Ein Beispiel hierfür sind die Aktivitäten freier Gewerkschafter für den »Verein für das Deutschtum im Ausland«[101]. Führend war hier Franz Josef Furtwängler, der mit seinem Engagement für diesen Verein quasi ein Stück »Volksgemeinschaft« in die Praxis umsetzte[102]. Doch auch in verschiedenen Ortsausschüssen gab es Funktionäre, die sich für die Auslandsdeutschen einsetzten. In einem Schreiben an Johann Kowoll von der Deutschen Sozialistischen Partei in Polen verwies Furtwängler beispielsweise darauf, daß er im Auftrag des Vereins schon mehrere Vorträge in verschiedenen freigewerkschaftlichen

---

99 So Hans Thiele, Köln, Mitglied des Reichsbeirats der DMV-Betriebsräte, auf der Sitzung des Reichsbeirates am 6./7. 10. 1922, vgl. Protokoll, S. 25, in: ZA FDGB/Nr. 234; Thema der Diskussion war die Frage der Verlängerung der Arbeitszeit als Weg zur Steigerung der Produktivität im Zusammenhang mit der wirtschaftlichen Gesundung Deutschlands und der Erfüllung der Reparationsleistungen; es ging also um die *konkrete* Opferbereitschaft der Arbeiterschaft; dazu ausführlicher Teil 2, IV. 2.
100 Vgl. ausführlicher Teil 2, IV. 1. Zitat: Löffler: Das Proletariat und die Besetzung des Ruhrgebiets, S. 12.
101 Ziel des Vereins war, für »Freiheit und Recht für jeden Deutschen in der Welt« zu kämpfen. Vgl. die Informationsschrift »Für Aufklärung und Werbung«, in: HiKo NB 96/21. Obwohl der Verein antirepublikanische Tendenzen weit von sich wies, waren verschiedene Ortsgruppen von DNVP und NSDAP »unterwandert« und bewegten sich seine Veranstaltungen zum Teil »vollständig in nationalsozialistischem Sinne«, so die Beschwerde des Reichsbanners und des SPD-Bezirksverbandes Pfalz vom 21. 4. 1932, in: HiKo NB 97/91, weitere Hinweise ebenda/45, 63, 104f., 109, 117ff.; vgl. auch DGB 7/147 sowie K. Poßekel: Verein für das Deutschtum im Ausland (VDA) 1881–1945, in: Lexikon zur Parteiengeschichte, Bd. 4, S. 282–297.
102 Furtwängler sah die große »Mission« des Vereins darin, daß er »jenseits der Parteien als Sammellager und Willenszentrum des ganzen Volkes in der besonderen Frage der Betreuung und Stützung aller Auslandsdeutschen ohne Ansehen ihrer politischen Gesinnung« wirke. Vgl. Furtwängler an Kirschmann/MdR, SPD, 12. 8. 1931, in: DGB 7/147. Die Hauptversammlung der Organisation wählte Furtwängler am 18. 5. 1929 zum Mitglied des Hauptausschusses, vgl. die Mitteilung des »Vereins für das Deutschtum...« an Furtwängler vom 24. 5. 1929, in: HiKo NB 96/60. Der BV ADGB hatte gegen Furtwänglers Mitgliedschaft keine Einwendungen, vgl. die Randnotiz auf diesem Schreiben mit den Paraphen Alban Welkers und Leiparts. Offiziell wurde jedoch immer betont, daß Furtwängler nicht als ADGB-Sekretär, sondern als »Privatperson« dem Verein angehöre; vgl. z. B. Schulze (BV ADGB) an ADGB-Bezirkssekretär Grötzner vom 3. 4. 1930, in: HiKo NB 96/158.

Ortsverwaltungen gehalten habe[103]. Auch der Vorsitzende des ADGB-Ortsausschusses in Kiel, Böttcher, war in der Frage der Auslandsdeutschen und in sonstigen »nationalen« Belangen mit Furtwängler einer Meinung[104].

Dennoch: Die unteren Funktionärsschichten wie die Basis als solche hatten offensichtlich andere Probleme, als sich über das Verhältnis der Gewerkschafts- bzw. Arbeiterbewegung zur Nation in theoretischem Sinne Gedanken zu machen. In diesem Zusammenhang ist die Einschätzung Buhls zurückzuweisen, der davon ausgeht, die exponierte Stellung Erdmanns habe gewährleistet, daß seine Gedankengänge unter den Gewerkschaftsfunktionären umfassend rezipiert worden seien[105]. Dagegen spricht allein die Tatsache, daß die »Arbeit«, jenes Organ, in dem Erdmann seine Vorstellungen vorwiegend publizierte, gerade von den an der Basis tätigen Funktionären nicht in dem von der Führung gewünschtem Maße gelesen wurde[106]. Die Debatte um das Verhältnis zur Nation und zur »nationalen Idee« war eine elitäre Debatte. Sie wurde unter Funktionären der Spitze geführt, die als »intellektuelle« Berater fungierten. Ein Blick in die Protokolle gewerkschaftlicher Gremien zeigt, daß diese theoretische Debatte in den nichtöffentlichen Diskussionen der freien Gewerkschaften so gut wie keine Rolle spielte[107]. Dies gilt für Sitzungen, bei denen Funktionäre der Basis anwesend waren, ebenso für solche auf Vorstandsebene. Diskutiert wurden allerdings die konkreten Folgen aus einer Politik des ADGB und seiner Mitgliedsgewerkschaften, die mit der Verantwortung für das Volksganze legitimiert wurde – sei es in der Frage der Mehrarbeit zur Erfüllung der Reparationsforderungen oder bei dem Problem der Tolerierung der Regierung Brüning und damit auch deren Sozialabbaupolitik[108]. Hier zeigt sich das oben bereits für die Vorkriegs-

---

103 Vgl. Furtwängler an Kowoll, Kattowitz, vom 6. 3. 1930, in: Hiko NB 96/147. Vgl. auch Schreiben Furtwänglers an Zumtobel (Volkswacht, Freiburg) vom 7. 1. 1930: »Es freut mich, die starke Verbundenheit der Freiburger Arbeiterschaft, mit dieser Bewegung [VDA] auch durch Sie wiederhergestellt zu wissen.«, in: DGB 26/187.
104 Vgl. z. B. Schreiben Böttchers an Furtwängler vom 22. 11. 1930, in: HiKo NB 100/168.
105 Vgl. Buhl, Sozialistische Gewerkschaftsarbeit, S. 218f.
106 In den Bundes-Mitteilungen für die Ortsausschüsse wurde mehrmals für »Die Arbeit« geworben, da sie in den unteren Funktionärskreisen zuwenig Beachtung fand, vgl. z. B. Bundes-Mitteilungen für die Ortsausschüsse, Nr. 7, 3. 7. 1926, S. 6, in: HiKo NB 79/44. Auch das Bezirkssekretariat Sachsen forderte die ADGB-Funktionäre auf, die »Arbeit« mehr zu lesen. Nachweise in: HiKo NB 84a (Rundschreiben 1927–1929).
107 Dieses Ergebnis ergibt sich aufgrund der Durchsicht der im ehem. ZA/FDGB liegenden unveröffentlichten Protokolle von Vorstandssitzungen, Gauleitertagungen und auch lokalen Verwaltungsstellen des Holzarbeiterverbandes, der Verbände der Buchdrucker, Buchbinder und der Lithographen sowie jener Splitter aus dem Bereich des DMV, des Landesarbeiterverbandes, des Gesamtverbandes und des Verkehrsbundes.
108 Vgl. zu diesen Fragen Teil 2, IV. 2. und IV. 5.

generation der Gewerkschaftsführer benannte, eher pragmatische Verhältnis zur Nation, ein Tatbestand, der auch auf die Arbeitsteilung zwischen Partei- und Gewerkschaftsorganisation verweist. Aus den Reihen der Sozialdemokratischen Partei äußerten sich zum Thema Nation, wenn auch aus einer Minderheitenposition heraus, erheblich stärkere Gruppierungen, als dies im Rahmen des ADGB der Fall war. Erinnert sei an Kreise wie den Hofgeismarkreis der Jungsozialisten oder die späteren sogenannten »militanten« Sozialisten um Theodor Haubauch und andere sowie den Kreis um die »Neuen Blätter für den Sozialismus«[109]. Nicht von ungefähr bestanden zwischen Gewerkschaftsfunktionären wie Erdmann und Pahl und den vorstehend genannten Kreisen enge Verbindungen[110]. Auffällig ist weiter, daß jene Funktionäre wie Erdmann, Seelbach, Furtwängler oder Pahl, modern formuliert, sogenannte Quereinsteiger waren, die sich von den traditionellen Karrieremustern gewerkschaftlicher Funktionäre gründlich unterschieden und die auch von ihrer gesamten Biographie her einer »neuen Generation« von Gewerkschaftsfunktionären angehörten. Ohne diese Tatbestände überbewerten zu wollen, muß gerade Erdmanns Bekenntnis zur »Nation« und sein Anspruch, die Gewerkschaftsbewegung zur selbständigen Trägerin eines aller marxistischer Gesellschaftsanalyse entkleideten Sozialismus und einer mit irrationalen Inhalten gefüllten »nationalen Idee« zu machen, auch in diesem Zusammenhang verstanden werden. Erdmanns Gedankengänge waren eingebettet in eine zeitgenössische Debatte, in der neokonservative Intellektuelle wie jüngere Sozialdemokraten am rechten Flügel der SPD gleichermaßen eine »nationale Idee« auf dem Hintergrund des Kriegserlebnisses entwickelten, in der Sozialismus als »Gesinnung« mit dem religiös überhöhten Wert der »Nation« versöhnt wurde[111]. Buhl greift zu kurz, wenn er Erdmanns Bemühungen in dieser Richtung lediglich als ein Konzept begreift, »das dem weitverbreiteten Anspruch in der gewerkschaftlichen Diskussion nach Gleichberechtigung mit ›der Partei‹« Rechnung getragen habe, wie auch »eine der Tätigkeit der Funktionäre adäquate Sozialismus-Definition« enthalten habe[112]. Die Unabhängigkeit

---

109 Zur Auseinandersetzung dieser Kreise mit »der Nation« vgl. F. Walter: Nationale Romantik und revolutionärer Mythos. Politik und Lebensweisen im frühen Weimarer Jungsozialismus, Berlin 1986; Rathmann, Arbeiterleben; F. Osterroth: Der Hofgeismarkreis der Jungsozialisten, in: AfS 4 (1964), S. 525–569; Winkler, Schein, S. 365ff.; Winkler, Weg, S. 590ff.
110 Vgl. z.B. Rathmann, Arbeiterleben, S. 214 und 226; F. Borinski: Die »Neuen Blätter« für den Sozialismus«, in: ebenda, S. 191 und 198; sowie Teil 1, IV. 1. 2.
111 Vgl. u.a. Mommsen, Die verspielte Freiheit, S. 240ff. und S. 310.
112 Vgl. Buhl, Sozialistische Gewerkschaftsarbeit, S. 219. Ähnlich argumentiert H. Ulrich: Die Einschätzung von kapitalistischer Entwicklung und Rolle des Staates durch den ADGB, in: Prokla, Nr. 6 (März 1973), S. 1–70. Nach Ulrich entsprach der praktischen Politik des gewerkschaftlichen

von »der Partei« hatte bereits Legien im 19. Jahrhundert betont und eingefordert und daß Erdmanns Sozialismus-Definition der Tätigkeit der Funktionäre angemessen gewesen sei, darf bezweifelt werden. Für deren Arbeit waren die Grundlagen des gewerkschaftlichen Reformismus, also Reformen in Sozial- und Wirtschaftspolitik auf dem Boden der bestehenden Verhältnisse bei gleichzeitiger Beibehaltung eines Fernziels, das, wie konkret auch immer, auf die Überwindung des Kapitalimus gerichtet war, durchaus ausreichend, dazu bedurfte es nicht der Erdmannschen Synthese eines »nationalen Sozialismus«.

7. Zwischenergebnis

Im Verhältnis zur Nation agierten die gewerkschaftlichen Führungsgruppen, besonders jene traditionellen, in der Gedankenwelt der Vorkriegszeit verwurzelten Gewerkschaftsführer, bei allem nach außen vermittelten nationalen Pathos eher pragmatisch. Die Betonung ihrer Verantwortung für das »Volk«, das »Volksganze« usw. bezog sich stark auf volkswirtschaftliche Aspekte, wie auch die Kriegspolitik zu einem großen Teil wirtschaftlichen Gesichtspunkten entsprang. Dieser Befund verdeckt keineswegs jene Politik der Generalkommission wie ihres Nachfolgers, des ADGB, die dem eigenen Verständnis nach »staatserhaltend« wirken sollte, die die Gewerkschaften und die Arbeiterschaft in »Nation« und »Staat« integrieren und ohne größere Brüche, und schon gar ohne Revolution, die Politik der kleinen Reformschritte weiterführen sollte. Zwischen dieser Politik der Integration und jenem flammenden Bekenntnis zu einem »nationalen Sozialismus« Erdmanns liegen qualitatitve Unterschiede. In einer Zeit der Krise und der Auflösung, in der die gewählte Führung der Gewerkschaften orientierungslos nach neuen Wegen suchte, gewannen jene Ideen eines »nationalen Sozialismus« an Gewicht; die »Bernauer Rede« ist ein beredtes Beispiel dafür. Das Verhältnis der Gewerkschaften zur Nation entwickelte sich somit durchaus nicht ohne theoretische Brüche. Dennoch kann vermutet werden, daß – zumindest solange Funktionäre wie Leipart, Graßmann oder Eggert die Führung des ADGB bildeten – eine endgültige Trennung von der SPD und ein radikales Einschwenken auf den »nationalen Kurs« letztlich doch nicht vollzogen worden wäre. Aber angesichts der geschichtlichen Entwick-

---

Reformismus »der besonders von Lothar Erdmann unternommene Versuch, ›Nation und Sozialismus‹ zu versöhnen, ein Versuch, der [...] die ideologische Annäherung an wirtschaftsfriedliche ständische oder autoritäre Staatsvorstellungen impliziert«. Ebenda, S. 25.

lung, der Zerschlagung der Gewerkschaftsbewegung am 2. Mai 1933, liegt die Antwort auf die Frage der »ideologischen« Weiterentwicklung der freien Gewerkschaften im Bereich der Spekulation[113].

Die theoretische Diskussion um das Verhältnis zur Nation war in jedem Falle eine auf Spitzenebene geführte, an der Funktionäre, die in der Hierarchie weiter unten standen, und die Mitgliederbasis kaum Anteil hatten und offenbar auch kaum Kenntnis davon nahmen.

---

[113] Von Interesse ist immerhin, daß beim Bundestag der freien Gewerkschaften Hessens im September 1949 ein Transparent mit der Aufschrift geschwenkt wurde: »Dienst an der Gewerkschaftsidee ist Dienst an Volk und Staat.« Dies war, so Beier, »kein Rückfall in nationalsozialistische Propagandalügen, sondern ein Bekenntnis zur Staatsauffassung Hermann Hellers, Hugo Sinzheimers und des Hofgeismarkreises«. Vgl. G. Beier: Willi Richter. Ein Leben für die soziale Neuordnung, Köln 1978, S. 76.

II. Gewerkschaften und Staat

1. Gewerkschaftliches Staatsverständnis im Kaiserreich

Als Beweis für die »Staatsbejahung« und den »staatserhaltenden« Charakter der Gewerkschaften schon in den Jahren vor dem Ersten Weltkrieg wird stets die Äußerung Legiens auf dem Gewerkschaftskongreß 1899 zitiert. Legien hob darin die Gewerkschaften als »eminent staatserhaltenden« von den Unternehmerverbänden als »staatsumstürzenden Faktor« ab[1]. Für Moses ist dies ein Beleg, daß Legien seit je ein staatsbejahender Sozialist gewesen sei[2]. Schönhoven merkt jedoch zu Recht die »polemische Absicht« dieser Äußerungen an. Zum Zeitpunkt des Kongresses im Mai 1899 stand die sogenannte »Zuchthausvorlage« zur Diskussion, jener Gesetzentwurf, der die »Anreizung« zum Streik unter Strafe stellen wollte[3]. Der Kongreß nahm einstimmig eine Resolution an, in der die Unternehmer für die meisten Streiks verantwortlich gemacht wurden, da sie sich mit wenigen Ausnahmen einer friedlichen Verständigung mit den Arbeitern verschließen würden[4]. Gewiß war schon in den Jahren vor 1914 jenes Staatsverständnis vorhanden, das in der Weimarer Republik programmatisch ausformuliert wurde: der Staat als Mittler zwischen Kapital und Arbeit und als Instrument zur Verwirklichung gewerkschaftlicher Ziele. Dies beweisen Äußerungen Legiens in einer Rede vom Mai 1900. Danach waren die Gewerkschaften übereinstimmend mit der Sozialdemokratischen Partei der Ansicht, »daß dem Staat die Verpflichtung zufällt, auf gesetzgeberischem Wege in die Arbeitsverhältnisse einzugreifen, die Arbeiterschaft durch eine ausreichende Schutzgesetzgebung vor übermäßiger Ausbeutung zu bewahren, das von den Gewerkschaften Er-

---
1 Zit. n. Schönhoven: Die Gewerkschaften als Massenbewegung, S. 213.
2 Vgl. Moses, Legiens Interpretation, S. 50.
3 Vgl. Schönhoven: Die Gewerkschaften als Massenbewegung, S. 213 ff.
4 Vgl. Barthel, Handbuch 1916, S. 253.

kämpfte gesetzlich festzulegen und so einer weiteren Verbesserung der Arbeitsverhältnisse den Weg zu ebnen[5].«

Die Zuchthausvorlage wurde im Sommer 1899 vom Reichstag zurückgewiesen[6], dennoch blieb der Zwiespalt zwischen der positiven Rollenzuweisung an den Staat und der Situation der Verfolgung durch den Staat bestehen. Theodor Leipart hatte in einem Aufsatz im Januar 1918 diesen Zwiespalt »gelöst«, indem er zwischen »Staat« und »Regierung« unterschied. Leipart schrieb: »Wir haben nie den Staat bekämpft und nie den Staat für die Fehler seiner Regierung verantwortlich gemacht. Auch wir Arbeiter gehören zum Staat, darauf haben wir stets den größten Anspruch erhoben.« Aus diesem Grund werde auch die zukünftige Stellung der Gewerkschaften zum Staat im Grunde genommen so sein wie bisher, denn es sei ja »niemals wahr gewesen, daß wir etwa staatsfremd oder gar staatsfeindlich gesinnt wären«[7]. Leiparts Äußerungen fielen in eine Zeit, in der der »demokratische Volksstaat« keineswegs Realität war und verweisen darauf, daß die demokratische Republik, in der Weimarer Zeit als Grundbedingung gewerkschaftlichen Handelns betont, bis zur Novemberrevolution durchaus nicht als Voraussetzung der staatlichen Neuordnung nach dem Kriege gesehen wurde[8].

2. »Klassenneutraler« Staat und gewerkschaftliche Zielsetzung

In der zentralen programmatischen Äußerung der freien Gewerkschaften der Weimarer Republik, dem Programm der »Wirtschaftsdemokratie«, hieß es: »Wir können uns keine politische Demokratie vorstellen, ohne daß wir an den Staat denken. Der Staat aber ist ein Gemeinwesen, das heißt, eine über allen einzelnen stehende öffentliche Körperschaft, die einen Gemeinwillen ausdrückt.«[9]

Die Auffassung vom Staat als klassenneutraler Verkörperung eines »Allgemeininteresses« wurde von der Mehrheit der ADGB-Führung geteilt. Auch, wie Heupel betont, von einem großen Teil der Opposition, bei-

---

5 Vgl. Legien: Die deutsche Gewerkschaftsbewegung. Vortrag gehalten zu Berlin am 17. Mai 1900, Berlin 1901, S. 9.
6 Vgl. Schönhoven: Die Gewerkschaften als Massenbewegung, S. 214.
7 Vgl. Leipart: Zukunftsaufgaben der Gewerkschaften, in: Die Glocke, 3. Jg., 43. Heft, 26. 1. 1918, S. 640–648, S. 647.
8 Selbst nach der Entmachtung des Kaisers maßen Gewerkschaftsführung und MSPD-Spitze dem Fortbestand einer monarchischen Staatsform eine stabilisierende Wirkung zu. Vgl. Bieber, Bd. 2, S. 546ff., bes. S. 552f.; vgl. auch den Hinweis bei Potthoff, Gewerkschaften (1987), S. 304, Anm. 87.
9 Vgl. Wirtschaftsdemokratie, S. 15.

spielsweise von Aufhäuser und Dißmann, sei der Staat in dem Sinne als »klassenneutral« angesehen worden, als sich entsprechend dem Kräfteverhältnis der Klassen über den Staatsapparat unterschiedliche Klasseninteressen durchsetzen ließen. Sie verstanden den Staat jedoch nicht als Repräsentanten eines den spezifischen Interessen des Proletariats übergeordneten Allgemeininteresses, sondern forderten eine »selbständige Vertretung von Arbeiterinteressen ohne Rücksichtnahme auf die bürgerlichen Parteien«[10].

Ähnlich dieser Auffassung äußerte sich der GZ-Redakteur Richard Seidel 1926 über das Verhältnis der Gewerkschaften zum Staat. Seidel, ehemaliges USPD-Mitglied, sah den gegenwärtigen Staat durchaus als »Klassenstaat« an. Staatsverneinung oder Staatsbejahung war für ihn jedoch nicht eine Frage des Prinzips, sondern nur von gradueller Art. Anders als in der Vorkriegszeit sei die Staatsgewalt nunmehr »sowohl Herrschaftsinstrument unserer wie der gegnerischen Klassen«, denn aufgrund einer »nach unseren Forderungen gestaltete[n] Gesetzgebung« seien die Arbeiterschaft bzw. die Gewerkschaften »an der Beherrschung der Staatsgewalt beteiligt«. Seidels Resümee lautete: »Wir verneinen die kapitalistische Ordnung und bekämpfen daher den Klassenstaat insofern, als er die Organisation der kapitalistischen Gesellschaft und der Hüter der Vorrechte der besitzenden Klassen ist. Wir bejahen den Staat indessen insofern, als wir Anteil nehmen oder zu nehmen suchen an der Beherrschung der Staatsgewalt, um sie zu ändern, um sie in ihrer Eigenschaft als Herrschaftsinstrument zu verwandeln in ein Kulturinstrument des Volkes.«[11]

Staatsbejahung forderte auch der Vorsitzende des Textilarbeiterverbandes, Hermann Jäckel, in seinem Referat über »Wirtschaftsdemokratie« auf dem Breslauer Kongreß 1925. Die Arbeit am Staate, die Arbeit im Staate, das sei die Losung! [...] Diesen demokratischen Staat, den wir haben, wollen wir uns erhalten, den wollen wir ausbauen zum sozialen Staat in dem Bewußtsein: Nur in einem sozialen Staat, in einem vom Proletariat beeinflußten, beherrschten Staat kann die sozialistische Organisation der Arbeit sich entwickeln.«[12]

Das Programm der »Wirtschaftsdemokratie«, das drei Jahre später in Buchform veröffentlicht vorlag und vom Hamburger Gewerkschaftskongreß verabschiedet wurde, räumte dem Staat große Bedeutung ein bei der

---
10 Vgl. Heupel, Reformismus, S. 32ff., Zitat: S. 35.
11 Vgl. Seidel: Staatsverneinung – Staatsbejahung. Ein Beitrag zur Frage der Stellung der Gewerkschaften zum Staat, in: Die Arbeit, 3 (1926), S. 630–634, Zitate: S. 632 und 634.
12 Protokoll Breslau, 1925, S. 216.

Errichtung der Wirtschaftsdemokratie, die als Weg zum Sozialismus verstanden wurde. Staatliche Intervention sei vonnöten, »wenn es sich um die Schaffung der demokratischen Grundlagen für die gesamte Wirtschaft handelt. Hier gilt es, planmäßige Wirtschaftsführung im Interesse der Allgemeinheit durchzusetzen, wozu die Organisation der Wirtschaft auf der Grundlage des Sozialismus an Stelle der privatkapitalistischen Gewinnsucht gehört.«[13] Aber nicht nur die zukünftige Rolle des Staates bei der Errichtung der Wirtschaftsdemokratie war bestimmend, auch der bisher erreichte Stand staatlicher Eingriffsrechte sowie die per Verfassung eingeräumten Mitbestimmungsrechte der Arbeiterschaft im wirtschaftlichen Sektor wurden neben den gewerkschaftlichen Eigenbetrieben, den »gemeinwirtschaftlichen Unternehmen«, als Fundamente für die Wirtschaftsdemokratie hervorgehoben.

Das 1928 verabschiedete Programm ging zweifelsohne von zu optimistischen Voraussetzungen aus – die kurze Phase wirtschaftlicher wie auch politischer Stabilisierung, auf deren Hintergrund dieses Programm entstand, wurde bald von den krisenhaften Endjahren der Weimarer Republik abgelöst. Auf die wirtschaftliche Krise ab Ende der 1920er Jahre hatte das Programm keine Antworten. Es blieb, wie verschiedentlich betont wurde, in der Folgezeit ohne jegliche praktische Bedeutung[14]. Auf die Kritik der unterschiedlichen politischen und gewerkschaftlichen Lager soll hier nicht näher eingegangen werden, dies wurde von anderer Seite bereits ausführlich besorgt[15]. Diskutiert werden soll jedoch Walther Pahls Kritik an der »Wirtschaftsdemokratie«, die er in einem Aufsatz in der »Arbeit«, allerdings erst drei Jahre nach Verabschiedung des Programms, veröffentlichte. Seine Auffassungen werden deshalb erörtert, da sie zusammen mit jenen Forderungen nach einem »starken« Staat, wie sie auch andere, jüngere Funktionäre der ADGB-Spitze erhoben, einen Wandel im Verhältnis der Gewerkschaften zum Staat dokumentieren.

---

13 Vgl. Wirtschaftsdemokratie, S. 17. Zum Programm der Wirtschaftsdemokratie vgl. besonders Weinzen, Gewerkschaften und Sozialismus; ders.: Wirtschaftsdemokratie und deutsche Arbeiterklasse in der Weimarer Republik. 1928–1933, in: Deutsche Arbeiterbewegung vor dem Faschismus, S. 80–109; Cora Stephan: Wirtschaftsdemokratie und Umbau der Wirtschaft, in: Luthardt, Bd. 1, S. 281–353; Potthoff, Gewerkschaften (1987), S. 179ff.; Winkler, Schein, S. 606ff.; J. Herzig: Die Stellung der deutschen Arbeitergewerkschaften zum Problem der Wirtschaftsdemokratie, Jena 1933.
14 Vgl. z.B. Potthoff, Gewerkschaften (1987), S. 184; Mommsen, Klassenkampf, S. 25ff.; ders., Staatliche Sozialpolitik, S. 74ff.
15 Vgl. bes. Weinzen, Gewerkschaften und Sozialismus, S. 121ff.; eine Dokumentation der zeitgenössischen Kritik findet sich auch in: Ders.: Wirtschaftsdemokratie heute? Konzept, Kritik, Konsequenz, Berlin 1980, S. 32ff.; vgl. auch Cora Stephan, Wirtschaftsdemokratie, S. 293ff.

3. Der »starke« Staat und der »Umbau der Wirtschaft«

Nach Pahls Einschätzung war der Gedanke der Wirtschaftsdemokratie deshalb nicht sehr populär geworden, weil »er nicht in genügendem Maße in die Massen der Arbeiterschaft hineingetragen worden ist, es liegt aber auch an dem Gedanken selbst«[16]. Es entstehe der Verdacht, die Demokratisierung der Wirtschaft sei gleichbedeutend mit einem Verzicht auf Sozialisierung, »weil man nicht zu sehen vermag, wie das Ziel aussieht, das auf den gewiesenen Wegen erreicht werden soll«[17]. Pahl kritisierte z.B. die Überschätzung der öffentlichen Wirtschaft im Programm der Wirtschaftsdemokratie, denn »Verstaatlichung ist noch nicht Sozialisierung«. Die Änderung der Eigentumsformen gebe noch keine Garantien »für den Verzicht auf die monopolistische Ausbeutung der Herrschaftsstellung«[18]. Die »Verstaatlichung« der Produktionsmittel war für Pahl lediglich die entscheidende »wirtschaftspolitische Technik« der Sozialisierung. Pahl sprach bewußt nicht von »Vergesellschaftlichung«, denn der Staat stelle »im Zeitalter der Demokratie die organisierte Gemeinschaft« dar. Marx habe von der »Vergesellschaftung der Produktionsmittel« gesprochen, weil sich ihm der Staat als ein »Zwangsapparat« dargestellt habe, der »absterben« müsse. Dieser Staatsbegriff sei heute nicht mehr brauchbar. In seinem Plädoyer für »Planwirtschaft« hielt Pahl bei aller notwendigen Dezentralisierung die »Bestimmungsgewalt des Staates in allen letzten Entscheidungen« in der Wirtschaft für notwendig[19].

Pahls Formulierungen finden sich z.T. wörtlich in der Broschüre »Umbau der Wirtschaft« wieder, die im Juli 1932 gemeinsam von ADGB und AfA-Bund herausgegeben wurde. Ein Beispiel: Pahl schrieb im April-Heft der Arbeit 1932: »Der Sozialismus fordert die Sozialisierung ja nicht um ihrer selbst willen, sie ist ihm vielmehr Mittel zum Zweck: der Wiederherstellung der inneren Verbindung zwischen Arbeit und Eigentum, dieser einzig möglichen Grundlage lebenserfüllender Arbeit, die der Kapitalismus zerstört hat, indem er die Vielen des Eigentums beraubte.«[20] In der Umbau-Broschüre war nur der Anfangsteil des Satzes verändert. Dort hieß es: »Was wollen die Gewerkschaften? Sie wollen die

---

16 Vgl. Pahl: Die Krise des Sozialismus und die Sozialisierungsfrage, in: Die Arbeit 8 (1931), S. 841–852, S. 846.
17 Vgl. ebenda, S. 846.
18 Vgl. ebenda, S. 847.
19 Vgl. Pahl, Sozialisierung und Eigentum, in: Die Arbeit 9 (1932), S. 211–219, S. 212.
20 Vgl. ebenda, S. 215.

Wiederherstellung der inneren Verbindung [usw.]«.[21] Dieser Hinweis soll nicht suggerieren, ausschließlich Pahl habe das »Umbau«-Programm inhaltlich beeinflußt. Allerdings soll er Einschätzungen zurechtrücken, die das »Umbau«-Programm als Artikulation der »linkssozialdemokratischen Richtung innerhalb der Gewerkschaften« apostrophieren[22]. Auch wenn das Umbau-Programm zuerst vom AfA-Bund bzw. dessen Vorstand, initiiert und verabschiedet wurde, so kamen Anstöße zu einer solchen Diskussion gerade auch von Funktionären wie Walther Pahl und anderen aus dem Kreis der »Neuen Blätter für den Sozialismus«, die nun nicht gerade als »linkssozialdemokratisch« zu bezeichnen sind. Die Entwicklung des Umbau-Programmes als Krisenprogramm und als Programm zur Verwirklichung des Sozialismus in einem soll hier nicht noch einmal nachgezeichnet werden[23]. Zu erörtern sind jedoch die Funktion des Staates, wie sie das Umbau-Programm festschrieb, und der politische Stellenwert dieses Programms.

In der Einleitung der vom ADGB und AfA-Bund herausgegebenen Broschüre wurde betont, daß das Ziel einer »krisenfesten Wirtschaft« nur durch eine »planvolle Gemeinwirtschaft« erreicht werden könne. Deren Ziel wiederum sei »die gegenseitige Anpassung von Produktion und gesellschaftlichem Bedarf«. Diese »Bedarfsdeckungswirtschaft« könne »nur die Allgemeinheit, vertreten durch den demokratischen Staat«, leiten[24]. Der demokratische Staat müsse sich die Herrschaft über die Wirtschaft sichern, indem er deren Kommandohöhen besetze, mit anderen Worten die Schlüsselindustrien sollten in »Gemeineigentum«[25] überführt werden. Nur der Staat sei in der Lage, Planwirtschaft zu betreiben, weil er das Gesamtinteresse vertrete. Planwirtschaft bedeute jedoch nicht, »daß eine zentrale Stelle in die Einzelheiten jedes Betriebes hineinregiert. Beherrschung von der Zentrale, im übrigen aber weitgehende Dezentralisation, um jene Elastizität zu sichern, die jede Wirtschaft braucht,

---

21 Vgl. Umbau der Wirtschaft. Die Forderungen der Gewerkschaften, Berlin 1932 [hrsg. von ADGB und AfA-Bund], S. 15.
22 Vgl. z.B. Cora Stephan, Wirtschaftsdemokratie, S. 285. Diese Einschätzung wurde auch von der zeitgenössischen Kritik getroffen. So bezeichnete Maria Grollmuss das Wirtschaftsprogramm des AfA-Bundes, auf dem das »Umbau«-Programm aufbaute, als ein »Instanzenprodukt« das nur »einem engen linkssozialdemokratischen Kreise, dem Kreise um Aufhäuser, zuzuschreiben« sei; vgl. M. Grollmuss: Linkssozialdemokratische Gewerkschaftspolitik. Zur Gewerkschaftsdiskussion der ›Marxistischen Tribüne‹, in: Der Klassenkampf. Marxistische Blätter. Sozialistische Politik und Wirtschaft, 6 (1932), 15. 2. 1932, S. 174–178, abgedruckt in: Luthardt, Bd. 1, S. 346ff., Zitat ebenda, S. 346.
23 Vgl. dazu Heupel, Reformismus, S. 208ff.
24 Vgl. Umbau der Wirtschaft, S. 6.
25 Vgl. ebenda, S. 10. An anderer Stelle ist von »Verstaatlichung« die Rede, ebenda, S. 16.

[...].«[26] Auch diese Gedankengänge finden sich in den zitierten Aufsätzen Pahls vom November 1931 und vom April 1932 wieder[27].

Der politische Stellenwert des Umbau-Programms wird in der Literatur unterschiedlich beurteilt. Heupel hebt bei aller Kritik das Bekenntnis zum demokratischen Staat hervor, in dem sich das Programm von Forderungen des »Tat-Kreises« nach Planwirtschaft grundsätzlich unterschied, die dieser in Verbindung mit autoritären Staatsvorstellungen erhob[28]. Dagegen verweist Michael Schneider auf die »Beschränkung des gewerkschaftlichen Aktionsfeldes, wie sie das Programm vom Umbau der Wirtschaft implizierte«. Dies konnte, »den ADGB durchaus Anhängern autoritärer Staatsmodelle als Mitarbeiter empfehlen«[29]. Heupel und auch Winkler betonen jedoch die »antifaschistische Motivierung« (Heupel) des Programms. Es sollte, so Winkler, eine Antwort auf Strassers Rede am 10. Mai 1932 im Reichstag und dessen Wort von der »antikapitalistischen Sehnsucht« sein[30]. Im Vorwort zur »Umbau«-Broschüre hieß es: Jahrzehntelang habe die Arbeiterklasse allein gegen das »sinnwidrige« System des Kapitalismus gekämpft. Jetzt steige »unter dem Druck der Krise auch aus den ›Zwischenschichten‹ eine Welle antikapitalistischer Sehnsucht empor. Noch ist freilich der Aufschrei der Entwurzelten nichts als Verneinung, Ablehnung des Bestehenden. Sie wollen, daß das, was ist, aufhört zu sein.« Es komme jetzt darauf an, »einen Weg zu weisen, der vom Elend des Heute in ein besseres Morgen führt. Es gilt, den Raum zwischen Kapitalismus und Sozialismus zu gestalten.«[31]

Man muß den Autoren des Umbau-Programms, gerade dem Kreis um Aufhäuser, ein ernsthaftes Bekenntnis zum demokratischen Staat zubilligen. Jedoch wurden die Forderungen nach Staatsintervention, nach Planwirtschaft zugunsten der »Allgemeinheit« von der politischen Rechten eben durchaus als Anzeichen einer möglichen Zusammenarbeit gewertet. So hob Carl Rothe, Mitglied des »Tat-Kreises«, in seinem Buch »Die Front der Gewerkschaften« Pahls Aufsatz über »Sozialisierung und Eigentum« sehr positiv hervor. Pahls Auffassungen seien »unwiderspro-

---

26 Vgl. ebenda, S. 13.
27 Vgl. z.B. Pahl, Sozialisierung und Eigentum, in: Die Arbeit 9 (1932), S. 211-219, S. 217f. sowie diesen Abschnitt oben.
28 Vgl. Heupel, Reformismus, S. 216.
29 Vgl. Schneider, Arbeitsbeschaffungsprogramm, S. 101f. Vgl. auch Hüllbüsch, Gewerkschaften, S. 172f.
30 Vgl. Winkler, Weg, S. 638; Heupel, Reformismus, S. 210. Gregor Strasser hatte in dieser Rede die Parallelen zwischen WTB-Plan und Arbeitsbeschaffungsplänen der NSDAP positiv angesprochen; vgl. Verhandlungen des RT, Bd. 446, 10. 5. 1932, S. 2511; vgl. dazu auch Schneider, Arbeitsbeschaffungsprogramm, S. 150ff.; Kissenkoetter, S. 83ff.
31 Vgl. Umbau der Wirtschaft, S. 3.

chen« geblieben und »dürften heute programmatischen Charakter beanspruchen, da sie zum Teil wörtlich« in den Kommentar des neuen gewerkschaftlichen Wirtschaftsprogramms (= Umbau der Wirtschaft) übernommen worden seien[32].

Die zum Teil gegensätzliche Einordnung des Umbau-Programms in der zeitgenössischen Diskussion wie auch in der modernen Literatur verweist auf den ambivalenten Charakter dieses Programms wie auch auf die Unmöglichkeit, es nach einem »Links-Rechts-Schema« zu bewerten. Ähnliches zeigt sich auch an der Einschätzung der Person Pahls selbst. Während Hans Willi Weinzen meint, daß Pahls Aufsätze in der »Arbeit« nur »sehr schlecht« eine »tendenzielle Öffnung der freien Gewerkschaften nach rechts« hätten vorbereiten können[33], bezeichnet Hannes Heer Pahls Kritik an der »Wirtschaftsdemokratie« als nur scheinbar »links«. In Wirklichkeit habe sie aber dazu gedient, »den letzten Rest an ›ethischer Opposition‹, wie er in der Programmatik der Wirtschaftsdemokratie immerhin noch enthalten war«, auszuräumen und die Bindung an die SPD, die zumindest formal noch am Sozialismus festgehalten habe, zu lockern. Für Heer gehörte Pahl »zum rechten Flügel der Gewerkschaftstheoretiker« und war einer »der entschiedensten Befürworter der Kooperation mit den Faschisten«[34]. Wenn auch Pahls unrühmliche Rolle in den Monaten vor der Zerschlagung der Gewerkschaften ebenso unbestreitbar ist wie sein mehr als zweifelhaftes Wirken in der Zeit des Nationalsozialismus[35], so greifen solche Kategorisierungen doch zu kurz. Dies gilt auch für das Urteil von Manfred Schmidt, der Pahl zusammen mit Woytinsky und Erdmann als eine »neue Generation von Opportunisten« bezeichnet, die den »reformistischen Schleier«, d.h. die reformistische Beibehaltung des Sozialismus als Ziel, abgeworfen und das »sozialistische Ziel mehr oder weniger offen negiert« hätten[36]. Richtig ist, daß Pahl ein Bekenntnis der Sozialdemokratie zur Nation und eine Abkehr vom

---

32 Vgl. Carl Rothe: Die Front der Gewerkschaften, Jena 1932, S. 67f.
33 Vgl. Weinzen, Gewerkschaften und Sozialismus, S. 125.
34 Vgl. Heer, Klassenkampf, S. 31f.
35 Pahl war in den letzten Monaten und Wochen vor der Zerschlagung der freien Gewerkschaften einer jener ADGB-Spitzenfunktionäre, die den Anpassungskurs an die NSDAP am stärksten verfolgten; vgl. Teil 2, IV. 6. 1933 emigrierte Pahl nach England, kehrte im Frühjahr 1935 jedoch nach Deutschland zurück und publizierte eine Reihe von geopolitischen Schriften, die im Einklang mit nationalsozialistischer Großraumideologie standen. Diese publizistische Tätigkeit brachte Pahl nach 1945 erhebliche Kritik ein. Pahl, der von 1951 an Chefredakteur der Gewerkschaftlichen Monatshefte war, mußte im Sommer 1954 wegen dieser Kontroversen von seinem Posten zurücktreten. Vgl. zu diesen Vorgängen AsD, Slg. Personalia, Mappe Pahl; zu Pahls Emigration vgl. Rathmann, Arbeiterleben, S. 190f. Vgl. auch K. Linne: Walter Pahl – Eine Gewerkschafter-Karriere, in: 1999 5 (1990), S. 39–55.
36 Vgl. Schmidt, Politik der ADGB-Führung, S. 90.

»orthodoxen Marxismus« forderte, dies wurde im vorigen Kapitel bereits dargestellt. Richtig ist aber ebenso, so auch der Hinweis bei Heupel, daß Pahl wie auch die übrigen Angehörigen des Kreises der »Neuen Blätter für den Sozialismus« die Errichtung »einer sozialistischen Wirtschaftsordnung« forderten[37].

Das manchmal allzu einfache Einsortieren von Programmatik wie von Personen in ideologisierte »Schubladen« verstellt meines Erachtens den Blick auf ein wesentlich interessanteres Thema. Nämlich auf die Frage, inwieweit das Staatsverständnis, wie es in der »Wirtschaftsdemokratie« und im »Umbau der Wirtschaft« zugrunde gelegt war, bei aller Anbindung der Forderungen an die Existenz eines »demokratischen Staates«, nicht auch geeignet war, relativ leicht einen Brückenschlag zu einem Staatsverständnis bzw. zu einem Verhältnis zwischen Gewerkschaften und Staat herzustellen, in dem nicht mehr die Demokratie die Basis war.

4. Gewerkschaften und autoritärer Staat

In einer gegen das nationalsozialistische Regime gerichteten Schrift warf Walther Pahl 1933 den Gewerkschaften nicht ihren »Weg der strafferen Einordnung in den Staat« und ihre »positive Stellung zu Staat und Nation« vor, sondern, daß sie diesen Weg nicht »mit genügender Energie« gerade in der »Schleicherperiode« gegangen seien[38]. Das Verhältnis von Staat und Gewerkschaften in der Weimarer Republik beschrieb Pahl rückblickend so: »Gewiß: die Gewerkschaften sind noch freie Vereinigungen aus eigenem privatem Recht. Aber andererseits hat der Staat ihnen praktisch doch eine Fülle von Funktionen übertragen, deren Ausübung sie auch gleichzeitig dem Staat verpflichtet, welches auch immer der Inhalt dieses Staates sein mag. [!]«[39] Das hieß, daß die Gewerkschaften in der Konsequenz eben auch mit einem autoritären Staat »verbunden« sein konnten. Diese Ansicht ergab sich nicht nur – nach der Zerschlagung der Gewerkschaftsbewegung – aus der Retrospektive, sie war in der Tendenz wie auch in der Schlußfolgerung bereits in den Weimarer Jahren von Sachbearbeitern des Bundesbüros entwickelt worden. An erster Stelle sind hier Clemens Nörpel und Bruno Broecker zu nennen.

Clemens Nörpel ging, ganz in dem oben beschriebenen reformistischen Sinne, vom Staat nicht als Instrument der Unternehmerklasse aus. Die

---
37 Vgl. Heupel, Reformismus, S. 181.
38 Vgl. Frey/Pahl, Deutschland wohin?, S. 28.
39 Vgl. ebenda, S. 27.

Anerkennung der beiderseitigen Organisationen und ihrer Vereinbarungen durch die Reichsverfassung (Artikel 159 und 165) bedeutete, so Nörpel, »daß nunmehr Unternehmerklasse und Arbeiterklasse zur Vertretung ihrer Klasseninteressen vom Staate mit gleichen Rechten ausgestattet worden sind. An die Stelle des Individualismus ist der Kollektivismus getreten.«[40] Als Aufgabe des Staates sah er, daß dieser »Bestrebungen, die entweder gegen die sozialen Lebensinteressen einer Arbeiterschicht oder gegen die Interessen der Allgemeinheit gerichtet sind«, entgegentreten »sowie gleichzeitig zwischen den an sich gegensätzlichen Interessen der beiden Klassen einen Ausgleich schaffen« müsse[41]. In der Frage der staatlichen Zwangsschlichtung vertrat er die Auffassung, daß der heutige demokratische Staat, der nicht mehr »der gewerkschaftsfeindliche Staat der Vorkriegszeit« sei, »in gewissen Grenzen« das Recht haben müsse, »der Aktionsfreiheit der freien Organisationen« Grenzen zu setzen. Diese Auffassung von dem »veränderten Charakter des heutigen Staates, von der staatspolitischen Aufgabe des Schlichtungswesens« sei nur »die logische Konsequenz der gesteigerten Machtstellung der Gewerkschaften in diesem Staat und des infolgedessen veränderten Verhältnisses der Gewerkschaften zum Staat«. Deutlich hob Nörpel hervor, daß seine Auffassung von der »traditionellen Einstellung der Gewerkschaften« abweiche, die noch beeinflußt sei von »den Verhältnissen der Vorkriegszeit«[42].

Ähnlich wie Nörpel äußerte sich Bruno Broecker 1928, der, 1900 geboren, von den »Vorkriegsvorstellungen« noch weniger als Nörpel geprägt war. Broecker sah in der Frage, wem der staatliche Zwangstarif nütze, sehr wohl, daß dies abhängig sei von der »Stärke der Organisation, der wirtschaftlichen Konjunktur und der politischen Zusammensetzung der Staatsgewalt«. Auch die Richtung des »politischen Gesamtwillens«, dem ja auch der Schlichter unterworfen sei, sei »veränderlich und verschiedener Beurteilung unterworfen«. Dennoch kam er zu dem Schluß: »Wer die politische Demokratie als diejenige Staatsform bejaht, durch die auf die Dauer der Arbeiterklasse ein maßgebender Einfluß auf die politische Willensbildung gesichert werden kann, wird mindestens für die Zukunft hier nicht das entscheidende Gegenargument gegen den Zwangstarif suchen.«[43] Broeckers Überlegungen gingen von einem demokratischen

---

40 Vgl. Nörpel: Die Idee des Kollektivismus, in: Die Arbeit 4 (1927), S. 818–825, S. 818.
41 Vgl. Nörpel: Die Arbeiterklasse im kollektiven Arbeitsrecht, in: Die Arbeit 7 (1930), S. 65–77, S. 68.
42 Nörpel in der BA-Sitzung vom 26./27. 3. 1929, vgl. Kukuck/Schiffmann, Quellen III, Dok. 210, Zitate: S. 1232f. Zur weiteren Diskussion s. Teil 2, III. 1.
43 Vgl. Broecker: Wirtschaftliche Selbstverwaltung und staatliche Schlichtung I.–V., in: Die Arbeit 5 (1928), S. 144–149 und S. 213–219, S. 148. Vgl. auch Broecker, Reform des Schlichtungswesens, in: Die Arbeit 5 (1928), S. 508–516, S. 510.

Staat mit der Möglichkeit der Mitbestimmung für die Arbeiterbewegung aus, dennoch deutete er bereits die Abhängigkeit von einem »politischen Gesamtwillen« an, dem – in diesem Falle konkret – die staatliche Schlichtung unterworfen sein konnte. Das konnte auch staatliche Eingriffe bedeuten, die nicht im Sinne der Gewerkschaften lagen. Dennoch, auch unter diesen Umständen wurde das staatliche Eingriffsrecht in die Regelung der Tarif- und Lohnfragen befürwortet.

Nörpel konkretisierte diesen Gedanken noch einmal in der »Gewerkschafts-Zeitung« vom 15. November 1930: Beim Schlichtungswesen handele es sich um eine grundsätzliche Frage, »die nicht je nach der politischen Konstellation anders beantwortet werden« könne. »Wenn man in der günstigen Situation das Schlichtungswesen anerkennt, es dagegen in der ungünstigen Situation verneint, dann hat man diesem Instrument seinen Sinn genommen und den richtigen Weg zu dem erstrebten Ziel verkannt.«[44]

Nörpel und Broecker betonten zwar, daß die Gewerkschaften zur Erfüllung ihrer Aufgaben von der Staatsgewalt unabhängig sein müßten und daß unter staatlicher Kontrolle stehende Gewerkschaften nicht mehr »als die Interessenvertretung der Arbeiterklasse im gewerkschaftlichen Sinne« angesprochen werden könnten[45]. Die Gewerkschaften hätten jedoch ihre Aufgabe – die Vertretung der ideellen und materiellen Interessen ihrer Anhänger[46] – im Rahmen »jeder Staatsform und Staatsverfassung« zu erfüllen[47].

Diesen Grundsatz, den Broecker 1933 im Januar-Heft der »Arbeit« formulierte, hatte auch Nörpel in einem Aufsatz im Dezember 1932 in der »Gewerkschafts-Zeitung« vertreten. Nörpel meinte zwar, daß die Gewerkschaften »ihrer Natur nach« für Demokratie und Parlamentarismus eintreten müßten, jedoch gebe es für die Gewerkschaften keine »unmittelbare Teilnahme an der Staatsmacht« und somit auch »keine Opposition gegen eine Regierung in der Form der Opposition politischer Parteien«. Die Einstellung der Gewerkschaften zur Regierung könne nur eine »taktische« sein. »Zu jeder Regierung haben die Gewerkschaften Beziehungen aufzunehmen, sie haben an jede Regierung Forderungen zu stel-

---

44 Vgl. Nörpel: Politik und Schlichtungswesen, in: GZ, Jg. 40, Nr. 46, 15. 11. 1930, S. 729–731. Zitat: S. 730.
45 Vgl. Nörpel/Gusko: Gewerkschaften und kollektives Arbeitsrecht, Berlin (August) 1932, S. 19; vgl. auch Broecker: Gewerkschaften und politische Willensbildung, in: Die Arbeit 10 (1933), S. 65–74, S. 74.
46 So Nörpel an Dr. Kandeler, Berlin, vom 1. 8. 1927, in: DGB 6/189.
47 Vgl. Broecker: Gewerkschaften und politische Willensbildung, in: Die Arbeit 10 (1933), S. 74.

len.«[48] Diese Formulierung war die theoretische Untermauerung der Distanzierungsbestrebungen des ADGB von der SPD, die sich unter anderem an dem eigenständigen politischen Auftreten des ADGB und seiner im Unterschied zur SPD positiven Einschätzung des Schleicher-Kabinetts festmachten. Sie konnte ebenso als Legitimation für das Verhalten der ADGB-Führung nach dem 30. Januar 1933 dienen. Auch zu dieser Regierung hatte der ADGB demnach »Beziehungen« aufzunehmen. Die Nörpelsche Begriffsdefinition war nicht zuletzt Grundlage für die Entwürfe, die im April 1933 eine Einigung der Richtungsgewerkschaften zu einer »nationalen Einheitsgewerkschaft« vorbereiten sollten[49]. Nörpel hob die »heutige Stellung der Gewerkschaften im Staate, wie sie in der Reichsverfassung gewährleistet« sei, hervor. Keine Betätigungsform im Staatsleben sei in der Reichsverfassung »so weitgehend gewährleistet und gesichert wie die wirtschaftlichen Vereinigungen«. Auf die Frage »Was tun die Gewerkschaften?« könnten diese stets nur antworten, »daß sie die ihnen im Staatsleben zugefallenen Aufgaben ununterbrochen nach bester Möglichkeit zu erfüllen suchen«[50]. Was Nörpel in diesem Aufsatz vergaß zu erwähnen – den demokratischen Staat, auf dessen Basis sich die gewerkschaftliche Arbeit nach eigenem Verständnis entfalten sollte, gab es nicht mehr. Das Kabinett Schleicher, das weder mit demokratischer Legitimation regierte noch eine parlamentarische Verankerung hatte, konnte kaum als Repräsentant eines solchen gesehen werden. Doch dies war für Nörpel kein Problem. Eine Regierung könne den Gewerkschaften »ganz schroff gegenüberstehen (Beispiel: die Reichsregierung Papen), eine andere Regierung von grundsätzlich durchaus anderer Einstellung als die Gewerkschaften kann vielleicht trotzdem kein Hehl aus ihrer Achtung vor den Gewerkschaften machen«. Es war klar, daß damit die Regierung Schleicher gemeint war. Nörpel weiter: »Die Achtung des Gegners hemmt und hindert die Unabhängigkeit und die Selbständigkeit der Gewerkschaften niemals.«[51]

Nörpel und Broecker, die für ein anderes Verhältnis der Gewerkschaften zum Staat warben, da dieser nunmehr ein demokratischer und nicht mehr der gewerkschaftsfeindliche Vorkriegsstaat sei, und die für ein

---

48 Vgl. Nörpel: Selbständige Gewerkschaften oder parteipolitische Agitationsausschüsse. Zugleich ein Beitrag zur parteipolitischen Neutralität der Gewerkschaften, in: GZ, Jg. 42, Nr. 52, 24. 12. 1932, S. 819–822, S. 820f.
49 Zu den Einigungsverhandlungen im April 1933 vgl. die Dok. 207–210, in: Jahn, Quellen IV, S. 901ff. sowie G. Beier: Zur Entstehung des Führerkreises der vereinigten Gewerkschaften Ende April 1933, in: AfS 15 (1975), S. 365–392. Zur Politik des ADGB 1932/33 vgl. Teil 2, IV. 6.
50 Vgl. Nörpel: Selbständige Gewerkschaften, S. 821f.
51 Vgl. ebenda, S. 821.

Eingriffsrecht des Staates plädierten, da dieser Repräsentant des Allgemeinwillens sei, behaupteten nun, daß die Gewerkschaften ihre Aufgaben erfüllen könnten und müßten, egal welchen Inhalts die Staatsgewalt sei. Diese Gedanken fanden sich auch in der Erklärung des Bundesvorstandes am 21. März 1933 an Reichskanzler Hitler, in der es hieß, die sozialen Aufgaben der Gewerkschaften müßten erfüllt werden »gleichviel welcher Art das Staatsregime ist«[52]. In dieser Erklärung signalisierte Leipart auch die Bereitschaft des ADGB, sich unter die Kontrolle des Staates zu begeben.

Es war Walther Pahl, der diese »Kapitulation« des ADGB als »nicht mehr überraschend« bezeichnete, denn die Gewerkschaften seien in den Jahren zuvor »doch immer stärker in das Ganze des Staates einbezogen worden. Sie konnten jetzt nicht mehr in grundsätzliche Opposition gehen.«[53]

Diese Interpretation erinnert stark an die These Heers von der »Konsequenz des Weges« der Gewerkschaften von ihrer Anerkennung im Hilfsdienstgesetz 1916 über den ADGB als »Quasi-Staatsorgan« bis zur »Deutschen Arbeitsfront«. Positiver beschreibt Potthoff die Entwicklung des Verhältnisses der Gewerkschaften zum Staat, aber im Kern enthält auch seine Interpretation etwas von der »Konsequenz des Weges«. Potthoff meint, die Erklärungen von Bundesausschuß und Bundesvorstand im Frühjahr 1933 hätten »keine völlige Umdefinition der Stellung der Freien Gewerkschaften zum Staat« bezeichnet, sondern »nur eine Akzentuierung von Traditionen, wie sie in dieser wirtschaftlichen Interessenvertretung der Arbeiterschaft schon früher zu Hause waren«[54]. Richtig ist, und dies wurde bereits ausgeführt, daß die Gewerkschaften dem Staat schon in der Kaiserzeit eine weitgehende Bedeutung zumaßen, zu einer Zeit also, als er noch keineswegs auf demokratischen Grundlagen errichtet war. Seit Bestehen der Weimarer Republik hatten sich die Gewerkschaften jedoch als »Säulen« der demokratischen Republik verstanden. Sie vertraten den Grundsatz, daß erfolgreiche gewerkschaftliche Politik den demokratischen Staat als Basis notwendig mache. Die Wandlung dieses Selbstverständnisses zu der Haltung, daß die Gewerkschaften ihre Aufgaben auch unter einem autoritären Staatsregime wahrnehmen könnten, lediglich als eine »Akzentuierung von Traditionen« zu interpretieren, verharmlost diese Rechtswende des ADGB. Vor allem verdeckt diese Deutung die Konsequenz des Staatsverständnisses, das ein sehr

---

52 Vgl. Jahn, Quellen IV, Dok. 189, S. 865ff.; Zitat: S. 868.
53 Vgl. Frey/Pahl, Deutschland wohin?, S. 114.
54 Vgl. Potthoff, Gewerkschaften (1987), S. 303f.

formales oder, wie Bahl es formuliert, »ein im Grunde konservatives« war[55]. Bahl und Mommsen, auf den sich Bahl im wesentlichen bezieht, kennzeichnen es als »prinzipielle Schwäche« des Wirtschaftsdemokratiekonzepts, daß die »angestrebte Transformation« der Gesellschaft ganz überwiegend als »Resultat staatlicher Intervention« begriffen wurde. Das »wesentliche Standbein« gewerkschaftlicher Politik, die Verbandsautonomie, sei dagegen vernachlässigt worden. »Man begab sich vielmehr dieser autonomen Verantwortung, um vom Staat die Lösungsmöglichkeiten anzufordern.«[56] Und dies eben auch noch zu Zeiten, als das Fundament – der demokratische Staat – nicht mehr funktionsfähig bzw. nicht mehr vorhanden war. Hans Mommsen geht so weit, Kritikern des Wirtschaftsdemokratiekonzepts wie Hannes Heer zuzugestehen, sie hätten nicht ganz unrecht, »wenn sie die darin enthaltene Vorstellungswelt mit der Politik des ADGB in der Zeit der Kanzlerschaft des Generals von Schleicher und den Anfängen der nationalsozialistischen Herrschaft« in Zusammenhang brächten[57]. Das Konzept habe »etatistisch-bürokratische Züge und eine indirekte Abwehr vom reinen parlamentarischen System« enthalten[58].

Wer den demokratischen Staat anerkenne, so hatten Nörpel und Broekker gefordert, dürfe sich nicht gegen die staatlichen Eingriffsrechte auch in die gewerkschaftliche Autonomie wenden. Dies gelte auch dann, wenn der »politische Gesamtwillen« in eine den Gewerkschaften nicht genehme Richtung gehe. Formal gesehen war das, was nach dem Ende der Großen Koalition im Frühjahr 1930 passierte, ja selbst die Machtübergabe an Hitler, im Rahmen der Weimarer Verfassung, jener Verfassung also, auf deren Boden der demokratische Staat, als den die Gewerkschaften die Weimarer Republik ansahen, aufbaute. Diesem formalen Verständnis entsprechend konnte von Gewerkschaftsseite auch in der Phase der Präsidialkabinette, ja auch noch danach, behauptet werden, daß die Gewerkschaften nur »die ihnen im Staatsleben zugefallenen Aufgaben [...] zu erfüllen suchen«[59].

Es war jedoch nicht nur jenes formale Staats- und Demokratieverständnis allein, das den Brückenschlag gewerkschaftlicher Politik auf demokratischer Basis zu einer solchen auf nichtdemokratischer Basis ermöglichte. In den programmatischen Äußerungen wie der »Wirtschaftsdemo-

---

55 Vgl. Bahl, Lohnverhandlungssystem, S. 410.
56 Vgl. ebenda; Mommsen, Staatliche Sozialpolitik, S. 74, und ders., Klassenkampf, S. 28.
57 Vgl. Mommsen, Staatliche Sozialpolitik, S. 75. Zur Position Heers vgl. ders., Burgfrieden, S. 18ff.
58 Vgl. Mommsen, Die verspielte Freiheit, S. 271.
59 So Nörpel Ende 1932, vgl. oben Anm. 48.

kratie« und noch stärker im »Umbau der Wirtschaft« war die Vorstellung eines »starken Staates«, eines »beherrschenden Staates« enthalten, eine Vorstellung, von der auch die Gedankenwelt Pahls, Nörpels und Broeckers geprägt war.

5. »Starker Staat« und »Nation«

Am deutlichsten hatte Lothar Erdmann die Forderung nach einem »starken Staat« in Verbindung mit dem Bekenntnis der Arbeiterbewegung zur »Nation« erhoben. Erdmann plädierte bereits in seinem »Ruhrkampf«-Buch 1924 für ein »starkes Reich und eine starke Regierung«. Die Gewerkschaften waren seines Erachtens »aus einem tieferen Grunde« heraus staatsbejahend, denn sie selbst seien Organisationen, die »das ganze Reich umfaßten«. Durch die »bloße Tatsache, daß sie den Zusammenbruch von 1918 unerschüttert überdauerten«, seien sie »zu Trägern der Reichseinheit« geworden[60]. In dem Aufsatz »Nation, Gewerkschaften und Sozialismus« vom März 1933 äußerte sich Erdmann noch einmal umfassend zum Wesen des Staates und zum Charakter der Gewerkschaften. Er zitierte aus einem Aufsatz zum Entwurf der Reichsschulgesetzes in der »Gewerkschafts-Zeitung« des Jahres 1927, der sich gegen Konfessionsschulen und für die weltliche, staatliche Gemeinschaftsschule aussprach. Darin hieß es: »Der Repräsentant des ganzen Volkes ist der Staat. Der Staat vertritt keine Religion und keine Weltanschauung, sondern das ganze geschichtlich gewordene Volk mit allem Reichtum seiner geistigen Gegensätze. Seine Aufgabe ist, diese innere lebendige Gegensätzlichkeit den gemeinsamen Interessen des Volkes unterzuordnen.«[61] Erdmann betonte, daß der Staat, zu dem sich die Gewerkschaften in diesen Worten bekannt hätten, »nicht gedacht [war] als der *liberale* Staat, der jede Ansicht frei wachsen läßt, auch wenn sie seine Grundlagen untergräbt. Er war gedacht als der *intolerante Staat deutschen Gemeinschaftswillens*, der die geistige Freiheit als verbindendes Element im Leben der Nation auch den Mächten gegenüber erzwingt, die zwischen den Menschen der heranwachsenden Generation, die einmal dem *ganzen* Volk dienen sollen, die Schranken kirchlicher, weltanschaulicher, parteipolitischer Vorurteile und Denkgewöhnungen aufrichten wollen.«[62] Über

---
60 Vgl. Erdmann, Ruhrkampf, S. 154.
61 Vgl. Erdmann: Nation, Gewerkschaften und Sozialismus, in: Die Arbeit 10 (1933), S. 154. Vgl. auch: »Gewerkschaften und Reichsschulgesetz« in: GZ, Jg. 37, Nr. 42, 15. 10. 1927, S. 586.
62 Vgl. Erdmann: Nation, Gewerkschaften und Sozialismus, S. 154.

die Gewerkschaften schrieb er, sie seien eine »*ordnende* Kraft«. Ihr »geschichtliches Wesen« sei »Freiheit, Freiheit innerhalb der Wirtschaft, Unabhängigkeit vom Staat. Aber indem sie das Kräfteverhältnis der Wirtschaft umgestalten und den Staat zur Anerkennung ihres Wirkens zwingen, verwandeln sie die Struktur der Wirtschaft wie des Staates, geben sie Freiheit auf, um Ordnung zu gewinnen, schaffen sie ein Recht, das auch sie bindet. [...] *Ihr geschichtliches Wesen ist Freiheit, aber ihr Schicksal kann der Staat sein*«[63] Wenn Erdmann auch einräumte, die Gewerkschaften wollten zwar »einen *starken Staat*, aber es sollte ein *demokratischer Staat* sein«[64], so zeigen seine Auffassungen doch deutliche Nähe zu autoritären Staatsauffassungen, besonders wenn er den »starken«, ja den »intoleranten« Staat forderte.

Wenige Monate vorher hatte sich Erdmann privat im Gegensatz zu diesen Gedanken sehr kritisch gegenüber »dem Staat« und dem Verhältnis der Gewerkschaften zum Staat geäußert. Aus Anlaß des 20. Juli 1932, dessen Verlauf für Erdmann insgesamt eine große Enttäuschung gewesen war, notierte er, die Anerkennung der Gewerkschaften durch den Staat sei kein Ersatz für die eigene »Wehrhaftigkeit«. »Die Beteiligung am Staat lähmt die politische Energie der Bewegung. Sie erhofft vom Staat, was sie nur eigener Kraft verdanken kann.«[65] Auch Furtwängler kritisierte die enge Verbundenheit der Gewerkschaften mit dem Staat – allerdings in der Retrospektive von 1948. Laut Furtwängler hatten die Gewerkschaften nach 1918 den Weg »von der reinen Kampforganisation zur verfassungsmäßig ›verankerten‹ Institution im Staat gemacht«[66]. Der staatliche Sozialapparat der Weimarer Republik sei mit den Gewerkschaften »engstens verbunden« gewesen und habe »notwendigerweise deren bürokratischen, halbbehördlichen, institutionellen Charakter« gesteigert. Zudem sei der Gewerkschaftsapparat mannigfach personell und sachlich mit der staatlichen Bürokratie verflochten gewesen. Dies alles sei »entwicklungsgeschichtlich« zwar verständlich gewesen, den »Kampfgeist« der Gewerkschaften habe es jedenfalls nicht erhöht, und somit habe diese Entwicklung die »Nazifizierung« der Gewerkschaften erleichtert[67].

---

63 Vgl. ebenda, S. 159.
64 Vgl. ebenda, S. 161.
65 Vgl. undatiertes handschriftliches Manuskriptfragment in: DGB/NL Erdmann. Zu den Vorgängen am 20. 7. 32 vgl. Teil 2, IV. 6.
66 Furtwängler: Die deutschen Gewerkschaften und ihr Ende durch Hitler, unveröffentlichtes Manuskript, geschrieben nach 1948, in: DGB/NL Furtwängler 5, Bl. 291.
67 Vgl. ebenda, Bl. 291 und 293.

6. Zwischenergebnis

Das Verständnis der freien Gewerkschaften von der Rolle des Staates und ihrer eigenen Aufgabe im Staat hatte sich im Verlaufe der Weimarer Jahre qualitativ gewandelt. Von der Betonung des demokratischen Staates als Grundbedingung gewerkschaftlichen Handelns und vor allem auch als Voraussetzung zur Erreichung zukünftiger Ziele veränderte sich das Verständnis dahingehend, daß gewerkschaftliche Interessenvertretung auch unter den Bedingungen autoritärer Regime vorstellbar wurde. Möglich wurde ein solcher Wandel durch ein formales Verständnis vom Staat als Repräsentant eines »Gemeininteresses«, dem zudem weitgehende Aufgaben zur Erreichung gewerkschaftlicher Ziele zugeordnet wurden. Staatliche Herrschaft, gegründet auf die demokratische Willensbekundung »des Volkes«, sollte auch dann akzeptiert werden, wenn sie sich gegen gewerkschaftliche Interessen richtete. Mit einem solchen Verständnis, das den politischen Willen der Repräsentanten staatlicher Gewalt weitgehend auszuschließen bereit war, begab man sich jeglicher Aktionsmöglichkeit, gerade dann, als die demokratischen Grundlagen nur noch formal, aber nicht mehr real vorhanden waren.

Bei dieser Entwicklung ist der Einfluß der »jüngeren« Sachbearbeiter im ADGB-Apparat unverkennbar. Sie lieferten die theoretische Untermauerung für die Politik der ADGB-Führung. Ihre Forderungen flossen in die offizielle ADGB-Programmatik ebenso ein wie in jene öffentlichen Bekenntnisse des ADGB gegen Ende der Weimarer Republik, in denen die Gewerkschaften als »ordnende Kräfte« bezeichnet wurden, die »für den Aufbau des Staates unentbehrlich geworden« seien[68]. Dies verweist einmal mehr auf den Prozeß der Willensbildung, der in der Frage des Staatsverständnisses, ähnlich wie in der Frage Gewerkschaften und Nation, eine Angelegenheit der intellektuellen Mitarbeiter und Berater des ADGB war. Die Äußerungen Erdmanns und anderer Mitarbeiter im ADGB-Bundesbüro mit der Haltung der Gewerkschaften gleichzusetzen, wie dies gelegentlich in der Literatur geschieht[69], geht trotz des Einflusses der intellektuellen Mitarbeiter nicht an. Ein Blick in die Diskussionen der gewerkschaftlichen Gremien im Bereich des ADGB wie auch der Einzelgewerkschaften zeigt, daß die Haltung des ADGB zum Staat durchaus umstritten war. Die in der »Arbeit« und in anderen ADGB-Organen veröffentlichte Meinung stimmte nicht mit jener disku-

---

68 So Leipart in der Bernauer Rede im Oktober 1932. Vgl. Leipart, Die Kulturaufgaben, S. 7.
69 So z.B. von Hüllbüsch, Gewerkschaften, S. 243f.

tierten Meinung in den Verbandsgremien überein. Die theoretische Positionsbestimmung der Gewerkschaften gegenüber dem Staat interessierte die Funktionäre, die in der gewerkschaftlichen Praxis standen, nur insofern, wie die gewerkschaftliche Arbeit davon praktisch betroffen war. Die geringe Resonanz des Programms der »Wirtschaftsdemokratie« wie auch des »Umbaus der Wirtschaft« in Funktionärs- wie Mitgliederkreisen unterstreicht dies[70]. Noch weniger hatten diese pragmatischen Diskussionen mit solch emotionalen Formulierungen gemein, mit denen Hermann Seelbach 1926 das Verhältnis der Arbeiterbewegung zum Staat beschrieb. Seelbach sprach von einer »neuen kritischen und schöpferischen Liebe zu Staat und Wirtschaft«, die an die »Stelle des alten unfruchtbaren Hasses« getreten sei[71].

---

70 Auf die geringe Resonanz verweisen in bezug auf die »Wirtschaftsdemokratie« Winkler, Schein, S. 612; Potthoff, Gewerkschaften (1987), S. 184; betr. »Umbau der Wirtschaft«: Winkler, Weg, S. 638.
71 Vgl. Seelbach: Die Bildungsaufgaben der Gewerkschaften, in: Die Arbeit 3 (1926), S. 73–81, S. 81.

III. Staatliche Schlichtung oder Autonomie?

Konkret wurde das Verhältnis Gewerkschaften – Staat beim Problem staatliche Schlichtung[1]. Die Frage, ob und inwieweit der Staat in die Lohn- und Tarifauseinandersetzungen zwischen Unternehmen und Gewerkschaften regelnd eingreifen sollte, war innerhalb der Gewerkschaften während der Weimarer Zeit heftig umstritten.

1. Gewerkschaften und staatliche Schlichtung

In dem im November 1918 geschlossenen Abkommen zwischen Unternehmerverbänden und Gewerkschaften wurden zwar paritätisch besetzte tarifliche Schlichtungsstellen vereinbart, gleichzeitig bestanden jedoch staatliche Schlichtungsstellen weiter. Diese waren noch aus den Bestimmungen des »Vaterländischen Hilfsdienstgesetzes« von 1916 über Schlichtungsinstanzen übernommen worden, in denen jedoch eine staatliche Zwangsschlichtung noch nicht vorgesehen war. Allerdings gelangten über die »rechtliche Hintertür« der Demobilmachungsverordnung vom Januar 1919 dennoch Zwangsbefugnisse in das Tarifrecht. Die Demobilmachungskommissare erhielten das Recht, nicht nur nach Anrufung von einer der Tarifparteien, sondern auch von Amts wegen schlichtend in Tarifkonflikte einzugreifen sowie einen Schiedsspruch auch gegen den Willen der Parteien für verbindlich zu erklären[2]. In den folgenden Jahren wurden verschiedene Entwürfe zur Regelung der staatlichen Schlichtung vorgelegt und diskutiert[3]. Am 30. Oktober 1923 wurde schließlich auf der Basis des Ermächtigungsgesetzes vom 13. Oktober 1923 die Verordnung

---

1 Zum Thema ausführlich Hartwich, Arbeitsmarkt und Bähr, Schlichtung.
2 Die entsprechenden Bestimmungen waren in Verordnungen vom 3. 9. 1919 und vom 12. 2. 1920 festgehalten. Vgl. Bähr, Staatliche Schlichtung, S. 21ff. sowie Hartwich, Arbeitsmarkt, S. 26ff.
3 Vgl. Bähr, Staatliche Schlichtung, S. 36ff.

über das Schlichtungswesen erlassen[4]. Diese Verordnung regelte die staatliche Intervention in Tarifauseinandersetzungen und Arbeitskämpfen. Offiziell als Provisorium dargestellt, leitete die Verordnung eine Wende im Verhältnis zwischen Staat und Interessenverbänden ein und erwies sich zusammen mit den Ausführungsverordnungen vom Dezember 1923 für die weiteren Jahre der Weimarer Republik als Dauerregelung[5]. Nach der Schlichtungsverordnung wurden die Schlichtungsausschüsse und Schlichter auf Antrag einer Partei oder von Amts wegen tätig, letzteres dann, wenn »das öffentliche Interesse« es erforderte[6]. Wesentliche Neuerung waren die Bestimmungen über die »Verbindlichkeitserklärung«. Danach konnte ein Schiedspruch, der von den Parteien abgelehnt wurde, vom Schlichter bzw. vom Reichsarbeitsminister für »verbindlich« erklärt werden, und zwar dann, »wenn die in ihm getroffene Regelung bei gerechter Abwägung der Interessen beider Teile der Billigkeit entspricht und ihre Durchführung aus wirtschaftlichen oder sozialen Gründen erforderlich ist«[7]. Das Verfahren der Verbindlichkeitserklärung konnte auf Antrag einer Partei oder von Amts wegen eingeleitet werden, »wenn das öffentliche Interesse die Einleitung erfordert«[8]. Besonders wichtig war die folgende Bestimmung: »Die Verbindlichkeitserklärung ersetzt die Annahme des Schiedsspruches.«[9] Das Jahrbuch des ADGB für 1924 wies auf die Konsequenz dieser Regelung hin. Die Verbindlichkeitserklärung schaffe einen »Zwangstarif« mit denselben Wirkungen wie ein Tarifvertrag. Das bedeute, die Parteien unterlägen der Friedenspflicht, »aus Streik und Aussperrung ergeben sich Schadensersatzansprüche. Vereinigungsfreiheit und Streikfreiheit sind in demselben Maße eingeengt.« Behörden hätten es in der Hand, die Lohn- und Arbeitsverhältnisse »zwangsläufig« zu bestimmen[10].

---

4 Zum politischen Hintergrund wie zu den Bestimmungen der VO vgl. ebenda, S. 72ff. sowie Hartwich, Arbeitsmarkt, S. 28ff.
5 Bähr interpretiert die Schlichtungsverordnung als Signal einer »Restauration von Elementen eines Staatskorporatismus, einer vom Staat bestimmten Ordnung der Verbände«. Vgl. Bähr, Staatliche Schlichtung, S. 83.
6 Vgl. § 12 der 2. Ausführungsverordnung der Schlichtungsvo. vom 29. 12. 1923, in: Kollektives Arbeitsrecht, Bd. 1, S. 233.
7 Vgl. § 6 der VO über das Schlichtungswesen vom 30. 10. 1923, in: Kollektives Arbeitsrecht, Bd. 1, S. 230f.
8 Vgl. § 23 der 2. Ausführungsverordnung der Schlichtungsvo. vom 29. 12. 1923, in: ebenda, S. 232f. Zum Begriff des »öffentlichen Interesses«, als welches sowohl wirtschaftliche wie soziale Interessen anerkannt wurden, vgl. Bähr, Staatliche Schlichtung, S. 81f.; Hartwich, Arbeitsmarkt, S. 231ff.
9 Vgl. § 6 der VO über das Schlichtungswesen vom 30. 10. 1923, in: Kollektives Arbeitsrecht, Bd. 1, S. 230f.
10 Vgl. Jb. ADGB, 1924, S. 93.

In offiziellen Verlautbarungen wandten sich die Gewerkschaften bzw. der ADGB von Anfang an gegen staatlichen Zwang bei der Schlichtung und betonten den frei ausgehandelten Tarifvertrag als Grundprinzip[11]. Zum anderen deuten die von Bähr vorgelegten Angaben über die Häufigkeit der Anrufung der staatlichen Schlichtungsbehörden in den Jahren 1919 bis 1923 darauf hin, »daß der Gang vor den Schlichtungsausschuß schon bald nach Inkrafttreten der neuen Arbeitsverfassung zur festen Gewohnheit wurde«. Den Beitrag der Arbeitsgemeinschaften zur Konsensbildung zwischen den Tarifparteien beurteilt Bähr dagegen »vor diesem Hintergrund eher skeptisch«. Während sich der Tarifvertrag in den Jahren nach 1918 weitgehend durchgesetzt habe, sei die Tarifautonomie nur begrenzt praktiziert worden[12].

1.1 Gewerkschaftliche Schlichtungsdiskussion 1924 bis 1928

Im Jahrbuch des ADGB für 1924 wurde der Kampf zwischen Gewerkschaften und Unternehmern um den Abschluß von Tarifverträgen als eine »Machtfrage« bezeichnet. Es stelle sich die Frage, »ob gegenüber diesem Machtwillen für die Gewerkschaften die Übertragung derart weitgehender Funktionen zur Regelung der Arbeitsverhältnisse durch die Schlichtungsbehörden tragbar ist oder ob die im Banne der herrschenden Schicht stehenden Behörden die Bewegungsfreiheit der Gewerkschaften nicht zu sehr einschränken«[13]. Der Vorstand des ADGB sprach sich durch Leipart klar gegen die Verbindlichkeitserklärung von Schiedssprüchen aus und empfahl den Gewerkschaften, »in den nächsten Wochen die Schlichtungsausschüsse und das Reichsarbeitsministerium nicht allzu oft um Entscheidungen anzurufen. Besser ist es immer noch, allein zu verhandeln, als die Gewerkschaften durch amtliche Schiedssprüche zu binden.«[14]

Um eine staatliche Intervention im Sinne der Schlichtungsverordnung zu vermeiden, verhandelte der Lohnpolitische Ausschuß des ADGB mit den

---

11 Vgl. z.B. Schwarz, Handbuch, S. 338ff.; Bähr, Staatliche Schlichtung, S. 45ff.
12 Vgl. ebenda, S. 27. Die Situation in den jeweiligen Branchen war dabei unterschiedlich: so funktionierten in der chemischen Industrie die Arbeitsgemeinschaft und die tarifliche Schlichtung »mustergültig«, während in der Berliner Metallindustrie bereits 1919 die staatlichen Schlichtungsstellen intervenierten. Bähr, Staatliche Schlichtung, S. 28ff. Bähr weist an anderer Stelle darauf hin, daß es auch Vertreter starker Gewerkschaften oft vorzogen, »sich den Tarifvertrag vom Demobilmachungskommissar diktieren zu lassen, als den Vorwurf der Kollaboration mit den Unternehmern zu riskieren«. Bähr, Staatliche Schlichtung, S. 51.
13 Vgl. Jb. ADGB, 1924, S. 94.
14 Vgl. Leipart in der BA-Sitzung vom 15./16. 1. 1924, in: Kukuck/Schiffmann, Quellen III, Dok. 2, S. 127.

Unternehmerverbänden. Das Ergebnis war ein im Februar 1924 vorgelegter Entwurf eines Abkommens über tarifliche Schiedsstellen[15]. In der Vereinbarung bekannten sich auch die Unternehmervertreter zur Regelung der Arbeitsverhältnisse auf dem Boden des Kollektivvertrags. Einleitend wurde von beiden Seiten anerkannt, daß »es sowohl im Interesse der Arbeitgeber wie der Arbeitnehmer liegt, den notwendigen Wiederaufbau der Wirtschaft nach Möglichkeit vor Störungen durch Arbeitskämpfe zu schützen«. Gewerkschaften wie Unternehmerverbände empfahlen ihren angeschlossenen Organisationen »eindringlichst«, durch den Ausbau des »tariflichen Schlichtungswesens die Voraussetzungen zu schaffen, um das Eingreifen behördlicher Stellen auszuschalten«[16].

Dieser Entwurf wurde den Vorständen der ADGB-Mitgliedsgewerkschaften vorgelegt, die darüber jedoch sehr unterschiedlicher Meinung waren. Während sich der Vorstand des Holzarbeiterverbandes für die Vereinbarung aussprach, nahm der DMV-Vorstand »entschiedene Stellung gegen den Entwurf« und trat »für weiteres Beibehalten und Ausbau der Zwangsschlichtungseinrichtungen« ein[17]. Zwischen Holzarbeiterverband und DMV löste dies einen Briefwechsel aus, in dem, so Tarnow, dem DMV nachgewiesen wurde, »daß er früher in dieser Frage eine ganz andere Stellung eingenommen habe«[18]. Der Vorstand des Buchdruckerverbandes nahm zunächst eine »abwartende Haltung« ein und beschloß in seiner Sitzung am 12. Februar 1924, daß im Bundesausschuß ein Mittelweg gesucht werden solle, der einem »gänzlichen Ausschluß der zwangsweisen Schlichtungsinstanzen vorbeugt«[19]. In der folgenden Sitzung, am 18. Februar 1924, teilte der Buchdruckervorstand dann mit, daß sich insgesamt 28 Verbandsvorstände überwiegend in dem Sinne geäußert hätten, »daß z.Zt. auf die zwangsweisen Schlichtungsstellen nicht verzichtet werden könne«. Infolgedessen habe der ADGB bis auf weiteres die Verhandlungen mit den Arbeitgeber-Spitzenverbänden ausgesetzt[20].

In der ADGB-Ausschußsitzung vom 18./19. März 1924 berichtete Tarnow als Mitglied des lohnpolitischen Ausschusses über die Verhandlungen mit den Unternehmern. Das Resultat der Verhandlungen sei von den

---

15 Zu den Verhandlungen und dem Entwurf vgl. ebenda, S. 126f.; Jb. ADGB, 1924, S. 94f.; 31. Vorstandssitzung des DHV vom 11. 2. 1924, in: ZA FDGB/A 50.
16 Vgl. Jb. ADGB, 1924, S. 94.
17 So die Mitteilung in der 5. Sitzung des Vorstandes des Buchdruckerverbandes am 12. 2. 1924; vgl. ZA FDGB/A 100, Bl. 95.
18 Vgl. 31. Vorstandssitzung des DHV vom 11. 2. 1924, in: ZA FDGB/A 50.
19 Vgl. ZA FDGB/A 100, Bl. 95.
20 Vgl. ZA FDGB/A 100, Bl. 101.

Verbandsvorständen mehrheitlich abgelehnt worden. Nun müsse der Bundesausschuß entscheiden. Tarnow plädierte dafür, »alle Macht gegen die Zwangseinigung aufzuwenden, damit sie aus der Gesetzgebung verschwindet«[21].

Die Mehrheit der übrigen Debattenredner vertrat jedoch eine andere Meinung als Tarnow. Thiemig (FAV) verwies darauf, daß sein Verbandsvorstand der Vereinbarung mit den Unternehmern nicht zugestimmt habe, »weil wir die Arbeitsgemeinschaft in neuer Aufmachung nicht wünschen«[22]. Schumann, Vorsitzender des Verkehrsbundes, hielt von dem Bekenntnis der Unternehmer zum Tarifvertrag offenbar nicht viel. »Wir sind der Meinung, daß die Gewerkschaften zum Abschluß von Tarifverträgen einen staatlichen Zwang nicht entbehren können. Andererseits wenden wir uns aber auch gegen die Macht des staatlichen Schlichters. Erwachsen aus einem verbindlich erklärten Schiedsspruch den organisierten Arbeitern Schwierigkeiten, dann werden die Gewerkschaften Mittel und Wege suchen und finden müssen, damit sie im Falle eines Streiks diese neu auftauchenden Schwierigkeiten beheben können.«[23] Der Bundesausschuß nahm eine vom lohnpolitischen Ausschuß unterbreitete Kompromißentschließung einstimmig an, die den gesetzlichen Einigungszwang als »eine schwere Gefahr für die Lebensinteressen der Arbeiterschaft und der Gewerkschaftsbewegung« und mit den Interessen der Gewerkschaften als »unvereinbar« bezeichnete. Andererseits wurde »einer gesetzlichen Regelung des Schlichtungswesens« nicht widersprochen, einschließlich der Möglichkeit, »unter bestimmten Voraussetzungen auch Schiedssprüche für verbindlich zu erklären«. Weiter hieß es, der Bundesausschuß fordere die Gewerkschaften auf, »die Fortentwicklung der kollektiven Regelung der Arbeitsverhältnisse in erster Linie auf dem Wege freier vertraglicher Vereinbarungen und mit vereinbarten, der Selbstverwaltung der Vertragsparteien unterstehenden Schlichtungsinstanzen zu fördern«[24]. Weitere Verhandlungen mit den Unternehmern wurden jedoch nicht geführt und auch sonst wurden, wie das Jahrbuch des ADGB für 1924 mitteilte, »weitere Schritte in dieser Beziehung« seit dem Beschluß des Bundesausschusses nicht unternommen, »weil die politischen und wirtschaftlichen Schwierigkeiten einerseits, der Wiederaufbau der Gewerkschaften nach der Inflation andererseits alle Kräfte an-

---

21 Vgl. BA-Sitzung vom 18./19. 3. 1924 in: Kukuck/Schiffmann, Quellen III, Dok. 5, S. 160f.
22 Vgl. ebenda, S. 162. Ähnlich äußerte sich Simon vom Schuhmacherverband, vgl. ebenda, S. 162.
23 Vgl. ebenda, S. 163.
24 Vgl. ebenda, S. 161f.; zur Abstimmung S. 163; vgl. auch GZ, Jg. 34, Nr. 13, 29. 3. 1924, S. 93, und Jb. ADGB, 1924, S. 97; Buhl, Sozialistische Gewerkschaftsarbeit, S. 61f.

derweitig in Anspruch nahmen«[25]. Das Jahrbuch verwies jedoch auch darauf, daß die Behörden sich bei der Handhabung der Verbindlichkeitserklärung zurückgehalten und »den notdürftigen Ausgleich der beiderseitigen Interessen herbeizuführen gesucht« hätten, »allerdings ohne auf beiden Seiten besondere Freude damit zu erwecken«[26]. Bei aller Skepsis deutete sich in der offiziellen, veröffentlichten Meinung des ADGB eine Akzeptanz der staatlichen Zwangsschlichtung an. Darüber täuschen auch nicht die scharfen Töne hinweg, mit denen Hermann Müller-Lichtenberg vom Bundesvorstand auf dem Breslauer Kongreß das staatliche Schlichtungswesen geißelte. Der Zwangstarif übe, so Müller, eine schwächende Wirkung aus, unterbinde die Kampfmöglichkeit und fördere die Teilnahmslosigkeit der Arbeiter, »weil viele Arbeiter sich sagen: Durch die Verbindlichkeitserklärung wirst du, auch ohne Mitglied zu sein, doch ein Nutznießer dessen, was die Gewerkschaft erkämpft«[27]. Die Schlichtungsverordnung sei durch den Zwangstarif »kein soziales, sondern ein asoziales Gesetz geworden«. Der Einfluß der Unternehmer auf Regierung und Schlichter sei durch die Zwangstarife bedeutend gewachsen[28].

In den krisenhaften Jahren 1925 und 1926 wies der ADGB zwar immer wieder darauf hin, daß die Schlichtungsinstanzen zu unternehmerfreundlich seien[29], stellte andererseits dennoch fest, daß es in der »schweren Arbeitsmarktkrise des Jahres 1926« immer deutlicher geworden sei, »daß das bestehende Schlichtungswesen gerade in den Zeiten der energischen Unternehmeroffensive die Verteidigung des Lohnniveaus und des Tarifgedankens unter Umständen erleichtern kann, wie auch sonst die Schlichtungsorgane als ein tariffördernder Faktor zu bewerten sind«[30].

Die Haltung des ADGB und seiner Mitgliedsgewerkschaften zum Schlichtungswesen war jedoch weiterhin nicht eindeutig. Ab Herbst 1927 entwickelte sich erneut eine grundsätzliche Diskussion zum Thema. Hintergrund war, daß in der Hochkonjunkturphase die Schlichter die Gewerkschaften hinderten, »ihre starke Marktposition zu kräftigen Lohnsteigerungen auszunutzen«[31]. In der Bundesausschußsitzung vom 13. September 1927 schätzte Leipart die gegenwärtige Situation so ein: »Das jetzige Einigungsverfahren hat dazu geführt, daß die direkten Ver-

---

25 Vgl. Jb. ADGB, 1924, S. 97.
26 Vgl. ebenda.
27 Dies war im übrigen auch beim Tarifvertrag der Fall, so auch der Hinweis bei Winkler, Schein, S. 473, Anm. 483.
28 Protokoll Breslau, 1925, S. 270f.; vgl. auch Winkler, Schein, S. 472.
29 Vgl. Jb. ADGB, 1925, S. 82f., und Jb. ADGB, 1926, S. 77ff.
30 So das ADGB-offizielle Handbuch der Gewerkschaftskongresse, vgl. Schwarz, Handbuch, S. 351.
31 Vgl. Kukuck, Wiederaufschwung, S. 168.

handlungen zwischen den Unternehmer- und Gewerkschaftsvertretern kaum noch ernstlich geführt werden. Die Unternehmervertreter wenigstens machen gar kein ernstes Angebot mehr, weil sie im voraus wissen, daß die Streitfragen doch vor den Schlichter kommen. Geht diese Entwicklung so weiter, so geben die Gewerkschaften die Regelung der Arbeitsbedingungen aus der Hand, und der Schlichter entscheidet rechtsverbindlich auch für die Gewerkschaften.« Leipart schlug vor, eine Aussprache mit den Unternehmern zwecks Neuregelung des Schlichtungswesens zu führen. Der Bundesausschuß stimmte dem zu[32].

In der folgenden Ausschußsitzung am 24./25. November 1927 kamen die sehr unterschiedlichen Einschätzungen der staatlichen Zwangsschlichtung einmal mehr deutlich zum Ausdruck. Spliedt kritisierte das Vorgehen jener gewerkschaftlichen Verhandlungsführer, die »aus Mangel an Verantwortungsgefühl« und weil sie sich nicht »gegen den Widerstand in den eigenen Reihen« wenden wollten, »den einfacheren Weg der Zwangstarife« vorzögen. Damit werde aber dem Staat ein Recht in die Hand gegeben, »das schließlich den Gewerkschaften sehr gefährlich werden kann«. Die Gewerkschaften müßten mehr und mehr auf staatliche Machtmittel verzichten, um zu verhindern, daß ihre Kampffreiheit eingeschränkt wird. Spliedt forderte den Ausbau des tariflichen Schlichtungswesens anstelle des staatlichen Zwangs«[33]. Leipart betonte: »Zwangsschiedssprüche sind keine Tarifverträge und dürften eigentlich nicht als solche bezeichnet werden.« Er bezeichnete sie sogar als »eine Gefahr für den Tarifvertrag«. Leipart wendete sich gegen die Meinung, schwache Verbände könnten anders nicht zu Tarifverträgen kommen. Seiner Meinung nach war das Gegenteil der Fall. Würden die starken Verbände durch Zwangstarife behindert, würde dies auch zum Schaden der schwachen sein. Die schwachen Verbände hätten einen Vorteil, wenn die starken bei den Tarifverträgen erfolgreich wären. »Vielleicht wären wir heute schon weiter in bezug auf die Lohnhöhe, wenn in den vergangenen Jahren nicht so viel Zwangstarife zustande gekommen wären.«[34] Anderer Ansicht als Spliedt und Leipart waren Brey (FAV), Reichel (DMV) und Simon (Schuhmacherverband). Brey fand, Leipart male die Folgen der Zwangsschlichtung zu schwarz. Der Staat werde seinen Einfluß auf die Wirtschaft nicht abbauen, sondern erweitern. Reichel bemerkte, daß die Verbindlichkeitserklärung von Schiedssprüchen zwar eine Entwicklung

---

32 Vgl. Kukuck/Schiffmann, Quellen III, Dok. 166, S. 969. Nach der Diskussion in der folgenden BA-Sitzung am 24./25. 11. 1927 wurden derartige Verhandlungen offenbar nicht mehr ins Auge gefaßt.
33 Vgl. ebenda, Dok. 176, S. 1012f.
34 Vgl. ebenda, S. 1013f.

genommen habe, die die Kampffreiheit der Gewerkschaften einschränke. Andererseits habe der Einigungszwang in der Vergangenheit für viele Verbände »gute Seiten« gehabt. Auch Simon äußerte, daß schwache Verbände »verbindlich erklärte Schiedsprüche nicht entbehren« könnten[35]. Tarnow, neben Leipart einer der vehementesten Verfechter des freien Tarifvertrags und Befürworter »sozialpartnerschaftlicher« Gewerkschaftsarbeit verwies auf Widersprüche in der Diskussion. Es bestehe offenbar nicht mehr wie 1924 der einheitlich anerkannte Grundsatz »gewerkschaftlicher Kampffreiheit über alles« (den es *so* eindeutig ja gar nicht gegeben hatte), sondern man wolle auch die Möglichkeit der Zwangstarife erhalten. Das führe zu unhaltbaren Zuständen, denn man könne nicht einerseits auf den Zwangstarif losschlagen und andererseits vielleicht das Reichsarbeitsministerium oder andere Schlichtungsbehörden zum Eingreifen auffordern. Der Holzarbeiterverband habe das Prinzip der freien Vereinbarung ohne staatlichen Zwang bisher aufrechterhalten und auch praktisch verteidigt. »Nach dem Ausgang der heutigen Debatte wird der Bundesvorstand nicht mehr mit den Arbeitgebern über eine Änderung der Schlichtungsordnung verhandeln können. Wir sollten den Standpunkt vertreten, daß Zwangstarife zu vermeiden sind durch Abschluß von freiwilligen Tarifverträgen. [...] Verlassen wir diesen Grundsatz, dann bedeutet das eine Frontänderung der Gewerkschaften.« Allerdings habe er, so Tarnow, aus der Debatte »die Überzeugung gewonnen, daß wir den staatlichen Schlichtungszwang und Zwangstarife bejahen müssen«[36]. Diese Schlußfolgerung wurde von Spliedt zurückgewiesen. »Ist nicht unsere relative Schwäche erst das Ergebnis des heutigen Systems? [...] Durch die uneingeschränkte Inanspruchnahme der behördlichen Schlichtungsstellen nehmen wir den Arbeitern das Gefühl für die Notwendigkeit der Organisation. [...] Entscheiden wir uns für Lohnfestsetzung durch den Staat und durch seine Vertreter, dann kommen wir letzten Endes dahin, daß eine völlige Nivellierung der Löhne sich durchsetzt.«[37]

Leiparts Resümee war ein Versuch, zwischen den unterschiedlichen Haltungen einen Kompromiß herzustellen. Tarnow habe nur »persönliche Folgerungen« aus der Diskussion gezogen und aus »taktischen Gründen« stark übertrieben. Niemand sei gegen möglichste Einschränkung der Zwangsschlichtung. Andererseits hätten die Gewerkschaften schon vor dem Kriege staatliche Schlichtungsstellen gefordert. Es sei somit kein

---

35 Vgl. ebenda, S. 1015 (Brey) und S. 1016 (Reichel und Simon).
36 Vgl. ebenda, S. 1022.
37 Vgl. ebenda, S. 1023.

Widerspruch, wenn sie heute daran festhielten. »Wir wollen auch keine völlig uneingeschränkte Kampffreiheit, sondern betonen stets, daß wir auch Rücksicht nehmen auf das gesamte Volksinteresse. Daraus ergibt sich, daß die Gewerkschaften sehr wohl an einer Stelle die Schlichtungsbehörden kritisieren können, aber an der anderen versuchen müssen, die Schlichtungsbehörden für die Beilegung und Austragung von Differenzen [...] zu interessieren.« Und: »Noch können die Gewerkschaften auf Schlichtungsbehörden mit Befugnis zu Zwangsschiedssprüchen nicht verzichten.«[38]

Damit war wiederum keine Klärung erfolgt, sondern die bisherige Sowohl-als-auch-Position beibehalten worden. Als Tarnow in der Verbandsbeiratssitzung des Holzarbeiterverbandes vom 30./31. Januar 1928 über die Diskussion im Bundesausschuß berichtete, erntete er deutliche Kritik. Tarnow teilte mit, die Sitzung habe ergeben, »daß die übergroße Mehrheit der Gewerkschaften sich mit dem heutigen Zwangstarif aus Zweckmäßigkeitsgründen« abfinde. Tarnow warb bei den Holzarbeiterfunktionären um Verständnis. Der Stimmungsumschwung basiere »auf realen Tatsachen«. Die Gewerkschaften seien »nicht stark genug, die Unternehmer zum Abschluß von Tarifverträgen zu zwingen. Für die meisten Gewerkschaften heißt die Frage: Zwangstarif oder überhaupt kein Vertrag.« Man müsse feststellen, daß man heute ohne die Schlichtungsorgane nicht die bestehenden Arbeits- und Lebensverhältnisse hätte. Gewiß seien auch ungünstige Schiedssprüche gefällt worden, die Mehrzahl sei jedoch für die Arbeiterschaft durchaus von Vorteil gewesen. »Das beweist, daß der heutige Staat doch ein anderer ist als der der Vorkriegszeit. [...] Wir müssen die Theorie mit der Praxis in Übereinstimmung bringen. Daher habe ich gefordert, daß man sich jetzt öffentlich für den Zwangstarif bekennt. Das ist aber abgelehnt worden.«[39] Tarnow meinte, man müsse jetzt »mit der Mehrheit der Gewerkschaften marschieren«[40]. Der Tarifsekretär Schleicher befand, daß Tarnow mit seinen Äußerungen zu weit gegangen sei. In den Gewerkschaften würden »überhaupt keine Grundsätze mehr gelten«. Im ADGB fehle es »an einer planvollen Führung in lohnpolitischen Fragen«. Dem ADGB sei es nicht an einer sachlichen Klärung gelegen, sondern an einer »Vertuschung des sachlichen Streits«. Gewiß seien viele Gewerkschaften nicht stark genug, Tarifverträge mit eigener Gerichtsbarkeit durchzuführen, »aber sie

---

38 Vgl. ebenda, S. 1024.
39 Vgl. 2. Verbandsbeiratssitzung des DHV, 30./31. 1. 1928, Top 2: Stellung zur staatlichen Schlichtung, in: ZA FDGB/A 54, Bl. 41ff.
40 Vgl. ebenda, Bl. 44.

haben auch nicht den Willen dazu. Wir haben nicht den geringsten Anlaß, von unseren Grundsätzen abzuweichen. Was die anderen Gewerkschaften wollen, führt zu nichts Gutem. Unser Ziel muß sein, die Lohn- und Tarifverhältnisse durch eigene Kraft zu regeln.«[41] Sickfeld, Gauvorsteher aus Brandenburg, forderte, Tarnow solle seine Stellungnahme im Bundesausschuß revidieren. Tarnow entgegnete, vom Standpunkt der Holzarbeiter seien die Stellungnahmen verständlich. Der Bundesausschuß könne jedoch nicht die Politik der Holzarbeiter betreiben, sondern müsse alle Verbände berücksichtigen. »Das Ziel ist der freie Vertrag. Aber solange wir dazu nicht die Macht haben, müssen wir alle Mittel und Wege in Anspruch nehmen, um zu einer annehmbaren Regelung der Arbeits- und Lohnbedingungen zu kommen. [...] Die Beseitigung des Zwangstarifs bedeutet jetzt eine Hilfe für die Unternehmer.« Im übrigen müsse sich die Beiratssitzung nicht festlegen, man belasse es bei der Aussprache und ansonsten »arbeiten wir in unserer bisher bewährten Weise weiter«[42]. Wie im Dachverband so blieb auch im Holzarbeiterverband alles beim alten. Tarnow hatte sich mit seiner Linie durchgesetzt. Einerseits argumentierte er auch in dieser Diskussion als ein Mann des Dachverbandes, andererseits blieb der Holzarbeiterverband bei seiner bisherigen Politik.

Zum Zeitpunkt des Hamburger Kongresses, Anfang September 1928, war der Bundesausschuß in der Frage der staatlichen Zwangsschlichtung nach wie vor so weit gespalten, daß er es vermieden hatte, dieses Thema auf die Tagesordnung des Kongresses zu setzen. Statt dessen nahm Leipart nur im Bericht des Bundesvorstands dazu Stellung[43]. Dieser Verzicht stieß bereits im Vorfeld des Kongresses auf Kritik. So forderte Markus Schleicher in der Verbandsbeiratssitzung der Holzarbeiter am 23. August 1928, der Bundesvorstand müsse sich zur Schlichtungsfrage äußern. Schleicher kritisierte, daß zwischen den Anträgen zum Kongreß und seiner Tagesordnung »kein rechter Zusammenhang« bestehe. Das lasse darauf schließen, »daß die Massen andere Gedanken bewegen als Wirtschaftsdemokratie und Bildungsfragen«[44]. Tarnow verteidigte die Zurückhaltung des Bundesvorstandes. Dieser habe die Absicht gehabt, »zu veranlassen, die Verbindlichkeitserklärung zu beseitigen« und habe sich in dieser Sache mit den Unternehmern in Verbindung gesetzt. »Er fand,

---

41 Vgl. ebenda, Bl. 44f.
42 Vgl. ebenda, Bl. 46.
43 Zur Leipart-Rede vgl. Protokoll Hamburg, 1928, S. 91ff. Zur vorbereitenden Diskussion im BA s. Sitzung vom 1. 9. 1928, in: Kukuck/Schiffmann, Quellen III, Dok. 197, S. 1142f.
44 Vgl. 6. Verbandsbeiratssitzung des DHV vom 23. 8. 1928, TOP 4, in: ZA FDGB/A 54, Bl. 109f.

daß er nicht mehr den Kontakt mit den Massen habe.« Die übergroße Mehrheit der Gewerkschafter wolle nämlich auf den Zwangstarif noch nicht verzichten. »Angesichts dieser Verhältnisse ist eine klare Stellungnahme des Bundesvorstandes nicht leicht.«[45] Dennoch wurde die Schlichtungsproblematik auf dem Kongreß »heftig« diskutiert, ein Zeichen dafür, »daß die Delegierten aufgrund der breiten Diskussion in der Öffentlichkeit und der wachsenden Kritik durch die Arbeitgeber das Thema für erörterungs- und klärungsbedürftig hielten«[46]. Nicht nur die kommunistischen Delegierten kritisierten die Haltung des Bundesvorstandes. Auch Schleicher griff den Bundesvorstand an, er wolle dem Kongreß einen »wirtschaftspolitischen Stempel« aufdrücken, er vermisse jedoch Richtlinien zu den Problemen, die die Arbeiterschaft »vorwiegend« beschäftigten. Diese Probleme bewegten sich in erster Linie auf sozialpolitischem Gebiet. Schleicher vermutete, daß der Kontakt der Funktionäre mit dem Vorstand »auf sozialpolitischem Gebiete nicht so ist, wie es wünschenswert wäre«. Er kritisierte, daß der Bundesvorstand zum Problem der Schlichtung nur »in zwei Sätzen Stellung genommen« habe. Leipart habe gesagt, die Verbindlichkeit von Tarifverträgen solle nur ausgesprochen werden, »wenn ein wirkliches öffentliches Interesse« vorliege. Wenn man jedoch den Vorstand frage, was unter einem solchen Interesse zu verstehen sei, »dann schweigt auch er«. Schleichers Ausführungen, die von Graßmann als »merkwürdige Unhöflichkeiten« betitelt wurden, gipfelten in dem Ausruf: »Die Zeit der Demaskierung ist gekommen. Wir dürfen nicht alle Gemeinplätze nachreden, die draußen die Köpfe der Arbeiterschaft verwirren.«[47] Trotz der heftigen Kritik wurde auf dem Kongreß keine Entschließung zum Schlichtungswesen verabschiedet. Der Antrag des Buchdrucker-Verbandes, Cottbus, der den Vorstand des ADGB aufforderte, »darauf hinzuwirken, das Schlichtungswesen einer grundlegenden Änderung zugunsten der Gewerkschaften zu unterziehen«, wurde dem Vorstand »als Material überwiesen«[48].

1.2 Staatsintervention, Tarifsystem, gebundene Wirtschaft

Auf dem Hintergrund der zunehmenden Angriffe besonders der Schwerindustrie auf die staatliche Zwangsschlichtung, mit dem Ziel, das Tarifsystem an sich zu lockern[49], wurde die Position innerhalb des ADGB

---

45 Vgl. ebenda, Bl. 111.
46 Vgl. Hüllbüsch, Koalitionsfreiheit, S. 625.
47 Rede Schleichers vgl. Protokoll Hamburg, 1928, S. 129; Beitrag Graßmanns, ebenda, S. 157.
48 Vgl. Protokoll Hamburg, 1928, S. 29 und S. 161 f.
49 Vgl. Weisbrod, Schwerindustrie, S. 395 ff., bes. S. 403 ff.; Bähr, Staatliche Schlichtung, S. 226 ff.

stärker, die der staatlichen Schlichtung mehr Gewicht beimaß. In einer Besprechung im Reichsarbeitsministerium am 16. Oktober 1928, also kurze Zeit bevor im Ruhreisenstreit der Kampf der Schwerindustrie gegen das staatliche Schlichtungswesen eskalierte[50], machten die beiden Vertreter des ADGB, Spliedt und Nörpel, gegenüber den ebenfalls anwesenden Vertretern der VDA, Frowein und Müller, deutlich, daß sie ein staatliches Eingreifen für notwendig und nützlich hielten. Der heutige relative Wohlstand, so Spliedt, sei »gegen die Arbeitgeber erzielt worden. Wären die Parteien allein auf den Weg der freien Vereinbarung angewiesen gewesen, so wäre dieses Ergebnis wohl nicht erreicht worden.« Die freien Gewerkschaften würden den frei ausgehandelten Tarifvertrag nach wie vor vorziehen, jedoch müsse dazu der »Beweis der Tarifwilligkeit« von seiten der Unternehmer »für jeden Einzelfall« erst erbracht sein. Erst dann könne die Verbindlichkeitserklärung abgeschafft werden. Noch deutlicher formulierte Nörpel. Die Gewerkschaften könnten »schon aus ihrer Einstellung zum Staate heraus« auf die Möglichkeit staatlichen Eingreifens zum »Schutze der Allgemeinheit« nicht verzichten[51]. Ähnlich äußerte sich Eggert in seinem Referat »Staat und Wirtschaft« in der Bundesausschußsitzung vom 7./8. Dezember 1928[52]. Zur Erreichung freier Tarifverträge gehörten einerseits »ein die Arbeitskraft höher bewertendes Unternehmertum« und andererseits starke Gewerkschaften. »Wo aber, wie im Ruhrgebiet, ein Unternehmertum herrscht, das kraft seiner wirtschaftlichen Sonderstellung und seines Verhaltens keine Tarifgeschichte hat, da hat, hierüber ist sich die gesamte Gewerkschaftsbewegung einig, der Staat die Pflicht, in die wirtschaftlichen Kämpfe einzugreifen und durch Schiedssprüche [...] die Lohn- und Arbeitsbedingungen zu regeln.«[53]

---

50 Auf einen am 31. 10. 1928 vom Reichsarbeitsministerium für verbindlich erklärten Schiedsspruch reagierte die nordwestliche Gruppe der Eisen- und Stahlindustrie mit der Aussperrung von 200000 Arbeitnehmern und griff somit die Institution der staatlichen Schlichtung offen an. Zum »Ruhreisenstreit« vgl. ausführlich Weisbrod, Schwerindustrie, S. 415ff., Bähr, Staatliche Schlichtung, S. 250ff.; vgl. auch Preller, Sozialpolitik, S. 403ff.
51 Vgl. Kukuck/Schiffmann, Quellen III, Dok. 198, Spliedt: S. 1153f.; Nörpel: S. 1155. Außer dem ADGB und der VDA waren auch die übrigen Gewerkschaftsrichtungen sowie RArbM Wissell vertreten.
52 Der erste Teil der Sitzung war öffentlich. Als Gäste der in Kiel tagenden Sitzung waren anwesend Kürbis (SPD), Oberpräsident der Provinz Schleswig-Holstein; ein Vertreter des Kieler Oberbürgermeisters; Böttcher vom OA Kiel und Vertreter der Kieler Uni. Vgl. Kukuck/Schiffmann, Quellen III, Dok. 200.
53 Vgl. ebenda, S. 1174. Der Schlichtungsspruch Severings im »Ruhreisenstreit« stand zu diesem Zeitpunkt noch aus. Leipart bekundete jedoch das Vertrauen, daß dieser Schiedsspruch den Arbeitern zu ihrem Recht verhelfen werde. Ebenda, S. 1169.

In der folgenden Bundesausschußsitzung vom 26./27. März 1929 stand das staatliche Schlichtungswesen ein weiteres Mal auf der Tagesordnung. In einem Grundsatzreferat sprach sich Nörpel klar und deutlich für das staatliche Schlichtungswesen aus. Nörpel begründete seine Haltung mit der veränderten Situation. Der Staat sei nicht mehr derjenige der Vorkriegszeit (vgl. oben). »Nach meiner Auffassung müssen die Gewerkschaften sich dahin entscheiden, daß das Schlichtungswesen eine staatspolitische Aufgabe zu erfüllen hat, daß die Verbindlichkeitserklärung ein staatspolitischer Akt ist. Diese Stellungnahme unterwirft die Gewerkschaften nicht bedingungslos dem Staat. Sie enthebt die Gewerkschaften nicht von der Verpflichtung ständiger Kritik. [...] Das Schlichtungswesen bedeutet die Einflußnahme der Gewerkschaften auf den Staat [!], sie bedeutet die Politisierung des Lohnes. Die Wirtschaftsdemokratie, für die wir eintreten, soll zu einer unmittelbaren Einflußnahme auf die Wirtschaft führen. Schlichtungswesen und Wirtschaftsdemokratie bilden eine unlösbare Einheit. Sie sind ein Ganzes.«[54] Bereits 1924 hatte sich Nörpel in dieser Richtung geäußert. Da die Gewerkschaften die »gebundene Wirtschaft« anstrebten, seien das Schlichtungswesen wie der Zwangstarif die durchaus angemessene Regelung[55]. Eindeutig hinter Nörpel stellte sich nur Müller-Lichtenberg. Nörpel habe die Fragen des Schlichtungswesens konsequent zu Ende gedacht. »Wir sind für eine gebundene Wirtschaft und haben insofern nicht das Recht, das Streikrecht uneingeschränkt anzuwenden.«[56] Die übrigen Diskussionsteilnehmer verhielten sich entweder ablehnend oder wie bisher in ambivalenter Weise. So führte Brandes (DMV) aus, daß die Haltung in seinem Verband geteilt sei. Zwar gebe auch der DMV dem tariflichen Schlichtungswesen den Vorzug, »aber mit innerlich schärfsten Gegnern des Tarifvertrages und in Gebieten, wo ein überaus schlechtes Organisationsverhältnis besteht wie in der Schwerindustrie, können Tarifverträge ohne staatlichen Zwang nicht zustande kommen«[57]. Damit wurde das Dilemma des DMV deutlich, der einerseits gegen die Beschneidung des Streikrechts durch das staatliche Schlichtungswesen Front machte, die Verbindlichkeitserklärung nur auf Fälle »eines höheren Interesses« beschränken und sie für den Fall verbieten lassen wollte, in denen beide

---

54 Vgl. Kukuck/Schiffmann, Quellen III, Dok. 210, S. 1237f.
55 Vgl. Nörpel: Der Zwangstarif, in: Gewerkschafts-Archiv, 1924, Nr. 4, S. 190, zit. n. Hartwich, Arbeitsmarkt, S. 346.
56 Vgl. Kukuck/Schiffmann, Quellen III, Dok. 210, S. 1242; vgl. auch Hüllbüsch, Koalitionsfreiheit, S. 625. Auf dem Breslauer Kongreß, 1925, hatte sich Müller (-L.) noch scharf gegen den Zwangstarif gewandt. Vgl. oben Anm. 27.
57 Vgl. Kukuck/Schiffmann, Quellen III, Dok. 210, S. 1242.

Parteien den Schiedsspruch ablehnten[58], und der andererseits eben mit ganz anderen Gegnern in den Arbeitskämpfen konfrontiert war als beispielsweise der Holzarbeiterverband, der bereits vor dem Ersten Weltkrieg Tarifverträge mit den Unternehmern abgeschlossen hatte[59]. Dies zeigt auch, daß in der Frage des Schlichtungswesens die Haltung der einzelnen Gewerkschaftsführungen eine taktische war. Tarnow, bestimmt kein Gegner des »Wirtschaftsdemokratie«-Konzepts, das ja staatliche Eingriffe in das Wirtschaftsleben forderte, warnte nun in der Diskussion vor allzu großem Vertrauen in den Staat, und dies in einer Zeit, in der eine unter SPD-Führung stehende Koalition an der Regierung war. Tarnow: »Vorläufig und auf absehbare Zeit können wir nicht sagen, der Staat über alles.«[60] »Verblüffend« fand Tarnow, »daß weite Kreise der Arbeiter verlangen, daß der Staat die Arbeitsverhältnisse gestalten soll. Das bedeutet doch zuviel Vertrauen zum jetzigen Staat.« Andererseits betonte er, wer das Schlichtungswesen anerkenne, der dürfe nicht mehr sagen, »daß der heutige Staat kein sozialer Staat ist«. Sein Resümee lautete ähnlich wie bei früheren Diskussionen: »Wir sind zunächst nicht genötigt zu einer klaren Entscheidung, und praktisch ist die Angelegenheit nicht von Bedeutung.« [!][61] Bernhard, Vorsitzender des Baugewerksbundes, erkannte zwar das Recht des Staates zur Intervention an, aber die staatliche Schlichtung müsse doch »gewisse Grenzen haben«. Schlichtung bedeute Lohnpolitik, und »Lohnpolitik ist Machtpolitik. Je nach der Zusammensetzung der Regierung und der Besetzung der Schlichterposten ist der Nutzen der staatlichen Schlichtung für uns zweifelhaft, besonders aber bei schlechter Konjunktur.«[62] Dies war eine klare Absage an Nörpels und Broeckers Forderung, die Schlichtung als Instrument auch zu Zeiten anzuerkennen, in denen die politischen oder konjunkturellen Vorzeichen für die Gewerkschaften ungünstiger waren[63]. Leipart forderte, es müsse dabei bleiben, »daß die Regelung der Arbeitsbedingungen, wie die Durchführung der Tarifverträge, Aufgabe der Gewerkschaften ist. Der Staat kann hierbei nur Hilfe leisten.«[64] Ähnlich lautete die Entschließung, die der Bundesausschuß einstimmig annahm. Die Gewerkschaften würden die freien Tarifvereinbarungen der Parteien »jedem Zwangsschiedsspruch entschieden« vorziehen. Der Staat habe

---

58 Vgl. dazu Jb. DMV, 1928, S. 149ff.; vgl. auch Weisbrod, Schwerindustrie, S. 409.
59 Vgl. dazu z. B. Schönhoven, Gewerkschaften, S. 88ff.
60 Vgl. Kukuck/Schiffmann, Quellen III, Dok. 210, S. 1240.
61 Vgl. ebenda, S. 1241.
62 Vgl. ebenda, S. 1238.
63 Vgl. dazu Teil 2, II.
64 Vgl. Kukuck/Schiffmann, Quellen III, Dok. 210, S. 1239f.

nur die Aufgabe den »beiderseitigen Organisationen im Bedarfsfalle« bei der Regelung der Lohn- und Arbeitsverhältnisse Hilfe zu leisten[65].

Mit dieser Entschließung war zwar ein verändertes Verhältnis zur staatlichen Zwangsschlichtung angedeutet, die weitgehenden Forderungen der Sachbearbeiter im Bundesbüro, Nörpel und Broecker, fanden sich jedoch nicht darin. Diese Ausschußsitzung läßt sich nicht als jene Wende in der Haltung des ADGB zur Zwangsschlichtung interpretieren, wie Johannes Bähr dies tut. Seiner Meinung nach traten die Freien Gewerkschaften nun »uneingeschränkt für die staatliche Zwangsschlichtung ein«[66]. Die interne Diskussion im Bundesausschuß wie auch die von ihm angenommene Entschließung sind m.E. keine brauchbaren Belege für diese Einschätzung. Die Entschließung stellte einen Kompromiß dar. Vorsitzende großer Gewerkschaftsverbände, wie der Baugewerksbund und der Holzarbeiterverband, sprachen sich gegen Nörpels Haltung aus oder nahmen wie Brey (FAV) oder Brandes (DMV) eine ambivalente Position ein. Andererseits, und darauf wurde weiter oben bereits hingewiesen, veröffentlichten Nörpel und Broecker ihre Position in mehreren grundsätzlichen Aufsätzen in der »Gewerkschafts-Zeitung« wie in der »Arbeit«, und der weitere Gang der Diskussion zeigt, daß sich die »staatsinterventionistische« Position im ADGB weiter durchsetzte. Dies wirft ein bezeichnendes Licht auf den Willensbildungsprozeß im ADGB. Während die Diskussionen im Bundesausschuß nicht zu einer Klärung, sondern allenfalls zu Kompromiß-Entscheidungen führten, wirkten die Sachbearbeiter des ADGB an exponierter Stelle meinungsbildend.

Bährs Befund, der ADGB habe sich von der Tarifautonomie distanziert und sich stärker an den Staat angelehnt, basiert jedoch noch auf anderem Material, nämlich der Tarifstatistik der VDA. Nach dieser Statistik stieg zwischen Juni 1928 und August 1929 der Anteil der auf gewerkschaftlichen Antrag hin ausgesprochenen Verbindlichkeitserklärungen nach der Zahl der Betroffenen von 7,5 auf 16,5 Prozent der erfaßten Arbeiter an. Der Anteil der Arbeitgeberanträge fiel gleichzeitig von 9,5 Prozent auf 3,8 Prozent[67]. Auch das in der »Gewerkschafts-Zeitung« 1931 und im ADGB-Jahrbuch für 1930 veröffentlichte Zahlenmaterial deutet darauf hin, daß die behördlichen Schlichtungsorgane von Arbeitnehmerseite häufiger als von Unternehmerseite angerufen wurden. Für die 1929 mit

---

65 Vgl. ebenda, S. 1243f.
66 Vgl. Bähr, Staatliche Schlichtung, S. 240. Ähnlich die Einschätzung bei Winkler, Schein, S. 620; nach Winklers Ansicht sei Nörpels Referat »nur vereinzelt auf Widerspruch gestoßen«.
67 Vgl. Bähr, Staatliche Schlichtung, S. 249.

Hilfe der behördlichen Schlichtung geregelten Tarifverfahren legte die »Gewerkschafts-Zeitung« folgende Verhältniszahlen vor[68]:

Tabelle 19

Tarifart[69]:	Volltarife	Manteltarife	Lohntarife
Auf Antrag der Arbeitnehmer	67,3	62,0	60,0
Auf Antrag der Arbeitgeber	32,3	11,2	17,7
Auf Antrag beider Parteien oder von Amts wegen	0,4	26,8	22,3

Bei den Ende 1929 bestehenden Tarifverträgen wurde in folgenden Fällen ein Verfahren auf Verbindlichkeitserklärung eines Schiedsspruches eingeleitet[70]:

Tabelle 20

| Antrag | Volltarife | | Manteltarife | | Lohntarife | |
	Fälle	Arbeitskräfte	Fälle	Arbeitskräfte	Fälle	Arbeitskräfte
Arbeitnehmer	57	179399	87	241112	198	993983
Arbeitgeber	5	18809	36	660620	60	206211
Von Amts wegen	1	35200	10	315690	75	1102119
Verbindlicherklärung ausgesprochen	45	229053	68	1103994	181	2003600
in % des Tarifbestandes	3,0	11,7	2,1	13,5	4,2	22,3

Die, gemessen am gesamten Tarifbestand relativ geringe Zahl der Fälle, die durch Verbindlichkeitserklärung zum Abschluß gebracht wurden, darf über die Wirkung der Zwangsschlichtung jedoch nicht hinwegtäu-

---

68 Vgl. GZ, Jg. 41, Nr. 8, 21. 2. 1931, S. 117. Insgesamt wurden im behördlichen Schlichtungswesen Schiedsprüche gefällt für: 186 Volltarife mit 559101 betroffenen Arbeitskräften, 344 Manteltarife (1,93 Mio. Arbeitskräfte) und 859 Lohntarife (3,5 Mio. Arbeitskräfte), vgl. ebenda.
69 Volltarife regelten alle Fragen der Lohn- und Arbeitsbedingungen und wurden von einem Großteil der Gewerkschaften abgelehnt. Manteltarife regelten nur die allgemeinen Fragen und wurden durch besondere Abkommen ergänzt; manche Manteltarife regelten die Arbeitszeit mit und ließen nur die Lohnfrage offen, andere ließen auch die Arbeitszeit offen. Lohntarife regelten nur die Lohnfrage. Vgl. W. Woytinsky: Umgestaltung der Tarifstatistik, in: GZ, Jg. 39, Nr. 43, 26. 10. 1929, S. 673.
70 Vgl. GZ, Jg. 41, Nr. 8, 21. 2. 1931, S. 117, und Jb. ADGB, 1930, S. 197. Insgesamt bestanden 1515 (1,95 Mio. Arbeitskräfte) Volltarife: 3266 Manteltarife (8,1 Mio. Arbeitskräfte) und 4244 Lohntarife (7,97 Mio. Arbeitskräfte); vgl. ebenda.

schen. Da die Verbindlichkeitserklärung, so der Hinweis in der GZ, vorwiegend bei Tarifkonflikten größerer Tragweite angewandt wurde, wirkte sie »über die Grenzen ihres ursprünglichen Geltungsbereichs hinaus« und für nachfolgende Tarifbewegungen anderer Industriezweige beispielgebend[71]. Die für die Verbände des ADGB insgesamt angegebenen Zahlen müssen jedoch differenziert werden, denn die Verhältnisse in den einzelnen Branchen und Organisationsbereichen unterschieden sich erheblich. Während der Baugewerksbund 1929 100 Prozent seiner Manteltarife in direkter Vereinbarung mit den Arbeitgebern und 98,2 Prozent seiner Lohntarife mit Hilfe tarifvertraglicher Schlichtung abschließen konnte, sahen die Verhältnisse im Metallarbeiterverband und im Bergarbeiterverband grundsätzlich anders aus. In der Metallindustrie war die behördliche Schlichtung bei den Volltarifen zu 80,5 Prozent, bei den Manteltarifen zu 56,1 Prozent und bei den Lohntarifen zu 70,8 Prozent beteiligt. Im Bergbau kamen nur die Volltarife zu 72,2 Prozent aus direkter Verhandlung zustande, während bei den Manteltarifen die behördliche Schlichtung zu 87,1 Prozent und bei den Lohntarifen sogar zu 96,2 Prozent mitwirken mußte[72]. Diese unterschiedlichen Verhältnisse erklären auch die jeweiligen Stellungnahmen der Verbandsvertreter zur staatlichen Schlichtung.

In den folgenden Jahren der Krise gewann die staatliche Schlichtung weiter an Bedeutung[73] und die »Autonomisten«, wie Potthoff jenen besonders durch Leipart und Tarnow repräsentierten Flügel nennt, gerieten ins »Hintertreffen«[74]. Der Verzicht des ADGB auf die Tarifautonomie erfolgte, so Bähr, jedoch bereits zu einem Zeitpunkt (nämlich 1928/29), als das Tarifvertragsprinzip nicht ernstlich gefährdet war[75].

1.3 Schlichtung und Krise

In der Weltwirtschaftskrise mußte das Schlichtungswesen unter neuen Vorzeichen diskutiert werden, denn nun diente es als Instrument der

---

71 Vgl. GZ, Jg. 41, Nr. 8, 21. 2. 1931, S. 118.
72 Vgl. ebenda, S. 116.
73 Nach der gewerkschaftlichen Statistik wurden 1931 644 Fälle mit 5,86 Mio. beteiligten Arbeitskräften per Verbindlichkeitserklärung des Schiedsspruches beendet, gegenüber 312 Fällen 1930 (1,86 Mio. Arbeitskräfte) und 237 Fällen 1929 (1,73 Mio. Arbeitskräfte); vgl. Jb. ADGB, 1931, S. 268f.; ausführlicher vgl. Hartwich, Arbeitsmarkt, S. 212ff., der neben der staatlichen Statistik auch die der Verbände (Gewerkschaften und Unternehmerverbände) heranzieht. Vgl. auch Potthoff, Gewerkschaften (1987), S. 116.
74 Vgl. ebenda, S. 132; über die gerade von jener Gruppe forcierten Versuche, sich mit den Unternehmern in der Krise zu einigen, vgl. das folgende Kapitel.
75 Vgl. Bähr, Staatliche Schlichtung, S. 250.

Lohnsenkung. Nörpel informierte am 14. Januar 1931 den Bundesvorstand über den Inhalt der Notverordnung der Reichsregierung zur Schlichtungsordnung vom 9. Januar 1931[76]. Die Notverordnung bestimmte, daß der Schlichter in Schlichtungsverfahren von »öffentlichem Interesse« auf Anordnung des Reichsarbeitsministers zur Bildung der Schlichtungskammer neben den Vertretern der Tarifparteien zwei »unparteiische« Beisitzer berufen könne. Sei bei der Verhandlung eine Einigung nicht zu erzielen, so sollten die Schlichter und die zwei »Unparteiischen« den Schiedsspruch mit Stimmenmehrheit abgeben[77]. Nörpel sah in der Notverordnung einen deutlichen Zusammenhang mit den Lohnabbauplänen der Reichsregierung. Da die Gewerkschaften entschieden gegen die Lohnabbaupolitik seien, schaffe die Notverordnung eine »Sonderschlichtung«. Die Regierung gehe wohl davon aus, bis zum 31. Juli 1931 die Löhne der wichtigsten Arbeitnehmergruppen abgebaut zu haben. So lange sei die Verordnung befristet. Danach wolle man sich offenbar wieder »den Luxus eines Schlichtungswesens gestatten, das den Anschein einer ausschlaggebenden Mitwirkung der Parteien erwecken soll«. Der Begriff »unparteiisch« sei in diesem Zusammenhang »unmöglich«, denn es wäre »eine Groteske«, würde der Schlichter »Unparteiische« heranziehen, die eine andere Meinung als er und die Reichsregierung vertreten würden[78]. In der Tat wurden aufgrund der Notverordnung Lohnkürzungen durchgeführt. Bereits einen Tag nach ihrer Bekanntgabe wurde ein Schiedsspruch mit 6%iger Lohnkürzung gefällt[79].

In einer Besprechung der gewerkschaftlichen Spitzenverbände aller Richtungen am 11. Februar 1931 äußerte Leipart, die Gewerkschaften müßten sich jetzt mit ganzer Kraft gegen eine Auflockerung der Lohntarife zur Wehr setzen. »Es sollte doch einmal erörtert werden, ob das Schlichtungswesen nicht für eine gewisse Zeit zu suspendieren wäre.« Stähr vom AfA-Bund verwies jedoch darauf, daß ein solches Vorgehen für Angestellte erheblich gefährlicher als für Arbeiter sei. Und Otte vom Gesamtverband christlicher Gewerkschaften machte darauf aufmerksam, »daß unsere handwerksmäßig interessierten Gewerkschaften das Schlichtungswesen entbehren können, die dem Großkapital gegenüberstehenden aber

---

[76] »Verordnung des Reichspräsidenten über die Beilegung von Schlichtungsstreitigkeiten öffentlichen Interesses«, vom 9. 1. 1931, in: RGBl. I, 1931, S. 1. Vgl. BV-Sitzung vom 14. 1. 1931, in: Jahn, Quellen IV, Dok. 24.
[77] Vgl. zum Inhalt der NVO Nörpel: Staatlicher Lohnabbau und »unparteiische« Schlichtung, in: GZ, Jg. 41, Nr. 3, 17. 1. 1931, S. 37–39.
[78] Vgl. ebenda, S. 38f.
[79] Vgl. Bähr, Staatliche Schlichtung, S. 312ff., bes. S. 314.

nicht«[80]. Es sollte sich zeigen, daß sich Leipart mit seiner Position nicht durchsetzen konnte.

In der Bundesvorstandssitzung vom 25. Februar 1931 teilte Leipart einen Vorfall aus Frankfurt mit. Dort habe der Gauleiter des Verbandes der Nahrungsmittelarbeiter vor dem Schlichtungsausschuß erklärt, daß die »Schlichtungsausschußvorsitzenden von ihren übergeordneten staatlichen Behörden angewiesen« seien, »Lohnsenkungen durchzuführen«. Deshalb habe der Gauleiter den Vorsitzenden als »befangen« abgelehnt. Unter der Leitung eines »unabhängigen Unparteiischen« sei die Gauleitung zur Verhandlung bereit. Leipart hielt den Gedanken des Gauleiters »für geschickt« und beabsichtigte die Bekanntmachung des Vorfalls im Bundesausschuß. Leipart meinte, daß man ähnlich verfahren könne, wo man sich stark fühle[81]. Tarnow, Umbreit und Eggert wandten sich gegen eine allgemeine Propagierung solchen Vorgehens. Leipart dachte zwar nicht an eine Empfehlung zur allgemeinen Nachahmung, aber eine Bekanntgabe in der Bundesausschußsitzung konnte seiner Meinung nach nicht schaden, denn: »Der Kampfmut der Gewerkschaften müsse gestärkt werden.«[82] Nörpel meinte jedoch, gegen die momentane Schlichtungspraxis könne nur im Reichstag angekämpft werden. Das Vorgehen in Frankfurt könne nicht zum Grundsatz erhoben werden. »Gäben wir dieses Verhalten als Parole aus, würden wir uns auch aus der Arbeitsgerichtspraxis ausschalten, weil die Anerkennung des Schlichtungswesens Voraussetzung unserer Mitwirkung ist.«[83] Leipart scheint überzeugt worden zu sein. In der Bundesausschußsitzung vom 10. März 1931 berichtete Leipart über den Vorfall in Frankfurt, bemerkte jedoch, daß auch dieses Mittel nicht geeignet sei, den Lohnabbau zu verhindern. Denn schließlich habe der Schlichtungsausschuß ohne den Arbeitnehmervertreter entschieden[84].

Auf dem Frankfurter Kongreß Anfang September 1931 hatte sich die Position Nörpels innerhalb des ADGB durchgesetzt. In seinem Referat über »Entwicklung und Ausbau des Arbeitsrechts« forderte Nörpel das Bekenntnis der Gewerkschaften zum demokratisch-parlamentarischen Staat, gerade jetzt, wo er ebenso wie das kollektive Arbeitsrecht so stark bedroht sei[85]. Das Schlichtungswesen, wie es jetzt von der Reichsregie-

---

80 Vgl. Jahn, Quellen IV, Dok. 27, S. 242 (Leipart und Stähr), und S. 243 (Otte).
81 Vgl. Jahn, Quellen IV, Dok. 31, S. 256f.
82 Vgl. ebenda, S. 257f.
83 Vgl. ebenda, S. 258.
84 Vgl. ebenda, Dok. 35, S. 277.
85 Vgl. Protokoll, Frankfurt, 1931, S. 260.

rung gehandhabt werde, habe »seinen Charakter geändert«. Es werde jetzt gegen die Arbeiter eingesetzt. Das Schlichtungswesen sei kein Instrument »des sozialen Friedens« mehr und unterscheide sich somit nicht mehr von »anderen Machtmitteln des Staates gegen die Arbeiterklasse«. Dennoch meinte Nörpel: »Wir erkennen das Schlichtungswesen als das dem kollektiven Arbeitsrecht entsprechende Mittel des Staates grundsätzlich an, ohne damit die Ergebnisse dieses Schlichtungswesens im einzelnen für richtig halten zu können.«[86] Trotz aller Kritik am Lohnabbau forderte Nörpel Verständnis dafür, »daß der Staat seine soziale Aufgabe der Hebung der Lebensbedingungen zurückgebliebener Arbeitnehmerschichten nur nach seiner jeweiligen Einstellung [!] zu erfüllen bereit sein wird. Wir werden uns immer damit abfinden, daß in dem einen oder anderen Falle die Schaffung eines Tarifvertrages nicht zustande kommen kann, weil die soziale Einstellung des Staates gegenwärtig nicht in unserer Richtung liegt und weil wir aus eigenen Kräften nicht in der Lage sind, uns den Tarifvertrag selbständig zu schaffen.«[87]

Kritisiert wurde Nörpel von Apitzsch, Hauptvorstandssekretär beim Eisenbahnerverband. Der Reichsarbeitsminister benutze die Schlichtungsverordnung als »einen Riegel«, wodurch der Arbeiterschaft der Weg versperrt werde, »den notwendigen Lebensstandard zu erkämpfen«. Die Gewerkschaften müßten »derartige Dinge« mit größerer Entschiedenheit zurückweisen als bisher[88]. Höflich aber bestimmt trug Apitzsch seine Schlußfolgerungen vor. Ohne Nörpel oder dem Bundesvorstand persönlich einen Vorwurf machen zu wollen, schien für Apitzsch »hier eine gewisse Kluft zwischen der zentralen Instanz des Bundesvorstandes und der praktischen Arbeit« zu liegen. »Wir haben das Gefühl, daß unsere Kollegen an der Spitze gar zu viel Theorie treiben und von der Praxis nicht genügend befruchtet sind.«[89] Apitzsch schlug deshalb vor, künftig bei Fachkonferenzen und Gewerkschaftstagungen nicht nur, »die Kollegen Vorsitzenden als Repräsentanten« zu delegieren, sondern die »Fachsekretäre des ADGB« dorthin zu beordern, »damit sie dort die notwendigen praktischen Erfahrungen kennenlernen«[90]. Kritik kam auch aus den Reihen der DMV-Delegation. Brummer (Leipzig) verwies auf die Formulierung in der Entschließung, in der man sich auch jetzt noch auf

---

86 Vgl. ebenda, S. 274.
87 Vgl. ebenda, S. 275.
88 Vgl. ebenda, S. 305.
89 Vgl. ebenda. Hüllbüsch meint, auf keinem anderen Gebiete sei die Diskrepanz »zwischen der Führung und dem oberen Funktionärskorps des ADGB« und der Masse der Mitglieder so groß gewesen wie bei Nörpels Beurteilung des Schlichtungswesens. Vgl. Hüllbüsch, Gewerkschaften, S. 112.
90 Vgl. Protokoll Frankfurt, 1931, S. 306.

den Standpunkt stelle, »daß die Schlichtung eine staatspolitische Aufgabe« sei. Brummer hielt dem entgegen, daß besonders in der letzten Zeit »geradezu Mißbrauch« getrieben worden sei, weshalb »die Schlichtungsordnung, wenn sie schon nicht zu beseitigen ist, doch auf das notwendigste Maß in ihrer Anwendung herabzudrücken und zweitens die Schlichtungsinstanzen so auszubauen [seien], daß die Arbeiter dadurch nicht Schaden erleiden«[91]. Ziegler vom DMV, Breslau, zog grundsätzlich in Zweifel, daß die Schlichtungsinstanzen von einer bürgerlichen Regierung, »zum Schutz des Schwachen gegen die Willkür des Starken« gehandhabt würden. Vielmehr dienten sie dazu, »den Lohnabbau in skandalöser Weise zu fördern«[92].

In der vom Bundesvorstand des ADGB vorgelegten und vom Kongreß gegen eine Stimme angenommenen Entschließung[93] hieß es, die Schlichtung sei »eine staatspolitische Aufgabe«. Der von der »Arbeiterklasse erstrebte soziale demokratische Staat« habe die *Pflicht*, »bei der Schaffung von Tarifverträgen Hilfe zu leisten«. In der Entschließung wurde behauptet, daß der Kongreß die Auffassung der Gewerkschaften zur Schlichtungsfrage *erneut* bekräftigt habe[94]. Dies traf auf das Bekenntnis der Gewerkschaften zur freien Vereinbarung von Tarifverträgen als Prinzip und auch auf ihren Protest gegen die staatliche Lohnabbaupolitik mit Hilfe des Schlichtungswesens zu. Jedoch die Auffassung, daß die staatliche Schlichtung »eine staatspolitische Aufgabe« sei und der Staat »die Pflicht« habe, bei der Schaffung von Tarifverträgen »Hilfe« zu leisten, war eine neue Qualität. Die Grundaussagen der Entschließung zum Schlichtungswesen waren von Nörpel und auch von Broecker publiziert worden, jedoch in dieser Form von Gremien des ADGB bislang nicht offiziell verabschiedet worden. Es wurde also die Haltung der Sachbearbeiter bekräftigt, nicht jedoch die bisherige Auffassung der Gewerkschaften insgesamt!

Die tarifrechtlichen und lohnpolitischen Bestimmungen der Notverordnung vom 8. Dezember 1931[95] zwangen den ADGB, sich erneut mit der staatlichen Schlichtung zu beschäftigen. In der Bundesausschußsitzung vom 15. Dezember 1931 berichtete Spliedt über die Konsequenzen der Notverordnung. Sie stelle einen »gewaltsamen Eingriff in das Tarifrecht

---

91 Vgl. ebenda, S. 317.
92 Vgl. ebenda, S. 319.
93 Abstimmung s. ebenda, S. 327; Text der Entschließung ebenda, S. 23 sowie Jb. ADGB, 1931, S. 147.
94 Vgl. ebenda.
95 »Vierte Notverordnung des Reichspräsidenten zur Sicherung von Wirtschaft und Finanzen und zum Schutze des inneren Friedens« (RGBl. I., 1931, S. 699–745).

dar«, denn an die Stelle der Entschlußfreiheit der Arbeitgeber und Arbeitnehmer trete der »gesetzliche Zwang«. Der Schlichter sei nicht mehr Schlichter, sondern »ausführende Behörde« mit der klaren Anweisung, die am 10. Januar 1927 bestehenden Tariflöhne wiederherzustellen[96]. Bernhard, bislang Verfechter tariflicher Schlichtungsstellen und Kritiker der staatlichen Schlichtung, bewertete nun angesichts der schlechten konjunkturellen Lage im Baugewerbe und der vehementen Unternehmerforderungen nach Lohnabbau[97] die Notverordnung relativ positiv. Mit ihr erhalte man »trotz alledem neue Kampfmöglichkeiten«. Man müsse nun »auf eine energische Preissenkung« dringen. Die Bauarbeiterlöhne würden auf den Stand von September 1925 sinken. »Trotzdem geben wir uns keiner Selbsttäuschung hin, denn im freien Spiel der Kräfte müßte der Lohn angesichts der ungeheuren Arbeitslosigkeit im Baugewerbe noch weit mehr absinken.« Immerhin stellte Bernhard fest: »Die Notverordnung wirkt sich zweifellos gegen die Arbeiter aus.«[98]

Schärfer äußerte sich Schrader vom Textilarbeiterverband: Man müsse nun überlegen, ob nicht die Grenze der Tolerierungspolitik erreicht sei. Im Frühjahr 1930, als das Kabinett Müller zurücktrat, habe man nicht das »Odium des Abbaus der Arbeitslosenversicherung« auf sich nehmen wollen. Nun jedoch werfe die Notverordnung das »ganze Tarifrecht über den Haufen und wir fassen nur irgendeine vorsichtig gefaßte Entschließung. Die Mitglieder verlangen Klarheit, nichts weiter«. Wenn in dieser Sitzung eine Entschließung angenommen werde, dann müsse darin »die Ablehnung der Notverordnung« ausgesprochen und die Regierung für alles verantwortlich gemacht werden. »Die Kurve der Parteipolitik muß herumgeworfen werden durch Ablehnung der Notverordnung.«[99]

Abgelehnt wurde Schraders Forderung von Brandes, der zwar hervorhob, daß der Eingriff in das Tarifrecht »die Axt an die Wurzel des Arbeitsrechts« lege, andererseits jedoch forderte: »Die Tolerierung muß bleiben, wie sie gewesen ist.« Denn die Aufhebung der Notverordnung

---

96 Vgl. Jahn, Quellen IV, Dok. 67, S. 447f. Nach der Notverordnung sollten alle am Tage ihres Inkrafttretens geltenden Tarifverträge mit dem 30. 4. 1932 ablaufen, außer wenn sie nicht auf längere Dauer abgeschlossen waren oder wenn die Tarifvertragsparteien nicht nach dem Inkrafttreten dieses Teils der Notverordnung eine andere Dauer vereinbarten. Mit Wirkung vom 1. 1. 1932 galten die Lohn- oder Gehaltssätze des entsprechenden Tarifvertrages für den 10. 1. 1927, soweit sie niedriger als in dem gegenwärtig laufenden Tarifvertrag waren. Vgl. Jb. ADGB, 1931, S. 165f.
97 Zu den Auseinandersetzungen um die Bauarbeiterlöhne vgl. GZ; Jg. 41, Nr. 44, 31. 10. 1931, S. 697ff.; ebenda, Nr. 45, 7. 11. 1931, S. 715ff.; ebenda, Nr. 47, 21. 11. 1931, S. 746f.; GZ, Jg. 42, Nr. 24, 11. 6. 1932, S. 376ff.
98 Vgl. Jahn Quellen IV, Dok. 67, S. 454f.
99 Vgl. ebenda, S. 455f. Zur Auseinandersetzung über die Tolerierungspolitik im ADGB vgl. Teil 2, IV. 5.

und ein Sturz Brünings bedeuteten »den Zusammenbruch«[100]. Auch Scheffel vom Eisenbahnerverband meinte, an der Notverordnung sei »jetzt nichts zu ändern«[101].

In einer Entschließung, die der Bundesausschuß einstimmig annahm, hieß es, die Gewerkschaften würden jede Verantwortung an dem von der Regierung durch die Notverordnung beschrittenem Weg ablehnen. Die Arbeiter in den Betrieben wurden zu »erhöhter Kampfbereitschaft« aufgefordert, denn die Lockerung des Schlichtungswesens müsse »zwangsläufig zu einer Steigerung der Arbeitskämpfe führen«[102].

Auffallend ist, daß so mancher scharfe Kritiker der staatlichen Schlichtung in der Krise seine Position veränderte. Neben Bernhard gilt dies auch für Markus Schleicher vom Holzarbeiterverband. Er äußerte in der Bundesausschußsitzung vom 12. April 1932: »Kräftig die Wahrheit zu sagen, ist das einzige, was wir jetzt tun können, denn wir können nicht auf das Schlichtungswesen verzichten.«[103] Leipart dagegen blieb auch während der Weltwirtschaftskrise bei seiner Haltung. In der Bundesvorstandssitzung vom 4. Mai 1932, in der auch über die Lohnpolitik diskutiert wurde, hielt Leipart es »für unmöglich, bei diesem erneuten Lohnabbau von uns aus die Verbindlicherklärung zu beantragen. Es müßte s. E. den Kampfmut und das Vertrauen zur Organisation und zur eigenen Kraft stärken, wenn auf die Verbindlichkeitserklärung verzichtet würde.«[104] Der ADGB protestierte zwar gegen die Lohnabbaupolitik der Reichsregierung, hob andererseits dennoch hervor, daß der Eingriff in die laufenden Tarifverträge keinen Eingriff in das Tarifrecht als solches bedeutet habe. Das ADGB-Jahrbuch für 1931 stellte fest, daß die von den Arbeitgebern genährte »Psychose: ›Auflockerung der Tarifverträge‹« sich nicht durchgesetzt habe. Unabdingbarkeit, Friedenspflicht und Durchführungspflicht der Tarifvertragsparteien hätten weiter gegolten[105].

Mit der Notverordnung der Regierung von Papen vom 4. September

---

100 Vgl. Jahn, Quellen IV, Dok. 67, S. 456.
101 Vgl. ebenda, S. 457.
102 Vgl. ebenda, S. 460.
103 Vgl. ebenda, Dok. 84, S. 549. Im Hintergrund stand eine zunehmende Tariffeindschaft der Holzunternehmer, vgl. GZ, Jg. 42, Nr. 17, 23. 4. 1932, S. 270 ff.
104 Vgl. Jahn, Quellen IV, Dok. 88, S. 558. Bernhard und Mahler sprachen sich gegenteilig aus. Vgl. ebenda.
105 Vgl. Jb. ADGB, 1931, S. 167.

bzw. 5. September 1932 änderte sich dies[106]. In der Bundesausschußsitzung vom 9./10. September 1932 erläuterte Nörpel die neue Rechtslage. Während die Notverordnungen der Brüning-Regierung »die feste Vertragsgrundlage« nicht angetastet, sondern nur eine »andere Vertragserfüllung« vorgeschrieben hätten (nämlich die Lohnkürzung), würde die jetzige Notverordnung die »Vertragsgrundlage und damit die Vertragstreue tatsächlich« beseitigen. Damit sei aber auch den Gewerkschaften die Grundlage ihrer Arbeit überhaupt genommen, »denn wenn die Tarifverträge nicht mehr ihrem Inhalt nach gelten sollen, können sie auch nicht den Wirtschaftsfrieden sichern, und wenn die Vertragstreue als solche beseitigt worden ist, können die Gewerkschaftsmitglieder unmöglich noch ein Verständnis für die Friedens- und Durchführungspflicht haben«. Es sei nun ein Zustand »völliger Auflösung aller Vertragsgrundsätze« eingetreten[107]. Im Gegensatz zu der Verordnung vom 8. Dezember 1931, in der die Tarifparteien verpflichtet wurden, die Löhne zu kürzen, habe diesmal nur der Arbeitgeber das Recht zur Kürzung. Das bedeute, daß keine Gewerkschaft wegen solcher Maßnahmen an die Friedens- und Durchführungspflicht gebunden sei. Wie in der Vorkriegszeit habe nur der Arbeitgeber ein Abzugsrecht. Wie in der Vorkriegszeit dürften die Gewerkschaften aber auch einen solchen Arbeitgeber bestreiken, ohne Tarifbruch zu begehen[108]. Nörpel forderte eine neue Taktik der gewerkschaftlichen Lohnpolitik. Die Gewerkschaften müßten unter allen Umständen vermeiden, freiwillige Tarifverträge mit Abdingungsklauseln[109] abzuschließen. Sie müßten sich dem Schlichtungswesen weitestgehend entziehen und Reichsregierung sowie Unternehmer auf diese Weise zwingen, ihrerseits das Schlichtungswesen, das ja beide beseitigen wollen, doch wiederum selbst anzuwenden. »Es ist alles auf betriebliche Regelung und Abwehr abzustellen.« Nörpel war überzeugt, daß durch diese Taktik die Treue der Belegschaften und auch das Vertrauen zu den Gewerkschaften größer werde[110]. Außerdem plädierte er für den Grundsatz:

---

106 Die NVO vom 4. 9. 1932 (RGBl. I, 1932, S. 428f.) ermächtigte die Reichsregierung »die sozialen Einrichtungen zu vereinfachen und zu verbilligen«. Diese Ermächtigung umfaßte auch das Tarif- und Schlichtungsrecht und bot die Grundlage für die NVO vom 5. 9. 1932 »zur Vermehrung und Erhaltung der Arbeitsgelegenheit« (RGBl. I, 1932, S. 433ff.). Die VO berechtigte Arbeitgeber, die Neueinstellungen vornahmen, die tariflichen Lohnsätze für die 31. bis 40. Wochenarbeitsstunde je nach Höhe der Neueinstellungen um 5 bis 25% zu kürzen. Der zuständige Schlichter war auch befugt, Betrieben, die in ihrer Existenz gefährdet waren, die Vollmacht zur Unterschreitung der Tariflohnsätze (bis zu 20%) zu geben, um die Weiterführung des Betriebs zu sichern.
107 Vgl. Jahn, Quellen IV, Dok. 126, S. 676.
108 Vgl. ebenda, S. 679.
109 D.h. Aufhebung einzelner Teile des Tarifvertrages durch Privatverträge zwischen Unternehmern und Arbeitern.
110 Vgl. Jahn, Quellen IV, Dok. 126, S. 680f.

mehr Lohn, mehr Leistung und umgekehrt. »Unsere Funktionäre sind bereits weitgehend auf diese Gedankengänge eingestellt.«[111] Nörpels Erläuterungen wurden vom Bundesausschuß zum Teil erfreut, zum Teil auch skeptisch aufgenommen. Jedoch fanden die Schlußfolgerungen Leiparts, die dieser aus der Debatte zog, laut Protokoll »ungeteilte, einmütige Zustimmung«. Leipart bemerkte, daß die Durchbrechung der Unabdingbarkeit der Tarifverträge, wie sie die Notverordnung ermögliche, den Sinn der Tarifverträge aufhebe. Damit würden die Tarifverträge für die Gewerkschaften »wertlos«, und das Interesse der Gewerkschaften an der tariflichen Regelung verschwinde. Das Schlichtungswesen verliere in seiner heutigen Form immer mehr an Wert, »je mehr die Staatsgewalt dazu übergeht, es nur noch als Mittel zur Behinderung der Gewerkschaften zu handhaben«[112].

Die Regierung von Schleicher setzte am 14. Dezember 1932 die Notverordnung vom 5. September 1932 außer Kraft. Die »Gewerkschafts-Zeitung« feierte dies als einen »entscheidenden Erfolg der Gewerkschaften« in einem »beispiellosen Kampf«[113].

2. Gewerkschaften und Unternehmer

Neben dem Konzept, mit Hilfe des Staates gewerkschaftliche Politik zum Erfolg zu bringen, existierte das »Autonomiekonzept«, mit dem Grundsatz, sich unter Ausschaltung staatlicher Bürokratie mit den Unternehmern direkt und gleichberechtigt über wirtschaftliche und soziale Fragen auseinanderzusetzen. Dieses Konzept schlug sich am deutlichsten in dem Abkommen zwischen den Spitzenverbänden der Gewerkschaften und der Arbeitgeber am 15. November 1918 und in der Gründung der Zentralarbeitsgemeinschaft (ZAG) nieder.

Die Urteile der wissenschaftlichen Literatur über die ZAG reichen von einer eher positiven Beurteilung bis hin zu einer ideologisch begründeten,

---

111 Vgl. ebenda, S. 681.
112 Vgl. ebenda, S. 689; zur Diskussion s. ebenda, S. 682ff. Auf der Grundlage der Nörpelschen Interpretation der Notverordnung wurden im Herbst 1932 eine Reihe von Streiks mit Erfolg durchgeführt. Das RArbM versuchte dagegen mit einer am 3. Oktober 1932 erlassenen und ab 15. September 1932 rückwirkenden Durchführungsverordnung anzugehen, die die Kampfmaßnahmen gegen die NVO vom 5. September 1932 als Verletzung des Tarifvertrages bezeichnete (RGBl. I, 1932, S. 493). Nach Meinung des Bundesbüros wie auch verschiedener Wissenschaftler trat jedoch durch diese VO keine wesentliche Änderung der Sachlage ein. Auch Sitzler vom RArbM mußte das eingestehen. Vgl. Jahn, Quellen IV, Dok. 131, S. 709; ebenda, Dok. 132, S. 719. Zu den Streiks im Herbst 1932 vgl. Teil 2, IV. 6.
113 Vgl. GZ, Jg. 42, Nr. 52, 24. 12. 1932, S. 817ff.

generellen Verurteilung der gewerkschaftlichen Arbeitsgemeinschaftspolitik[114]. Alles in allem positiv bewertet Varain die Gründung und Tätigkeit der ZAG[115]. Angesichts der relativen Erfolglosigkeit und des Scheiterns der ZAG wird die Arbeitsgemeinschaft jedoch insgesamt kritisch beurteilt[116], wenngleich der Abschluß des November-Abkommens, so der Hinweis Michael Schneiders, im Hinblick auf die Interessen der Gewerkschaften erklärlich sei. Die Verhinderung einer Radikalisierung der Arbeiterschaft und die Meinung, die Wirtschaft nicht ohne die Unternehmer leiten zu können, hätten die Bereitschaft zur Zusammenarbeit begünstigt[117].

Am zutreffendsten scheint mir die Einschätzung Biebers zu sein, der die im November-Abkommen vereinbarten Punkte als Konzessionen der Unternehmer bezeichnet, »die entweder lediglich bereits eingetretene Verhältnisse für die Zukunft bestätigten oder unter den politischen und wirtschaftlichen Verhältnissen unumgänglich waren«. Die politische Funktion der Arbeitsgemeinschaft habe darin bestanden, »die soziale Revolution mit Hilfe der Arbeiterführer im Keime zu ersticken«[118].

Auf die Grenzen der Effizienz der Arbeitsgemeinschaftspolitik haben Feldman und Steinisch ausführlich verwiesen[119]. Sie führen ein ganzes Bündel von Gründen für das Scheitern der ZAG an. Neben organisatorischen Mängeln, der vehementen Opposition in den Reihen beider Vertragspartner, der politischen Unzulänglichkeit der Unternehmer zur Zeit des Kapp-Putsches nennen sie gerade auch den fehlenden Konsensus über »substantielle Fragen«, nämlich die Aufteilung der Kriegslasten, die unklar geblieben sei, bis die Arbeitgeber die durch die Ruhrbesetzung

---

114 Besonders in der älteren DDR-Geschichtswissenschaft wird die Gründung der ZAG als Preisgabe der »historischen Mission der Arbeiterklasse«, sich zur »herrschenden Klasse zu erheben«, gewertet, vgl. z.B. W. Raase: Zur Geschichte der deutschen Gewerkschaftsbewegung 1914–1917 und 1917–1919, Berlin (DDR) o.J. (1969), S. 128. Zu radikaleren Positionen in der DDR-unabhängigen westdeutschen Linken der frühen 1970er Jahre vgl. Heer, Burgfrieden, S. 14, und H. Ulrich: Die Einschätzung von kapitalistischer Entwicklung und Rolle des Staates durch den ADGB, in: Prokla, Nr. 6, März 1973, S. 5f.
115 Vgl. Varain, Freie Gewerkschaften, S. 124ff.; Varain behandelt zwar nur die Zeit bis 1920, jedoch weder in seinem abschließenden Ausblick noch in seiner Behandlung des Kapp-Putsches geht er kritisch auf die Haltung der Unternehmer in der ZAG ein.
116 Vgl. z.B. Schönhoven, Gewerkschaften, S. 124f.; Potthoff, Gewerkschaften (1987), S. 170ff.; G.D. Feldman: Die freien Gewerkschaften und die ZAG 1918–1924, in: Vom Sozialistengesetz zur Mitbestimmung, S. 229–252; Mommsen, Die verspielte Freiheit, S. 54ff.
117 Vgl. Schneider, Höhen, S. 290. Ähnlich Feldman: Die freien Gewerkschaften..., in: Vom Sozialistengesetz zur Mitbestimmung, S. 242.
118 Vgl. Bieber, Bd. 2, S. 612 und 614. Zu den Motiven der Unternehmer vgl. auch Feldman: Das deutsche Unternehmertum zwischen Krieg und Revolution: Die Entstehung des Stinnes-Legien-Abkommens, in: Ders.: Vom Weltkrieg zur Weltwirtschaftskrise, S. 100–127.
119 Vgl. Feldman/Steinisch, Industrie und Gewerkschaften, S. 128ff.

gegebene Möglichkeit ergriffen, »um die Stabilisierung auf der Basis der Abschaffung des Achtstundentages und der Lohnsenkungen durchzusetzen.«[120]

In diesem Kapitel sollen folgende Fragen untersucht werden: Wie wurden die Möglichkeiten bzw. die Notwendigkeiten einer Kooperation mit den Unternehmern in den gewerkschaftlichen Gremien und in den unterschiedlichen Ebenen der gewerkschaftlichen Organisation eingeschätzt? Was sollte das Ziel jener »sozialpartnerischen Autonomie« sein: möglichst konfliktfreie Interessenvertretung im Sinne eines Allgemeinwohls?

2.1 Die Frage des Tarifvertrags vor 1914

Als Legien 1900 von der »unüberbrückbaren Kluft« zwischen Kapital und Arbeit sprach, betonte er andererseits, daß dies nicht bedeute, daß »die Capitalisten und die Arbeiter als Menschen nicht Berührungspunkte finden könnten«[121]. Signale der Bereitschaft zu einer friedlichen Verständigung mit den Unternehmern wurden von Gewerkschaftsseite schon vor dem Ersten Weltkrieg ausgesandt. Deutlich wurde dies bei dem Bestreben, Tarifverträge mit den Unternehmern abzuschließen. Die Frage der Tarifverträge war Gegenstand heftiger Kontroversen. Die Kritiker bezeichneten jene Gewerkschaften, die Tarifgemeinschaften eingingen, als Anhänger der Hirsch-Dunckerschen Richtung, die den Weg des Klassenkampfes verlassen hätten. Dennoch verabschiedete bereits der Gewerkschaftskongreß von 1899 eine Resolution, in der die Tarifgemeinschaften als »Beweis der Anerkennung der Gleichberechtigung der Arbeiter seitens der Unternehmer« gewertet wurden[122]. Auf dem letzten Kongreß vor dem Ersten Weltkrieg in München, im Juni 1914, referierte Leipart über die gesetzliche Regelung der Tarifverträge. Die von ihm vorgelegten Leitsätze wurden vom Kongreß einstimmig angenommen. Darin wurde der Tarifvertrag als Mittel bezeichnet, der die Arbeitskämpfe mildere und verringere, ein Ziel, das die Gewerkschaften »auch weiterhin« anerkennen würden. Die Gewerkschaften, so hieß es weiter, führten ihren Kampf nicht um des Kampfes willen, sondern zur Verbesserung der wirtschaftlichen Lage der Arbeiterinnen und Arbeiter. Die Erfüllung dieser Aufgabe diene nicht nur dem Interesse der Arbeiterklasse, »sondern dem

---

120 Vgl. ebenda, S. 128. Zum Verhalten der Unternehmer im Kapp-Putsch vgl. auch Feldman: Die Großindustrie und der Kapp-Putsch, in: Ders.: Vom Weltkrieg zur Weltwirtschaftskrise, S. 192–217.
121 Vgl. Legien: Die deutsche Gewerkschaftsbewegung. Vortrag gehalten zu Berlin am 17. Mai 1900, Berlin 1901, S. 8.
122 Vgl. Barthel, Handbuch 1916, S. 434.

ganzen Volkswohl«. Die Formen des Kampfes würden vom Verhalten der Unternehmer und der Behörden abhängen, die Gewerkschaften seien jedenfalls zu friedlichen Verhandlungen und zur Verständigung bereit[123].

2.2 Die Kriegsarbeitsgemeinschaften

Zu Formen wirklicher Kooperation zwischen den Organisationen der Unternehmer und den Gewerkschaften kam es erst im Zeichen des »Burgfriedens« ab August 1914. Die Rede ist von den sogenannten »Kriegsarbeitsgemeinschaften«. Initiative zur Gründung solcher Arbeitsgemeinschaften ergriff vor allem Leipart. Am 5. August 1914 hatte er dem Schutzverband der Arbeitgeber des Holzgewerbes mitgeteilt, daß der Holzarbeiterverband alle Streiks eingestellt und die Streikunterstützung aufgehoben habe. Bereits einen Monat später trafen sich die Arbeitgeberorganisationen und die Gewerkschaften des Holzgewerbes und verabschiedeten einen Aufruf, in dem die örtlichen Organisationen aufgefordert wurden, gemeinsame Maßnahmen zur Linderung der Arbeitslosigkeit zu beraten. Auch in anderen nichtkriegswichtigen Branchen, wie dem Baugewerbe, bei den Malern, Tapezierern, Buch- und Steindruckern wurden »Kriegsarbeitsgemeinschaften« besonders zur Bekämpfung der Arbeitslosigkeit in diesen Gewerben gebildet[124]. Allerdings »verebbten« die meisten Arbeitsgemeinschaften, ohne praktische Ergebnisse vorweisen zu können. Sie waren, wie Bieber es formuliert, »nicht mehr als ein flüchtiges Produkt der unmittelbar nach Kriegsausbruch auftretenden Wirtschaftskrise«[125]. Leiparts Vorstoß im September 1914, auch auf zentraler Ebene zwischen Generalkommission und Vereinigung der Deutschen Arbeitgeberverbände (VDA) eine Zusammenarbeit während des Krieges zu institutionalisieren, blieb ohne Erfolg[126].

In einem Aufsatz im Januar 1918 gestand Leipart zu, daß die Kriegsarbeitsgemeinschaften zum größten Teil »eingeschlafen« seien. Seiner Meinung nach mußten sie »in Zukunft dem Sinne nach ganz sicher fortgesetzt oder erneuert werden«. Leipart verwies auf die gemeinsamen Interessen der Unternehmer und der Arbeiter, die in einer gesunden und funktionierenden Wirtschaft lägen. Liege den Unternehmern wirklich an

---

123 Vgl. ebenda, S. 443 f.
124 Vgl. die Vorstandssitzungen des DHV vom 5. 8., 12. 8. und 14. 9. 1914, in: ZA FDGB/A 31; vgl. weiter Bieber, Bd. 1, S. 125 ff.; Nestriepke, Bd. 2, S. 41 ff.; Schönhoven, Gewerkschaften, S. 97 f.; ders., Quellen I, S. 121, bes. Anm. 28 u. 29.
125 Vgl. Bieber, Bd. 1, S. 130.
126 Vgl. Vorständekonferenz vom 15. 9. 1914, in: Schönhoven, Quellen I, Dok. 6, S. 118 ff.; zum weiteren Gang der Verhandlungen und zum Verhalten der VDA vgl. ebenda, Dok. 8 (= Vorständekonferenz vom 8./9. 2. 1915), S. 135 und 145 ff.; vgl. auch Bieber, Bd. 1, S. 126.

einer »Förderung der nationalen Arbeit« nach dem Kriege, so seien sie auf die Mithilfe der Gewerkschaften angewiesen. Diese würden ihre Hilfe nicht versagen[127].

2.3 Die Zentralarbeitsgemeinschaft

Im Herbst 1918 verhandelten die Spitzenvertreter der Gewerkschaften mit denen der Unternehmerorganisationen mit dem Ergebnis des sogenannten »November-Abkommens«, auf dessen Basis die Zentralarbeitsgemeinschaft (ZAG) ins Leben gerufen wurde.

Die Entscheidung der freien Gewerkschaften für das Abkommen und für die Gründung der ZAG basierte nicht auf einem demokratischen Willensbildungsprozeß innerhalb der Gewerkschaften. Sie war eine Entscheidung der Gewerkschaftsführungen, die erst ein halbes Jahr später, im Juni 1919, auf dem Kongreß in Nürnberg, der gewerkschaftlichen Öffentlichkeit zur Diskussion und nachträglichen Zustimmung vorgelegt wurde[128].

Richard Seidel, seit 1917 USPD-Mitglied und in der Anfangszeit der Weimarer Republik scharfer Kritiker der ADGB-Führung, charakterisierte 1919 die ZAG als Einrichtung, die »auf der Ausschaltung des Massenwillens« beruhe, den »Schwerpunkt der Interessenvertretung des Proletariats in die verschwiegenen Beratungsräume« verlege und die »Geheimdiplomatie, die Schiebung und die Intrige zu Mitteln der Arbeiterpolitik« erhebe[129].

Auf dem Nürnberger Kongreß kritisierte der zur Gewerkschaftsopposition zählende DMV-Delegierte Rusch aus Berlin diese undemokratische Vorgehensweise. Die Arbeitsgemeinschaften seien »ohne Befragung der Mitglieder eingerichtet und besetzt« worden. Deshalb seien die Arbeiter mißtrauisch[130].

Schon vor dem Kongreß wurden in den Reihen der Gewerkschaftsvorsitzenden selbst Vorbehalte gegen die Gründung einer Arbeitsgemeinschaft geäußert. Diese waren jedoch nur taktischer Natur und fußten nicht auf einer prinzipiellen Ablehnung. Obwohl die Konferenz der Verbandsvorstände am 14. November 1918 der Vereinbarung mit den Unternehmer-

---

127 Vgl. Leipart: Die Zukunftsaufgaben der Gewerkschaften, in: Die Glocke, 3. Jg., 43. Heft, 21. 1. 1918, S. 643.
128 Zu diesem Ergebnis kommt auch K. Schönhoven: Die Gründung der Zentralarbeitsgemeinschaft und die »Gelben Gewerkschaften«, in: IWK 26 (1990), S. 355ff. Vgl. auch Teil 1, I. 3.
129 Vgl. R. Seidel: Die Gewerkschaften und das Rätesystem, Berlin 1919, S. 27.
130 Vgl. Protokoll Nürnberg, 1919, S. 485.

organisationen »einmütig zugestimmt« hatte[131], zweifelte der Vorsitzende des Bauarbeiterverbandes, Paeplow, bereits in der folgenden Sitzung am 3. Dezember 1918, in der die Satzung der ZAG beraten wurde, daran, ob es angesichts der revolutionären Situation opportun sei, überhaupt eine »solche Vereinbarung« herausgehen zu lassen[132]. Legien vertrat jedoch den Standpunkt, daß der Abschluß des Arbeitsgemeinschaftsabkommens klar im Interesse der Arbeiterschaft liege, um Arbeitslosigkeit, Not und Elend zu vermeiden, und daß diese Vereinbarung wesentlich dazu beitragen werde, »die Sozialisierung vorzubereiten«[133].

Strittig war ein Passus, in dem als Zweck der ZAG bezeichnet wurde, alle die Industrie und das Gewerbe Deutschlands betreffenden wirtschaftlichen und sozialen Fragen gemeinsam zu lösen, und zwar »unter billigem Ausgleich der Interessen der Arbeitgeber und Arbeitnehmer«[134]. Paeplow hatte gegen diese Formulierung »gar nichts einzuwenden«, wenn »wir nicht in der Zeit der Revolution lebten«. Selbst der unabhängige Sozialdemokrat Simon, Vorsitzender des Schuhmacherverbandes, lehnte diesen Passus nur aus taktischen Gründen ab. Die Gewerkschaften würden sich zwar »selbstverständlich« darum bemühen, »die Interessen gegenseitig in Einklang zu bringen, aber das in dieser Form niederzuschreiben, [...] davor möchte ich doch warnen«[135]. Der Statutenentwurf wurde schließlich ohne diesen Passus verabschiedet[136]. Legien hatte bereits vor der Abstimmung signalisiert, daß man diesen Satz streichen könne, denn er besage ja etwas Selbstverständliches. Dem Vorschlag Umbreits, die Arbeitsgemeinschaft auf die Zeit der Übergangswirtschaft zu begrenzen, trat Legien jedoch entgegen. Denn seiner Meinung nach sollte die Arbeitsgemeinschaft »eine dauernde« sein. Ob sie es bleiben werde, hänge von den Umständen ab, »aber jedenfalls wünschen wir das«[137]. Auch Leipart hatte davon gesprochen, daß die Arbeitsgemeinschaften »in Zukunft« von den Gewerkschaften benutzt werden könnten, um die »Interessen der Arbeiterschaft noch nachdrücklicher und wirksamer zu vertreten«[138]. Legien und Leipart strebten von Anfang an keine

---

131 Vgl. Schönhoven, Quellen I, Dok. 57, S. 534.
132 Vgl. ebenda, Dok. 59, S. 541.
133 Vgl. ebenda, S. 543.
134 Vgl. ebenda, S. 588.
135 Vgl. ebenda, S. 590f.
136 Vgl. ebenda, S. 591 und 596. Daß es über sechs Monate dauerte, bis die ZAG-Satzung vorlag und ein ganzes Jahr, bis sie ratifiziert war, lag nicht an den Gewerkschaften, sondern an den Arbeitgebern, in deren Reihen es vehemente Kritiker der ZAG gab. Vgl. Feldman/Steinisch: Industrie und Gewerkschaften, S. 30ff.
137 Vgl. Schönhoven, Quellen I, Dok. 59, S. 590.
138 Vgl. ebenda, S. 572.

zeitlich begrenzte Kooperation mit den Unternehmern im Zeichen der Demobilmachung an, sondern wollten eine dauernde Arbeitsgemeinschaft[139].

In dem Referat Adolf Cohens über Satzung und Aufbau der ZAG auf dem Nürnberger Kongreß 1919 hörte sich der Zweck der Arbeitsgemeinschaft doch etwas anders an. Cohen ging davon aus, daß der Sozialismus nicht von heute auf morgen verwirklicht werden könne. Die Gewerkschaften kämen bei der Erledigung der Wirtschaftsfragen »vorläufig ohne die Mitwirkung der Unternehmer nicht aus«, bis sie selbst »geeignete Sachverständige herangebildet haben«[140]. Die Arbeitsgemeinschaft biete derzeit das Beste, was man herausholen könne, ohne »daß dadurch der Weg zum Sozialismus versperrt« werde[141]. Klang hier etwas von einer Übergangslösung an, so machte Cohen in seinem Schlußwort deutlich, worum es ihm bzw. der Führung des Dachverbandes grundsätzlich ging: »Das Verlangen der Gewerkschaften nach unbedingter Gleichberechtigung, nach Parität, gebe ich nicht auf. Lieber mag die ganze Arbeitsgemeinschaft zugrunde gehen! Die Parität, die Gleichberechtigung, ist das A und O unserer Tätigkeit.«[142]

Die Opposition, in der Diskussion unter anderem vertreten durch Richard Müller (DMV) und Paul Lange (Handlungsgehilfen), lehnte die Arbeitsgemeinschaft ab und plädierte statt dessen für das Rätesystem. Die Unternehmer hätten im Herbst 1918, in den Tagen der Revolution, doch nur aus »schlotternder Angst« Zugeständnisse gemacht und würden die Arbeitsgemeinschaft nur als »Versicherungsinstitution gegen die weitergehenden Ansprüche der Arbeiter« sehen[143]. Die große Mehrheit der Kongreßdelegierten, die für die Resolution Cohens und damit für die Arbeitsgemeinschaft stimmte[144], kann nicht darüber hinwegtäuschen, daß in weiten Kreisen der Arbeiterschaft eine starke Abneigung gegen die Arbeitsgemeinschaft mit den Unternehmern bestand. Auf die Frage, inwieweit die Mitgliedermeinung durch die Delegierten repräsentiert war, wurde an anderer Stelle der Arbeit bereits hingewiesen[145].

Der DMV, die größte Gewerkschaft im ADGB, trat bereits wenige Mo-

---

139 Vgl. auch Feldman/Steinisch: Industrie und Gewerkschaften, S. 29.
140 Vgl. Protokoll Nürnberg, 1919, S. 464.
141 Vgl. ebenda, S. 467.
142 Vgl. ebenda, S. 492.
143 Vgl. ebenda, S. 475 (Müller) und S. 477 (Lange).
144 420 Delegierte, die über 3,1 Mio. Mitglieder vertraten, stimmten dafür, 181 (für knapp 1,5 Mio. Mitglieder) dagegen. 35 Delegierte (250000 Mitglieder) fehlten bei der Abstimmung. Vgl. Protokoll Nürnberg, 1919, S. 502.
145 Vgl. Teil 1, IV. 3.

nate später, im Herbst 1919, aus der Arbeitsgemeinschaft aus, nachdem der Verbandstag des DMV im Oktober des Jahres einen entsprechenden Beschluß gefaßt hatte. Feldman und Steinisch bemerken zu diesem Beschluß, daß die auf diesem Verbandstag versammelten Delegierten »dank ihrer Zusammensetzung ohne Zweifel wesentlich korrekter die Stimmung in den Gewerkschaften« wiedergegeben hätten[146]. Auch in Verbänden, die wie der Holzarbeiterverband als Vorreiter der Arbeitsgemeinschaftsidee bezeichnet werden können, regte sich Widerstand gegen die ZAG. In der Vorstandssitzung des Holzarbeiterverbandes am 22. Dezember 1919 plädierten die der Opposition angehörenden Beisitzer gegen eine Vertretung des Verbandes in der Arbeitsgemeinschaft. Man könne die Wünsche des Verbandes den Arbeitgebern auch schriftlich mitteilen und brauche sich nicht mit ihnen »an einen Tisch zu setzen«. Überhaupt würden die Arbeitsgemeinschaften nur »die Klassengegensätze verkleistern«[147]. Die hauptamtlichen Vorstandsmitglieder Kayser, Tarnow, Schneegaß und der damalige Vorsitzende Neumann sprachen sich dagegen für die Arbeitsgemeinschaft aus. Die Kritik der Beisitzer wurde schlicht negiert. Neumann hielt als Schlußfolgerung der Diskussion fest, daß ein grundsätzlicher Widerspruch gegen die Teilnahme eines Vorstandsmitgliedes an der Sitzung der Arbeitsgemeinschaft nicht bestehe[148].

Im folgenden Jahr 1920 vollzogen weitere Verbände den Austritt aus der ZAG. Der Verbandstag des Zentralverbandes der Schuhmacher, der vom 25. bis 30. April des Jahres in Nürnberg tagte, beauftragte Vorstand und Beirat des Verbandes, »die Frage des Austritts« aus der Arbeitsgemeinschaft zu »prüfen« und diesen »zu geeigneter Zeit zu vollziehen«. Weder Cohen vom ADGB, der für seine Ausführungen unbegrenzte Redezeit erhielt, noch der Vorsitzende Simon konnten diesen Beschluß verhindern. Simon hatte sich auf dem Verbandstag zwar als Gegner der Arbeitsgemeinschaft bekannt, den Austritt jedoch als taktischen Fehler bezeichnet, nachdem der Nürnberger Kongreß sich für die Arbeitsgemein-

---

146 Vgl. Feldman/Steinisch: Industrie und Gewerkschaften, S. 51. Auf dem DMV-Verbandstag 1919 hatte die Opposition unter den Delegierten die Mehrheit. Der bisherige Vorstand mit Schlicke an der Spitze wurde abgelöst, Dißmann und Brandes (USPD) neben Reichel (MSPD) als gleichberechtigte Vorsitzende gewählt. Vgl. F. Opel: Der Deutsche Metallarbeiter-Verband, Frankfurt/M. 1980 (4. Aufl.), S. 97ff.; Wentzel, Inflation, S. 36ff. Vgl. auch Högl, Gewerkschaften und USPD, S. 229ff.; Laubscher, Opposition, S. 137ff.
147 Vgl. 29. Vorstandssitzung des DHV, 22. 12. 1919, in: ZA FDGB/A 35, Zitate Matthes und Tylinski.
148 Vgl. ebenda. Nach dem Wechsel Leiparts in die Württembergische Regierung als Arbeitsminister wurde Adolf Neumann (geb. 1868) als Nachfolger gewählt (vgl. Vorstandssitzung des DHV vom 11. 8. 1919, in: ZA FDGB/A 34). Am 27. 1. 1920 erlag Neumann einem Herzschlag. Tarnow,

schaft ausgesprochen habe[149]. Auch der mehrheitlich MSPD-geprägte Bauarbeiterverband entschied sich auf seinem Verbandstag vom 8. bis 15. Mai 1920 gegen eine Mitgliedschaft des Verbandes in der Arbeitsgemeinschaft. Auch hier konnte sich der Vertreter des ADGB, Silberschmidt, der selbst Mitglied des Bauarbeiterverbandes war, nicht durchsetzen[150].

Angesichts der zunehmenden Opposition gegen die ZAG und mit dem Auftrag seiner eigenen Basis beantragte Simon in der Bundesausschußsitzung des ADGB vom 2. bis zum 4. November 1920 den Austritt aus der ZAG, da sie »in allen die Arbeiter betreffenden Fragen versagt habe«[151]. Simon kündigte von vorneherein an, daß, falls der Ausschuß nicht entsprechend beschließe, der Schuhmacherverband sich den Austritt auf jeden Fall vorbehalte. Cohen wandte ein, daß ein solcher Beschluß nur durch den Kongreß gefaßt werden könne. Ähnlich wie Simon äußerten sich Dißmann und, als einziges Bundesvorstandsmitglied, Sabath, der wie Simon und Dißmann Mitglied der USPD war. Der Ausschuß lehnte den Austritt ab. Mit 24 gegen 7 Stimmen nahm er statt dessen eine Entschließung Tarnows an. Darin wurde betont, daß die ZAG zur Zeit noch nicht überflüssig sei, ihre Bedeutung sei jedoch zeitlich begrenzt und werde erlöschen, »wenn mit der fortschreitenden Organisation der Gemeinwirtschaft andere verfassungsrechtliche und gesetzlich fundierte Organe geschaffen werden, in denen die Arbeiterschaft an der Leitung der Wirtschaft beteiligt wird«[152]. Das Votum, das die Verbandsvertreter im Bundesausschuß abgaben, war im übrigen nicht von vorneherein durch ihre jeweiligen Verbandsvorstände gedeckt. So veranlaßte der Vorsitzende des Lithographenverbandes, Haß, in der auf die ADGB-Ausschußsitzung folgenden Vorstandssitzung seines Verbandes am 13. Dezember 1920 eine Abstimmung über die »zeitliche Beibehaltung der Arbeitsgemeinschaften«. Haß wollte »für eine diesbezügliche Stellungnahme« im Bundesausschuß, die er ja bereits abgegeben hatte, autorisiert sein. Die Abstimmung fiel denkbar knapp aus: sechs Vorstandsmitglieder stimmten mit ja, fünf mit nein[153].

In der Folgezeit bröckelte die Front der ZAG-Befürworter zusehends ab.

---

dessen Kandidatur im DHV-Vorstand stark umstritten war, wurde sein Nachfolger als Verbandsvorsitzender; vgl. 37. Vorstandssitzung des DHV vom 13. 2. 1920, in: ZA FDGB/A 35; zum Tod Neumanns vgl. Kbl., Jg. 30, Nr. 6, 7. 2. 1920, S. 74f.
149 Vgl. Kbl., Jg. 30, Nr. 21, 22. 5. 1920, S. 276.
150 Vgl. Kbl., Jg. 30, Nr. 25, 19. 6. 1920, S. 331.
151 Vgl. Ruck, Quellen II, Dok. 22, S. 237.
152 Vgl. ebenda.
153 Vgl. 30. Lithographen-Vorstandssitzung vom 13. 12. 1920, in: ZA FDGB/o. Nr., prov. Nr.: A 117a.

Bis zum Leipziger ADGB-Kongreß im Juni 1922 waren außer den Verbänden der Metallarbeiter, Bauarbeiter und Schuhmacher auch die der Zimmerer, Steinsetzer, Maler, Fleischer und Kürschner aus der ZAG ausgetreten[154].

Der Leipziger Kongreß verhandelte unter Tagesordnungspunkt 5 das Thema »Arbeitsgemeinschaften und Wirtschaftsräte«. Wissell, der zu diesem Thema referierte, legte eine Entschließung vor, in der die paritätische Teilnahme der Arbeiterschaft in »allen Organen der Wirtschaft« gefordert wurde. Es sei eine Verkennung des Wesens des Klassenkampfes, diesen nur von »außen« zu führen. Wo sich eine Möglichkeit der Interessenvertretung biete, müsse diese ausgenutzt werden. In der gegenwärtig noch bestehenden kapitalistischen Wirtschaftsordnung müsse das Proletariat »zunächst noch zusammen mit den Unternehmern« und unter Verwertung derer ökonomischen Sachkunde »diejenigen Formen der Gütererzeugung und Güterverteilung zu erreichen versuchen«, die sie »Stück für Stück aus der kapitalistischen Privatwirtschaft in die sozialistische Gemeinwirtschaft überführen« werde[155]. Simon trat als Korreferent auf und konnte wie Dißmann und andere Redner der Opposition im Gegensatz zu den Verhandlungen des Nürnberger Kongresses nun »sehr genau das Versagen der ZAG aufzeigen«[156]. In einer von Simon, Dißmann »und Genossen« eingebrachten Entschließung wurde es als Illusion bezeichnet, daß mit einer »Interessengemeinschaft zwischen Kapital und Arbeit irgendeine Förderung der wahren Interessen des Proletariats möglich wäre«[157]. Dißmann verwies auf die Artikel im November-Abkommen, in denen die Unternehmer auf die Unterstützung der »gelben«, wirtschaftsfriedlichen Werkvereine verzichteten und der Achtstundentag vereinbart wurde. Weder hätten die Unternehmer die »Gelben« aufgegeben noch würden sie den Achtstundentag anerkennen. Im Gegenteil, wir »sehen jetzt den Kampf um den Achtstundentag, die Unternehmer verlangen, daß in der Textilindustrie fünf Überstunden als Pflichtstunden geleistet werden, was in der Praxis den Neunstundentag bedeutet«. Die

---

154 Vgl. Protokoll Leipzig, 1922, S. 483. Vgl. auch Feldman/Steinisch, Industrie und Gewerkschaften, S. 53; Laubscher, Opposition, S. 56f.; Potthoff, Gewerkschaften (1987), S. 172, und Schneider, Höhen, S. 292.
155 Vgl. Protokoll Leipzig, 1922, S. 37f. Zum Referat Wissells vgl. ebenda, S. 465ff. Zur Diskussion über die ZAG auf dem Leipziger Kongreß vgl. auch Barclay, Wissell, S. 188ff.
156 Vgl. Feldman/Steinisch: Industrie und Gewerkschaften, S. 95. Zu den Ausführungen Simons vgl. Protokoll Leipzig, 1922, S. 479f. und 494ff.; zu jenen Dißmanns ebenda, S. 490f.
157 Vgl. ebenda, S. 486.

Freunde der Arbeitsgemeinschaft sollten endlich zugeben, daß »ihre Voraussetzungen hinfällig geworden sind«[158].

Außer den von Wissell und Simon/Dißmann vorgestellten Entschließungen wurden zum Thema Arbeitsgemeinschaft eine Reihe von Anträgen gestellt. Einer davon wurde von verschiedenen lokalen Verwaltungsstellen der Mitgliedsverbände eingebracht und forderte lapidar: »Der Kongreß wolle beschließen, aus der Zentralarbeitsgemeinschaft auszutreten.«[159] Dieser Antrag wurde von der Mehrheit der Delegierten angenommen. Bei der namentlichen Abstimmung über den Antrag erklärten sich 345 Delegierte für den Austritt, 327 dagegen. Dabei ergab sich das Kuriosum, daß der Antrag damit dennoch abgelehnt war, denn bei namentlichen Abstimmungen war nicht die Zahl der Delegierten, sondern die von ihnen vertretenen Mitglieder ausschlaggebend[160]. Die 345 Delegierten vertraten jedoch nur 3 582 362 Mitglieder, die 327 Delegierten dagegen 3 803 186.

Trotz der Ablehnung des Antrags kam die Bundesführung durch dieses Ergebnis in Bedrängnis und schon kurz nach der Abstimmung teilte der Vorsitzende des Kongresses, Paeplow, mit, auch der Bundesausschuß werde mit diesem Resultat »wahrscheinlich nichts anzufangen« wissen und der Bundesvorstand werde dem Kongreß dazu »wahrscheinlich noch seine Meinung sagen«[161]. Auf der anschließenden Ausschußsitzung am 23. Juni 1922 kam es zu heftigen Auseinandersetzungen, in deren Verlauf der Bundesvorstand mit seinem Rücktritt drohte, da er die Abstimmung als Mißtrauensvotum gegen seine Politik wertete. Leipart erklärte, da die bisherige Vorstandspolitik nur von einer geringen Mehrheit getragen werde, sehe sich der Bundesvorstand außerstande, »die Geschäfte des Bundes weiterzuführen«[162]. Im Bundesausschuß kostete es einige Mühe, den Vorstand zu überzeugen, daß dies nicht als Mißtrauensvotum zu interpretieren sei, daß im Gegenteil der Kongreß beim Tätigkeitsbericht des Vorstandes diesem mit großer Mehrheit das Vertrauen ausgesprochen hatte. In einer Entschließung, die der Ausschuß dem Kongreß am

---

158 Vgl. ebenda, S. 491.
159 Antrag vgl. Protokoll Leipzig, 1922, S. 62. Die Antragsteller waren: Buchbinder, Berlin; Eisenbahner, Lörrach; FAV, Düsseldorf; Holzarbeiter, Hamborn; Lederarbeiter, Deuben; DMV, Berlin, Braunschweig, Kiel, Leipzig, Liegnitz und Velbert; Zimmerer, Chemnitz; OA Burghausen und Limburg. Vgl. ebenda. Weitere Anträge zum Thema vgl. ebenda, S. 63f.
160 Nach der Geschäftsordnung des Kongresses wurden namentliche Abstimmungen dann durchgeführt, wenn sich mindestens 100 Delegierte für dieses Verfahren aussprachen, vgl. Protokoll Leipzig, 1922, S. 3. Im Protokoll konnte jedoch ein solcher Antrag auf namentliche Abstimmung nicht ermittelt werden. Zum Abstimmungsergebnis s. ebenda, S. 517ff.
161 Vgl. Protokoll Leipzig, 1922, S. 519.
162 Vgl. Ruck, Quellen II, Dok. 60, S. 578f.

folgenden Tag bekanntgab, wurde festgestellt, daß der Beschluß zur ZAG nicht mit einem Mißtrauensvotum gegen den Bundesvorstand gleichzusetzen sei. Über den Wortlaut der Entschließung wurde hart gestritten. Ein Entwurf von Seitz, dem Vorsitzenden des Buchdruckerverbandes, besagte, daß die bisherige Politik des ADGB zwar in Einklang mit den 1919 verabschiedeten Richtlinien stünde, diese Richtlinien jedoch »gemäß den veränderten Verhältnissen und nach den auf diesem Kongreß vertretenen Auffassungen einer Revision zu unterziehen und dem nächsten Kongreß entsprechende Vorschläge zu unterbreiten« seien[163]. Für Leipart bestand daraufhin kein Zweifel mehr, wie berechtigt es gewesen sei, daß der Bundesvorstand »auf die tatsächliche Bedeutung« der Abstimmung hingewiesen habe. Die Richtlinien von Nürnberg könnten gerne geändert werden, aber, so Leipart und Wissell, der Bundesvorstand könne dabei nicht mitmachen[164]. Schließlich einigte man sich auf einen Kompromißvorschlag, nach dem der letzte Satz wie folgt geändert wurde: Der Bundesvorstand solle auf dem Boden der Richtlinien seine Politik fortsetzen, »bis veränderte Verhältnisse eine andere Taktik bedingen«[165].

Wie die ADGB-Führung solche von ihrer Politik abweichende Abstimmungen beurteilte, verdeutlichen die Äußerungen Leiparts. Er meinte, der Beschluß zur ZAG entspreche nicht der Stimmung der Mitgliedschaft. Die Delegierten wären sich bei der Abstimmung wohl über die Bedeutung der Abstimmung nicht genügend klar gewesen[166]. Simon konterte, es gehe nicht an, »daß man bei Abstimmungen, die der Auffassung eines Teils nicht gefallen, immer sagt, die Abstimmenden haben nicht gewußt, wofür sie gestimmt haben«[167].

Nachdem die vom Bundesausschuß formulierte und eine Reihe anderer Loyalitätserklärungen gegenüber dem Bundesvorstand auf dem Kongreß verlesen wurden, wurde trotz der starken Opposition gegen die Arbeitsgemeinschaftspolitik die Resolution Wissells »mit großer Mehrheit« angenommen[168].

---

163 Vgl. ebenda, S. 591.
164 Vgl. ebenda.
165 Vgl. ebenda, S. 591 f.; vgl. auch Protokoll Leipzig 1922, S. 573.
166 Ruck, Quellen II, Dok. 60, S. 578 f.
167 Vgl. ebenda, S. 584.
168 Vgl. Protokoll Leipzig, 1922, S. 578.

Exkurs: Debatte um Alfred Striemer

Die Kontroverse um die Arbeitsgemeinschaft mit den Unternehmern hatte auch ihre Auswirkungen in einer Personaldebatte, die sich um den Schriftleiter der »Betriebsräte-Zeitung«, Dr. Alfred Striemer, entspann. Dem Leipziger Kongreß lagen allein sechs Anträge verschiedener Lokalstellen, unter anderem der Metallarbeiter und der Holzarbeiter, vor, die die Absetzung Striemers forderten, da er nicht auf dem Boden des Klassenkampfes und des Sozialismus stehe, sondern auf jenem der Arbeitsgemeinschaft[169]. Walcher von der kommunistischen Fraktion bezeichnete es als einen Skandal ohnegleichen, daß Striemer Redakteur der »Betriebsräte-Zeitung« werden konnte. »Dieser Mann ist seiner ganzen Einstellung nach zurück hinter den Hirsch-Dunckerschen, er ist absolut eingestellt auf den Gedanken der Harmonie zwischen Kapital und Arbeit.«[170] Dißmann äußerte in der den Leipziger Kongreß vorbereitenden Bundesausschußsitzung am 17. Juni 1922 Verständnis dafür, daß sich die Arbeiterschaft gegen die Redaktionsführung der »Betriebsräte-Zeitung« durch Striemer wehre. Die Marxsche Theorie sei noch nicht zum alten Eisen geworfen[171]. Auf dem Kongreß meinte Dißmann, es sei unmöglich, daß die freie Gewerkschaftsbewegung sich die »Betriebsräte-Zeitung« weiter gefallen lasse. Diese predige die »Volksgemeinschaft mit dem Unternehmertum. Wir aber stellen die Gemeinschaft der werktätigen Bevölkerung voran.«[172] In der Tat verwies Striemer darauf, daß »nicht nur zwischen Kapital und Arbeit Gegensätze bestehen, sondern vielleicht noch schärfere sich zeigen werden zwischen Gemeinschaft und egoistischen Gruppeninteressen«. Diese Äußerung Striemers war in seinem Kommentar über die Streiks der Eisenbahner und der Berliner Gemeindearbeiter enthalten, die Anfang des Jahres 1922 ausbrachen. Diese streikenden Arbeiter konnten nach Striemers Meinung keine Sozialisten sein, denn Sozialismus sei »Dienst am Gemeinwohl«. »Lieber selbst leiden, als sich am Wohl der Gesamtheit zu vergehen.«[173] Die Erziehung zum »Gemeinwirtschaftsgedanken« sollte nach Striemers Ansicht durch Männer des Bürgertums geleistet werden, die den Arbeitern in dieser Hinsicht helfen könnten. Diese Leute seien jedoch nicht unter dem Begriff der »Bourgeoisie« zu begreifen, sondern Striemer meinte »Männer mit hohem Ethos, mit starker Begeisterung für die Volksgemeinschaft, mit

---
169 Vgl. ebenda, S. 45f.
170 Vgl. ebenda, S. 337.
171 Vgl. Ruck, Quellen II, Dok. 60, S. 568. Zur Person Striemers vgl. Teil 1, III. 3. 2.
172 Vgl. Protokoll Leipzig, 1922, S. 355.
173 Vgl. Kbl., Jg. 32, Nr. 7, 18. 2. 1922, S. 88.

großer Liebe für eine Brüderschaft der gesamten Menschheit«[174]. In einer 1928 erschienenen Schrift faßte Striemer seinen Gedanken zusammen: »An die Stelle des Klassenkampfes muß die Volksgemeinschaft treten, [...]. Die Volksgemeinschaft aber wird eine Führung sich schaffen können, in der die besten Köpfe des Bürgertums sich mit den besten Köpfen aus der Arbeitnehmerschaft vertrauensvoll zu fruchtbarer Gemeinschaftsarbeit und zum Besten des ganzen Volkes vereinen können.«[175]

Auf dem Leipziger Kongreß gestand Leipart zwar zu, daß auch der ADGB-Vorstand »manchesmal nicht mit allem einverstanden gewesen« sei, was Striemer in der »Betriebsräte-Zeitung« geschrieben habe. Dennoch sei man mit ihm durchaus zufrieden und ihm Dank schuldig. Die Zeitung solle kein Agitationsblatt sein, sondern die Betriebsräte für die Lösung ihrer praktischen Arbeiten vorbereiten[176]. Obwohl der Bundesvorstand sich eindeutig hinter Striemer stellte und auch die Anträge, die seine Ablösung forderten, abgelehnt wurden, trat Striemer im April 1923 freiwillig von seinem Posten zurück[177]. Striemer verkörperte den Arbeitsgemeinschaftsgedanken gewissermaßen mit seiner eigenen Person. Schon bevor er sein Amt als Gewerkschaftssekretär antrat, war er in verschiedenen Stellungen in der Industrie tätig[178]. Nach seinem Abgang beim ADGB 1923 wechselte er zu Borsig und arbeitete dort bis 1932 als Schriftleiter der Werkszeitung. Die Kommunisten kommentierten diesen Stellungswechsel, »daß es nur ein kleiner Schritt ist vom Bundesvorstand des ADGB zum Bundeshäuptling der Unternehmerverbände«[179].

---

174 Zit. n. Kbl., Jg. 32, Nr. 5, 4. 2. 1922, S. 67.
175 Vgl. A. Striemer: Wenn alle gleiches Einkommen hätten! Eine Sammlung von Beiträgen zu den sozialen Kämpfen der Gegenwart und zu der Frage: Müssen wir arm sein? Berlin 1928, S. 40. Ähnliche Zielbestimmungen formulierte für die Unternehmerseite: A. Dissinger: Das freigewerkschaftliche Organisationsproblem. Eine soziologische Studie, Jena 1929, z.B. S. 77. Tänzler, bis 1926 Geschäftsführer der VDA, hob die Klassenharmonie im Weltkrieg hervor. Angesichts des Kampfes »nach außen« sei der Wirtschaftsfriede verwirklicht worden als Ausdruck eines geschlossenen »nationalen Willens zum Sieg«, vgl. F. Tänzler: Die deutschen Arbeitgeberverbände 1904 bis 1929, Berlin 1929, S. 105. Zu Harmonisierungsbestrebungen zwischen Kapital und Arbeit im Zusammenhang mit »volksgemeinschaftlichen« Ideen vgl. auch G.D. Feldman: The Weimar Republic. A Problem of Modernization?, in: AfS 26 (1986), S. 17; Mommsen, Die verspielte Freiheit, S. 233.
176 Vgl. Protokoll Leipzig, 1922, S. 396.
177 Vgl. Ruck, Quellen II, Dok. 79, S. 790. Zur Diskussion über Striemer im BA s. ebenda, Quellen II, Dok. 26, S. 271; Dok. 60, S. 567ff.; Dok. 66, S. 621. Zur Verteidigung Striemers durch den BV vgl. auch Kbl., Jg. 32, Nr. 5, 4. 2. 1922, S. 66f.
178 Vgl. Teil I, III. 1. und III. 3. 2.
179 Vgl. die KP-Broschüre: Wir klagen an! Eine Abrechnung mit den ADGB-Führern, Berlin (Vereinigte Internationale Verlagsanstalt, verantw. H. Remmele) 1925, S. 10. Die Tätigkeit Striemers bei Borsig ist auch belegt durch die Korrespondenz Striemer – Wissell aus den Jahren 1923 und 1932 im

2.4 Kontroverse um die »Ruhrhilfe«

Der Bundesvorstand hielt vorerst an der Arbeitsgemeinschaft fest. Der Widerstand gegen diese Zusammenarbeit mit den Unternehmern wurde indes immer stärker. Die Auseinandersetzungen um die sogenannte »Ruhrhilfe« sind dafür ein hervorragendes Beispiel. Die »Ruhrhilfe«, eine gemeinsame Hilfsaktion von Unternehmern und Gewerkschaften für das am 11. Januar 1923 von französischen und belgischen Truppen besetzte Ruhrgebiet, war am 23. Januar 1923 von Vertretern der jeweiligen Spitzenverbände beschlossen worden[180]. Die Unterstützungsaktion sah vor, daß die Arbeiter, Angestellten und Beamten pro Woche einen Stundenverdienst und die Unternehmer jeweils das Vierfache dieses Betrags in einen paritätisch verwalteten Hilfsfonds einzahlten. Leipart hatte, ohne vorher die Zustimmung des Bundesausschusses einzuholen, die Teilnahme der freien Gewerkschaften an der »Ruhrhilfe« zugesagt. In der Bundesausschußsitzung am 24. Januar 1923 lehnten Simon (Schuhmacherverband), Dißmann und Reichel (DMV), Scheffel (Eisenbahnerverband), Theodor Thomas (Dachdeckerverband), Schnell (Filmgewerkschaft) und Jäckel (Textilarbeiterverband) eine gemeinsame Hilfsaktion mit den Unternehmern ab[181]. Thomas meinte, die Gegensätze zwischen Unternehmern und Arbeiterschaft würden sich »sehr bald wieder mit aller Schärfe geltend machen«. Jäckel verwies auf die wachsende Unzufriedenheit in den eigenen Reihen, da die Lohnbewegungen nicht mit der Teuerung Schritt gehalten habe. Außerdem mache die nationale und »gelbe« Bewegung mit Förderung der Unternehmer »große Fortschritte«. Deshalb sei eine gemeinsame Aktion mit den Unternehmern schlecht möglich. Simon kritisierte außerdem das eigenmächtige Vorgehen des Bundesvorstandes. Der Bundesvorstand müsse es sich abgewöhnen, »sich in solchen Fragen vorher zu binden«[182]. Trotz der Kritik wurde die »Ruhrhilfe« per Mehrheitsbeschluß mit 33 gegen 14 Stimmen beschlossen[183].

Die Durchführung der Aktion erwies sich jedoch als sehr schwierig. Der DMV und die Berliner Gewerkschaftskommission, der größte Ortsausschuß des ADGB sowie eine Vielzahl kleinerer und mittlerer Ortsaus-

---

Nachlaß Wissell in: BArch/NL 209, Bd. 19/2387 und Bd. 48/10831 u. 10835. In den 1930er Jahren hatte Striemer auch Kontakt zum »Tat-Kreis«; vgl. ebenda die Korr. Striemer mit Ferdinand Fried vom 5. 3. und 20. 5. 1932 (Bl. 10830 und 10825).
180 Vgl. Ruck, Ruhrkampf, S. 137ff.; Feldman/Steinisch: Industrie und Gewerkschaften, S. 106ff. Zum »Ruhrkampf« vgl. Teil 2, IV. 1.
181 Zur Diskussion vgl. Ruck, Quellen II, Dok. 78, S. 747ff.
182 Redebeiträge Thomas ebenda, S. 758; Jäckel, ebenda, S. 760; Simon, ebenda, S. 761.
183 Vgl. ebenda, S. 762.

schüsse widersetzten sich diesem Beschluß und führten eigene Sammlungen durch. Das Zusammengehen mit den Unternehmern lehnten sie angesichts deren »immer schärfer hervortretenden Kampfstellung [...] gegen die Arbeiterklasse« ab[184]. Der Widerstand beschränkte sich keineswegs auf kommunistisch orientierte Verwaltungsstellen, wie Wissell in der Sitzung des Ruhrhilfe-Verwaltungsrats am 12. März 1923 zu verstehen gab[185]. Der ADGB-Ortsausschuß Gera appellierte z. B. in einem Schreiben vom 1. Februar 1923, der ADGB solle gemeinsam mit der Vereinigten Sozialdemokratischen Partei den »Kampf aufnehmen« gegen das »deutsche und somit auch gegen das internationale Kapital«. Dies sei weit wichtiger als eine gemeinsame Ruhrhilfe-Aktion mit den Unternehmern[186].

Der Bundesvorstand bemühte sich wiederholt, die opponierenden Ortsausschüsse des ADGB und den DMV zur Durchführung der »Ruhrhilfe« zu veranlassen. In den »Bundes-Mitteilungen« des Bundesvorstandes an die Ortsausschüsse beschwor die ADGB-Führung im März 1923 diejenigen, die den Beschluß zur »Ruhrhilfe« für falsch hielten, ihre Bedenken zurückzustellen: »Hütet Euch vor den Anfängen des Disziplinbruchs!«[187] Adolf Cohen, der dritte ADGB-Vorsitzende, versuchte seine Kollegen vom DMV zu einer Revidierung ihrer Haltung zu bewegen. An den Redakteur der »Metallarbeiter-Zeitung«, Fritz Kummer, schrieb er Ende Februar 1923, mit »Grauen« habe er die Haltung des DMV-Organs in Sachen »Ruhrhilfe« zur Kenntnis genommen. Er bat Kummer, sich die Sache noch einmal gründlich zu überlegen. Das Verhältnis zwischen ADGB und DMV könne so nicht weitergehen. Falls sich keine Änderung einstelle, müsse er, Cohen, einmal nach Stuttgart kommen, »um mit unseren engeren Freunden die Angelegenheit zu besprechen«[188]. Der Appell Cohens fruchtete jedoch nichts. Weimer, ADGB-Bezirkssekretär in Stuttgart, berichtete im April 1923, daß in Württemberg die Sammlung der »Ruhrhilfe« besonders schwierig sei. Daran sei vor allen Dingen die Haltung des DMV schuld, der ja in Stuttgart seinen Hauptsitz hatte und

---

184 Vgl. Rundschreiben der DMV-Bezirksleitung Stuttgart, o. D., in: HiKo NB 160/21. Weiteres Material über die Proteste gegen die Ruhrhilfe, vgl. z. B. BArch, NS 26/933.
185 Vgl. »Niederschrift über die Sitzung des Verwaltungsrats der ›Ruhrhilfe‹ am 12. März 1923«, S. 4, in: BArch, NS 26/933.
186 Vgl. Ortsausschuß Gera an BV, 1. 2. 1923, in: BArch, NS 26/933.
187 Vgl. Bundes-Mitteilungen, Nr. 4, 1923, S. 2, in: HiKo NB 79/15. Zu den Versuchen des BV, die Ortsausschüsse von der Richtigkeit der »Ruhrhilfe«-Aktion zu überzeugen vgl. auch die zahlreichen Antwortschreiben des BV auf Proteste der OAe in: BArch NS 26/933.
188 Vgl. Cohen an Kummer, 26. 2. 1923, in: BArch, NS 26/933. Zur Auseinandersetzung Bundesvorstand – DMV vgl. auch das Material in HiKo NB 162.

dessen Mitglieder den »weitaus größten Teil« der ADGB-Ortsausschüsse in Württemberg leiteten[189].

Die »Ruhrhilfe« wurde ein Mißerfolg[190]. Dieser Mißerfolg wies, so Feldman und Steinisch, auf den »kritischen Zustand der ZAG« überhaupt hin. Denn immerhin sei die Ruhrhilfe eine angesichts der noch anstehenden Probleme während Ruhrkrise und Hyperinflation vergleichsweise »leichte Bewährungsprobe« gewesen[191].

2.5 Das Ende der ZAG

Im Laufe des Jahres 1923 machte sich im ADGB-Vorstand und auch unter den vehementen Verfechtern der Arbeitsgemeinschaft, wie Leipart, Unmut über die ZAG bemerkbar. In der Sitzung der ZAG am 27. November 1923 erklärte Leipart zur Bestürzung der Unternehmer, man müsse diskutieren, ob »eine Aufrechterhaltung der Zentralarbeitsgemeinschaft in der bisherigen Form zweckmäßig und möglich sei«. Leipart war überzeugt, daß die ZAG sämtliche Erwartungen in sie enttäuscht habe, so daß der Widerstand gegen sie in der Arbeiterschaft anwachse. Außer ihrer Ernennungsfunktion für verschiedene Selbstverwaltungskörperschaften schien sie für Leipart keine Aufgaben mehr zu haben[192].

Als der Bundesausschuß zu seiner Sitzung am 15./16. Januar 1924 zusammentrat, waren auch der AfA-Bund und selbst der Hirsch-Dunckersche Gewerkschaftsbund der Angestellten (GdA) aus der ZAG ausgetreten[193]. Im Unterschied zu ihrem bestimmten und kritischen Auftreten in der ZAG rieten die ADGB-Vorstandsvertreter im Bundesausschuß immer noch zur Vorsicht. Zwar seien die Resultate der Arbeitsgemeinschaft nicht gerade »erhebend«, dennoch plädierten Leipart und Spliedt dafür, aus taktischen Gründen weiterhin in der ZAG zu verbleiben. Die ZAG sei Benennungskörperschaft für den Reichswirtschaftsrat und andere Institutionen. Spliedt befürchtete außerdem, daß mit der ZAG auch das November-Abkommen falle, in dem Achtstundentag, Tarifvertrag und Nichtanerkennung der »gelben« Gewerkschaften vereinbart seien[194]. Reichel vom DMV hielt dem entgegen, daß die ZAG und das November-

---

189 Vgl. Weimer an BV, 7. 4. 1923, in: BArch, NS 26/933.
190 Vgl. u.a. Jb. ADGB, 1923, S. 17ff.
191 Vgl. Feldmann/Steinisch: Industrie und Gewerkschaften, S. 108.
192 Vgl. ebenda, S. 122f.
193 Vgl. den Bericht Leiparts in der BA-Sitzung vom 15./16. 1. 1924, in: Kukuck/Schiffmann, Quellen III, Dok. 2, S. 105f.
194 Vgl. ebenda, S. 105f. (Leipart) und S. 109 (Spliedt).

Abkommen von der Schwerindustrie »längst gebrochen und über Bord geworfen« seien. »Wir werden nichts verlieren, wenn wir die ZAG aufgeben, denn dann werden die Gewerkschaften ihre Stärke zu beweisen haben.«[195] Mit ihm trat sein Vorstandskollege Dißmann, Theodor Thomas, Simon und Ströhlinger, Vorsitzender des Hotelangestelltenverbandes, für einen Austritt aus der ZAG ein. Der Ausschuß beschloß schließlich einstimmig den Austritt aus der ZAG, da, so die Entschließung, sich die ZAG außerstande gezeigt habe, die ihr zufallenden Aufgaben zu erfüllen[196].

2.6 Kooperationsansätze 1926

Trotz des Austritts des ADGB aus der ZAG versuchten Vertreter des freigewerkschaftlichen Dachverbandes gemeinsam mit den Unternehmervertretern eine Vereinbarung zu schließen, mit der sie die staatliche Zwangsschlichtung überflüssig machen wollten. Auf die Diskussionen im ADGB und auf die Erfolglosigkeit dieses Versuchs wurden im vorangegangenen Kapitel bereits eingegangen. Die Verhandlungen zwischen Unternehmern und freien Gewerkschaften über Tarif- und Schlichtungsfragen im Januar 1924 sind ein Beispiel für jene Politikoption im ADGB, sich trotz Scheiterns des ZAG-Projekts in Krisenzeiten mit den Spitzen der Unternehmerverbände über wirtschafts- und sozialpolitische Fragen zu einigen.

Die seit Anfang des Jahres 1926 stattfindenden Gespräche zwischen Vertretern des ADGB und des RDI stellten einen weiteren Versuch dar, sich, in diesem Falle angesichts der sogenannten »Reinigungskrise«[197], auf Spitzenebene über wirtschaftliche Fragen zu verständigen.

Diese Gespräche wurden durch Hans Schäffer, seinerzeit Ministerialdirektor im Reichswirtschaftsministerium, vermittelt[198]. Einem Geheimbericht eines Staatssekretärs, möglicherweise Pünders, an den Reichskanzler vom 22. April 1926 zufolge, hatte sich die Führung des ADGB im Herbst 1925 an Schäffer gewandt, weil sie mit dem RDI in Kontakt kommen wollte, jedoch wünschte, daß der RDI die Initiative ergriff. Schäffer habe daraufhin über Kastl vom RDI den Kontakt hergestellt.

---

195 Vgl. ebenda, S. 109. Zur Diskussion im BA vgl. ebenda S. 105ff. Vgl. auch Feldman/Steinisch, Industrie und Gewerkschaften, S. 125f.
196 Vgl. Kukuck/Schiffmann, Quellen III, Dok. 2, S. 134f.
197 Zur Wirtschaftskrise 1925/26, die eine Arbeitslosenzahl von über 2 Mio. im Februar 1926 mit sich brachte, vgl. u.a. Preller, Sozialpolitik, S. 336ff., und F. Blaich: Die Wirtschaftskrise 1925/26 und die Reichsregierung, Kallmütz 1977, S. 15ff.
198 Zur Person Hans Schäffers vgl. Teil 1, IV. 1. 1.

Seit Anfang des Jahres 1926 fänden nun wöchentlich in formloser Weise Besprechungen statt, an denen vom RDI Kastl, Lammers und Krämer, vom ADGB Leipart, Graßmann, Eggert und Tarnow teilnähmen. In der Öffentlichkeit sollte über die Gespräche nichts bekannt werden[199].

Tarnow informierte den Vorstand des Holzarbeiterverbandes in dessen Sitzung am 25. Januar 1926 über »zwanglose Besprechungen zwischen einigen Gewerkschaftern und führenden Unternehmern über aktuelle Wirtschaftsfragen, die das Ziel haben, die Wirtschaftskrise so weit als möglich zu beheben«. Über den näheren Inhalt der Gespräche ließ sich Tarnow laut Protokoll jedoch nicht aus. Auch eine Diskussion des Verbandsvorstandes darüber ist nicht vermerkt[200].

Im Bundesausschuß erstatteten die ADGB-Vorstandsmitglieder Graßmann und Eggert am 8. Februar 1926 Bericht über Besprechungen des ADGB mit Vertretern des RDI und über Verhandlungen zwischen dem Vorstand des Bergarbeiterverbandes und Vertretern der Zechenbesitzer, die unter Beisein von Eggert angesichts zu befürchtender Zechenstillegungen am 2. Februar 1926 geführt wurden. In der Presse kam es ausgehend von einer Meldung in der »Frankfurter Zeitung« vom 3. Februar 1926 zu Spekulationen über die Neugründung der Zentralen Arbeitsgemeinschaft[201]. Diese Gerüchte, die, so Graßmann, in den kommunistischen und auch in einigen sozialdemokratischen Zeitungen »Anlaß zu Ausfällen gegen den Bundesvorstand« gegeben hätten, wurden von Graßmann und Eggert in der Ausschußsitzung zurückgewiesen[202]. Auch in der »Gewerkschafts-Zeitung« und im Jahrbuch des ADGB für 1926 wurden Behauptungen, der ADGB wolle eine Neuauflage der ZAG, vehement dementiert[203]. Nach den Ausführungen Graßmanns war der Bundesvorstand angesichts der herrschenden Not auf eine Anregung des RDI eingegangen, mit diesem gemeinsam Mittel und Wege zu suchen, um die Wirtschaft wieder anzukurbeln. Es sei in allen Besprechungen die Aufgabe des Bundesvorstandes gewesen, nach Arbeitsmöglichkeiten für die Erwerbslosen zu suchen[204]. Als einziger Kritiker erhob Dißmann in

---

199 Vgl. Kukuck/Schiffmann, Quellen III, Dok. 95, S. 656; vgl. Buhl, Sozialistische Gewerkschaftsarbeit, S. 238ff.; vgl. auch Feldman/Steinisch, Industrie und Gewerkschaften, S. 129 und Schneider, Unternehmer, S. 70.
200 Vgl. 20. Vorstandssitzung des DHV, 25. 1. 1926, in: ZA FDGB/A 51.
201 Vgl. Kukuck/Schiffmann, Quellen III, Dok. 88, S. 606, Anm. 20 und 22.
202 Vgl. ebenda, S. 606ff.
203 Vgl. GZ, Jg. 36, Nr. 7, 13. 2. 1926, S. 90 und S. 100; Jb. ADGB, 1926, S. 14. Der »Vorwärts« hatte schon am 5. 2. 1926 ein Dementi gebracht; vgl. Kukuck/Schiffmann, Quellen III, Dok. 88, S. 606, Anm. 20.
204 Vgl. ebenda, S. 606, 608 und 612.

315

der Ausschußsitzung vom 8. Februar 1926 seine Stimme und plädierte dafür, daß die Gewerkschaften gemeinsam mit der SPD ihren Einfluß geltend machen sollten zur Besserung der wirtschaftlichen Lage. Dagegen erscheine »Vorsicht am Platze«, wenn der RDI rufe[205]. Graßmann stellte jedoch zum Schluß der Sitzung fest, daß der Ausschuß gegen weitere Beratungen des ADGB mit dem RDI zwecks Beschaffung von Arbeitsmöglichkeiten nichts einzuwenden habe[206].

Das ADGB-Jahrbuch für 1926 berichtete über die verschiedenen Möglichkeiten der Arbeitsbeschaffung, die in den Besprechungen zwischen ADGB und Arbeitgebern erörtert worden seien. Die gemeinsamen Besprechungen hätten das spätere Arbeitsbeschaffungsprogramm der Reichsregierung »selbstverständlich« beeinflußt. Dies sei der eigentliche Sinn der Verhandlungen gewesen[207].

Der Versuch, diese Gespräche vor der Öffentlichkeit geheimzuhalten und die prompten Dementis von Gerüchten einer neuen Arbeitsgemeinschaft weisen darauf hin, wie sensibel die Möglichkeit gemeinsamen Vorgehens oder nur gemeinsamer Beratungen der gewerkschaftlichen und der unternehmerischen Spitzen in der gewerkschaftlichen Öffentlichkeit behandelt werden mußte. Die gewerkschaftliche Basis hatte für Neuauflagen einer Arbeitsgemeinschaft, und seien sie auch nur informell, ganz offensichtlich wenig Verständnis.

Solche Empfindlichkeiten machten sich auch im Herbst 1926 bemerkbar. Anlaß war die Reaktion der ADGB-Führung auf die Rede Paul Silverbergs, die er auf der Mitgliederversammlung des RDI am 3./4. September 1926 gehalten hatte. Silverberg hatte in dieser Rede betont, daß das deutsche Unternehmertum »restlos auf staatsbejahendem Standpunkt« stehe. An die Adresse der freien Gewerkschaften gerichtet bemerkte Silverberg, es müsse »rückhaltlos und dankbar« anerkannt werden, »daß die alten Gewerkschaften [...] sich große Verdienste dadurch erworben haben, daß sie ernstlich mitwirkten, die revolutionäre Bewegung [...] wieder zu einer geordneten Staatsverwaltung zu führen«. Über das Scheitern der ZAG merkte Silverberg selbstkritisch an, daß das Unternehmertum sich zu spät entschlossen habe, die Gewerkschaften als Vertretung

---

205 Vgl. ebenda, S. 611.
206 Vgl. ebenda, S. 612.
207 Vgl. Jb. ADGB, 1926, S. 14. Vgl. auch D. Hertz-Eichenrode: Wirtschaftskrise und Arbeitsbeschaffung. Konjunkturpolitik 1925/26 und die Grundlagen der Krisenpolitik Brünings, Frankfurt/M., New York 1982, S. 164. Eggert schrieb an seinen Bekannten A. Schnaitmann, daß »ein vollständiges Arbeitsbeschaffungsprogramm [...] unter tätiger Mitarbeit der Gewerkschaften von Regierung und Reichstag beschlossen und aufgestellt worden« sei. Vgl. Eggert an Schnaitmann/USA, vom 30. 9. 1926, in: DGB 16 II/315.

der Arbeiterschaft anzuerkennen und deren Führern den Rücken »gegen die eigenen Freunde« (d.h. gegen die Linksopposition) zu stärken. Nun habe sich jedoch im deutschen Unternehmertum »eine Wandlung der Geister vollzogen«[208]. Silverberg sprach sich außerdem für einen Wiedereintritt der SPD in die Reichsregierung aus, da das »Heil für Deutschland und Deutschlands Wirtschaft nur in der vertrauensvollen Kooperation mit der deutschen Arbeiterschaft« liege. Silverberg meinte, daß, wenn eine »soziale Demokratie« sich auf den Boden der Tatsachen stellen würde und den »radikalen Doktrinarismus und die immer zerstörende und nie aufbauende Politik der Straße und der Gewalt« ablehne, sie dann »zusammen mit dem Unternehmertum und unter seiner Führung Deutschland und die deutsche Wirtschaft wieder zu Erfolgen und zur Blüte führen« werde[209]. In der Öffentlichkeit knüpften sich an diese Rede Gerüchte über eine Wiederaufnahme der ZAG. Die »Gewerkschafts-Zeitung« vom 11. September 1926 meinte, von der Anerkennung, die Silverberg für Legien und die »alten Gewerkschaften« zum Ausdruck gebracht habe, »können wir, ohne weitere Betrachtungen daran zu knüpfen, Notiz nehmen«. Positiv reagierte die GZ auf Silverbergs Ausspruch, man könne nicht ohne die Arbeiterschaft regieren. Allerdings sei es unmöglich, »mit der Arbeiterschaft zu regieren – auf Kosten der Arbeiterschaft. Der Versuch, politisch mit der Arbeiterschaft zu gehen und gleichzeitig zu den gewerkschaftlichen Forderungen der Arbeiterschaft die Haltung beizubehalten«, die die Unternehmer die letzten Jahre eingenommen hätten, würde nur von geringem Erfolg sein[210]. In einem Interview mit dem »Vorwärts« vom 12. September 1926 wies Leipart Behauptungen einer Neuauflage der Zentralarbeitsgemeinschaft zurück. Jedoch hielt er die Silverberg-Rede für mehr als einen »taktischen Schachzug« und wertete die Erklärungen Silverbergs als »Ausdruck einer inneren Überzeugung«[211]. Kritisch, aber nicht eindeutig ablehnend äußerte sich die »Gewerkschafts-Zeitung« am 18. September 1926. Aus dem Scheitern der ZAG und der damit zusammenhängenden Erfolglosigkeit des Versuchs, zu einer sozialpolitischen Selbstverwaltung zu gelangen, sei nicht der Schluß zu ziehen, »daß sich die Methode der

---

208 Zitate nach einem Bericht der GZ, Jg. 36, Nr. 37, 11. 9. 1926, S. 513ff., abgedruckt in: Kukuck/Schiffmann, Quellen III, Dok. 115, S. 744f.
209 Vgl. ebenda, S. 746. Silverbergs Rede verursachte eine Kontroverse innerhalb des RDI; vor allem Vertreter der Schwerindustrie kritisierten das Angebot Silverbergs zur Zusammenarbeit an die sozialdemokratische Arbeiterbewegung. Vgl. Neebe, Großindustrie, S. 37ff.; Winkler, Schein, S. 510f.; Weisbrod, Schwerindustrie, S. 246ff.
210 Vgl. GZ, Jg. 36, Nr. 37, 11. 9. 1926, S. 513ff.; abgedruckt in: Kukuck/Schiffmann, Quellen III, Dok. 115, Zitat: S. 747f.
211 Interview im Vorwärts, Nr. 430, 12. 9. 1926, S. 1f., abgedruckt in: ebenda, Dok. 116, Zitate: S. 750.

staatlichen Regelung damit ein für allemal der sozialpolitischen Selbstverwaltung überlegen gezeigt hat [...]. Ob und in welcher Form eine Erneuerung jener Gemeinschaftsarbeit möglich ist, wagen wir heute nicht zu entscheiden.«[212]

Der Bezirksleiter des Holzarbeiterverbandes in Frankfurt, Heinemann, berichtete Leipart am 22. September 1926 von einem am Vortag erschienenen Artikel in der »Frankfurter Volksstimme«, dem örtlichen SPD-Organ[213], der angesichts der Reaktion Leiparts zu dem Schluß gekommen sei, daß die »Gewerkschaftsführer sich sozusagen von den Führern der Unternehmer einwickeln lassen«. Solche Äußerungen seien geeignet, bei den Gewerkschaftsmitgliedern Mißtrauen wachzurufen. Tatsächlich habe sich dies schon kürzlich in einer von Heinemann abgehaltenen Gewerkschaftsversammlung gezeigt, »in der ganz offen von einem neuerlichen Pakt der Gewerkschaften mit den Unternehmern gesprochen und in versteckter Weise der Vorwurf des Verrats von Arbeiterinteressen erhoben wurde«[214].

Der Bundesausschuß gab am 4. Oktober 1926 gegen zwei Stimmen seine Zustimmung zu den Äußerungen Leiparts im »Vorwärts«[215]. Sehr kritisch beurteilte dagegen Erdmann die Rede Silverbergs in einem Aufsatz in der »Arbeit«. Für Erdmann kam in dieser Rede, trotz des Koalitionsangebots an Sozialdemokratie und Gewerkschaften, »der ganze bevormundende Dünkel der Unternehmer zum Ausdruck«. Erdmann lehnte den Gedanken einer Arbeitsgemeinschaft nicht ab, knüpfte daran jedoch das Bekenntnis der Unternehmer zu einer tiefgreifenden Änderung der Rechtsordnung der Wirtschaft, »die den Gewerkschaften die gleichberechtigte Mitwirkung an der Wirtschaftsordnung erschließt und zugleich die Machtsphäre des Staates gegenüber der Wirtschaft erweitert«[216]. Die bisherige institutionalisierte Form der Arbeitsgemeinschaft, die ZAG, habe sich als »unzureichend herausgestellt«, weil die Gewerkschaften eben nicht gleichzeitig die volle Gleichberechtigung in den Organen der Wirtschaft (Industrie- und Handelskammern usw.) und in der Wirt-

---

212 Vgl. GZ, Jg. 36, Nr. 38, 18. 9. 1926, S. 532.
213 Abgedruckt in: Kukuck/Schiffmann, Quellen III, Dok. 119.
214 Vgl. Heinemann an Leipart vom 22. 9. 1926, in: ebenda, Dok. 120. In seinem Antwortschreiben meinte Leipart, es handele sich um eine Krisenerscheinung, die mit der »Verbesserung der wirtschaftlichen Konjunkturverhältnisse überwunden werden wird«. Vgl. ebenda, Dok. 121.
215 Vgl. ebenda, Dok. 123, S. 781. Kritik wurde nur an der Äußerung Leiparts geübt, die Führer der Gewerkschaften würden in ihrer Mehrheit einen Eintritt der SPD in die Regierung befürworten. Brandes (DMV) zweifelte, ob diese Erklärung zur rechten Zeit gegeben worden sei; vgl. ebenda, S. 780. Zur Äußerung Leiparts im »Vorwärts«-Interview, ebenda, Dok. 116, S. 754.
216 Vgl. Erdmann: Zum Problem der Arbeitsgemeinschaft, Teil I.–III., in: Die Arbeit 3 (1926), S. 315–320; S. 379–390; S. 641–652, S. 648f.

schaftsordnung insgesamt gehabt hätten[217]. In den beiden Teilen seines Aufsatzes, die vor der Silverberg-Rede vom September 1926 erschienen, verwies Erdmann auf die »tiefgreifenden Gegensätze der ideellen und materiellen Interessen« zwischen Arbeiterschaft und Unternehmern, die bestehenbleiben, »weil sie in dem Wesen des kapitalistischen Wirtschaftssystems begründet sind«[218]. Gemeinschaftsarbeit zwischen Unternehmern und Gewerkschaften sei zwar in vielen Einzelfällen möglich. »Aber jede zu weit gehende, jede prinzipielle Arbeitsgemeinschaft zwischen Unternehmern und Gewerkschaften ist eine Gefahr für die Solidarität der Arbeiterklasse«, in einer Zeit, in der die Arbeit »als Ganzes« noch der Geschlossenheit als sozialer Gruppe bedürfe, um die Wirtschaft zu einer Funktion der Gesellschaftsordnung zu machen[219]. Es sei jedoch an der Zeit, »daß allmählich eine der wesentlichsten Bedingungen für fruchtbare Gemeinschaftsarbeit von seiten der deutschen Unternehmer erfüllt wird, ein Aufdämmern und eine praktische Betätigung der Einsicht, daß die Gewerkschaften schon in der heutigen Wirtschaft im Interesse der Gesamtwirtschaft ebenso notwendige Aufgaben zu erfüllen haben wie die Unternehmer«[220].

Erdmanns Idee von der Arbeitsgemeinschaft war nicht die vom Staat autonome Konfliktregelung der Arbeitsmarktparteien, sondern im Gegenteil: Gemeinschaftsarbeit war mit der Erweiterung der Machtbefugnisse des Staates verbunden und mit der Haltung von Gewerkschaften und Unternehmern, im Sinne eines Gemeinschaftsinteresses gleichberechtigt zu handeln.

Die Initiative Silverbergs blieb ohne Erfolg. Die Forderungen, die Gewerkschaften sollten den Klassenkampf aufgeben und sich in wirtschaftlichen Fragen der Führung der Unternehmer unterwerfen, waren für die freien Gewerkschaften unannehmbar. Gleichwohl wurden die Brücken zu einer Kooperation zwischen Gewerkschaften und Unternehmerschaft von der Führung der freien Gewerkschaften nicht vollständig abgebrochen. Das Unternehmerlager selbst war angesichts der Vorschläge Silverbergs stark gespalten. Besonders die rheinische Schwerindustrie lehnte ein Angebot der Zusammenarbeit an die sozialdemokratische Arbeiterbewegung ab.

---

217 Vgl. ebenda, S. 648.
218 Vgl. ebenda, S. 317.
219 Vgl. ebenda, S. 320.
220 Vgl. ebenda, S. 390.

2.7 Gewerkschaften und Unternehmer in der Krise

Angesichts der hereingebrochenen Weltwirtschaftskrise unternahmen die Vertreter der Spitzenverbände der Gewerkschaften und der Unternehmer im Jahre 1930 zwei weitere Versuche – die letzten dieser Art in der Weimarer Republik –, sich über wirtschafts- und sozialpolitische Fragen zu einigen.

Die ersten Gespräche fanden im Mai/Juni 1930 statt[221]. Eröffnet wurde die Verhandlungsrunde am 26. Mai. Auf Einladung von Raumers trafen sich »fünf Herren der Fertigindustrie« mit fünf Vertretern des ADGB[222]. In den weiteren Verhandlungen wurden auch die Spitzenverbände der christlichen und der Hirsch-Dunckerschen Gewerkschaften und für die Unternehmerseite die Spitzenverbände RDI und VDA einbezogen. Die letzte Verhandlung im Frühsommer des Jahres fand am 24. Juni 1930 statt[223]. Damit waren die Gespräche vorerst ergebnislos abgebrochen worden.

Der Diskussionsprozeß im ADGB ist, was diese Gespräche betrifft, nicht zu rekonstruieren. Zu dem zweiten, nichtöffentlichen Teil der Bundesausschußsitzung vom 30. Mai 1930, der sich mit den Verhandlungen zwischen Gewerkschaften und Unternehmern befaßte, ist ein Sitzungsprotokoll nicht überliefert[224]. Nach einem Rundschreiben des zweiten ADGB-Vorsitzenden Graßmann vom 26. Juni 1930 informierte der Bundesvorstand in dieser Sitzung den Bundesausschuß.»Trotz mancher Meinungsverschiedenheiten« habe der Ausschuß weitere Verhandlungen mit den Unternehmern unter der Voraussetzung gebilligt, daß »selbstverständlich über die Senkung der Reallöhne keinerlei Zugeständnisse von Arbeitnehmerseite gemacht werden können.«[225] In der Vorstandssitzung des Lithographenverbandes am 2. Juni 1930 informierte der Verbandsvorsitzende seine Vorstandskollegen über »Verhandlungen mit dem Reichsverband der deutschen Industrie«. Vertreter desselben seien an den ADGB heran-

---

221 Vgl. dazu Jb. ADGB, 1929 S. 229ff.; Wengst, Unternehmerverbände, S. 103ff.; Winkler, Weg, S. 138ff.; Grübler, Spitzenverbände, S. 160ff.; Neebe, Großindustrie, S. 68ff.
222 Vgl. das Rundschreiben Graßmanns an die Vorstände der ADGB-Mitgliedsverbände vom 26. 6. 1930, in: Jahn, Quellen IV, Dok. 4, S. 101. Hans v. Raumer (1870–1965) war seit 1918 geschäftsführendes Vorstandsmitglied des Zentralverbandes der deutschen elektrotechnischen Industrie, Vorstandsmitglied der ZAG; 1920–21 Reichsschatzminister; 1923 Reichswirtschaftsminister und 1920–1930 MdR (DVP); vgl. Wirtschaftsführer, Sp. 1770.
223 Vgl. Jahn, Quellen IV, Dok. 4, S. 114f.
224 Zum öffentlichen Teil, der gemeinsam mit dem Ausschuß des AfA-Bundes und unter Beisein von Regierungsvertretern, darunter RArbM Stegerwald, abgehalten wurde, vgl. ebenda, Dok. 3, S. 99f.
225 Vgl. ebenda, Dok. 4, S. 102. Winkler vermutet, daß die Mitglieder des BA vertraulich und in allgemeiner Form über die Gespräche zwischen ADGB und Unternehmern in Kenntnis gesetzt wurden. Vgl. Winkler, Weg, S. 140.

getreten mit dem Anliegen, »in Verhandlungen zum Lohnabbau und Preissenkung einzutreten«. Ob etwas bei der Aktion herauskomme, müsse abgewartet werden[226]. Wie detailliert die Ausschußmitglieder und die Verbandsvorstände über den aktuellen Stand der Verhandlungen informiert waren, läßt sich nicht beantworten. Zwar erschien in der GZ vom 14. Juni 1930 ein Bericht über die Besprechungen. Dieser war jedoch sehr summarisch abgefaßt und diente besonders der Rechtfertigung der Verhandlungen, nachdem es in der bürgerlichen und in der kommunistischen Presse zu erneuten Gerüchten kam, der ADGB plane eine Neuauflage der Arbeitsgemeinschaft. Die GZ schrieb, »es mag viele geben, die den Kopf geschüttelt haben, als sie von den Verhandlungen zwischen Arbeitgebern und Gewerkschaften hörten«. Doch angesichts der ernsten wirtschaftlichen Lage dürften sich die Gewerkschaften derartigen Gesprächen nicht entziehen. An eine Wiedergründung der ZAG sei von keiner Seite gedacht worden[227].

Die detailliertesten Informationen von gewerkschaftlicher Seite sind in dem oben erwähnten Rundschreiben Graßmanns vom 26. Juni 1930 enthalten. Dieses Rundschreiben verschickte der ADGB-Vorstand, weil er es angesichts der vielen »irreführenden Darstellungen« in der Presse für unerläßlich hielt, eine »zuverlässige Zusammenstellung« zur Information der Verbandsfunktionäre zu geben[228]. Die GZ hatte in ihrer Ausgabe vom 28. Juni 1930 nur noch jene Erklärung der Gewerkschaften vom 24. Juni wiedergegeben, in der weitere Verhandlungen angesichts fehlender psychologischer Voraussetzungen, »eine gemeinsame Aktion zum Wohle der deutschen Wirtschaft durchzuführen«, als nicht mehr führbar bezeichnet wurden[229]. Die Gewerkschaftsvertreter begründeten ihre Haltung u.a. mit dem Schiedsspruch von Oeynhausen, der »den Lohnabbau zur Voraussetzung des Preisabbaus in der Schwereisenindustrie« machte, mit Anträgen der DVP im Reichstag, die auf einen Lohnabbau hinzielten. Weiter wurden die Vorschläge von Siemens' genannt, der für die Reichsbahn einen Lohn- und Gehaltsabbau forderte sowie die Massenkündigungen in der Nordwestlichen Gruppe[230]. Die Arbeitgeber erklärten in der Besprechung am 24. Juni 1930 zwar, daß sie auf die Haltung der DVP »keinerlei Einfluß« hätten und auch von den Vorschlägen von Siemens' nicht informiert gewesen seien, jedoch erkannten sie an, daß die

---

226 Vgl. 38. Vorstandssitzung der Lithographen am 2. 6. 1930, in: ZA FDGB/A 118, S. 614.
227 Vgl. GZ, Jg. 40, Nr. 24, 14. 6. 1930, S. 379f.
228 Vgl. Jahn, Quellen IV, Dok. 4, S. 100.
229 Vgl. GZ, Jg. 40, Nr. 26, 28. 6. 1930, S. 403.
230 Vgl. ebenda; vgl. auch Wengst, Unternehmerverbände, S. 109. Zur Bedeutung des Oeynhauser Schiedsspruches vgl. z. B. Preller, Sozialpolitik, S. 409.

»gegenwärtige Lage die Weiterführung der Verhandlungen in der bisherigen Weise sehr erschwere«. Die Arbeitgeber schlugen vor, die bisher verhandelten Fragen im Reichswirtschaftsrat zu behandeln. Auf diesen Vorschlag einigten sich die Vertreter beider Seiten und verständigten die Tagespresse in diesem Sinne[231]. »Ernsthafte Verhandlungen« kamen nach Aussage des ADGB-Jahrbuches für 1930 im Reichswirtschaftsrat jedoch nicht zustande[232].

Im Herbst 1930 wurden durch Vermittlung des Reichsarbeitsministers Stegerwald die Gespräche zwischen den Spitzenverbänden der freien, christlichen und Hirsch-Dunckerschen Gewerkschaften und Vertretern des RDI und der VDA wieder aufgenommen[233]. Am 12. November 1930 fand das erste Gespräch im Reichsarbeitsministerium statt[234]. Ziel war es, durch die Zusammenarbeit von Unternehmern und Gewerkschaften zu einer Lösung von Problemen wie Abbau der Arbeitslosigkeit, Preissenkung, Lohnhöhe etc. zu gelangen. Das Ergebnis der Verhandlungen war eine gemeinsame Erklärung, auf die sich die Verhandlungsdelegationen am 9. Dezember 1930 geeinigt hatten[235]. In dieser Erklärung hieß es unter Ziffer 4, daß »jede Beunruhigung des Wirtschafts- und Arbeitslebens« die Überwindung der Krise »erschweren« müsse. Deshalb werde zwischen den Tarifparteien zu prüfen sein, »ob und inwieweit beiderseitiges Einverständnis darüber erzielt werden kann, erforderliche Änderungen von Tarifverträgen durch gütliche Vereinbarungen sofort vorzunehmen«. Ziffer 5 lautete: »Der Ernst der Zeit gestattet es nicht, sich über Fragen zu streiten, die nicht für die eine oder andere Seite lebenswichtig sind. Deshalb sollte während der gegenwärtigen Notzeit jede vermeidbare Kündigung von Tarifverträgen unterbleiben.«[236].

In der Bundesausschußsitzung vom 14./15. Dezember 1930 legte der Bundesvorstand diese Erklärung zum Beschluß vor. Aus den Reihen der Verbandsvertreter wurde die Vereinbarung heftig kritisiert. Scheibel vom Baugewerksbund befürchtete, daß, wenn die Gewerkschaften Ziffer 4 und 5 annähmen, sie das Vertrauen der Mitglieder verlören. Vielleicht gehe es den Unternehmern ja gerade darum, »dadurch die Bewegung der

---

231 Vgl. Jahn, Quellen IV, Dok. 4, S. 115f.
232 Vgl. Jb. ADGB, 1930, S. 95.
233 Zur Vermittlung Stegerwalds vgl. den Hinweis Graßmanns in der BA-Sitzung vom 12./13. 10. 1930, in: Jahn, Quellen IV, Dok. 14, S. 162. Zu den Verhandlungen im Herbst 1930 vgl. Wengst, Unternehmerverbände; Grübler, Spitzenverbände, S. 324 ff. sowie Winkler, Weg, S. 278 ff.; Schneider, Unternehmer, S. 126 ff.; Heupel, Reformismus, S. 116 ff.
234 Vgl. Jahn, Quellen IV, Dok. 15.
235 Vgl. Wengst, Unternehmerverbände, S. 111.
236 Zit. nach Protokoll der BA-Sitzung vom 14./15. 12. 1930, in: Jahn, Quellen IV, Dok. 19, S. 191.

Nazis zu fördern. Wird diese Vereinbarung öffentlich bekannt, so kann sie nur als Zeichen der Schwäche der Gewerkschaften gedeutet werden.«[237] Brandes (DMV) betonte, »lieber den geraden Weg des Kampfes beschreiten« zu wollen. Auch Simon lehnte die Vereinbarung mit dem Hinweis auf bevorstehende Tarifverhandlungen in der Schuhindustrie ab. Der Schuhmacherverband wolle sich durch Annahme der Vereinbarung »die Hände nicht schon vorher binden lassen«[238]. Bernhard (Baugewerksbund) beantragte, die Aussprache nicht fortzusetzen, da sich die Vertreter von Verbänden mit zwei Millionen Mitgliedern gegen die Vereinbarung ausgesprochen hätten. Außerdem könnten die Ausschußmitglieder ohne Rücksprache mit ihren Vorständen und Bezirksleitungen ohnehin keine abschließende Zustimmung geben. Schließlich einigte man sich jedoch darauf, weiter zu diskutieren, um, so Schumann (Gesamtverband), die »Differenzpunkte im einzelnen klar herauszustellen«. Danach könnten diese Punkte den Verbandsvorständen zur Stellungnahme überwiesen werden[239]. Leipart beharrte darauf, daß die Vereinbarung einstimmig angenommen werden müsse, was, nachdem sich die Vertreter namhafter Verbände dagegen ausgesprochen hätten, unmöglich erscheine. Er appellierte an die Verbandsvertreter, dem Vorstand doch freie Hand zu lassen. »In einer solchen Notzeit muß der Bundesvorstand solche Verhandlungen auch ohne Rückfragen bei den Verbandsvorständen und seinen Organen abschließend führen können.« Eggert kritisierte, daß die Einzelverbände zumeist aus ihrem Berufsinteresse heraus urteilten, der Bundesvorstand dagegen habe sein Augenmerk zu richten »auf die allgemeinen wirtschaftlichen und staatspolitischen Zustände«[240]. Bernhard erwiderte, daß die Annahme der Vereinbarung die Preisgabe »aller bisherigen gewerkschaftlichen Errungenschaften« bedeute. Viel zu oft hätten die Gewerkschaften ihre beruflichen Interessen hinter die »allgemeinen staatspolitischen Interessen gestellt«. Die Verantwortung müsse dort enden, wo das »Interesse unserer Organisationen auf dem Spiel steht«[241]. Tarnow meinte jedoch, daß in einer Situation wie der jetzigen, »in der die Unternehmer zweifelsohne stärker sind als wir«, den Gewerkschaften ein »Burgfrieden wirklich nicht schaden« könne[242]. Außer den hauptamtlichen Vorstandsmitgliedern und Tarnow sprach sich nur Husemann (Bergarbeiterverband) eindeutig für die Annahme der Vereinbarung aus.

---

237 Vgl. ebenda, S. 193.
238 Redebeitrag Brandes, ebenda, S. 195; Redebeitrag Simon, ebenda, S. 196.
239 Redebeitrag Bernhard, ebenda, S. 195; Redebeitrag Schumann, ebenda, S. 196.
240 Redebeiträge Leipart und Eggert s. ebenda, S. 196f.
241 Vgl. ebenda, S. 199f.
242 Vgl. ebenda, S. 197.

Husemann meinte gar, daß anscheinend auch der ADGB nicht ohne einen »Artikel 48« auskomme. »Der Vorstand hätte der Vereinbarung zustimmen sollen und den Vorständen bekanntgeben.«[243] Graßmann beschrieb das Szenario, das seiner Meinung nach bei einer Nichteinigung zwischen Unternehmern und Gewerkschaften auf der Grundlage der Vereinbarung eintrete: »Geht die Regierung Brüning, dann wird ein Beamtenkabinett folgen und schließlich eine Diktaturregierung gegen uns. [...] In der Regel entscheiden wir uns, wenn es zu spät ist.«[244]

Trotz solcher düsteren Prognosen und trotz des massiven Einsatzes des Bundesvorstandes für die Vereinbarung mit den Unternehmern lehnte die Mehrzahl der Verbandsvorstände die Vereinbarung ab[245]. Das hinderte den Bundesvorstand jedoch nicht, darüber nachzudenken, inwieweit die Verhandlungen mit den Unternehmern fortgesetzt werden könnten. In der Bundesvorstandssitzung vom 14. Januar 1931 stellte Umbreit spitzfindig fest, daß der Ausschuß dem Vorstand wegen der Verhandlungen als solcher ja keinen Vorwurf gemacht habe. Nur das Ergebnis sei beanstandet worden. Deshalb sei nicht gesagt, »daß wir die Verhandlungen nicht wieder aufnehmen dürften«[246]. Die Haltung des ADGB-Vorstandes war in dieser Frage jedoch gespalten. Während die Mehrzahl der unbesoldeten Beisitzer und auch der dritte Vorsitzende Müller-Lichtenberg sich am 14. Januar 1931 gegen weitere Verhandlungen aussprachen[247], meinte Graßmann noch in der Vorstandssitzung vom 4. Februar 1931, daß man die Tür zu Verhandlungen nicht »endgültig zuschlagen« dürfe. Falls die Unternehmer zwecks weiterer Verhandlungen an den ADGB heranträten, könne man schwerlich ablehnen[248]. Nachdem sich jedoch der Bundesvorstand am 4. Februar 1931 mehrheitlich gegen weitere Verhandlungen ausgesprochen hatte, wurde den Unternehmerverbänden der Abbruch der Verhandlungen mitgeteilt[249].

Das ADGB-Jahrbuch für 1930 gestand die Erfolglosigkeit dieses letzten Verständigungsversuchs ein. Die Verhandlungen mit den Spitzenorganisationen hätten den Angriff der Arbeitgeber auf die Löhne »keinen Augenblick zum Stehen gebracht«. Das Jahrbuch vermutete, daß angesichts der Entwicklung der Gegensätze zwischen Arbeitnehmern und Arbeitge-

---

243 Vgl. ebenda, S. 201.
244 Vgl. ebenda, S. 200.
245 Vgl. Jb. ADGB, 1930, S. 99.
246 Vgl. Jahn, Quellen IV, Dok. 24, S. 227.
247 Vgl. ebenda, S. 225 ff.
248 Vgl. ebenda, Dok. 26, S. 241.
249 Vgl. dazu die BV-Sitzungen vom 14. 1. 1931 und vom 4. 2. 1931, in: Jahn, Quellen IV, Dok. 24 und 26.

bern die gemeinsame Vereinbarung auch in den Reihen der Unternehmer nicht angenommen worden wäre[250].

Mit diesem Eingeständnis waren weitere Versuche, sich mit den Unternehmern in der Krise zu einigen, ausgeschlossen. Für die restlichen Jahre der Weimarer Republik wurde zumindest von freigewerkschaftlicher Seite dieser Weg der Krisenbewältigung nicht mehr beschritten. Auf die Aufforderung der Redaktion der »Sozialen Praxis« vom 5. Januar 1932, sich zum Thema Arbeitsgemeinschaft bzw. »Gemeinschaftsarbeit« mit den Unternehmern zu äußern, stellte Leipart am 13. Januar 1932 fest, »daß jede Auseinandersetzung über arbeitsgemeinschaftliche Gedanken ausgerechnet in der jetzigen Zeit von der Arbeiterschaft mißverstanden werden würde. Unsere Schuld ist das nicht. Niemand kann die von der Arbeitgeberschaft herbeigeführte Entfremdung zwischen den zentralen Arbeitgeberverbänden und den Gewerkschaften mehr bedauern als ich.«[251]

3. Zwischenergebnis

Die Politik der Klassenkooperation, die in ihrer institutionalisierten Form mit dem Zusammenbruch der ZAG im Januar 1924 scheiterte, konnte in den weiteren Jahren der Weimarer Republik auch nicht informell und als Option der Krisenbewältigung punktuell durchgesetzt werden. Zu stark waren die Interessengegensätze zwischen Kapital und Arbeit. Allein der Verdacht, mit den Unternehmern »gemeinsame Sache« machen zu wollen, brachte den Führungsgremien der freien Gewerkschaften nicht nur geschärfte Artikel in der »Roten Fahne«, sondern auch vehemente Proteste der eigenen Basis ein. Wollten die gewerkschaftlichen Führungen keinen weiteren Vertrauensverlust der Mitgliedschaft riskieren, mußten sie gemeinsame Vereinbarungen mit den Unternehmerverbänden unterlassen.

Mit dem Fehlschlag eines gemeinsamen Vorgehens mit den Unterneh-

---

250 Vgl. Jb. ADGB, 1930, S. 99f.
251 Vgl. Leipart an Frieda Wunderlich (Redaktion Soziale Praxis) vom 13. 1. 1932, in: DGB 18/242. Leipart sollte sich in der Zeitschrift zu Aufsätzen Bechlys (Vors. des Deutschnationalen Handlungsgehilfenverb.) und Froweins (Vorstand des RDI) äußern. Vgl. H. Bechly: Gemeinschaftsarbeit von Arbeitgebern und Arbeitnehmern? Voraussetzungen zur Einsicht Aller, in: Soziale Praxis, Jg. 41, 4. 2. 1932, H. 5, Sp. 130–138. Frowein hatte auf Bechlys Aufsatz in der folgenden Nummer der Sozialen Praxis geantwortet; vgl. ebenda, 11. 2. 1932, Sp. 161 ff. Vgl. auch B. Otte: Worauf es ankommt! Zur Gemeinschaftsarbeit zwischen Arbeitgebern und Arbeitnehmern, in: Soziale Praxis, Jg. 41, 31. 3. 1932, H. 13, Sp. 385–390.

merverbänden in der Krise der 1930er Jahre war auch die besonders vom hauptamtlichen ADGB-Vorstand verfolgte Linie gescheitert, durch die Kooperation mit den Arbeitgebern die Tolerierungspolitik gegenüber Brüning abzustützen. Diese »staatspolitische« Strategie des ADGB-Vorstandes setzte sich bei der Mehrheit der einzelgewerkschaftlichen Führungen nicht durch. Die unterschiedliche Sichtweise zwischen ADGB und seinen Mitgliedsverbänden trat hier einmal mehr deutlich zutage: der auf staatspolitische Belange gerichtete Blickwinkel der Dachverbandsführung und die von den Reaktionen der Mitglieder weit mehr abhängigen Vorsitzenden der Einzelgewerkschaften. Die Politik der Kooperation mit den Unternehmern war in ihrer Zielrichtung auf die »allgemeinen wirtschaftlichen und staatspolitischen Zustände« gerichtet, die es, wie Eggert deutlich machte, für den Bundesvorstand zu beachten gelte im Unterschied zu den Berufsinteressen der Einzelverbände. Damit sollten zwar einerseits die Interessen der Arbeiterschaft verfolgt werden, andererseits gerade in der Krise auch im Sinne eines Allgemeininteresses gehandelt werden. Die Vertreter des ADGB waren dabei durchaus zu Opfern bereit, Opfer, die jedoch die Einzelverbandsvorsitzenden ihren Mitgliedern nicht zumuten konnten und wollten.

Die Politik der Arbeitsgemeinschaft war in ihren Versuchen, Krisen mittels Abkommen mit den Unternehmern zu steuern, eine Variante jenes Anspruches, die Interessen der Arbeiterschaft gleichermaßen zu vertreten wie diejenigen der Allgemeinheit. Am ausgeprägtesten war diese Vorstellung zweifelsohne bei dem im Bundesbüro Anfang der 1920er Jahre tätigen Sekretär Striemer, der seine Idee der Klassenkooperation in einer »Volksgemeinschaft« gipfeln ließ. Andere angestellte Funktionäre im Bundesvorstand, die die Politik des ADGB in den späteren Jahren der Weimarer Republik mit prägten, teilten, wie Erdmann, zwar durchaus das Ziel einer national und sozial geprägten »Volksgemeinschaft«, allerdings spielten arbeitsgemeinschaftliche Vorstellungen eine weit geringere Rolle. Statt dessen traten Erdmann, Nörpel und andere für einen starken Staat ein. Außer diesen Positionen gab es jedoch immer noch jene klassenkämpferische Position, die, wie Dißmann es 1922 formulierte, sich nicht an irgendeiner »Volksgemeinschaft«, sondern an den Interessen der werktätigen Bevölkerung, zumindest dem Anspruch nach, orientierte.

Die Diskussion über das staatliche Schlichtungswesen innerhalb der Gewerkschaften zeigt, wie wenig die theoretische Bestimmung des Verhältnisses Gewerkschaften – Staat, wie es etwa in dem Programm der Wirtschaftsdemokratie definiert wurde, in der Praxis der Gewerkschaften eine Rolle spielte. Gerade bei den Einzelgewerkschaften, die mit ihren Handlungen eine Erfolgsbilanz gegenüber den Mitgliedern aufweisen mußten, war, bei aller sonstigen Betonung der Staatsbejahung, das Verhältnis zum Staat, zu seiner Interventionsrolle in Form der Schlichtung, von taktischen Motiven bestimmt. Die wechselhaften Äußerungen der Gewerkschaftsführer im Bundesausschuß belegen dies. Die staatliche Schlichtung wurde hier jeweils abhängig von der konjunkturellen Lage im Organisationsbereich wie von der politischen Zielsetzung der Verantwortlichen in der Reichsregierung positiver oder negativer aufgenommen.

Dies verweist auch auf die unterschiedliche Rolle, die Mitgliedsgewerkschaften einerseits und Dachverband andererseits einnahmen. Die Vertreter des Dachverbandes, die den Blick nicht nur auf Einzelprobleme in den unterschiedlichen Branchen richten konnten und die auch von den jeweiligen Verhältnissen in der Praxis weniger beeinflußt waren, nahmen viel grundsätzlichere Positionen ein. Leipart verfocht seine Auffassung von gewerkschaftlicher »Autonomie« in Verbindung mit einer Verständigungspolitik mit den Unternehmern auch in den Krisenzeiten durch die gesamten Jahre der Weimarer Republik hindurch und wirkte in seiner Position als ADGB-Vorsitzender allenfalls auf Kompromisse innerhalb des ADGB hin. Nörpel andererseits forderte die Bejahung des staatlichen Schlichtungsinstruments, im Zweifelsfalle auch ohne Rücksicht auf seine politische Instrumentalisierung. Allerdings waren für Nörpel das Tarifsystem und das kollektive Arbeitsrecht die Grundbedingung seiner Forderung. Als die Regierung von Papen dieses System aushebeln wollte, mobilisierte auch Nörpel, und gerade er für den gewerkschaftlichen Kampf gegen die staatlichen Zwangsmaßnahmen.

Ohne zu sehr in Spekulation zu verfallen, liegt bei den unterschiedlichen Positionen Leiparts und Nörpels die Vermutung nahe, daß diese auch generationsbedingt waren. Leipart scheint bei all seiner sonstigen Betonung der »staatserhaltenden Kräfte« der Gewerkschaften ein gewisses »Restmißtrauen« gegenüber »dem Staat« besessen zu haben. Das Bekenntnis zum Staat und vor allem die Unterordnung gewerkschaftlicher Einzelinteressen unter ein vom Staat vertretenes »Allgemeinwohl« paßte nicht so recht zu Leiparts ausgeprägter Aversion gegen staatliche Eingriffe in die Auseinandersetzungen zwischen Unternehmern und Gewerkschaften. Die Prägung durch die Vorkriegsverhältnisse scheint hier eine Rolle gespielt zu haben.

Bähr und Winkler weisen darauf hin, daß auf dem Gebiet des Schlichtungswesens nicht nur eine Funktionsschwäche des Weimarer Systems, sondern auch »die Neigung zu autoritären Lösungen« offenkundig geworden sei[252]. Nörpels Eintreten für die staatliche Schlichtung in Verbindung mit seinem Bekenntnis zu einem autoritären und starken Staat[253], das er mit anderen Vorstandsangestellten des ADGB teilte, bestätigen diesen Befund.

---

252 Vgl. Bähr, Staatliche Schlichtung, S. 8f.; Winkler, Schein, S. 572.
253 Nörpel war, so Erdmann, vom »Gesetz zur Ordnung der nationalen Arbeit« (AOG) vom 20. 1. 1934 »begeistert« gewesen. Seine Mitarbeit bei der DAF ab Sommer 1935 habe seinen »autoritären Neigungen« entsprochen, vgl. Aufzeichnung vom 31. 5. 1935, in: DGB/NL Erdmann. Zu Nörpel vgl. AsD/Slg. Personalia, Mappe Noer-Noo sowie K. Linne: Von Leipart zu Ley: Clemens Nörpel. Ein Dokument aus dem Jahr 1940, in: 1999 3 (1988), S. 92–104. Zum AOG vgl. u.a. D. Peukert: Die Lage der Arbeiter und der gewerkschaftliche Widerstand im Dritten Reich, in: Tenfelde, Schönhoven u.a.: Geschichte der deutschen Gewerkschaften, S. 458ff.

IV. Nationale Verantwortung und/oder gewerkschaftliche Interessenvertretung?

In den nun folgenden Abschnitten soll an konkreten Beispielen untersucht werden, wie sich der Anspruch des ADGB auswirkte, gleichermaßen im Interesse der Arbeiterschaft und der Allgemeinheit, dem »Volksganzen«, zu wirken.

These und Gegenthesen

Nach meiner These begab sich der ADGB durch diesen Doppelanspruch in ein Dilemma, das sich für die Gewerkschaften negativ auswirkte. In jenen Fällen, in denen er Arbeiterinteressen nationalen Interessen unterordnete, wurde den freien Gewerkschaften und ihrem Dachverband dies wenig gedankt, weder von »der Nation« noch – begreiflicherweise – von der eigenen Mitgliedschaft. Auf die Organisation und auf die Handlungsfähigkeit der Gewerkschaften wirkte sich das nationalpolitische Engagement lähmend aus. Daß die Behauptung führender Gewerkschafter, gewerkschaftliche Politik ziele im besten Sinne auf das Wohl der Allgemeinheit ab, in bestimmten Phasen und Auseinandersetzungen auch taktischen Charakter hatte, darauf wurde in dieser Studie bereits hingewiesen.

Entgegen der formulierten These, die die Erfolge gewerkschaftlicher Politik im Rahmen des benannten Doppelanspruchs eher in Zweifel zieht, haben Historiker und Historikerinnen behauptet, daß die Gewerkschaften gewissermaßen »zu erfolgreich« waren und somit zur Schwächung des politischen und wirtschaftlichen Systems der Weimarer Republik beigetragen hätten.

Eine herausragende Rolle spielt dabei die Behauptung, die zu hohen Löhne der Arbeitnehmer in den Jahren 1925 bis 1929 hätten eine verstärkte Investition der Unternehmer verhindert und seien somit für die Krise mitverantwortlich gewesen. Diese These hat vor allem Knut Borchardt[1] und mit etwas anderem Tenor David Abraham[2] aufgestellt und damit eine Forschungskontroverse ausgelöst, in der die Behauptung der zu hohen Löhne mit gewichtigen Belegen zurückgewiesen wurde[3]. Borchardts These, die staatliche Schlichtung habe die Tariflöhne in »immer weitere Höhen« getrieben, wird von Bähr widerlegt. Mit Verweis auf die Schwerindustrie, aber auch auf die chemische Industrie und auf handwerkliche Branchen kommt Bähr zum Ergebnis, daß die Schlichtungsbehörden im Zeitraum 1924 bis 1926 zwar Tarifkonflikte verhinderten, sich jedoch durchaus »an dem von der wirtschaftlichen Entwicklung vorgegebenen Rahmen« orientiert hätten[4]. Im Ruhrbergbau, so der Hinweis Winklers, wiesen die tatsächlichen Lohnkosten, bei Nominallohnsteigerungen, pro Tonne geförderter Kohle im Zeitraum von 1925 bis 1930 eine fallende Tendenz auf und betrugen im August 1930 nur noch 92,7 Prozent des Standes von 1925[5]. Gerade im Ruhrbergbau wurden die Löhne stets vom staatlichen Schlichter festgesetzt[6].

Die Gewerkschaften selbst formulierten ihre Lohnforderungen durchaus im Rahmen der volkswirtschaftlichen Entwicklung. Das bestätigt sich zumindest für den Holzarbeiterverband. Für die Lohnverhandlungen im Frühjahr 1928 forderte der Tarifsekretär Schleicher gegen den Protest der

---

1 Vgl. Borchardt, Zwangslagen, S. 104f.
2 Abraham spricht von »proletarischen Gewinnen«, deren Kosten die Stabilität der Weimarer Republik durchlöchert hätten. In den Jahren 1924–1929 seien die Gewerkschaften auf den Gebieten Löhne und staatliche Sozialpolitik sehr erfolgreich gewesen. In der Krisenzeit habe dann die Verteidigung dieser Erfolge »die Profitabilität der Produktion und den kapitalistischen Produktionsprozeß« untergraben, was zur Folge gehabt habe, daß das Kapital »mit einem Angriff auf die demokratische politische Struktur« reagiert habe. Vgl. Abraham, Klassenkompromiß, S. 72. Während Borchardt jedoch die staatliche Zwangsschlichtung für die »zu hohen Löhne« verantwortlich macht (Borchardt, Zwangslagen, S. 107), spricht Abraham von einem »Klassenkompromiß« zwischen exportorientierter Industrie und SPD/Gewerkschaften, der die hohen »proletarischen Gewinne« ermöglicht habe. Vgl. Abraham, Klassenkompromiß, S. 45ff. und 62ff.
3 Die sogenannte Borchardt-Kontroverse wurde vor allem um die Frage »Zwangslagen oder Handlungsspielräume« der Regierung Brüning geführt. Vgl. außer dem Beitrag von Borchardt (Anm. 1) die Borchardt-kritischen Positionen von C.-D. Krohn: »Ökonomische Zwangslagen« und das Scheitern der Weimarer Republik. Zu Knut Borchardts Analyse der deutschen Wirtschaft in den zwanziger Jahren, in: GuG 8 (1982), S. 415–426; C.-L. Holtfrerich: Alternativen zu Brünings Wirtschaftspolitik in der Weltwirtschaftskrise?, in: HZ 235 (1982), S. 605–631; U. Büttner: Politische Alternativen zum Brüningschen Deflationskurs. Ein Beitrag zur Diskussion über »ökonomische Zwangslagen« in der Endphase von Weimar, in: VfZ 37 (1989), S. 209–251; vgl. auch Winkler, Schein, S. 46ff., bes. Anm. 55 (dort weitere Literaturhinweise).
4 Bähr, Staatliche Schlichtung, S. 131.
5 Vgl. Winkler, Schein, S. 56. Zur Zurückweisung der Borchardt-These den Ruhrbergbaubereich betreffend vgl. Tschirbs, Tarifpolitik, u.a. S. 13f.
6 Vgl. dazu auch Teil 2, III. 1.

Beiratsmitglieder des Verbandes, man dürfe nur das fordern, »was von der Öffentlichkeit verstanden [werde] und durchführbar« sei. Die Konjunktur im Holzgewerbe sei nicht mehr so flott wie im Herbst 1927. Wenn man 15 Prozent Lohnerhöhung verlange und 10 Prozent erhalte, könne man zufrieden sein. In der Abstimmung entschied sich die Mehrheit des Verbandsbeirates für die Forderung nach 15 Prozent[7]. In den anschließenden Tarifverhandlungen erzielte der Holzarbeiterverband eine Lohnerhöhung von ca. 9 Prozent[8].

Ist die These von den überhöhten Löhnen in ihrer Pauschalität also nicht haltbar, so müssen die in der Tat durchgeführten Lohnsteigerungen auch auf folgendem Hintergrund gesehen werden: Die Gewerkschaften versuchten in ihrer Lohnbewegung von 1925 »positive Signale« zu setzen, »nachdem die Arbeitszeitfrage zuungunsten einer Mehrheit der Arbeiter entschieden worden war«[9]. Die staatlichen Schlichtungsstellen neigten ihrerseits dazu, ihre »unternehmerfreundliche Gangart« in der Arbeitszeitfrage durch Lohnzugeständnisse auszugleichen[10]. Überhaupt habe, so der Einwand Winklers, die von Borchardt beklagte Zwangsschlichtung ja in der Weigerung »von Teilen des Unternehmerlagers«, das Institut des freien Tarifvertrages anzuerkennen, ihre »wichtigste Ursache« gehabt[11].

Gegenüber Abraham ist festzuhalten, daß von einem erfolgreichen, »proletarischen Gewinne« erzeugenden Klassenkompromiß nicht die Rede sein kann[12]. Das vorangegangene Kapitel hat deutlich gezeigt, wie wenig erfolgreich die von Unternehmerverbänden und Gewerkschaften unternommenen Versuche gemeinsamer Krisen- und Konfliktlösung waren.

Überhaupt zeichnet Abraham die Stellung der organisierten Arbeiterbewegung ab 1924 und auch die sozialpolitischen Erfolge in einem viel zu

---

7 Vgl. 2. Verbandsbeiratssitzung des DHV vom 30./31. 1. 1928, in: ZA FDGB/A 54; Zitat Schleicher: Bl. 27f. u. Bl. 36; Abstimmung: Bl. 39; 28 Beiratsmitglieder stimmten für 15%, 21 für 20%, 2 für 25%.
8 Vgl. GZ, Jg. 38, Nr. 7, 18. 2. 28, S. 107f., und Nr. 9, 3. 3. 28, S. 138f. Zur Konjunktur im Holzgewerbe vgl. ebenda, Nr. 8, 25. 2. 28, S. 122.
9 Vgl. Bähr, Staatliche Schlichtung, S. 129.
10 Vgl. Schönhoven, Gewerkschaften, S. 156.
11 Vgl. Winkler, Schein, S. 56.
12 Zur Kritik an den Abraham-Thesen vgl. Winkler, Schein, S. 488 und 517f.; Feldman: The Weimar Republic: A Problem of Modernization?, in: AfS 26 (1986), S. 1–26, S. 16, Anm. 45; Bähr, Staatliche Schlichtung, S. 350.

positiven Licht[13]. Wenn Abraham für das Jahr 1924 feststellt, die organisierte Arbeiterbewegung sei »in einer guten Position« verblieben, um sowohl an Deutschlands fortschreitender wirtschaftlicher Prosperität teilhaben zu können als auch Vorteile aus den verschiedenen Konflikten und politischen Divergenzen zwischen den dominanten ökonomischen Klassen ziehen zu können[14], so verdeckt dies die katastrophale Situation, in der sich die freien Gewerkschaften nach Inflation und Ruhrkampf befanden, vollkommen. Angesichts der beängstigenden Erosion der Organisationen, dem Machtverfall und dem Kampf der Gewerkschaftsführungen gegen das Abdriften enttäuschter Mitgliedermassen zu radikaleren Organisationen, kann von einer »guten Position« gerade der Gewerkschaften wohl kaum gesprochen werden. Darauf wird im weiteren Verlauf dieser Arbeit noch näher einzugehen sein.

Der Vorwurf an die Gewerkschaften, zu wenig staatspolitische Verantwortung zu zeigen und sich zu sehr am Klasseninteresse zu orientieren, wurde von Zeitgenossen wie von Vertretern der Geschichtswissenschaft auch anhand eines weiteren Konflikts um die Gestaltung der Sozialpolitik in der Weimarer Republik erhoben. Gemeint ist die Auseinandersetzung um Beitragserhöhung oder Leistungskürzung bei der Arbeitslosenversicherung, jenem Konflikt, der den Anlaß zum Bruch der Großen Koalition unter Hermann Müller (SPD) bot.

Es erübrigt sich, die Ereignisse noch einmal zu schildern[15]. Genannt werden sollen jedoch jene Argumente und Gegenargumente in der Frage, ob die Gewerkschaften im Verein mit der SPD durch ihr Verhalten, also Ablehnung von Leistungskürzungen in der Arbeitslosenversicherung und Eintreten für eine Beitragserhöhung, eine »historische Schuld« auf sich geladen haben.

---

13 Auf die zahlreichen, zum Teil sinnentstellenden Fehler in der 1. und auch 2. Auflage von Abrahams The Collaps of the Weimar Republic. Political Economy and Crisis, Princeton 1981 (2nd Ed. 1986) hat z. B. G. Mai in seiner Rezension in Militärgeschichtliche Mitteilungen 2/1988, S. 188ff. verwiesen. Gleiches gilt für den hier zugrunde gelegten Abraham-Aufsatz Klassenkompromiß und Wiederkehr des Klassenkonfliktes, in: Prokla, H. 52 (Sept. 1983), S. 41–78. Ein prägnantes Beispiel sei genannt: Die Auseinandersetzungen um eine Zusammenarbeit mit den Unternehmerverbänden vom Dezember 1930 (vgl. Teil 2, III.2.7.) verlegt Abraham vom Bundesausschuß des ADGB auf einen nie stattgefundenen ADGB-Kongreß im Dezember 1930, auf dem die »Delegierten« eine Zusammenarbeit abgelehnt hätten. So wird aus den Kontroversen im ADGB-Spitzengremium eine Auseinandersetzung zwischen Führung und Basis! Vgl. Abraham, Klassenkompromiß, S. 68f.
14 Vgl. ebenda, S. 42.
15 Vgl. B. Weisbrod: Die Krise der Arbeitslosenversicherung und der Bruch der Großen Koalition (1928–1930), in: W.J. Mommsen/W. Mock (Hrsg.): Die Entstehung des Wohlfahrtsstaates in Großbritannien und Deutschland 1850–1950, Stuttgart 1982, S. 196–212; Timm, Sozialpolitik, bes.

Helga Timm hat dies so formuliert: Die SPD habe »in falsch verstandenem eigenem Interesse« und »unter Führung der Gewerkschaften und Sozialpolitiker in einem höchst kritischen Augenblick den Wert des demokratischen Parlamentarismus« unterschätzt[16]. Gegen die Behauptung mangelnder Kompromißbereitschaft der Gewerkschaften setzt Schiffmann »ein erstaunliches Maß an gewerkschaftlicher Konzessionsbereitschaft gegenüber einer ganzen Abfolge von ›Zumutungen‹ seitens der Regierung«[17]. Er zählt das Verhalten der Reichsregierung im Ruhreisenstreit und den Schiedsspruch Severings auf[18], die Reparationsverhandlungen um den Young-Plan, von denen die Gewerkschaften ausgeschlossen blieben, die Erhöhung der Agrarzölle 1929, die restriktive Lohnpolitik im öffentlichen Dienst, den Bau des Panzerkreuzers A. Die Frage der Arbeitslosenversicherung sei von ähnlich hohem Symbolwert wie der Achtstundentag gewesen, und die Gewerkschaftsführung sei dabei einem starken Druck aus »den eigenen Reihen« ausgesetzt gewesen. Der Streit um die Arbeitslosenversicherung habe sich »zu einem Kampf um die materielle Verfassung der Republik« ausgeweitet[19]. Schönhoven verweist darauf, daß es im Frühjahr 1930 »nicht um ein halbes Prozent Beitragserhöhung in der Arbeitslosenversicherung, das der ADGB verlangte und die DVP ablehnte«, gegangen sei. Dieser Streit sei nur »vordergründiger Anlaß« gewesen, denn hinter den Kulissen hätten die Führungsgruppen von Reichswehr, Großlandwirtschaft und Großindustrie schon längst die Weichen für ein »Hindenburg-Kabinett« gestellt[20].

Wie immer die Verantwortung der beteiligten Parteien und Verbände am Bruch der Großen Koalition gewichtet wird, eines zeigten die Auseinandersetzungen auf: das Dilemma der SPD, »sowohl als Staatspartei an der Ausgestaltung und Erhaltung der parlamentarischen Demokratie in vor-

---

S. 124ff.; Winkler, Schein, S. 590–603 und S. 777–782, S. 786f. und S. 802–807, sowie D. Schiffmann: Die Freien Gewerkschaften und das Scheitern der Regierung Müller 1930, in: Solidarität und Menschenwürde, S. 187–207.
16 Vgl. Timm, Sozialpolitik, S. 206. Ähnlich K.D. Erdmann, Weimarer Republik, S. 276f.; Bracher, Auflösung, S. 269f.; W. Conze: Die Krise des Parteienstaates in Deutschland 1929/30, in: HZ 178 (1954), S. 47–83. Kritisch zu dieser Sichtweise: Winkler, Schein, S. 815ff.; Schiffmann, Die Freien Gewerkschaften, bes. S. 189f., und Weisbrod, Die Krise der Arbeitslosenversicherung, S. 196.
17 Vgl. Schiffmann, Die Freien Gewerkschaften, S. 200.
18 Vgl. dazu auch Teil 2, III. 1.
19 Vgl. Schiffmann, Die Freien Gewerkschaften, S. 200f. und S. 202.
20 Vgl. Schönhoven, Gewerkschaften, S. 165. Am 12. 3. 1930 verabschiedete der Reichstag die Young-Plan-Gesetze. Für die Ratifizierung des Young-Planes war die Zustimmung der SPD vonnöten. Nach den Vorstellungen führender Kreise um Hindenburg (Groener und Schleicher) sollte nun eine Reichsregierung ohne SPD-Beteiligung für die Lösung der innenpolitischen Probleme (Finanzreform) gegebenenfalls mit Notstandsvollmachten ausgestattet werden. Favorisiert wurde ein Kabinett Brüning. Vgl. Winkler, Schein, S. 794f.; Schiffmann, Die Freien Gewerkschaften, S. 197.

derster Linie mitzuwirken als auch die speziellen Interessen der wirtschaftlich abhängigen Massen zu vertreten«[21]. Wenngleich die Gewerkschaften in ihrer Aufgabenstellung anders betroffen waren als die politischen Parteien, begaben sie sich durch ihr Bekenntnis, im Sinne des Allgemeinwohls bzw. der Nation zu wirken, in ein ähnliches und für die Gewerkschaften letztlich viel schwerwiegenderes Dilemma.

Das Verhalten der freien Gewerkschaften in der Auseinandersetzung um die Arbeitslosenversicherung 1929/30 ist jedoch kein geeigneter Beweis für die Behauptung, die Gewerkschaften hätten staatspolitische Notwendigkeiten »klassenegoistischen Interessen« geopfert[22]. Die Arbeitslosenversicherung war gerade angesichts der heraufziehenden Wirtschaftskrise und der sich verstärkenden Massenarbeitslosigkeit ein viel zu zentraler Pfeiler der staatlichen Sozialpolitik, als daß Gewerkschaften sich hier zur Hinnahme von Leistungskürzungen oder gar zu einer Revision des Versicherungsgedankens hätten bewegen lassen. Dies war auch jenen Kreisen aus dem RDI klar, die die Haltung der DVP zu beeinflussen suchten und denen der ganze Charakter des AVAVG ein Dorn im Auge war. Dieses Gesetz, so Kastl vom RDI am 16. Januar 1930, schalte den »Zustand des Angebots und der Nachfrage auf dem Arbeitsmarkt vollständig« aus, und es sei unmöglich, solange das Gesetz bestehe, »überhaupt die Lohnbewegung entsprechend den konjunkturellen Verhältnissen zu gestalten«[23]. In einer Erklärung vom 1. April 1930 zum Rücktritt des Kabinetts Müller versuchte der ADGB-Vorstand seine Haltung als das letztlich wahre staatspolitische Verhalten zu rechtfertigen: »Die Arbeiterbewegung gilt es zusammenzuhalten, und daran liegt mehr staatspolitisches Tun als hinter manch anderer Tätigkeit.« Denn wer anders als die »festgefügten Arbeiterorganisationen« seien »die feste Stütze der demokratischen Republik? Wer ist ein besserer Träger der deutschen Einheit? [...] Es ist nicht engstirnige Interessenpolitik, die wir vertreten.«[24] Begreift man die Arbeitslosenversicherung als sozialpolitischen Eckpfeiler des Weimarer Staates und folgt man andererseits dem Anspruch des ADGB, die gewerkschaftlich gebundenen Arbeiter in den Weimarer Staat integriert zu haben, so ist die Behauptung des ADGB, im Grunde staatspoli-

---

21 Vgl. Timm, Sozialpolitik, S. 206; vgl. auch K.D. Erdmann, Weimarer Republik, S. 277.
22 So z.B. die durchgängige Argumentation bei R. Thieringer: Das Verhältnis der Gewerkschaften zu Staat und Parteien in der Weimarer Republik 1918 bis 1933. Die ideologischen Verschiedenheiten und taktischen Gemeinsamkeiten der Richtungsgewerkschaften. Der Weg zur Einheitsgewerkschaft, maschinengeschr. Diss., Tübingen 1954.
23 Kastl auf der RDI-Vorstandssitzung vom 16. 1. 1930, Bayer-Archiv 62/10/4, S. 31; zit. n. Weisbrod, Schwerindustrie, S. 472f., Anm. 300.
24 Vgl. Kukuck/Schiffmann, Quellen III, Dok. 254, Zitate: S. 1444f.

tisch gehandelt zu haben, nicht von der Hand zu weisen. Die zu Beginn der dreißiger Jahre immer größer werdenden, resignierenden oder sich radikalisierenden Erwerbslosenmassen waren jedenfalls kein das Weimarer System stabilisierender Faktor.

1. Freie Gewerkschaften und Ruhrkampf

Die »nationale Frage« und nationale Emotionen waren in den Jahren der Weimarer Republik eng mit den Bedingungen des Versailler Vertrages und mit den Reparationsleistungen verbunden – und dies quer durch die politischen Parteien und gesellschaftlichen Schichten.

Nach dem Einschwenken der freien Gewerkschaften bzw. ihrer Führungen in die »nationale Einheitsfront« während des Ersten Weltkrieges war die Haltung der Mehrheit der gewerkschaftlichen Führungen nach Kriegsende in »nationalen Belangen« eine logische Folge. Wie die meisten Parteien und Verbände lehnten auch die freien Gewerkschaften den Versailler Vertrag ab. Gegen die Abtrennung deutscher Gebiete vom Reich und die Abtretung deutscher Kolonien protestierten sie ebenso wie bürgerliche oder auch rechts-nationalistische Organisationen.

Heinrich Potthoff kommt zu dem Ergebnis, daß der ADGB sich im Komplex Friedensvertrag/Reparationen »weniger als Klassen-, sondern vielmehr als nationale Gewerkschaft« engagiert habe[25]. Und Winkler verweist darauf, daß sich die Gewerkschaftsfunktionäre dabei einer Sprache bedient hätten, die man sonst nur von weit rechts stehenden Kreisen gewohnt gewesen sei[26].

1.1 Nationale Massenstimmung?

Am 11. Januar 1923 besetzten französische und belgische Truppen das Ruhrgebiet[27]. Damit setzte Frankreich seine seit Sommer 1922 für den Fall der Nichterfüllung der Reparationsverpflichtungen angedrohte Politik der »produktiven Pfänder« in die Tat um. Anlaß für die Besetzung

---

25 Potthoff, Gewerkschaften (1979), S. 259.
26 Winkler, Revolution, S. 215. Zur Haltung des ADGB in außen- und reparationspolitischen Fragen und zu seinem Engagement in diesem Bereich 1918/19 bis 1923 vgl. H.-J. Rupieper: Die freien Gewerkschaften und der Versailler Vertrag 1919–1923, in: GWU 29 (1978), S. 482–499; Winkler, Revolution, S. 206ff. und S. 417f.; Potthoff, Gewerkschaften (1979), S. 205ff. und S. 244ff.; ders.: Gewerkschaften und Oberschlesienfrage: in: IWK 15 (1979), S. 114–119.
27 Zu Ablauf und Hintergründen der Ruhrbesetzung und des Ruhrkampfes vgl. ausführlich Ruck, Ruhrkampf. Vgl. außerdem Potthoff, Gewerkschaften (1979), S. 317ff.; Winkler, Revolution, S. 553ff., und Mommsen, Die verspielte Freiheit, S. 141f.

war, daß Deutschland den ihm auferlegten Holz- und Kohlelieferungen nicht in vollem Umfange nachgekommen war.

In zeitgenössischen Schilderungen wie auch in modernen geschichtswissenschaftlichen Analysen des Ruhrkampfes wird häufig eine allgemeine, durch alle Klassen und Volksschichten reichende, spontane nationale Empörung angesichts der Ruhrbesetzung festgestellt. Winkler konstatiert eine »starke Welle nationaler Solidarität«. Der passive Widerstand sei anfangs »weniger von oben«, also von Reichsregierung, Parteien und Verbänden propagiert worden »als vielmehr von unten praktiziert«[28]. Potthoff sieht die Gewerkschaften als Gefangene des »nationalistischen Trends«[29]. Franz Walter meint angesichts der von ihm festgestellten »spontanen Welle wütender Empörung in fast allen Schichten« der Bevölkerung, daß die zeitweilige »Burgfriedenspolitik« der Sozialdemokraten im Reichstag und die kurzfristige Wiederbelebung der Zentralarbeitsgemeinschaft durch die Gewerkschaften und Unternehmerverbände durchaus der »ursprünglichen Massenstimmung« entsprochen hätte[30].

Diese Einschätzung deckt sich vollständig mit der Rechtfertigung des ADGB-Vorstandes, die dieser über seine Ruhrkampf-Politik im Jahrbuch des ADGB 1923 abgab. Dort hieß es, der Bundesvorstand hätte, selbst wenn er gewollt hätte, den passiven Widerstand gar nicht verhindern können. »Wie die Stimmung der von der Besetzung betroffenen Arbeiterkreise einmal war, hätte ein Widerstand des Bundesvorstandes die Abwehr vielleicht zersplittern, aber niemals verhindern können.«[31] Auch der den freien Gewerkschaften nahestehende Richard Woldt behauptete, »die Abwehrstimmung des passiven Widerstandes« sei »unmittelbar aus der Masse entstanden«[32]. Der offizielle ADGB-Historiograph des Ruhrkampfes, Lothar Erdmann, verglich die Situation im Januar 1923 mit jener von 1914. Die »feste Entschlossenheit, daß [...] die Zeit vorbei sein müsse, in der das siegreiche Frankreich schlechthin zu diktieren sich anmaßen dürfe, dieser widervernünftige Trotz lebte über die Stammesunterschiede, über die Partei- und Klassengegensätze hinweg im ganzen Volke auf«[33].

All diese Einschätzungen bedürfen der Korrektur. Sicher, durch die Be-

---

28 Vgl. Winkler, Revolution, S. 556.
29 Vgl. Potthoff, Gewerkschaften (1979), S. 338.
30 Vgl. Walter, Nationale Romantik, S. 38f.
31 Vgl. Jb. ADGB, 1923, S. 16.
32 Vgl. R. Woldt: Der Endkampf an der Ruhr: politische, wirtschaftliche und soziale Betrachtungen, Berlin 1923, S. 5.
33 Vgl. Erdmann, Ruhrkampf, S. 60 und 86.

setzung des Ruhrgebietes entstand in der Bevölkerung und auch in der Arbeiterschaft eine breite Proteststimmung. Dies ist durch unterschiedliche Quellen bezeugt. So berichtete der Bezirkssekretär des ADGB in Rheinland-Westfalen, Meyer, auf einer Gewerkschaftskonferenz am 9. Januar 1923 in Essen, an der außer ihm die ADGB-Vorstandsmitglieder Graßmann und Knoll sowie bezirkliche Funktionäre von ADGB, Einzelverbänden und SPD teilnahmen, daß »ein starker Drang in allen Bevölkerungsklassen zur Herstellung einer einheitlichen Abwehrfront« bestehe[34]. Auch die »Rote Fahne« meldete am gleichen Tage, daß Anregungen zu Protestkundgebungen aller Gewerkschaftsrichtungen »fast durchweg von den örtlichen Verbänden des besetzten Gebietes und des Ruhrreviers« ausgingen[35]. Doch die Feststellung, es habe in der Arbeiterschaft ein allgemeiner Widerstandswillen bestanden, muß eingeschränkt werden. So teilte Hermann Rudolph, Angestellter in der Zentrale des Deutschen Verkehrsbundes, in der gemeinsamen Sitzung des erweiterten Verbandsvorstandes mit bezirklichen und örtlichen Verbandsfunktionären am 10. Juni 1923 mit, daß ein Teil der Kollegen den Standpunkt eingenommen hätte, »daß es ganz gleich ist, ob sie von deutschen oder französischen Kapitalisten ausgebeutet werden«. Natürlich wußte Rudolph auch zu berichten, daß diese Ansicht aus den Köpfen der Kollegen verschwunden sei, nachdem sie gesehen hätten, »wie die Franzosen und Belgier verfahren«[36]. Dennoch sind Rudolphs Mitteilungen nicht gerade ein Beleg für einen allgemeinen, spontan entstandenen Widerstand in der Arbeiterschaft. Ein weiteres Beispiel gegen die These vom allgemeinen Widerstandswillen bietet jene Versammlung der Beamtenverbände und der Gewerkschaften Rheinland-Westfalens am 30. Dezember 1922, auf der über den steigenden Unmut der Arbeitnehmer wegen des zunehmenden Mißverhältnisses zwischen Löhnen und Preisen diskutiert wurde. Zu diesem Zeitpunkt, als die Ruhrbesetzung zwar noch nicht endgültig beschlossene Sache, aber doch sehr konkret drohende Maßnahme war[37], machte ein Vertreter der Eisenbahner deutlich, daß der »Wille zum Überleben« allemal stärker sei als der Patriotismus, und daß eine Reichsregierung, die in so eklatanter Weise über berechtigte Arbeiterforderungen

---

34 Vgl. Ruck, Quellen II, Dok. 75, S. 737; vgl. auch Ruck, Ruhrkampf, S. 47.
35 Rote Fahne, Nr. 6, 9. 1. 1923; zit. n. Ruck, Ruhrkampf, S. 47, Anm. 111.
36 Vgl. »Protokoll der Sitzung des erweiterten Vorstandes [des Verkehrsbundes] mit den Gauleitern und Bevollmächtigten der Verwaltungsstellen mit über 5000 Mitgliedern am 10. Juni 1923.«, in: ZA FDGB/Nr. 242, S. 19f.
37 In Deutschland gab es gewisse Hoffnungen, daß sich auf der Pariser Reparationskonferenz, die am 2. 1. 1923 zusammentraf, die Lage entspannen würde. Als die Konferenz jedoch am 4. 1. 1923 scheiterte, war klar, daß die Besetzung unmittelbar bevorstand. Vgl. Ruck, Ruhrkampf, S. 38 u. 41.

hinweggehe, nicht erwarten könne, daß die Ruhrbevölkerung im entscheidenden Augenblick geschlossen hinter ihr stehe. Diese Ausführungen stießen »nicht etwa auf Widerspruch«, sondern wurden »teilweise sogar mit Beifall bedacht«[38].

Derartige Äußerungen deuteten auch darauf hin, daß der Wille zu einer Politik der »nationalen Einheitsfront«, wie sie dann vom ADGB verfolgt wurde, in den Köpfen der Arbeiterschaft keineswegs verbreitet war. Dies galt für eine Zusammenarbeit mit der nicht gerade als arbeiterfreundlich eingeschätzten Reichsregierung ebenso wie für ein gemeinsames Vorgehen mit den Unternehmerverbänden. In der bereits erwähnten Gewerkschaftskonferenz am 9. Januar 1923, in der als Protestaktion gegen die bevorstehende Ruhrbesetzung ein halbstündiger Streik am 15. Januar 1923 im besetzten Gebiet beschlossen wurde, betonten die Anwesenden ausdrücklich, daß alles vermieden werden müsse, was den Anschein erwecke, daß die Protestaktion »eine Hilfsaktion für die Unternehmer« sei[39]. Die nur kurze Zeit später entbrannten Auseinandersetzungen um eine gemeinsame »Ruhrhilfe« mit den Unternehmern zeigten schließlich in aller Deutlichkeit, wie verbreitet und prinzipiell die Vorbehalte gegen gemeinsames Handeln der Gewerkschaften mit den Unternehmern waren[40]. Jene Gewerkschaftskreise, die eine Zusammenarbeit mit den Unternehmern ablehnten, bekundeten zwar durchaus ihr volle Sympathie für die Arbeiter des Ruhrgebietes, die, so der erweiterte Beirat des DMV am 6. Februar 1923, in Übereinstimmung mit den internationalen Beschlüssen gegen die militärische Gewaltherrschaft kämpften[41]. Dieses Bekenntnis hatte jedoch mit einer Befürwortung einer »nationalen Einheitsfront« nichts gemein. Im Gegenteil, Dißmann forderte in der Bundesausschußsitzung vom 24. Januar 1923, der ersten nach der Ruhrbesetzung, die Gewerkschaften müßten den »internationalen Standpunkt« in den Vordergrund stellen und »alle nationalen Bestrebungen ablehnen«. Dißmann trat zu diesem Zeitpunkt für einen internationalen 24stündigen Proteststreik ein[42].

---

38 Vgl. ebenda, S. 39f.
39 Vgl. Ruck, Quellen II, Dok. 75, S. 737.
40 Vgl. dazu Teil 2, III. 2.4.
41 Vgl. Rundschreiben der DMV-Bezirksleitung, Stuttgart, o. D., betr. Ruhrhilfe und Mitteilung über Beschluß des DMV-Vorstandes, -Ausschusses und erweiterten Beirates vom 6. 2. 1923, in: HiKo NB 160/21.
42 Vgl. Ruck, Quellen II, Dok. 78, S. 754f. Zur Haltung des DMV im Ruhrkampf vgl. auch Wentzel, Inflation, S. 159f. Auch der BA stimmte in einer Resolution am 24. 1. 1923 dem Vorschlag des IGB zu, eine 24stündige Arbeitsruhe herbeizuführen; vgl. ebenda, S. 763. In der nächsten BA-Sitzung am 16./17. 2. 1923 berichtete Leipart über die internationalen Verhandlungen in dieser Frage, die die Undurchführbarkeit einer solchen Aktion erbrachten; vgl. ebenda, Dok. 79, S. 764. Eine wirkungs-

1.2 ADGB und passiver Widerstand

Die gewerkschaftlichen Beratungen am Vorabend wie auch kurz nach der Ruhrbesetzung zeigten, daß der passive Widerstand als Aktionsform gegen die Besatzer bei den Gewerkschaften keinesfalls von Anfang an beschlossene Sache war.

In einer Besprechung zwischen Reichskanzler Cuno und den ADGB-Vorstandsmitgliedern Knoll und Wissell am Abend des 8. Januar 1923 fragte der Reichskanzler bei den Gewerkschaftern an, ob den Absichten der Besatzer nicht durch passive Resistenz der Eisenbahner und der technischen Angestellten begegnet werden könne. Die ADGB-Vertreter lehnten diesen Gedanken nicht ab, jedoch wurde er, so der Bericht Knolls, nicht weiter ausgesponnen[43]. In den Gewerkschaften wurden zu diesem Zeitpunkt ganz andere Aktionsformen diskutiert. Die Möglichkeit eines besonders von den Kommunisten geforderten Generalstreiks wurde auf der Essener Konferenz am 9. Januar 1923 von den Gewerkschaftsvertretern kategorisch abgelehnt. Dafür war nach der Einschätzung Meyers die Stimmung in der Arbeiterschaft nicht vorhanden. Zum anderen habe man mit Schwierigkeiten zu rechnen, denn man wisse nicht, wie sich Kommunisten und Syndikalisten verhielten »und insbesondere, wie das im dortigen Gebiet außerordentlich stark vertretene polnische Element«, d.h. die über 40000 polnischen Bergarbeiter im Ruhrrevier, sich verhalten würde[44]. Der auf dieser Sitzung beschlossene halbstündige Proteststreik am 15. Januar war zu diesem Zeitpunkt das einzige, was die Gewerkschaften als Aktion gegen die Besetzung vorzuweisen hatten.

Die Reichsregierung verfügte dagegen am 11. Januar 1923 einen Reparationslieferungsstopp und proklamierte mit ihren Anweisungen vom 16., 17. und 19. Januar an die Reichsbahn bzw. die Beamten im besetzten Gebiet, passive Resistenz zu üben und den Anweisungen der Besatzungsbehörden keine Folge zu leisten, den passiven Widerstand. Sie hatte

---

volle internationale Aktion durch die dem IGB angeschlossenen gewerkschaftlichen Landeszentralen ließ sich wegen bestehender Vorbehalte der einzelnen Zentralen und deren Rücksichtnahme auf die jeweilige Stimmung im eigenen Lande nicht durchführen.

43 Vgl. Bericht Knolls und Wissells über die Beratungen vom 8.–10. 1. 1923, in: Ruck, Quellen II, Dok. 75, S. 735. In einer rückblickenden Aufzeichnung im Januar 1933 schrieb Knoll, der Reichskanzler habe erklärt, er erwarte natürlich nicht, »daß seitens des ADGB künstlich zum Widerstand gegen die Besetzung aufgerufen oder geschürt würde, was ja auch nicht in der Absicht der Gewerkschaften lag; aber er ließ doch unzweideutig durchblicken, daß man auf solchen Widerstand bei der direkt beteiligten Arbeiterschaft – möglichst im Einvernehmen mit dem Unternehmertum – rechne«. Vgl. »Rückschau auf den Ruhrkampf 1923. Ein Nachtrag von A. Knoll.«, in: HiKo NB 164/25a.
44 Vgl. Ruck, Quellen II, Dok. 75, S. 736f.

damit vollendete Tatsachen geschaffen, ohne die Gewerkschaften zur Beratung heranzuziehen. Angesichts der Tatsache, daß ein wirksamer Widerstand ohne die Gewerkschaften im besetzten Gebiet kaum zu organisieren war, war dies eine grobe Mißachtung seitens der Reichsregierung[45]. Parteivorstand und Fraktionsvorstand der SPD, die Vorstände von ADGB und AfA-Bund einigten sich am Vormittag des 19. Januar 1923 auf die Anwendung der passiven Resistenz[46]. Erst am 23. Januar hatten sich dann Reichsregierung und gewerkschaftliche Spitzenverbände auf die Leitlinien des passiven Widerstandes verständigt[47]. Als der Bundesausschuß am 24. Januar 1923 zusammentrat, waren vollendete Tatsachen geschaffen. Schumann, Vorsitzender des Verkehrsbundes, bemängelte, »daß die Regierung der Arbeiterschaft über ihre Maßnahmen nicht die notwendige Information zuteil werden ließ«. Ähnlich äußerte sich der Vorsitzende des Fabrikarbeiter-Verbandes, Brey. Er forderte, die Regierung müsse veranlaßt werden, »uns Aufklärung über ihre innere Politik zu geben«[48]. In einem späteren Brief an Leipart vom 31. August 1923 schrieb Brey, er wisse heute noch nicht »ob vor Inszenierung des passiven Widerstandes Partei und Gewerkschaften um ihre Meinung gefragt worden sind. Jedenfalls standen wir [...] vor vollendeten Tatsachen.«[49]

1.3 ADGB und Konfrontationspolitik

Michael Ruck hat nachgewiesen, daß in den ersten Tagen der Ruhrbesetzung von einem spontanen Widerstandswillen nicht gesprochen werden konnte, im Gegenteil, die Bevölkerung habe der Besetzung, von einzelnen Ausnahmen abgesehen, zunächst ruhig zugesehen. Auch der Proteststreik der Gewerkschaften am 15. Januar 1923 habe nirgends Zwischenfälle ausgelöst[50]. Der Bezirkssekretär Meyer berichtete dem Bundesausschuß am 16. Februar 1923, daß »in der ersten Zeit ein frostiges Gefühl in der Arbeiterschaft gegenüber dem Kampf zu verzeichnen« war, daß die Erbitterung über die Besatzungsmaßnahmen jedoch eine »entgegen-

---

45 Vgl. Ruck, Ruhrkampf, S. 77 ff.
46 Vgl. Ruck, Quellen II, Dok. 78, S. 751. Zu den Besprechungen zwischen SPD und Gewerkschaften vgl. Ruck, Ruhrkampf, S. 92 ff.
47 Vgl. AdR Cuno, Dok. 52; Cuno hatte in dieser Besprechung festgehalten, daß gegen die Ruhrbesetzung »nur passive Resistenz als Abwehrmittel« in Frage käme. Ausdrücklich befürwortete der christliche Gewerkschaftsvertreter Baltrusch die »jetzige Taktik der Regierung«; die Sprecher des ADGB, Meyer und Leipart, äußerten keine Einwände. Vgl. auch Ruck, Ruhrkampf, S. 81.
48 Vgl. Ruck, Quellen II, Dok. 78, S. 754 (Schumann), S. 756 (Brey).
49 Vgl. Brey an Leipart vom 31. 8. 1923, in: HiKo NB 158 b/220.
50 Vgl. Ruck, Ruhrkampf, S. 61 ff.

gesetzte Stimmung« ausgelöst habe[51]. Ruck zählt ein Bündel von Ursachen auf, die jenen Stimmungswandel in der Ruhrarbeiterschaft bewirkten. Zum einen hätten sich durch die Besatzung die Lebensumstände im Ruhrrevier merklich verschlechtert. Wohnungsrequirierungen, Lebensmittelverknappung, Beschlagnahme von Banknoten und damit die Gefährdung der Lohnzahlungen hätten für Zündstoff gesorgt. Zudem wäre auch in der Arbeiterschaft eine zunehmende Ablehnung des Versailler Vertrages festzustellen gewesen, die nationalistische Propaganda habe ein übriges bewirkt. Von Bedeutung sei auch das Argument gewesen, die Besatzer wollten den Achtstundentag liquidieren[52].

Anlaß für die Widerstandsbereitschaft boten die französischen Verhaftungsaktionen in der zweiten Januarhälfte. Die westdeutsche Schwerindustrie unter der Führung Stinnes' und die Reichsregierung hatten zu der Verschärfung der Situation wesentlich und bewußt beigetragen[53].

Erster Schritt zur Verschärfung der Situation war die Verlegung des Kohlensyndikats von Essen nach Hamburg. Damit sollten etwaige Zugriffe der Besatzungsmächte auf die Kohleproduktion an der Ruhr erschwert werden. In einer Besprechung im Anschluß an die Essener Konferenz vom 9. Januar 1923 zwischen Graßmann, Knoll, Meyer vom ADGB und Waldhecker vom Bergarbeiterverband mit Stinnes hatte dieser mitgeteilt, daß die Verlegung des Kohlensyndikats bereits in die Wege geleitet sei[54]. Also bereits bevor Aufsichtsrat und Mitgliederversammlung des Syndikats am Abend des 9. Januar 1923 die Verlegung beschlossen, war diese de facto entschieden. Die Gewerkschaftsvertreter hatten in der Unterredung keinerlei Kritik an diesem Schritt geübt. Die freigewerkschaftlichen Mitglieder der beiden Gremien des Kohlensyndikats stellten sich jedoch im Unterschied zu ihren Kollegen gegen diese Entscheidung, die sie als Katastrophenpolitik brandmarkten. Da sie in der Mitgliederversammlung jedoch kein Stimmrecht besaßen, hatte ihre Haltung keinen Einfluß auf die Entscheidungen. Limbertz, Redakteur des Bergarbeiterverbandes und gewerkschaftlicher Vertreter im Kohlensyndikat, vermutete, daß die Unternehmer mit der Verlegung des Syndikats das »Herzstück der Gemeinwirtschaft« liquidieren wollten. Und in der Tat, als das Kohlensyndikat im Januar 1924 neu errichtet wurde, verloren die Arbeitnehmer wichtige Mitspracherechte. Der ADGB, so das Urteil

---
51 Vgl. Ruck, Quellen II, Dok. 79, S. 779.
52 Vgl. Ruck, Ruhrkampf, S. 86f.
53 Vgl. auch die Einschätzung Rucks, ebenda, S. 60.
54 Vgl. Ruck, Quellen II, Dok. 75, S. 739.

Rucks, hatte mit seiner Zustimmung zur Verlegung »dieser Entwicklung den Weg geebnet«[55].

Dies ist somit ein frühes Beispiel dafür, wie der ADGB durch seine Politik im Ruhrkampf Arbeitnehmerinteressen zugunsten vermeintlicher nationaler Belange in den Hintergrund stellte. Mit der Zustimmung zur Verlegung des Kohlensyndikats wie mit dem generellen Einschwenken auf die Linie des passiven Widerstandes hatten die Gewerkschaften eine Politik der Konfrontation mitgetragen, die eine Politik des Verhandlungsweges ausschloß. Dißmann hatte noch in der Bundesausschußsitzung am 24. Januar 1923 in Verbindung mit seinem Plädoyer für eine internationale Protestaktion »den Konflikt lösende Verhandlungen« als das »günstigste erreichbare Resultat« einer solchen Aktion bezeichnet[56]. Schwerindustrie und Reichsregierung verstanden es jedoch, durch ihre Politik der Konfrontation im besetzten Gebiet eine Massenstimmung zu erzeugen bzw. zu begünstigen, die zum Widerstand bereit war. Stinnes hatte schon am 9. Januar 1923 in der Unterredung mit Knoll, Graßmann, Meyer und Waldhecker deutlich gemacht, daß er zur Politik der Konfrontation bereit sei. Auch über seine Ziele äußerte er sich unmißverständlich. Er war sich sicher, daß »die Franzosen sich eines Tages mit noch weniger begnügen werden, als die deutsche Regierung ihnen zuletzt angeboten hat«. Es könne allerdings darüber noch einige Zeit vergehen »und es können schlimme Dinge über uns kommen«[57]. Knoll hatte in dieser Besprechung angefragt, ob sich Gewerkschaften und Unternehmer nicht verständigen sollten, für den Fall »daß seitens der Gewerkschaften eine Steigerung der Protestaktion zu irgendeinem Zeitpunkt unter irgendeiner Situation ins Auge gefaßt werden sollte«. Stinnes hatte diese Frage bejaht. Auch Reichspräsident Ebert und Reichskanzler Cuno, denen Knoll über die Besprechungen Bericht erstattete, waren mit den Ergebnissen der Verhandlungen einverstanden[58]. Von ADGB-Seite war also schon zu diesem Zeitpunkt eine eventuelle Verschärfung des geplanten Proteststreiks nicht ausgeschlossen und eine Zusammenarbeit mit den führenden Ruhrindustriellen in Aussicht genommen worden.

---

55 Vgl. Ruck, Ruhrkampf, S. 54. Die Tatsache, daß die freigewerkschaftlichen Vertreter im Kohlensyndikat gegen dessen Verlegung protestierten, interpretierte Bußmann als Zeichen der Ablehnung eines innerpolitischen Burgfriedens. Die Zustimmung der ADGB-Vertreter in der Unterredung mit Stinnes ist bei Bußmann nicht erwähnt; allerdings hat er auch die ADGB-Restakten, aus denen das entsprechende Protokoll stammt, seiner Arbeit nicht zugrundegelegt. Vgl. B. Bußmann: Die Freien Gewerkschaften während der Inflation. Die Politik des ADGB und die soziale Entwicklung in den Jahren 1920–1923, maschinengeschr. phil. Diss., Kiel 1965, S. 221f.
56 Vgl. Ruck, Quellen II, Dok. 78, S. 755.
57 Vgl. ebenda, Dok. 75, S. 739.
58 Vgl. ebenda, S. 740f.

Nachdem die Reichsregierung am 11. Januar 1923 den Lieferungsstopp für Reparationsleistungen an Frankreich und Belgien verkündet hatte, weigerten sich die Ruhrindustriellen, auch unter Androhung von Sanktionsmaßnahmen, die Lieferungen wieder aufzunehmen[59]. Angesichts dieser Situation und nach bereits früher unternommenen Kontaktversuchen der Besatzungsmächte mit den Gewerkschaften, die von diesen aber mit einer klaren Weigerung jeglicher Zusammenarbeit mit den Besatzungsbehörden beschieden wurden, entschlossen sich die Besatzungsmächte zu einer härteren Gangart. Vom 18. bis zum 20. Januar 1923 nahmen die Besatzungstruppen Verhaftungen von hohen Beamten und Industriellen, darunter Thyssen, vor. Diese Verhaftungen wurden mit einer Welle der Entrüstung und mit Streiks ganzer Zechenbelegschaften beantwortet. Regierung wie Industriellen paßte das härtere Vorgehen der Franzosen und Belgier gut ins Konzept. Die Opferbereitschaft der Industriellen sollte noch indifferente Arbeiter zu einer klaren Widerstandshaltung bewegen. Das gleiche Ziel, nämlich die Stimmung in der Bevölkerung »geschlossener« werden zu lassen, sollte auch die Anweisung der Reichsregierung an die Beamten zur Befehlsverweigerung und die dadurch zu erwartenden Repressalien durch die Besatzer haben[60].

Die Behauptung der ADGB-Führung, sie sei durch den Widerstandswillen der Massen zu ihrer Politik des passiven Widerstandes gezwungen gewesen, trifft nicht zu. Es bedurfte einer Reihe von Entscheidungen auf seiten der Regierung wie der Industriellen, die jeweils von der ADGB-Führung gebilligt worden waren und die erst zu einer Situation der Konfrontation beitrugen, auf deren Basis dann der Widerstandswillen in der Arbeiterschaft und in der Bevölkerung allgemein wuchs.

1.4 Der passive Widerstand – die Entscheidung der Spitzengremien

Das Verhalten der ADGB-Führung am Vorabend und zu Beginn des Ruhrkampfes sind ein weiteres Beispiel dafür, in welchem Ausmaß Entscheidungen von weitreichender Bedeutung in kleinstem Kreise – ohne jegliche Kontrolle und demokratische Abstimmung – getroffen wurden. Die entscheidenden Weichen für die spätere Politik des passiven Widerstandes wurden in jenen Besprechungen mit dem Reichspräsidenten, dem Reichskanzler und Stinnes am 8. und 9. Januar gestellt. Diese Verhandlungen führten ADGB-Vertreter unter teilweiser Hinzuziehung eines Vertreters des für das Ruhrrevier besonders wichtigen Bergarbeiterverban-

---

59 Vgl. Ruck, Ruhrkampf, S. 74f.
60 Vgl. zu alldem Ruck, Ruhrkampf, S. 82ff.

des. Die Entscheidung zu einem halbstündigen Proteststreik wurde zwar auf jener Konferenz lokaler und regionaler Funktionäre in Essen am 9. Januar 1923 abgestimmt, jedoch ist bezeichnend, wie die ADGB-Vorstandsmitglieder mit dem Votum dieser Konferenz umgingen. Sprachen sich die Funktionäre in Essen klar dafür aus, daß der Proteststreik nicht als Unterstützungsaktion für die Unternehmer gesehen werden dürfe, weswegen man es auch ablehnte, sich die Ausfallzeit von den Unternehmern bezahlen zu lassen, so fragte Knoll in der Unterredung mit Stinnes gerade in diesem Punkte an. Die bereits erwähnte, von Knoll in Erwägung gezogene Zusammenarbeit mit den Unternehmern sollte »natürlich nur im allerengsten Kreise«, d.h. zwischen Stinnes, Vögler, Reusch einerseits und ihm, Graßmann, Meyer und Waldhecker andererseits abgesprochen werden[61]. Die eigentliche Entscheidung, auf die Linie des passiven Widerstandes einzuschwenken, wurde zwischen den Spitzen von SPD, ADGB und AfA-Bund verabredet.

Auch die Koordinierung und die Führung des passiven Widerstandes lag in den Händen des ADGB-Vorstandes und seines Bezirkssekretärs Meyer. Als Vertreter der Gewerkschaften des Westens bei der Reichsregierung fungierten neben Meyer, Martmöller vom Bergarbeiterverband und Wilhelm Thomas, Vorsitzender des Mainzer Ortsausschusses. Unliebsame Kritiker wurden von diesen Leitungs- und Verhandlungsaufgaben ferngehalten. Das galt besonders für die Bezirksleiter des DMV, Wolf, und des Eisenbahnerverbandes, Zauter, beide aus Essen, die sich im Mai für einen baldigen Abbruch des Widerstandes eingesetzt hatten. Selbst den Vorstand des AfA-Bundes wollte der ADGB-Vorstand in bestimmte geheime Abmachungen mit der Reichsregierung nicht einweihen[62].

1.5 Verhandlungsbereitschaft und Durchhaltepolitik

Die Ruhrkampf-Politik der ADGB-Führung beinhaltete die grundsätzliche Forderung nach Verhandlungsbereitschaft der Reichsregierung. Die Haltung der ADGB-Führung und anderer führender Kreise der freien Gewerkschaften zur Politik der Verständigungsbereitschaft mit Frankreich war jedoch durchaus ambivalent.

---

61 Vgl. Ruck, Quellen II, Dok. 75, S. 741.
62 Vgl. Ruck, Ruhrkampf, S. 154ff.; zur Haltung betr. AfA-Bund vgl. den »Sonderbericht« Knolls vom 8. 5. 1923, in dem Knoll ausführte, der AfA-Bund sei doch nur eine »Minderheitsorganisation«, in: HiKo NB 166/30. Zur Organisation des gewerkschaftlichen Widerstandes, zur Beteiligung der Gewerkschaften am Entscheidungsprozeß auf zentraler Ebene wie im besetzten Gebiet vgl. ausführlich Ruck, Ruhrkampf, S. 154ff., 160ff. und 167ff.

Leipart hatte am 26. Februar 1923 Reichskanzler Cuno zwar aufgefordert, den Weg zu Verhandlungen mit Frankreich zu ebnen. Nachdem Cuno aber geantwortet hatte, daß die Reichsregierung nicht unter »dem Druck der Bajonette« verhandeln wolle, Verhandlungen nur »unter Gleichen« und unter Voraussetzung eines Abzuges der Besatzungstruppen aus dem Ruhrrevier geführt werden könnten, hatte Leipart keinesfalls mit Nachdruck auf seiner Forderung beharrt[63].

Die Zweigleisigkeit der gewerkschaftlichen Politik, passiver Widerstand und Option für Verhandlungsbereitschaft vertrat der ADGB-Vorstand auch gegenüber der Gewerkschaftsbasis. Der Vorstandsangestellte Ernst Schulze führte in einer Konferenz der ADGB-Ortsausschüsse des Bezirks Frankfurt am Main und Mainz am 12. Februar 1923 aus, der Bundesvorstand wolle einerseits darauf hinwirken, »durch passiven Widerstand die Absichten der Franzosen zu durchkreuzen« und andererseits auf die Regierung einwirken, »jede sich bietende Verhandlungsmöglichkeit zu einer Änderung der Verhältnisse auszunützen«[64]. Daß es gelte, die Verhandlungsbereitschaft der Regierung zu stärken, stellte Graßmann in der Ausschußsitzung vom 24. Januar 1923 als Konsens fest[65]. Auch in der folgenden Sitzung des Gremiums am 16./17. Februar 1923 stellten verschiedene Redner dies als Ziel der gewerkschaftlichen Politik dar[66]. Angesichts dieser häufigen Beteuerungen, auf die Regierung einwirken zu wollen, damit diese jede sich bietende Möglichkeit der Verhandlung wahrnehme, bedeutete es einen deutlichen Bruch, als Martmöller, Vorstandssekretär im Bergarbeiterverband, am 2. März 1923 im »Vorwärts« erklärte, der Widerstand müsse so lange fortgesetzt werden, bis Frankreich gesprächsbereit sei[67]. Dies war klare Konfrontationspolitik und exakt die Haltung der Reichsregierung.

Wie ambivalent und schnell wandelbar die Haltung der führenden Gewerkschaftskreise in dieser Frage war, bewies die Initiative Leiparts am Ende desselben Monats. Angeregt durch Signale belgischer Gewerkschafter, durch ein ernsthaftes Reparationsangebot von deutscher Seite könnten die verständigungswilligen Kräfte in Belgien Auftrieb erhalten und durch die Erwartung eines ähnlichen Effekts in Frankreich hielt

---

63 Vgl. Ruck, Quellen II, Dok. 80, S. 802, vgl. ders., Ruhrkampf, S. 288f.
64 Vgl. »Konferenz der Ortsausschüsse des Bezirkes Frankfurt a.M. – Mainz, 12. 2. 1923«, in: HiKo NB 166/10.
65 Vgl. Ruck, Quellen II, Dok. 78, S. 758.
66 So z.B. Brey und Simon vgl. ebenda, Dok. 79, S. 775 und 784. Beide wiesen im übrigen darauf hin, daß man sich über den Ausgang des Kampfes keine Illusionen machen solle. Ob der Widerstand so lange geleistet werden könne, bis ein befriedigendes Resultat erzielt sei, sei zweifelhaft.
67 Vgl. Ruck, Ruhrkampf, S. 293.

Leipart die Zeit für gekommen, die Initiative zu einem »Friedensruf« der Gewerkschaften zu ergreifen. Die Reichsregierung sollte ein ernsthaftes »Friedensangebot« unterbreiten. Frankreich und Belgien sollten als Voraussetzung zu erfolgreichen Verhandlungen ihre Zwangsmaßnahmen im Ruhrgebiet einstellen. Von einer Räumung des Ruhrreviers, so bislang die stete Forderung der Reichsregierung, sprach Leipart nicht. Leipart konnte sich gegen die eigenen Vorstandsmitglieder jedoch nicht durchsetzen[68].

In der Bundesausschußsitzung vom 17./18. April 1923 lag die Situation anders. Nun führte Graßmann aus, die Widerstandskraft sei auf der »Höhe ihrer Intensität«, was geschehe aber, wenn sie nachlasse? Der Bundesvorstand sei der Meinung, »daß die Regierung eine mehr aktive Politik führen muß«. Friedensangebote solle man machen, »wenn man noch volle geistige und materielle Widerstandskraft besitzt«[69]. Hintergrund dieser erneuten Wende in der Haltung des ADGB-Vorstandes waren Meldungen aus dem besetzten Gebiet, die keineswegs mehr so positiv klangen wie im Januar des Jahres. Hatte Scheffel, Vorsitzender des Eisenbahner-Verbandes am 24. Januar 1923 noch vermelden können, die Stimmung der Arbeiter und Beamten im besetzten Gebiet sei zur Zeit gut[70], so klang sein Bericht nun erheblich negativer. 70000 bis 80000 Mitglieder des Eisenbahnerverbandes stünden im Kampf; die Anforderungen an den Verband seien sehr groß. Es dürfe nicht zum »Weißbluten« kommen[71]. Graßmann berichtete außerdem von der allgemein gestiegenen Nervosität im Ruhrgebiet und davon, daß sich Extremisten links wie rechts formieren würden[72].

Die allgemeine Meinung der Bundesausschußmitglieder tendierte dahin, für einen baldigen Abschluß des passiven Widerstandes zu wirken und dementsprechend auf die Regierung Einfluß zu nehmen. Die Schlußfolgerungen dieser Grundhaltung waren jedoch sehr unterschiedlich. So trat Dißmann klar gegen eine große Koalition – wie Leipart sie favorisierte –, dafür aber für eine Konzentration der proletarischen Kräfte, das hieß Zusammenarbeit mit der KPD, ein. »Der Fatalismus in Arbeiterkreisen ist Voraussetzung für den Erfolg der nationalsozialistischen Bewegung,

---

68 Zu den Hintergründen des Scheiterns der Leipartschen Initiative, die einen Sturz Cunos befürchten ließ, ein Schritt, zu dem vor allem die SPD zu diesem Zeitpunkt keinesfalls bereit war, vgl. Ruck, Ruhrkampf, S. 298 ff.
69 Vgl. Ruck, Quellen II, Dok. 83, S. 815.
70 Vgl. ebenda, Dok. 78, S. 755.
71 Vgl. ebenda, Dok. 83, S. 818 f. Meyer hatte bereits am 10. 4. 1923 in einer Gewerkschaftsbesprechung berichtet, daß der Widerstandswillen im Ruhrgebiet erlahme. Vgl. ebenda, Dok. 82, S. 808.
72 Vgl. Ruck, Quellen II, Dok. 83, S. 815 ff.

darum müssen wir verhindern, daß die Arbeiter das Vertrauen zu uns verlieren.«[73] Auch Brey und Jäckel traten gegen eine große Koalition ein. Jene, die den Ruhrkonflikt angezettelt hätten, sollten, so Brey, »das Ding« auch zu Ende bringen. »Wir sind von Cuno nicht gefragt worden, ob wir diesen Kampf mitmachen wollen. Wir haben so zu operieren, daß die Regierung Cuno politisch mit der Angelegenheit belastet wird.«[74] Der Bundesausschuß einigte sich schließlich darauf, daß auf die Regierung eingewirkt werden solle mit dem Ziel, den Kampf bald zu beenden. Der Kampf solle jedoch nicht »auf Gnade oder Ungnade« abgebrochen werden. »Wir erwarten ein Angebot, das Verhandlungen ermöglicht.«[75]

Die folgenden Bemühungen der freien Gewerkschaften blieben erfolglos. Leipart hatte in einer Besprechung mit Cuno und Außenminister von Rosenberg am 21. April 1923 unmißverständlich gefordert, daß die Regierung nun ein Verhandlungsangebot machen müsse, da man auf dem Höhepunkt des Widerstandes sei und sich nicht gewährleisten lasse, daß die Widerstandskraft aufrechterhalten werden könne. Der Reichskanzler stellte zum Abschluß der Besprechung jedoch fest, daß diese »lediglich für die Teilhaber zu deren eigenen Urteilsbildung bestimmt sei«[76]. Auf die Urteilsbildung der Reichsregierung hatten die deutlichen Worte des ADGB-Vorsitzenden jedenfalls keinen Einfluß. Denn das, was am 2. Mai 1923 als deutsche Reparationsnote veröffentlicht wurde, war alles andere als geeignet, Verhandlungen mit den Ententemächten anzubahnen. Allein die genannte Maximalsumme von 30 Milliarden Goldmark war viel zu gering, um von der Entente als Verhandlungsbasis anerkannt zu werden; außerdem enthielt die Note weder klare Vorstellungen eines Zahlungsplanes noch entsprechende Aussagen, wie die übernommenen Reparationsverpflichtungen aufgebracht werden sollten. Wie zu erwarten, lehnten Frankreich und Belgien dieses Angebot ab[77].

Dies hinderte den ADGB-Vorstand nicht, in einer Erklärung vom 9. Mai 1923 zusammen mit den christlichen und Hirsch-Dunckerschen Spitzen-

---

73 Vgl. ebenda, S. 819ff., Zitat: S. 821.
74 Vgl. ebenda, S. 822. Zu Jäckels Redebeitrag s. S. 825.
75 So die Schlußfolgerung Leiparts; vgl. ebenda, S. 827.
76 Vgl. AdR Cuno, Dok. 135, S. 418f. Otte vom Gesamtverband der christlichen Gewerkschaften meinte im Unterschied zu Leipart, »ob die Reichsregierung nun von sich aus mit einem Angebot an die Gegner herantreten wolle, überlasse der Deutsche Gewerkschaftsbund der Regierung. Er vertraue ihr, daß sie im rechten Zeitpunkt nicht versagen wird.« Vgl. ebenda, S. 419. Der Vorstand des freien Bergarbeiterverbandes hatte den Reichskanzler schon am 14. 4. 1923 zur Veröffentlichung eines Reparationsplans aufgefordert, »um so die Grundlage für baldige Verhandlungen zu geben«. Auf diese Forderung wollte man in der Reichskanzlei »zweckmäßig nicht besonders eingehen«, so ein handschriftlicher Vermerk vom 17. 4. 1923; vgl. AdR Cuno, Dok. 120, S. 376f.
77 Vgl. Ruck, Ruhrkampf, S. 334ff.

verbänden für eine Politik des Durchhaltens einzutreten. Der entscheidende Passus lautete: »Die deutschen Arbeitnehmer werden in ihrem Widerstand nicht einen Tag länger verharren, als an Rhein und Ruhr der rechtswidrige Zustand andauert.«[78] Im Unterschied zu früheren Forderungen schwenkte der ADGB nun wieder vollends auf die Strategie der Reichsregierung ein: erst Räumung des Ruhrgebietes, dann Verhandlungen. Dies verwundert weniger, wenn man zur Kenntnis nimmt, daß die Gewerkschaftserklärung im Hause des Reichsarbeitsministers entworfen wurde. Wenn Brauns' Entwurf von Gewerkschaftsseite auch leicht abgeändert wurde, in dieser entscheidenden Passage waren beide Fassungen identisch[79].

Der Vorstand des AfA-Bundes lehnte es ab, seinen Namen unter diese Kundgebung zu setzen. Seine Kritik war deutlich. In einem Antwortschreiben vom 29. Mai 1923 auf eine Anfrage des Deutschen Werkmeisterverbandes, warum der AfA-Bund die Kundgebung nicht mit unterzeichnet habe, stellte der Vorstand des AfA-Bundes fest, er habe von Anfang an Wert darauf gelegt, »daß die gewerkschaftliche Ruhraktion nicht mit dem Vorgehen der Regierung verquickt werden darf«. Wiederholt habe er kritisiert, »daß das Reichsarbeitsministerium, d. h. die Regierung, Aufrufe für die Gewerkschaften ausarbeitet und den Gewerkschaften Zeit, Inhalt und Tendenz für Kundgebungen an die Arbeiter und Angestellten diktiert«. Die Reparationsnote habe »alles andere als verständigend« gewirkt. Die gewerkschaftliche Erklärung wirke nun zusätzlich verschärfend, da sie wie die Note der Cuno-Regierung »nur auf das weitere Durchhalten eingestellt« sei[80].

Auf die Forderung, daß der gewerkschaftliche Abwehrkampf nicht mit den Handlungen der Regierung verknüpft werden dürfe, legte der ADGB-Vorstand im Unterschied zum AfA-Bund keinen Wert. Im Gegenteil, trotz bestehender Meinungsverschiedenheiten in der Verhandlungsfrage unterstützte der ADGB die Regierungspropaganda im Ausland tatkräftig[81]. Selbst im Sommer des Jahres, nachdem sich die Situation im Ruhrgebiet dramatisch verschlechtert hatte und verschiedene

---

78 Vgl. Kbl., 33. Jg., Nr. 20, 19. 5. 1923, S. 217. In einem Artikel am 26. 5. 1923 stellte das Organ des ADGB fest: »Trotz der außerordentlichen Drangsale, denen die Arbeiter des besetzten Gebietes ausgesetzt sind, halten diese am passiven Widerstand fest.« Vgl. ebenda, Nr. 21, 26. 5. 1923, S. 233.
79 Vgl. Ruck, Ruhrkampf, S. 338f. Schneider, Höhen, S. 341, bewertet die Erklärung vom 9. Mai etwas zu positiv. Zwar verweist auch er auf den Entwurf Brauns'. Dieser sei von den Gewerkschaften jedoch »deutlich versachlicht worden«. Den auf Durchhalten abzielenden Passus erwähnt Schneider nicht.
80 Vgl. AfA-Bund an den Deutschen Werkmeisterverband, 29. 5. 1923, in: HiKo NB 167/152.
81 Vgl. Ruck, Ruhrkampf, S. 194.

Initiativen der Gewerkschaften zur Beendigung des Konflikts bei der Reichsregierung kein Gehör gefunden hatten, versagte sich der ADGB einer Zusammenarbeit mit der Reichsregierung für Propagandazwecke nicht[82]. Der Erfolg dieser gewerkschaftlichen Unterstützung für die Auslandspropaganda war indes beschränkt. Die »offenkundige Nähe« der gewerkschaftlichen Propaganda zu der der Regierung hatte die Bereitschaft der Schwesterorganisationen in den Ententestaaten nicht gerade gefördert, »die Erinnerung an den vergangenen Krieg beiseite zu schieben und sich mit aller Macht für die deutsche Sache ins Zeug zu legen«[83].

1.6 Durchhalteparolen und die Stimmung der Arbeiterschaft

Der ADGB verbreitete nicht nur nach außen Durchhalteparolen, sondern auch nach innen gegenüber den eigenen Mitgliedern. Dazu diente die Erklärung vom 9. Mai 1923 ebenso wie gewerkschaftliche Veröffentlichungen im Frühsommer des Jahres. Was anders als Durchhaltepropaganda war die Schrift Richard Woldts von Mitte Juni 1923, in der er behauptete, es liege kein Grund zum Pessimismus vor. »Die Ruhrfront steht und wird aushalten bis zum letzten Augenblick.«[84]

Wie war die Stimmung der betroffenen Arbeiter an der Ruhr wirklich?

Nachdem bereits im April Berichte über Erlahmung des Widerstandswillens laut wurden, nahm die Stimmung in der Arbeiterschaft ab Mitte/Ende Mai solche Formen an, daß sich der ADGB-Vorstand veranlaßt sah zu intervenieren.

Am 19. Mai 1923 telefonierte Leipart mit dem Vorsitzenden des Eisenbahnverbandes Scheffel. Der Bezirkssekretär Meyer habe soeben mitgeteilt, daß der Bezirksleiter des Eisenbahnverbandes auf einer Bezirkskonferenz den Abwehrkampf für verloren erklärt und für dessen Abbruch plädiert habe. Leipart forderte Scheffel auf, mit seinen Leuten »ein ernstes Wort« zu reden, damit sich das Geschehene »unter keinen Umständen wiederhole«. Die Eisenbahner müßten sich ihrer Verantwortung bewußt sein[85]. Angesichts dieser auf Abbruch orientierten Stimmung

---

82 Vgl. dazu den Schriftwechsel des BV mit dem Auswärtigen Amt vom Juni bis September 1923 betr. Veröffentlichung von Arbeiterbriefen aus dem Ruhrgebiet in der holländischen Presse, die, so der BV am 17. 7. 1923, die deutsche Propaganda im Ausland stärken sollten. Vgl. ADGB-BV an Auswärtiges Amt, vom 17. 7. 1923, in: HiKo NB 169/116. Zur gesamten Korrespondenz vgl. ebenda 114–117.
83 Vgl. Ruck, Ruhrkampf, S. 196.
84 Vgl. Woldt: Der Endkampf an der Ruhr: politische, wirtschaftliche und soziale Betrachtungen, Berlin 1923, S. 15.
85 Vgl. »Telephonische Mitteilung des Herrn Leipart an Herrn Scheffel (Deutscher Eisenbahner-Verband), 19. Mai 1923, 12 Uhr.«, in: HiKo NB 167/118.

unter den Eisenbahnern mahnte Richard Woldt, auf einer am 22. Mai 1923 stattfindenden weiteren Eisenbahner-Konferenz »müsse unbedingt ein Vertreter des Bundesvorstandes anwesend sein, sonst machen die Eisenbahner einer den anderen mies«. Falls dies nicht möglich sei, müsse die Zusammenkunft verhindert werden. Obwohl kein Vorstandsvertreter an der Konferenz teilnahm, konnte man am 23. Mai im Bundesbüro notieren, daß laut Auskunft von Steinberg, Angestellter im Hauptvorstand des Eisenbahnerverbands, die Verbandsleitung von der Konferenz unterrichtet sei und »abweisende Beschlüsse nicht zu befürchten« seien[86].

Damit war die Abbruchstimmung unter der Arbeiterschaft jedoch nicht beseitigt. Auf einer weiteren Konferenz der Gauleiter, Verbandsfunktionäre und Betriebsräte in Barmen am 23. Mai 1923 wurden besonders von Vertretern des Eisenbahnerverbandes und des DMV Forderungen nach Abbruch des passiven Widerstandes laut[87]. Clever, Bezirksleiter des Eisenbahnerverbandes für Barmen-Elberfeld, stellte fest: »Für mich gilt der Abwehrkampf als erledigt.« Die Dinge würden sich so entwickeln, daß er keinen Wert mehr habe und weitere Opfer nutzlos seien[88]. Auch andere Funktionäre des Eisenbahnerverbandes sowie DMV-Bezirksleiter Wolf und Gramm, Gauleiter des Bundes technischer Angestellter und Beamter (Butab), beide aus Essen, erklärten, daß der Kampf abgebrochen werden müsse[89]. Es gab auf dieser Konferenz jedoch auch Stimmen, die für eine Aufrechterhaltung des Abwehrkampfes plädierten[90]. Besonders Meyer vom ADGB und Martmöller vom Bergarbeiterverband engagierten sich in diesem Sinne. Meyer beschwor die anwesenden Gewerkschafter, »fest zu bleiben, denn wenn der Franzose das Übergewicht bekäme, würde es um die Rechte und Freiheiten der Arbeiter vorbei sein«[91]. Wolf vom DMV quittierte diesen Aufruf Meyers mit dem Zwischenruf:»Kriegervereinsreden haben keinen Sinn. Wir wollen praktische Politik leisten.« Wolf erklärte, man müsse »proletarische Politik« machen. Die Warnungen der Kollegen müßten ernst genommen werden. Man dürfe nicht in die Situation gelangen, daß man nach der Ruhraktion mit dem Vorwurf konfrontiert werde, die Kollegen seien angelogen wor-

---

86 Vgl. Handnotizen vom 22./23. 5. 1923, Autor vermutlich Leipart, in: HiKo NB 167/120; vgl. auch Ruck, Ruhrkampf, S. 360, Anm. 20.
87 Protokoll der Konferenz in: HiKo NB 166/33.
88 Vgl. ebenda, S. 3.
89 Vgl. die Redebeiträge Bodurs, Düsseldorf, ebenda, S. 3f.; Beierlings, Köln, ebenda, S. 4f., Wolfs, ebenda, S. 7f. und Gramms, ebenda, S. 10.
90 So Kloesel, Düsseldorf, Funktionär des Verkehrsbundes, vgl. ebenda, S. 10. Für die Weiterführung des Widerstandes sprachen sich auch Nomm, Barmen, Funktionär des Baugewerksbundes (ebenda, S. 7), Buchelt, Düsseldorf (ebenda, S. 8) und Bauknecht (ebenda, S. 6f.) aus.
91 Vgl. ebenda, S. 6.

den[92]. Demgegenüber warnte Martmöller, die Arbeiter dürften keine Handhabe bieten und »sagen, es geht nicht mehr«. Daß der Widerstand nach viereinhalb Monaten noch nicht zusammengebrochen sei, sei »eine Stärke unserer Wirtschaft«. Außerdem gebe es auch »nationale Interessen der Arbeiter im guten Sinne«[93]. Meyer appellierte an den Durchhaltewillen der Ruhrarbeiterschaft angesichts einer Stimmung, die er selbst als sehr bedrohlich einschätzte. In einem Stimmungsbericht vom 19. Mai 1923 bat Meyer den Bundesvorstand dringend, alle Einflußmöglichkeiten bei der Reichsregierung zu nutzen, damit die bevorstehende neue Reparationsnote nicht wieder dieselbe Abfuhr von französischer Seite erhalte wie die letzte vom 2. Mai des Jahres. Dies sei deshalb so wichtig, weil »keine Aussicht besteht, den Abwehrkampf noch für längere Wochen zu führen«[94]. Auch Klebe, Vorsitzender des Verbandes der Maschinisten und Heizer, berichtete in einer Unterredung am 26. Mai 1923 mit ADGB-Vertretern und Vertretern der am passiven Widerstand beteiligten Verbände, daß die Stimmung unter den Maschinisten und Heizern den baldigen Abbruch des Kampfes erfordere[95]. Selbst führende Repräsentanten der christlichen Gewerkschaften mußten Ende Mai 1923 »ein bedenkliches Nachlassen des Abwehrgeistes« konstatieren[96].

Wie bedrohlich die Situation im Ruhrgebiet Ende Mai tatsächlich war, zeigten jene Streikunruhen, bei denen mehrere hunderttausend Arbeiter den Parolen kommunistischer Betriebsräte und syndikalistischer Organisationen folgten[97]. Diese den gewerkschaftlichen Organisationen völlig entglittenen Streikbewegungen verdienten »ernste Beachtung«, so Kloesel vom Verkehrsbund in der Besprechung vom 26. Mai 1923[98]. Wenngleich die Verbandsfunktionäre die wilden Streiks verurteilten, äußerten sie andererseits doch ein gewisses Verständnis für die Beweggründe der streikenden Arbeiter. Selbst Martmöller, einer der vehementesten Verfechter der Fortführung des passiven Widerstandes, mußte zugeben, daß die Stimmung der Arbeiterschaft nach und nach pessimistischer werde. Die »neue Markkatastrophe« habe weiter zur Zermürbung beigetragen und den Boden für die »kommunistischen Putsche« bereitet. Wenn eine

---

92 Vgl. ebenda, S. 6f.
93 Vgl. ebenda, S. 5 und 10f.
94 Vgl. Stimmungsbericht Meyers über die Lage im Ruhrgebiet vom 19. 5. 1923, in: HiKo NB 167/121.
95 Vgl. Ruck, Quellen II, Dok. 87, S. 853; anwesend waren: Leipart, Knoll, Brunner, Meyer (ADGB); Klebe (Maschinisten und Heizer); Martmöller (Bergarbeiter); Döring, Pause, Kloesel – Düsseldorf (Verkehrsbund); Steinberg (Eisenbahner).
96 So Jakob Kaiser auf einer »Ruhrbesprechung« im Reichsarbeitsministerium am 29. 5. 1923, vgl. Ruck, Quellen II, Dok. 88, S. 861.
97 Zu den Streiks im Mai 1923 vgl. Ruck, Ruhrkampf, S. 383ff.
98 Vgl. Ruck, Quellen II, Dok. 87, S. 853.

»vernünftige Lohnpolitik« einträte, würde die ganze Bewegung abflauen[99]. Ähnliche Äußerungen waren auf der Sitzung der Verbandsvorstände am 30. Mai 1923 in Schwerte zu hören. Töpfer vom Baugewerksbund meinte, die Unternehmer hätten mehr Entgegenkommen zeigen sollen. Auch die Cuno-Regierung sei »schwer schuldig«[100]. Angesichts der schwierigen Lage im Ruhrgebiet und der immer schlechter werdenden Stimmung in der Arbeiterschaft waren sich die führenden Repräsentanten des ADGB wie seiner Mitgliedsgewerkschaften weitgehend einig in der Auffassung, daß der Abwehrkampf so schnell wie möglich beendet werden müsse[101].

Waren in den Vorstandsetagen des ADGB und der am Widerstand beteiligten Verbände die Zeichen angesichts der geschilderten Probleme auf Abbruch des Widerstandes gestellt, so gab es in führenden Gewerkschaftskreisen jedoch nach wie vor Vertreter jener harten Linie, die den passiven Widerstand erst aufgeben mochten, wenn eine befriedigende Lösung erreicht worden war. Rudolph aus der Zentrale des Verkehrsbundes meinte gar, den passiven Widerstand erst dann aufgeben zu können, »wenn wir Satisfaktion erhalten für unsere erschlagenen und erschossenen Kollegen«[102].

In der Bundesausschußsitzung vom 4./5. Juli 1923 forderten Dißmann, Brey und Scheffel erneut einen baldigen Abbruch des Ruhrkampfes. Dißmann kritisierte die Durchhalteparolen »verschiedener Gewerkschaftsführer«. Richtiger wäre es gewesen, von vornehrein zu sagen, »daß wirtschaftliche Kämpfe nur beschränkte Zeit möglich sind«. Die schlimmsten Befürchtungen seien heute übertroffen. Man müsse mit »gewaltigen revolutionären Wellen« rechnen[103]. Der Vorstand des DMV teilte diese Auffassung auch der Reichsregierung mit. In einem Schreiben vom 24. Juli 1923 bezeichnete Dißmann es als »verhängnisvollen Trugschluß«, daß man annahm, der passive Widerstand sei »auf unbegrenzte Dauer« möglich. Angesichts der schweren Belastungen, die die Arbeiterschaft zu tragen habe, »während sich im gleichen Zeitraum andere

---

99 Vgl. ebenda, S. 855.
100 Vgl. Sitzung der Verbandsvorstände vom 30. Mai 1923 im Rathaussaal in Schwerte, in: HiKo NB 167/137.
101 Vgl. Ruck, Quellen II, Dok. 87, S. 856.
102 Vgl. »Protokoll der Sitzung des erweiterten Vorstandes [des Verkehrsbundes] mit den Gauleitern und Bevollmächtigten der Verwaltungsstellen mit über 5000 Mitgliedern am 10. Juni 1923 in Berlin«, in: ZA FDGB/Nr. 242, S. 21.
103 Vgl. Ruck, Quellen II, Dok. 91, S. 880. Zu den Redebeiträgen Breys und Scheffels vgl. ebenda, S. 876ff. und S. 879. Aus dem Protokoll ist Breys Haltung nicht klar ersichtlich; jedoch die Reaktionen der anderen Redner auf Breys Redebeitrag lassen klar auf das Plädoyer Breys schließen; vgl. auch Breys Brief an Leipart vom 31. 8. 1923, in: HiKo NB 158b/220.

Schichten der Bevölkerung durch vielfach unbegründete Preistreiberei, Wucher und Schiebereien bereichern«, sei die Arbeiterschaft erbittert und verzweifelt. Es könne überhaupt keine Rede davon sein, »daß der passive Widerstand in uneingeschränkter Kraft fortbestehen« könne. Im Gegenteil, jetzt müsse verhandelt werden. »Dabei haben unsererseits Fragen des Prestige etc. auszuscheiden. Wir sind im längeren Kampf der schwächere Teil.«[104].

Am 30. Juli 1923 fand auf Einladung des Reichskanzlers eine Besprechung in der Reichskanzlei statt, an der Vertreter aller gewerkschaftlichen Spitzenverbände teilnahmen. Für den ADGB waren Leipart und Knoll anwesend. In seiner Eröffnungsrede sprach Cuno vom ungebrochenen »Geist der Bevölkerung an Rhein und Ruhr und ihrem spontanen Abwehrwillen«, der die Verpflichtung begründe, alles zu tun, »um über diese schwere Zeit hinwegzuhelfen«. Leipart betonte, die Gewerkschaften wollten der Regierung nicht die Verantwortung abnehmen, »sie wollten aber Einfluß auf die Maßnahmen der Regierung« gewinnen. Leipart warnte, daß das Vertrauen des Volkes zu den Gewerkschaftsführern und zur Regierung »im Schwinden begriffen« sei. Deshalb sei es notwendig, sich auszusprechen. Die Forderung nach Abbruch des Ruhrkampfes wurde in dieser Konferenz weder von Leipart noch von einem anderen Gewerkschaftsvertreter erhoben[105]. In der Berichterstattung Leiparts an den Bundesausschuß am 7. September 1923 klang das alles etwas anders: »In der Besprechung mit Cuno ist ihm unsererseits das Vertrauen der Arbeiterschaft abgesprochen worden.«[106]

1.7 Entscheidung für Abbruch

Erst in dieser September-Sitzung konnte sich der Bundesausschuß des ADGB zu einer Entschließung durchringen, in der der Abbruch des passiven Widerstandes empfohlen wurde. Noch in einer Besprechung am 7. August 1923 hatte Meyer gegenüber dem düsteren Bild, das die DMV-

---

104 Vgl. DMV-Vorstand an Reichskanzler Cuno, 24. 7. 1923, in: HiKo NB 158b/178.
105 Vgl. »Niederschrift über die Sitzung des Reichsministeriums vom 30. Juli 1923 nachmittags 6 Uhr im Reichskanzlerhause«, in: BArch R 43 I/1134, Bl. 157–158. Außer Cuno waren RWirtschaftsM Becker, Reichsminister für Ernährung und Landwirtschaft Luther, Reichsbankpräsident v. Havenstein, verschiedene Staatssekretäre und Ministerialbeamte sowie, außer Leipart und Knoll für den ADGB, Vertreter des Hirsch-Dunckerschen Gewerkschaftsringes, des christlichen DGB, des Deutschen Beamtenbundes, des ADB und des AfA-Bundes anwesend; vgl. Anwesenheitsliste ebenda, Bl. 157. Zum Zustandekommen der Besprechung ebenda, Bl. 103–104. Der ADGB hatte Forderungen zur Steuerpolitik, zur Deckung der Staatslasten auf längere Sicht und zur Währungspolitik aufgestellt, vgl. ADGB an Reichskanzler, 31. 7. 1923, in: BArch R 43 I/1134, Bl. 141–143.
106 Vgl. Ruck, Quellen II, Dok. 96, S. 910.

Vertreter zeichneten, festgestellt, daß die Lage so schlimm doch nicht sei. Meyer konnte sich noch zu diesem Zeitpunkt nicht zu einem Abbruch des passiven Widerstandes entscheiden[107]. In der Bundesausschußsitzung am 7./8. September 1923 wurden nun Stimmen laut, die es im nachhinein für besser hielten, wenn der Ruhrkampf vermieden worden wäre. In diesem Sinne äußerte sich Simon[108]. Auch Müntner, Vorsitzender des Gemeinde- und Staatsarbeiterverbandes, meinte, »es hätte Protest eingelegt werden und im übrigen weitergearbeitet werden müssen«. Er gehöre nicht zu jenen, die den Ruhrkampf für unvermeidlich hielten[109]. Andere Redner hielten dem entgegen, daß der Kampf geführt werden mußte, »weil sonst die Gewerkschaften zerschlagen worden wären«. Außerdem habe sich gegen den Eindringling auch »das nationale Gefühl der Arbeiter« gewandt, »das nun einmal vorhanden und mit dem zu rechnen ist«, so Martmöller vom Bergarbeiterverband[110]. Meyer behauptete, seit Anfang des Kampfes »haben wir nur die Interessen der Arbeiter im Auge gehabt«[111]. Und Leipart wies darauf hin, daß jene, die nun behaupteten, sie hätten alles kommen sehen, im Bundesausschuß bisher keine dem Ausschuß zuwiderlaufende Meinung vertreten hätten[112]. Das mochte für Leute wie Müntner zutreffen. Nicht geleugnet werden kann jedoch, daß seit dem Frühjahr 1923 ein baldiger Abbruch des Kampfes gefordert wurde. Dißmann hatte im Januar noch für eine internationale Aktion votiert und vor nationalen Gesten gewarnt. Auch wenn dies nicht durchsetzungsfähig und angesichts der Verfassung der internationalen Gewerkschaftsbewegung nicht realistisch war, so kann man jedenfalls nicht behaupten, daß erst im Spätsommer des Jahres kritische Stimmen am Kurs des ADGB laut wurden.

---

107 Vgl. ebenda, Dok. 93, S. 900f. Am 7. 8. 1923 diskutierten ADGB-Vertreter, Vertreter der betroffenen Verbände bzw. Funktionäre aus dem besetzten Gebiet über die Frage Abbruch des passiven Widerstandes. Die DMV-Vertreter Dißmann, Wolf und Wallbrecht äußerten, der gegenwärtige Zustand sei nicht mehr aufrechtzuerhalten, der Widerstand bröckele ab, und »es droht zum Zusammenbruch zu kommen, wenn nicht vorher die Kapitulation unvermeidlich werden sollte« (so Dißmann, vgl. ebenda, S. 898). Auch der Vorsitzende des Landarbeiterverbandes, Georg Schmidt, teilte am 14. 8. 1923 dem ADGB-Vorstand mit, »daß die Stimmung auf dem Lande gar nicht so besonders durchhaltefreundlich ist«. Vgl. Deutscher Landarbeiter-Verband an ADGB, 14. 8. 1923, in: HiKo NB 784/Mappe 8.
108 Vgl. Ruck, Quellen II, Dok. 96, S. 914. Simon meinte, der Ruhrkampf breche genauso in sich zusammen wie der Krieg. Die Gewerkschaften müßten jetzt sagen, daß es so wie bisher nicht weitergehen könne.
109 Vgl. ebenda, S. 917.
110 Vgl. ebenda, S. 917.
111 Vgl. ebenda, S. 916.
112 Vgl. ebenda, S. 921.

In seiner Entschließung hielt der Bundesausschuß eine Rettung des Reiches vor Chaos und Zerstörung nur für möglich, wenn in den besetzten Gebieten baldigst die produktive Arbeit wiederaufgenommen werden würde. Die Gewerkschaften seien gegen entsprechende Garantien, besonders hinsichtlich der sozialpolitischen Errungenschaften bereit, ihren Mitgliedern den Abbruch des passiven Widerstandes zu empfehlen. Als weitere Punkte forderte der Ausschuß unter anderem Erfassung der Sachwerte und schnellste Einführung einer neuen festen Währung[113].

Am 26. September 1923, inzwischen hatte das Kabinett Cuno durch seinen Rücktritt am 12. August 1923 den Weg frei gemacht für die große Koalition unter Reichskanzler Stresemann, wurde der passive Widerstand erfolglos abgebrochen[114]. Die von den Gewerkschaften aufgestellten Forderungen wurden bei den Entscheidungen zum Abbruch des Ruhrkampfes nicht berücksichtigt. Am 23. November 1923 kamen die sogenannten MICUM-Verhandlungen über die künftig zu leistenden Reparationsleistungen zum Abschluß. Diese Verhandlungen wurden zwischen Ruhrindustriellen und Besatzungsmächten geführt. Die Gewerkschaften waren in diese Gespräche nie ernsthaft einbezogen[115]. Das Jahrbuch des ADGB für 1923 mußte feststellen: Wie man die Warnungen der Gewerkschaften während des Kampfes »in den Wind geschlagen« habe, »so ist derselbe dann auch beendet worden, ohne sich mit den Gewerkschaften über die zu treffenden Abbaumaßnahmen zu verständigen«. Nur einige Vertreter aus den besetzten Gebieten seien herangezogen worden, »die aber auch vor vollendeten Tatsachen standen«[116].

1.8 Motive und Folgen der Ruhrkampfpolitik des ADGB

Zieht man in Betracht, daß die Gewerkschaften im Vorfeld und im Verlauf des Ruhrkampfes an den strategischen und taktischen Entscheidungen weitgehend keinen Anteil zugestanden bekamen, so stellt sich die Frage nach den Motiven der Ruhrkampfpolitik des ADGB. Was bewog ihn und seine Mitgliedsgewerkschaften zum Einschwenken auf die Politik des passiven Widerstandes und warum setzten sich die freien Gewerkschaften nicht vehementer für den Abbruch dieser Politik ein, als die Erfolglosigkeit des Unternehmens immer deutlicher wurde?

Auf den ersten Teil der Frage wird in der Literatur geantwortet, die

---

113 Vgl. ebenda, S. 923.
114 Vgl. Ruck, Ruhrkampf, S. 463. Zum Rücktritt Cunos ebenda, S. 434.
115 Vgl. Ruck, Ruhrkampf, S. 464ff.; Mommsen, Die verspielte Freiheit, S. 159. Zu den MICUM-Verhandlungen vgl. auch Teil 2, IV. 2.
116 Vgl. Jb. ADGB, 1923, S. 25f.

Gewerkschaften hätten gehofft, im Gegenzug für ihre national verantwortliche Haltung sozialpolitische Zugeständnisse zu erhalten[117]. Daß der ADGB nicht offensiver auf einen Abbruch des passiven Widerstandes gedrängt habe, führt Potthoff auf die Angst der Gewerkschaften vor einer zweiten »Dolchstoßlegende« zurück[118]. Ruck führt als weitere Gründe die schon geschwächte Position der Gewerkschaften »im sozialen und politischen Kräftefeld« und die »Rücksichtnahme auf die weitgehend paralysierte SPD« an. Deren Weigerung, eine große Koalition unter Einbindung der DVP einzugehen, habe den ADGB daran gehindert, größeren Druck auf die Reichsregierung auszuüben mit der möglichen Konsequenz eines Regierungssturzes[119]. Dies erkläre auch die Gewerkschaftskundgebung vom 9. Mai 1923, in der sich der ADGB »wider die eigene Überzeugung« erneut öffentlich hinter das Kabinett Cuno gestellt hatte[120]. Des weiteren nennt Ruck die »Abhängigkeit von staatlichen Alimentationen, in die sie 1923 zunehmend gerieten«[121].

Welche Motive wurden von Gewerkschaftsseite angegeben? Auf das Argument des ADGB-Vorstandes, er habe mit seiner Politik nur den Widerstandswillen der Massen an der Basis erfüllt, wurde bereits hingewiesen. In gewerkschaftlichen Publikationen wurde auch das Argument, der Abwehrkampf stehe »vor allem im Interesse der deutschen Industriearbeiter« aufgegriffen, denn, so Nikolaus Osterroth, die deutsche Wirtschaft, um deren Selbstbehauptung dieser Kampf geführt werde, sei »nicht zuletzt ein Lebensgut der deutschen Arbeiter«. Osterroth betonte zwar, daß es zwischen Kapital und Arbeit noch »manche Rechnung zu begleichen« gebe. Allerdings duldeten diese »unvermeidlichen Auseinandersetzungen« keine Einmischung »unberufener Agenten fremden Kapitals«[122]. Ähnlich argumentierte Erdmann, wenn er behauptete, daß bei allen Gegensätzen zwischen Kapital und Arbeit, ja in gewissem Sinne »gerade um den Klassenkampf nicht unter erschwerten Bedingungen führen zu müssen«, die Arbeiter sich an der Seite der Unternehmer »zunächst einmal

---

117 Vgl. Ruck, Ruhrkampf, S. 344ff.; H.-J. Rupieper: Die freien Gewerkschaften und der Versailler Vertrag 1919–1923, in: GWU, 29 (1978) S. 496; Schneider, Höhen, S. 342; Schönhoven, Gewerkschaften, S. 141.
118 Vgl. Potthoff, Gewerkschaften (1979), S. 338. Ähnlich Mommsen, Die verspielte Freiheit, S. 149.
119 Vgl. Ruck, Ruhrkampf, S. 197f. Erst als die Stimmung in der Arbeiterschaft angesichts der aussichtslosen Situation im Ruhrkampf und der sich extrem verschärfenden Inflation immer bedrohlicher wurde und die Kommunisten immer mehr Zulauf bekamen, entschloß sich die SPD, einer Großen Koalition zuzustimmen, vgl. ebenda, S. 411ff. bes. 433f.
120 Vgl. ebenda, S. 340.
121 Vgl. ebenda, S. 197f.; zur finanziellen Unterstützung der Gewerkschaften durch das Reich: S. 198ff.
122 Vgl. Osterroth, Ruhreinfall, S. 19f.

für die Freiheit dieser Wirtschaft einsetzen [mußten], die ihnen Arbeit und Brot gab«[123]. Woldt sah die deutsche Arbeiterschaft an Rhein und Ruhr »für das ganze Volk« und für »den von ihr mitbegründeten und mitgetragenen neuen deutschen Staat« kämpfen[124]. Auch für Zwing erwies sich mit dem Engagement der Gewerkschaften im Ruhrkampf einmal mehr »ihre staatsbejahende Stellung gegenüber dem gegenwärtigen Staat«[125].

Über diese wirtschafts- und staatspolitischen Motive hinaus sah Erdmann noch einen weiteren und für ihn zentralen Beweggrund. Wollte die Arbeiterbewegung zur »Repräsentantin der Nation« werden, wie es Erdmann postulierte, dann konnte sie in Konfliktsituationen wie der Ruhrbesetzung nicht abseits stehen, selbst wenn eine »nationale Einheitsfront« im politisch-ideologischen Sinne mit Bürgertum und Industrie nicht möglich sein konnte, sondern allenfalls in zweckgebundener Form[126].

Die ADGB-Führung wies im Jahrbuch für 1923 die Behauptung zurück, der Ausgang des Ruhrkampfes habe für die Arbeiterklasse eine Niederlage bedeutet. Sie versuchte im Gegenteil, den Ruhrkampf als Erfolg der Arbeiterschaft darzustellen und behauptete, die Haltung der Arbeiterschaft im Ruhrkampfe habe ihr Sympathien auf der ganzen Welt eingebracht. Außerdem wäre ohne diesen Kampf die heute erfreuliche Aussicht, »zu einer vernünftigen Regelung der Reparationsfrage zu gelangen«, nicht erreicht worden. Die bevorstehende Regelung im Dawes-Plan wurde als Erfolg des Ruhrkampfes verbucht[127]!

In ähnlicher völliger Fehleinschätzung versuchte Zwing, die Erfolglosigkeit der gewerkschaftlichen Forderungen positiv zu deuten: Die Gewerkschaften hätten »ihre während des Ruhrkampfes wieder stark gewordene politische Position« nicht gegenüber dem »durch den Kampf schwach gewordenen Staat« ausgenutzt, wie es andere »Gesellschaftsschichten in ähnlicher Lage sicher getan hätten«[128]. Demgegenüber beklagte Erdmann, daß die Mehrheit des Volkes, »auf Reklame eingestellt«, die Verdienste der Gewerkschaften nicht gesehen hätte, die ohne Propaganda und ohne »Trommler« die »Träger der Reichseinheit« waren. Nicht einmal der Ruhrkampf habe den »innenpolitischen Gegnern die Augen

---

123 Vgl. Erdmann, Ruhrkampf, S. 114.
124 Vgl. Woldt, Endkampf, S. 7.
125 Vgl. Zwing, Geschichte, S. 181.
126 Vgl. Erdmann, Ruhrkampf, S. 92.
127 Vgl. Jb. ADGB, 1923, S. 16f.
128 Vgl. Zwing, Geschichte, S. 181f.

geöffnet, welche Bedeutung diese kampfgewohnten Selbstverwaltungskörperschaften für die Nation gewonnen haben«[129]. Trotz dieses Eingeständnisses hielt Erdmann den passiven Widerstand für eine »geschichtliche Tatsache von weitreichender Bedeutung für Gegenwart und Zukunft unseres Volkes, er war es vor allem für das Verhältnis von Arbeiterbewegung und Nation«[130]. Aber abgesehen von dieser in Erdmanns Synthese von Sozialismus und Nationalismus eingebetteten Überhöhung des Ruhrkampfes, mußte der Autor der ADGB-offiziellen Ruhrkampfdarstellung eingestehen, daß der Dank der Nation für den gewerkschaftlichen Einsatz nicht in dem Maße wie erhofft eintrat.

Von sozialpolitischen Erfolgen als Gegenleistung zur nationalen Haltung der freien Gewerkschaften konnte ebenfalls keine Rede sein. Weder in der Lohn- und Arbeitszeitfrage, noch gegenüber Forderungen zur Währungspolitik, vor allem hinsichtlich der Erfassung der Sachwerte zeigten sich Unternehmer einerseits und Reichsregierung andererseits zu Zugeständnissen bereit[131].

Zwar unterstützte die Reichsregierung die Gewerkschaften finanziell und verhinderte somit den völligen Zusammenbruch der Organisationen. Allerdings gerieten die Gewerkschaften dadurch zunehmend in staatliche Abhängigkeit. Ihre Handlungsfähigkeit wurde damit, so Schönhoven, »restlos« beseitigt[132]. Die finanzielle Unterstützung des Staates war notwendig, sollten die Gewerkschaften als Trägerinnen des passiven Widerstandes weiterhin ihre Aufgaben erfüllen. Zieht man in Betracht, daß die Gewerkschaften im Ruhrkampf halbstaatliche Funktionen wahrnahmen, so waren staatliche Zuwendungen nicht weniger als recht und billig. Die staatlichen Unterstützungen verhinderten jedoch nicht, daß die Finanzen der Gewerkschaftsorganisationen nach Beendigung des Ruhrkampfes, angesichts von Hyperinflation und rapidem Mitgliederschwund, vollständig zerrüttet waren[133].

---

129 Vgl. Erdmann, Ruhrkampf, S. 154.
130 Vgl. ebenda, S. 208.
131 Vgl. dazu Schönhoven, Gewerkschaften, S. 141 und Ruck, Ruhrkampf, S. 344ff. Auf die Arbeitszeitfrage werde ich weiter unten ausführlicher eingehen.
132 Vgl. Schönhoven, Gewerkschaften, S. 141.
133 Vgl. die Diskussion des ADGB-BA am 2. 10. 1923, in: Ruck, Quellen II, Dok. 99, S. 940f. Zu den Konsequenzen für Personal und Apparat vgl. Teil 1, II. 4.

1.9 »Ruhrkampfentschädigung«

Um so erbitterter nahmen die Gewerkschaften jene Nachrichten im Januar 1925 auf, die Reichsregierung habe der Schwerindustrie an Rhein und Ruhr bereits in der zweiten Jahreshälfte 1924 ca. 700 Millionen Mark Ruhrkampfentschädigung bezahlt[134]. Während die Großindustrie diesen Betrag »schnell und unbürokratisch, aber ohne Zustimmung des Parlaments aus öffentlichen Mitteln« erhalten hatte und ihn zudem »außerhalb jeder staatlichen Kontrolle verwenden« durfte, warteten Anfang 1925 noch viele Staatsbürger im ehemalig und noch besetzten Gebiet auf eine angemessene Entschädigung ihrer wirtschaftlichen Opfer im Ruhrkampf[135].

Vor diesem Hintergrund entstand eine Diskusion um die Schaffung einer »sozialen Ruhrkampfentschädigung«. Initiator dieses Unternehmens war der Reichstagsabgeordnete Thomas Esser (Zentrum). Ergebnis der Verhandlungen, die in den Jahren 1925 bis 1927 im Reichstag und zwischen Vertretern der Regierung, von Parteien, Interessenverbänden und Kommunen geführt wurden, war die Schaffung des sogenannten 30-Millionen-Fonds. Je 10 Millionen gingen an den gewerblichen Mittelstand, an die Kommunen und an die Gewerkschaften[136]. Doch anders als die Industrie durften die Gewerkschaften diese Gelder nicht unkontrolliert verwenden. Individuelle Unterstützungen für notleidende Mitglieder waren z. B. ausgeschlossen. Die Gelder sollten für Wohlfahrts- oder Bildungszwecke ausgegeben werden. Der ADGB plante mit dem auf ihn fallenden Anteil, den Bau einer Bundesschule im besetzten Gebiet und zum anderen die Errichtung von Jugendherbergen[137].

Vertreter der Wirtschaft des besetzten Gebietes protestierten dennoch gegen eine Verteilung der Geldmittel an die Gewerkschaften. Albert Wiedemann, Syndikus der Handelskammer Köln und Vorsitzender des Wirtschaftsausschusses des besetzten Gebietes, begründete dies in einer Besprechung zwischen Regierungs-, Wirtschafts- und Gewerkschaftsvertretern am 26. April 1927 in Köln damit, daß die Gewerkschaften höchstens

---

134 Zur Reaktion der freigewerkschaftlichen Spitzenverbände vgl. die Eingabe von ADGB und AfA-Bund an den Reichstag betr. Untersuchung dieser Vorgänge, vgl. Kukuck/Schiffmann, Quellen III, Dok. 31, S. 295ff. Zum Problem insgesamt vgl. F. Blaich: Der »30-Millionen-Fonds« – Die Auseinandersetzung um eine soziale Ruhrentschädigung 1925–1927, in: Blätter für deutsche Landesgeschichte, 1977, S. 450–476.
135 Vgl. ebenda, S. 451.
136 Vgl. ebenda, S. 453ff. Vgl. auch Winkler, Schein, S. 509f.
137 Zur Verwendung des gewerkschaftlichen Anteils aus dem Fonds vgl. z.B. die Ausführungen Graßmanns in einer Besprechung zwischen Gewerkschaftsvertretern und dem Reichsministerium für die besetzten Gebiete am 27. 5. 1927, in: Kukuck/Schiffmann, Quellen III, Dok. 152, S. 924ff.

ein Drittel der Arbeitnehmer organisieren würden. Die Unorganisierten würden also leer ausgehen. Sein weiterer Hinweis, auch die Unternehmerverbände hätten nie Geldmittel für Entschädigungen beansprucht, konnte von den Gewerkschaftsvertretern nur als eine pure Provokation verstanden werden[138]. Auf dieser Konferenz, die Aufteilung und Verwendung der Ruhrkampfentschädigung diskutieren sollte, war Wilhelm Leuschner, damals Bezirkssekretär des ADGB in Hessen, als Gewerkschaftsvertreter anwesend. Er berichtete dem Bundesvorstand über das Mißtrauen gegenüber den Gewerkschaften und der Verwendung ihres Anteils aus dem Fonds, von dem die Konferenz geprägt gewesen sei. Er habe sich zurückgehalten, denn eigentlich sei er der Meinung, daß die gesamten 30 Millionen aus dem Fonds allein den Gewerkschaften zuständen, und daß er die 10 Millionen nur »als Schweigegelder« ansehe. Dies würden auch jene Ausführungen Essers beweisen, der auf Bemerkungen, wie sie Wiedemann geäußert hatte, geantwortet habe, man solle ein »Herauslocken der Vertreter der Arbeiterschaft« vermeiden. Es gelte einen Skandal zu verhindern, denn Industrie und Landwirtschaft seien in nicht zu verantwortender Weise mit Reichsgeldern bedacht worden[139].

Am 2. Juli 1927 wurde bei einem Empfang in der Reichskanzlei die Zuteilung der 10 Millionen Reichsmark als Arbeitnehmeranteil offiziell bekanntgegeben. Reichskanzler Marx übergab den anwesenden ADGB-Vertretern Graßmann, Schlimme und Wilhelm Thomas die Reichsplakette und ein Handschreiben und stattete den Dank der Reichsregierung an alle am Ruhrkampf Beteiligten ab[140]. Graßmann würdigte die 10 Millionen als »eine Ehrengabe des Reiches« an die Gewerkschaften. Nicht als Entschädigung für gebrachte Opfer oder gar als »Schweigegelder« könne man sie betrachten[141].

Der Einschätzung Graßmanns, daß man nicht von einer Entschädigung für die im Ruhrkampf erbrachten Opfer sprechen konnte, war in jedem Fall zutreffend; dafür war der Betrag viel zu gering. Der Zweck des 30-Millionen-Fonds war ja auch nicht Entschädigung, sondern, ganz wie

---

138 Zu dieser Besprechung vgl. Blaich, Der »30-Millionen-Fonds«, S. 466ff.; vgl. auch die Schilderung Leuschners in dessen Brief an den ADGB-BV vom 27. 4. 1927, in: Kukuck/Schiffmann, Quellen III, Dok. 149, S. 898f.
139 Vgl. ebenda, S. 898f.
140 Vgl. die Schilderung Schlimmes in dessen Lebenslauf 1918–1937, in: ZA FDGB/NL 16/1.
141 Vgl. HiKo NB 172/70.

der Zentrumsabgeordnete Esser es formulierte, Beruhigung der Öffentlichkeit angesichts der ungleichgewichtigen Behandlung von Großindustrie und Landwirtschaft einerseits und kleineren Gewerbetreibenden, Arbeitern und Angestellten andererseits.

2. Revision einer »revolutionären Errungenschaft«

2.1 Vorstöße der Unternehmer und die Arbeitszeitverordnung 1923

Hatte die späte Ruhrkampfentschädigung für die Gewerkschaften allenfalls symbolischen Charakter, so blieben Erwartungen auf sozialpolitische Zugeständnisse als Gegenleistung für das nationale Engagement der Gewerkschaften vollends unerfüllt – im Gegenteil.

Am 21. Dezember 1923 wurde eine Arbeitszeitverordnung erlassen, die die Bestimmungen der am 17. November des Jahres abgelaufenen Demobilmachungsverordnungen ersetzte. Der Achtstundentag, das Symbol gewerkschaftlicher Erfolge, wurde darin zwar als Prinzip festgelegt, jedoch durch eine ganze Reihe von Bestimmungen durchlöchert. Die Verordnung erlaubte den Zehnstundentag aufgrund behördlicher oder tariflicher Regelung. Tarifverträge, die eine andere Arbeitszeit vorsahen, konnten innerhalb von 30 Tagen gekündigt werden[142]. Zwar lehnten Teile des Unternehmerlagers diese Verordnung als zu wenig weitgehend ab und forderten eine Loslösung der Arbeitszeitfrage von jeglicher gesetzlichen Bestimmung. Dennoch war die Arbeitszeitverordnung vom Dezember 1923 Ausdruck einer Politik, die den Forderungen der Unternehmer nach einer Revision des Achtstundentages mehr Gewicht beimaß als den gewerkschaftlichen Argumenten.

Zu Beginn des Ruhrkampfes hielten Stinnes und andere Industrielle es für unklug und inopportun, »erste Schritte gegen den Achtstundentag zu unternehmen, solange die Durchhaltemoral der Arbeiterschaft wichtig war«[143]. Hatte der RDI bereits in seiner sogenannten »Garantieerklärung« an die Reichsregierung vom 25. Mai 1923 Mehrarbeit über den Achtstundentag hinaus gefordert, um eine »Steigerung der allgemeinen

---

142 Zu den Bestimmungen der VO vgl. Kollektives Arbeitsrechts, Bd. 1, Dok. 48, S. 235; Jb. ADGB, 1923, S. 67; Preller, Sozialpolitik, S. 275, und Feldman/Steinisch, Achtstundentag, S. 411.
143 Vgl. ebenda, S. 385; vgl. auch Mommsen, Die verspielte Freiheit, S. 146.

Arbeitsleistung« zu erreichen[144], so gingen die Unternehmer nach Beendigung des passiven Widerstandes in der Arbeitszeitfrage vollends zur Offensive über. Der Zechenverband vereinbarte am 30. September 1923 auf einer Versammlung in Unna, ab 8. Oktober 1923 die Vorkriegsarbeitszeit wieder einzuführen, das hieß Verlängerung der Siebenstundenschicht unter Tage einschließlich Ein- und Ausfahrt auf 8½ Stunden und für die Übertagearbeiter eine Arbeitszeit von 10 bis 12 Stunden[145]. Zwar war der Zechenverband mit diesem Vorstoß nicht erfolgreich, dennoch zeigte der weitere Verlauf der Auseinandersetzung, daß die Gewerkschaften nicht in der Lage waren, den Achtstundentag zu halten.

Am 16. Oktober 1923 beriet der Bundesausschuß des ADGB die Lage. Leipart gab bekannt, daß der Bundesvorstand mit Zuschriften aus dem Reiche und von Deputationen aus Berliner Betrieben bestürmt werde, unbedingt etwas zu unternehmen, um das Vertrauen bei der Arbeiterschaft nicht zu verlieren[146]. Die Vorstände der freigewerkschaftlichen Spitzenorganisationen hätten überlegt, ob durch Großdemonstration, vorübergehende Stillegung von Betrieben oder Generalstreik etwas erreicht werden könne. Sie seien jedoch zum Schluß gekommen, daß damit keine Abhilfe zu schaffen sei. Statt dessen sei eine gemeinsame Sitzung der Bundesausschüsse der Spitzenverbände geplant, zu der auch Vertreter der Regierung geladen seien. Die Sitzung solle den Zweck einer öffentlichen Kundgebung haben[147]. Leipart legte eine Entschließung vor, die ein aus den freigewerkschaftlichen Spitzenverbänden gebildeter Aktionsausschuß vorbereitet hatte. Zum Arbeitszeitproblem hieß es darin, die Gewerkschaften seien bereit, wo notwendig, Überarbeit tariflich zu vereinbaren.»Gegen wirtschaftliche und soziale Diktatur werden sie jedoch die Arbeiterschaft zum Abwehrkampf aufrufen.«[148] Während die Entschließung einstimmig angenommen wurde, war sich der Ausschuß

---

144 Wortlaut der Garantieerklärung in: Kbl., Jg. 33, Nr. 22, 2. 6. 1923, S. 242ff. Die Garantieerklärung des RDI war die Antwort an RK Cuno, der in der Reparationsnote vom 2. 5. 1923 nur angedeuteten Garantien für die Erfüllung der deutschen Reparationsleistungen präzisieren wollte. Der RDI erklärte sich zur Garantie nur unter der Bedingung bereit, daß der Staat sich aus der Wirtschaft heraushalten sollte und alle Bestimmungen der Kriegszwangswirtschaft sowie die Demobilmachungsverordnungen aufhebe. Vgl. Winkler, Revolution, S. 575f.; Ruck, Ruhrkampf, S. 349ff.; Feldman/Steinisch, Achtstundentag, S. 386.
145 Vgl. dazu und zum Vorstoß der Schwerindustrie 1923 gegen den Achtstundentag Steinisch, Arbeitszeitverkürzung, S. 468ff.; Feldman/Steinisch, Achtstundentag, S. 388ff.; Mommsen, Die verspielte Freiheit, S. 155. Zum Protest der Bergarbeitergewerkschaften gegen das Vorgehen der Unternehmer vgl. das Protokoll über die Verhandlungen im Reichsarbeitsministerium betr. Arbeitszeit im Kohlenbergbau am 10. 10. 1923, in: BArch Potsdam, RAM, Bd. 290, Bl. 28/29.
146 Vgl. Ruck, Quellen II, Dok. 103, S. 995.
147 Vgl. ebenda, S. 956.
148 Vgl. ebenda, S. 958.

über das Vorgehen der Gewerkschaften nicht einig. Simon und Dißmann sprachen sich für einen zeitlich begrenzten Generalstreik aus[149]. Karl Hartmann, ADGB-Bezirkssekretär in Thüringen, war ebenfalls der Ansicht, daß der ADGB-Vorstand »das Ventil« öffnen müsse, sonst werde die »Masse über seinen Kopf hinweggehen«. Hartmann war sich sicher, »daß die Arbeiterschaft auch der Aufforderung zum Generalstreik folgt«[150]. Dieser Ansicht war auch Otto Misbach vom Frankfurter Ortsausschuß. Er zweifelte jedoch, »ob wir am zweiten Tag die Bewegung noch in der Hand halten«[151]. Diese Befürchtung äußerten auch Brey und andere Ausschußmitglieder[152].

Am folgenden Tag fand die gemeinsame Sitzung der Ausschüsse der freigewerkschaftlichen Spitzenverbände ADGB, AfA-Bund und ADB statt[153]. Als Vertreter der Reichsregierung waren Reichsarbeitsminister Brauns und der Staatssekretär im Reichswirtschaftsministerium Julius Hirsch anwesend. Dißmann kritisierte in dieser Sitzung die Regierung scharf. Die Kosten von Krieg, Ruhrkampf und Reparationen sollten allein den Arbeitern aufgebürdet werden. Der Entwurf des neuen Arbeitszeitgesetzes[154] verdiene nichts anderes, als daß man ihn der Regierung vor die Füße werfe. Dißmann befürchtete, daß die Gewerkschaften bei weiterem Ausweichen vor dem »Kampf« das Vertrauen der Mitgliedschaft verlieren würden[155]. Demgegenüber betonte Bezirkssekretär Meyer, daß schon viel gewonnen sei, wenn diese Tagung das Vertrauen der Mitgliedschaft stärke. Auch der Vorsitzende des AfA-Bundes, Aufhäuser, meinte, die gemeinsame Tagung sei eine »Warnung an die Regierung und an die rechtsradikalen Kreise«. Sie werde dadurch zur »Ermutigung unserer Mitglieder führen«[156].

Am 16. Januar 1924 diskutierte der Bundesausschuß erneut über den Achtstundentag. In der Zwischenzeit waren von seiten der Schwerindustrie weitere Schritte gegen den Achtstundentag erfolgreich durchgesetzt

---

149 Redebeiträge Simon und Dißmann, vgl. ebenda, S. 959f., bzw. S. 960ff.
150 Vgl. ebenda, S. 965.
151 Vgl. ebenda, S. 965f.
152 Vgl. ebenda, S. 964. Ähnlich Graßmann (S. 965), skeptisch gegenüber einem Generalstreik waren auch Jäckel und Paeplow (S. 966).
153 Vgl. Ruck, Quellen II, Dok. 103, S. 955ff.
154 Im Oktober legte die Reichsregierung einen Entwurf eines Arbeitszeitgesetzes vor, der Mehrarbeit durch Anordnung des Arbeitgebers für eine begrenzte Zahl von Tagen, durch tarifliche und durch behördliche Genehmigung vorsah. Da über diesen Entwurf im Reichstag jedoch keine Einigung zu erzielen war, wurde die Arbeitszeitfrage schließlich auf dem Wege der Verordnung vom 21. 12. 1923 geregelt. Vgl. Preller, Sozialpolitik, S. 275.
155 Vgl. Ruck, Quellen II, Dok. 104, S. 977.
156 Redebeiträge Meyer und Aufhäuser, ebenda, S. 977 und 978.

worden. Am 28./29. November 1923 kamen Vertreter der Bergarbeiterverbände und des Zechenverbandes in Berlin zu Gesprächen zusammen, die unter Leitung des Reichsarbeitsministers standen und die zu einem Abkommen führten, in dem für den Ruhrbergbau eine Schichtzeitverlängerung von sieben auf acht Stunden vereinbart wurde. Diese Vereinbarung glich nur »auf den ersten Blick« einem jener Überschichtenabkommen, die die Bergarbeitergewerkschaften seit Beginn des Jahres 1920 häufiger geschlossen hatten[157]; in Wirklichkeit entpuppte es sich als »eine permanente Arbeitszeitverlängerung«[158]. Die in der Vereinbarung festgelegte Mehrarbeit sollte nicht mit den im Manteltarif vorgesehenen Zuschlägen für Überstunden vergütet werden, sondern lediglich mit einem Siebtel des bisherigen Schichtlohnes[159].

Dem Vorstoß des Ruhrbergbaus folgte die Forderung der Eisen- und Stahlindustrie, zur Vorkriegsarbeit zurückzukehren. Am 13. und 14. Dezember 1923 fanden in Berlin Verhandlungen zwischen Metallarbeitergewerkschaften und Vertretern der Eisen- und Stahlindustrie statt, wiederum unter der Leitung des Reichsarbeitsministers. Das Ergebnis dieser Verhandlungen war ein Abkommen, in dem als durchschnittliche wöchentliche Arbeitszeit 59 Stunden und das Zweischichtensystem festgelegt wurden[160]. Beide Abkommen kamen auf dem Hintergrund des MICUM-Abkommens zustande[161]. Die Unternehmer argumentierten, ohne Arbeitszeitverlängerung sei eine Erfüllung der in diesem Abkommen vereinbarten Reparationslieferungen nicht zu leisten. Reichsarbeitsminister Brauns schloß sich dieser Haltung an. Die Zechenbesitzer übten

---

157 Vgl. dazu dieses Kapitel unten.
158 Vgl. Feldman, Arbeitskonflikte, S. 221; Text der Vereinbarung vom 29. 11. 1923, die bis zum 1. 5. 1924 begrenzt war, s. BArch Potsdam, RAM, Bd. 290, Bl. 47, 48; auch in: BArch R 43 I/2172, Bl. 273; zu den Verhandlungen am 28./29. 11. 1923 im Reichsarbeitsministerium vgl. das Protokoll in: BArch Potsdam, RAM, Bd. 290, Bl. 44–46. Vgl. auch Feldman/Steinisch, Achtstundentag, S. 406f.
159 Die am 4. 12. 1923 zusammengetretene Revierkonferenz der Bergarbeiter akzeptierte nur mit knapper Mehrheit, mit 99 zu 92 Stimmen, das neue Arbeitszeitabkommen, mit der Auflage, auf eine Verbesserung des Abkommens hinzuarbeiten, vgl. Feldman/Steinisch, Achtstundentag, S. 406f.; vgl. auch Winkler, Revolution, S. 682.
160 Vgl. die Vereinbarung zwischen Arbeit Nordwest und den Metallarbeitergewerkschaften vom 13. 12. 1923, in: BArch Potsdam, RAM, Bd. 290, Bl. 138; zu den Verhandlungen vgl. das Protokoll in: ebenda, Bl. 130–133. Vgl. Feldman/Steinisch, Achtstundentag, S. 408ff.; Wentzel, Inflation, S. 166ff., und Winkler, Revolution, S. 683.
161 In dem ersten großen MICUM-Abkommen, das am 23. 11. 1923 zwischen der Mission interallié de contrôle des usines et mines (MICUM) und dem Bergbaulichen Verein geschlossen wurde, wurden die Bergwerke verpflichtet, 30 bzw. 35% der von ihnen geförderten Kohlen- und Koksmengen ohne Bezahlung an die Entente zu liefern. In der Folgezeit vereinbarten weitere Industriegruppen derartige MICUM-Verträge. All diese Verträge liefen zum 15. 4. 1924 aus und wurden bis zum 15. 6. 1924 verlängert. Vgl. Jb. ADGB, 1924, S. 18; Hirsch: Dawes-Gutachten und Arbeitnehmerinteresse, in: GZ, Jg. 34, Nr. 27, 5. 7. 1924, S. 220.

darüber hinaus zusätzlichen Druck aus, indem sie drohten, die Zechen zum 1. Dezember zu schließen[162].

Anders als die Bergarbeiter akzeptierten die Metallarbeiter an der Ruhr das in Berlin ausgehandelte Abkommen nicht. In einer Urabstimmung am 19. Dezember 1923 sprachen sich nur 560 für, 42 580 DMV-Mitglieder jedoch gegen die Annahme der Vereinbarung aus[163].

In der Bundesausschußsitzung am 16. Januar 1924 gaben die Abmachungen für die Metallindustrie im Rhein-Ruhr-Gebiet und in Berlin Anlaß zu einer Diskussion über die Taktik der Gewerkschaften im Kampf um den Achtstundentag. Leipart teilte mit, daß die Vereinbarungen für die Metallindustrie im Ausland zum Teil »Bestürzung und Empörung über das Verhalten unserer Gewerkschaften« ausgelöst hätten[164]. Die Auswirkungen der Abmachungen seien für die deutsche Arbeiterschaft »ganz ungeheuerlich«[165]. Im Schußfeld der Kritik stand der DMV und nicht, wie Dißmann es in einem Zwischenruf monierte, der Bergarbeiterverband. Bezirksleiter Wolf aus Essen, der als DMV-Verhandlungsführer besonderer Kritik ausgesetzt war, versuchte, sein Verhalten zu erklären und warb außerdem für die Unterstützung der ausständigen Metallarbeiter an der Ruhr. Wolf hatte zwar seine Unterschrift unter das Abkommen vom 13./14. Dezember 1923 gesetzt, jedoch andererseits dieses Abkommen einer Urabstimmung unter den betroffenen DMV-Mitgliedern vorgelegt. Wolf beharrte darauf, mit seiner Unterschrift nicht seine Zustimmung zu dem Abkommen bekundet zu haben, sondern das Ergebnis der Verhandlungen »nur als Niederschrift unterschrieben« zu haben[166]. Wolf berichtete weiter, daß die DMV-Kollegen des Essener Bezirks »fast alle ausständig« seien. Eine Vertreterkonferenz des DMV-Bezirks Essen hatte es am 20. Dezember 1923 abgelehnt, die Arbeit zu den Bedingungen des Berliner Abkommens aufzunehmen. Am 3. und am 8. Januar 1924 hatten Kollegen aus dem Streikgebiet vom Stuttgarter

---

162 Vgl. Winkler, Revolution, S. 682f.
163 Vgl. Feldman/Steinisch, Achtstundentag, S. 411.
164 Vgl. Kukuck/Schiffmann, Quellen III, Dok. 2, S. 116. Leipart erwähnte in diesem Zusammenhang einen Brief der gewerkschaftlichen Landeszentrale der Schweiz.
165 Vgl. ebenda, S. 116f.
166 Wolf erklärte, Reichskommissar Mehlich (SPD), der nach dem Reichsarbeitsminister die Leitung der Verhandlungen übernommen hatte, habe verlangt, daß das bisherige Verhandlungsergebnis schriftlich unterzeichnet werden solle zur Information für den Minister, der am folgenden Tage die Verhandlungen wieder leiten werde. Obwohl ihn die Vertreter der christlichen und der Hirsch-Dunckerschen Verbände bestürmt hätten, das Verhandlungsergebnis zu akzeptieren, habe er, Wolf, immer darauf beharrt, es den Mitgliedern zur Abstimmung vorzulegen. Vgl. ebenda, S. 118. Am 17. 2. 1923 hatte Wolf in einem Telegramm an den Reichsarbeitsminister dagegen protestiert, daß seine Unterschrift als verbindlich betrachtet wurde. Vgl. BArch Potsdam, RAM, Bd. 290, Bl. 151. Vgl. auch Mehlich an Reichsarbeitsminister vom 27. 12. 1923, in: ebenda, Bl. 153/154.

DMV-Hauptvorstand die Ausrufung des Generalstreiks für das betroffene Gebiet verlangt, »und zwar auch die Kollegen, die nicht auf der linken Seite stehen«. Beide Male habe der Hauptvorstand diese Forderung abgelehnt[167]. Die DMV-Vertreter Dißmann und Reichel taten dies auch in der Ausschußsitzung, ebenso lehnte der ADGB einen Solidaritätsstreik, »der bis zum Generalstreik gesteigert wird«, ab[168].

Statt dessen entbrannte im Bundesausschuß eine Diskussion über die Schuld an den jetzigen Zuständen. Dißmann zählte in erster Linie den Krieg und den Ruhrkampf auf. Die Kosten hätten in beiden Fällen die Arbeiter zu tragen. Die Bergarbeiter hätten den Anfang gemacht mit der Durchbrechung des Achtstundentages, ohne daß ihnen Vorwürfe gemacht worden seien. Bei der Schuldfrage müsse man bis in die Novembertage 1918 zurückgehen und fragen, ob alles getan wurde, was notwendig gewesen sei. Ihm sei berichtet worden, daß im ersten Arbeitszeitabkommen für den Bergbau »der Achtstundentag für Untertagearbeit und neun Stunden für Übertagearbeit vereinbart« worden seien[169]. Natürlich verwahrte sich Janschek als Bergarbeitervertreter gegen Dißmanns Vorwürfe. Das Überarbeitszeitabkommen vom November 1923 habe verhindert, daß »uns die Neun- und Zehnstundenschicht im Bergbau aufgezwungen wurde«. Man habe eben nicht die Kraft, den Achtstundentag auf der ganzen Linie zu halten[170]. Für den Vorsitzenden des Fabrikarbeiterverbandes, Brey, waren die eigentlichen Schuldigen ganz woanders auszumachen. Die Verhandlungen über den Achtstundentag hätten unter dem Druck verschobener Machtverhältnisse und einer zerrütteten Wirtschaft stattgefunden. Die politische Machtverschiebung habe aber ihren Ursprung in der Zermürbung der Gewerkschaften, »woran die Kommunisten den größten Teil der Schuld tragen«[171]. Dieses Argument spielte in den folgenden innergewerkschaftlichen Debatten über die Ur-

---

167 Vgl. Kukuck/Schiffmann, Quellen III, Dok. 2, S. 118.
168 Dies hatte die Delegation aus dem Streikgebiet, die an der Ausschußsitzung teilnahm, verlangt; vgl. ebenda, S. 120f.; zur Ablehnung durch den ADGB-BV, vgl. den Beitrag Graßmanns, ebenda, S. 125; zur Stellung Dißmanns und Reichels zur Generalstreikforderung, vgl. ebenda, S. 119 und 121. Die streikenden Metallarbeiter hielten den Arbeitskampf bis zum 6. 2. 1924 durch, obwohl die Arbeitgeber alle aussperrten, die bis zum 29. 1. 1924 die Bedingungen des Berliner Abkommens vom Dezember 1923 nicht akzeptierten. Erschwerend für den Arbeitskampf war, daß der DMV und auch die übrigen Verbände zu einer finanziellen Unterstützung des Ausstandes nicht in der Lage waren. Am 6. 2. 1924 brachen die Metallarbeiter den Kampf erfolglos ab. Vgl. Feldman/Steinisch, Achtstundentag, S. 411; Wentzel, Inflation, S. 166ff.
169 Vgl. Kukuck/Schiffmann, Quellen III, Dok. 2, S. 119 und 123.
170 Vgl. ebenda, S. 122.
171 Vgl. ebenda, S. 122.

sachen des gewerkschaftlichen Niedergangs immer wieder eine herausragende Rolle.

Als Ergebnis der Ausschußsitzung wurde eine Entschließung »mit großer Mehrheit« angenommen, in der der Bundesausschuß erneut gegen die Bestimmungen der Arbeitszeitverordnung protestierte und die Verbände gleichzeitig dazu aufrief, »mit allen Kräften« am Achtstundentag festzuhalten[172].

2.2 Abwehrkämpfe der Gewerkschaften gegen weitere Verlängerung der Arbeitszeit

Das Jahr 1924 stand im Zeichen von Abwehrkämpfen der Gewerkschaften gegen die Arbeitszeitforderungen der Unternehmer. Die am 17. April 1924 erlassenen Ausführungsbestimmungen zur Arbeitszeitverordnung hatten, so das ADGB-Jahrbuch 1924, den Kampf nicht gerade erleichtert. Habe die Arbeitszeitverordnung den Achtstundentag festgeschrieben, Überarbeit jedoch zugelassen, so habe es sich bei den Ausführungsbestimmungen umgekehrt verhalten. Sie unterstrichen die Mehrarbeit, »neben der der Achtstundentag verschwand«[173]. Auch in den Branchen, in denen traditionell die Tarifauseinandersetzungen nicht in derartiger Schärfe, wie z.B. in der Metallbranche, geführt wurden, waren die gewerkschaftlichen Verhandlungsführer mit Mehrarbeitsforderungen der Unternehmer konfrontiert. So berichtete der Tarifexperte des Holzarbeiterverbandes, Markus Schleicher, in der DHV-Vorstandssitzung vom 18. Februar 1924, die Arbeitgeber hätten in den Reichsmanteltarifverhandlungen am 12. des Monats die 54-Stunden-Woche und zusätzlich sechs Überstunden pro Woche ohne Zuschlag gefordert[174]. Auch im Buchdruckgewerbe forderten die Unternehmer die Ausweitung der Arbeitszeit auf neun Stunden[175].

In der ersten Jahreshälfte von 1924 führte der ADGB eine Erhebung über die Arbeitszeit durch. Danach arbeiteten in der Woche vom 12. bis zum 17. Mai des Jahres in den erfaßten Branchen Bau-, Buchdrucker-, Holzgewerbe, Metall-, Schuh-, Textilindustrie und chemische Industrie

---

172 Vgl. ebenda, S. 125. Leipart vertrat die Auffassung, daß die Gewerkschaften sich im Kampf um den Achtstundentag sogar auf die Verordnung selbst stützen könnten. Er belegte seine Auffassung mit Äußerungen Guggenheimers, Vorstandsmitglied im RDI, der bestürzt konstatiert habe, daß die VO den Achtstundentag befestige und den Tarifvertragsgedanken erneut gesetzlich festlege. Ebenda, S. 123.
173 Vgl. Jb. ADGB, 1924, S. 118.
174 Vgl. 32. Sitzung des DHV-Vorstandes, TOP 1, in: ZA FDGB/A 50.
175 Vgl. 1. Sitzung des Vorstandes des Buchdruckerverbandes, 2. 1. 1924, in: ZA FDGB/A 100, Bl. 77f.

über die Hälfte, nämlich 54,7 Prozent der Beschäftigten und 33,5 Prozent der Betriebe über 48 Stunden in der Woche. Die Textilindustrie und die Metallbranche lagen mit 82 bzw. 63,5 Prozent der erfaßten Personen weit über dem Durchschnitt; Buchdrucker und chemische Industrie lagen mit 49,4 und 44 Prozent etwa in der Mitte, während Baugewerbe mit 11 Prozent, Holzbranche mit 21,4 Prozent und Schuhindustrie mit 14,5 Prozent weit unter dem Durchschnitt lagen[176]. In einer zweiten Erhebung für die Zeit vom 3. bis zum 8. November waren die Zahlen günstiger. Statt über 54 Prozent der erfaßten Personen arbeiteten nun, bei in etwa gleicher statistischer Grundlage wie im Mai des Jahres, nur noch 45,4 Prozent über 48 Stunden in der Woche. Besonders deutlich war die Verbesserung im Buchdruckergewerbe, in dem die Prozentzahl von knapp 50 auf 26,5 sank. Auch in den anderen Branchen waren Verbesserungen zu verzeichnen. Doch auch wenn das ADGB-Jahrbuch feststellte, der Achtstundentag habe wieder Terrain gewonnen und ihm gehöre die Zukunft[177], war nicht zu leugnen, daß die Gewerkschaften in der Arbeitszeitfrage nach dem Ausgang des Ruhrkampfes und im Jahr 1924 eine empfindliche Niederlage hatten hinnehmen müssen.

Kukuck und Schiffmann behaupten, der ADGB habe in der Arbeitszeitfrage »von Anfang an große Aktivität« entwickelt. Sie erwähnen in diesem Zusammenhang die Diskussionen um einen Volksentscheid zur Wiederherstellung des Achtstundentags[178]. Buhl stellt demgegenüber fest, daß der ADGB, besonders der Bundesvorstand, in der Frage des Volksentscheids eine Verschleppungstaktik an den Tag gelegt habe[179].

In der Tat waren die Vertreter des ADGB-Vorstandes gegenüber dem Vorschlag des Textilarbeiterverbandes, ein Volksbegehren über die Ratifizierung des Washingtoner Abkommens betreffs des Achtstundentags einzuleiten, von Anfang an skeptisch. Graßmann meinte in der Bundesausschußsitzung vom 18./19. März 1924, der Bundesvorstand könne diesen Antrag nicht empfehlen. Ähnlich äußerten sich Knoll und Umbreit.

---

176 Vgl. Jb. ADGB, 1924, S. 116.
177 Vgl. ebenda, S. 126, Zahlen für die November-Erhebung S. 123ff. In der November-Erhebung waren 2,36 Mio. Personen erfaßt; in der Mai-Erhebung 2,54 Mio. Vgl. auch Winkler, Schein, S. 59. Kritisch zu den Erhebungen: Buhl, Sozialistische Gewerkschaftsarbeit, S. 200ff. Zum Vergleich der gewerkschaftlichen Statistik 1924 die Zahlen für 1919: 6616 Tarifverträge (das waren 70,9% aller 1919 in Kraft getretenen Tarifverträge) für 183314 Betriebe mit 3,6 Mio. Beschäftigten machten Angaben über die Arbeitszeit. 81,3% dieser Tarifverträge legten für 62,1% der Beschäftigten die 48-Stunden-Woche fest. 7% der Verträge hatten für 21,2% der Beschäftigten sogar eine wöchentliche Arbeitszeit von 45 bis 46 Stunden festgelegt. Nur 1,1% der erfaßten Personen arbeiteten länger als 48 Stunden. Ähnlich waren die Zahlen für 1920; vgl. Hertz/Seidel, Arbeitszeit, S. 24ff.
178 Vgl. Kukuck/Schiffmann, Quellen III, S. 30.
179 Vgl. Buhl, Sozialistische Gewerkschaftsarbeit, S. 206.

Auch Tarnow nahm eine eher ablehnende Haltung ein[180]. Andere Verbandsvorstände befürworteten jedoch das Unternehmen, besonders auch unter dem Gesichtspunkt, mit einer entsprechenden Propaganda »das geschwundene Vertrauen der Massen für die Gewerkschaften« zurückzuerobern[181].

Obwohl der Bundesausschuß im März 1924 eine Kommission zur Vorbereitung der Volksabstimmung einsetzte und die freigewerkschaftlichen Spitzenverbände am 4. Oktober 1924 einen Aufruf zur Durchführung des Volksentscheids veröffentlicht hatten, blieb das Projekt im Endeffekt ergebnislos[182]. In der Bundesausschußsitzung vom 29. und 30. August 1925, die den ADGB-Kongreß in Breslau vorbereitete, hatte Dißmann die Forderung nach dem Volksentscheid noch einmal aufgegriffen. Leipart und mit ihm die Mehrheit des Ausschusses meinten jedoch, der Kongreß sollte zum Volksentscheid keine Stellung nehmen, da er im jetzigen politischen Klima – nach der Hindenburg-Wahl am 26. April 1925 – nicht erfolgversprechend sei. Und wenn für ihn günstigere Voraussetzungen vorhanden seien, »brauchen wir ihn nicht mehr«[183].

Im weiteren Verlauf der Weimarer Jahre sank die durchschnittliche Wochenarbeitszeit wieder beträchtlich ab. So arbeiteten nach einer ADGB-Erhebung für die Zeit vom 10. bis 15. Februar 1930 von 2,7 Millionen erfaßten Personen über die Hälfte, 53,5 Prozent, 48 Stunden die Woche, 17 Prozent über 48 Stunden, davon nur 2 Prozent über 54 Stunden. 22,9 Prozent arbeiteten in diesem Zeitraum kurz. Die regionalen Unterschiede waren jedoch immens. Während in Berlin/Brandenburg und Sachsen-Anhalt gut 68 Prozent der Vollarbeiterinnen und -arbeiter den Achtstundentag hatten, lagen in anderen Regionen die Verhältnisse erheblich ungünstiger. Am krassesten wich Westfalen vom Reichsdurchschnitt ab. Hier arbeiteten nur 24,5 Prozent 48 Stunden pro Woche,

---

180 Vgl. Kukuck/Schiffmann, Quellen III, Dok. 5, S. 148 (Graßmann), S. 153 (Knoll und Tarnow), S. 154 (Umbreit), und 54. Sitzung des DHV-Vorstandes, 28. 7. 1924, TOP 5, in: ZA FDGB/A 50.
181 So Dißmann in der BA-Sitzung vom 18./19. 3. 1924, vgl. Kukuck/Schiffmann, Quellen III, Dok. 5, S. 152. Auch Wilhelm Thomas, Simon, Brey, Reichel und Müntner traten für den Volksentscheid ein. Andere wie Seitz wollten erst die Stellung des Reichstages abwarten. Vgl. ebenda, S. 153 ff. Das Argument der Wiedergewinnung der Massen spielte auch in den folgenden Diskussionen über den Volksentscheid eine Rolle. Vgl. BA-Sitzung vom 21./22. 7. 1924, in: Kukuck/Schiffmann, Quellen III, Dok. 16, S. 227 f.; BA-Sitzung vom 29./30. 8., 2. 9. 1925, in: ebenda, Dok. 63, S. 506.
182 Zur Einsetzung der Kommission vgl. Kukuck/Schiffmann, Quellen III, Dok. 5, S. 154 f.; in der BA-Sitzung am 22. 7. 1924 erstattete die Kommission Bericht über ihre bisherige Arbeit, vgl. ebenda, Dok. 16, S. 223 ff. Der Aufruf des ADGB, AfA-Bundes und des ADB vom 4. 10. 1924 ist abgedruckt in: ebenda, Dok. 19.
183 Vgl. ebenda, S. 506 f. Vgl. auch Schwarz, Handbuch, S. 89 f. Zum Antrag des DMV und dem vom BV eingebrachten, angenommenen Antrag zum Kongreß betr. Arbeitszeit vgl. Protokoll Breslau, 1925, S. 21 u. 45.

37,6 Prozent jedoch zwischen 51 und 54 Stunden. Ähnlich war die Situation im Rheinland: 41,5 Prozent arbeiteten 48 Stunden, 12,4 Prozent bis zu 51 Stunden, 17,6 Prozent bis zu 54 Stunden und knapp 8 Prozent sogar über 54 Stunden die Woche[184]. Die Ursache für die hohen Arbeitszeiten in diesen Regionen lag in der Tatsache, daß dort die Schwerindustrien dominierten. In der Metallindustrie Rheinlands arbeiteten in dem Erhebungszeitraum 50,5 Prozent der erfaßten Beschäftigten länger als 48 Stunden, in der Westfalens sogar 56,1 Prozent[185]. Auch wenn die Arbeitszeiten sich durchschnittlich verringerten, war die achtstündige Arbeitszeit zu Beginn der dreißiger Jahre nur für gut die Hälfte der abhängig Beschäftigten die Regel.

Von einer befriedigenden gesetzlichen Regelung der Arbeitszeit konnte ebenfalls nicht die Rede sein. Das Arbeitszeitnotgesetz vom 14. April 1927 etablierte »nicht erneut den Achtstundentag, wie die Gewerkschaften gefordert hatten, sondern zielte im Kern auf nichts anderes, als durch die Verteuerung der Überarbeit im Wege des gesetzlich vorgeschriebenen Überstundenzuschlages auf eine Arbeitszeitverkürzung hinzuwirken«[186].

2.3 Überschichten und Revision des Achtstundentages

Irmgard Steinisch hat für die Situation Ende 1923 den Schluß gezogen, die Gewerkschaften hätten »unter dem Druck der Straße und der Kommunisten einerseits und der Unternehmer sowie der Regierung andererseits« nur einen geringen Handlungsspielraum besessen[187]. Sicher befanden sich die Gewerkschaften um die Jahreswende 1923/24 in einer durch die Folgen des Ruhrkampfes, der Inflation und des Mitgliederrückganges stark geschwächten Position, jedoch bleibt die Frage bestehen, inwieweit die Gewerkschaften durch eigenes Verhalten den Weg zur Revision des Achtstundentages mit angebahnt hatten.

In der Tat muß man, wie Dißmann dies in der Bundesausschußsitzung vom Januar 1924 forderte, in die Zeit der Novemberrevolution und in die frühen Jahre der Weimarer Republik zurückgehen, um jene Grundlagen aufzuspüren, die die spätere Revision des Achtstundentages mit begünstigt hatten.

Obwohl der Achtstundentag eine traditionelle Forderung der freien Ge-

---

184 Zahlen vgl. Jb. ADGB, 1929, S. 219.
185 Vgl. GZ, Jg. 40, Nr. 11, 15. 3. 1930, S. 167.
186 Vgl. Steinisch, Arbeitszeitverkürzung, S. 521. Vgl. auch Schwarz, Handbuch, S. 95f., und Preller, Sozialpolitik, S. 350ff.
187 Vgl. Steinisch, Arbeitszeitverkürzung, S. 479.

werkschaften war, waren die Gewerkschaftsführer stets bereit gewesen, »sich neben sozialen auch von wirtschaftlichen Gesichtspunkten leiten zu lassen, was ihre Forderung vor Ausbruch der Revolution nach Einführung des allgemeinen Neunstundentages und eines allmählichen stufenweisen Übergangs zum Achtstundentag ebenso deutlich macht wie ihr späteres Zugeständnis, die Beibehaltung des Achtstundentages an dessen Internationalisierung zu knüpfen«[188]. Dieses Zugeständnis, das die Gewerkschaftsführung in der Zusatzvereinbarung zum Arbeitsgemeinschaftsabkommen vom 15. November 1918 gegeben hatte, eröffnete von Beginn an die Möglichkeit der Revision[189]. Führende Unternehmer verwiesen frühzeitig darauf, daß der Achtstundentag in Deutschland nicht gehalten werden könne, wenn er nicht »in der ganzen Welt« eingeführt werde[190]. Zudem war der Achtstundentag nur durch die Demobilmachungsverordnung festgelegt und, da diese ja nur Übergangscharakter hatte, »keinesfalls dauerhaft institutionalisiert«[191].

Die volkswirtschaftliche Verantwortung der Gewerkschaften war im Hinblick auf die Reparationslieferungen gerade im Kohlebergbau gefragt. Die Schwerindustrie verband mit der Hebung der Kohleförderung die Forderung nach Rückkehr zur Vorkriegsarbeitszeit. Da die Schwerindustrie bei der Reparationsfrage eine wichtige Rolle spielte, als Garant der Zahlungsabkommen sowie als Lieferant der Sachleistungen, war die Reichsregierung »in hohem Maße von dem Wohlwollen der Schwerindustrie abhängig«[192]. Die Arbeitszeit im Bergbau erhielt somit besondere Bedeutung und die Kohleknappheit bot einen Hebel zu einer ersten Arbeitszeitverlängerung.

Am 16. Februar 1920 trafen sich Vertreter der vier Bergarbeiterverbände[193], des Zechenverbandes und der Reichsregierung, darunter Reichskanzler Bauer, in Essen, um über eine Arbeitszeitverlängerung im

---

188 Vgl. ebenda, S. 374.
189 Vgl. Schreiben des Zentralausschusses der Arbeitnehmer- und Arbeitgeberverbände an den Vollzugsausschuß in Berlin, 15. 11. 1918, abgedruckt in: Feldman, Origins, S. 102f. Vgl. auch Feldman/Steinisch, Achtstundentag, S. 358. Das auf der ersten Internationalen Arbeitskonferenz in Washington im Okt./Nov. 1919 geschlossene Abkommen über den Achtstundentag wurde von wichtigen europäischen Industriestaaten wie Großbritannien und Deutschland nicht ratifiziert; andere wie Frankreich, Italien und Österreich knüpften ihre Ratifikation u.a. daran, daß auch die anderen europäischen Industriestaaten ratifizierten. Vgl. H. Müller: Achtstundentag, in: Internationales Handwörterbuch, Bd. 1, S. 2ff.
190 So Borsig in einer Besprechung mit Gewerkschaftsvertretern im Reichsarbeitsministerium am 6. 1. 1920, vgl. HiKo NB 593/5.
191 Vgl. Steinisch, Arbeitszeitverkürzung, S. 374. Zur Einführung des Achtstundentags in Deutschland grundsätzlich: ebenda, S. 428ff.
192 Vgl. Feldman/Steinisch, Achtstundentag, S. 383.
193 Freie, christliche, Hirsch-Dunckersche Verbände und polnische Berufsvereinigung.

Bergbau zu beraten. Das Ergebnis dieser Verhandlungen war das erste Überschichtenabkommen vom 18. Februar 1920, in dem über die geltende Siebenstundenschicht hinaus zwei halbe Überschichten pro Woche vereinbart wurden[194]. Winkler wertet dieses Abkommen als Beginn jener Revision der Arbeitszeitregelungen von 1918/19, »die schließlich im Spätherbst 1923 mit der faktischen Aufhebung des Achtstundentags enden sollte«. Gleichzeitig betont er, daß angesichts der Drohungen der Entente, das Ruhrrevier zu besetzen und die Gruben in eigene Regie zu übernehmen, falls die Lieferpflichten nicht erfüllt würden, weder Regierung noch Gewerkschaften eine andere Wahl hatten, als der Unternehmerforderung nach Mehrarbeit nachzukommen[195]. Jedoch mußten sich, das zeigten auch weitere Verhandlungen über Überschichten in der folgenden Zeit, weder die ehemaligen Gewerkschaftsführer in der Reichsregierung, wie Bauer und Schlicke, noch die führenden Repräsentanten der Bergarbeitergewerkschaften zu den Mehrarbeitsabkommen sonderlich überwinden. Über die Notwendigkeit einer Arbeitszeitverlängerung waren sich, so auch der Hinweis bei Tschirbs, Staat, Arbeitgeber und Gewerkschaften weitgehend einig[196].

Im Gegensatz zur Konzessionsbereitschaft der Gewerkschaftsführungen war die Basis alles andere als zur Mehrarbeit bereit, im Gegenteil – die Forderung nach der Sechsstundenschicht war äußerst populär. Vom 24. Februar bis zum 2. März 1920 kam es auf den Schachtanlagen zu Protesten, Arbeitsverweigerungen und dem Versuch, vorzeitig auszufahren[197]. Die Führer der Bergarbeitergewerkschaften befanden sich in einer »Zwickmühle«. Zum einen mußten sie die Bergarbeiter davon überzeugen, daß »die gesamte Wirtschaft von einer Erhöhung der Kohleproduktion abhing«, Opfer der Bergarbeiter deshalb nötig seien; auf der anderen Seite fürchteten sie die Folgen, »falls durch eine konsequente Vertretung wirtschaftlich staatsmännischen Denkens und der Unterstützung der Arbeitgeber- und Regierungsforderungen die Kontrolle über die Mitglied-

---

194 Zum Inhalt des Überschichtenabkommens vom 18. 2. 1920, gültig bis 14. 3. 1920, vgl. Feldman, Arbeitskonflikte, S. 190, und Preller, Sozialpolitik, S. 249. Die Mehrarbeit wurde unter Tage mit einem 100%igen und über Tage mit einem 50%igen Überschichtenzuschlag vergütet. Darüber hinaus wurden Sonderzulagen an Lebensmitteln für die Bergarbeiter vereinbart. Das Abkommen wurde nach Verhandlungen am 8. 3. 1920 verlängert.
195 Vgl. Winkler, Revolution, S. 394.
196 Vgl. Tschirbs, Tarifpolitik, S. 99.
197 Vgl. ebenda, S. 100; Feldman, Arbeitskonflikte, S. 191. Zur Forderung nach der Sechsstundenschicht vgl. Tschirbs, Tarifpolitik, S. 59ff.; Feldman, Arbeitskonflikte, S. 171ff.; sowie J. Henze: Sechsstundenschicht im Ruhrbergbau 1918–1920. Ursachen und Verlauf eines Arbeitszeitkonflikts,

schaft verlorengehen sollte«[198]. Wie berechtigt derartige Befürchtungen waren, bewiesen die Radikalisierung der Bergarbeiter an der Ruhr, gerade in ihrem Kampf gegen den Kapp-Putsch, und die recht erfolgreiche Agitation der Kommunisten und der Syndikalisten[199].

Als im Sommer 1920 erneut Verhandlungen über Überschichten im Bergbau anstanden, war der freigewerkschaftliche Bergarbeiterverband nicht mehr bereit, die Verantwortung alleine zu übernehmen, und forderte die Rückendeckung des ADGB-Ausschusses. In einer Einladung vom 10. August 1920 an die Vorstände der Zentralverbände für die nächste Bundesausschußsitzung erklärte Legien, daß, wenn die Verpflichtung von Spa[200] bezüglich der Kohlelieferung erfüllt werden solle, die Leistung von Überschichten »unvermeidlich« sei. Der Vorstand des Bergarbeiterverbandes habe allerdings erklärt, daß die Bergarbeiter nur zur Weiterleistung von Überschichten zu bewegen seien, »wenn die gesamten Gewerkschaften eine solche Anforderung stellen«[201].

Eine Versammlung der Vertrauensleute und Betriebsräte des freigewerkschaftlichen Bergarbeiterverbandes nahm zwar eine Resolution zur Unterstützung des Spa-Abkommens, die eine Beibehaltung der Überschichten implizierte, einstimmig an, verknüpfte dies allerdings mit der Bedingung, daß die Sozialisierung des Bergbaus baldigst in Angriff genommen werde. Trotz dieses Beschlusses war die Leistung der Überschichten in Gefahr, und zwar nicht nur aufgrund der kommunistischen und syndikalistischen Agitation. Die Arbeitgeber forderten nämlich, daß die Überschichten nicht wie bisher zweimal die Woche in einer je zehneinhalbstündigen Schicht, sondern durch eine eineinhalbstündige Verlängerung der täglichen Schichtzeit von sieben Stunden verfahren werden sollten. Andernfalls wollten sie den weggefallenen staatlichen Lohnzuschuß von 4,50 M nicht übernehmen[202]. In der Bundesausschußsitzung vom 17./18. August 1920 gab Husemann zwar zu, daß »regelmäßige Überstunden produktiver sind, auch bequemer für den Bergmann«. Jedoch habe man bisher an den besonderen Überschichten festgehalten, »um das

---

Freiburg 1988. Feldman bezeichnet bei aller Sympathie für die Bergarbeiter die Forderung nach der Sechsstundenschicht »vor allem« zu diesem Zeitpunkt als unsinnig. Feldman, Arbeitskonflikte, S. 172.
198 Vgl. Feldman, Arbeitskonflikte, S. 175f.
199 Vgl. z.B. Tschirbs, Tarifpolitik, S. 101, sowie H.H. Biegert: Gewerkschaftspolitik in der Phase des Kapp-Lüttwitz-Putsches, in: Industrielles System, S. 190–205, bes. S. 199.
200 Die Reparationskonferenz in Spa tagte vom 6.–16. 7. 1920 und legte fest, daß Deutschland monatlich 2 Mio. Tonnen Kohle abzuliefern hatte; vgl. Th. Wagner: Spa und das Kohlenproblem, in: Kbl., Jg. 30, Nr. 30, 24. 7. 1920, S. 393f.; Mommsen, Die verspielte Freiheit, S. 123.
201 Vgl. Legien an die Vorstände der Zentralverbände, 10. 8. 1920, in: HiKo NB 593/51.
202 Vgl. Feldman, Arbeitskonflikte, S. 196f.

Prinzip der Siebenstundenschicht, beziehungsweise für die übrige Arbeiterschaft den Achtstundentag, sicherzustellen«. Husemann appellierte nochmals an die Hilfe der übrigen Gewerkschaften zur Klärung der Überschichtenfrage, da der Bergarbeiterverband die Verantwortung nicht mehr allein tragen könne angesichts der »fortgesetzten Angriffe, die unsere bisherige im Interesse der Volkswirtschaft geübte Bereitwilligkeit zum Verfahren von Überschichten erfahren hat«[203]. Der Ausschuß beschloß, daß man die Bergarbeiter nur zur Ableistung von Überschichten ermahnen wolle, wenn »ernsthafte Maßnahmen zur Sozialisierung des Bergbaus« eingeleitet würden[204]. Das am 19. August 1920 geschlossene Überschichtenabkommen war entgegen den Arbeitgeberforderungen lediglich eine Verlängerung des bisher geltenden Abkommens[205].

Verhandlungen im Jahre 1921 über die Fortsetzung der Überschichten verliefen erfolglos. Da die Bergarbeiterschaft Überschichten zunehmend ablehnte, sah sich die Verbandsführung nicht länger in der Lage, »sich der Forderung aus dem linksradikalen Lager nach Kündigung des Überschichtenabkommens ohne ernsthaften Mitgliederverlust zu widersetzen«[206]. Zum 14. März 1921 kündigte der freie Bergarbeiterverband das Überschichtenabkommen. Versuche des Reichsarbeitsministers, Überschichtenfrage und Lohnfrage miteinander zu verknüpfen, blieben ohne Erfolg. Nach Brauns' Vorstellung sollten die Lohnkosten in ein angemessenes Verhältnis zur Produktivität gebracht werden, das »von markt- und nicht von sozialpolitischen Gesichtspunkten definiert war«[207]. Weder auf dem Verhandlungswege noch auf dem Wege eines Schiedsspruches, der am 11. März 1921 unter Vorsitz Sitzlers gefällt wurde, konnte Brauns seine Vorstellungen verwirklichen. Die im Schiedsspruch festgelegte Lohnerhöhung basierte auf den Überschichten, d.h. die Beendigung des Überschichtenabkommens ermöglichte auch den Wegfall der Lohnerhöhung. Von den Gewerkschaften akzeptierte nur der christliche Verband diesen Schiedsspruch, die übrigen und auch die Arbeitgebervertreter

---

203 Vgl. Ruck, Quellen II, Dok. 17, S. 202.
204 Vgl. ebenda, S. 202f.
205 Während die Bergarbeiter an der Ruhr die Überschichten wie bisher fuhren, willigten jene des Aachener und des niederschlesischen Reviers in die Achtstundenschicht ein; vgl. Feldman, Arbeitskonflikte, S. 198. Zum 14. 3. 1921 kündigten die Bergarbeiterverbände das Überschichtenabkommen; vgl. ebenda, S. 203 und Tschirbs, Tarifpolitik, S. 102.
206 So die »private Mitteilung« der Gewerkschaftsführer an den Reichskohlenkommissar Stutz Ende Februar 1921, vgl. Feldman, Arbeitskonflikte, S. 201. Zu den Mitgliederverlusten des freien Bergarbeiterverbandes vgl. auch H. Mommsen: Soziale und politische Konflikte an der Ruhr 1905 bis 1924, in: Arbeiterbewegung und industrieller Wandel, S. 78f.
207 Vgl. Feldman, Arbeitskonflikte, S. 203.

lehnten ihn ab[208]. Sitzler vom Reichsarbeitsministerium versuchte über den ADGB Einfluß auf den Bergarbeiterverband zu nehmen. Jedoch Graßmann, der deshalb ins Ruhrgebiet gereist war, konnte Hué nicht zu einer positiven Einstellung zum Schiedsspruch bewegen[209].

Der ADGB trat also noch zu einem Zeitpunkt für Überschichten ein, als sie für den Bergarbeiterverband, vor allem in der Verbindung zur Lohnfrage, nicht mehr akzeptabel waren. Der ADGB war an einer Revision der Haltung der Bergarbeiterführer interessiert. Über die ZAG, d. h. über deren Vorstandsmitglied Adolf Cohen und den Arbeitgebervertreter, Direktor Krämer, erreichte der freigewerkschaftliche Dachverband, daß erneut Verhandlungen zwischen Bergarbeitergewerkschaften und Zechenverband aufgenommen wurden. Diese fanden vom 5. bis zum 7. April 1921 statt. Das Resultat war ein nicht einfacher, »aber sehr erfinderischer« Lösungsvorschlag[210], der jedoch in einer Urabstimmung am 24. April 1921 von zwei Dritteln der Bergarbeiter abgelehnt wurde. Als Ursache dafür nennt Feldman in erster Linie die Überschichtenregelung in dem Abkommen, »das ohne große Schwierigkeiten zu einer Rückkehr zur Vorkriegsarbeitszeit ausgebaut werden konnte«[211]. Damit war die Überschichtenfrage vorläufig ad acta gelegt.

Auch im Sommer des Jahres machte der Vorstand des Bergarbeiterverbandes gegenüber der Regierung deutlich, daß zur Zeit »in unseren Verbandskreisen keine Aussicht vorhanden ist, die Überschichten wieder einzuführen«. In einem Brief an Reichswirtschaftsminister Robert Schmidt nannte der Verbandsvorstand die Gründe für die ablehnende Haltung. Die Versprechungen der früheren Reichsregierung seien nicht gehalten worden, insbesondere seien erst die Sozialisierung des Bergbaus, die reichsgesetzliche Regelung der Schichtzeit, vermehrte Rechte für die Betriebsräte und die stärkere Heranziehung der besitzenden Klassen in der bevorstehenden Steuergesetzgebung zu regeln. Erst dann könne an eine Regelung der Überschichtenfrage herangetreten werden[212]. Trotz aller Bedenken erklärte sich der Verbandsvorstand gegenüber dem-

---

208 Vgl. ebenda, S. 204; vgl. auch Winkler, Revolution, S. 396.
209 Vgl. Feldman, Arbeitskonflikte, S. 205. Otto Hué, 1868–1922; seit 1894 Angestellter und Redakteur beim Bergarbeiterverband, war einer der einflußreichsten Bergarbeiterführer, vgl. Nachruf in: Jahrbuch für 1921, hrsg. vom Vorstand des Verbandes der Bergarbeiter Deutschlands, Bochum o.J. (1922), S. 3ff.; Kbl., Jg. 32, Nr. 16, 22. 4. 1922, S. 212f.
210 Zum Inhalt vgl. Feldman, Arbeitskonflikte, S. 208.
211 Vgl. ebenda, S. 209. Auch die Angst, bei eventueller Ruhrbesetzung Überschichten für die Besatzungsmacht fahren zu müssen, spielte eine Rolle.
212 Vgl. Vorstand des Verbandes der Bergarbeiter Deutschlands an Reichswirtschaftsminister Schmidt, 19. 7. 1921, in: BArch R 43 I/2172/60.

Reichswirtschaftsminister bereit, sich für die Überschichten einzusetzen. Bedingung sei jedoch, »endlich etwas Positives in der Hand zu haben«, denn mit »leeren Versprechungen kann man den Bergleuten nicht mehr kommen«. Für die staatspolitische Haltung des Verbandsvorstandes sprach auch der abschließende Appell an die Regierung. Es könne doch nicht in ihrem Interesse liegen, »daß unser Verband jeden Einfluß auf die Ruhrbergleute verliert«. Man müsse deshalb »äußerst vorsichtig« sein[213].

Gegen Ende des Jahres 1921 wurden die Verhandlungen betreffs Überschichten wiederaufgenommen. Doch auch sie blieben ergebnislos. In einer Besprechung zwischen Reichsarbeitsminister Brauns und Vertretern der vier Bergarbeiterverbände in Essen am 28. November 1921 waren sich die Gewerkschaftsvertreter mit Brauns zwar einig, daß Überschichten im Interesse der Wirtschaft grundsätzlich notwendig seien. Jedoch verwiesen die Bergarbeitervertreter »mit großem Nachdruck« auf die Schwierigkeiten, die einer Durchführung der Überschichten im Wege stünden[214]. So seien die Weigerung der Unternehmer, einen Manteltarif zu vereinbaren, und ihre Begünstigung der Gelben keineswegs förderlich. Das Gesetz über die Schichtdauer stehe immer noch aus und der Einfluß der Betriebsräte werde gelähmt. Vor allem würden linksradikale Elemente und Unorganisierte gegen die Überschichten Stellung nehmen. Deshalb sei es notwendig, »daß nicht alle Vorteile der Tarifabschlüsse ohne weiteres den Nichtorganisierten zugute kämen«[215]. »Um eine Geneigtheit für die Überschichten zu erzielen und den Organisationen das Eintreten dafür zu ermöglichen«, einigten sich Gewerkschafts- und Regierungsvertreter darauf, daß das Kohlenkommissariat Material zur Begründung der Überschichten an die Verbände schicken werde. Die Verbände sollten ihrerseits Einfluß auf die ihnen nahestehende Presse nehmen und »inoffiziell Fühlung nehmen mit Bezirksleitern und Betriebsräten, um Verständnis für die Notwendigkeit der Überschichten zu wecken«. Der Reichsarbeitsminister wollte seinerseits mit den Arbeitgebern die Frage des Manteltarifs und »vor allem aber die Frage der Behandlung der Unorganisierten in den Verträgen erörtern«[216].

Die Führungen der Bergarbeitergewerkschaften versuchten über die Überschichtenfrage zwei Fliegen mit einer Klappe zu schlagen. Zum

---

213 Vgl. ebenda 2172/60f.
214 Vgl. »Besprechung betreffend Überschichten zu Essen am 28. November 1921.«, in: BArch Potsdam, RAM, Bd. 239, Bl. 6–9, vgl. auch: BArch R 43 I/2172/113–116. Ausführliches Protokoll der Besprechung in: BArch Potsdam, RAM, Bd. 239, Bl. 22–30.
215 Vgl. ebenda, Bl. 7.
216 Vgl. ebenda, Bl. 8f.

einen sollte im Gegenzug für ihre Konzessionsbereitschaft in der Überschichtenfrage ein Entgegenkommen der Unternehmer hinsichtlich des Manteltarifs erreicht werden; andererseits sollte der Einfluß der radikalen Organisationen durch die Beschränkung der Tarifverträge auf die vertragsschließenden Gewerkschaften geschmälert werden. Gerade dies jedoch lehnten die Arbeitgeber ab. Sie verwiesen darauf, daß mit dem Abschluß des Arbeitsgemeinschaftsabkommens jeglicher Organisationszwang abgelehnt wurde. In den Verhandlungen mit dem Reichsarbeitsminister zeigten sich die Arbeitgeber in dieser Frage zu keinerlei Entgegenkommen bereit[217].

Ein weiteres Überschichtenabkommen, das letzte dieser Art, wurde erst Ende August 1922 geschlossen und trat ab 1. September in Kraft. Wie zur Zeit des Spa-Abkommens waren die Gewerkschaftsführungen mit dem Druck einer eventuellen Ruhrbesetzung bei Nichteinhaltung der Reparationslieferungen konfrontiert. Auf einer Revierkonferenz des freigewerkschaftlichen Bergarbeiterverbandes am 13. August 1922 in Bochum gelang es der Verbandsführung, die Mehrheit der Delegierten von der Notwendigkeit eines erneuten Überschichtenabkommens zu überzeugen. Mit 155 gegen immerhin 100 Stimmen verabschiedete die Konferenz eine Entschließung, in der die Verbandsführung angesichts der Kohleknappheit und der Lieferverpflichtungen aufgrund des Spa-Abkommens ermächtigt wurde, »sofort mit den zuständigen Stellen Verhandlungen einzuleiten, um den aus der Kohlennot drohenden Gefahren zu begegnen«[218]. Das daraufhin am 24. August geschlossene Überschichtenabkommen legte fest, daß die Bergleute dreimal in der Woche zwei Stunden länger arbeiten mußten. Als Entschädigung sah das Abkommen einen 50%igen Überstundenzuschlag sowie kräftige Lohnsteigerungen vor[219]. Die Behauptung des »Korrespondenzblattes«, die Beschlußfassung der Konferenz am 13. August 1922 habe gezeigt, daß der Bergarbeiterverband »die Notwendigkeiten der Wirtschaft mit den Interessen der Bergarbeiter zu vereinen« wußte, zeigte einmal mehr das Dilemma, in denen sich die freien Gewerkschaften bzw. der Bergarbeiterverband befanden. Denn zum einen entfachte das neue Überschichtenabkommen die Agitation der Kommunisten, Unionisten und Syndikalisten

---

217 Vgl. z.B. Mehlich an RArbM Brauns vom 8. 12. 1921, in: BArch Potsdam, RAM, Bd. 239, Bl. 55. Vgl. Feldman, Arbeitskonflikte, S. 212f.
218 Vgl. Kbl., Jg. 32, Nr. 34, 2. 9. 1922, S. 497.
219 Vgl. Feldman, Arbeitskonflikte, S. 219; Winkler, Revolution, S. 397.

gegen den freigewerkschaftlichen Verband aufs neue[220], zum anderen waren die Gewerkschaften im Herbst 1922 mit einer Offensive der Unternehmer gegen den Achtstundentag konfrontiert.

Versuchte sich der freigewerkschaftliche Bergarbeiterverband einerseits gegen die linken Kritiker zu rechtfertigen[221], so forderte er zusammen mit dem ADGB,»daß jeder Gedanke an dauernde Arbeitszeitverlängerung, wie er in Unternehmerkreisen propagiert und auch in Kreisen der staatlichen Bürokratie zu finden ist, aufgegeben wird«[222].

Derartige Appelle hielten die Unternehmer nicht davon ab, die Abschaffung des Achtstundentages zu verlangen. Stinnes tat dies in einer Rede am 9. November 1922 vor dem Reichswirtschaftsrat. Die Verlängerung der Arbeitszeit sollte seiner Meinung nach ohne jegliche finanzielle Entschädigung der Arbeiterschaft durchgeführt werden[223]. Derartige Unternehmerangriffe motivierten die Bergarbeiterschaft nicht gerade zum weiteren Verfahren der Überschichten. Dazu kam, daß angesichts der Hyperinflation der Anreiz verschwand, durch Mehrarbeit den Lebensstandard zu erhöhen. Trotz ständiger Lohnforderungen konnten die Gewerkschaften ein Absinken des Reallohnes nicht verhindern. Für die Weihnachtszeit 1922/23 wurde das Überschichtenabkommen suspendiert und angesichts der Ruhrbesetzung ab Januar 1923 nicht neu aufgenommen. Am 4. Mai 1923 kündigten die Bergarbeiterverbände offiziell das Überschichtenabkommen[224].

»Die Kumulation vermeintlicher Ausnahmevereinbarungen« habe, so resümiert Tschirbs, schließlich auch die tariflich fixierte Arbeitszeit von sieben Stunden für Untertagearbeiter berührt[225]. Der Zusammenhang zwischen Überschichtenabkommen und Arbeitszeitverlängerung war der Gewerkschaftsführung durchaus bewußt. Dies zeigt die anfängliche Weigerung der Führung des freigewerkschaftlichen Bergarbeiterverbandes, die Überschichten durch eine tägliche eineinhalbstündige Schichtzeitver-

---

220 Baltrusch, Spitzenfunktionär der christlichen Gewerkschaften, berichtete am 9. 9. 1922 in einem Schreiben an RK Wirth, daß »fanatisierte radikale Belegschaftsmitglieder die Bergarbeiter buchstäblich verprügeln, die Überstunden leisten wollen«. Vgl. BArch R 43 I/2172/169 f.
221 Er tat dies z. B. mit dem Vorwurf, jene »scheinradikalen« Kräfte würden das Überschichtenabkommen ja nur deswegen ablehnen, weil sie dann nicht mehr wie bisher »wilde Überschichten« fahren könnten; vgl. den Bericht des Kbl. über die Vorstands- und Bezirksleiterkonferenz des Verbandes der Bergarbeiter Deutschlands vom 16.–18. 10. 1922: Kbl., Jg. 32, Nr. 44, 11. 11. 1922, S. 611.
222 Vgl. ebenda, S. 611. Der BA des ADGB erklärte bereits am 29. 9. 1922 in einer Entschließung, daß »durch die Überschichtungen der gesetzliche Siebenstundentag im Bergbau keinesfalls in Gefahr gebracht werden darf«. Vgl. Ruck, Quellen II, Dok. 67, S. 659.
223 Vgl. Feldman, Arbeitskonflikte, S. 220; Winkler, Revolution, S. 298.
224 Vgl. Feldman, Arbeitskonflikte, S. 220 f.; Tschirbs, Tarifpolitik, S. 103.
225 Vgl. Tschirbs, Tarifpolitik, S. 104.

längerung zu verfahren, mit der Begründung, dadurch könnte die Siebenstundenschicht gefährdet werden.

Die Regelung im Abkommen von 1922 kam dann den Vorstellungen von Arbeitgebern und Reichsarbeitsministerium erheblich näher. Nun wurde die Mehrarbeit statt auf zwei auf drei Tage in der Woche verteilt. Im Abkommen vom November 1923 wurde schließlich eine tägliche Schichtzeitverlängerung von 7 auf 8 Stunden festgelegt. Bergarbeiterverband und ADGB hatten zu dieser Entwicklung mit beigetragen. Aus Verantwortung für die Volkswirtschaft hatten sie sich in den früheren Abkommen zu Mehrarbeit bereit erklärt, obwohl sie befürchteten, daß mit den Überschichten auch die generelle Arbeitszeitverlängerung kommen könnte. Die Rechnung des Bergarbeiterverbandes, durch Kompromisse in der Überschichtenfrage sozialpolitische Zugeständnisse zu erhalten, ging nicht auf. Angesichts der sich in der Inflation rapide verschlechternden Lohn- und Ernährungssituation und der immer lauter werdenden Revisionsforderungen der Unternehmer hatte die weitere Konzessionsbereitschaft der Gewerkschaftsführung nur ein Anwachsen der kommunistischen und der syndikalistischen Opposition zur Folge[226].

Aufgrund des eigenen Anspruchs, aus nationaler Verantwortung heraus zu handeln, konnte sich der ADGB und besonders der Bergarbeiterverband nicht jenen in der Öffentlichkeit kursierenden und gerade von den Unternehmern immer wieder erhobenen Appellen nach nationaler Opferbereitschaft für die Gesundung der deutschen Wirtschaft und die Aufbringung der Reparationslasten entziehen. Daß die Bergarbeiter mit ihrer Mehrheit »dem deutschen Volke und damit auch der gesamten Arbeiterschaft« ein Opfer darbrachten, diese Behauptung des ADGB-Ausschusses konnte gerade der Ruhrarbeiterschaft offenbar nicht glaubwürdig vermittelt werden. Potthoff kommt im Zusammenhang mit der Überschichtenfrage zur Schlußfolgerung, daß »im Konflikt zwischen Gruppen- und Gesamtinteressen [...] die – tatsächlichen oder vorgeblichen – nationalen Erfordernisse die Oberhand« gewonnen hätten[227].

Unter der Prämisse nationaler Interessen konnte gewerkschaftliche Interessenpolitik nicht erfolgreich betrieben werden. Der Achtstundentag war im Rahmen einer Politik, die sich dem Allgemeinwohl – ein dehnbarer

---

226 Feldman, Arbeitskonflikte, S. 219. Zur Entwicklung der radikalen Opposition und zu den innergewerkschaftlichen Diskussionen vgl. Teil 2, IV. 3.
227 Vgl. Potthoff, Gewerkschaften (1979), S. 446. Der Schlußfolgerung, daß das starke Engagement für die Nation in den Reihen der Gewerkschaften »nicht wirklich umstritten« gewesen sei, obwohl die Gewerkschaften daraus kaum unmittelbare Vorteile gezogen hatten (S. 446), vermag ich nicht zuzustimmen; vgl. dazu Teil 2, IV. 3.

Begriff – verschrieben hatte, offenbar nicht zu halten. Natürlich dürfen die wirtschaftlichen und politischen Machtverhältnisse nicht ausgeblendet werden, jedoch haben die Gewerkschaften durch ihre Konzessionsbereitschaft im »nationalen Interesse« zumindest den Weg zum Fall des Achtstundentags mit bereitet.

2.4 Arbeitszeit, Produktivität und Reparationsfrage

Deutlich wurde dies auch in der Frage der Produktivitätssteigerung, die im Zusammenhang mit der Erfüllung der Reparationsleistungen von großer Bedeutung war. Die Notwendigkeit der Produktivitätssteigerung wurde vom ADGB nicht geleugnet. Graßmann erklärte in der Bundesausschußsitzung vom 28. November 1922, mit einer Steigerung der Produktion sei der ADGB durchaus einverstanden, »aber nicht damit, daß diese Steigerung nur auf Kosten der Arbeiterschaft und des Achtstundentages herbeigeführt wird«. Es sei auch nichts gegen Überstunden einzuwenden, wo die Produktion es erfordere, »wo keine Arbeitskräfte brachliegen und wo die Gewerkschaften die Kontrolle haben«. Graßmann behauptete, durch den Achtstundentag werde die Leistungsfähigkeit der Wirtschaft nicht vermindert. Er forderte statt dessen die Modernisierung der Industrie[228]. Genau in diesem Punkte differierten jedoch die Ansichten zwischen Gewerkschaften und Unternehmern. Letztere vertraten die Position »Mehrarbeit gleich Mehrproduktion, gleich wirtschaftliche Gesundung«[229]. In der Öffentlichkeit und, so die Schilderung Leiparts auf dem Breslauer ADGB-Kongreß 1925, bis in die Reihen der Arbeiterschaft hinein herrsche die »geradezu religiöse Anschauung, daß das deutsche Volk in seiner Bedrängnis nur durch Mehrarbeit gerettet werden könne«[230].

Man habe, so Steinisch, die Reparationen nicht als unerfüllbar darstellen können, wenn man andererseits im internationalen Vergleich die kürzesten Arbeitszeiten hatte. So gesehen mußte die »Erfüllungspolitik nach außen notwendigerweise innenpolitisch eine Entscheidung gegen den Achtstundentag nach sich ziehen, falls nicht die höhere Produktivität der

---

228 Vgl. Ruck, Quellen II, Dok. 71, S. 713.
229 Vgl. Steinisch, Arbeitszeitverkürzung, S. 450f.
230 Vgl. Protokoll Breslau, 1925, S. 122. In der Tat traten rechte Sozialdemokraten um den Kreis der »Sozialistischen Monatshefte«, besonders Max Schippel, für Arbeitszeitverlängerung bzw. zeitweilige Suspendierung des Achtstundentages aufgrund der wirtschaftlichen Verhältnisse in Deutschland ein. Dieser Kreis war zwar innerhalb der Arbeiterbewegung isoliert, in der Öffentlichkeit fanden seine Ansichten jedoch große Beachtung. Besonders die Unternehmer griffen die Positionen der SMH bereitwillig auf. Vgl. Preller, Sozialpolitik, S. 273; Steinisch, Arbeitszeitverkürzung, S. 454; Feldman/Steinisch, Achtstundentag, S. 369, Anm. 58.

kürzeren Arbeitszeit nachgewiesen werden konnte«[231]. Die Gewerkschaften versuchten zwar, diesen Nachweis zu führen[232], waren jedoch »angesichts der nach Kriegsende stark zurückgegangenen Produktionsleistungen« von Anfang an in der Defensive. Im Grunde sei es, so die Schlußfolgerung Steinischs, nur noch um die Modalitäten einer Arbeitszeitverlängerung gegangen[233].

Im Rahmen dieser Arbeit ist eine ausführliche Behandlung der Frage, in welcher Weise Länge der Arbeitszeit und Höhe der Produktivität zusammenhingen, nicht möglich[234]. Das Argument von Hertz und Seidel, die Verlängerung der Arbeitszeit schädige auch die deutsche Volkswirtschaft, denn sie gefährde »das höchste Gut«, das sie noch besitze: »die menschliche Arbeitskraft«, war zwar pathetisch vorgetragen und in seiner Schlußfolgerung ganz klar taktisch motiviert, basierte jedoch durchaus auf Realitäten. Hertz und Seidel behaupteten, daß selbst wenn eine Arbeitszeitverlängerung zur Produktivitätssteigerung führen würde, was sie bestritten, »der dauernde Schaden, der der deutschen Volkswirtschaft zugefügt würde, den angeblichen Nutzen weit übersteigen« würde. Deshalb sei der Kampf um den Erhalt des Achtstundentages nicht nur im Arbeiterinteresse, sondern »ein Kampf für die Erhaltung der Grundlage der deutschen Volkswirtschaft«[235].

Diskussionen mit Basisfunktionären bestätigten diese Sichtweise zumindest, was die Grenzen menschlicher Arbeitskraft betraf. Der DMV-Vorsitzende Dißmann forderte in der Sitzung des Reichsbeirates der DMV-Betriebsräte am 6./7. Oktober 1922, man müsse Material sammeln, »wie die Produktion bei Beibehaltung des Achtstundentags gesteigert werden« könne, um den Unternehmerbehauptungen, der Achtstundentag sei an der Minderung der Produktion schuld, entgegenzutreten. Das Reichsbeiratsmitglied King äußerte daraufhin, mit der »Parole Steigerung der Produktion« finde man bei den Arbeitern keinen Anklang, »weil sie

---

231 Vgl. Steinisch, Arbeitszeitverkürzung, S. 439f.
232 Vgl. u.a. Hertz/Seidel, Arbeitszeit.
233 Vgl. Steinisch, Arbeitszeitverkürzung, S. 440f.
234 Am Beispiel Bergbau schien sich die Unternehmerposition zu bestätigen. Dort stieg seit Anfang der 1920er Jahre die Kohleförderung an – zeitgleich mit den ersten Überschichtenabkommen. Ob nicht auch andere Faktoren wie die Behebung der Kriegsschäden und die bessere Versorgung der Belegschaften ebenfalls ein Grund für die Hebung der Förderung waren, dies wurde in der Öffentlichkeit nicht differenziert diskutiert. Vgl. Steinisch, Arbeitszeitverkürzung, S. 450f. Zumindest das Überschichtenabkommen vom August 1922 führte nicht mehr zu einer wesentlichen Vermehrung der Produktion. Vgl. Feldman, Arbeitskonflikte, S. 220f. Mommsen verweist darauf, »daß die effektiven Arbeitszeiten die gesetzlichen durchwegs überschritten«. Vgl. H. Mommsen: Der Ruhrbergbau im Spannungsfeld von Politik und Wirtschaft in der Zeit der Weimarer Republik, in: Bl. f. dt. Landesgeschichte 108 (1972), S. 168.
235 Vgl. Hertz/Seidel, Arbeitszeit, S. 166.

Herauspressung von Arbeitskraft befürchten«. In der jetzigen Zeit, in der die Ernährungslage »so mißlich ist, kann von einer Mehrproduktion nicht geredet werden«[236]. Diese Einschätzung trug Dißmann auch in der Bundesausschußsitzung vom 28. November 1922 vor, in der über »Produktionssteigerung und Achtstundentag« diskutiert wurde. Dißmann forderte, man müsse durch Denkschriften den Nachweis erbringen, daß eine Produktionssteigerung durch technische Neuerungen möglich sei[237].

Was Leipart als Ergebnis dieser Diskussion zusammenfaßte, war die offizielle Haltung des ADGB, die er schon in vorangegangenen Ausschußsitzungen eingenommen hatte. Produktionssteigerungen seien notwendig und mittels Modernisierung und Rationalisierung der Industrie möglich. Am Achtstundentag müsse grundsätzlich festgehalten werden, jedoch sei man zu »notwendigen Überstunden« bereit[238]. Diese Zugeständnisse verband der ADGB stets mit der Forderung nach einer gesetzlichen Festlegung des Achtstundentages[239]. Dementsprechend lehnte er in der Bundesausschußsitzung am 16. Dezember 1921 auch den Gesetzentwurf der Reichsregierung, den das Reichskabinett am 5. August 1921 gebilligt und am 25. August 1921 dem Reichswirtschaftsrat vorgelegt hatte, ab. Der Bundesausschuß begründete seine Haltung mit den zahlreichen Ausnahmebestimmungen zum Achtstundentag, die der Gesetzentwurf enthielt. Er forderte statt dessen ein Arbeitszeitgesetz, das den Achtstundentag »wirksam schützt, anstatt ihn preiszugeben«[240].

Auf dem Hintergrund der Reparationsfrage waren die Gewerkschaften jedoch auch in der Frage des Arbeitszeitgesetzes zu Konzessionen bereit. So berichten Feldman und Steinisch davon, daß die Gewerkschaften, um die Erfüllungspolitik Wirths zu unterstützen, das Versprechen gegeben hätten, »ein Arbeitszeitgesetz akzeptieren zu wollen, das Raum ließ für gesetzliche und behördliche Ausnahmen, falls es den Achtstundentag im Prinzip nicht antasten würde«[241]. In nichtöffentlichen Diskussionen gewerkschaftlicher Gremien wurde selbst der Arbeitsgesetzentwurf der Reichsregierung vom Sommer 1921 nicht in der absoluten Weise, wie dies

---

236 Vgl. »Protokoll der Sitzung des Reichsbeirates der Betriebsräte des DMV am 6. und 7. Oktober [1922] in der Liederhalle zu Stuttgart«, in: ZA FDGB/Nr. 234, S. 5 (Dißmann), S. 24 (King).
237 »Bei der fortschreitenden Verelendung der Arbeiterschaft ist nicht an Produktionssteigerung zu denken.« Vgl. Ruck, Quellen II, Dok. 71, S. 716.
238 Vgl. ebenda, S. 717. Ähnlich äußerte sich Tarnow in der 70. Sitzung des DHV-Vorstandes am 13. 11. 1922, TOP 11, in: ZA FDGB/Nr. 269.
239 Vgl. auch Steinisch, Arbeitszeitverkürzung, u.a. S. 462.
240 Die Resolution wurde einstimmig angenommen, vgl. Ruck, Quellen II, Dok. 50, S. 439. Zum Arbeitsgesetzentwurf vom Sommer 1921 vgl. Preller, Sozialpolitik, S. 274, und Kbl., 31. Jg. Nr. 37, 10. 9. 1921, S. 513ff. Ebenda sind die zahlreichen Ausnahmeregelungen aufgelistet.
241 Vgl. Feldman/Steinisch, Achtstundentag, S. 384.

der ADGB öffentlich tat, kritisiert. In der Gauvorsteherkonferenz des Holzarbeiterverbandes vom 27. und 28. Februar 1922 schätzte Tarnow die Ausnahmeregelungen des Entwurfs zwar als »außerordentlich bedenklich« ein, meinte jedoch trotzdem, »daß der Entwurf nicht so gefährlich ist«. Tarnow war der Auffassung, »daß wir auch bei der Festsetzung der Arbeitszeit auf die wirtschaftliche Lage Deutschlands Rücksicht nehmen müssen«[242]. Auch Wilhelm Weidner, Gauvorsteher aus Frankfurt, sprach sich für Konzessionen in der Arbeitszeitfrage aus, »um den Achtstundentag grundsätzlich aufrechtzuerhalten«[243].

2.5 Süddeutscher Metallarbeiterstreik

Um die Frage Produktionssteigerung durch Arbeitszeitverlängerung ging es auch in dem großen Arbeitskampf in der süddeutschen Metallindustrie, der von Februar bis Ende Mai 1922 andauerte. Seit 1919 galt für die süddeutsche Metallindustrie außer Bayern und Pfalz die 46-Stunden-Woche, d.h. am Samstag wurde nur sechs Stunden gearbeitet. Die 46-Stunden-Woche bestand auch in den bayerischen Zentren der Metallindustrie, Nürnberg, Fürth, Augsburg und München, und dies schon seit der Vorkriegszeit. Die kürzere Arbeitszeit in Süddeutschland begründete sich aus der Tatsache, daß die Arbeiterschaft dort mehr als in anderen Teilen Deutschlands, die Eisenbahn zur Erreichung ihrer Arbeitsstätte benutzen mußte[244]. Die Unternehmer forderten nun mit Verweis auf die wirtschaftlichen Erfordernisse die Ausweitung der Arbeitszeit auf die 48-Stunden-Woche. Die Metallarbeiter lehnten Schiedssprüche in Württemberg und Bayern, die die 48-Stunden-Woche festlegten, ab und traten in den Streik. Auf dem Höhepunkt des Arbeitskampfes, in dem die Unternehmer mit Aussperrung antworteten, waren über 200000 Metallarbeiter beteiligt[245]. Angesichts der Tatsache, daß im übrigen Reich in der Regel die 48-Stunden-Woche als Grundsatz galt, befanden sich die süddeutschen Metallarbeiter in ihrem Kampf um die 46-Stunden-Woche von vornehrein in der Defensive. Der Zusammenhang, daß der Angriff auf die 46-Stunden-Woche als Vorstufe für den Angriff auf den Achtstundentag zu werten sei, konnte selbst in der freien Gewerkschaftsbewegung

---

242 Vgl. ZA FDGB/A 43, Bl. 104 und Bl. 108.
243 Vgl. ebenda, Bl. 105. Bedenken äußerten dagegen der Vorstandsbeisitzer Leopold und der Tarifexperte Schleicher. Vgl. ebenda, Bl. 106f.
244 So Leipart in der BA-Sitzung vom 2./3. 5. 1922, vgl. Ruck, Quellen II, Dok. 58, S. 522f.
245 Vgl. Feldman/Steinisch, Achtstundentag, S. 374; zum Verlauf des Arbeitskampfes ausführlich ebenda, S. 364ff.; Wentzel, Inflation, S. 129ff.; vgl. außerdem Schöck, Arbeitslosigkeit und Rationalisierung, S. 147ff.

nicht hinreichend vermittelt werden[246]. Zwar hatte der Bundesausschuß in einer Entschließung am 2. Mai 1922 betont, die Arbeiterschaft erblicke in der Forderung der Unternehmer, die bisher tariflich festgelegte Arbeitszeit zu verlängern, »einen Angriff auf den Achtstundentag«. Auch hatte er beschlossen, daß die Verbände zur Unterstützung des Kampfes fünf Mark für jedes männliche und drei Mark für jedes weibliche Mitglied an die Bundeskasse abführen sollten[247]. Gegen die Erhebung dieser Extrabeiträge regte sich jedoch Widerspruch. So weigerten sich beispielsweise einige Verwaltungsstellen des Holzarbeiterverbandes, die Beiträge abzuführen[248]; selbst in DMV-Verwaltungsstellen, die noch nie eine kürzere Arbeitszeit als die 48-Stunden-Woche gekannt hatten, stießen die Unterstützungssammlungen auf wenig Resonanz[249].

Dißmann selbst legte eine sonst von ihm nicht gewohnte Vorsicht an den Tag. In der Ausschußsitzung Anfang Mai bat er zwar um Unterstützung durch den ADGB, wandte sich jedoch gegen einen öffentlichen Aufruf des ADGB zur Unterstützung des Kampfes. Er begründete dies damit, daß mit einer solchen öffentlichen Maßnahme weitere Aussperrungen der Unternehmer provoziert werden könnten[250]. Tarnow brachte über diese Vorsicht seine Verwunderung zum Ausdruck. Von einer öffentlichen Gewährung der ADGB-Bundeshilfe für die ausständigen Metallarbeiter könne man doch im Gegenteil erwarten, daß dieser Ausdruck gemeinsamen Kampfwillens von den Unternehmern nicht leichtgenommen werde[251]. Die Einschätzung Wentzels, daß es sich bei dem süddeutschen Metallerstreik um eine der DMV-Führung aufgezwungene Auseinandersetzung handelte, die diese in diesem Umfang lieber vermieden hätte, bestätigt sich durch die Äußerungen Dißmanns im Bundesausschuß. Der DMV habe den Kampf aufnehmen müssen, »weil im anderen Falle das Mißtrauen der Arbeiterschaft nicht zu ertragen gewesen wäre«[252].

---

246 Dißmann resümierte nach Abschluß des Arbeitskampfes, daß die süddeutschen Metallarbeiter in der Arbeitszeitfrage gegen »Wind und Wetter« gekämpft hätten. Nicht nur, daß alle Schiedssprüche auf 48 Stunden eingestellt gewesen seien, sondern auch daß die überwiegende Mehrheit der Metallarbeiter und der Industriearbeiter überhaupt die 48-Stunden-Woche habe, habe den »Kampf so ungeheuer« erschwert. Vgl. Kbl., 32. Jg., Nr. 23, 10. 6. 1922, S. 332.
247 Vgl. Ruck, Quellen II, Dok. 58, S. 529f.
248 Vgl. 47. Sitzung des DHV-Vorstandes, 22. 5. 1922, TOP 43, in: ZA FDGB/Nr. 269.
249 Vgl. Feldman/Steinisch, Achtstundentag, S. 379, Anm. 111. In der Ausschußsitzung vom 20. 6. 1922 berichtete Kube, daß eine Reihe von Verbänden sich außerstande erklärt hätte, Gelder zur Unterstützung des DMV abzuführen, andere wiederum hätten selbst Ansprüche angemeldet, da sie durch Aussperrung beteiligt seien. Vgl. Ruck, Quellen II, Dok. 60, S. 575f.
250 Vgl. Ruck, Quellen II, Dok. 58, S. 525f.
251 Vgl. ebenda, S. 523f.
252 Zitat: ebenda, S. 525f. Vgl. Wentzel, Inflation, S. 129.

Die Auseinandersetzung in der süddeutschen Metallindustrie endete mit einer eindeutigen Niederlage für die Arbeiterschaft. In einem Schiedsspruch des bayrischen Sozialministeriums wurde die 48-Stunden-Woche festgelegt, wobei die 48. Wochenstunde als »eine Art Überstunde« es dem DMV erlaubte, »das Gesicht zu wahren«[253]. Dißmann versuchte den Arbeitskampf gegenüber der DMV-Basis dennoch als Erfolg darzustellen. Gegenüber den Reichsbeiratsmitgliedern der DMV-Betriebsräte gestand er zwar zu, daß die 46-Stunden-Woche nicht zu halten gewesen sei, jedoch habe der Arbeitskampf den süddeutschen Metallarbeitern bessere Löhne gebracht. Dieser Erfolg sei nicht zu unterschätzen[254].

Nach dem Urteil Feldmans und Steinischs reflektierte der Verlauf des süddeutschen Metallarbeiterstreiks »die Umkehrung der seit der Revolution bestehenden Machtverhältnisse und politischen Prioritäten. Dem reinen Wirtschaftsdenken war der Vorrang gegenüber sozialen Überlegungen eingeräumt worden, [...].«[255]

Damit ist Frage, warum eine so große Gewerkschaftsorganisation wie der DMV bei großer Kampfbereitschaft der betroffenen Mitglieder eine derartige Niederlage erlitt, jedoch noch nicht ausreichend beantwortet. Auf die teils ungenügende Solidarität in der Gewerkschaftsbewegung wurde bereits hingewiesen; ebenso auf die vorsichtige Politik des DMV, deretwegen die Verbandsführung besonders von den Kommunisten scharf kritisiert wurde[256].

Ein viel grundlegenderer Aspekt scheint mir jedoch die Haltung des ADGB in der Arbeitszeitfrage zu sein. Auch wenn der ADGB den süddeutschen Metallarbeitern seine volle Sympathie versicherte und den

---

253 Vgl. Feldman/Steinisch, Achtstundentag, S. 376. Ende Mai 1922 nahmen die Streikenden in einer Urabstimmung das bayrische Vermittlungsangebot an; in den anderen Streikgebieten wurden ähnliche Verhandlungsergebnisse in Urabstimmung akzeptiert. Vgl. ebenda, S. 376ff.; vgl. auch Dißmann in: Kbl., Jg. 32, Nr. 23, 10. 6. 1922, S. 332.
254 Vgl. »Protokoll der Sitzung des Reichsbeirates der Betriebsräte des DMV am 6. und 7. Oktober [1922] in der Liederhalle zu Stuttgart«, in: ZA FDGB/Nr. 234, S. 27. Eckart, Betriebsrat aus Nürnberg, hatte kritisiert, daß die Gewerkschaft auch beim Achtstundentag gesündigt habe. Die in Nürnberg, Fürth, Augsburg, München 1919 eingeführte 44-Stunden-Woche sei »unter tätiger Mitwirkung der Organisation beseitigt worden«. Vgl. ebenda, S. 17. Leipart zeigte sich in der BA-Sitzung vom 20. 6. 1922 enttäuscht darüber, daß die 46-Stunden-Woche nicht gehalten werden konnte. Vgl. Ruck, Quellen II, Dok. 60, S. 576.
255 Vgl. Feldman/Steinisch, Achtstundentag, S. 381.
256 Vgl. Wentzel, Inflation, S. 146; doch auch die Kommunisten mußten einräumen, daß der Kampf nicht nur durch verfehlte Gewerkschaftspolitik, sondern auch wegen der Passivität großer Teile des deutschen Proletariats gescheitert war. Vgl. ebenda.

Vorstoß der Unternehmer als Angriff auf den Achtstundentag interpretierte, so darf andererseits nicht vergessen werden, wie nachgiebig er sich sonst in der Frage der Mehrarbeit aus volkswirtschaftlicher Notwendigkeit heraus verhielt. Wie sollte ein Kampf um die 46-Stunden-Woche erfolgreich geführt werden, wenn die Spitzengremien des Dachverbandes andererseits immer wieder die Bereitschaft zu Überschichten und Überstunden bekundeten, und es sogar Stimmen gab, die, wie Tarnow, im Falle des Arbeitszeitgesetzentwurfes in ihrer Konzessionsbereitschaft noch weiter gehen wollten, wenn nur der Achtstundentag gesetzlich festgelegt werden würde. Alle Konzessionen, die der ADGB bereit war einzugehen, basierten auf dem Achtstundentag und eben auf der 48-Stunden-Woche. Mit welcher Begründung sollte da eine 46-Stunden-Woche gehalten werden? Warum sollten gerade die süddeutschen Metallarbeiter im Genuß dieses Privilegs sein? Wegen ihrer langen Fahrzeiten zur Arbeitsstelle? Angesichts der wirtschaftlichen Verhältnisse in Deutschland war dies der Öffentlichkeit wohl kaum plausibel zu machen. Wenn Tarnow sich über die sehr behutsame Vorgehensweise des DMV-Vorstandes verwundert äußerte, so war dies nichts anderes als ein weiterer Ausdruck für die Rivalität zwischen den beiden Repräsentanten verschiedener Auffassungen von gewerkschaftlicher Interessenvertretung. Schon zu anderen Gelegenheiten hatte Tarnow es dem DMV-Vorstand nicht ohne Vergnügen vorgehalten, wenn dieser sich im Gegensatz zu seiner sonst eher kämpferisch betonten Politik verhalten hatte[257].

Der süddeutsche Metallarbeiterstreik steht somit im Kontext einer gewerkschaftlichen Politik, die aus volkswirtschaftlicher, nationaler Verantwortung heraus bereit war, Interessen der Arbeiterschaft zu »opfern«, und mit ihrer Konzessionsbereitschaft dazu beitrug, das Prinzip des Achtstundentags zu durchlöchern.

Der vorläufig endgültige Schlag in der Arbeitszeitfrage erfolgte nach dem Ruhrkampf. Doch schon lange bevor die freien Gewerkschaften sich in diesem Kampf aufrieben und zumindest von ihrer organisatorischen Stärke her eine Macht darstellten, machten sie in der Überschichtenfrage und in der Frage des Arbeitsgesetzentwurfes beständig Zugeständnisse, der ADGB selbst noch dann, als der betroffene Bergarbeiterverband dies ablehnte.

---

257 So in der Frage der staatlichen Schlichtung; vgl. Teil 2, III. 1.

3. Krise der Gewerkschaften und innergewerkschaftliche Fehlerdebatte

In den Jahren 1923 und 1924 hatten die freien Gewerkschaften einen Massenexodus ihrer Mitglieder zu verzeichnen. Von über 8,1 Millionen Mitgliedern der ADGB-Verbände im Juni 1920 waren im Dezember 1924 nur mehr knapp vier Millionen verblieben[258]. Dieser enorme Mitgliederschwund hatte seinen Grund zu einem gewichtigen Teil in der Enttäuschung der Mitglieder über die Ineffizienz der Politik der Gewerkschaftsführungen.

Nach Auffassung Steinischs spiegelte sich in den Mitgliederverlusten des DMV »zum einen das Unvermögen der Gewerkschaften wider, die Lohn- und Arbeitsbedingungen gegenüber den Unternehmern trotz Hyperinflation und Stabilisierungskrise einigermaßen erfolgreich zu verteidigen, zum anderen auch das 1923 hohe Ausmaß der Arbeitslosigkeit. In beiderlei Hinsicht waren die Eisen- und Stahlarbeiter besonders betroffen.«[259] Ähnliches teilt Tschirbs hinsichtlich des Bergarbeiterverbandes mit. Dessen defensive Lohnpolitik im Frühjahr 1923 habe eine »verheerende« Resonanz gehabt. »Die rapide Entwicklung der Teuerung im Mai enthüllte alsbald, daß die Belegschaften zu den sozialen Verlierern einer Politik gehörten, die im Zielkonflikt von Stabilisierungsbemühungen unternehmerischer Observanz und Aufrechterhaltung der sozialen Einheitsfront gegen die Alliierten deutlich die Interessen der Lohnabhängigen zu opfern geneigt war.«[260] Die Konsequenzen: Radikalisierung, syndikalistische Kampfmaßnahmen, partielle Befolgung von Generalstreikparolen im Dortmunder Raum[261]. Auch Lothar Erdmann räumte in der ADGB-offiziellen Darstellung des »Ruhrkampfes« ein, daß im Sommer 1923 »Abertausende« von freien Gewerkschaftsmitgliedern aus »ratloser Verzweiflung« zu den Kommunisten übergelaufen seien[262].

Wie stark die Radikalisierung unter den Bergleuten war, zeigten die Betriebsrätewahlen im Ruhrbergbau im März 1924. Der freigewerkschaftliche Verband erhielt nur noch 35,16 Prozent der Stimmen gegenüber 42,20 Prozent im Jahre 1922. Die kommunistisch orientierte »Union der Hand und Kopfarbeiter« dagegen legte kräftig zu, von

---

258 Zahlen vgl. Jb. ADGB, 1922, S. 91 und Jb. ADGB, 1924, S. 137.
259 Vgl. Steinisch, Arbeitszeitverkürzung, S. 518.
260 Vgl. Tschirbs, Tarifpolitik, S. 174. Trotz Kritik nahmen die Gewerkschaftsvertreter aller vier Bergarbeiterverbände (freier, christlicher, Hirsch-Dunckerscher und polnischer Verband) einen am 1. Mai 1923 erlassenen Schiedsspruch, der nur 10% Lohnerhöhung dekretierte, an.
261 Vgl. ebenda, S. 175.
262 Vgl. Erdmann, Ruhrkampf, S. 209; vgl. auch Ruck, Ruhrkampf, S. 421; Mommsen, Die verspielte Freiheit, S. 149.

27,8 Prozent 1922 auf nun 36,55 Prozent[263]. Auf dem Verbandstag der Bergarbeiter im Juni 1924 bezeichnete das Hauptvorstandsmitglied Rosemann es als »Unglück unserer Gewerkschaftsbewegung«, daß die Gewerkschaftsführer während des passiven Widerstandes nicht als Gewerkschafter gehandelt hätten, sondern sich in dieser Situation als »Staatsmänner« gefühlt hätten[264]. Je mehr die Gewerkschaftsführer im Sinne einer staatspolitischen Verantwortung handelten, desto stärker nahmen Tendenzen zu, »die vernachlässigten Interessen der Bergarbeiter nicht über die Tarifverbände, sondern über den unmittelbaren Weg der Belegschaftsversammlung und der schachtbezogenen Streiks zu artikulieren«[265].

Für den Bereich der chemischen Industrie und des Fabrikarbeiterverbandes hat Dieter Schiffmann am Beispiel der BASF aufgezeigt, wie stark das Vertrauen zur Gewerkschaftsorganisation unter der Arbeiterschaft gesunken war. Diese warfen der Gewerkschaft »Inaktivität« in zentralen Fragen und Unfähigkeit vor, mit den »Auswirkungen von Inflation und Teuerung wirksam fertig zu werden«. Auch hier wurden Radikalisierungstendenzen deutlich. KPD und USPD gewannen an Einfluß und bei den Betriebsrätewahlen bei der BASF im März 1922 wurden Kommunisten an die Spitze des Betriebsrates gewählt[266].

Die Unzufriedenheit unter den Gewerkschaftsmitgliedern mit jener am sogenannten Allgemeinwohl orientierten und dabei die Arbeiterinteressen vernachlässigenden Politik zeigte sich an dem bereits behandelten Komplex Überschichten und Mehrarbeit ebenso deutlich wie im Falle des Ruhrkampfes und bei der Ruhrhilfe. Die Mißstimmung an der Basis wurde in solch politisch unterschiedlich dominierten Verbänden wie dem Metallarbeiterverband und dem Holzarbeiterverband und aus den unterschiedlichsten Regionen gleichermaßen mitgeteilt. Kritische Töne und die Aufforderung zu größerer Aktivität wurden im übrigen keineswegs nur von der kommunistischen Opposition vorgetragen.

Auf der Sitzung des Reichsbeirates der Betriebsräte des DMV im Okto-

---

263 Vgl. Tschirbs, Tarifpolitik, S. 227; Mommsen, Die verspielte Freiheit, S. 194; Schöck, Arbeitslosigkeit und Rationalisierung, S. 99 ff.
264 Vgl. Tschirbs, Tarifpolitik, S. 176 f.
265 Vgl. ebenda, S. 177. Daß auf dem Verbandstag der Bergarbeiter dennoch der alte Vorstand mit 147 gegen 3 Stimmen entlastet wurde, zeigte nach Meinung von Tschirbs, daß trotz Kritik die Delegierten »die Enge des gewerkschaftlichen Spielraums in der Stabilisierungskrise« einsahen und sich mit der Verbandspolitik einverstanden erklärten, die im Arbeitskampf im Mai 1924 »deutliche Zeichen einer kämpferischen Haltung« gezeigt hatte. Vgl. ebenda, S. 239 f. Zum Verbandstag vgl. auch GZ, Jg. 34, Nr. 26, 28. 6. 1924, S. 212 f.
266 Vgl. Schiffmann, Von der Revolution, S. 253 f.

ber 1922 teilte das Beiratsmitglied Heer aus Hamburg mit, daß über die Stellung des ADGB zur wirtschaftlichen Not in der Öffentlichkeit nichts bekannt sei. »In den Kreisen der Arbeiter ist der Gedanke verbreitet, daß der ADGB schläft.« Thiele (Köln) berichtete, daß »der Glaube an die Stärke der Organisation« verschwunden sei[267]. Ähnlich war die Stimmung in der Gauvorsteherkonferenz des Holzarbeiterverbandes im Januar 1923. Nach Falkenberg, Gauvorsteher in Stettin, war »der Mißmut über die Verhältnisse [...] bei den Arbeitern groß«. Sie seien auch entrüstet darüber, so Weidner aus Frankfurt, »daß die Regierung so wenig auf die Forderungen der Gewerkschaften« gebe. Heinemann (Frankfurt) hatte das Gefühl, »daß die Gewerkschaften nicht ihre ganze Macht eingesetzt haben, um die Wirtschaft zum Wohle der Arbeiter zu beeinflussen«[268].

Zahlreiche Schreiben lokaler Gliederungen gingen im Bundesbüro des ADGB ein, in denen die Führung immer wieder zu mehr Aktivität aufgefordert wurde. So verlangte der Ortsausschuß Hof in einem Schreiben vom 8. Februar 1923, der Bundesvorstand solle »in Gemeinschaft mit der Partei [SPD] die Macht der Gewerkschaften« einsetzen, um die Regierung in den Fragen der Erfassung der Sachwerte, der Stabilisierung der Mark, der Hebung der landwirtschaftlichen Produktion und der Erhöhung der Erwerbslosenunterstützung zu entsprechenden Maßnahmen zu drängen. Diese Aktivität sei auch deshalb notwendig, um den Bestand der Gewerkschaften nicht zu bedrohen, denn ob jene Hunderte, »die durch monatelange Erwerbslosigkeit jetzt den Organisationen entfremdet« würden, wieder »unter unseren Einfluß gebracht werden können [...], erscheint sehr fraglich!«[269] Der Bundesvorstand antwortete darauf, daß mit dem Einsatz gewerkschaftlicher Machtmittel vielleicht die Regierung gestürzt werden könne, jedoch weder die Mark zu stabilisieren noch die landwirtschaftliche Produktion zu heben sei. Die deutsche Wirtschaft sei von der Weltwirtschaft abhängig. Der Bundesvorstand sei im Sinne der Forderungen »fortgesetzt tätig« und wenn auch diese Tätigkeit »nicht so bombastisch in Erscheinung« trete »wie gewisse Agitationsre-

---

267 Vgl. Protokoll der Sitzung des Reichsbeirates der Betriebsärzte des DMV am 6. und 7. Oktober [1922] in Stuttgart, in: ZA FDGB/Nr. 234, S. 11 (Heer) und S. 25 (Thiele).
268 Vgl. Gauvorsteherkonferenz am 8./9. 1. 1923, in: ZA FDGB/A 43, Bl. 192f. (Redebeiträge Weidner und Heinemann), Bl. 193 (Redebeitrag Falkenberg). Ähnlich lautete die Einschätzung des OA Hof, vgl. OA Hof an ADGB-BV vom 8. 2. 1923, in: BArch NS 26/933.
269 Vgl. ebenda. Ähnlich lautete ein Schreiben des OA Gera an ADGB-BV vom 1. 2. 1923, in: BArch NS 26/933.

den in großen Versammlungen«, so werde damit der Lage der Arbeiterschaft doch weit mehr gedient[270].

Wie wenig sich der ADGB von der Stimmung an der Basis beeinflussen ließ und wie ungenügend er diese einzuschätzen wußte, zeigten seine Politik im Ruhrkampf wie auch das Unternehmen »Ruhrhilfe«. Die Diskussionen im Bundesausschuß zu diesen Themenbereichen (vgl. oben) machten deutlich, wie wenig Selbstkritik die ADGB-Führung angesichts der völligen Niederlage der Gewerkschaften 1923/24 übte. Auch das rapide Absinken der Mitgliederzahlen veranlaßte sie nicht, diese Entwicklung in Beziehung zu ihrer eigenen Politik zu setzen.

Die Gründe des enormen Mitgliederrückgangs lagen für die ADGB-Führung auf der Hand: die schwere wirtschaftliche Erschütterung, die zu Lähmung der Produktion und starker Arbeitslosigkeit geführt habe; die »Treibereien« der Kommunisten, die die Gewerkschaftsleitungen für alle »aus der kapitalistischen Ordnung der Arbeiterschaft erwachsenden Schädigungen« verantwortlich gemacht hätten. Aber auch »das Versagen der [gewerkschaftlichen] Unterstützungseinrichtungen während der Hochinflation« sei nicht ohne Einfluß auf die Abnahme der Mitgliedszahlen gewesen[271]. Zum Teil wurde der Mitgliederschwund auch als eine Art Gesundschrumpfungsprozeß angesehen. Die ungeschulten, undisziplinierten, bislang indifferenten Massen, die den Gewerkschaften erst im Zuge der Revolution beigetreten seien, hätten sich nun wieder aus den Organisationen zurückgezogen, da sich ihre Hoffnungen in die Gewerkschaften als »Lohnerhöhungsautomat« nicht erfüllt hätten. Der Verlust sei zwar zahlenmäßig ungünstig, schwäche die Gewerkschaften jedoch nicht, denn die »uns Treugebliebenen sind der Organisationskern«[272]. In einem Aufsatz zur »Krisis in der Gewerkschaftsbewegung« in der »Gewerkschafts-Zeitung« vom 2. August 1924 wurde davon gesprochen, »daß sich auch innerhalb der Gewerkschaften eine Inflation bemerkbar« gemacht habe, »eine künstliche, daher ungesunde Aufblähung der Mitgliederzahlen, die sich nicht allen Stürmen gewachsen zeigen konnte«[273]. Die Erosion der Mitgliedschaft – eine Art gewerkschaftlicher »Reinigungskrise«?

---

270 Vgl. Antwortschreiben Schulzes (BV) an OA Hof vom 13. 2. 1923, in: ebenda.
271 Vgl. Jb. ADGB, 1924, S. 130. Tarnow äußerte im Vorstand des DHV, daß der Mitgliederrückgang »zweifellos in hohen Maße auf den Wegfall der sozialen Unterstützung zurückzuführen« sei, vgl. ZA FDGB/A 50, 63. Sitzung, 6. 10. 1924.
272 So Graßmann: Gewerkschaftliche Tagesfragen. Referat gehalten auf der 3. Konferenz der Ortsausschüsse des 11. Bezirks des ADGB am 5. und 6. 4. in Lübeck, Hamburg o.J. (1924), S. 9; zit. n. Buhl, Sozialistische Gewerkschaftsarbeit, S. 135. Vgl. auch GZ, Jg. 34, Nr. 33, 16. 4. 1924, S. 295.
273 Vgl. L. Seyler: Zur Krisis in der Gewerkschaftsbewegung, in: GZ, Jg. 34, Nr. 31, 2. 8. 1924, S. 272f.

In einer Vortragsdisposition, die im September 1924 als Agitationsmaterial den Ortsausschüssen übersandt wurde, wurde die ADGB-Führung noch deutlicher. Sie schob die Verantwortung für den Niedergang und die Mißerfolge der Gewerkschaften im wesentlichen den Mitgliedern selbst zu, von denen nun eine Vielzahl »fahnenflüchtig« geworden sei. »Die große Masse trägt selbst die Schuld an der ungünstigen Entwicklung bis zum heutigen Tage, weil sie durch die eigene Abstimmung in den politischen Wahlen dem Bürgertum erst zu der Übermacht in den Parlamenten verholfen hat.«[274] Außerdem habe sie die Parteispaltung mitgemacht und der »kommunistischen Hetze« ohne »eigenes Verantwortungsgefühl« kritiklos zugestimmt. Dies alles habe zusammen mit dem wirtschaftlichen Zusammenbruch die Gewerkschaftsbewegung geschwächt. Jetzt gelte es, die »verärgert Abseitsstehenden« von der Notwendigkeit des gewerkschaftlichen Zusammenhalts zu überzeugen. »Unfruchtbare politische Meinungskämpfe« gehörten nicht in die Gewerkschaften. Wer heute noch »dieses frevelhafte Spiel« betreibe, für den sei in der Gewerkschaftsorganisation kein Platz mehr[275].

Auf dem folgenden Gewerkschaftskongreß in Breslau 1925 analysierte Leipart die Ursachen für den Vertrauensverlust bei der Mitgliedschaft. Die Masse der Mitglieder sei »oft unzufrieden mit den Führern gewesen«, weil die Gewerkschaften trotz ihrer festen Entschlossenheit, mit aller Kraft die »berechtigten Interessen der Arbeiterklasse« zu vertreten, im Unterschied zu dem »einseitigen Machtstreben des Unternehmertums« das »große gemeinsame Interesse des Volksganzen, also des Staates« über die »einseitigen Interessen der einzelnen Gesellschaftsschichten und Klassen« gestellt hätten. Leipart schwächte diesen Befund jedoch sogleich ab. In Wahrheit seien die organisierten Arbeiter mit dem Staat unzufrieden, der seine Pflicht zum Schutz der Interessen der Arbeiterschaft – trotz des hohen Verantwortungsgefühls der Gewerkschaften – zugunsten der Interessen der »besitzenden Klassen« vernachlässigt habe[276]. Leipart machte deutlich, was der Vorstand als »beste und wirkungsvollste Art, die Massen zu mobilisieren«, ansah. Diese bestehe nicht in der Parole des Generalstreiks und in »täglicher politischer Demonstration«, sondern darin, »daß wir alle unsere Kräfte anwenden, um

---

274 Vgl. Das Vertrauen zu den Gewerkschaften, [Vortragsdisposition für die OAe des ADGB], o.O., o.J. [Sept. 1924], in: BArch ZSg. 1–87, 9 (7), Zitate: S. 1 und 4. Den Vorwurf, die Massen seien durch ihr Wahlvotum an der jetzigen Misere selbst schuld, erhob der BV bereits im November 1923, vgl. Bundesmitteilungen für die OAe des ADGB, Nr. 8, 13. 11. 1923, S. 2, in: HiKo NB 79/18.
275 Vgl. Das Vertrauen zu den Gewerkschaften, S. 6 und 8; vgl. auch Bundesmitteilungen für die OAe des ADGB, Nr. 11, 8. 9. 1924, in: HiKo NB 79/21.
276 Vgl. Protokoll Breslau, 1925, S. 117f.

die Gesamtheit der Arbeiter und Arbeiterinnen in allen Berufen und Industrien im ganzen Lande für die gewerkschaftlichen Organisationen zu gewinnen [...], daß wir sie in den Gewerkschaften durch Vorträge, durch unsere Presse aufklären und zu bewußten Mitkämpfern erziehen, daß wir ihnen die Erkenntnis beibringen, daß jeder selbst mit seiner eigenen Person für die gemeinsamen Ziele eintreten, wirken und kämpfen muß und dieses Wirken und Kämpfen nicht immer nur von den anderen, den Vorständen der Verbände und von dem Allgemeinen Deutschen Gewerkschaftsbund verlangen darf«[277]. Leipart meinte damit jedoch nicht »eine Vertiefung der Gewerkschaftsdemokratie«, wie sie zum Beispiel der linke Sozialdemokrat Johannes Kretzen forderte[278]. Nein, Leipart forderte, jeder einzelne müsse dazu gebracht werden, »daß er der in seiner Gewerkschaft gewählten Leitung Vertrauen und Achtung bezeigen muß und sie nicht dauernd bekritteln, beleidigen und herabsetzen darf«[279].

Tarnow sah den tieferen Grund des Mitgliederverlustes darin, daß in den Massen eine »Illusion geplatzt« sei, nämlich die Erwartung, daß mit der Eroberung der politischen Macht es ein Kinderspiel sein werde, »die letzten Ziele unserer Bewegung zu verwirklichen«. Hier fänden sich auch die Ursachen der kommunistischen Bewegung. »Zehntausende, nicht die Schlechtesten, haben es einfach nicht mehr ertragen, kein Ideal mehr zu haben. Sie sind aus dieser Enttäuschung in eine neue Illusion geflüchtet, weil sie es innerlich mußten.« Man müsse, so Tarnows Schlußfolgerung, in die Gewerkschaften eine Ideologie hineinbringen, »an die die Massen glauben können, ein Ideal!« Die Gewerkschaften bräuchten nicht »eine Sonne am Firmament, sondern ein Ziel, das auf Erden zu verwirklichen ist«. Dieses Ziel hieß »Wirtschaftsdemokratie«, die nach Tarnow nichts anderes war, als das in die Wirtschaft zu »übersetzen«, was im politischen Leben schon erreicht sei[280].

---

277 Vgl. ebenda, 1925, S. 124f.
278 Vgl. J. Kretzen: Die freien Gewerkschaften in der großen Krise, Bürgerblock und Gewerkschaften, Leipzig 1927, S. 38. Kretzen (geb. 1889), freier Schriftsteller, war von 1907–1915 Redakteur der »Bergischen Arbeiterstimme« in Solingen, 1919/20 Redakteur der »Republik« in Kiel. In der »Leipziger Volkszeitung« veröffentlichte er in den 1920er Jahren diverse Artikel zur Gewerkschaftsbewegung. Kretzen trat gegen »reformistische Übertreibungen« der gewerkschaftlichen Errungenschaften und für Gewerkschaften auf dem Boden des Klassenkampfes ein. Biographische Angaben vgl. Handbuch Arbeiterpresse, 1927, S. 554.
279 Vgl. Protokoll Breslau, 1925, S. 124f.
280 Vgl. ebenda, S. 231. Vgl. auch die Ausführungen Tarnows in der Sitzung des DHV-Verbandsbeirates am 16./17. 11. 1926, in: ZA FDGB/A 53, S. 73f. In einer Rede vor sächsischen Bezirksleitern und Vertretern der Ortsausschüsse Sachsens am 2. 3. 1928 widersprach Leipart dieser Auffassung: Es sei unrichtig, daß die Forderung nach Wirtschaftsdemokratie aufgestellt wurde, weil in der Arbeiterbewegung nach der Revolution von 1918 das alte Ideal zerbrochen sei. »Es ist damals in der

Eine eigentliche »Fehlerdebatte« fand in den Spitzengremien des ADGB, sieht man einmal von der unfruchtbaren »Schulddiskussion« im Zusammenhang mit dem Fall des Achtstundentag ab, nicht statt.

Leipart hatte auf dem Breslauer Kongreß 1925 ausgeführt, man müsse bei der Beurteilung der Tätigkeit des ADGB auch beachten, daß er in der nachrevolutionären Zeit »in Aufgaben hineingedrängt« worden sei, die den Gewerkschaften eigentlich ferngelegen hätten. Man habe dem ADGB Aufgaben »zugemutet und zugetraut, die wir nach Lage der Dinge gar nicht erfüllen konnten«. Leipart erwähnte in diesem Zusammenhang »die Zeit der großen Währungsnot«. Viele hätten die Gewerkschaften als »die wirklich Sachverständigen« gesehen. Man habe »in dieser und mancher anderen Frage« guten Willen gezeigt und sich auch auf fremde Gebiete hinausgewagt, »mit den bescheidenen Kräften, die uns zur Verfügung standen«[281]. Natürlich diente Leiparts Rede der Rechtfertigung, aber es klang auch etwas anderes mit, nämlich der Hinweis, daß die Kompetenz für jene »fremden« Gebiete fehlte.

Genau hier setzte Theodor Cassau seine Kritik an. Die Krise der Gewerkschaften war seiner Meinung nach nicht zuletzt auf den »an allen Enden fühlbaren Mangel an Kräften« zurückzuführen. In einem Aufsatz in der »Gesellschaft« bekannte er schonungslos, daß die Gewerkschaften im Ausgang der Inflation »einen klar erkennbaren Machtverlust erlitten« hätten. »In einer solchen Situation soll man rücksichtslos prüfen, ob man den Anforderungen auf allen Gebieten gewachsen gewesen ist und sich davor hüten, alle Mißerfolge mit den Verhältnissen zu erklären, ›die stärker waren als wir‹.«[282] Dies war eine deutliche Absage an alle Rechtfertigungsversuche, wie sie Leipart vorgetragen hatte. Cassau erklärte die Mißerfolge der Gewerkschaften zu einem guten Teil damit, daß ihnen die entsprechend geschulten Funktionäre gefehlt hätten. Das habe sich unter anderem bei der Verteidigung des Achtstundentages bemerkbar gemacht. Dieser, so Cassau, sei nur zu verteidigen gewesen, durch »volkswirtschaftlich-privatwirtschaftliche Untersuchungen«. Daran habe es gefehlt. Jene Möglichkeiten, durch Außenhandelskontrolle, Betriebsräte usw. »in die Betriebe und in die Kalkulation hineinzuschauen, waren

---

deutschen Arbeiterschaft kein Ideal zerbrochen. Es sind nur übertriebene Hoffnungen enttäuscht worden«, vgl. Leipart: Auf dem Wege zur Wirtschaftsdemokratie? S. 3. Leipart selbst hatte jedoch in der BV-Sitzung vom 25. 3. 1925 vorgeschlagen, auf dem Breslauer Kongreß »ein Thema von werbender Kraft«, nämlich den Gedanken der Wirtschaftsdemokratie behandeln zu lassen; vgl. Jb. ADGB, 1928, S. 54.
281 Vgl. Protokoll Breslau, 1925, S. 112.
282 Vgl. Th. Cassau: Wirtschaftspolitischer Ausbau der Gewerkschaften, in: Die Gesellschaft, 1 (1924), Bd. 2, S. 79.

noch nicht genügend ausgenutzt worden«[283]. Das Argument der fehlenden Kompetenz griff auch Tarnow in der Gauvorsteherkonferenz des DHV vom 8./9. Januar 1923 auf. Gegenüber Funktionären, die die Inaktivität der Gewerkschaften beklagten, meinte er: »Was uns fehlt, sind Leute mit der nötigen volkswirtschaftlichen Kenntnis.«[284].

So berechtigt Cassaus Kritik einerseits war, so unzureichend war sie auf der anderen Seite, blendete sie doch die politische Dimension vollständig aus. Folgte man der Analyse Cassaus, so hätten die Gewerkschaften in der zentralen Frage des Achtstundentages nicht jenen Mißerfolg erlitten, wenn sie nur volkswirtschaftlich, akademisch gebildete Experten, was Cassau selbst im übrigen war, in ausreichender Zahl in ihren Büros beschäftigt hätten, die die entsprechenden Argumente ausgearbeitet hätten. Gewerkschaftliche Interessenvertretung ist jedoch nicht allein daher erfolgreich, weil geschulte Experten die besseren Argumente liefern. Notwendig ist Kampfbereitschaft und Durchsetzungswille. Genau diese Eigenschaften wurden aber in jener Politik des ADGB, die das Wohl des Volksganzen in ihre Überlegungen stets mit einschloß, in den Hintergrund gedrängt. Das Wohl der Allgemeinheit oder, mit anderen Worten, volkswirtschaftliche Verantwortung war allerdings genau auch die Zielbestimmung Cassaus. Er forderte eine »Lohnpolitik entsprechend der Wirtschaftslage des Gewerbes«, wofür privatwirtschaftliche Schulung und »Durchleuchtung des Gewerbes« Voraussetzung waren[285]. Dieses Ziel verfolgte auch der Leiter der volkswirtschaftlichen Abteilung im Bergarbeiterverband, Dr. Georg Berger, mit der von ihm seit 1922 herausgegebenen Zeitschrift »Verband und Wirtschaft«. Berger wollte »zur Formung des häufig irregeleiteten Massenwillens« beitragen, durch »Erziehung durch Sachlichkeit und Nüchternheit, für die Tatsachenermittlung und die Einübung in ›wirtschaftliches Sehen‹ Vorbedingung seien«[286]. Die Weigerung der Unternehmer, den Bergarbeiterverbänden wirtschaftspolitische Mitbestimmungsrechte bei der Bewältigung der Krise seit 1924 einzuräumen, hatte jedoch den Einfluß der Zeitschrift und der Abteilung Bergers auf die Mitgliedschaft geschmälert. Bei der

---

[283] Vgl. ebenda, S. 83. Ähnlich hatte Richard Woldt bereits 1922 im Zusammenhang mit der ZAG geurteilt. Danach konnten die Arbeitervertreter in der ZAG sich »am Verhandlungstisch (...) nicht immer als gewachsen erweisen«. In der Frage des Verhältnisses von Löhnen und Preisen hätten sie »sachlich versagt«. Vgl. Woldt, Wirtschaftliche Schulungsarbeit, S. 17f. Woldt (1878–1952), Ingenieur und Fachhochschuldozent, u.a. von 1919/20–1923(?) Referent für Arbeiterbildung im Preuß. Kultusministerium.
[284] Vgl. ZA FDGB/A 43, Bl. 194.
[285] Vgl. Cassau, Wirtschaftspolitischer Ausbau, S. 86.
[286] Vgl. Tschirbs, Tarifpolitik, S. 309.

Basis des Bergarbeiterverbandes regte sich gegenüber dem Anspruch Bergers Kritik. So wurde in einem Antrag auf dem Verbandstag 1926 gefordert, daß, solange das Unternehmertum noch eine solche »Wirtschaftsanarchie« betreibe wie gegenwärtig, eine rein wirtschaftliche Einstellung »unserer« Zeitschrift nicht angebracht sei. »Wir verlangen Kampfmaterial, um damit den Unternehmern gegenüber gewappnet zu sein.«[287]

Ähnlich wie Cassau äußerte sich Lothar Erdmann in seinem ersten großen programmatischen Aufsatz im ersten Heft der im Sommer 1924 gegründeten »Arbeit«. Angesichts der neuen Aufgaben, die die Gewerkschaften wahrzunehmen hätten, bedürfe »die junge Führergeneration, deren Aufgabe es ist, im nächsten Menschenalter die gewonnenen Rechte wahrzunehmen, [...] einer Einsicht in die wirtschaftlichen Verhältnisse, wie sie von den ersten Baumeistern der gewerkschaftlichen Organisationen nicht gefordert wurden«. Der gewerkschaftliche Kampf werde jetzt nicht nur am Rande der Wirtschaft geführt, »sondern in ihrem inneren Bereich müssen die Gewerkschaftsführer zeigen, daß sie ihren wirtschaftlichen Gegner an Einblick in die Erfordernisse der Wirtschaft gleich und an nachdrücklicher Vertretung der Interessen der Gemeinschaft, d.h. an volkswirtschaftlichem Weitblick im eigentlichen Sinne überlegen sind«[288].

1924, die freie Gewerkschaftsbewegung befindet sich in einer tiefen Krise; das revolutionäre Symbol, der Achtstundentag ist verloren, im Ruhrkampf des vergangenen Jahres haben die freien Gewerkschaften zwar »heldenhaft« gerungen, aber irgendwelche Erfolge erzielten sie aus diesem Engagement heraus nicht, im Gegenteil – in dieser Situation mutet es fast zynisch an, wenn der Chefredakteur des theoretischen Organs des ADGB schreibt:

»Die Gewerkschaften haben den Arbeitern einen tieferen Begriff von ihrer Bedeutung für die Wirtschaft und damit für das Volksganze gegeben. Diese Steigerung des Wertgefühls, die der einzelne Arbeiter den Gewerkschaften verdankt, hat nicht nur das Standes- und Klassenbewußtsein vertieft, sondern sie hat ihm auch – und dies ist ein unschätzbarer Wert für die Nation – ein höheres Maß innerer Unabhängigkeit und Würde gegeben, das fehlte und fehlen mußte, solange die Arbeiter in wehrloser Vereinzelung ihren übermächtigen wirtschaftlichen Gegnern gegenüberstanden.«[289]

---
287 Antrag des Bezirks Weimar I, vgl. ebenda, S. 310.
288 Vgl. Erdmann, Der Weg der Gewerkschaften, in: Die Arbeit 1 (1924), S. 4f.
289 Vgl. ebenda, S. 8.

Bei Erdmann und Cassau kam allenfalls eine Kritik an den Traditionen der älteren Gewerkschaftsgeneration zum Ausdruck, aber nicht eine Kritik an der an »nationalen« Interessen ausgerichteten ADGB-Politik. Im Gegenteil, was sie und besonders Erdmann forderten, war eine noch stärkere und in ihrem Gehalt professionellere Ausrichtung auf das »Volksganze«.

4. Von der Erfüllungspolitik zur Revisionsforderung

Nach dem Fiasko des Ruhrkampfes war die Haltung des ADGB eindeutig auf Erfüllungspolitik ausgerichtet. Die Reparationen wurden zwar als »drückende Schuld« bezeichnet, die »gemildert und allmählich abgetragen« werden müsse. Aber, so der Leiter der wirtschaftspolitischen Abteilung im ADGB, Eggert, man habe doch erlebt, »wie es um Deutschland stand, als es die Reparationen nicht erfüllte und keine Auslandskredite erhielt«[290].

4.1 ADGB und Dawes-Plan

Von dieser Grundhaltung war auch die Stellungnahme des ADGB zum Dawes-Plan geprägt. Unter dem Vorsitz des amerikanischen Generals Dawes hatte sich ab Januar 1924 eine international besetzte Sachverständigenkommission im Auftrag der Reparationskommission mit der Frage der von Deutschland zu entrichtenden Reparationen beschäftigt. Am 9. April 1924 legten die Sachverständigen ein Gutachten, den sogenannten Dawes-Plan, vor. Der Plan, der im Juli/August 1924 auf der Londoner Reparationskonferenz angenommen wurde, sah die Anbindung deutscher Reparationszahlungen an die wirtschaftliche Leistungsfähigkeit Deutschlands vor. Für diese sollte deutscher Besitz, unter anderem die Reichsbahn, bürgen. Die deutschen Zahlungen sollten pro Jahr von einer Milliarde Mark 1924/25 auf 2,5 Milliarden ab den Jahren 1928/29 gesteigert werden. Mit dem Dawes-Plan entfielen sämtliche in den sogenannten MICUM-Verträgen festgelegten Belastungen[291].

Ein Sonderausschuß, gebildet von Vertretern des ADGB, AfA-Bundes

---

290 Vgl. W. Eggert: Der Stand der deutschen Wirtschaft, in: Die wirtschaftlichen Unternehmungen der Arbeiterbewegung (1928), S. 13–19, Zit.: S. 19.
291 Zum Dawes-Plan vgl. Krüger, Außenpolitik, S. 207ff.; ders., Versailles, S. 122ff.; Mommsen, Die verspielte Freiheit, S. 183ff. Die Reichsbahn wurde in eine Aktiengesellschaft umgewandelt und mit Obligationen belastet, auf die sie jährlich bis zu 660 Mio. RM Zinsen zu zahlen hatte; vgl. K.D. Erdmann, Weimarer Republik, S. 200. Zu den MICUM-Verträgen vgl. Teil 2, IV. 1. und 2.

und ADB, prüfte das Sachverständigengutachten und kam zum Ergebnis, daß es zwar eine schwere Belastung für die deutsche Wirtschaft bedeute, befürwortete die Annahme des Planes jedoch, um »Schlimmeres zu verhüten und die deutsche Wirtschaft von den Drangsalen der Sanktionen zu befreien«[292]. In der Bundesausschußsitzung vom 21./22. Juli 1924 plädierte Tarnow für die Durchführung des Dawes-Plans, weil nur damit die Wirtschaft zu geordneten Zuständen geführt werden könne und außerdem »die Politik der Völkerversöhnung« eingeleitet werde[293]. Der Bundesausschuß verzichtete einstimmig auf eine Diskussion zu diesem Thema. Es trat »bezüglich der Haltung zum Dawes-Gutachten keinerlei Differenz zutage«[294].

Der ADGB-Vorstand setzte seine Haltung auch gegen spätere Revisionswünsche des Eisenbahnerverbandes durch. Dieser hatte gefordert, daß die Frage der Revision ins Rollen gebracht werde und daß der IGB sich damit befassen solle. Als Begründung führte der Verbandsvorsitzende Scheffel in einer Besprechung mit ADGB-Vertretern am 22. November 1926 an, daß die Eisenbahner unter dem Dawes-Plan besonders stark leiden würden. Immer wenn sie Forderungen stellten, würden ihnen die Reparationslasten entgegengehalten[295]. Die ADGB-Vertreter rieten zur Vorsicht. Spliedt und Eggert erklärten, daß eine Revision nur erreichbar sei, wenn Deutschland seine Zahlungsunfähigkeit nachweisen könne. Dies sei zur Zeit nicht möglich[296]. In einer Notiz vom 18. November 1926 unterrichtete Arons Leipart über die Problematik und machte deutlich, daß bei allem Verständnis für die Probleme der Eisenbahner »im Interesse der deutschen *Gesamt*politik *jetzt noch nicht* an diese Fragen herangegangen werden« dürfe. Eine momentan versuchte Verständigung mit Frankreich würde sonst aufs Spiel gesetzt[297].

---

[292] Vgl. Jb. ADGB, 1924, S. 19.
[293] Vgl. Kukuck/Schiffmann, Quellen III, Dok. 16, S. 222.
[294] Vgl. ebenda, S. 223. Vgl. den Bericht in der 40. Vorstandssitzung des Lithographen-etc. Verbandes, 28. 7. 1924, in: ZA FDGB/A 118, S. 141 (Zitat). Der Reichstag nahm am 29. 8. 1924 die im Zusammenhang mit dem Dawes-Abkommen stehenden Gesetze vor allem das Reichsbahngesetz, für das eine Zweidrittelmehrheit erforderlich war, an. Auch 48 Abgeordnete der DNVP stimmten dafür; vgl. Winkler, Schein, S. 188ff.
[295] Vom ADGB waren Graßmann, Eggert, Spliedt und Arons, vom Eisenbahnerverband außer Scheffel noch Kunze und Prawitz anwesend; vgl. Kukuck/Schiffmann, Quellen III, Dok. 128, S. 810. Um ihren Reparationsverpflichtungen nachzukommen, versuchte die Reichsbahngesellschaft, die Personalausgaben möglichst gering zu halten. Vgl. GZ, Jg. 35, Nr. 29, 18. 7. 1925, S. 426f.
[296] Vgl. Kukuck/Schiffmann, Quellen III, Dok. 128, S. 811.
[297] Vgl. Arons an Leipart vom 18. 11. 1926, in: HiKo NB 196/34. In einer Besprechung am 3. 12. 1926 zwischen ADGB, SPD und Eisenbahnerverband zum selben Thema, erklärten auch Müller-Franken und Hilferding für die SPD, daß sie es »für unmöglich« hielten, den Dawes-Plan jetzt zu diskutieren. Vgl. Aktennotiz Arons' vom 6. 12. 1926, in: HiKo NB 196/38; für den ADGB nahmen Graßmann und Arons, für die Eisenbahner Prawitz, Blaß und Breunig teil.

4.2 ADGB und Young-Plan

Ähnlich wie der Dawes-Plan wurde auch der Young-Plan vom ADGB als Fortschritt in der Regelung der Reparationsfrage eingeschätzt. Der Dawes-Plan war von Anfang an nur als vorläufige Lösung gedacht. Er hatte weder eine Gesamtschuldsumme genannt noch die Dauer der Zahlungen festgelegt. Sinn des Dawes-Plans sei es gewesen, so Gerhard Colm in der »Arbeit«, zu erproben, »welche Reparationszahlungen Deutschland ohne Gefährdung seiner Binnenwirtschaft und insbesondere seiner Währung würde leisten können«[298].

Unter Vorsitz des Amerikaners Owen D. Young prüfte eine Sachverständigenkonferenz in Paris von Februar bis Juni 1929 erneut das Reparationsproblem. Ergebnis der Pariser Konferenz war die Unterzeichnung des Young-Planes am 7. Juni 1929. Anders als bei den Beratungen über den Dawes-Plan waren nun auch deutsche Sachverständige beteiligt. Als Hauptdelegierte waren in Paris Reichsbankpräsident Schacht und der Generaldirektor der Vereinigten Stahlwerke, Vögler, als ihre Stellvertreter der Bankier Melchior und das geschäftsführende Vorstandsmitglied des RDI, Kastl, anwesend. Die Gewerkschaften wurden jedoch weder zu der Pariser Konferenz noch zu den folgenden Verhandlungen im August 1929 und Januar 1930 in Den Haag als Sachverständige herangezogen[299].

Der Young-Plan sah vor, daß Deutschland für die Dauer von 59 Jahren, also bis 1987, jährlich durchschnittlich zwei Milliarden RM an Reparationen zahlen sollte. Die ausländische Kontrolle der deutschen Finanzen sollte entfallen, Reparationskommission und deren Aufsichtsorgane durch die zu errichtende »Bank für internationalen Zahlungsausgleich« in Basel ersetzt werden, die die Reparationszahlungen bankmäßig verwalten sollte. Außerdem sollte Deutschland, falls die USA ihren Schuldnern einen Nachlaß der »interalliierten Kriegsschulden« gewähren sollten, zu zwei Dritteln am Schuldennachlaß beteiligt werden[300]. Eine Konferenz der Regierungen von Großbritannien, Frankreich, Belgien, Italien, Japan und Deutschland nahm in Den Haag am 21. August 1929 den Plan an. Wichtiges Ergebnis der Haager Verhandlungen war außer-

---

298 Vgl. G. Colm: Dreieinhalb Jahre Dawes-Plan, in: Die Arbeit 5 (1928), S. 94–103, Zit. S. 94. Colm war seit 1928 Mitarbeiter, dann Leiter der Forschungsabteilung des Instituts für Weltwirtschaft in Kiel.
299 Zur Kritik des ADGB an dieser Ausgrenzung vgl. Kukuck/Schiffmann, Quellen III, S. 48; Jb. ADGB, 1928, S. 43, und Jb. ADGB, 1929, S. 50f. Die Dawes-Kommission war zwar ohne deutsche Beteiligung gebildet worden, hatte jedoch Graßmann als Gewerkschaftsvertreter befragt. Vgl. Jb. ADGB, 1924, S. 19.
300 Zum Young-Plan vgl. ausführlich Krüger, Außenpolitik, S. 476ff., ders., Versailles, S. 154f. Winkler, Schein, S. 587.

dem die endgültige Räumung der noch besetzten Rheinlandgebiete bis Mitte 1930[301]. Eine zweite Haager Regierungskonferenz trat am 3. Januar 1930 zusammen und beendete ihre Beratungen am 20. Januar 1930. Damit waren die Verhandlungen zur Reparationsfrage abgeschlossen. Die Ergebnisse der Haager Konferenzen und der Young-Plan wurden als »Neuer Plan« am 12. März 1930 vom Reichstag angenommen[302].

Der Bundesausschuß des ADGB verabschiedete am 18. Februar 1930 einstimmig eine Entschließung, in der der »Neue Plan« als eine gegenüber dem Dawes-Plan »nicht unwesentliche Entlastung des deutschen Volkes« bezeichnet wurde. Im Haager Abkommen sah der Bundesausschuß einen weiteren entscheidenden Schritt »auf dem Weg der Befreiung der besetzten deutschen Gebiete, der Entspannung der internationalen politischen Atmosphäre, der dringend erforderlichen Besserung der wirtschaftlichen Beziehungen zwischen den Völkern«[303].

4.3 ADGB auf Revisionskurs

Im selben Jahr am 13. Oktober nahm der Bundesausschuß einstimmig eine Entschließung an, in deren dritten Teil die Reparationslasten angesichts der Wirtschaftskrise als äußerste Gefährdung des wirtschaftlichen, sozialen und staatlichen Lebens bezeichnet wurden. Das Maß der Reparationen habe »schon längst die Wiedergutmachung der durch den Krieg verursachten Schäden überschritten«. Die Gewerkschaften seien schon vor einem Jahrzehnt für die Annullierung »der internationalen Kriegsschulden« eingetreten. Sie hätten der »Übernahme dieser schweren Bürde« nur zugestimmt, um die »unberechenbaren Folgen der Sanktionspolitik der ersten Nachkriegsjahre abzuwehren und in den Grenzen des Möglichen die günstigsten Bedingungen für die Erhaltung der deutschen Wirtschaft und die politische Bewegungsfreiheit des deutschen Volkes zu schaffen«. Niemals hätten sie jedoch einen Zweifel daran gelassen, »daß das Ziel der deutschen Politik die Revision der Reparationsabkommen und die Wiederherstellung der vollen Souveränität des deutschen Volkes sein muß«[304].

Der ADGB hatte die Reparationen stets als eine Belastung bezeichnet, andererseits jedoch die jeweiligen Neuregelungen mit dem Dawes- und Young-Plan als Fortschritte eingeschätzt und den Willen zur Erfüllungs-

---

301 Vgl. ebenda, S. 588; K.D. Erdmann, Weimarer Republik, S. 212.
302 Vgl. Jb. ADGB, 1929, S. 45; zur 2. Haager Konferenz vgl. K.D. Erdmann, Weimarer Republik, S. 273ff.; Winkler, Schein, S. 767f.
303 Vgl. Kukuck/Schiffmann, Quellen III, Dok. 250, S. 1408; vgl. auch Jb. ADGB, 1929, S. 48.
304 Vgl. Jahn, Quellen IV, Dok. 14, S. 168.

politik bekundet. Nun jedoch sah er in den Reparationen »nicht nur eine der Ursachen der ungeheuren Arbeitslosigkeit in Deutschland, sondern auch der Störungen in der Weltwirtschaft«[305] und forderte die Revision des Young-Plans. Was bewog den ADGB, in nur wenigen Monaten seine Haltung zur Reparationsfrage so grundsätzlich zu ändern?

In der Literatur wird allgemein auf das Ergebnis der Reichstagswahlen im September 1930 verwiesen. In diesen Wahlen hatten besonders die NSDAP, aber auch die KPD starke Stimmenzuwächse zu verzeichnen. Beide Parteien traten aus unterschiedlichen Motiven heraus für eine Streichung der Reparationen ein. Vor allem die NSDAP hatte ihren Wahlkampf völlig auf den Young-Plan konzentriert[306]. Die Haltung des ADGB zur Reparationsfrage im Oktober 1930 war, so das Urteil Winklers, demnach taktisch motiviert. Leipart »und seinen Freunden« sei der Appell an nationale Instinkte auch deshalb notwendig erschienen, »damit die Gewerkschaften als Massenorganisationen überleben konnten«[307]. Diese Argumentation impliziert eine nationale Massenstimmung unter den Gewerkschaftsmitgliedern bzw. in der Arbeiterschaft allgemein, der die ADGB-Führung nachkommen mußte, wollte sie ihre Anhängerschaft nicht verlieren. Die nationale Wende des ADGB also aus einem Zugzwang der Führung heraus? Dies erinnert stark an die Diskussion um die Beweggründe von Gewerkschafts- und SPD-Führung zu Beginn des Ersten Weltkrieges und im Ruhrkampf[308] und wird in diesem Abschnitt noch näher zu untersuchen sein.

Heupel verweist auf einen weiteren, ökonomischen Beweggrund. Die mit der Annahme des Young-Plans verknüpften Erwartungen auf eine Besserung der Konjunktur hätten sich »als trügerisch« erwiesen. Je schwieriger die wirtschaftliche Lage wurde, desto »fühlbarer mußte die Reparationsbelastung für die deutsche Wirtschaft werden«[309]. Auf diesen Zusammenhang hatte Leipart in der Bundesausschußsitzung im Oktober 1930 hingewiesen. Die durch den Young-Plan zu erwartende Entlastung sei durch die Wirtschaftskrise nicht »fühlbar in Erscheinung« getreten. Der deutsche Export sei im Vergleich zum Vorjahr um 10 Prozent zurückge-

---

305 Vgl. ebenda, S. 168.
306 Vgl. Helbich, Reparationen, S. 19f.; Heupel, Reformismus, S. 58f.; Heer, Burgfrieden, S. 38f.
307 Vgl. Winkler, Weg, S. 227f. Ähnlich Potthoff, Gewerkschaften (1987), S. 207f., der im Zusammenhang mit der Reparationsfrage von einer Anpassung des ADGB an »den nationalen Trend« spricht. Auf S. 245 schränkt Potthoff ein, die Anpassung an die »nationale Welle« sei jedoch nicht nur aus dem »Zwang der Umstände« zu erklären, sondern bilde auch einen, nun überzeichneten »Traditionsstrang« der Freien Gewerkschaften.
308 Vgl. dazu Teil 2, I. und IV. 1.
309 Vgl. Heupel, Reformismus, S. 59.

gangen. Es stelle sich also die Frage, wie die Reparationen in der nächsten Zeit überhaupt bezahlt werden könnten, »ohne daß die Arbeiterschaft durch Schmälerung oder gar Abbau der sozialen Errungenschaften besonders belastet wird«[310].

Mit Sicherheit spielten die alarmierenden Reichstagswahlergebnisse wie auch die Wirtschaftskrise eine Rolle für die Entschließung des ADGB-Ausschusses zur Reparationsfrage. Es ist jedoch notwendig, die Genese dieser Entschließung etwas genauer nachzuzeichnen, um die Frage der Motive zu diskutieren.

Am 8. Oktober 1930 schrieb Furtwängler an Leipart einen zehnseitigen Brief. Er bezog sich darin auf eine Aussprache, die sich an den von Leipart »geplanten Vorstoß in der sogenannten Reparationsfrage« geknüpft hatte[311]. Wer an dieser Aussprache teilnahm, ist unbekannt, jedoch darf man davon ausgehen, daß sich der Gesprächskreis aus Mitgliedern des Bundesvorstandes, aus Sachbearbeitern im Bundesbüro und Angehörigen der Forschungsstelle zusammensetzte. Furtwängler selbst hatte »vor einigen Tagen« Eggert »ganz dringend« darum gebeten, Leipart zu einem solchen Vorstoß anzuregen.

Furtwängler setzte sich in diesem von einer nationalistischen Sprache strotzenden Brief mit jenen Argumenten auseinander, die gegen einen Vorstoß in Richtung Revision des Young-Planes vorgebracht wurden. Natürlich könne kein Mensch behaupten, die gegenwärtige Krisensituation rühre nur von der »Tributzahlung« her und nicht auch aus der allgemeinen Weltkrise. Diese würde aber für Deutschland »genau um den Betrag verschärft, der uns in Tributform alljährlich weggenommen wird«. Furtwängler zeigte sich »überrascht« über Argumente von Kollegen, die darauf hinausliefen, daß die Reparationen gar nicht das eigentliche Übel seien, daß im Gegenteil Deutschland einen gewaltigen wirtschaftlichen Aufschwung unter den Reparationen erlebt habe und daß andere Länder, die wie England keine Reparationen zu zahlen hätten, genau dasselbe Arbeitslosenproblem hätten wie Deutschland.

Der wirtschaftliche Aufschwung bis 1928, so wandte Furtwängler ein, sei nur durch große Anleihen und eine damit finanzierte Rationalisierung ermöglicht worden. Dies sei zur Erfüllung der Reparationen notwendig gewesen, habe aber neben den »Tributzahlungen« eine Zinsenlast von rund einer Milliarde Mark und einen »großen, vielleicht den größten Teil« der heutigen Arbeitslosigkeit gebracht. Englands Arbeitslosigkeit

---

310 Vgl. Jahn, Quellen IV, Dok. 14, S. 150.
311 Vgl. Furtwängler an Leipart vom 8. 10. 1930, in: HiKo NB 177/41.

rühre jedoch genau aus einer gegensätzlichen Ursache her, denn England habe nicht rationalisiert und damit seine Konkurrenzfähigkeit eingebüßt. Das Argument, Deutschland sei auf Kredite angewiesen, deshalb sei in der Frage der Revision Zurückhaltung geboten, konterte Furtwängler mit dem Gegenargument, Deutschland werde dann kreditfähig, »wenn die Welt einmal in der Lebensfrage der Vertragsrevision ein geschlossenes deutsches Volk vor sich hat, denn ein solches wäre durch nichts zu überwinden. Das weiß man.«

Einen großen Teil seines Schreibens widmete Furtwängler Einwänden taktischer Art, wie sie in der besagten Aussprache offenbar vorgebracht worden waren. Diese Einwände betreffen vor allem die Befürchtung, daß durch eine Stellungnahme der Gewerkschaften gegen die Reparationen, »den Nationalsozialisten und den Kommunisten die Hasen in die Küche« getrieben würden, daß sich die Gewerkschaften nicht in eine nationalistische Front einreihen dürften und vor allem, daß man der SPD keine Unannehmlichkeiten bereiten sollte, indem man sich in einer Frage engagiere, die zum Aufgabenfeld der Partei gehöre.

Furtwängler wußte zu berichten, daß es sich bei »der nationalen Abwehr und dem Aufbäumen gegen das Tributsystem« nicht nur um eine vorübergehende Erscheinung, »sondern um eine wachsende Lawine« handele. Die Gewerkschaften müßten jetzt handeln und nicht darauf warten, bis der Antrieb »von unten, aus den Massen und von den Betriebsorganen« komme. Die Nachweise Furtwänglers für jene von ihm registrierte Massenstimmung waren jedoch eher dürftig. So nannte er den ADGB-Bezirkssekretär für Niedersachsen, Brennecke, der im Hannoveraner SPD-Blatt gegen die »Tribute« geschrieben habe. Auch das Organ des Bergarbeiterverbandes habe »scharf« gegen die Reparationen Stellung bezogen. Die gewerkschaftliche Jugend beschäftige sich ebenfalls mit dem Problem, dies »beweisen mir Versammlungen und Zuschriften«. Den Artikel eines ADGB-Bezirkssekretärs und die Haltung eines Verbandsorgans als Ausdruck für die Massenstimmung heranzuziehen, ist nicht sehr überzeugend. Die übrigen Behauptungen, so gestand Furtwängler in seinem Schreiben selbst zu, bedürften »natürlich des Beweises und eingehender Begründung«, was er jedoch wegen der Kürze des Briefes nicht habe gewährleisten können.

Gegen die SPD formulierte Furtwängler schwere Beschuldigungen. Die nationalsozialistische Bewegung hätte wohl nie einen derartigen Aufstieg erlebt, hätte sich die SPD »nicht jeder Regung zu einer neuen Orientierung verschlossen«. Im übrigen sei die Reparationsfrage ein Bestandteil der sozialen Frage und falle damit in den gewerkschaftlichen Aufgabenbereich. Für die Gewerkschaften sei der Kampf gegen die »Tribute« ein »grundechtes Stück Klassenkampf«[312].

Furtwänglers Anliegen war klar. Getreu seiner Vorstellung von einer national orientierten Arbeiterbewegung sollten sich die freien Gewerkschaften als Trägerinnen einer solchen in der Frage der Reparationen deutlich »national«, auf Revision ausgerichtet verhalten und sich dabei von jener SPD abkoppeln, die Furtwängler als überlebten Bestandteil der Vorkriegszeit betrachtete.

Von grundlegend anderem Geist war ein Schreiben der Forschungsstelle geprägt, das deren Mitarbeiter Juri Petrowitsch Denicke alias Georg Decker am 9. Oktober 1930 verfaßt hatte[313]. Leipart hatte dieses Schreiben zwar erst am 20. Oktober zur Kenntnis genommen, der zuständige Sachbearbeiter, Hans Arons, befaßte sich jedoch schon am 9. Oktober damit, so daß die darin formulierten Gedankengänge in die Vorbereitung der Entschließung durchaus hätten einfließen können[314].

Auch die Denkschrift der Forschungsstelle gab die schwere Wirtschaftskrise und den Wahlerfolg der NSDAP als Gründe dafür an, daß die Aufmerksamkeit der Öffentlichkeit sehr stark auf die Reparationsfrage gelenkt sei. Ohne Zweifel sei die Stimmung sehr verbreitet, daß Gewerkschaften und SPD zu diesem Thema nicht schweigen dürften. Jedoch warnte sie ausdrücklich davor, unter dem Eindruck des NSDAP-Erfolges »unsere bisherige Einstellung zum Reparationsproblem zu verlassen und, um weiteren nationalsozialistischen Erfolgen vorzubeugen, selbst nationalsozialistische Politik zu treiben«. Die Forschungsstelle wandte sich nicht gegen den Gedanken der Revision. Jedoch plädierte sie dafür, »die zu erstrebende Revision sachlich und politisch vorzubereiten und alle überstürzten Aktionen, durch die die Revision nur gestört werden kann, entschieden abzulehnen«[315]. Grundsätzlich betonte die Forschungsstelle, daß die Haltung des ADGB-Ausschusses im Februar 1930 zum Young-Plan vollkommen richtig gewesen sei und kein Grund vorliege, diese nachträglich zu revidieren. Zwar hätten sich die erwarteten Entlastungen aus dem Young-Plan durch die Auswirkungen der Wirtschaftskrise nicht eingestellt, die Reparationen aber als die eigentliche Ursache der Wirt-

---

312 Alle vorstehenden Zitate s. ebenda.
313 Vgl. »Vertraulich. Zur Reparationsfrage. 9. 10. 1930.«, in: HiKo NB 177/42.
314 Zur Kenntnisnahme Leiparts vgl. dessen Paraphe auf dem Schreiben, versehen mit dem Datum »20/10«; Arons Kenntnisnahme geht aus seiner Handnotiz auf dem Schreiben hervor, die allerdings fälschlicherweise mit dem Datum »9/8« versehen ist, richtig mußte es wohl 9/10 lauten; vgl. HiKo NB 177/42. Winkler geht dagegen davon aus, daß das Schreiben Denickes erst nach der BA-Sitzung vom 12./13. 10. 1930 zur Kenntnis genommen wurde, vgl. Winkler, Weg, S. 228.
315 Vgl. HiKo NB 177/42.

schaftskrise darzustellen, sei sachlich völlig falsch. Die Reparationen seien keine primären Krisenursachen, die Krise bestände auch in Ländern, die keine Reparationen zu entrichten hätten. Wer Gegenteiliges behaupte, verschleiere den »typisch kapitalistischen Charakter der Krise«. Dies war eine deutliche Gegenposition zu Furtwängler. Auch den Zusammenhang zwischen Reparationslasten und sozialer Lage der Arbeiterschaft beurteilte die Forschungsstelle grundlegend anders. Verlange man die Revision mit dem Hinweis auf die schlechte wirtschaftliche Lage Deutschlands, so habe man von der Seite der Reparationsgläubiger als Gegenargument den Hinweis auf die höheren Personalausgaben in Deutschland im Vergleich zur Mehrzahl der Gläubigerländer zu erwarten. Die Forschungsstelle verwies auf die Beamtengehälter, aber auch auf die nominalen und realen Löhne, die in Deutschland durchschnittlich wesentlich höher seien als in Frankreich, Belgien und Italien. Das bedeute, daß nicht nur der Abbau der Beamtengehälter, sondern auch der Löhne die Voraussetzung für eine Revision des Young-Planes sei. »Und dies ohne jede Garantie, daß die Revisionsfrage auch nach der Erfüllung dieser Voraussetzung zu unseren Gunsten entschieden wird.« Die Forschungsstelle befürchtete, daß die deutsche Wirtschaft in der Tat »zum Abgrund« geführt werden solle, damit man sagen könne, »daß sie vor dem Abgrund steht«. Mit den Revisionsabsichten seien ohne Zweifel »auch innenpolitische, in höchstem Maße sozialreaktionäre Absichten verbunden«[316]. Wie recht sie mit dieser Einschätzung hatte, sollte sich im weiteren Verlauf der Regierungszeit Brünings erweisen.

Daß der Bundesausschuß des ADGB sich zur Reparationsfrage äußern müsse, wurde von keiner Seite bestritten. Im Bundesbüro machten sich die Sachbearbeiter daran, Entwürfe für die Entschließung vorzubereiten. Der Experte für Arbeitsmarkt- und Sozialpolitik, Spliedt, widmete der Reparationsfrage nur einige wenige Zeilen, in denen er die Reparationen »neben einer fehlerhaften Wirtschaftspolitik« als Ursachen für die Hemmnisse im deutschen Wirtschaftsleben bezeichnete und vor einer Gefährdung der sozialen Errungenschaften warnte[317]. Auch Arons aus der wirtschaftspolitischen Abteilung äußerte sich zur Reparationsfrage sehr gemäßigt[318]. Im Inhalt weit schärfere Entwürfe legten Erdmann und

---

316 Alle vorstehenden Zitate ebenda.
317 Vgl. »Entschließung Spliedts vom 10. 10. 1930.«, in: HiKo NB 177/45.
318 Vgl. »Entwurf Arons für die Entschließung zum Reparationsproblem 10. 10. 1930«, in: HiKo NB 177/48. Nach diesem Entwurf sollte der BA davor warnen, »die Aufdrängung der Lasten durch Einschränkung und Aufhebung der sozialen Errungenschaften der letzten Jahre sicherzustellen« und darauf hinweisen, »daß eine soziale Reaktion in Deutschland sich in Kürze in einer Verkümmerung des sozialen Fortschritts in der ganzen Welt auswirken würde«.

Furtwängler vor, ihre Vorschläge wurden nach einer Besprechung mit Leipart dem Bundesvorstand am 10. Oktober unterbreitet. Dieser akzeptierte die Entschließung und nur mit geringfügigen redaktionellen Änderungen wurde diese Fassung vom Bundesausschuß angenommen[319]. Erdmann hatte dies in einem Rückblick als einen Erfolg seines Einflusses bezeichnet, den er mit Unterstützung Furtwänglers, Arons', Nörpels, Broeckers, Spliedts und letztlich auch durch das Verständnis Leiparts selbst habe geltend machen können. Er habe unter anderem mit dieser Entschließung »die reparationspolitische Haltung der Gewerkschaften in entschiedenen offenen Gegensatz zur Partei [= SPD] gebracht«[320].

Im Bundesausschuß übten nur Simon und der ebenfalls anwesende SPD-Vorsitzende, Otto Wels, vorsichtige Kritik an der zur Abstimmung vorliegenden Entschließung. Simon meinte, der bisherige Standpunkt der freien Gewerkschaften zur Reparationsfrage müsse klarer herausgearbeitet werden, »damit der Eindruck vermieden wird, als hätten uns die Forderungen der Nazis und Kommunisten zur Schwenkung veranlaßt«[321]. Deutlicher äußerte sich Wels. Die politische Rechte habe ein Interesse daran, die Reparationsschwierigkeiten im Interesse ihrer reaktionären Politik auszunutzen. Die Entschließung müsse so gehalten sein, daß keine falsche Auswertung der Formulierung möglich sei. Frankreich denke vorläufig nicht an eine Schuldenerleichterung. Außerdem könne der Überbrückungskredit gefährdet werden, den die Regierung notwendig brauche, um über die schweren Wochen und Monate hinwegzukommen. Dieser Kredit sei ohnehin schon durch das Verhalten der NSDAP und der Wirtschaftspartei bedroht[322]. Der DMV-Vertreter Metz erinnerte noch einmal an die Entwicklung vom Londoner Ultimatum 1921 bis zum Young-Plan, die einen »riesigen Fortschritt« bedeutet habe[323]. Die übrigen Redner, sofern sie sich überhaupt zur Reparationsfrage äußerten, begrüßten jedoch ein erneutes Aufrollen der Reparationsfrage, denn dies sei nicht nur eine Angelegenheit der Nazis[324]. Gegen die zur Vorsicht mahnenden Stimmen hatte sich im Oktober 1930 in der gewerkschaft-

---

319 Zu den Entwürfen Erdmanns und Furtwänglers vgl. HiKo NB 177/46, 47, 49. Zur dem BV vorgelegten Fassung vgl. ebenda/50; zur vom BV akzeptierten und leicht korrigierten Fassung: ebenda/51.
320 Vgl. Aufzeichnung Erdmanns vom 2. 12. 1933, in: DGB/NL Erdmann.
321 Vgl. Jahn, Quellen IV, Dok. 14, S. 160.
322 Vgl. ebenda, S. 158. Der genannte Überbrückungskredit war zu diesem Zeitpunkt jedoch schon unter Dach und Fach vgl. Teil 2, IV. 5.
323 Vgl. Jahn, Quellen IV, Dok. 14, S. 160.
324 So der Vertreter des Bergbauindustrieverbandes, Zimmer; vgl. ebenda, S. 157f.; zustimmend äußerte sich auch Scheffel (Eisenbahnerverband), ebenda, S. 159.

lichen Stellungnahme zur Reparationsfrage die Richtung von Erdmann/ Furtwängler durchgesetzt.

In den kommenden Monaten spielte das Thema für die Spitzengremien des ADGB jedoch vorerst keine Rolle mehr. Erst am 21. Januar 1931 beschäftigte sich der Bundesvorstand wieder mit dem Reparationsproblem. Der Hirsch-Dunckersche Gewerkschaftsring hatte den ADGB aufgefordert, ein Treffen der Spitzenorganisationen aller drei Gewerkschaftsrichtungen einzuberufen. Die Gewerkschaften müßten ihre Stimme erheben und die Notwendigkeit der Revision zum Ausdruck bringen. Eine gemeinsame Besprechung solle prüfen, ob und in welcher Form eine gemeinsame Aktion der gewerkschaftlichen Spitzenverbände in der Reparationsfrage »zweckmäßig und nützlich« erscheine[325]. Die Mitglieder des Bundesvorstandes waren über den Vorschlag des Gewerkschaftsringes geteilter Meinung. Graßmann, Umbreit und besonders Tarnow verwiesen darauf, daß die Lebenshaltung in Deutschland im Vergleich zu manch europäischen Nachbarländern, z.B. Frankreich, Polen, Italien, Belgien und der Tschechoslowakei, durchaus besser seien, was die Lohnhöhe und die sozialpolitischen Standards anbelange. Man könne deshalb »schwer eine Revision der Reparationslasten beantragen«[326]. Diese Einwände lagen ganz auf der Linie der Denkschrift der Forschungsstelle im Oktober des vergangenen Jahres. Tarnow ging noch weiter. Dies sei eine politische Frage, bei der die gewerkschaftliche Sicht der Dinge nicht entscheidend sei und man in jedem Falle vor etwaigen Verhandlungen sich mit der SPD besprechen müsse. Beschlossen wurde, daß Verhandlungen mit den anderen Gewerkschaftsrichtungen geführt werden sollten, der ADGB sich aber vorher mit der SPD in Verbindung setzen solle[327].

Eine erste Besprechung der Spitzenverbände fand am 11. Februar 1931 statt. Thema waren jedoch Lohn- und Tariffragen. Die Reparationsproblematik wurde auf einen weiteren Termin, den 20. Februar, verschoben[328]. In dieser zweiten Besprechung waren sich die anwesenden Vertreter der Spitzenverbände über den Zeitpunkt einer gemeinsamen Aktion der Gewerkschaften mit dem Ziel der Revision des Young-Plans keineswegs einig. Eggert und der Vertreter des AfA-Bundes, Suhr, hielten den

---

325 Vgl. Jahn, Quellen IV, Dok. 25, S. 230f.
326 So Tarnow, ebenda, S. 231; zu den Beiträgen Umbreits und Graßmanns, ebenda.
327 Vgl. ebenda, S. 233; Knoll und Müller-Lichtenberg widersprachen dieser Sicht. Es sei ja nicht das erste Mal, daß die Gewerkschaften sich mit auswärtigen Angelegenheiten beschäftigten. Beiträge Knoll und Müller, ebenda, S. 230.
328 Vgl. zur Sitzung am 11. 2. 1931 Jahn, Quellen IV, Dok. 27; zur Sitzung am 20. 2. 1931 ebenda, Dok. 30.

gegenwärtigen Zeitpunkt für gänzlich ungeeignet. Das Ausland sehe die Dinge anders als Deutschland, es habe außerdem selbst Finanzschwierigkeiten und werde deshalb kaum einer Senkung der Zahlungen zustimmen[329]. Leipart wies demgegenüber darauf hin, daß sich die Lage der Arbeiterschaft seit der Entschließung im Oktober 1930 weiter verschlechtert habe. Lemmer vom Gewerkschaftsring meinte, daß gerade die Gewerkschaften, die dem Young-Plan zugestimmt hätten, nun abseits von jeglichem »nationalistischen Lärm« einen neuen Vorstoß unternehmen könnten. Die Vertreter der christlichen Gewerkschaften Brost und Otte hielten den Zeitpunkt für durchaus geeignet. Natürlich, so Brost, müsse man mit den verantwortlichen Stellen vorher in Verbindung treten »denn unser Schritt soll doch eine Unterstützung unserer Außenpolitik sein«. Schließlich kam man überein, daß Lemmer einen Entwurf vorbereiten solle[330].

Diesen Entwurf stellte Lemmer erst Ende Mai des Jahres fertig. Am 29. Mai 1931 befaßte sich der Bundesvorstand nochmals mit der Frage, ob die drei Gewerkschaftsrichtungen gemeinsam zur Reparationsfrage Stellung nehmen sollten[331]. Nun bestand jedoch angesichts der bevorstehenden Notverordnung eine veränderte Situation. Leipart meinte, der Vorstand habe zu prüfen, ob eine solche Kundgebung der Gewerkschaften angesichts des geplanten Abbaus wichtiger Sozialgesetze unterschrieben werden dürfe, ohne daß man auf den Inhalt der Notverordnungen eingehe. Andererseits sei nicht zu erwarten, daß die christlichen Gewerkschaften eine Kundgebung mit unterzeichneten, die auch auf den Sozialabbau eingehe. Nach Umbreits Ansicht konnte eine Kundgebung, die die »für uns wichtigere Seite der Sicherung der sozialen Gesetze« nicht voranstelle, für die freien Gewerkschaften nicht in Frage kommen. Der Bundesvorstand verständigte sich darauf, von einer gemeinsamen Kundgebung zu diesem Zeitpunkt abzusehen. Auch Erdmann sprach sich in diesem Sinne aus[332]. Für den Vorsitzenden des Gesamtverbandes der christlichen Gewerkschaften, Otte, war dieser Rückzug des ADGB ein Beweis dafür, daß auch die freien Gewerkschaften »von den radikalen Elementen gedrängt werden«[333]. Daß der ADGB in einer Kundgebung

---

329 Redebeiträge Eggert und Suhr, ebenda, S. 255.
330 Vgl. ebenda, S. 255. Redebeiträge Brosts und Ottes ebenda.
331 Vgl. ebenda, Dok. 42. Lemmers Entwurf vom 28. 5. 1931 ging am 29. 5. beim ADGB ein; vgl. HiKo NB 178/30, 31.
332 Vgl. Jahn, Quellen IV, Dok. 42, S. 306ff.; Redebeitrag Leiparts, S. 307; Redebeitrag Umbreits, S. 308; zur Haltung Erdmanns, S. 310.
333 Vgl. Rundschreiben des Gesamtverbandes der christlichen Gewerkschaften an die angeschlossenen Verbände vom 1. 6. 1931, in: BArch Kl. Erw. 461/3, 72.

zu diesem Zeitpunkt nicht isoliert auf die Reparationsfrage, sondern vorrangig auf die geplanten Abbaumaßnahmen eingehen wollte, hatte mit sonderlicher Radikalität jedoch wenig zu tun, sondern mußte ureigenstes Anliegen gewerkschaftlicher Interessenvertretung sein.

Der interne Diskussionsprozeß in den Spitzengremien des ADGB nach der Bundesausschußsitzung vom Oktober 1930 zeigt, daß der Bundesvorstand in der Frage der Revision der Reparationsverpflichtungen keineswegs einheitlicher Meinung war, und daß die Argumentation von Furtwängler und Erdmann durchaus nicht allgemein akzeptiert wurde. Der Vorstoß des ADGB zur Reparationsproblematik im Oktober 1930 war insofern nur ein vorläufiger Erfolg jener national orientierten Angestellten im Bundesbüro.

4.4 Reparationen und Sozialabbau

Nachdem die Notverordnung vom 5. Juni 1931 verkündet worden war, versuchten die Gewerkschaften die Reichsregierung am 15. Juni 1931 zu einer Rücknahme oder zumindest Abmilderung der harten Sozialabbaumaßnahmen zu bewegen[334]. Die Reichsregierung erklärte den Gewerkschaftsvertretern, daß sie zwar grundsätzlich bereit sei, über Veränderungen der Notverordnung zu verhandeln, daß dies zur Zeit jedoch nicht möglich sei. Brüning verwies in diesem Zusammenhang auf die Reparationsfrage.

Am 6. und 7. Juni hatte Brüning zusammen mit Reichsaußenminister Curtius Gespräche mit der englischen Regierung geführt. Die Notverordnung sollte eine Art »Visitenkarte« für diese Verhandlungen sein. Die

---

[334] Die Notverordnung beinhaltete 4 bis 8%ige Lohn- und Gehaltskürzungen für Beschäftigte im öffentlichen Dienst; Erhöhung von Verbrauchssteuern; starke Leistungskürzungen in der Arbeitslosenversorgung sowie Einsparungen in der Sozialversicherung, der Wohnwirtschaft usw.; vgl. Preller, Sozialpolitik, u.a. S. 396f.; Jb. ADGB, 1930, S. 116ff. Zu der Besprechung der gewerkschaftlichen Spitzenverbände mit der Reichsregierung am 15. 6. 1931 vgl. den Bericht Leiparts in der BV-Sitzung vom 17. 6. und in der BA-Sitzung vom 20. 6. 1931, in: Jahn, Quellen IV, Dok. 46, S. 327, und Dok. 47, S. 337ff. Auf die Kontroverse über den Stellenwert der Reparationsfrage für Brünings Politik kann hier nicht eingegangen werden. Die These, Brüning habe seine Wirtschafts- und Sozialpolitik von Anfang an einer Lösung der Reparationsfrage untergeordnet, vertreten Helbich, Reparationen; H. Sanmann: Daten und Alternativen der deutschen Wirtschafts- und Finanzpolitik in der Ära Brüning, in: Hamburger Jahrbuch für Wirtschafts- und Gesellschaftspolitik 10 (1965), S. 109–140; F. Blaich: Der Schwarze Freitag. Inflation und Wirtschaftskrise, München 1985, S. 91ff. Das Gegenteil behaupten H. Köhler: Arbeitsbeschaffung, Siedlung und Reparationen in der Schlußphase der Regierung Brüning, in: VfZ 17 (1969), S. 276–307; W. Glashagen: Die Reparationspolitik Brüning 1930–1931. Studien zum wirtschafts- und außenpolitischen Entscheidungsprozeß in der Auflösungsphase der Weimarer Republik, Diss. Bonn 1980. Winkler betont,

Reichsregierung hatte in einem Aufruf zur Notverordnung erklärt, daß die Lage Deutschlands »gebieterisch zur Entlastung Deutschlands von untragbaren Reparationszahlungen zwingt«[335]. Die einschneidenden Sozialabbaumaßnahmen sollten die schwierige Lage Deutschlands und die Notwendigkeit einer Revision des Reparationsabkommens unterstreichen. Die Reichsregierung habe, so der Bericht Leiparts in der Bundesausschußsitzung am 20. Juni 1931, auf der momentanen Unabänderlichkeit der Notverordnung beharrt im Hinblick auf »die Argumente, die ihnen bei den eingeleiteten Verhandlungen über die Revision der Reparationsregelung entgegengehalten worden seien«[336]. Sofern sich dies auf die Verhandlungen mit der englischen Regierung bezog, war diese Behauptung schlicht falsch. Diese hatte nämlich die Erklärung der Reichsregierung zur Notverordnung für einen »fatalen Fehler« gehalten und der Reichsregierung statt dessen zu einer Verständigung mit Frankreich geraten. Mit ihrem Vorstoß werde Deutschland mehr an Kredit verlieren als reparationspolitische Erleichterungen erreichen; so lautete auch die Einschätzung der US-amerikanischen Regierung[337].

Doch abgesehen davon zeigte die Verquickung zwischen Revisionsziel in der Reparationsfrage und Sozialabbau, wie sie das Kabinett Brüning betrieb, in welch unangenehmes Dilemma sich die freien Gewerkschaften begaben. Unterstützten sie das Ziel der Revision, so wurden sie mit jenen Einsparungen in der Sozialpolitik konfrontiert, die von der Reichsregierung als notwendig zur Erreichung der Revision bezeichnet wurden und die andererseits gerade die abhängig Beschäftigten und damit das Organisationspotential der Gewerkschaften in besonderem Maße trafen. Der Zusammenhang zwischen Reparationsfrage und Sozialpolitik war nicht neu und wurde in den oben beschriebenen Gewerkschaftsdiskussionen auch benannt. Im Rahmen der Tolerierungspolitik der freien Gewerkschaften gegenüber dem Kabinett Brüning gewann er allerdings eine besondere Qualität. Brüning verfolgte eine Revisionspolitik nach außen *und* innen, so wie die Denkschrift der Forschungsstelle im Oktober 1930 es prognostiziert hatte. Inwieweit dieser Zusammenhang in der gewerk-

---

daß Brüning an einer schnellen Lösung der Reparationsfrage nicht gelegen war; vgl. Winkler, Weg, S. 469f. Zu den Zielen von Brünings Außenpolitik vgl. außerdem Krüger, Außenpolitik, S. 507ff.; zum Zusammenhang Reparationen – Sozialabbau bes. S. 517 sowie ders., Versailles, S. 158ff.
335 Zit. n. Politik und Wirtschaft, Einleitung, S. LXXVIII.
336 Vgl. Jahn, Quellen IV, S. 339.
337 Vgl. Winkler, Weg, S. 341; zum Mißerfolg des Aufrufs der Reichsregierung zur Notverordnung vom Juni 1931 im außen- wie auch innenpolitischen Bereich vgl. auch Politik und Wirtschaft, Einleitung, S. LXXVIII und Mommsen, Die verspielte Freiheit, S. 394f.

schaftlichen Diskussion eine Rolle gespielt hat, soll weiter unten erörtert werden.

In der Bundesausschußsitzung vom 20. Juni 1931 wurden zwar Zweifel an der Tolerierungspolitik laut, diese wurde jedoch letztlich nicht ernsthaft in Frage gestellt. Gefordert wurde lediglich ein deutlicherer Protest gegen die Notverordnung[338]. Die Entschließung, die der Bundesausschuß einstimmig annahm, war bezüglich der Reparationen erheblich moderater gefaßt als jene vom Oktober 1930. Gefordert wurde »die Sicherung ausländischer Hilfsbereitschaft«, diesem Ziel müsse die deutsche Außenpolitik gewidmet sein. Es müsse zwar eine weitgehende Erleichterung der Reparationslasten »auf schnellstem Wege« erreicht werden, jedoch verträten die Gewerkschaften gegenüber Kundgebungen unverantwortlicher Kreise mit aller Entschiedenheit die »Forderung einer friedlichen Verständigung«[339]. Der Bundesausschuß strich jedoch den Passus der Entschließung, der im Hinblick auf ausländische Kredithilfe besonders Frankreich hervorhob. Für die ausdrückliche Erwähnung einer Verständigung mit Frankreich hatte sich in der Diskussion besonders der Direktor der Arbeiterbank, Bachem, eingesetzt[340].

In der nächsten Ausschußsitzung vom 16. Juli 1931, die ganz im Zeichen der Bankenkrise im Juli 1931 stand[341], kritisierte Bachem, daß in der letzten Entschließung des Bundesausschusses »das Kind nicht beim rechten Namen genannt worden sei«. Auch Leipart und Eggert setzten sich erneut dafür ein, die Regierung zu einer Verständigung mit Frankreich aufzufordern[342]. Leipart kritisierte in diesem Zusammenhang eine Erklärung der SPD vom 14. Juni 1931, die zwar die Notwendigkeit ausländischer Kredithilfe betonte und eine Außenpolitik der Verständigung forderte, Frankreich dabei jedoch nicht ausdrücklich benannte[343]. Wels erklärte, man habe vermieden, mit Erklärungen an die Regierung heranzutreten, die »zur Aufputschung nationalistischer Leidenschaften« führen könnten. Die Frage sei, sollten die Sozialdemokraten wieder den

---

338 Vgl. die Diskussionsbeiträge von Bernhard und Orlopp, in: Jahn, Quellen IV, Dok. 47, S. 341.
339 Vgl. ebenda, S. 345f.
340 Vgl. ebenda, S. 343f.
341 Zur Bankenkrise im Sommer 1931, ihren Hintergründen und ihrer Entwicklung vgl. z.B. Born, Bankenkrise, S. 64ff.; Winkler, Weg, S. 366ff., S. 382f.; Mommsen, Die verspielte Freiheit, S. 386ff.
342 Redebeitrag Bachems vgl. Jahn, Quellen IV, Dok. 49, S. 357; Redebeiträge Leiparts und Eggerts, ebenda, S. 355f. und S. 359f.
343 Vgl. »An das deutsche Volk«, in: GZ, Jg. 41, Nr. 29, 18. 7. 1931, S. 459. Zur Kritik Leiparts vgl. Jahn, Quellen IV, Dok. 49, S. 355f.

Frieden schließen? Durch die Forderung nach Verhandlungen mit Frankreich laufe man Gefahr, »drüben den Appetit auf mehr« auszulösen[344].
Winkler bezeichnet die moderatere Haltung der ADGB-Führung in der Reparationsfrage im Sommer 1931 lediglich als ein »Zwischenspiel«. Leipart habe »in der Hoffnung auf französische Kredithilfe einen Kurswechsel« vollzogen und zum Teil sogar eine »weichere« Linie als die SPD verfolgt[345].

Auch auf dem Frankfurter ADGB-Kongreß vom 31. August bis zum 4. September 1931 äußerte sich Leipart sehr gemäßigt zur Reparationsfrage. Seit 6. Juli des Jahres hatte sich im Reparationsproblem eine grundlegende Wende vollzogen. An diesem Tag trat das vom US-Präsidenten Hoover vorgeschlagene Feierjahr für die deutschen Reparationszahlungen und für die interalliierten Kriegsschulden in Kraft[346]. Leipart meinte auf dem Kongreß, das Moratorium könne nicht das Ende, sondern nur der Anfang von neuen Reparationsverhandlungen sein. Es bestehe »so gut wie keine Möglichkeit«, daß Deutschland nach Ablauf des Moratoriums die Reparationszahlungen »in alter Höhe« wiederaufnehmen könne. Es müsse deshalb während des Freijahres ein Weg gefunden werden, »um endlich eine auf vernünftiger wirtschaftlicher Grundlage fußende Regelung der Reparationen herbeizuführen«[347]. Von einem endgültigen Ende der Reparationen war hier nicht die Rede.

Andererseits stellte sich die ADGB-Führung auf dem Kongreß hinter die reparationspolitische Taktik Brünings. Dies zeigte die Reaktion Eggerts auf die vehemente Kritik einer kleinen Minderheit an der ADGB-Politik. Aus den Reihen der DMV-Delegation riefen das KPO-Mitglied Kraus aus Stuttgart und der dem linken Flügel der SPD zugehörige, spätere SAP-Mann Ziegler aus Breslau zum Kampf gegen die soziale Reaktion auf. Ziegler meinte, man werde sonst mit weiteren, noch schärferen Notverordnungen zu rechnen haben[348]. Dies veranlaßte Eggert, darauf zu verweisen, daß die Notverordnung von Brüning »ja als Hebel für die Aufrollung der Reparationsfrage« benutzt worden sei. Brüning selbst habe erklärt, sie sei das Höchste, was dem deutschen Volke und der Arbeiterschaft zugemutet werden könne. Wie könne man angesichts die-

---

344 Vgl. ebenda, S. 356f.
345 Vgl. Winkler, Weg, S. 463.
346 Zum Hoover-Moratorium vgl. u.a. Winkler, Weg, S. 359ff.; Bracher, Auflösung, S. 357; Krüger, Versailles, S. 170.
347 Vgl. Protokoll Frankfurt, 1931, S. 94.
348 Redebeitrag Kraus vgl. ebenda, S. 132; Redebeitrag Ziegler, ebenda, S. 122; moderater, aber dennoch kritisch äußerten sich auch Eckert, DMV-Berlin, und Brummer, DMV-Leipzig, vgl. ebenda, S. 120f. und S. 127.

ser Sachlage auf einem Kongreß der Gewerkschaften Deutschlands von der Möglichkeit noch schlimmerer Notverordnungen sprechen[349]? Ziegler verhielt sich gewissermaßen außenpolitisch schädigend. Die Juni-Verordnung war also nicht das Äußerste, was der deutschen Bevölkerung zugemutet werden konnte. Auch innenpolitisch konnte sein Beitrag, das legt zumindest Eggerts Replik nahe, eventuell von der Regierung so interpretiert werden, daß man gewerkschaftlicherseits mit weiteren Verschärfungen rechne und die Belastbarkeitsgrenze der Gewerkschaften in diesem Punkte vielleicht noch nicht voll ausgereizt war! Daß Zieglers Kritik ganz anders motiviert war, liegt auf der Hand. Jedoch nutzte Eggert nationale und außenpolitische Gesichtspunkte, um dessen Kritik als letztlich für die Allgemeinheit schädigend zurückzuweisen.

4.5 Reparationspolitische Kontroversen Ende 1931

Der ADGB gab Ende 1931 seine vorübergehende Zurückhaltung auf und kehrte zu einer schärferen Position zurück. In einer gemeinsam mit den anderen gewerkschaftlichen Spitzenverbänden einschließlich der Beamtenbünde veröffentlichten Kundgebung forderten ADGB, AfA-Bund und ADB am 4. Dezember 1931: »Hinweg mit den Reparationen!« Die Reparationen wurden als »eine der wesentlichsten Ursachen für die weltwirtschaftlichen Störungen der Nachkriegszeit« bezeichnet[350].

Diese Erklärung wurde im Hinblick auf den im Dezember 1931 zusammentretenden Sonderausschuß der Bank für Internationalen Zahlungsausgleich in Basel unter dem Vorsitz des Italieners Beneduce verfaßt und sollte die deutsche Position bei diesen Beratungen unterstützen. Dieser Sonderausschuß prüfte, inwieweit Deutschland noch zur Zahlung von Reparationen fähig war. Als Ergebnis wurde im sogenannten Beneduce-Bericht festgehalten, daß der Young-Plan auf falschen Voraussetzungen aufgebaut gewesen sei und die zwischenstaatlichen Schulden, d.h. die Reparationen wie die interalliierten Kriegsschulden, der weltwirtschaftlichen Lage anzupassen seien[351]. Vereinbart wurde, zu Beginn des Jahres 1932 zu einer erneuten Reparationskonferenz in Lausanne zusammenzukommen[352].

---

349 Vgl. ebenda, S. 134.
350 Erklärung vom 4. 12. 1931, in: GZ, Jg. 41, Nr. 50, 12. 12. 1931, S. 785.
351 Vgl. K.D. Erdmann, Weimarer Republik, S. 286; Winkler, Weg, S. 468f. Bereits im August 1931 hatte ein Baseler Sachverständigenausschuß im sog. Layton-Wiggins-Bericht angedeutet, daß ein rasches Ende der Reparationen der Erholung der deutschen und der Weltwirtschaft dienen würde. Vgl. Winkler, Weg, S. 414.
352 Vgl. ebenda, S. 469.

Auch in seiner Rede anläßlich der Gründung der »Eisernen Front« am 16. Dezember 1931 in Berlin forderte Leipart: »Schluß mit den Reparationen!« Was an Kriegsverwüstungen wiedergutzumachen war, sei durch die bisherigen Leistungen Deutschlands längst abgetragen[353]. Den Fraktionsvorsitzenden der SPD im Reichstag, Breitscheid, veranlaßte dies zu der Bemerkung, mit derartigen Äußerungen begebe man sich »in bedenkliche Nähe des Nationalsozialismus«. Gegenüber Zurufen fragte Breitscheid zurück: »Was würden Sie tun, wenn Brüning mit einer Regelung zurückkommt, die die Reparationen nur für die nächsten Jahre erläßt? Würden Sie dann die Regierung Brüning stürzen? Dann würde Hitler an die Regierung kommen und wenn Hitler regiert, wird Frankreich viel schwerer auf uns drücken.«[354]

Das Argument Breitscheids war im Grunde nicht neu. Es deckte sich mit jenen Bedenken, die die Forschungsstelle im Oktober 1930 geäußert hatte. Neu war jedoch die Qualität der Auseinandersetzung. Daß ein Spitzenpolitiker der SPD dem ADGB-Vorsitzenden in aller Öffentlichkeit in dieser Weise widersprach, kam einem Eklat nahe. In den Berichterstattungen der Gewerkschafts- und Parteipresse und auch der übrigen anwesenden, »ausschließlich republikanisch-demokratischen Presse« wurde diese Auseinandersetzung denn auch verschwiegen. Auch in der vom ADGB herausgegebenen Broschüre wurde dieser Passus der Rede Breitscheids herausgestrichen[355].

Gewerkschafts- und parteiintern löste diese Kontroverse zwischen Breitscheid und Leipart jedoch eine Auseinandersetzung aus, in der sich besonders Furtwängler vehement engagierte. In einem längeren Schreiben an Leipart vom 22. Dezember 1931 geißelte Furtwängler Breitscheids Verhalten mit jener für ihn typischen Schärfe. Breitscheids Ausführungen würden, auch wenn sie von der Presse verschwiegen würden, mit Sicherheit zu jenen Kreisen dringen, die sich angesichts der bevorstehenden Reparationsverhandlungen ein Bild über die Stimmung der unterschiedlichen Parteigruppierungen machen würden. Breitscheid falle mit seinen

---

353 Vgl. Leipart und Breitscheid über die Notverordnung, Berlin 1931; GZ, Jg. 41, Nr. 52, 26. 12. 1931, S. 817; Winkler, Weg, S. 464. Am 16. 12. 1931 schlossen sich freie Gewerkschaften, SPD, Arbeitersportorganisationen und Reichsbanner zur »Eisernen Front« zusammen. Ihr Zweck war die Abwehr der republikfeindlichen Kräfte, namentlich der NSDAP. Vgl. dazu u.a. Bracher, Auflösung, S. 375; Rohe, Reichsbanner, S. 392ff.
354 Zitiert nach Aufzeichnungen Furtwänglers in dessen Brief an Leipart vom 22. 12. 1931, in: HiKo NB 178/62 (in Kopie in: DGB/NL Furtwängler 1/62).
355 Vgl. ebenda. Zur ADGB-Broschüre und zum Pressebericht der GZ vgl. oben Anm. 353. Zur Kontroverse Breitscheid–Leipart vgl. Schneider, Arbeitsbeschaffungsprogramm, S. 116f.; Heer, Burgfrieden, S. 41ff.; Winkler, Weg, S. 464f.

Äußerungen den deutschen Unterhändlern in den Arm. Er begreife offenbar nicht, daß »in einem stolzen, kultivierten, fleißigen, strebsamen Volke nicht ganze Generationsreihen Tribute zahlen, sondern ganz einfach dagegen anstürmen werden«. Dem stolzen etc. Volk stellte Furtwängler die »ruhmreichen Negerregimenter Frankreichs« gegenüber, die sich nichts weiter holen könnten, »als die Bettelsuppen unserer Arbeitslosen«. Dies beschreibe den realen Hintergrund für Forderungen wie »keine Reparationen für die nächsten Jahre«, wie sie Breitscheid anstatt eines generellen Endes der Reparationen erhebe. Furtwänglers Schreiben gipfelte darin, daß Breitscheid als führender Außenpolitiker der SPD nicht länger tragbar sei[356]. In Leiparts Antwortschreiben an Furtwängler vom 28. Dezember 1931 nahm der ADGB-Vorsitzende den Zwischenfall am 16. Dezember nicht so tragisch. Breitscheid habe seinen »schlechten Tag« gehabt und seine Äußerungen seien eine »Entgleisung« gewesen, die Breitscheid wohl selbst nicht gewollt habe. Leipart lehnte den Wunsch Furtwänglers ab, dessen Brief an Breitscheid weiterzuleiten. Jedoch übergab er ihn an Graßmann, der ihn für eine eventuelle Diskussion in der Reichstagsfraktion als Material verwenden könne[357].

Gespräche zwischen führenden SPD- und ADGB-Vertretern führten nicht zu einer Einigung in dieser Auseinandersetzung[358]. Am 11. Januar 1932 wiederholten Hertz, Mitglied der SPD-Reichstagsfraktion, und Denicke von der Forschungsstelle in einer Versammlung der Parteireferenten des SPD-Bezirks Berlin noch einmal jene Argumente, die Breitscheid und die Forschungsstelle in der Reparationsfrage angeführt hatten, ebenso die Kritik an Leiparts Äußerungen am 16. Dezember 1931. Nach einem Gedächtnisprotokoll einer Versammlungsteilnehmerin regte sich bei etwa der Hälfte der Anwesenden Widerstand gegenüber den Ausfüh-

---

356 Alle vorstehenden Zitate aus dem Schreiben Furtwänglers an Leipart vom 22. 12. 1931, in: HiKo NB 178/62. Ein weiteres Beispiel für rassistische Äußerungen findet sich in dem Schreiben Furtwänglers an Leipart vom 5. 1. 1932, in: HiKo NB 178/67: »Denke ich an meine zahlreichen Freunde und Bekannten unter den Gewerkschaftern an Rhein und Ruhr, an deren Leiden und Opfer, an ihre Kämpfe mit Franzosen, *Negern* [Hervorhebung D. B.] und Separatisten [...], dann würgt mir der Ekel auf die Kehle, wenn ich das bösartige Geschwätz gegen den gewerkschaftlichen ›Marxismus‹ höre.«
357 Vgl. Leipart an Furtwängler, 28. 12. 1931, in: HiKo NB 178/55 (in Kopie in: DGB/NL Furtwängler 1/55). Furtwängler antwortete Leipart mit einem Brief am 5. 1. 1932, in: HiKo NB 178/67. Darin diffamierte er Breitscheid in unglaublicher Weise. Breitscheid sei »nach Wesen und Denkart weder Sozialist noch ›Genosse‹, sondern ein mangels hinreichender Aufsicht Tolerierter«.
358 Zu Gesprächen, die am 5. 1. 1932 auf Einladung des Reichstagspräsidenten Löbe (SPD) unter Teilnahme von Breitscheid, Hilferding, Landsberg, Sollmann (SPD), Leipart und Graßmann (ADGB) stattfanden, vgl. Schreiben Leipart an Keil vom 8. 1. 1932, in: DGB 6/390 (auch abgedruckt in: Politik und Wirtschaft, Dok. 400). Vgl. auch BV-Sitzung vom 6. 1. 1932, in: Jahn, Quellen IV, Dok. 70, S. 468 f.; Winkler, Weg, S. 465.

rungen der Redner. Zum Teil hätten sich die Genossen energisch hinter Leipart gestellt[359]. Diese Schilderung scheint darauf hinzuweisen, daß sich auch an der Basis, in diesem Falle der SPD, Unmut gegenüber jener Haltung führender SPD-Politiker regte, die Furtwängler als einen »lendenlahmen, übelgesinnten Jammerdefaitismus« charakterisierte[360]. Allerdings gibt es keine Hinweise darauf, wie viele Funktionäre in dieser Versammlung anwesend waren und wie groß das Potential für eine Politik, für die der ADGB, bzw. sein Vorsitzender stand, einzuschätzen ist. Immerhin wurde jedoch nicht nur in den Gremien des freigewerkschaftlichen Dachverbandes, sondern auch in jenen der ADGB-Mitgliedsgewerkschaften ein Ende der Reparationen gefordert. In der Sitzung des Verbandsbeirates des Gesamtverbandes am 21./22. Dezember 1931 äußerte der Vorstandssekretär Stetter, die deutsche Arbeiterklasse müsse »den Mut aufbringen zu sagen, daß wir weder in der Lage noch gewillt sind, länger Reparationslasten zu tragen, weil davon abhängt die Lebensfähigkeit der deutschen Arbeiterschaft, die Gesundung der Weltwirtschaft«[361]. Müntner, Mitvorsitzender des Verbandes, bezeichnete die Reparationszahlungen »als Fortführung des Krieges mit anderen Mitteln«[362].

Leipart selbst hatte in einem Aufsatz im »Vorwärts« am 31. Dezember 1931 seine Haltung zur Reparationsfrage noch einmal deutlich dargelegt. Dieser Aufsatz, der nach eigenem Bekunden von Erdmann verfaßt worden war[363], war in der Sprache deutlich von dessen und Furtwänglers Gedankengängen geprägt. Es hieß darin, die »soziale Idee der deutschen Arbeiterbewegung« müsse zugleich »als nationale Idee des ganzen Volkes erlebt und ausgesprochen werden, wenn wir den Sinn ihrer geschichtlichen Leistung und ihrer noch unverwirklichten Ziele für die künftige deutsche Geschichte nicht nur uns selbst, sondern der Jugend innerhalb und außerhalb unserer Reihen verständlich machen wollen«[364].

Inwieweit Arons oder Furtwängler an der Abfassung des Aufsatzes beteiligt waren, ist unklar. In seinem Memorandum, um das Leipart gebeten hatte, hatte sich Arons jedenfalls klar dafür ausgesprochen, daß die Gewerkschaften die Reparationsfrage nun in den Vordergrund stellen müß-

---

359 Vgl. NB 179/22. Furtwängler übermittelte dieses Protokoll an Leipart, vgl. ebenda/21.
360 So in seinem Schreiben an Leipart vom 5. 1. 1932, in: HiKo NB 178/67.
361 Vgl. »Gesamtverband [...] Niederschrift der 3. Beiratssitzung des Gesamtverbandes am 21. und 22. Dezember 1931 in Berlin«, in: ZA FDGB/Nr. 190, S. 219.
362 Vgl. ebenda, S. 293. Vgl. zu dieser Sitzung auch den Bericht in: GZ, Jg. 42, Nr. 2, 9. 1. 1932, S. 29f.; dort ist jedoch der Sitzungstermin mit 14./15. 12. 1931 angegeben.
363 Vgl. Aufzeichnung Erdmann vom 2. 12. 1933, in: DGB/NL Erdmann.
364 Zit. n. Winkler, Weg, S. 465.

ten[365]. Die frühere Politik der Gewerkschaften habe bedingt, »daß der Wille zur Erfüllung der Reparationsverpflichtungen in den Vordergrund gestellt werden mußte, während die Betonung der schließlichen Unerfüllbarkeit (auch mit Rücksicht auf die befreundeten Organisationen des Auslandes) mehr im Hintergrund blieb«. Da die Verhältnisse sich nun geändert hätten, sei eine andere Politik erforderlich. Als Gründe nannte Arons neben der Senkung des Weltpreisstandards, der eine Wertsteigerung der deutschen Zahlungen bedinge, die allgemeine Entwicklung einer Handelspolitik, die mittels Zöllen usw. die deutsche Ausfuhr behindere, sowie die Haltung der ausländischen Schwesterorganisationen. Diese, vor allem die französischen und belgischen Gewerkschaften, würden weiter auf Reparationszahlungen beharren. Neben diese internationalen, außenpolitischen Faktoren träten innenpolitische. Arons verwies darauf, daß es ein altes Rezept sei, innenpolitische Spannungen auf außenpolitisches Gebiet abzuleiten. Er sei überzeugt, daß Brüning »dieses bewährte Mittel bewußt in seinen Dienst« stelle. Anders könne er sich die Ruhe im Lande angesichts der Notverordnungen nicht erklären. Was Brüning könne, so Arons' interessante Schlußfolgerung, biete sich auch für die Gewerkschaften an. Diese könnten ihre Tolerierungspolitik »am einleuchtendsten und wirksamsten in der gleichen Weise verteidigen. Wir werden für diese Argumente bei unseren Mitgliedern volles Verständnis finden.«[366]

Es sei einmal dahingestellt, ob sich diese Einschätzung Arons' in der Realität bewahrheitete. Arons' Verquickung der reparationspolitischen Haltung der Gewerkschaften mit ihrer Tolerierungspolitik ist jedoch höchst aufschlußreich. Erst im Dezember hatten die Gewerkschaften eine weitere Notverordnung hinnehmen müssen. Alle Proteste gegen diese weiteren entscheidenden Abbaumaßnahmen mußten wirkungslos bleiben, wenn die Gewerkschaften Brünings Kurs der Reparationsrevision unterstützten. Der Zusammenhang von Brünings sozialreaktionärem

---

365 Vgl. Arons zur Reparationsfrage am 19. 12. 1931, in: Jahn, Quellen IV, Dok. 68, S. 464. Leipart hatte Furtwängler in seinem Brief vom 28. 12. 1931 mitgeteilt, daß er Arons beauftragt habe, Material für den Aufsatz vorzubereiten. Furtwängler könne sich ja mit Arons in Verbindung setzen und sich an der Abfassung des Aufsatzes beteiligen. Vgl. Leipart an Furtwängler, 28. 12. 1931, in: HiKo NB 178/55.
366 Vgl. Jahn, Quellen IV, Dok. 68, S. 463. Das gleiche Prinzip wurde im März 1932 in dem Aufsatz »Probleme der deutschen Außenpolitik«, in: Die Arbeit 9 (1932), S. 137ff., bes. S. 139 vertreten: »Die beste Innenpolitik treibt man mit richtiger Außenpolitik.« Was die Reparationen betreffe, sei die Forderung nach endgültiger Streichung die richtige Politik. Das gewerkschaftliche reparationspolitische Programm würde sich von dem der Reichsregierung nicht unterscheiden. Der Autor,

Kurs nach innen mit der Revisionsforderung nach außen wurde innerhalb der Gewerkschaften offenbar nicht problematisiert. Im Gegenteil, zumindest bei Arons wird Brünings Taktik für den innergewerkschaftlichen Gebrauch zur Nachahmung empfohlen.

Ein Zusammenhang zwischen Sozialpolitik und Reparationsfrage wurde höchstens in der Art gesehen, daß die Reparationen für die Verschärfung der sozialen Lage der Arbeiterschaft, besonders der Arbeitslosen, verantwortlich gemacht wurden. Dies tat z.B. Furtwängler in einem Aufsatz, den er im Vorfeld der Lausanner Konferenz in der »Arbeit« veröffentlichte. Die jährlichen Reparationszahlungen seien »der Lebensunterhalt für die Hälfte unserer Arbeitslosen«; sie entsprächen dem Betrage, »der nötig wäre zur Lösung des Wohnungsproblems in sämtlichen deutschen Großstädten«. Für den »staatlichen Zugriff«, mit dem »Löhne und Gehälter im ganzen Reich diktatorisch mit einem Schlage um bedeutendes herabgesetzt« worden seien, machte Furtwängler jedoch nicht die Regierung Brüning verantwortlich, nein, die Franzosen waren die Schuldigen. Sie hatten »im Baseler Ausschuß ganz offen weiteren sozialen Abbau – über die 4. Notverordnung [vom 8. 12. 1931] hinaus! – zur Wiederherstellung der deutschen Zahlungsfähigkeit« verlangt. Der Kampf gegen die Reparationen sei demnach ein »sozialer Kampf«[367].

Während Erdmanns und Furtwänglers Forderungen zur Reparationsfrage kaum verwundern, ist bei Arons doch ein gewisser Wandel zu seiner früheren Position festzustellen. In seiner Denkschrift stellte Arons die bisherige Haltung des ADGB zur Erfüllungspolitik als ein im wesentliches taktisches Verhalten dar, das im Grunde immer auf Revision abgezielt habe. Sicher beinhaltete die Erfüllungspolitik an sich jene Taktik, mit dem Erfüllungswillen gleichzeitig die Unerfüllbarkeit der Reparationsforderungen zu beweisen. Sicher war auch das Streben der freien Gewerkschaften darauf gerichtet, Erleichterungen in der Reparationsproblematik herbeizuführen mit dem Endziel einer Beendigung der Reparationszahlungen. Doch die Unterschiede in Sprache und politischem Inhalt zwischen früheren Stellungnahmen und jenen Äußerungen aus dem Kreis der ADGB-Führung 1931/32 verdeutlichen eine »nationale« Wende des ADGB. An Arons selbst wird dies deutlich. Gehörte er bislang zu jenen, die angesichts von Revisionsforderungen zur Mäßigung

---

    der unter einem Pseudonym »Viator« veröffentlichte, stellte diese Überlegungen besonders im Hinblick auf die wachsende nationalsozialistische Gefahr an. Heer, Burgfrieden, S. 40, vermutet hinter dem Pseudonym Lothar Erdmann.
367 Vgl. Furtwängler: Vor Lausanne, in: Die Arbeit 9 (1932), S. 31–39, S. 36.

und Vorsicht rieten, so unterstützte er jetzt eindeutig den reparationspolitischen Vorstoß des ADGB.

4.6 Reparationen und Kriegsschulden

Auf einen weiteren, inhaltlichen Aspekt sei hier verwiesen. Im theoretischen ADGB-Organ, in der »Arbeit«, beschäftigte sich Arons im November 1928, angesichts der seinerzeit bevorstehenden Reparationsverhandlungen unter anderem mit dem Problem der Verquickung zwischen Reparationszahlungen und interalliierten Kriegsschulden. Arons stellte damals einen klaren Zusammenhang zwischen beiden Zahlungsverpflichtungen her. Man könne nicht die Augen davor verschließen, daß die »Gläubigerschuldner« als Mindestforderung gegenüber Deutschland den Ersatz ihrer Auslandsschulden einfordern würden. Werde eine solche Forderung gestellt, so müsse sie von Deutschland »ohne Zögern und ohne Gegenvorschläge« angenommen werden. Werde Deutschland umgekehrt zu einem ersten Verhandlungsvorschlag aufgefordert, so müsse dieser genauso lauten! Jeder Versuch, die Verhandlungen anders einzuleiten, würde eine feindliche Atmosphäre gegen Deutschland schüren[368]. Im »Vorwärts«-Aufsatz Leiparts, für dessen Grundlage Arons Materialien zusammengestellt hatte, lautete die Forderung nun gerade gegenteilig. Die deutsche Arbeiterbewegung, die seit elf Jahren die Annullierung der Reparationszahlungen *und* der interalliierten Kriegsschulden gefordert habe, müsse nun erklären, »daß die Reparationen zuerst fallen müssen«[369]. Für dieselbe Forderung machte sich Furtwängler im Januarheft der »Arbeit« und am 7. Februar 1932 im sozialdemokratischen Diskussionsorgan »Das Freie Wort« stark[370]. Furtwänglers Äußerungen veranlaßten die Redaktion dieser Zeitschrift zu einer Anmerkung, in der sie die Vorstellung, »daß wir die Sieger im Weltkrieg zwingen könnten, auf alle deutschen Zahlungen zu verzichten, während sie selbst ruhig an Amerika zahlen«, als völlig wirklichkeitsfremd bezeichnete. »Um eines solchen Zieles willen das deutsche Volk neuen Sanktionen auszusetzen – dafür wird bestimmt kein Sozialist und kein Gewerkschafter die Verantwortung übernehmen.«[371]

---

368 Vgl. Arons: Neuregelung des Reparationsproblems, in: Die Arbeit 5 (1928), S. 670.
369 Zit. n. Gewerkschaften, Friedensvertrag, Reparationen, [hrsg. v. ADGB], Berlin 1932, S. 23.
370 Vgl. Furtwängler: Vor Lausanne, in: Die Arbeit 9 (1932), S. 31–39, bes., S. 32f.; ders.: Reparationen. Der Sinn unserer Haltung, in: Das Freie Wort 4 (1932), H. 6, 7. 2. 1932, S. 4–11, bes. S. 9.
371 Vgl. ebenda, S. 11.

4.7 ADGB und Lausanner Konferenz

In der Frage, welche Forderungen die Gewerkschaften angesichts der für 25. Januar 1932 geplanten Lausanner Reparationskonferenz erheben sollten und vor allem, in welcher Form dies geschehen sollte, gab es innerhalb der gewerkschaftlichen Spitzenverbände unterschiedliche Auffassungen. Am 8. Januar 1932 kamen Vertreter der Richtungsgewerkschaften zu einer Besprechung über die Reparationsfrage zusammen. Beschlossen wurde, eine Denkschrift zu verfassen und sie an die an der Reparationskonferenz teilnehmenden Delegationen zu übersenden. Leipart plädierte dafür, einige markante Sätze in die Denkschrift zu schreiben. Die übrigen Gesprächsteilnehmer waren damit einverstanden. Nur Stähr vom Vorstand des AfA-Bundes äußerte Skepsis. Werde eine solche Denkschrift überhaupt etwas Neues aussagen? Und sei es nicht unangenehm, »erst weitere Reparationen abzulehnen und kurz darauf doch eine Kompromißlösung annehmen zu müssen?« Diese Bedenken schob Leipart beiseite; als Gewerkschafter wisse man ja, wie Forderungen zu stellen seien. Auch Otte von den christlichen Gewerkschaften empfahl, nicht zu »zaghaft« zu sein, denn es stehe »zuviel auf dem Spiel«[372]. Mit dem Entwurf einer Denkschrift wurde Arons beauftragt.

Arons legte am 12. Januar 1932 in der Tat einen scharf formulierten Entwurf vor. Auf 13 Seiten versuchte Arons nachzuweisen, daß die »Schuld« für die für Deutschland und die Welt verhängnisvolle Entwicklung bei den Siegermächten des Weltkrieges liege. Kernsätze des Entwurfes waren: Die unterzeichneten Gewerkschaften »haben seit den Tagen des Waffenstillstandes die in jeder Hinsicht überspannten Forderungen der Siegerstaaten bekämpft und vor den unvermeidlichen Folgen einer schonungslosen Machtpolitik gewarnt«. Das System der Reparationen sei an »seinen inneren Widersprüchen endgültig gescheitert. Die Reparationsgläubiger wünschten sich ein zahlungsfähiges Deutschland, um ihm hohe Beträge entziehen zu können; und sie fürchteten ein leistungsfähiges Deutschland, weil es ein gefährlicher Konkurrent sein mußte.« Arons' Schlußfolgerung: »Es genügt nicht mehr, Deutschland nur eine Atempause bewilligen zu wollen. Die Reparationsfrage muß jetzt endgültig liquidiert werden.«[373] In der Akte folgen zwei weitere Exemplare der Aronsschen Denkschrift, die von verschiedenen Personen, darunter Eggert und Leipart, korrigiert wurden. Diese Korrekturen zeugen von einer

---
372 Vgl. Jahn, Quellen IV, Dok. 72, S. 474.
373 Vgl. »Entwurf einer Reparationsdenkschrift für Lausanne«, 12. 1. 1932, in: HiKo NB 8/5; Zitate: S. 1, 5 und 11.

deutlich kritischen Stellungnahme gegenüber dem Arons-Entwurf. So war z.B. der Satz »Die Reparationsfrage muß jetzt endgültig liquidiert werden« gestrichen und neben dem Satz »Die Reparationsgläubiger wünschten ein zahlungsfähiges Deutschland...« standen die handschriftlichen Bemerkungen: »Das sagen die N.S.« [= Nationalsozialisten] und »Plattheiten«[374]. Arons zeigte sich in einem Schreiben an Leipart von jenen Streichungen enttäuscht. Warum dürfe man nicht »deutlich« sein? Würden die von Eggert und Leipart außerdem kritisierten längeren Zitate aus Dawes- und Young-Plan sowie aus dem Beneduce-Bericht ebenfalls gestrichen[375], so komme jener Gedanke, daß die Siegerstaaten durch ihre eigene Handels- und Währungspolitik die deutsche Ausfuhr geschädigt und damit die Grundlagen des Reparationssystems selbst »zerschlagen« hätten, nicht mehr genügend zum Ausdruck. Der Zug der Entwicklung gehe nach rechts. »Liegt die Gefahr nicht nahe, daß gerade eine Lebensfrage des gesamten Volkes den Anlaß gibt, innenpolitisch uns auszuschalten und außenpolitisch weiterhin einen Faktor darzustellen, der nicht zählt, weil er unentwegt um der Verständigung willen Lasten auf sich nimmt? Wenn wir weiter bluten müssen, dann mit Protest! Und deshalb dürfen wir jetzt nicht zu kurz und zu vorsichtig sein.«[376] Nach Arons' Auskunft hatte sein Entwurf auch bei den anderen Gewerkschaftsbünden Anklang gefunden, und innerhalb des Bundesbüros wurde er von Erdmann, Spliedt, Schlimme, Maschke und Heßler mit vollem Einverständnis unterstützt. Erdmann setzte sich sogar in einem Schreiben an Leipart vom 15. Januar 1932 ausdrücklich für Arons ein[377].

Aufhäuser unterbreitete jedoch am 14. Januar 1932 einige Änderungsvorschläge. Sie betrafen insbesondere Passagen, die der Vorsitzende des AfA-Bundes als Rückfall in die »Terminologie der Kriegszeit« bezeichnete. Derartige Formulierungen hielt er psychologisch für falsch, denn immerhin werde die Denkschrift den ausländischen Regierungen vorgelegt. Er schlug deshalb vor, aus dem Satz, die Gewerkschaften hätten von Beginn an »die in jeder Hinsicht überspannten Forderungen der Siegerstaaten bekämpft...«, die Formulierungen »in jeder Hinsicht« und »Siegerstaaten« zu streichen. Außerdem hielt er eine Umformulierung der Forderung, die Reparationsfrage müsse nun endgültig »liquidiert« werden, in: die Reparationsfrage müsse nun endgültig »bereinigt werden«,

---

374 Vgl. HiKo NB 8/5a und 5b.
375 Leipart und Eggert waren der Meinung, den Inhalt von Dawes- und Young-Plan und Beneduce-Bericht könne man bei den Teilnehmern der Konferenz voraussetzen. Vgl. Arons an Leipart vom 14. 1. 1932, in: ebenda/6.
376 Vgl. ebenda.
377 Vgl. HiKo NB 8/10.

für notwendig[378]. In einem Gegenentwurf vom 16. Januar 1932 hatte Leipart diese Anregungen Aufhäusers beherzigt[379]. In der endgültigen Fassung fanden sich diese Passagen jedoch wieder in der Denkschrift. Die ausführlicheren Formulierungen Arons' betreffs der Verantwortlichkeit der Siegermächte waren zwar gestrichen, jedoch war die Schuldzuweisung an die Reparationsgläubiger nach wie vor deutlich enthalten[380]. Wie »deutlich« man in der Sprache sein durfte, darüber bestanden im Bundesbüro gerade zwischen Vorstandsmitgliedern und Sachbearbeitern offenbar Differenzen bei ansonsten gleichem Ziel, nämlich der Revision der Reparationen.

Wie empfindlich das Ausland, besonders Frankreich, auf Äußerungen der deutschen Seite reagierte, die zukünftige Reparationszahlungen ausschlossen, zeigten die Reaktionen auf Erklärungen Brünings am 8. Januar 1932. Brüning hatte gegenüber dem britischen Botschafter geäußert, Deutschland könne weder jetzt noch in Zukunft Reparationen zahlen. Ähnliches hatte Brüning der Presse mitgeteilt. In Frankreich und England vermutete man dahinter eine einseitige Aufkündigung der Reparationsabkommen[381]. Eine Folge der Äußerungen Brünings war die Verschiebung der Reparationskonferenz auf Juni 1932. Die Denkschrift der Gewerkschaften wurde zurückgezogen. Sie wurde auch nicht zum neuen Termin der Reparationskonferenz nach Lausanne weitergeleitet[382].

In der Bundesausschußsitzung vom 15./16. Februar 1932 kritisierte nur der DMV-Vorsitzende Brandes das Verhalten Brünings als »taktisch unklug und für uns innen- wie außenpolitisch bedauerlich«. Es komme doch auf eine Verständigung mit Frankreich an, und alles, was diesem Ziel schade, müsse unterbleiben. Brandes erwähnte dabei auch den Aufsatz Furtwänglers im »Freien Wort« und die Rede Leiparts im Dezember 1931[383]. In der Tat hatte nicht nur das Verhalten der deutschen Regierung im Ausland Unmut erzeugt. Auch auf die reparationspolitischen Äußerungen des ADGB reagierten die französischen und belgischen Gewerkschaften kritisch. Leipart rechtfertigte sich gegenüber dem Bundesausschuß. Die Forderung nach einem Ende der Reparationen stehe nicht im

---

378 Vgl. Aufhäuser an ADGB, vom 14. 1. 1932, in: HiKo NB 8/7.
379 Vgl. »Gegenentwurf Leipart« vom 16. 1. 1932, in: HiKo NB 8/8.
380 Es hieß: »Das System der Reparationen ist an seinen inneren Widersprüchen endgültig gescheitert. Die Verkennung seiner wirtschaftlichen Gefahren hat die Welt ins Unglück gestürzt.« Vgl. Druckvorlage der Denkschrift, 16. 1. 1932 in: HiKo NB 8/13.
381 Vgl. dazu Brüning, Memoiren, S. 499; die Presseäußerung Brünings ist abgedruckt in: Politik und Wirtschaft, Dok. 399b; vgl. außerdem Winkler, Weg, S. 469f.
382 Vgl. Jb. ADGB, 1931, S. 46.
383 Vgl. BA-Sitzung vom 15./16. 2. 1932, in: Jahn, Quellen IV, Dok. 76, S. 493.

Widerspruch zu einer Verständigung mit Frankreich. Die Haltung des ADGB gründe sich auf die Ergebnisse des Baseler Sachverständigenausschusses. Der ADGB begehe keine »Untreue gegen die Internationale«, wenn er die Pflicht, »die Interessen der deutschen Arbeiter zu vertreten, in erster Linie« erfülle[384]. Bezüglich des Furtwängler-Aufsatzes im »Freien Wort« meinte Bernhard vom Baugewerksbund, Furtwängler fordere doch »nur« ein Ende der »Tribute« und wenn »die Gegenseite bei der offensichtlichen Notlage den Arbeitern noch die Kleider vom Leibe reißen will, dann müssen wir uns dagegen wehren«[385].

Wenn dies auch im Sitzungsprotokoll nicht so deutlich wird, so verbirgt sich hinter den Äußerungen Brandes einerseits und Leiparts und Bernhards andererseits doch eine Kontroverse im Hinblick auf die Stellungnahme des Bundesausschusses zur Reparationsfrage. Bemerkenswert ist, daß außer Brandes niemand die Konferenzverlegung bzw. Brünings Verhalten als Ursache kritisierte. Furtwängler hatte im Gegenteil wieder einmal Frankreich als Schuldigen ausgemacht. Weil es der französischen Regierung nicht gelungen sei, »eine Einheitsfront der Gläubiger gegen Deutschland zustande zu bringen«, sei die Konferenz vertagt worden[386]. Man darf aus alldem den Schluß ziehen, daß der Mehrheit der Ausschußmitglieder und dem ADGB-Vorstand das Vorgehen Brünings keiner Kritik wert schien. Auch Winkler sieht im Verhalten des ADGB eine deutliche Rückendeckung für die Regierung Brüning[387].

Die Haltung der politischen wie der gewerkschaftlichen Internationale zum Reparationsproblem stieß im Kreis der ADGB-Führung auf deutlichen Unmut. Das Büro der Sozialistischen Arbeiter-Internationale (SAI) hatte auf seiner Tagung am 24./25. Januar 1932 in Köln in einer Entschließung dargelegt, daß eine endgültige Regelung der Reparationsfrage nur im Rahmen einer Gesamtlösung mit dem Kriegsschuldenproblem möglich sei[388]. Genau dies wurde seit Ende 1931 vom ADGB abgelehnt. In einem Brief an den SPD-Vorsitzenden Wels kritisierte Furtwängler am 23. Februar 1932 diese Entschließung mit dem Hinweis, daß sie

---

384 Vgl. ebenda, S. 498. Zu den Reaktionen der ausländischen Gewerkschaften vgl. außerdem Winkler, Weg, S. 468.
385 Vgl. Jahn, Quellen IV, Dok. 76, S. 496.
386 Vgl. Furtwängler: Reparationen. Der Sinn unserer Haltung, in: Das Freie Wort, 4 (1932), 7. 2. 1932, S. 4.
387 Vgl. Winkler, Weg, S. 470f.
388 Vgl. »Internationalle Information«, Presseberichte der SAI, Nr. 4, 26. 1. 1932, in: HiKo NB 181/22; vgl. auch den Bericht Wels' in der BA-Sitzung vom 15./16. 2. 1932, in: Jahn, Quellen IV, Dok. 76, S. 498f. Vgl. weiter Winkler, Weg, S. 468f.

im Gegensatz zu wiederholten Erklärungen des ADGB stehe[389]. Angesichts der bevorstehenden Vorstandssitzung des Internationalen Gewerkschaftsbundes (IGB) am 15. März 1932 warnte Erdmann davor, daß dort eine ähnliche Entschließung wie von der SAI verabschiedet werde. Am besten sei es deshalb, daß der IGB zur Reparationsfrage überhaupt nicht Stellung nehme[390]. Das Jahrbuch des ADGB für 1931 behauptete, der IGB sei auf den Kurs des ADGB eingeschwenkt. Es zitierte aus der Entschließung des IGB jene Passagen, die sich klar für ein Ende der Reparationen aussprachen[391]. Es verschwieg allerdings jene Formulierungen, die eben doch auf den Zusammenhang von Reparationen und Kriegsschulden verwiesen. So sprach sich die Entschließung für die endgültige Lösung des Reparations- *und* Kriegsschuldenproblems aus, »um diese unheilvolle Quelle politischer Gefahren und wirtschaftlicher Katastrophen zu beseitigen«. Falls ein endgültiger Schlußstrich auf der Lausanner Konferenz nicht erreicht werden könne, so müsse wenigstens ein Moratorium für mindestens zehn Jahre erreicht werden[392]. Der IGB-Vorstand hatte diese Entschließung einstimmig angenommen. Erdmanns Forderung, man solle nicht »im vorhinein auf Konzessionsmöglichkeiten« hinweisen[393], war damit nicht erfüllt worden.

Die am 16. Juni 1932 zusammentretende Reparationskonferenz in Lausanne endete mit einer Regelung, die Deutschland zu einer abschließenden Zahlung von drei Milliarden Mark verpflichtete. Die Zahlung sollte jedoch erst aufgenommen werden, wenn das wirtschaftliche Gleichgewicht Deutschlands wiederhergestellt sei. Reichskanzler von Papen, der Nachfolger des am 30. Mai 1932 zurückgetretenen Brüning, unterzeichnete am 8. Juli 1932 dieses Abkommen[394]. Im Bundesvorstand stellte Leipart am 13. Mai 1932 die Frage, ob man das Lausanner Abkommen öffentlich als ungenügend bezeichnen solle. Leipart hielt das für falsch, denn immerhin könne die SPD im Reichstag das Lausanner Ergebnis schlecht ablehnen[395]. Trotz dieser Auffassung des Bundesvorstandes erschien am 16. Juli 1932 in der »Gewerkschafts-Zeitung« ein Artikel Arons', der genau diese Bewertung des Lausanner Verhandlungsergeb-

---

389 Vgl. Brief Furtwänglers an Wels vom 23. 2. 1932, in: HiKo NB 179/59.
390 Vgl. »Zur Vorstandssitzung des IGB am 15. III. 1932 in Bern. Das Problem der Reparationen und Kriegsschulden«, 11. 3. 1932, Verfasser: L. Erdmann, in: HiKo NB 181/26.
391 Vgl. Jb. ADGB, 1931, S. 47.
392 Wortlaut der Entschließung vgl. GZ, Jg. 42, Nr. 25, 18. 6. 1932, S. 398f. Weiteres Material zur IGB-Vorstandssitzung am 14. 3. 1932 s. HiKo NB 181/28–30.
393 Vgl. HiKo NB 181/26.
394 Vgl. dazu Winkler, Weg, S. 634ff.; Bracher, Auflösung, S. 485ff.; Krüger, Versailles, S. 170f.
395 Vgl. Jahn, Quellen IV, Dok. 107, S. 620.

nisses enthielt. Das Ergebnis sei unbefriedigend, die finanziellen Bestimmungen unerfreulich. Arons stellte sich noch einmal deutlich hinter die Regierung Brüning. Das, was Brüning gewollt habe, nämlich die endgültige Streichung jeglicher Zahlungen, habe das sogenannte »Kabinett der nationalen Konzentration« nicht erreicht. Bei aller Kritik an Brünings sonstiger Politik habe der ADGB in außenpolitischer Hinsicht den ehemaligen Kanzler »vorbehaltlos unterstützen« können[396].

4.8 Reparationsfrage und Arbeitsbeschaffung

Die reparationspolitische Linie der freien Gewerkschaften sei, so die These Winklers, »ungewollt ein Beitrag zur Verschärfung und Verlängerung der Krise« gewesen[397]. Winkler verweist dabei auf den Zusammenhang zwischen den Forderungen der Gewerkschaften nach Arbeitsbeschaffung und der Reparationspolitik der Reichsregierung. Es war, so Winkler, damit zu rechnen, daß die Reichsregierung darauf verwies, »das Ausland dürfe nicht den Eindruck gewinnen, als verfüge Deutschland doch noch über finanzielle Reserven«[398]. In der Tat hielt Brüning den Gewerkschaftsforderungen nach Arbeitsbeschaffung in einer Besprechung am 13. Mai 1932 entgegen, der »Tiefpunkt der Depression könne erst dann überschritten werden, wenn in der Reparationsfrage eine Lösung gefunden werde«. Wenn es nicht gelinge, »durch eine befriedigende Endlösung in der Reparationsfrage das Vertrauen der Weltwirtschaft wiederherzustellen, werde der größte wirtschaftliche Zusammenbruch unaufhaltbar sein«[399]. In den freien Gewerkschaften selbst wurde bei der Diskussion über aktive Konjunkturpolitik im Sinne des WTB-Planes ebenfalls auf die Wiederherstellung des internationalen Vertrauens verwiesen. Es war Naphtali, der vehemente Kritiker des WTB-Planes, der in der Bundesausschußsitzung am 15./16. Februar 1932 die Behauptung aufstellte, »aktive Konjunkturpolitik« sei heute identisch mit »aktiver Außenpolitik«. Diese müsse zum Ziel haben: die Verständigung mit Frankreich[400]. Bernhard vom Baugewerksbund meinte dagegen, man könne nicht darauf warten, bis das internationale Vertrauen und die Kreditwürdigkeit Deutschlands wiederhergestellt seien[401]. Beide Varian-

---

396 Vgl. Das Ergebnis der Lausanner Konferenz, in: GZ, Jg. 42, Nr. 29, 16. 7. 1932, S. 450f.
397 Vgl. Winkler, Weg, S. 467.
398 Vgl. ebenda, S. 467. Zur innergewerkschaftlichen Diskussion über die Frage der Arbeitsbeschaffung vgl. Teil 1, IV. 1. 3.
399 Vgl. Jahn, Quellen IV, Dok. 90, S. 563.
400 Vgl. ebenda, Dok. 76, S. 506.
401 Vgl. ebenda, S. 507.

ten, eine Verständigung mit Frankreich als Voraussetzung für neue Kredite wie auch die Forderung nach aktiver Konjunkturpolitik, konnten mit der Unterstützung der Brüningschen Reparationspolitik nicht durchgesetzt werden. Diese war einer Verständigung mit Frankreich ebensowenig förderlich, wie sie andererseits mit einer keynesianischen Arbeitsbeschaffungspolitik zu verknüpfen war. Es paßte nicht zur Revisionsargumentation, wenn man in Deutschland möglicherweise erfolgreich aus eigenen Mitteln versuchte, die ärgsten Auswüchse des Arbeitslosenproblems abzubauen und eine Wende der Krisensituation einzuleiten. Mit den gleichen Argumenten, mit denen Brüning die gewerkschaftlichen Forderungen zurückwies, lehnte er auch den Kreditreformplan Ernst Wagemanns ab. Indem dieser andere Wege als die Deflationspolitik aufzeige, schade er dem Ziel der Reparationsrevision[402].

Zwar hatte Leipart auf dem außerordentlichen ADGB-Kongreß am 13. April 1932 betont, man dürfe nicht wegen »übertriebener« außen- und reparationspolitischer Rücksichten, besonders Frankreich gegenüber, auf eine aktive Arbeitsmarktpolitik verzichten. Frankreichs Sicherheitsbedürfnis, so Leipart weiter, würde es wohl kaum nützen, wenn in Deutschland der politische Radikalismus wegen weiter steigender Arbeitslosigkeit immer mehr Zulauf erhalte. Wenn Leipart gleichzeitig auf die deutliche Stellungnahme des ADGB zur Reparationsfrage verwies, so zielten seine Ausführungen in erster Linie gegen eventuelle französische Einwände sowie gegen jene von Naphtali formulierte und in führenden SPD-Kreisen verbreitete Haltung ab[403]. Eine Abkehr vom »Primat der Tolerierung«, so die Einschätzung Michael Schneiders[404], signalisierte der außerordentliche Kongreß damit wohl kaum, in keinem Falle im Hinblick auf die gewerkschaftliche Unterstützung der Brüningschen Reparationspolitik.

Abgesehen davon, daß Brünings Argumentationskette nicht stimmig war[405], ist festzuhalten, daß er keinerlei Interesse hatte, den Aufforderun-

---

402 Vgl. Mommsen, Die verspielte Freiheit, S. 375; zum Wagemann-Plan vgl. Teil 1, IV. 1. 3.
403 Zu Leiparts Rede vgl. Arbeitsbeschaffung. Die Forderung der Gewerkschaften, Berlin 1932, S. 10f. Vgl. auch Schneider, Arbeitsbeschaffungsprogramm, S. 93.
404 Vgl. Schneider, Arbeitsbeschaffungsprogramm, S. 174.
405 Tatsächlich hatte Deutschland seit dem Hoover-Moratorium keine Reparationszahlungen mehr geleistet. Daß es jemals wieder zur Aufnahme der Zahlungen gezwungen werden könnte, war unwahrscheinlich. Brüning war nicht, wie er behauptete, durch die Notwendigkeit, »die alliierten Regierungen von Deutschlands weiteren guten Absichten zu überzeugen«, auch 1932 zur Deflationspolitik gezwungen. Die britische Regierung selbst hatte Deutschland die Abwertung der Mark empfohlen; vgl. Gates, Sozialpolitik, S. 211. Insgesamt hatten die Reparationen die deutsche Wirtschaft viel weniger belastet als befürchtet bzw. von Zeitgenossen immer wieder behauptet; vgl. u.a. Peukert, Weimarer Republik, S. 194f.

gen zu einer Wende seiner Deflationspolitik von gewerkschaftlicher und anderer Seite nachzukommen.

Die volle Unterstützung der freien Gewerkschaften für den reparationspolitischen Kurs Brünings hob die Wirksamkeit ihrer Proteste gegen den Sozialabbau und ihrer seit der Jahreswende 1931/32 erhobenen Forderungen nach aktiver Wirtschaftspolitik auf. Dies verweist einmal mehr und mit deutlicher Schärfe auf jene Folgen einer als »national verantwortlich« verstandenen Politik des ADGB auf die gewerkschaftliche Interessenvertretung. In den Diskussionen der gewerkschaftlichen Gremien wurde diese fatale Auswirkung ihrer Tolerierungspolitik offenbar nicht erkannt. Auch Erdmann, vehementer Verfechter des Revisionszieles und tatkräftiger Unterstützer der Woytinsky-Ideen gleichermaßen, problematisierte diesen Zusammenhang nicht.

Die Wende des ADGB in der Reparationspolitik war kein Reflex auf eine nationale Massenstimmung in der Mitgliedschaft, wenngleich der Wahlsieg der NSDAP und deren Antireparationskampagnen den ADGB sicher veranlaßten, zur Reparationsfrage Stellung zu nehmen. Daß er es in dieser betont »nationalen« Weise tat, ging auf den trotz aller Einschränkungen erfolgreichen Einfluß jener national gesinnten Angestellten im Bundesbüro, in erster Linie Furtwänglers, Erdmanns und auch Arons', zurück.

5. Die innergewerkschaftliche Debatte über die Tolerierungspolitik

Mit dem Begriff Tolerierungspolitik wird im allgemeinen die Politik der Sozialdemokratie und der freien Gewerkschaften gegenüber der Regierung Brüning nach den Reichstagswahlen vom September 1930 bezeichnet. Als Ziel dieser Politik wurde und wird immer wieder hervorgehoben, daß die sozialdemokratisch orientierten Arbeiterorganisationen eine Regierungsbeteiligung oder Regierungsübernahme der NSDAP sowie ein Ansteigen des Nationalsozialismus überhaupt verhindern wollten. Dieser staatspolitischer Verantwortung verpflichteten Politik wurde der Einsatz für die sozialen und materiellen Interessen der Arbeiter- und Angestelltenschaft untergeordnet[406].

Der ADGB war gegenüber der Regierung Brüning zunächst sehr kritisch eingestellt. Die »Gewerkschafts-Zeitung« brachte am 26. Juli 1930 das Programm der Reichsregierung zur Sanierung des Reichshaushaltes auf

---

[406] Zu den außen- und reparationspolitischen Aspekten der Tolerierungspolitik vgl. das vorige Kapitel.

die Formel: »Schutz des Großkapitals, Subventionen für die Agrarier, Abbau der Sozialpolitik auf der ganzen Linie, Mehrbelastung der Ärmsten des Volkes.«[407] Zwar lehnte der Reichstag das Sanierungsprogramm ab, doch dies hinderte das Kabinett Brüning nicht, seine Vorstellungen nach Auflösung des Reichstages am 18. Juli 1930 mit der ersten großen Notverordnung am 26. Juli 1930 durchzusetzen[408]. Der ADGB beschränkte sein Engagement gegen diese Notverordnung auf verbale, wenn auch scharfe Proteste[409] und konzentrierte sich ansonsten vollkommen auf den Wahlkampf für die Reichstagswahlen im September. Dies ging so weit, daß gewerkschaftliche Aktivitäten zugunsten der Parteiagitation zurückgestellt werden sollten. So lautete die Parole, die das hessische Bezirkssekretariat des ADGB an die dortigen Ortsausschüsse und die Bezirksleitungen der Mitgliedsgewerkschaften ausgab: »In der letzten Augustwoche müssen Gewerkschaftsversammlungen möglichst eingeschränkt werden, *dieser Zeitraum gehört der Partei.*«[410]

Die Politik des ADGB stieß angesichts der Notverordnung vom Juli 1930 innerhalb des Bundesbüros gerade bei den jüngeren Angestellten auf Kritik. Broecker äußerte, wenn er zu bestimmen hätte, würde er »gegen die Notverordnungen zum Generalstreik aufrufen. Von den Führern kommt keiner auf den Gedanken.«[411] Auch Nörpel forderte eine »konsequente Oppositionspolitik«. Der SPD sei nur zu helfen, »wenn sie gründlich Stimmen verliert, – das würde sie zur Selbstbesinnung zwingen«. Andererseits glaubte Nörpel nicht, daß die Sozialdemokratie eine »Diktatur« von sich aus versuchen könnte, da sie weder über die »Tradition« verfüge noch über die Produktionsmittel. Weil »die anderen« über beides verfügten, könnten sie auf dem Wege der Diktatur ihre Politik durchführen. »Würden wir es versuchen, würde die Reichswehr auf uns schießen.«[412] Erdmann teilte diesen Pessimismus Nörpels nicht. »Gegen eine starke Sozialdemokratie, gegen ihrer Macht bewußte und zu ihrem Ein-

---

407 Vgl. GZ, Jg. 40, Nr. 30, 26. 7. 1930, S. 465. Zur anfänglichen Haltung des ADGB gegenüber der Regierung Brüning vgl. auch Schneider, Tolerierung, S. 151f.
408 Zur Notverordnung vom 26. 7. 1930 vgl. Preller, Sozialpolitik, S. 396, 432f., 466 und 472. Die Notverordnung setzte den Beitrag zur Arbeitslosenversicherung auf 4½% fest und schränkte Leistungen ein. Im finanzpolitischen Teil war die Einführung der umstrittenen Bürgersteuer enthalten, die vom ADGB als unsoziale »Kopfsteuer« bezeichnet wurde. Vgl. GZ, Jg. 40, Nr. 31, 2. 8. 1930, S. 481.
409 Vgl. ebenda, S. 481 ff.
410 Vgl. Rundschreiben des ADGB-Bezirkssekretariats Hessen an Ortsausschüsse, Gau- und Bezirksleitungen vom 4. 8. 1930, in: Jahn, Quellen IV, Dok. 7, S. 118. Zur Wahlkampfhilfe des ADGB an die SPD, die im materiellen Bereich bei 1 Mio. RM lag, vgl. ebenda, die Dok. 5–7, 9–12.
411 Vgl. Aufzeichnungen Erdmanns am 28. 7. 1930, in: DGB/NL Erdmann.
412 Vgl. ebenda.

satz bereite Gewerkschaften würden sich die anderen dreimal überlegen, auf dem Wege der Gewalt vorzugehen.« Erdmann fragte sich jedoch auch: »Sind die Gewerkschaften so stark, wie ihre Zahl erwarten läßt? Ist eine um zwanzig oder gar vierzig Mann stärkere sozialdemokratische Reichstagsfraktion wirklich eine stärkere Macht?« Erdmann zog dies in Zweifel, denn die Macht einer Partei hänge nicht nur von der Fraktionsstärke ab, sondern von ihrem Bestand an Führerpersönlichkeiten. »Ein Führer, der weiß, was er will, und nicht davor zurückschreckt, die Grenzen der Demokratie zu überschreiten, der den Mut hat, sie gleichsam auszuschalten, bis sie wieder politisch möglich ist, bis er, dank seiner auf undemokratischem Wege errungenen Erfolge einer parlamentarischen Majorität sicher ist – ein solcher Führer unter den Sozialisten wäre hundertmal mehr wert, als fünfzig neue Abgeordnete gleichen Kalibers im Parlament.«[413] Die Kritik dieser Angestellten im Bundesbüro offenbart, besonders deutlich in der von Erdmann gezogenen Konsequenz, eine Distanz zu parlamentarisch-demokratischen Grundsätzen und einen Hang zu undemokratischen »Diktatur«- und »Führer«-Strukturen.

Der massive Einsatz der freien Gewerkschaften für die SPD hatte nicht den erhofften Erfolg gebracht. Im Gegenteil, der Anstieg der Wählerstimmen für die NSDAP hatte die Grundlage einer parlamentarischen Politik im Sinne sozialdemokratischer und gewerkschaftlicher Forderungen eher geschmälert. Das Kabinett Brüning, zu dessen Tolerierung sich SPD und Gewerkschaften nun entschlossen, blieb an der Regierung. Diese Reichsregierung hatte ihre Zielsetzungen und ihren Willen, diese notfalls mit Notverordnung auch gegen den Reichstag durchzusetzen, keineswegs aufgegeben. Die Grundlage für die schonungslose Kritik des ADGB an der »arbeiterfeindlichen Einstellung« der die Regierung Brünings stützenden bürgerlichen Parteien[414] war also nach wie vor gegeben.

5.1 Berliner Metallarbeiterstreik Oktober 1930

Welche Konsequenzen die Tolerierungspolitik für die gewerkschaftliche Interessenvertretung hatte, sollte sich nur wenige Wochen nach den Reichstagswahlen 1930 zeigen. Gemeint sind die Auseinandersetzungen im Tarifkonflikt der Berliner Metallindustrie. Am 10. Oktober hatte der vom Reichsarbeitsministerium bestellte Schlichter eine Tariflohnsenkung um 8 Prozent für Arbeiter und um 6 Prozent für Arbeiterinnen und jugendliche Arbeiter entschieden. Der DMV beschloß gegen diesen

---
413 Vgl. ebenda.
414 Vgl. GZ, Jg. 40, Nr. 30, 26. 7. 1930, S. 466.

Schiedsspruch den Streik und konnte dabei auf eine große Streikbereitschaft der Berliner Metallarbeiter[415] wie auch auf die volle Rückendeckung des ADGB und seiner Mitgliedsgewerkschaften bauen. In der Bundesausschußsitzung vom 12./13. Oktober 1930 verurteilten die Vertreter der ADGB-Verbände einstimmig den Schiedsspruch. Alle Diskussionsredner werteten ihn als Signal für den Lohnabbau in der gesamten deutschen Wirtschaft, wogegen die Gewerkschaften sich entschieden zur Wehr setzen müßten[416]. Angesichts dieser Tatsachen mußte es verwundern, daß der DMV den Streik abbrach und am 28. Oktober 1930 einem Vorschlag des Reichsarbeitsministeriums zustimmte, der die Einsetzung eines Schiedsgerichtes vorsah. Der Schiedsspruch dieses aus drei »Unparteiischen« bestehenden Schiedsgerichtes sollte für beide Parteien bindend sein. Diese »Unparteiischen« waren der ehemalige Reichsarbeitsminister Brauns (Zentrum), der Oberbürgermeister von Duisburg, Jarres (DVP), und der sozialdemokratische Arbeitsrechtler Sinzheimer[417]. Was dieses Schiedsgericht mit Zustimmung Sinzheimers am 8. November 1930 verkündete, unterschied sich dem Inhalt nach nur insoweit vom ersten Schiedsspruch, als der Lohnabbau zeitlich gestaffelt wurde und statt ab November 1930 erst ab Januar 1931 bis zur vollen Höhe durchgeführt sein sollte[418]. Die DMV-Führung begründete den Abbruch des Streiks mit der Sorge, daß »der prächtig begonnene Kampf nicht abbröckelte«. Dies sei angesichts der großen Zahl der Unorganisierten, die ohne gewerkschaftliche Unterstützung waren, und der großen Anzahl der erwerbslosen Berufskollegen am Ort zu befürchten gewesen. Außerdem hätten die Scharfmacher im Kreis der Industriellen mit Aussperrung von weiteren 400000 Metallarbeitern im Reich gedroht. Angesichts dieser Situation habe man sich für den Vorschlag des Reichsarbeitsministers entschieden[419]. Dieser im Hinblick auf die Krisensituation zunächst plausibel erscheinenden Argumentation widersprach jedoch die intern und öffentlich betonte Streikfähigkeit des DMV. Brandes hatte dies nicht nur

---

415 In einer Urabstimmung am 13. 10. 1930, an der auch die Unorganisierten teilnahmen, sprachen sich von 106000 Metallarbeitern über 90000 gegen den Schiedsspruch aus. Am 15. 10. 1930 traten etwa 126000 Metallarbeiter in den Streik. In fast allen Betrieben des Verbands Berliner Metall-Industrieller (VBMI) ruhte die Arbeit. Vgl. Hartwich, Arbeitsmarkt, S. 171.
416 Vgl. Jahn, Quellen IV, Dok. 14, die Redebeiträge von Brandes (S. 154f.); Bernhard (S. 156); Scheffel (S. 159) und Simon (S. 160); zur Entschließung vgl. S. 168.
417 Vgl. Hartwich, Arbeitsmarkt, S. 176.
418 Zum Inhalt des Schiedsspruches vgl. ebenda, S. 177f.; GZ, Jg. 40, Nr. 46, 15. 11. 1930, S. 723ff. Zur Haltung Sinzheimers ebenda, S. 724f.; Metallarbeiter-Zeitung, Nr. 47, 22. 11. 1930, S. 369,in: Deppe/Roßmann, Wirtschaftskrise, S. 88f.
419 Vgl. Metallarbeiter-Zeitung, Nr. 45, 8. 11. 1930, S. 353, in: Deppe/Roßmann, Wirtschaftskrise, S. 83f.; A. Brandes: Der Ausgang des Kampfes der Berliner Metallarbeiter, in: GZ, Jg. 40, Nr. 47, 22. 11. 1930, S. 738.

in der GZ hervorgehoben, sondern verwies auch in der Bundesausschußsitzung im Dezember 1930 noch einmal darauf. Der Berliner Streik habe gezeigt, »daß wir uns trotz des ungünstigen Organisationsverhältnisses gegen die unverschämten Lohnabbauversuche im Interesse aller Arbeiter wehren können«[420]. Betrachtet man das Ergebnis des Tarifkonflikts und das Verhalten der DMV-Führung, so war dies natürlich eine glatte Fehlinterpretation des Streiks; bezüglich der Mobilisierbarkeit der Arbeiterschaft traf Brandes' Einschätzung jedoch durchaus zu.

Der Berliner Metallerstreik ist eines jener Beispiele, an denen sich die Meinungen über Handlungsspielräume der Gewerkschaften in der Krise scheiden.

Während einerseits auf die krisenhafte Situation, die Massenarbeitslosigkeit und die politisch unsicherer gewordene Atmosphäre verwiesen wird, weswegen ein »offener Kampf« gegen die Schiedssprüche »und damit auch gegen die Regierung Brüning« die Arbeiterbewegung in eine »sichere Niederlage« geführt hätte[421], melden sich andererseits Stimmen zu Wort, die den Handlungsspielraum der Gewerkschaften nicht derart eingeengt sehen. Heupel hat die These aufgestellt, daß der DMV mit Rücksicht auf die Tolerierungspolitik den Streik abgebrochen und den Schiedsspruch akzeptiert habe. Er habe sich auf diesen Vorschlag eingelassen, ohne ausreichende Garantien hinsichtlich des Schiedsspruchs einzufordern. Er habe außerdem die Möglichkeit besessen, den Streik bis zur Verkündung des Schiedsspruches nur auszusetzen. Damit behauptet Heupel, daß der DMV sehr wohl Handlungsalternativen im Sinne stärkerer Druckausübung besessen habe[422]. Man könnte sogar so weit gehen und Handlungsspielräume selbst bei Aufrechterhaltung der Tolerierungspolitik feststellen. Die Gewerkschaften hätten, so die These Jahns, sich in dieser Frühphase der Krise bei noch vorhandenen Ressourcen für Streiks ihre Tolerierungspolitik »höher bezahlen lassen« können[423].

Die wütenden Proteste von DMV und ADGB gegen den Schiedsspruch vom 8. November[424] trügen nicht darüber hinweg, daß der DMV im

---

420 Vgl. BA-Sitzung vom 14./15. 12. 1930, in: Jahn, Quellen IV, Dok. 19, S. 195. In der GZ, Jg. 40, Nr. 43, 25. 10. 1930, S. 679, schrieb Brandes: »Der Glaube, daß die Gewerkschaften in dieser wirtschaftlich und politisch so ungünstigen Zeit macht- und kraftlos geworden sind, ist zerstört«.
421 Vgl. Bähr, Staatliche Schlichtung, S. 310; ähnlich Hartwich, Arbeitsmarkt, S. 180, und Winkler, Weg, S. 236.
422 Vgl. Heupel, Reformismus, S. 189; ders., Ziele, S. 23f.; ähnlich argumentieren Scharrer, Anpassung, S. 86f., und Jahn, Quellen IV, Einleitung, S. 40f. Gegenüber der These noch kritisch ders., Gewerkschaften, S. 243.
423 Vgl. ebenda, S. 243.
424 Für den ADGB vgl. GZ, Jg. 40, Nr. 47, 22. 11. 1930, S. 737; für den DMV vgl. Metallarbeiter-Zeitung, Nr. 47, 22. 11. 1930, S. 369, in: Deppe/Roßmann, Wirtschaftskrise, S. 88f.

Berliner Tarifkonflikt kampflos kapituliert hatte. Diese Kapitulation stand in der Tat im Zusammenhang mit der Tolerierungspolitik. In der Bundesausschußsitzung vom 12. und 13. Oktober 1930 berichtete Brandes, daß der in Berlin geforderte Lohnabbau mit dem Überbrückungskredit in Höhe von 500 Millionen RM in Verbindung gebracht werde, den die Regierung vom Ausland erhalten solle[425]. Auch in der Dezembersitzung des Ausschusses erwähnte Brandes diesen Zusammenhang. Stegerwald habe den Schiedsspruch mit Hinweis auf den Kredit gefordert, allerdings sei dieser nach Ansicht des Reichsfinanzministeriums längst gesichert gewesen[426]. Bei dem von Brandes erwähnten Kredit handelte es sich um einen Überbrückungskredit, den die Reichsregierung zur Deckung des Defizits im laufenden Haushaltsjahr 1930 erhalten hatte[427]. Tatsächlich hatte es bei den Verhandlungen um diesen Kredit Schwierigkeiten gegeben. So wurde am 5. Oktober 1930 eine französische Beteiligung am Kredit von weiteren »Erklärungen und Zusicherungen der Reichsregierung über ihr Sanierungsprogramm und seine Durchsetzung verlangt«. Jedoch bereits am Abend des 6. Oktober 1930 berichtete der Staatssekretär in der Reichskanzlei, Pünder, daß die Sachlage geklärt, mit einem baldigen Abschluß der Anleihe zu rechnen sei und man den weiteren Ablauf der Dinge in Ruhe abwarten könne. Der Kreditvertrag wurde schließlich doch ohne Beteiligung französischer Banken am 11. Oktober 1930 unterzeichnet[428]. Daß der Überbrückungskredit von der Verbindlichkeitserklärung des Schiedsspruches abhing, davon konnte also keine Rede sein. Nichtsdestoweniger setzten die Unternehmer auf die kreditpolitische Karte. So warnte Silverberg am 28. Oktober 1930 die Reichsregierung, falls der Schiedsspruch vom 10. Oktober 1930 nicht für verbindlich erklärt werde, sei mit dem Abzug ausländischer Kredite zu rechnen[429]. Am selben Tag vereinbarten die Tarifparteien dann jenes Verfahren, das mit dem Schiedsspruch vom 8. November endete.

Der Bundesausschuß diskutierte diesen von Brandes erwähnten Zusammenhang nicht. Zumindest ist dies im Protokoll nicht vermerkt. Inwieweit die Kreditfrage eine Rolle für die Überlegungen des DMV-Vor-

---

[425] Vgl. Jahn, Quellen IV, Dok. 14, S. 155.
[426] Vgl. ebenda, Dok. 19, S. 195. Auch in der GZ, Jg. 40, Nr. 47, 22. 11. 1930, S. 738, verwies Brandes auf diese Forderung Stegerwalds.
[427] Vgl. z.B. GZ, Jg. 40, Nr. 43, 25. 10. 1930, S. 681.
[428] Vgl. Aufzeichnung Pünders vom 6. 10. 1930, in: AdR Brüning 1, Dok. 131, S. 502f. (Zitat); vgl. auch Winkler, Weg, S. 237.
[429] Vgl. Grübler, Spitzenverbände, S. 323; Bähr, Staatliche Schlichtung, S. 308.

standes gespielt hat, ist nicht zu klären[430]. Offensichtlich ist jedoch, daß die Gewerkschaften die Regierung Brüning nicht unter Druck setzen[431] oder gar ihren Rücktritt riskieren wollten.

Die Konsequenzen der Kapitulation im Berliner Tarifkampf waren fatal für die Organisation. Heupel nennt den Mitgliederschwund im Berliner DMV, der neben der wachsenden Arbeitslosigkeit auf das Verhalten der DMV-Führung im Streik zurückzuführen sei[432]. Scharrer und Jahn verweisen auf den Autoritätsverlust der Gewerkschaften und die Verringerung ihrer Machtbasis[433].

Simon und Bernhard hatten in der dem DMV-Streik vorausgehenden Ausschußsitzung auf die »Vertrauenskrise« in der Arbeiterbewegung hingewiesen[434]. Das »erste große Versuchsobjekt für den Lohnabbau« müsse verhindert werden[435]. Gerade dies geschah jedoch nicht. Der Schiedsspruch vom 8. November 1930 war der Startschuß für den weiteren Lohnabbau in Deutschland.

Vor dem Hintergrund dieser Entwicklungen mußten die im November wiederaufgenommenen Spitzenverhandlungen zwischen Unternehmern und Gewerkschaften scheitern. Über diese Verhandlungen wurde an anderer Stelle dieser Arbeit bereits ausführlich berichtet. Für den hier interessierenden Zusammenhang nur soviel: Auch die durch Vermittlung des Reichsarbeitsministers wenige Tage nach Verkündigung des Berliner Schiedsspruchs erneut geführten Gespräche sollten die Regierung Brüning durch Vermeidung von Tarifkonflikten und Arbeitskämpfen stabilisieren. Graßmann hatte in der Bundesausschußsitzung vom Dezember 1930 ausdrücklich auf diesen Zusammenhang verwiesen. Wegen der Befürchtung eines Vertrauensverlustes bei den Mitgliedern lehnten die ADGB-Mitgliedsverbände die gemeinsame Vereinbarung mit den Unternehmern jedoch ab[436].

---

430 Auch das Material zum Berliner Metallarbeiterstreik im Nachlaß Urich gibt hierzu keine Aufschlüsse, vgl. ZA FDGB/NL 54/25.
431 So auch die Erklärung Brandes im Reichstag am 13. 10. 1930; vgl. Hartwich, Arbeitsmarkt, S. 173f.
432 Vgl. Heupel, Reformismus, S. 189. Die Mitgliederzahl des DMV ging von über 78000 im 3. Quartal 1930 auf knapp 52000 im Vergleichszeitraum 1932 zurück; vgl. ebenda, S. 384, Anm. 38.
433 Vgl. Scharrer, Anpassung, S. 87, Jahn, Quellen IV, Einleitung, S. 41.
434 Vgl. Jahn, Quellen IV, Dok. 14, S. 160.
435 Vgl. ebenda, S. 156 (Bernhard).
436 Vgl. Teil 2, III. 2.7.

5.2 Tolerierungspolitik und Vertrauensverlust

Den Mitgliedern war die Tolerierung einer Politik, die für sie Lohn- und Sozialabbau, aber z.B. keine Verbesserung der Arbeitsmarktsituation brachte, kaum verständlich zu machen[437]. Das Blatt der Berliner Gewerkschaften »Aufwärts« betonte, daß die Bestrebungen, die Nazis von der Regierung fernzuhalten, selbstverständlich zu unterstützen seien. Wenn dies jedoch erreicht werden solle, »indem man uns die Butter vom Brot nimmt und schließlich das Brot selber«, dann wisse man noch andere Mittel, um die Republik und ihren sozialen Gehalt zu verteidigen. Man sei auch bereit »auf die Straße zu gehen«[438].

Das Problem des Vertrauensverlustes als Folge der Tolerierungspolitik war den Führungen des ADGB und seiner Mitgliedsverbände durchaus im Bewußtsein. Bereits in der Bundesausschußsitzung vom 12./13. Oktober 1930 wies Bernhard vom Baugewerksbund darauf hin, daß die Arbeiterschaft vom Ausschuß Taten zur Milderung des Arbeitslosenelends erwarte. Dabei dürfe man sich »nicht nur von staatsmännischen Gesichtspunkten leiten lassen«[439]. In der Ausschußsitzung vom 20. Juni 1931 gestand Tarnow zu, daß angesichts der Tolerierungspolitik die Gefahr bestehe, »daß die Massen, die die Situation nicht übersehen, uns verloren gehen«[440].

Leipart selbst stellte als Ergebnis der Bundesausschußsitzung am 25. November 1931 fest, die Diskussion habe gezeigt, daß »wir nicht mehr viel Vertrauen zu verlieren haben«[441]. Verschiedene Ausschußmitglieder forderten in dieser Sitzung ein Ende der Tolerierung, um, so Schöller (Textilarbeiterverband), nicht »das letzte Vertrauen der Mitglieder« zu verlieren[442]. Die Mehrheit des Ausschusses befürchtete jedoch, daß eine konsequente Opposition von SPD und freien Gewerkschaften zu einem Sturz des Kabinetts Brüning und zu einer nachfolgenden Rechtsregierung unter Einbeziehung der NSDAP führen würde. Leipart bezweifelte überhaupt, daß durch eine »plötzliche« Änderung der Haltung neue Mitglie-

---

437 Vgl. Preller, Sozialpolitik, S. 527; vgl. auch Heupel, Reformismus, S. 202f., sowie Potthoff, Gewerkschaften (1987), S. 301.
438 Zit. n. Metallarbeiter-Zeitung, Nr. 48, 29. 11. 1930, in: Deppe/Roßmann, Wirtschaftskrise, S. 90.
439 Vgl. Jahn, Quellen IV, Dok. 13, S. 156. Eggert meinte dagegen, die SPD-Fraktion dürfe nicht sagen, »komme, was kommen mag«. Sie müsse unter Umständen die Regierung Brüning stützen, »wenn dadurch der Einzug der Nazis in die Reichsregierung verhindert und die preußische Regierung in der jetzigen Zusammensetzung erhalten« bleibe. Vgl. ebenda, S. 160f.
440 Dennoch plädierte er für Aufrechterhaltung der Tolerierungspolitik. Vgl. ebenda, Dok. 47, S. 342.
441 Vgl. ebenda, Dok. 63, S. 430.
442 Vgl. ebenda, S. 427. Ähnlich die Appelle Scheibels, (ebenda), Plettls (S. 425f.) und Scheffels (S. 431f.).

der und Vertrauen zu gewinnen seien. Mit der Aufgabe der Tolerierung würde man doch nur die Kommunisten stärken, die dann sagen könnten: »Jetzt endlich sehen sie ein, daß wir seit je recht hatten.« Leipart und die Ausschußmehrheit wollten zwar »den Pessimismus« in den eigenen Reihen »energisch« bekämpfen, aber »keine Beschlüsse fassen, sondern es der Fraktion überlassen, ob und wann sie die notwendigen Konsequenzen aus der politischen Situation ziehen will«[443].

In der folgenden Ausschußsitzung am 15. Dezember 1931 berichtete Simon von den Folgen der ADGB-Politik. Im Schuhmacherverband habe »einer unserer größten Betriebe« mit der Beitragssperrung gedroht. »Man sagt, was brauchen wir Gewerkschaften, wenn die von den Gewerkschaften tolerierte Regierung die Löhne festsetzt.«[444] Erneut wurden Forderungen nach Beendigung der Tolerierungspolitik laut[445]. Wiederum war am 8. Dezember 1931 eine Notverordnung erlassen worden, die starke Lohnsenkungen nach sich zog. Dennoch hielt die Mehrheit des Bundesausschusses an der Tolerierungspolitik fest[446].

An der Gewerkschaftsbasis war diese Politik weit umstrittener. Der »Aufwärts« vom 17. Dezember 1931 berichtete von einer Berliner AfA-Vertreterversammlung, die die neue Notverordnung als »völlig untragbar« bezeichnet und die Befürchtung ausgesprochen hatte, daß die »Sozialdemokratie den richtigen Zeitpunkt verpasse, wenn sie nicht schon jetzt die Tolerierungspolitik aufgebe.«. Im kommenden Frühjahr, wenn die Reparationsverhandlungen »unter Dach und Fach« seien, würde Brüning die SPD nicht mehr brauchen, er habe dann für jede innenpolitische Schwenkung freie Hand[447].

Auch in der Beiratssitzung des Gesamtverbandes am 21./22. Dezember 1931 wurden die Tolerierungspolitik und die Dezember-Notverordnung kontrovers diskutiert. Reißner, Vorstandsmitglied im Gesamtverband, berichtete, der Lohnabbau habe für die Gewerkschaften »zweifellos nicht gerade werbend gewirkt«. Besonders die jugendlichen Arbeiter könnten nicht verstehen, »daß auf einmal alle die Errungenschaften, die die Arbeiter sich erkämpft haben, abgebaut werden, daß an der Arbeitslosenversicherung gekürzt wird, daß am Arbeitsrecht Eingriffe vorgenommen wurden, daß die Löhne und Gehälter gesenkt werden. [...] Sie führen das darauf zurück, [...] daß die Gewerkschaften und namentlich die Füh-

---

443 Vgl. ebenda, S. 430f. und S. 433.
444 Vgl. ebenda, Dok. 67, S. 457.
445 So von Schrader, vgl. ebenda, S. 455.
446 Zur Notordnung vom 8. 12. 1931 und zur Diskussion im BA vgl. Teil 2, III. 1.
447 Vgl. Aufwärts, Nr. 51, 17. 12. 1931, S. 1f.

rung der Gewerkschaften versagt haben.«[448] Paul Schulz, Tarifsekretär im Verbandsvorstand, meinte, den Mitgliedern würde nicht das Vertrauen in die Führung fehlen, sondern die Einsicht und daran sei »der demagogische Kampf von rechts und links schuld«. Die Notverordnung schätzte er erstaunlich positiv ein. Sie bedeute eine »Sicherung der Tarifverträge«, ohne sie würde die Diktatur jener Kreise »restlos« durchgeführt, »die heute in Deutschland das Heft in Händen haben«[449]. Die Stimmungsberichte der Bezirksfunktionäre Erhart aus München und Büchner aus Nürnberg zeugten jedoch von einem deutlichen Vertrauensschwund in der Mitgliedschaft. Die Mitglieder, so Erhart, würden sich immer mehr von der Organisation entfernen, weil sie »keinen unmittelbaren Einfluß« hätten. Büchner erzählte von der Resignation unter den Mitgliedern: »Den Kollegen ist alles gleich. ›Ihr macht ja doch nichts!‹, heißt es.« Erhart und Levy, Berlin, forderten, man müsse die Gewerkschaften mobilisieren, um dem Kabinett »die verdiente Antwort« zu erteilen[450]. Reißner entgegnete, solle man Brüning gerade in einem Augenblick stürzen, in dem er im Rundfunk erkläre, daß er bereit sei, den Faschismus zu bekämpfen[451]? Zu einem Ende der Tolerierungspolitik konnte sich die Mehrheit des Beirates des Gesamtverbandes nicht entschließen.

Angesichts dieser Diskussionen ist Helga Grebings Befund, für die Gewerkschaften sei spätestens seit Ende 1931 absehbar gewesen, »daß die Tolerierungspolitik ein Ende finden müsse«[452], erstaunlich. Die beschriebenen Auseinandersetzungen im ADGB wie im Gesamtverband belegen doch, daß Forderungen nach einem Tolerierungsende zwar erhoben wurden, ein solcher Schritt jedoch eindeutig abgelehnt wurde. Problematisch erscheint mir auch Ursula Hüllbüschs Schlußfolgerung, das Verhalten des ADGB sei im Dezember 1931 »konsequent, realistisch und angemessen« gewesen. Die Gewerkschaften seien durch die Notverordnung vom Dezember 1931 »wenn auch für begrenzte Zeit«, nämlich bis April 1932, »völlig« ausgeschaltet gewesen und so sei es verständlich, daß sie den

---

448 Vgl. Niederschrift der 3. Beiratssitzung des Gesamtverbandes am 21. und 22. Dezember 1931 in Berlin, in: ZA FDGB/Nr. 190, S. 30.
449 Vgl. ebenda, S. 109 und 127.
450 Redebeiträge Erhart vgl. ebenda, S. 157, 180 und 183; Büchner: S. 192; Levy: S. 186.
451 Vgl. ebenda, S. 199. In einer Rundfunkrede vom 8. 12. 1931 kündigte Brüning an, die Reichsregierung werde keine andere Macht dulden als die verfassungsmäßig alleinige Macht des Reichspräsidenten und der Reichsregierung. Diese Macht werde »nötigenfalls auch unter Verhängung des Ausnahmezustandes« durchgesetzt werden. Brüning wandte sich gegen »Rachepläne« der NSDAP und bezeichnete Erklärungen, daß man, auf legalem Wege zur Macht gekommen, die legalen Schranken durchbrechen werde, als mit der Legalität unvereinbar. Vgl. Schultheß, 1931, S. 264f.
452 Vgl. Grebing, Gewerkschaftliches Verhalten, S. [21f.].

»Arbeitermassen« ihre Existenzberechtigung auf andere Weise deutlich machen mußten. Als unmittelbare Reaktion auf die Dezember-Notverordnung habe der ADGB »das Schwergewicht seiner Agitation auf den politischen Kampf für die Erhaltung der Republik gelegt«. Dies habe den Interessen der »Arbeitnehmer-Verbände« entsprochen[453]. Auf ähnlicher Linie liegt die Interpretation Moses'. Er stellt fest, daß die Gewerkschaften in der Krise zunehmend zum »Ordnungsfaktor« wurden, ihre systemverändernde Rolle nicht mehr länger spielen konnten und andererseits ihre »klassische Funktion« wahrzunehmen hatten, nämlich die Lohnabhängigen vor extremer Ausbeutung zu bewahren und soweit wie möglich dafür zu sorgen, daß die sozialpolitischen Grundsätze der Verfassung aufrechterhalten blieben[454]. Gerade diese sozialpolitischen Aufgaben der Gewerkschaften konnten mit der Tolerierungspolitik eben nicht erfolgreich durchgeführt werden. Und daß die Politik des ADGB Ende 1931 den Interessen der Gewerkschaftsorganisationen entsprochen habe, so die Behauptung Hüllbüschs, darf bezweifelt werden. Unter den Prämissen, die miteinander verquickten außen- und sozialpolitischen Zielsetzungen der Regierung Brüning zu tolerieren, litt die gewerkschaftliche Vertretung der Mitgliederinteressen – und dies konnte das Interesse der Verbände nicht sein. Nicht umsonst wurde hin und wieder betont, Gewerkschaftspolitik solle sich nicht zu sehr von »staatsmännischen« Erwägungen leiten lassen. Die Tolerierungspolitik ist somit ein weiterer Beleg für die These, daß der Anspruch, Interessen des sogenannten Volksganzen und Arbeiterinteressen gleichermaßen vertreten zu können, nicht einlösbar war.

Will man die Chancen und Ergebnisse einer von Anfang an konsequenten Oppositionspolitik gegenüber Brüning einschätzen, so begibt man sich auf das Gebiet der Spekulation. Auf die Möglichkeit, mehr Druck auszuüben bei Beibehalten der Tolerierung, wurde bereits verwiesen. Eines steht jedoch fest. Die Tolerierungspolitik schmälerte die Aktionsbasis[455] und die Glaubwürdigkeit der gewerkschaftlichen Organisationen. Der Mitgliederverlust der freien Gewerkschaftsverbände in den Jahren der Wirtschaftskrise ist ein Hinweis dafür, daß diese Politik der ADGB-

---

453 Vgl. Hüllbüsch, Koalitionsfreiheit, S. 642. Auch Schaefer hält die Tolerierungspolitik der SPD für adäquat und realistisch. Er sieht jedoch Defizite in der außerparlamentarischen Mobilisierung durch die SPD, die die Tolerierungspolitik hätte ergänzen müssen. Vgl. R. Schaefer: SPD in der Ära Brüning: Tolerierung oder Mobilisierung? Handlungsspielräume und Strategien sozialdemokratischer Politik 1930–1932, Frankfurt/M., New York 1990, S. 441ff.
454 Vgl. Moses, Trade Unionism, S. 378.
455 Simon beklagte in der BA-Sitzung vom 15. 12. 1931, es sei das »Furchtbare, daß wir auf Gedeih und Verderb mit der Regierung Brüning verbunden sind«. Vgl. Jahn, Quellen IV, Dok. 67, S. 457.

Führung nicht gerade die Attraktivität der Gewerkschaftsorganisation erhöhte. Natürlich war die Abnahme der Mitgliederzahlen von 4,9 Millionen im Dezember 1929 auf 4,1 Millionen im Vergleichsmonat 1931 nicht ausschließlich auf gewerkschaftsinterne Faktoren zurückzuführen, sondern auch wesentliche Folge katastrophaler wirtschaftlicher Umstände wie der Massenarbeitslosigkeit[456]. Daß ein Zusammenhang zwischen einer aktiven Gewerkschaftspolitik und der Entwicklung der Mitgliedszahlen bestand, erwies sich jedoch im Herbst 1932.

6. Von der Tolerierung zur Anpassung[457]

6.1 Von der Tolerierung zur Aktivität?

Im September 1932 gelangte man im Bundesausschuß zu der Auffassung, daß die gewerkschaftliche Agitation zur Gewinnung neuer Mitglieder bzw. zum Halten der bereits organisierten verstärkt und modernisiert werden müsse. Der für Organisationsfragen verantwortliche Vorstandssekretär, Hermann Schlimme, konstatierte, die Agitation sei erschwert worden, »seitdem die Arbeitskämpfe in die Tarifämter und staatlichen Schlichtungsstellen verlegt« worden seien. »So entstand das Gefühl, als sei die gewerkschaftliche Rückendeckung nicht mehr erforderlich.« Die wirkungsvollste Aufklärungs- und Agitationsarbeit werde »im offenen Kampf zwischen Gewerkschaften und Arbeitgebern geleistet, weil dabei jeder Beteiligte die Macht der Organisationen unmittelbar verspürt«. In der jetzigen Situation müsse die Agitation wieder verstärkt und in die Betriebe getragen werden[458].

In derselben Sitzung gab Leipart die Parole des entschiedenen Widerstandes gegen »die einsetzenden Lohnsenkungen« und gegen »alle Abbaupläne in der Sozialversicherung« aus. »Wir müssen den Widerstand organisieren und werden dadurch erneut einen Auftrieb unserer Bewe-

---

456 Mitgliedszahlen s. Jb. ADGB, 1931, S. 300f.; zu Entwicklung und Ursachen der Mitgliederverluste in den 1930er Jahren vgl. Klaus Schönhoven: Innerorganisatorische Probleme der Gewerkschaften in der Endphase der Weimarer Republik, in: GZ, Jg. 43, 1933, (Reprint), S. [73]–[104].
457 Über die Politik der freien Gewerkschaften in der Endphase liegen mittlerweile zahlreiche Überblicksdarstellungen wie auch Detailuntersuchungen vor. Vgl. u.a. Winkler, Weg; Heer, Burgfrieden; Jahn, Gewerkschaften; Skrzypczak, Das Ende und ders., Ausschaltung; Scharrer, Anpassung; Schmidt, Politik der ADGB-Führung; Beier, Lehrstück; Grebing, Gewerkschaftliches Verhalten.
458 Vgl. BA-Sitzung vom 9./10. 9. 1932, in: Jahn, Quellen IV, Dok. 126, S. 690f. Über die Werbewirksamkeit von Kampfmaßnahmen berichtet G. Mai am Beispiel des DMV in Geislingen. Der große Metallarbeiterstreik in Süddeutschland im Frühjahr 1922 hatte der Geislinger DMV-Organisation »den höchsten Mitgliederbestand ihrer Geschichte« gebracht. Mai, Geislinger Metallarbeiterbewegung, S. 45.

gung erhalten.«[459]. Anlaß für diese ungewohnt kämpferischen Töne waren die Notverordnungen der Papen-Regierung im September 1932, die den Unternehmern das Recht gaben, in einzelnen Betrieben die Tariflöhne um 10 bis 50 Prozent zu unterschreiten, und damit einen Bruch mit dem bisherigen Tarifrecht darstellten. Angesichts dieses Angriffs auf einen Grundpfeiler »gewerkschaftlicher Errungenschaften« gab die ADGB-Führung – gegenüber dem Kabinett Papen durch keine Tolerierungspolitik gebunden – trotz Massenarbeitslosigkeit ihre Zurückhaltung auf und propagierte ein offensiveres Vorgehen. Im September 1932 wurden auf Betriebsebene Streiks in »bedenklichem Umfang«, wie die VDA an den Reichskanzler am 27. September 1932 schrieb, durchgeführt, die in ihrer Mehrheit erfolgreich verliefen[460]. Diese »entschiedene Tätigkeit« hatte, so die Berichte Leiparts und Nörpels, im letzten Quartal des Jahres 1932 Wirkung gezeigt. Zum ersten Mal stiegen wieder die Mitgliedszahlen in den ADGB-Verbänden[461].

Die aktivere Haltung des ADGB im Herbst 1932 bedeutete jedoch keinen grundlegenden Wandel in der Richtung einer konsequenten Oppositionspolitik. Sicher, eine Fortführung der Tolerierungspolitik stand für die Gewerkschaften nach dem Sturz Brünings Ende Mai 1932 nicht zur Diskussion. Im Gegenteil. Die neue Regierung unter Führung von Papens provozierte eine kritische Haltung der Gewerkschaften geradezu. Die Regierungserklärung vom 4. Juni 1932, die den Weimarer Sozialstaat als »Wohlfahrtsanstalt« bezeichnete, der die Kräfte der Nation geschwächt habe, wurde von den Gewerkschaften als »Kampfansage« angesehen[462]. Die Christlichen Gewerkschaften geißelten die Regierung von Papen als ein »Klassenkabinett«, das alle Ansätze »zum sozialen

---

459 Vgl. Jahn, Quellen IV, Dok. 126, S. 682.
460 Vgl. VDA an RK v.Papen, 27. 9. 1932, in: BArch R 43 I/1144/117; vgl. auch die von Exner angefertigte »Gewerkschaftspolitische Chronik«, Juli 1932 bis Jan. 1933, in: HiKo NB 16/16. Zur Diskussion im BA über das Vorgehen gegen die Notverordnung und zu den Streiks vgl. Jahn, Quellen IV, die Dok. 126, 131 und 132 sowie Teil 2, III. 1.; vgl. außerdem Jahn, Gewerkschaften, S. 244; Schmidt, Politik der ADGB-Führung, S. 121ff., der allerdings die Rolle von KPD und RGO bei weitem überschätzt, wenn er feststellt, daß »die meisten Kämpfe« von diesen Organisationen »systematisch vorbereitet und organisiert« worden seien (S. 132); Heupel, Reformismus, S. 192ff.
461 Dies teilte Leipart dem BA am 21. 1. 1933 mit, vgl. Jahn, Quellen IV, Dok. 159, S. 799; vgl. auch Nörpel an Heindl (Wien) v. 26. 1. 1933, in: ebd., Dok. 163, S. 812. Zahlenmaterial zu dieser Entwicklung liegt nicht vor. Im Verlauf des Jahres 1932 nahm die Mitgliedschaft im ADGB um 14,6% ab, vgl. Schönhoven, Innerorganisatorische Probleme, S. 99; nach Beier, Arbeiteraristokratie, S. 170, sank die ADGB-Mitgliederzahl von 3,76 Mio. im Juni 1932 auf 3,53 Mio. im Dez. 1932. Seine Angaben sind jedoch nur Schätzwerte.
462 Vgl. z.B. Tageseintrag Th. Thomas' in Taschenbuch für Dachdecker 1932 am 4. 6. 1932, in: AsD/NL Thomas 2. Zur Regierungserklärung v. 4. 6. 1932 vgl. Winkler, Weg, S. 615 und Bracher, Auflösung, S. 481. Im Wortlaut in: Horkenbach, 1932, S. 169f.

Volksstaat« beseitigen wolle. Die christliche Arbeiterschaft empfinde es als einen Hohn »auf ihren nationalen Willen und ihre nationale Tat, daß nach der wahrhaftig nationalen Volksregierung Brüning eine Regierung der sogenannten ›nationalen Konzentration‹ auftritt«, die offensichtlich die Zurückwerfung der Arbeiterschaft anstrebe. »Sie sieht darin einen verderblichen Mißbrauch des Nationalen, dem sie schärfste Abwehr entgegensetzt.«[463] Dieser in der für die christlichen Gewerkschaften typischen »nationalen« Sprache abgefaßten Erklärung stand die Kundgebung des ADGB in nichts nach. Der Kernsatz der von Erdmann verfaßten ADGB-Erklärung lautete: »Es gibt keine nationale Konzentration ohne die deutsche Arbeiterschaft.« Diese habe für Deutschland im Kriege ihr Leben eingesetzt. Ziel der Arbeiterbewegung sei es, die deutsche Arbeiterschaft »aus einer geknechteten Klasse zu einer ›nationalen Klasse‹ zu machen, zu einem gleichberechtigten Faktor im Leben der Nation«. Gegen die »Fanatiker des Rückschritts« gelte es, alle Kräfte zu einmütigem Widerstand zusammenzufassen[464].

Doch entgegen diesen kraftvollen Worten blieben SPD, freie Gewerkschaften und Reichsbanner, die tragenden Organisationen der »Eisernen Front«, angesichts der entscheidenden Machtprobe am 20. Juli 1932 ohnmächtig und tatenlos[465]. Sozialdemokratie und freie Gewerkschaften konzentrierten sich voll auf die kommende Reichstagswahl am 31. Juli 1932 – ein hilfloser Entschluß angesichts einer Situation, in der das Parlament für die politischen und gesellschaftlichen Auseinandersetzungen einen immer geringeren Stellenwert einnahm. Die Rolle der freien Gewerkschaften illustrieren jene selbstironischen Tagebucheintragungen von Theodor Thomas am 20. Juli 1932: »Nachmittags Protestbier getrunken. Acht Mann: Scheibel, Bruck, Mitschke, Dahnke, Käppler, Schmit, Bebert[466] und ich hielten revolutionäre Reden. Abends Gras

---

463 Vgl. GZ, Jg. 42, Nr. 25, 18. 6. 1932, S. 389.
464 Vgl. ebenda, S. 385; zur Autorenschaft Erdmanns vgl. dessen Aufzeichnung vom 27. 7. 1932, in: DGB/NL Erdmann.
465 Am 20. 7. 1932 entmachtete Papen die geschäftsführende preußische Regierung und übernahm kommissarisch die Regierungsgewalt mit der Begründung, in Preußen die öffentliche Ordnung wiederherstellen zu müssen. Vgl. dazu Bracher, Auflösung, S. 273ff. u. 556ff.; H.-P. Ehni: Bollwerk Preußen? Preußen-Regierung, Reich-Länder-Problem und Sozialdemokratie 1928–1932, Bonn-Bad Godesberg 1975, S. 256ff. u. 271ff.; Winkler, Weg, S. 646ff.; Schulze, Otto Braun, S. 725ff. u. 756ff.; Mommsen, Die verspielte Freiheit, S. 449ff. Quellenmaterial vgl. Jahn, Quellen IV, Dok. 110–112.
466 Es handelt sich um Vorstandsmitglieder oder Angestellte des Baugewerkbundes. Der Dachdeckerverband fusionierte 1931 mit dem Baugewerkbund, vgl. Th. Thomas: Abschied vom Dachdeckerverband, in: GZ, Jg. 41, Nr. 16, 18. 4. 1931, S. 249f. Thomas, vormals Vorsitzender des Dachdeckerverbandes, gehörte nach der Fusion dem Verbandsvorstand des Baugewerkbundes an.

geschnitten. Preußisches Kabinett abgesetzt worden.«[467] Die Passivität von Partei- und Gewerkschaftsführung am 20. Juli hatte bei Erdmann und auch bei anderen jüngeren Angestellten des ADGB tiefe Enttäuschung hervorgerufen[468]. Entsprechend scharf reagierten er und Seidel auf die Mitteilungen Leiparts und Graßmanns über ihre Besprechung mit von Papen, Reichswehrminister von Schleicher und Reichsinnenminister von Gayl am Vormittag des 30. Juli 1932. Erdmann notierte, die Berichterstattung des Präsidiums sei nicht »imponierend« gewesen. »Einer stotterte mehr als der andere. Sie haben der Regierung über den 20. Juli kein Wort gesagt. Sie haben gegen das doppelte Recht nichts gesagt, das die Regierung gegen Nationalsozialisten und Kommunisten anwendet. [...] Sie versicherten immer wieder, daß die Minister ›sehr kluge und anständige Menschen‹ wären.«[469] Seidel hatte den Sprengstoff, der in einem Bekanntwerden dieser Unterredung steckte, klar erkannt. Ein Ruchbarwerden dieser Unterredung oder ein Regierungscommuniqué über sie am Wahlmorgen, dem 31. Juli 1932, veröffentlicht, würde die SPD Hunderttausende von Stimmen kosten[470].

Die Frage, ob die Führungen der sozialdemokratischen Arbeiterbewegung sich angesichts der verfassungswidrigen Putschaktion Papens gegenüber der Preußenregierung anders hätten verhalten sollen bzw. kön-

---

467 Vgl. Taschenbuch für Dachdecker 1932, Eintrag 20. 7. 1932, in: AsD/NL Th. Thomas 2.
468 Vgl. zu Erdmann Teil 2, II. und seine Aufzeichnungen am 31. 7. 1932: »Der Wahltag hat uns die Quittung für den 20. Juli präsentiert.« Und am 10. 8. 1932: »Unvergeßlich und unvergessen die Einmütigkeit Wels – Leipart – Höltermann in der Passivität an jenem Tage. Ich habe vergebens versucht, mittags Höltermann und Leipart zum Handeln zu überreden, allerdings noch unter der Voraussetzung eines aktiven Widerstandes der deutschen [muß heißen: preußischen] Regierung.« In: DGB/NL Erdmann; vgl. auch Pahl/Frey, Deutschland wohin?, S. 15.
469 Vgl. Aufzeichnung Erdmanns am 31. 7. 1932, in: DGB/NL Erdmann. Zur Berichterstattung Leiparts und Graßmanns im Bundesbüro am 30. 7. 1932 mittags vgl. Jahn, Quellen IV, Dok. 115; vgl. auch Tagebuchaufzeichnung Schäffers vom 10. 8. 1932 über eine Unterredung mit Leipart. Die darin festgehaltene Äußerung Leiparts, er habe bei Papen auch über den Preußenputsch Beschwerden vorgebracht, entspricht nicht den Tatsachen, vgl. ebenda., Dok. 115a. Das Gespräch der ADGB-Führung mit der Reichsregierung kam durch die Vermittlung des ehemaligen Staatssekretärs im Reichsfinanzministerium, Hans Schäffer, zustande. Nach mehreren Gesprächen mit dem Staatssekretär in der Reichskanzlei, Planck, im Juli 1932 über die Haltung der Arbeiterschaft gegenüber der Regierung Papen sondierte Schäffer am 21. 7. 1932 bei Eggert die Möglichkeiten einer Unterredung der ADGB-Spitze mit der Reichsregierung. Am 28. 7. 1932 schlug er Planck daraufhin vor, ein Gespräch zwischen Regierung und Gewerkschaften in die Wege zu leiten. Am 29. 7. 1932 lud Planck den BV zu einer Unterredung in der Reichskanzlei ein. Vgl. Jahn, Quellen IV, Dok. 114, zur Vermittlung Schäffers vgl. die Quellenverweise ebenda, S. 636, Anm. 3.
470 Vgl. Aufzeichnung Erdmanns vom 31. 7. 1932, in: DGB/NL Erdmann. Der BV informierte die gewerkschaftliche Öffentlichkeit erst im Dezember 1932 unter dem Druck von Gerüchten, der ADGB habe mit Vertretern der Regierung und der NSDAP über eine Regierungsneubildung verhandelt. Vgl. die Literaturhinweise in Anm. 527.

nen, ist vielfach und kontrovers diskutiert worden[471]. Der Erfolg eines zur Entscheidung anstehenden Generalstreiks war, aus der Rückschau betrachtet, zumindest unsicher, in jedem Fall mit vielen Risiken behaftet und angesichts der katastrophalen wirtschaftlichen und sozialen Verhältnisse und der stark polarisierten politischen Fronten mit der möglichen Folge eines Bürgerkrieges verbunden.

Die legalistische und rein auf die Reichstagswahlen orientierte Politik der SPD- und ADGB-Führung konnte jedoch weder die weitere massive Zunahme der nationalsozialistischen Wählerstimmen verhindern und damit die Rückkehr zu stabileren politischen Verhältnissen einleiten, noch dem zunehmend auch gegen die Gewerkschaften gerichteten politischen Terror der Nazis[472] gegensteuern. Sie hatte außerdem die Konsequenz, daß das Vertrauen der eigenen Anhängerschaft in die so machtvoll erscheinende Eiserne Front erschüttert wurde, wie überhaupt die Glaubwürdigkeit der in der Öffentlichkeit als immer noch mächtig geltenden sozialdemokratischen, gewerkschaftlichen Massenorganisationen ins Wanken geriet. Jene Kreise, die ein Interesse daran hatten, die Organisationen der Arbeiterbewegung auszuschalten, mußten zu der Einsicht gelangen, daß ein Widerstand über die verfassungsmäßig verankerten Möglichkeiten hinaus von diesen nicht zu erwarten war. Die Sozialdemokratie und die freien Gewerkschaften, die zwei Jahre lang die Regierung Brüning mit ihren Notverordnungen toleriert hatten, dabei grundlegende sozialpolitische Errungenschaften zur Disposition gestellt und ihr Ansehen bei der eigenen Anhängerschaft aufs Spiel gesetzt hatten, unter anderem mit dem erklärten Ziel, die preußische Regierung als Bastion der Demokratie zu erhalten[473], hatten sich nun selbige ohne jeden Widerstand nehmen lassen.

Bevor ich die weitere ADGB-Politik im allgemeinen skizziere, möchte ich auf zwei Konfliktpunkte näher eingehen, die für die Vernachlässigung gewerkschaftlicher Interessen im Zuge einer national orientierten Politik des ADGB und für seine politische Rechtswende in der Krise selbst beispielhaft sind: die Haltung des ADGB zum Freiwilligen Arbeitsdienst

---

471 Vgl. dazu z. B. Matthias, Die Sozialdemokratische Partei, S. 127ff.; Skrzypczak, From Carl Legien, S. 37ff.; Heer, Burgfrieden, S. 60ff.; Scharrer, Anpassung, S. 88ff.; Winkler, Weg, S. 671ff.; Mommsen, Sozialdemokratie in der Defensive, S. 346; Grebing, Gewerkschaftliches Verhalten, S. [29ff.]; Jahn, Quellen IV, Einleitung, S. 43f.
472 Vgl. dazu unter anderem den Bericht Leiparts in der BV-Sitzung vom 27. 7. 1932, in: Jahn, Quellen IV, Dok. 113, S. 632f.
473 Zu diesem Ziel der Tolerierungspolitik vgl. auch Winkler: Die Revolution von 1918/19 und das Problem der Kontinuität in der deutschen Geschichte, in: HZ, Bd. 250 (1990) H. 2, S. 303–319, S. 315.

(FAD) und die damit im Zusammenhang stehende Diskussion um eine gewerkschaftliche, sozialdemokratische Beteiligung an Wehrsportprojekten zur »Ertüchtigung« der Jugend.

6.2 ADGB und Freiwilliger Arbeitsdienst

Der ADGB stand zunächst allen Arbeitsdienstplänen ablehnend gegenüber[474]. Eine kritische Position behielt er auch bei, nachdem die Regierung Brüning per Verordnung vom 23. Juli 1931 den FAD einführte. Die GZ schrieb dazu, die Gewerkschaften hätten keine Veranlassung, sich über das Schicksal der Arbeitsdienstwilligen, »das jedenfalls ein selbstgewähltes ist«, übermäßig zu sorgen. Allerdings müßten sie in den Verwaltungsausschüssen der Arbeitsämter und der Landesarbeitsämter über die Auswahl der im FAD zu erledigenden Arbeiten schärfste Kontrolle ausüben, damit nicht solche Arbeiten in Frage kämen, »die die Existenzbasis bestimmter Berufsarbeiter bilden könnten«[475]. Intern wurde jedoch bereits über eine Beteiligung der Gewerkschaften am FAD nachgedacht. So äußerte zum Beispiel Tarnow in der Bundesausschußsitzung am 10. August 1931: »Wenn wir den Arbeitsdienst nicht verhindern können, dann müssen wir dabei sein, und aus der Praxis wird sich ergeben, ob wir später irgendwelche Richtlinien herausgeben können.«[476] Dem widersprach Scheibel vom Baugewerksbund. Man habe bisher jeglichen Arbeitsdienst abgelehnt und müsse bei dieser Haltung bleiben. Der Arbeitsdienst ziele nur darauf ab, den Wehrverbänden Möglichkeit zur Agitation zu geben[477]. Der Baugewerksbund, dessen Mitgliedschaft von einer extrem hohen Arbeitslosigkeit (68,3 % im Jahresdurchschnitt 1931)[478] belastet war, und auch die anderen Verbände, die wie die Zimmerer und die Steinsetzer ihr Organisationsfeld in der Baubranche hatten, befürchteten, daß durch Arbeiten im FAD, z.B. im Siedlungs- und Wegebau,

---

474 Vgl. die Stellungnahmen Graßmanns und Maschkes in einer Besprechung über Arbeitsdienstpflicht und FAD im Reichsarbeitsministerium am 12. 1. 1931, in: Jahn, Quellen IV, Dok. 22. Zur Haltung des ADGB zum FAD vgl. Köhler, Arbeitsdienst, S. 163ff.; Schneider, Arbeitsbeschaffungsprogramm, S. 141ff.; Schmidt, Politik der ADGB-Führung, S. 95ff. Zum FAD allgemein: Köhler, Arbeitsdienst; Preller, Sozialpolitik, S. 439ff.; W. Benz: Vom Freiwilligen Arbeitsdienst zur Arbeitsdienstpflicht, in: VfZ 16 (1968), S. 317–346.
475 Vgl. GZ, Jg. 41, Nr. 31, 1. 8. 1931, S. 489. Laut VO sollten nur Arbeiten in Frage kommen, die von der Reichsanstalt für Arbeitsvermittlung und Arbeitslosenversicherung als »gemeinnützig und zusätzlich« anerkannt waren. Vgl. ebenda, S. 488. Der BV wies die Bezirkssekretäre in einem Rundschreiben vom 16. 10. 1931 an, FAD-Projekte im Bereich Siedlungsbau grundsätzlich abzulehnen, wie überhaupt Hochbauten insgesamt, da Verknappung des Arbeitsmarktes für Bauarbeiter zu befürchten sei. Vgl. HiKo NB 44/3.
476 Vgl. Jahn, Quellen IV, Dok. 53, S. 383f.
477 Vgl. ebenda, S. 384. Kritisch äußerte sich auch Bezirkssekretär Arndt, vgl. ebenda, S. 383.
478 Vgl. Jb. ADGB, 1931, S. 31.

reguläre Arbeitsplätze für Bauarbeiter vernichtet würden. Leipart faßte die Diskussion in einer Formulierung zusammen, die sich auf eine klare Strategie festlegte. Die grundsätzliche Auffassung zum FAD bleibe bestehen, jedoch werde man »von Fall zu Fall« eine Mitwirkung zu prüfen haben[479].

Nicht nur im ADGB auch in den Einzelverbänden wurde über eine Beteiligung am FAD nachgedacht. In der Beiratssitzung des Gesamtverbandes im Dezember 1931 plädierten die Verbandsangestellten Kurpat (Dresden) und Geiler (Freiburg) dafür, »die aktive Jugend« dem FAD anzuschließen. Die Stellungnahme des ADGB, so Kurpat, lasse erfreulicherweise »nach allen Seiten Spielraum«[480]. Zu »außerordentlicher Vorsicht« in der Frage einer Beteiligung am FAD rieten jedoch die Mitglieder des Verbandsvorstandes Reißner und Schumann[481].

Als der Bundesausschuß des ADGB am 14. Juni 1932 erneut über den FAD diskutierte, war bereits eine Stimmung in den Gewerkschaften verbreitet, die eine Beteiligung am FAD befürwortete[482]. Als Gründe wurden genannt, daß man das Feld nicht völlig den politischen Gegnern, die den FAD für ihre Zwecke nützten, überlassen dürfe, und »Schlimmeres« verhüten müsse[483]; zweitens wurde darauf hingewiesen, daß die Jugend, auch die gewerkschaftliche, zum FAD »dränge«, man sie deshalb nicht konfessionellen oder politisch gegnerischen Organisationen überlassen dürfe, sondern selbst als Träger von FAD-Projekten auftreten müsse[484]. Nach wie vor ablehnend äußerten sich die Vertreter des Baugewerksbundes Scheibel und Bernhard und die Bezirkssekretäre Grötzner und Brennecke. Brennecke meinte, die Förderung des FAD geschehe aus »antigewerkschaftlichen Gründen«. Den Teilnehmern werde nichts geboten, den Facharbeitern aber die Arbeit weggenommen[485]. Grötzner sah einen »modernen Frondienst« entstehen, und Bernhard warnte vor der Aufgabe gewerkschaftlicher Prinzipien. Erkenne man den FAD an, dann züchte man »Schäden in arbeitsrechtlicher und sozialpolitischer Hin-

---

479 Vgl. Jahn, Quellen IV, Dok. 53, S. 384.
480 Vgl. Niederschrift der 3. Beiratssitzung des Gesamtverbandes am 21. u. 22. Dezember 1931 in Berlin, in: ZA FDGB/Nr. 190, S. 71 (Kurpat) und S. 80 (Geiler).
481 Vgl. ebenda, S. 91 und 93. In seinen »Jugend-Mitteilungen« vertrat der Gesamtverband zu Beginn des Jahres 1933 die Meinung, für die Jugend könne nur eine »strikte Ablehnung« des FAD in Frage kommen. Vgl. Maschke an Gesamtverband vom 17. 1. 1933, in: HiKo NB 29/78.
482 Zur Diskussion in der BA-Sitzung vom 14. 6. 1932, vgl. Jahn, Quellen IV, Dok. 97, S. 597ff.
483 Vgl. die Diskussionsbeiträge von Eggert und Georg Schmidt, ebenda, S. 600 und 602.
484 Vgl. die Redebeiträge der Bezirkssekretäre Vollmerhaus und Quallo, ebenda, S. 600 und 603, und des stellvertr. Vorsitzenden des FAV, Albin Karl, S. 601.
485 Vgl. ebenda, S. 599.

sicht« selbst mit groß[486]. In der Tat verstieß der FAD gegen gewerkschaftliche Grundsätze. Zum einen, darauf verwies auch Scheibel, waren die Begriffe der Zusätzlichkeit und Gemeinnützigkeit – jene Voraussetzungen für die Bewilligung von FAD-Projekten – dehnbar. Zum anderen mußte die »Entlohnung« der Arbeitsdienstwilligen als Lohndruck für die im Baubereich tätigen Arbeiter wirken. Denn die im FAD Tätigen erhielten für ihre Arbeit keine tariflich festgesetzte Entlohnung, sondern Mittel aus der Arbeitslosenunterstützung. Auch wurde die Arbeit im FAD nicht als Anwartschaftszeit für die Arbeitslosenversicherung gerechnet[487]. Wenn Bernhard in der Ausschußsitzung davon ausging, »daß bei Angelegenheiten einer bestimmten Berufsgruppe die unmittelbar beteiligten Verbände in erster Linie Stellung zu nehmen haben«, so mußte er zur Kenntnis nehmen, daß die Mehrheit des ADGB-Ausschusses diese Meinung keineswegs teilte. Mit der Beschließung von Richtlinien über die »Arbeitshilfe für die erwerbslose Jugend« setzte sich der Ausschuß über die Bedenken des besonders betroffenen Verbandes hinweg.

In dem für den FAD entscheidenden dritten Abschnitt der Richtlinien wurde betont, nur solche Arbeiten, die »gemeinnützig und zusätzlich« seien und die nicht auch im freien Arbeitsverhältnis oder durch Notstandsarbeiten durchgeführt werden könnten, sollten zu Arbeitsobjekten der »Arbeitshilfe«, sprich des gewerkschaftlich getragenen FAD, gemacht werden. Auch die Vertreter des Baugewerksbundes nahmen die Entschließung an, allerdings mit der Zusatzbestimmung, zusammen mit den anderen betroffenen Verbänden eine Anzahl von Beispielen für die Arbeitsgebiete im FAD aufzustellen[488]. In der Folgezeit kam es dennoch zu ständigen Mißbräuchen. Brennecke berichtete aus dem Bezirk Niedersachsen am 15. Oktober 1932, daß die Zusätzlichkeit und Gemeinnützigkeit der FAD-Arbeiten immer weniger beachtet und der Gegensatz zwischen jungen Arbeitsdienstwilligen und alten Arbeitslosen immer größer werde. So hätten ihm mehrere »ältere Kollegen« den Umbau einer Dampfmühle gezeigt, »an der ehemalige Gymnasiasten usw. mit Bauarbeiten beschäftigt sind, während unsere Bauarbeiter arbeitslos sind«[489]. Der Baugewerksbund stellte nach einer Umfrage im September 1932 fest, daß in vielen Fällen auch »handwerkliche Hochbauarbeiten« im FAD ausgeführt und zunehmend Baufacharbeiter im FAD oder als Fürsorgepflichtarbeiter beschäftigt würden. Dies bedeute eine »lohntarifliche

---

486 Vgl. ebenda, S. 603; Redebeitrag Grötzners, ebenda, S. 601.
487 Vgl. zu den Bestimmungen GZ, Jg. 41, Nr. 31, 1. 8. 1931, S. 488.
488 Vgl. Jahn, Quellen IV, Dok. 97, S. 604; Richtlinien ebenda, S. 604ff.
489 Vgl. Brennecke an ADGB-BV vom 15. 10. 1932, in: HiKo NB 25/50.

Entrechtung« der Bauarbeiter. Der FAD wirke als »Steigerung der jetzt schon unerträglichen Arbeitslosigkeit im Baugewerbe«[490].

Beschwerden über Mißbräuche gingen beim ADGB-Vorstand auch von anderen Verbänden ein. So ersuchte der Keramische Bund, eine Abteilung im FAV, den Bundesvorstand am 22. August 1932, beim Präsidenten der Reichsanstalt Beschwerde gegen die Ausführung von FAD-Arbeiten in der Bimsindustrie zu führen. Würden derartige Arbeiten genehmigt, so sei der Schritt nicht weit, daß »sämtliche Vor- und Nacharbeiten irgendeiner Produktionsart« im Rahmen des FAD durchgeführt würden[491]. Der Bundesvorstand leitete die Beschwerde weiter, erhielt jedoch erst über einen Monat später die Antwort Syrups, Präsident der Reichsanstalt und Reichskommissar für den FAD. Syrup teilte mit, daß er keinerlei Veranlassung habe, diese Arbeiten nicht zu genehmigen, da »die Zusätzlichkeit und Gemeinnützigkeit der Arbeiten gegeben« sei[492]. Spliedt unterrichtete den Keramischen Bund von Syrups Antwort und wies außerdem darauf hin, daß derartige Beschwerden erfahrungsgemäß wenig Aussicht auf Erfolg hätten, da der Reichskommissar »nur in ganz seltenen Fällen einmal ausgesprochene Genehmigungen zurückgezogen« habe[493]. Ähnlich antwortete Spliedt auf eine Beschwerde des Gesamtverbandes, Reichsfachgruppe Gärtnerei, Park, Friedhof, vom 16. September 1932, über Umfang, Art und Weise des FAD in vielen Gartenämtern. Es gebe keine Hoffnung, die Instanzen zu einer Änderung dieser Praxis zu bewegen[494]. Diese Beispiele zeigen, wie wenig der ADGB in der Lage war, im Sinne der von ihm selbst aufgestellten Richtlinien die Zulassung der Projekte für den FAD zu beeinflussen.

Ähnlich wie früher hatte der ADGB den Weg des sogenannten »kleineren Übels« beschritten und dabei gewerkschaftliche Grundsätze und konkrete Mitgliederinteressen zur Disposition gestellt. Man verfuhr nach dem gängigen Argument, wenn wir die Entwicklung nicht verhindern können, beteiligen wir uns lieber daran, als uns selbst auszuschließen und

---

490 Vgl. GZ, Jg. 42, Nr. 47, 19. 11. 1932, S. 748f. Zur Haltung des Baugewerksbundes zum FAD vgl. auch Der Grundstein, 45. Jg., unter anderem Nr. 18, 30. 4. 1932, S. 122f.; Nr. 22, 28. 5. 1932, S. 145f., und Nr. 45, 5. 11. 1932, S. 283f. Besonders zwischen Baugewerksbund und Reichsbanner ergaben sich Konflikte, da letzteres Trägerorganisation für Siedlungsprojekte war, die im Wege des FAD erstellt wurden; vgl. dazu Jahn, Quellen IV, Dok. 131, S. 714 und Anm. 13 und Dok. 137, bes. S. 736f. Zur Kritik des Zimmererverbandes am FAD vgl. u.a. »Auf dem Wege zur Arbeitsdienstpflicht?«, in: Der Zimmerer, Nr. 30, 1932, in: HiKo NB 44/27.
491 Vgl. Keramischer Bund an BV vom 22. 8. 1932, in: HiKo NB 25/22.
492 Vgl. Syrup an BV vom 16. 10. 1932, in: HiKo NB 25/30.
493 Vgl. Spliedt an Keramischen Bund vom 12. 11. 1932, in: HiKo NB 25/31.
494 Vgl. Spliedt an Gesamtverband vom 28. 9. 1932, in: HiKo NB 25/47; Beschwerde des Gesamtverbandes vom 16. 9. 1932, ebenda/39.

das Feld dem Stahlhelm und den Nazis zu überlassen. Zum anderen gab es offenbar wirklich einen Drang jugendlicher Erwerbsloser zum FAD. Die Entscheidung des ADGB also aus einer gewissen Opportunität, einem »Zwang« heraus? Das mag für einen Teil der ADGB-Spitze, für Leipart und Eggert beispielsweise, gelten. Selbst Simon gestand zu, daß er sich als anfänglicher Gegner des FAD zur Einsicht durchgerungen habe, »daß wir uns einschalten müssen«[495]. Es gab jedoch auch Funktionäre, die im FAD eine pädagogische Chance im Sinne ihrer eigenen Ideen und politischen Zielsetzungen erkannten.

In erster Linie ist hier Walther Pahl zu nennen, der im Sommer 1932 vom Bundesvorstand eigens für die Belange des FAD eingestellt wurde und als Geschäftsführer der gewerkschaftlich-sozialdemokratischen Trägerorganisation des FAD »Sozialer Dienst« fungierte. Über den ökonomischen Nutzen des FAD gab sich Pahl keinen Illusionen hin, auch äußerte er Verständnis für die Proteste, die von den Einzelgewerkschaften über die Mißbräuche erhoben wurden. Doch was bedeuteten diese Probleme angesichts der Gefährdung der ganzen Nation. Denn: »Die Nation ist in ihrem Bestande unmittelbar bedroht, wenn ein Glied abstirbt – und hier handelt es sich um sein lebenswichtigstes« – nämlich die Jugend. Die Not der erwerbslosen Jugend habe kein Abwarten vertragen. Der Grundgedanke, »erwerbslose Jugendliche aus der uferlosen Untätigkeit durch produktive Beschäftigung bei gemeinnützigen und zusätzlichen Arbeiten in selbstgewählter Gemeinschaft zu befreien«, habe sich bewährt[496]. Die Pahlschen Vorstellungen klangen zunächst durchaus emanzipativ. So sollte ein »deutscher Arbeitsdienst« nur in den Formen der »Selbstverwaltung und Selbstverantwortung« möglich sein. Zwangsmittel würden »die spärlichen Kräfte der jungen Erwerbslosen gänzlich zerstören«. Der FAD solle ihnen »Raum geben, zu sich selbst zurückzufinden«[497]. Um den sozialpädagogischen Erfolg des FAD zu gewährleisten, galt es, so Pahl, einen »Führerstamm« heranzubilden, »von einheitlicher geistiger Prägung und einheitlichem sozialpädagogischem Zielwillen«. Bei aller Ablehnung des militärischen Drills, wie er beispielsweise in Arbeitsdienstlagern des Stahlhelm praktiziert wurde, hielt es Pahl jedoch für durchaus notwendig, daß die »Freiwilligen zur Pünktlichkeit und Ordnung, zu straffer Körperbeherrschung und Disziplin erzogen werden«[498].

---

495 Vgl. Jahn, Quellen IV, Dok. 97, S. 600. Nur der Zeitpunkt für eine gewerkschaftliche Beteiligung – im Juni war Papen an die Regierung gekommen – erschien Simon nicht geeignet.
496 Vgl. Pahl: Ergebnisse und Probleme des Freiwilligen Arbeitsdienstes, in: Die Arbeit 9 (1932), S. 713.
497 Vgl. ebenda, S. 713 und 723.
498 Vgl. ebenda, S. 721 f.

Auch die freigewerkschaftlichen Konzeptionen einer »Führerschulung« für die Leitung der Arbeitsdienstlager bargen wehrsportliche Elemente und damit letztlich eben auch eine Militarisierung des Arbeitsdienstes[499].

6.3 ADGB und Wehrsport

Der »Ausschuß für Führerschulung« bei der Reichsarbeitsgemeinschaft »Sozialer Dienst« beschloß in seiner Sitzung vom 15. September 1932, Richtlinien zur Durchführung der »Führerschulung« zu entwerfen[500]. Nachdem die im Sozialen Dienst vertretenen Organisationen ihre Vorschläge unterbreitet hatten, übersandte Pahl am 18. Oktober 1932 an diese einen Lehrplanentwurf für die Führerschulung. Neben der eigentlichen Schulungsarbeit enthielt der Entwurf auch Vorschläge zur Freizeitgestaltung. Diese waren eindeutig wehrsportlich ausgerichtet und entsprachen den Vorschlägen des Reichsbanners. In der Freizeit sollten Märsche durchgeführt werden, »verbunden mit Orientierungsunterricht, Kartenlesen, Entfernungsschätzen, Orientierungsaufgaben nach Beschreibung«[501]. Nachdem die angeschlossenen Organisationen sich mit dem Entwurf im wesentlichen einverstanden erklärten, fand sich dieser Lehrplanentwurf in der von der Reichsarbeitsgemeinschaft herausgegebenen Broschüre »Die sozialpädagogische Gestalt des freiwilligen Arbeitsdienstes«[502].

Gegen militaristische Auswüchse im FAD und in den Führerschulungskursen wandte sich der ADGB und auch Pahl als zuständiger Sachbearbeiter wiederholt[503]. Auch der Bezirkssekretär für Brandenburg-Berlin-Grenzmark, Vollmerhaus, kritisierte gegenüber dem Bezirkskommissar für den FAD, daß bei der Führerschulung »Stechschritt« geübt worden sei. Was, so fragte Vollmerhaus, habe das mit dem freiwilligen Arbeits-

---

499 Zum Aspekt der Militarisierung vgl. Schildt, Militärdiktatur, S. 93ff.; auch Schmidt, Politik der ADGB-Führung, S. 100. Der Einschätzung Schmidts, daß die Gewerkschaften mit ihrer Haltung zum FAD faktisch die Erziehung der Jugend »im faschistischen Geist« gefördert hätten, vermag ich nicht zu folgen. Zur Differenzierung der Ideen Pahls und anderer vgl. dieses Kapitel unten sowie Teil 2, II.3.
500 Vgl. das Sitzungsprotokoll in: HiKo NB 33/18.
501 Vgl. Anschreiben Pahls vom 18. 10. 1932 und beiliegenden Entwurf, in: HiKo NB 33/52 und 53. Das Reichsbanner hatte in seinen Entwürfen Geländekunde, Kampfspiele und mindestens einmal pro Woche »Märsche von größerer Ausdehnung« gefordert; vgl. ebenda/23 und 24. Nach Meinung der SAJ sollten Wanderungen im FAD jedoch »grundsätzlich Freizeitveranstaltungen sein«, in zwangloser Form und nicht einfach als Übungsmärsche durchgeführt werden; vgl. ebenda/21.
502 Vgl. den Sonderdruck aus der Dezember-Nummer 1932 der »Sozialistischen Bildung«, Monatsschrift des Reichsausschusses für sozialistische Bildungsarbeit, in: HiKo NB 29/31; zur Zustimmung zum Entwurf vgl. Reichsbanner an Pahl, 1. 11. 1932, in HiKo NB 33/74 und Schreiben der Arbeiterwohlfahrt an »Sozialer Dienst«, in: ebenda/99.
503 Vgl. z. B. Pahl an Syrup vom 2. 12. 1932, in: Jahn, Quellen IV, Dok. 151.

dienst zu tun[504]? Doch was hatte Geländesport, gegen den Vollmerhaus im übrigen nichts einzuwenden hatte, was hatten Wehrsport, Märsche usw. überhaupt mit dem FAD zu tun? Unter diesen Aspekten bekamen doch jene sozialpädagogischen Ziele, die Pahl vertrat, einen ganz anderen Charakter. Sollten die unter »seelischer Not« leidenden jungen Erwerbslosen beim Geländemarsch zu sich finden?

Will man den Zielen der besonders vom Reichsbanner und auch von gewerkschaftlichen Funktionären begrüßten Wehrsportaktivitäten auf die Spur kommen, so muß man die Richtlinien untersuchen, nach denen diese Aktivitäten ausgerichtet und betrieben wurden. Das Reichsbanner legte seinen Vorschlägen zum Geländesport im FAD, wie übrigens auch der Stahlhelm, die Richtlinien »Spähen und Streifen« zugrunde[505]. Diese Richtlinien waren mit Genehmigung des Reichsinnenministeriums veröffentlicht worden und wurden vom Stahlhelm als »Katechismus« bezeichnet. Im Vorwort hieß es: »Der Versailler Vertrag verbietet der deutschen Jugend das Befassen mit militärischen Dingen, insbesondere die Ausbildung an Kriegswaffen. Damit sind dem Geländesport Grenzen gezogen [...]. Es besteht aber kein Verbot, die deutsche Jugend zu den Grundeigenschaften eines wehrhaften Mannes zu erziehen, auf die kein lebenswilliges Volk verzichten kann.« Als Grundeigenschaften des wehrfähigen Mannes galten »körperliche Leistungsfähigkeit, Gewandtheit und Härte, Willensstärke, Mut und Entschlußkraft, Zucht, Ordnungsliebe, Kameradschaft, Wehr- und Opferbereitschaft für Volk und Land«[506]. Walter Maschke, neben Pahl und Sachs im ADGB-Bundesbüro für den FAD zuständig, hatte den Zusammenhang zwischen Arbeitsdienst und dem Wunsch, anstelle der beseitigten allgemeinen Wehrpflicht »eine andere Maßnahme mit ähnlicher volkserzieherischer Wirkung zu setzen«, noch im Sommer 1931 in den »Neuen Blättern für den Sozialismus« klar benannt und sich zu diesem Zeitpunkt noch eindeutig kritisch zum FAD

---

504 Vgl. Vollmerhaus an Brühl (Bezirkskomm. FAD) vom 28. 11. 1932, in: HiKo NB 33/109.
505 Vgl. »Plan für Körperschulung« des Reichsbanners, undatiert, in: HiKo NB 33/23 und »Der Sport im Arbeitsdienst«, Entwurf des Stahlhelm, in: ebenda/27a.
506 Vgl. das Rundschreiben des Reichsausschusses der deutschen Jugendverbände vom 22. 9. 1932 und den anliegenden Auszug aus »Spähen und Streifen«, in: HiKo NB 289/9 und 10. Bei einer derartig klaren Ausrichtung auf die sog. »männlichen« Tugenden war klar, daß man beim FAD für Mädchen kürzer treten wollte, denn, so Syrup, man wolle »kein Amazonenkorps«, vgl. Aktennotiz vom 22. 1. 1932 über Zusammenkunft von Vertretern verschiedener am FAD beteiligten Organisationen unter Anwesenheit Syrups in Berlin-Spandau am 18./19. 11. 1932, in: HiKo NB 29/19a. Die jungen erwerbslosen Frauen wurden im Arbeitsdienst denn auch mit »typisch« weiblichen Tätigkeiten beschäftigt: Unterhaltung von Notstandsküchen, Instandsetzung von Kleidung etc.; vgl. Jahn, Quellen IV, Dok. 137, S. 737, Anm. 7.

geäußert[507]. Nachdem der ADGB sich aber für eine Beteiligung am FAD entschieden hatte, trat Maschke wie die anderen Angestellten und Vorstandsmitglieder des ADGB, mit Ausnahme Bernhards, auch für den FAD ein.

Ein interessanter Aspekt der Verbindung FAD – Wehrsport ergab sich aus einer Anfrage Pahls an Oberregierungsrat Diels im Preußischen Innenministerium. Pahl erkundigte sich, welche Möglichkeiten bestünden, dem Reichsbanner für bestimmte FAD-Projekte Kleiderspenden (Schuhe und Hosen) zur Verfügung zu stellen[508]. In einem Telefonat am 29. Oktober 1932 erwähnte Diels einen Geldmittelfonds des Preußischen Innenministeriums, der für solche Arbeitsdienstlager zur Verfügung stehe, die mit Wehrsport verbunden seien. Bedingung sei, daß diese Lager im Grenzbereich liegen, wobei dies durchaus großzügig ausgelegt werden könne[509]. Im Anschluß an das Telefonat mit Diels waren sich Schlimme, Maschke, Spliedt und Sachs mit Pahl einig, daß man diese Möglichkeiten der Sachbeschaffungen nicht ausschlagen sollte. Pahl sollte weiter mit Diels verhandeln. Falls mit Wehrsport-Arbeitsdienst nur Lager des Reichsbanners gemeint seien, sollten eben diese mit den Materialien beliefert werden[510].

Der Verweis auf die Grenzlage der »Wehrsport-Arbeitsdienstlager« legt den militärischen Aspekt des FAD, nämlich die Grenzsicherung, mit aller Deutlichkeit offen. Genau dieses Ziel verfolgte auch das im September 1932 per Erlaß des Reichspräsidenten gegründete »Reichskuratorium für Jugendertüchtigung«. Diese unter Leitung des Generals a.D. Edwin von Stülpnagel stehende Dachorganisation zur Intensivierung des Wehrsports wollte nach Aussage ihres Leiters zwar keine Soldaten ausbilden, jedoch »einen körperlich durchgebildeten, in den verschiedenen Disziplinen des Geländesports ausgebildeten Bestand von jungen Menschen« schaffen, auf die man »im Falle der Notwendigkeit der Grenzverteidigung sofort zurückgreifen könne«[511]. In mehrwöchigen Kursen sollten Mitglieder interessierter Verbände im Wehrsport unterrichtet werden,

---

507 Vgl. Maschke: Freiwilliger Arbeitsdienst, in: NBlfdS 2 (1931), H. 8, S. 405ff.
508 Vgl. Pahl an Diels 4. 10. 1932, in: HiKo NB 28/72. Das Reichsbanner hatte in Schreiben v. 12. 9. u. 29. 9. 1932 Pahl um entsprechende Bemühungen gebeten, vgl. ebenda/70, 71.
509 Vgl. Aktennotiz Pahls über Telefongespräch mit Diels vom 29. 10. 1932, in: HiKo NB 28/131.
510 Vgl. Aktennotiz Pahls vom 31. 10. 1932, in: HiKo NB 28/132. Von der Reichswehr erhielten die FAD-Lager des »Sozialen Dienstes« diverse Sachunterstützungen; Korrespondenz Pahls mit div. Reichswehrstellen im September/November 1932, in: DGB 25/94–96; vgl. auch Pahls Bericht an den BV vom 26. 10. 1932, in: Jahn, Quellen IV, Dok. 137, S. 736.
511 Vgl. Rundschreiben des Reichsausschusses der deutschen Jugendverbände vom 2. 9. 1932, in: HiKo NB 289/9. Zum Reichskuratorium vgl. Schildt, Militärdiktatur, S. 73f.; Köhler, Arbeitsdienst, S. 213ff.; Winkler, Weg, S. 736f.

um ihrerseits in ihren Organisationen als Ausbilder tätig zu sein. Der militärische Charakter des ganzen Unternehmens war offensichtlich. Hermann Maaß vom Reichsausschuß der deutschen Jugendverbände teilte in einer Besprechung am 8. Oktober 1932 mit, daß die Bestimmungen des Kuratoriums über den Geländesport zum großen Teil aus der »alten und neuen Felddienstordnung« entnommen seien und daß es durchaus möglich sei, »daß man vom Geländesport später auch zur Waffenausbildung übergehe«[512].

In der sozialdemokratischen Arbeiterbewegung entstand über die Beteiligung an diesem Kuratorium ein heftiger Streit[513]. Aufhäuser hatte am 30. September 1932 dem ADGB-Vorstand unmißverständlich mitgeteilt, daß der Vorstand des AfA-Bundes »in den zur Ausbildung von Führern im Geländesport getroffenen Maßnahmen eine außerordentlich große politische Gefahr für die gesamte Arbeiterbewegung« sehe, da die körperliche Ertüchtigung in der Konstruktion des Kuratoriums nicht von der ideologischen Beeinflussung der Jugendfunktionäre im Sinne seiner »nationalistischen und militaristischen Träger« zu trennen sei[514]. Die Jugendorganisationen von SPD und SAP, auch das freigewerkschaftliche Jugendkartell Hannover lehnten eine Beteiligung am Reichskuratorium kategorisch ab[515]. Vor allem wandte sich jedoch der Parteivorstand der SPD gegen eine Beteiligung des Reichsbanners oder einer anderen der Sozialdemokratie nahestehenden Organisation[516].

Ganz anders sah der ADGB-Vorstand eine Beteiligung am Reichskuratorium. Leipart berichtete in der Vorstandssitzung am 26. Oktober 1932, gleich nach der Gründung des Kuratoriums habe er zu Maschke gesagt: »Wir müssen dabei sein.« Von Maschke darauf hingewiesen, daß die Gewerkschaften ja keinen Wehrsport betrieben, deshalb also nicht die richtige Stelle seien, habe er, Leipart, eine Beteiligung des Reichsbanners am Kuratorium begrüßt. Diese Auffassung wurde vom gesamten ADGB-Vorstand geteilt[517]. Maschke antwortete auf kritische Äußerun-

---

512 Vgl. Aktennotiz Maschkes über Besprechung mit Wels, Crummenerl (SPD-PV), Westphal (SPD-PV und SAJ), Maaß (Reichsausschuß dt. Jugendverbände) am 8. 10. 1932, in: HiKo NB 289/18.
513 Vgl. dazu Rohe, Reichsbanner, S. 449 ff.; Schildt, Militärdiktatur, S. 148 ff.; Köhler, Arbeitsdienst, S. 224.
514 Vgl. Aufhäuser an ADGB-BV vom 30. 9. 1932, in: HiKo NB 289/13.
515 Vgl. Rundschreiben der SAJ an alle Bezirksleitungen vom 15. 10. 1932, in: HiKo NB 289/26; Sozialistischer Jugendverband, Bezirk Berlin-Brandenburg an ADGB, AfA-Bund und an die freigewerkschaftlichen Jugendorganisationen vom 17. 11. 1932, in: ebenda/53; Freigewerkschaftliches Jugendkartell Hannover an ADGB-BV vom 23. 11. 1932, in: ebenda/54.
516 Zur Haltung der SPD-Führung vgl. die Diskussionen im Parteiausschuß am 10. 11. 1932, in: Schulze, Anpassung, Dok. 2, S. 72 ff., und am 16. 12. 1932, in: ebenda, Dok. 3, S. 112 ff.
517 Vgl. Jahn, Quellen IV, Dok. 137, S. 739.

gen von der Basis, sie als Gewerkschafter müßten ein Interesse daran haben, daß »über das Reichsbanner auch Angehörige unserer Klasse die sich bietenden Möglichkeiten zur körperlichen Schulung benutzen«[518]. Dies war eine sehr harmlose Stellungnahme angesichts der oben geschilderten Ziele des Reichskuratoriums. Eine Verbindung zur Regierung von Papen, unter deren Ägide diese Einrichtung ja letztlich geschaffen wurde und deren Ziele der ADGB sonst ja nicht gerade als arbeiterfreundlich einschätzte, wurde überhaupt nicht gezogen. Anders zum Beispiel die SPD-Bezirksleitung Berlin, die deutlich machte, daß man nicht zulassen könne, eine Organisation der Eisernen Front in einer Zeit »schärfster Opposition gegen die faschistische Reaktion« an einer militärischen Ausbildung teilnehmen zu lassen, »die einzig und allein nur im Interesse dieser reaktionären Regierung liegen kann«[519].

Innerhalb des Bundesbüros setzte sich besonders Erdmann für eine Beteiligung des Reichsbanners am Reichskuratorium ein. In einem Schreiben an Leipart vom 9. November 1932 brachte er seine Überzeugung zum Ausdruck, daß dadurch auf die SPD ein »heilsamer objektiver Zwang« ausgeübt werde, ihre bisherige Wehrpolitik einer gründlichen Revision zu unterziehen. Bislang habe sich die SPD immer gesträubt mit dem Verweis, daß die Stimmung in der Mitgliedschaft eine solche Revision nicht zulasse. Diese Stimmung sei jedoch »erst das künstliche Erzeugnis einer hemmungslosen Propaganda gegen den Wehrgedanken«[520]. Auch aus den privaten Aufzeichnungen Erdmanns geht hervor, daß er über die Frage des Reichskuratoriums die sozialdemokratische Wehrpolitik als solche aufrollen wollte. Entsprechend hatte er sich auch in der Reichskampfleitung der Eisernen Front am 11. November 1932 verhalten, in der er neben Schlimme und Graßmann den ADGB vertrat. Er habe Graßmann »bei der Stange gehalten. Wir haben also unsere Meinung aufrechterhalten, daß das Reichsbanner beitreten muß und vor allem, daß es Wehrsport treiben müsse.«[521]

Die weiteren Auseinandersetzungen ergaben keine Einigung. Zwar beschloß das Reichsbanner auf seiner Führertagung am 12. und 13. No-

---

518 Vgl. Maschke an das freigewerkschaftliche Jugendkartell Hannover vom 29. 11. 1932, in: HiKo NB 289/55; zu dessen Schreiben vgl. oben Anm. 515.
519 Vgl. Rundschreiben der SPD, Bezirk Berlin vom 8. 12. 1932, in: HiKo NB 289/60.
520 Vgl. Erdmann an Leipart, 9. 11. 1932, in: Jahn, Quellen IV, Dok. 143. Zur sozialdemokratischen Wehrpolitik vgl. z. B. Schildt: Sozialdemokratische Arbeiterbewegung und Reichswehr. Zur Militärpolitik der SPD in den letzten Jahren der Weimarer Republik, in: Deutsche Arbeiterbewegung, S. 109–132; W. Wette: Sozialdemokratie und Pazifismus in der Weimarer Republik, in: AfS 26 (1986), S. 281–300.
521 Vgl. Aufzeichnungen Erdmanns im November 1932, in: DGB/NL Erdmann.

vember 1932 die Mitwirkung am Reichskuratorium. Nachdem der Parteiausschuß der SPD sich am 16. Dezember 1932 nochmals eindeutig gegen eine Beteiligung aussprach, untersagte die Reichsbannerleitung am 21. Dezember 1932 jede Mitwirkung an Übungen des Reichskuratoriums[522].

Dennoch zeigten diese Auseinandersetzungen deutliche Risse im Verhältnis zwischen ADGB und SPD. Was Schlimme auf der Reichsbanner-Führertagung im November in Bremen ausführte, war ein Beleg mehr für die nationale Wende des ADGB. Zur Wehrpolitik im allgemeinen vertrat er für den ADGB die Auffassung, daß »es an der Zeit ist, auch in dieser Frage bald wieder Herr im Hause zu werden und uns nicht vom Ausland dauernd bevormunden zu lassen«. Deshalb seien sie keine Nationalisten oder Chauvinisten, sondern ebenso wie in der Reparationsfrage gelte es nun auch hier, einen klaren Standpunkt einzunehmen. Wenn Leipart und Wels in den Tagen vor der Reichstagswahl im November 1932 betont hätten, daß die Arbeiterschaft »der wertvollste Teil der Nation« sei und man sich in seinem »nationalen Bewußtsein von niemandem übertreffen« lasse, so könne das Reichsbanner den Wehrsport nun nicht ablehnen[523].

So nebensächlich der Konflikt um den Wehrsport erscheinen mag, er ist zum einen ein Hinweis darauf, wieweit der ADGB in der Krise in die politische Sphäre drängte und dabei in Konkurrenz zur SPD geriet, die ja solche Fragen für ihren Aufgabenbereich reklamierte. Insgesamt illustriert er auch das immer distanziertere und konfliktreichere Verhältnis zwischen ADGB und SPD, das seit den Auseinandersetzungen um Reparationsfrage und Arbeitsbeschaffung bereits Spannungen ausgesetzt war, nun jedoch, besonders nach der »Bernauer Rede« Leiparts im Oktober 1932, noch weit mehr belastet war. Dies war ganz im Sinne jener Funktionäre um Erdmann, die die Gewerkschaften zu dem bestimmenden Faktor der Arbeiterbewegung machen und sie von der Sozialdemokratie abkoppeln wollten. Erdmann hat in diesem Sinne immer wieder auf Leipart eingewirkt. Im Dezember notierte er, daß er mit Leipart wichtige Gespräche über die »neue Aufgabe« geführt habe: »Gewerkschaften und Partei, eine grundsätzliche Auseinandersetzung.«[524]

---

522 Vgl. dazu Rohe, Reichsbanner, S. 449ff.; zur Führertagung des Reichsbanners am 12./13. 11. 1932 vgl. den Bericht Schlimmes vom 13. 12. 1932, in: Jahn, Quellen IV, Dok. 156; zur PA-Sitzung der SPD am 16. 12. 1932 vgl. Schulze, Anpassung, Dok. 3, bes. S. 112ff.
523 Vgl. Jahn, Quellen IV, Dok. 156, S. 790.
524 Vgl. Aufzeichnungen Erdmanns am 15. 12. 1932, in: DGB/NL Erdmann.

6.4 ADGB und Schleicher

Die Frage des Wehrsports berührte jenen Komplex der sogenannten »Querfront-Verhandlungen«, die zwischen Wehrverbänden wie dem Stahlhelm und Reichsbanner, dem Strasser-Flügel der NSDAP, neokonservativen Kreisen wie dem »Tat-Kreis«, und den Gewerkschaften geknüpft wurden und deren Fäden im Reichswehrministerium zusammenliefen. Daß jene Querfront die Massenbasis zu einer Militärdiktatur unter Führung von Schleicher bilden sollte, hat Axel Schildt detailliert nachgewiesen[525]. Demgegenüber ist es verfehlt, eine solche Militärdiktatur als Chance zur Verhinderung Hitlers anzusehen. Bernd Martin, der diese Sichtweise vertritt, kritisiert in diesem Zusammenhang, daß die sozialdemokratische Führung eine paramilitärische Ausbildung des Reichsbanners in enger Zusammenarbeit mit der Reichswehr verhindert habe. Eine solche hätte das Reichsbanner zu einer realen Macht werden lassen und einen »Frontalangriff« gegen die »braune Bedrohung« erlaubt. Daß die Gewerkschaften mit ihrer sozialdemokratischen Tradition in jener »Querfront« mit »linken« Nationalsozialisten und mit militaristischen, reaktionären Kräften hätten zusammengehen müssen, problematisiert Martin überhaupt nicht[526].

Die Kontakte von ADGB-Funktionären mit der Reichsregierung einerseits und mit NSDAP-, Stahlhelm-Funktionären und Tat-Kreis-Leuten andererseits waren derart brisant, daß der ADGB alles tat, um sie in der Öffentlichkeit zu verheimlichen bzw. die häufigen Behauptungen in der »Roten Fahne« und in anderen kommunistischen Organen zu dementieren[527]. Dies galt auch für Kontakte, die zwischen Furtwängler und keinem geringeren als Gregor Strasser bestanden. Form und Inhalt dieser Kontakte sind unbekannt. Bei anderen Kontaktversuchen der NSDAP-Seite verhielten sich die Gewerkschaften durchweg distanziert bis abweisend.

---

525 Vgl. Schildt, Massenbasis, bes. S. 116ff.; ders., Militärische Ratio.
526 Vgl. B. Martin: Die deutschen Gewerkschaften und die nationalsozialistische Machtübernahme, in: GWU 36 (1985), S. 605–631; zu den hier zitierten Thesen vgl. bes. S. 616 und 622f.
527 Auf die gesamte Frage der vom Leninbund im Dezember an die Öffentlichkeit gebrachten gefälschten Protokolle über Unterredungen des ADGB mit der Reichsregierung am 30. 7. 1932 und über ein fiktives Gespräch zwischen ADGB, Reichsregierung und NSDAP am 9. 9. 1932 soll hier nicht noch einmal eingegangen werden. Vgl. dazu in erster Linie die in Jahn, Quellen IV abgedruckten Dokumente Nr. 114–116 und die Dok. 153, 155 und 157. Ebenda ausführliche Literaturhinweise, sowie H. Skrzypczak: Fälscher machen Zeitgeschichte, in: IWK 11 (1975), S. 452–471; Emig/Zimmermann: Das Ende einer Legende. Gewerkschaften, Papen und Schleicher. Gefälschte und echte Protokolle, in: ebenda, 12 (1976), S. 19–43; Winkler, Weg, S. 819. Vgl. auch oben Anm. 469 und 470.

Dennoch war dies alles so gefährlich, daß jegliche Verbindungen zu NSDAP-Funktionären kategorisch verneint wurden[528].

Auch der Inhalt des Gesprächs zwischen Schleicher, Leipart und Eggert am 28. November 1932 wurde der gewerkschaftlichen Öffentlichkeit nur zum Teil mitgeteilt. Daß Leipart Schleicher gebeten hatte, die Regierung zu übernehmen, falls die Alternative Schleicher oder Papen heiße, davon erhielten die Gewerkschaftsmitglieder keine Kenntnis[529]. Mit welchen Schwierigkeiten zu rechnen war, wenn die durchaus positive Meinung Leiparts über Schleicher in der Öffentlichkeit bekannt wurde, zeigten die Auseinandersetzungen um jenes Interview, das Leipart der Pariser Zeitung »Excelsior« am 3. Dezember 1932 gegeben hatte. Leipart hatte darin betont, daß die Gewerkschaften Schleicher seine politische Vergangenheit betreffend nichts vorzuwerfen hätten. Die soziale Frage stehe im Vordergrund seiner Besorgnisse und er versuche, »in den gewerkschaftlichen Reihen eine Entspannung herbeizuführen, damit das neue Kabinett in seiner politischen Tätigkeit nicht durch den Widerstand der Arbeiter behindert wird«. Auf die Frage des Interviewers, ob der ADGB geneigt sei, sich gegen einfache Versprechungen Schleichers einer »Militärkontrolle zu unterwerfen«, antwortete Leipart: »Ich versichere Sie, daß der Herr General von Schleicher nicht der Mensch ist, den Sie sich vorstellen.«[530] Verschiedene Berliner Zeitungen druckten dieses am 4. Dezember 1932 im »Excelsior« erschienene Interview ab. Leipart teilte in der Bundesvorstandssitzung vom 8. Dezember 1932 mit, das Interview sei ihm »verschiedentlich« zum Vorwurf gemacht worden, »obgleich die Veröffentlichung nichts enthalte, was nicht vertreten werden könne«. Leipart verlas einen entsprechenden Artikel im »Tageblatt«. Der Bundesvorstand hatte gegen die Leipartschen Äußerungen nichts einzuwenden[531]. Obwohl also der ADGB-Vorstand an dem Interview nichts Kri-

---

528 Vgl. etwa GZ, Jg. 42, Nr. 31, 30. 7. 1932, S. 496; an einer von den Nazis behaupteten Fühlungnahme Furtwänglers mit Strasser sei kein Wort wahr. Furtwängler hatte 1965 in einem Gespräch mit H. Skrzypczak »private« Kontakte mit Strasser zugegeben, vgl. Skrzypczak an Furtwängler vom 28. 6. 1965, in: DGB/NL Furtwängler 1. Vgl. auch Winkler, Weg, S. 716, der jedoch den Kontakt Furtwängler – Strasser nicht erwähnt. Zwei weitere direkte Kontakte sind bekannt: das Gespräch zwischen Cordemann (NSDAP) und Tarnow am 26. 8. 1932, vgl. Jahn, Quellen IV, Dok. 122, und die Kontaktaufnahme eines Nazis mit dem Bezirkssekretär für Ostpreußen, Quallo, vgl. dessen Schreiben vom 29. 10. 1932, in: HiKo NB 65/81.
529 Vgl. den Bericht Leiparts und Eggerts über diese Besprechung im Bundesbüro am 28. 11. 1932, in: Jahn, Quellen IV, Dok. 146, S. 768. In der GZ fand sich nur eine kurze Notiz über diese Unterredung, die den Inhalt nicht näher benannte, und der Abdruck der an Schleicher übersandten ADGB-Forderungen zur Wirtschafts- und Sozialpolitik, vgl. GZ, Jg. 42, Nr. 49, 3. 12. 1932, S. 769f. Papen war am 18. 11. 1932 zurückgetreten.
530 Zitate nach BArch R 134/76, Bl. 90, 91.
531 Vgl. BV-Sitzung vom 8. 12. 1932, in: Jahn, Quellen IV, Dok. 153, S. 784.

tikwürdiges entdecken konnte, veröffentlichte Leipart eine Richtigstellung im »Vorwärts« und in der GZ. Gerade in der SPD, die Schleicher gegenüber Opposition angekündigt hatte, erregte das Interview Mißfallen. Ganz offensichtlich hatte Leipart deshalb die »Richtigstellung« veröffentlichen lassen[532].

Während Leipart Schleicher als »offenen Charakter« bezeichnete[533] und eine gewisse Sympathie hegte, machte Schleicher auf Erdmann einen »sehr unangenehmen Eindruck«. Erdmann lehnte eine Zusammenarbeit mit Schleicher ab. »Zwischen diesen Menschen und dem Sozialismus gibt es keine Gemeinschaft.«[534] Obwohl Erdmann neben Pahl, Heßler und Furtwängler durchaus in Verhandlungen mit Kreisen um Schleicher im Zusammenhang mit jenen Querfront-Ideen involviert war[535], war er offensichtlich skeptisch. So notierte er am 28. Juli 1932, es bestehe die Gefahr, »daß Führer der Gewerkschaften mit neuen Mächten paktieren, ohne daß sie ihre eigene nationale Idee des Sozialismus unveräußerlich besitzen und unbestechlich vertreten«[536]. Auch mit Furtwängler war Erdmann in der Frage der Querfront und des Verhältnisses zu den Nationalsozialisten offensichtlich nicht ganz einer Meinung. Dies legen zumindest Notizen Erdmanns vom 4. August 1932 über eine »im kleinen Kreis« geführte »Auseinandersetzung mit Furtwängler« nahe, die dessen »Verhältnis zum Nationalsozialismus« zum Gegenstand hatte[537].

An die gewerkschaftliche Öffentlichkeit drangen derartige interne Auseinandersetzungen natürlich ebensowenig wie die taktischen Erwägungen der ADGB-Führung, wie sich die Gewerkschaften zu den Regierungen Papen und Schleicher verhalten sollten. Gegenüber der Basis versuchte der ADGB-Vorstand sein durch die zahlreichen Pressemeldungen in Mißkredit zu geraten drohendes Image zu retten. Auf der am 22. Januar 1933 veranstalteten Betriebsrätekonferenz wies Leipart in seiner Eröffnungsrede sämtliche Vorwürfe einer Tolerierung der Regierung Schleicher durch den ADGB sowie alle Behauptungen von Kontakten zur NSDAP mit Vehemenz zurück. Was die Stellung zur Reichsregierung

---

532 Vgl. den Brief Leiparts an Wels vom 14. 12. 1932, in: HiKo NB 470/60. Zur Richtigstellung vgl. Vorwärts, Nr. 592, 16. 12. 1932, Abendausgabe, und GZ, Jg. 42, Nr. 51, 17. 12. 1932, S. 811. Zum Excelsior-Interview vgl. auch Hüllbüsch, Gewerkschaften und Staat, S. 200ff.; Schildt, Militärdiktatur, S. 167f.; Winkler, Weg, S. 818f.
533 Vgl. Jahn, Quellen IV, Dok. 148, S. 768.
534 Vgl. Aufzeichnung Erdmanns am 11. 8. 1932, in: DGB/NL Erdmann.
535 Vgl. seine Notizen vom 4. 8. 1932 über eine Besprechung mit Eschmann vom Tat-Kreis vom 18. 12. 1932 und im Januar 1933 über Besprechungen mit den Beratern Schleichers Oberstleutnant Ott und Dr. Michael, in: ebenda.
536 Vgl. Aufzeichnung Erdmanns am 28. 7. 1932, in: ebenda.
537 Vgl. Aufzeichnung Erdmanns vom 4. 8. 1932, in: ebenda.

anbelangte, so baute Leipart auf jenem Grundsatzartikel Nörpels im Dezember 1932 auf, der die parteipolitische Neutralität der Gewerkschaften unterstrich und deren Aufgabe, mit jeder Regierung zu verhandeln, betonte[538]. Auch griff er noch mal die »so viel angegriffene« Bernauer Rede auf. Er habe in dieser Rede »ein Bekenntnis zur Nation« abgelegt und er wiederhole nun noch einmal: »Jawohl, die Arbeit der Gewerkschaften ist Dienst am Volke.« Andererseits bekannte sich Leipart »zur revolutionären Idee, weil wir die Erkenntnis haben, daß unsere letzten Ziele nur in einer Neuordnung verwirklicht werden können«, und rief zur Fortsetzung des Kampfes »für ein freies sozialistisches Deutschland« auf[539].

6.5 Der ADGB nach dem 30. Januar 1933

Im krassen Gegensatz zu diesen kämpferischen Tönen stand jener hinlänglich bekannte Anpassungskurs des ADGB nach der Ernennung Hitlers zum Reichskanzler[540]. Die im Bundesbüro angestellten jüngeren Funktionäre nahmen in dieser Zeit eine herausragende Rolle ein. Sie lieferten die definitorischen und ideologischen Grundlagen über den Charakter und die Aufgaben der Gewerkschaften, auf die der ADGB nun aufbaute. In den ADGB-Organen standen sie publizistisch im Vordergrund[541]. Dabei sind ihre in den letzten Wochen und Monaten vor der Zerschlagung der Gewerkschaften veröffentlichten Artikel und Aufsätze nicht lediglich als Ausdruck der Anpassung zu werten. Furtwängler, Pahl und Erdmann mußten sich in ihren Formulierungen nur geringfügig auf die neuen Verhältnisse einstellen[542]. Dies war ja die Tatsache, die das Exponieren dieser Funktionäre nahelegte. Da die von ihnen bereits seit den 1920er Jahren vertretenen Inhalte eben nicht aus einem opportunistischen Impuls heraus entstanden, konnte man eine Kontinuitätslinie gewerkschaftlicher Haltung behaupten. Wenn Walther Pahl am 29. April 1933 im letzten erschienenen Heft der GZ schrieb, daß der Klassenkampf »die Einordnung der Arbeiterschaft in das Ganze der Nation, in die

---

538 Zu Nörpels Aufsatz vgl. Teil 2, II.4.
539 Vgl. GZ, Jg. 43, Nr. 4, 28. 1. 1933, Zitate: S. 53f.
540 Vgl. z. B. Winkler, Weg, S. 867ff.; Matthias, Die Sozialdemokratische Partei, S. 175ff., sowie die oben in Anm. 457 genannte Literatur. Zum Quellenmaterial vgl. Jahn, Quellen IV, Dok. 167–213.
541 Vgl. z. B. Pahl: Der Feiertag der Arbeit und die sozialistische Arbeiterschaft, in: GZ, Jg. 43, Nr. 17, 29. 4. 1933, S. 259ff.; Furtwängler: Reichseinheit nach dreihundert Jahren!, in: ebenda, Nr. 16, 22. 4. 1933, S. 242ff.; Erdmann: Nation, Gewerkschaften und Sozialismus, in: Die Arbeit 10 (1933), S. 129ff.
542 Völlig fehl geht Braunthals Behauptung, Erdmann habe bis 1933 seine sozialistischen Auffassungen aufgegeben und sich »unter dem Druck der politischen Ereignisse« dem Nationalismus zugewandt. Vgl. Braunthal, ADGB, S. 203, Anm. 38.

sozialistische Nation« zum Ziel gehabt habe, so war das kein Ausdruck von Anpassung. Dieselben Gedankengänge wurden von Pahl und anderen schon erheblich früher vertreten. Pahl konnte demnach auch schlußfolgern, daß die Erhebung des 1. Mai zum Nationalfeiertag sich »nicht gegen den Arbeiter« wende, sondern »die Solidarität der Nation mit dem Arbeiter bezeugen« solle. Nur wer glaubte, daß »eine menschenwürdige Lebensgestaltung für die Arbeiterschaft nur gegen das Gesamtinteresse der Nation errungen werden« könne, müsse darin eine Niederlage sehen. Pahl sah im 1. Mai 1933 einen »Tag des Sieges«[543]. Pahl versuchte diesen Aufsatz schon vor dem Abdruck »einigen Herren der NSDAP mit der Bitte um Stellungnahme« zuzuleiten, da er »die Haltung eines großen Teils unserer jüngeren Generation kennzeichnet«. Er bediente sich dabei seiner Kontakte zu Diels und zu Mahnken vom Stahlhelm, mit denen er jeweils in seiner Funktion als Sachbearbeiter der FAD-Angelegenheiten zu tun gehabt hatte[544]. Auch Furtwängler nutzte im März/April 1933 seine Kanäle, mit dem Ziel, bis zum Zustandekommen eines »Modus vivendi« zwischen Gewerkschaften und nationalsozialistischer Regierung alles zu vermeiden, was »Verbitterung und Rechtsunsicherheit« in der Arbeiterschaft herbeiführen könnte, so Furtwängler in einem Brief an Haushofer vom 5. April 1933. Immerhin erreichte Furtwängler, daß der Reichstagsabgeordnete der NSDAP, Graf Reventlow, am 3. April 1933 sich in einem persönlichen Schreiben an Hitler für ein Ende der Verfolgungen und Mißhandlungen von Gewerkschaftsmitgliedern durch die SA einsetzte[545]. Nach Skrzypczak, der sich dabei auf einen Hinweis

---

543 Vgl. Pahl: Der Feiertag der Arbeit und die sozialistische Arbeiterschaft, in: GZ, Jg. 43, Nr. 17, 29. 4. 1933, S. 259.
544 Vgl. Pahl an Diels (Polizeipräsidium, Abt. Ia) vom 25. 4. 1933, in: DGB/NL Furtwängler 1; Pahl an Mahnken, 28. 4. 1933, in: DGB 10/192. Angesichts von im Ausland erhobenen Vorwürfen, er habe mit den Nazis kollaboriert, erklärte Pahl in einer Besprechung mit Dr. Walter Auerbach 1947, der Artikel sei von Erdmann, Seidel und Leipart vor Drucklegung gelesen und gebilligt worden, vgl. Notiz Auerbach vom 7. 2. 1947, in: AsD/Slg. Personalia, Mappe Pahl. Auerbach kam im November 1949 zu der Erkenntnis, daß die Artikel vom April 1933 »in vollster Überlegung« geschrieben worden seien und daß Pahl sich bis heute noch nicht öffentlich mit seiner damaligen Stellungnahme auseinandergesetzt habe; vgl. Auerbach an Georg Reuter (DGB) vom 4. 11. 1949, in: ebenda. Spätere von Spliedt gestützte Behauptungen, Pahl habe den Aufsatz lediglich im Auftrage Leiparts bzw. des Bundesvorstandes geschrieben, dienten dazu, Pahl vor Vorwürfen, er sei 1933 zu den Nazis übergelaufen (»Frankfurter Rundschau« vom 9. 1. 1954) zu schützen und sind skeptisch zu beurteilen. Vgl. Klageschrift des RA Bley, Hamburg vom 29. 3. 1954 in der Privatklage Pahl gegen Gerold (Redakteur der FR) sowie den vertraulichen »Bericht Angelegenheit Dr. Walther Pahl«, Düsseldorf, 24. 4. 1957, in: AsD/Slg. Personalia, Mappe Pahl. Vgl. auch K. Linne: Walter Pahl – eine Gewerkschafter-Karriere, in: 1999 5 (1990), S. 39–55 sowie Teil 2, II.3.
545 Vgl. Furtwängler an Haushofer vom 5. 4. 1933, in: HiKo NB 710 II./301. In diesem Schreiben erwähnt Furtwängler einen Brief, den er an Reventlow geschrieben habe. Der Brief Reventlow an Hitler vom 3. 4. 1932 befindet sich in: HStA, Abt. 029 (NL Leuschner), 3/5. Auch Pahl war von diesem Brief informiert, vgl. Frey/Pahl, Deutschland wohin?, S. 58.

Bruno Broeckers bezieht, trug Furtwängler ungewollt zur Desorientierung der ADGB-Führung im März/April 1933 bei. Furtwängler sei von einem Fortbestand der Gewerkschaften unter NSBO-Führung und der Einsetzung Reventlows als Gewerkschaftskommissar ausgegangen, habe dessen Rolle jedoch überschätzt. Furtwängler habe sich zu diesem Zeitpunkt sogar berechtigt gefühlt, »to make ›offers‹ to colleagues«[546].

Die Tatsache, daß Pahl und Furtwängler tatkräftig am Anpassungskurs mitwirkten und daß Seelbach frühzeitig zum Renegaten wurde und auch Nörpel später in die Dienste der neuen Machthaber eintrat[547], darf nicht dazu verführen, den »nationalen Sozialismus« Pahls, Erdmanns, Furtwänglers und auch Seelbachs vorschnell mit dem »Nationalsozialismus« der NSDAP in einen Topf zu werfen[548]. Sicher bestanden im nationalen Pathos der Sprache und auch in mancherlei inhaltlicher Hinsicht Parallelen[549]. Auch waren beide, Nationalsozialismus und »nationaler Sozialismus«, Erscheinungen der mit dem Ersten Weltkrieg verknüpften Entwicklungen in Deutschland. Jedoch darf nicht vergessen werden, daß zwischen beiden dennoch eine teilweise tiefe Gegnerschaft bestand. Welch »tiefwurzelnden Haß« er gegen die Nazis empfinde, beschrieb Erdmann am 27. Juli 1932 in seinen privaten Aufzeichnungen. Selbst im Kriege habe er niemals solchen Haß gehabt[550]. 1939 wurde Erdmann im Konzentrationslager Sachsenhausen ermordet[551]. Furtwängler, der unter den Angestellten des ADGB-Vorstandes wohl die intensivsten Kontakte zur politischen Rechten pflegte, nahm nach 1933 Verbindungen zu

---

546 Vgl. Skrzypczak, From Carl Legien, S. 44, Anm. 67. Dem Urteil Manfred Schmidts, Furtwängler habe im Bundesvorstand »kaum Einfluß« gehabt (Schmidt: Politik der ADGB-Führung, S. 187f.), vermag ich nicht zuzustimmen. Zusammen mit einer Reihe anderer Angestellter prägte er zumindest in der Endphase der Republik die Politik des ADGB entscheidend mit.
547 Seelbach trat am 25. 4. 1933 der NSDAP bei und am 4. 5. 1933 nach eigener Aussage wieder aus; vgl. Seelbach, Das Ende der Gewerkschaften, S. 32f. Frey/Pahl, Deutschland wohin?, S. 125, und der Neue Vorwärts, Nr. 43, 8. 4. 1934, Beilage, S. 3f. behaupteten, Seelbach sei unmittelbar nach dem 30. 1. 1933 in die NSDAP eingetreten, habe jedoch, »da man nie wissen kann«, auch das SPD-Parteibuch noch behalten. Nörpel arbeitete seit Sommer 1935 bei der Deutschen Arbeitsfront; vgl. Aufzeichnungen Erdmanns am 31. 5. und 3. 6. 1935, in: DGB/NL Erdmann; Schliestedt an Tarnow vom 18. 9. 1935 in: DGB/NL Tarnow 1 sowie Linne: Von Leipart zu Ley: Clemens Nörpel..., in: 1999 3 (1988), S. 92–104.
548 Dies tut z. B. Heer, der die Äußerungen der Vorstandsangestellten im Frühjahr 1933 als »konzentrierten Faschismus« bezeichnet, vgl. Heer, Burgfrieden, S. 107. Auch Linne spricht von »nationalsozialistischen Tendenzen im ADGB«, vgl. Linne: Von Leipart zu Ley: Clemens Nörpel..., in: 1999 3 (1988), S. 92.
549 So zum Beispiel in der irrationalen Überhöhung von »Nation« und in der Betonung von »Jugend« und deren quasi programmatischen Abgrenzung zur sogenannten »Vorkriegsgeneration«.
550 Vgl. Aufzeichnung Erdmanns am 27. 7. 1932, in: DGB/NL Erdmann.
551 Vgl. u.a. Beier, Schulter, S. 42ff.

Widerstandskreisen auf[552]. Diese kurzen biographischen Hinweise sollen genügen, um auf die Notwendigkeit der Differenzierung aufmerksam zu machen.

Das Verhalten der Gewerkschaften wie der Arbeiterbewegung insgesamt am 30. Januar 1933 und danach ist immer wieder unter dem Gesichtspunkt diskutiert worden, inwieweit Möglichkeiten bestanden hatten, beispielsweise mit einem Generalstreik die Regierung Hitler zu verhindern[553]. In diesem Zusammenhang taucht besonders die Frage nach einer »Einheitsfront« zwischen der Sozialdemokratie und den Kommunisten auf.

In der Tat gab es trotz aller öffentlichen gegenseitigen Anfeindungen seit Herbst 1932 Verhandlungen zwischen dem Chefredakteur des »Vorwärts« Stampfer und der sowjetischen Botschaft in Berlin. Die kommunistische Parteiführung versuchte an diese im Januar abgebrochenen Gespräche anzuknüpfen. Eine für den 28. Februar 1933 geplante Unterredung zwischen Torgler, Neubauer (KPD) und Stampfer fand jedoch wegen des Reichstagsbrandes nicht statt[554]. In der Sitzung des SPD-Parteivorstandes am 5. Februar 1933, in der über das Vorgehen von SPD und Gewerkschaften beraten wurde, schlug Stampfer einen auf einen Tag befristeten Generalstreik vor. Man müsse sich zu diesem Zweck mit den Kommunisten einigen, man müsse ihnen ein direktes Angebot machen. Eine solche Aktion würde das »Ventil« öffnen[555]. Die anwesenden ADGB-Vertreter lehnten ein solches Unterfangen jedoch kategorisch ab. Graßmann meinte, folge man Stampfer, dann »wäre es schon am besten, wir würden abdanken«. Man befinde sich in einer ähnlichen Situation wie am 20. Juli 1932. Es käme alles darauf an, wie damals die Reichstagswahl zu sichern. »Was sich bis jetzt politisch ereignet habe, sei immer noch keine Veranlassung zum Losschlagen.«[556] Ähnlich hatte sich Graßmann bereits in der Bundesausschußsitzung vom 31. Januar 1933 geäußert. Es sei zwar verständlich, wenn die Arbeiterschaft sich »gegen diese sozialreaktionäre Regierung am liebsten in unmittelbarer Aktion zur

---

552 Vgl. Lebenslauf in DGB/NL Furtwängler 1. Weiteres Material dazu vgl. ebd./NL Furtwängler 2. Pahl, wie Furtwängler zunächst emigriert, kehrte 1935 zurück und spielte dann eine zwiespältige Rolle. Vgl. oben Anm. 544 und Teil 2, II.3.
553 Vgl. z.B. M. Schmidt: Die Haltung der ADGB-Führung zur faschistischen Bewegung 1932/33, in: BzG 21 (1979), S. 583ff., bes. S. 591; Heer, Burgfrieden, S. 101ff.; Schönhoven, Gewerkschaften, S. 179f.; Winkler, Weg, S. 867ff.; B. Martin: Die deutschen Gewerkschaften und die nationalsozialistische Machtübernahme, in: GWU 36 (1985), S. 617ff. und 622f.
554 Vgl. dazu Matthias, Die Sozialdemokratische Partei, S. 154ff.; zu Stampfers Verständigungspolitik vgl. auch Jahn, Quellen IV, Dok. 171, bes. Anm. 10 und 15.
555 Vgl. ebenda, S. 835.
556 Vgl. ebenda, S. 836.

Wehr setzen« wolle. Ein solches Handeln sei jedoch für die Interessen der deutschen Arbeiterschaft schädlich[557].

In der Tat kamen von der Basis Aufforderungen zum Generalstreik. Mehr denn je sehe die Arbeiterschaft »in banger Hoffnung nach ihren Zentralinstanzen«, schrieb die DMV-Verwaltungsstelle Suhl am 31. Januar 1933 ihrer Zentrale in Berlin[558]. Auch Wels berichtete in der Parteivorstandssitzung am 5. Februar 1933, daß aus den Betrieben »immerzu« Anfragen kämen, »zu welchem Zeitpunkt die Arbeit niedergelegt werden sollte«[559]. Für die anwesenden ADGB-Vertreter Leipart, Graßmann, Schlimme, Spliedt und Eggert und auch für die Mehrheit der SPD-Führung kamen weder eine Einheitsfront mit der KPD noch ein Generalstreik in Frage. Leipart wußte überhaupt nicht, welche Parole für einen solchen Streik auszugeben sei. »Wenn wir als Ziel nur erklären könnten: Wir rufen zum Generalstreik auf, um wieder verfassungsmäßige Zustände zu schaffen, würde das wohl als Parole nicht ausreichend sein, und er frage sich, ob wir andere Parolen hätten.«[560] Aufhäuser meinte demgegenüber, als Ziel käme doch wohl nur in Frage, »daß wir erklären müßten, wir wollten die politische Macht übernehmen«[561].

Die Erfolgschancen eines Generalstreiks waren zum Zeitpunkt der sogenannten Machtübernahme Hitlers sicherlich noch ungewisser als zum Zeitpunkt des »Preußenschlages«. Auch war die Schaffung einer Einheitsfront von Sozialdemokraten und Kommunisten trotz der vorhandenen Einzelinitiativen angesichts der tiefen gegenseitigen Feindschaft der jeweiligen Parteiführungen und Funktionärsschichten letztlich wenig realistisch. In der Führung des ADGB war die Bereitschaft zur Ausrufung eines Generalstreiks und zu Verhandlungen betreffs Einheitsfront jedoch von vorneherein gar nicht erst vorhanden.

Wie stark die Bereitschaft zur Aktion und auch zum Generalstreik in der Arbeiterschaft war, ist umstritten. Noch kurz vor dem 30. Januar 1933 wurde jedenfalls die Kampfkraft der Gewerkschaften auch von führenden ADGB-Funktionären durchaus positiv eingeschätzt. Ohne die politischen Verhältnisse beschönigen zu wollen, teilte Nörpel einem österreichischen Genossen am 26. Januar 1933 mit, daß entgegen den im Aus-

---

557 Vgl. ebenda, Dok. 170, S. 832.
558 Vgl. DMV, Suhl an DMV-Zentrale, 31. 1. 1933, in: AsD/Bestand ADGB 2; vgl. auch Schreiben des Technischen Personals der Union Deutscher Verlagsgesellschaften an ADGB, 1. 2. 1933, in: ebenda. Zu einzelnen Streiks nach dem Regierungswechsel am 30. 1. 1933 vgl. Skrzypczak, Das Ende, S. 98f.; Winkler, Weg, S. 870.
559 Vgl. Jahn, Quellen IV, Dok. 171, S. 833.
560 Vgl. ebenda, S. 835.
561 Vgl. ebenda, S. 838.

land kursierenden Meinungen, »die Bewegungsfreiheit« der deutschen Gewerkschaften mitnichten eingeengt sei, sondern man durch die erfolgreichen Streiks im Herbst 1932 eine Aufwärtsentwicklung erfahre. »Leben tun wir also in Deutschland durchaus noch, und mutlos sind wir in keiner Weise geworden.«[562] Damit komme ich zu einer weiteren für diese Arbeit bedeutenden Streitfrage: dem Verhältnis zwischen Führung und Basis am Ende der Weimarer Republik.

6.6 »Masse und Führung« am Ende der Republik

Entfremdungstendenzen zwischen Gewerkschaftsführung und Mitgliedern werden besonders für die Zeit der wirtschaftlichen und politischen Krise am Ende der Weimarer Republik festgestellt. Ludwig Preller kam zu dem Schluß, daß der Apparat des ADGB in dieser Zeit bereits »zu selbständig geworden [sei], es hatten sich Gesetze seines Wirkens entwickelt, die verhinderten, daß die Freien Gewerkschaften wieder rasch lebendigen Kontakt mit ihren Anhängern finden konnten«[563].

Die zentralistischen Entscheidungsstrukturen im ADGB und der damit verbundene geringe Einfluß und Handlungsspielraum der Basisgliederungen wird in der modernen Literatur wie auch von Zeitgenossen als ein begünstigender Faktor für die Niederlage und schließliche Zerschlagung der Gewerkschaften 1933 genannt. Frank Deppe sieht die Einschränkung der gewerkschaftlichen Handlungsmöglichkeiten in der »Endphase« in der Vorstellung der Gewerkschaftsführung begründet, daß Erfolge vor allem »über die Vermittlung der Staatstätigkeit und der Konsensbildung der Verbandsspitzen« zu erreichen seien, ein Politikverständnis, das »autonome Aktionsmöglichkeiten ›von unten‹« systematisch eingeschränkt habe[564]. Auch Gerhard Beier, ansonsten mit Deppe nicht gerade einer Meinung, zieht als eine »historische Lehre« aus den Ereignissen von 1933, daß eine »Fehlorientierung und anschließende Niederlage der Gewerkschaften [...] durch Zusammenhalt und Initiative an der Basis teilweise aufgehoben werden« kann[565]. Entgegen den vielfach festgestellten Entfremdungstendenzen der Gewerkschaftsvorstände von der Mitgliedschaft spricht Helga Grebing von einem »Führung-Massen-

---

562 Vgl. Nörpel an Heindl (Wien) vom 26. 1. 1933, in: Jahn, Quellen IV, Dok. 163.
563 Vgl. Preller, Sozialpolitik, S. 187. Vgl. auch Schneider, Arbeitsbeschaffungsprogramm, S. 164; Deppe, Hätten die Gewerkschaften..., S. 549; Martin: Die deutschen Gewerkschaften und die nationalsozialistische Machtübernahme, in: GWU 36 (1985), S. 622; Borsdorf/Hemmer/Martiny (Hrsg.): Grundlagen der Einheitsgewerkschaft, S. 154.
564 Deppe, Hätten die Gewerkschaften..., S. 549.
565 Beier, Lehrstück, S. 48.

Mißverständnis« mit der Folge »einer gegenseitigen handlungshemmenden Blockierung«. Während die Mitglieder auf ein Signal »von oben« gewartet hätten, habe sich die Führung ein Signal »von unten« erhofft, »um die Verantwortung in dieser schwierigen Situation teilen zu können«. Keines der beiden Signale sei gekommen, weil beide Seiten sich unsicher gewesen seien, »welches noch der Kampfboden sein könnte«, und auch befürchteten, daß ein Kampf angesichts der Stärke der Gegner die Existenz der Organisationen in Frage stellen könnte[566]. Abgesehen von der Tatsache, daß die ADGB-Spitze der Mitgliedschaft die Illusion einer nach wie vor machtvollen und aktionsbereiten Organisation vorspiegelte, deren Führung nur auf »den Knopf drücken« müsse, damit der Kampf losgehe[567], ist dieser Schlußfolgerung Grebings im Hinblick auf die innerorganisatorischen Strukturen vor allem folgendes entgegenzuhalten: Wie konnte von einer Basis ein »Signal« erwartet werden, deren, auch von Grebing festgestellte, Disziplin gerühmt wurde, die gewohnt war, den Weisungen der Führung zu folgen, der andererseits die Führung eine mangelnde Übersicht über die Lage bescheinigte und deren organisatorische Gliederungen kaum eigenständig handlungsfähig waren? Von Interesse sind in diesem Zusammenhang die rückblickenden Einschätzungen Furtwänglers und Seidels. Furtwängler meinte nach dem Zweiten Weltkrieg, »der hochgradig zugespitzte Zentralismus in der Führung« sei den Gewerkschaften zum »Verhängnis« geworden. Zentralismus und Verflechtung mit der staatlichen Bürokratie seien »wohl in einem gewissen Ausmaß unvermeidlich« gewesen, den Kampfgeist hätten beide Entwicklungen jedenfalls nicht erhöht. Im Gegenteil, die »Nazifizierung« der Gewerkschaften sei dadurch erleichtert worden. Zum Vergleich führte Furtwängler die englischen Gewerkschaften an, deren Ortsgruppen ein solch eigenständiges Leben geführt hätten, daß sie das »Verschwinden eines Hauptvorstandes wochenlang« kaum gespürt hätten. »Jede Ortsgruppe ist ein durchaus lebensfähiger Organismus für sich, nicht ein dirigiertes oder reagierendes Glied eines Riesenkörpers.« Der Erfolg »eines Hitler«, sich der Gewerkschaften »durch einen Überfall« zu be-

---

566 Vgl. Grebing, Gewerkschaftliches Verhalten, S. [32]f.; ähnlich Potthoff, Gewerkschaften (1987), S. 285.
567 Vgl. die Rede Graßmanns am 13. 2. 1933 bei einem Führerappell der Eisernen Front, die als Broschüre mit dem Titel »Kampf dem Marxismus?« (Berlin 1933) veröffentlicht wurde. Graßmann sagte, die Gewerkschaften würden sich von niemandem das Gesetz des Handelns vorschreiben lassen. Sie seien nie stärker gewesen, als wenn sie »allein auf die eigene Kraft angewiesen waren und wußten es geht um alles« (S. 21f.). In der gemeinsamen Sitzung zwischen PV der SPD und Vertretern des ADGB am 5. 2. 1933 äußerte Graßmann im Hinblick auf die Kampfbereitschaft der Arbeiter, von den Gewerkschaften seien »alle Vorbereitungen für einen Eventualfall getroffen«. Vgl. Jahn, Quellen IV, Dok. 171, S. 834.

mächtigen, wäre in England, so Furtwängler, sehr fragwürdig gewesen[568]. Der ehemalige Redakteur der »Gewerkschafts-Zeitung«, Richard Seidel, faßte das Problem in Anlehnung an die Anatomie in den Satz: »Als der Kopf entfernt war, war der Körper lahmgelegt, weil die Glieder des selbständigen Handelns entwöhnt waren.«[569]

---

568 Furtwängler: Die deutschen Gewerkschaften und ihr Ende durch Hitler, unveröffentlichtes Manuskript, geschrieben nach 1948, in: DGB/NL Furtwängler 5, S. 291 ff.
569 R. Seidel: Die deutschen Gewerkschaften. Ihr Wesen, Weg und Ziel, Stuttgart 1948, S. 190.

Schlußbemerkung

Die Gründung des Allgemeinen Deutschen Gewerkschaftsbundes im Juni 1919 bedeutete eine Verstärkung des Zentralismus in der deutschen Gewerkschaftsbewegung. Was seit 1890 seinen Anfang genommen hatte und in den Jahren des Ersten Weltkrieges faktisch zur Realität geworden war, wurde nun von der großen Mehrheit der freien Gewerkschaften beschlossen: die Schaffung eines Gewerkschaftsbundes und einer gewerkschaftlichen Zentralinstanz, die als Gesamtvertretung der Gewerkschaften fungieren sollte.

Entgegen anfänglichen Beteuerungen, die Gründung des Dachverbandes bedeute im Grunde keine Veränderung der bisherigen innergewerkschaftlichen Beziehungen, zeigte sich schon bald, daß der ADGB, d.h. der Bundesvorstand als Exekutive, wesentlich mehr Aufgaben wahrnahm als seine Vorgängerin, die Generalkommission. Besonders die auf dem Leipziger ADGB-Kongreß 1922 beschlossenen Veränderungen der ADGB-Satzung dokumentieren einen deutlichen Kompetenz- und Machtzuwachs des Spitzenverbandes, die dieser zu Lasten der einzelgewerkschaftlichen Autonomie zugewiesen bekam. Diese Satzungsänderungen entsprachen den realen Entwicklungen. Erweiterte Mitbestimmungsrechte der Gewerkschaften in der Sozial- und Wirtschaftspolitik, Institutionalisierung der Interessenvertretung und deren zunehmende Verlagerung auf die Spitzenebene waren die Voraussetzungen für den Bedeutungszuwachs des Dachverbandes. Dazu kam gerade in jenen unruhigen Anfangsjahren der Weimarer Republik das Engagement des ADGB in der allgemeinen staatspolitischen Arena.

Die gewandelten Bedingungen gewerkschaftlichen Handelns und das stärkere Gewicht des Spitzenverbandes blieben nicht ohne Wirkung auf die Bürokratie des ADGB. Um den gestiegenen Anforderungen in dem erweiterten Tätigkeitsfeld gewachsen zu sein, wurden das zentrale Büro erweitert, neue Abteilungen, z.B. für Wirtschaftspolitik, eingerichtet und das Personal durch qualifizierte Fachkräfte aufgestockt. Doch nicht nur die Zentrale wurde ausgebaut, auch der organisatorische Unterbau erhielt durch die Einrichtung von Bezirkssekretariaten neue Gestalt. Die Bezirkssekretäre verbesserten die Kommunikation zwischen Zentrale und Ortsausschüssen und gewährleisteten eine stärkere Disziplinierung der Lokalorganisationen des ADGB.

Mit dem Ausbau des ADGB-Bundesbüros gelangten neue Funktionärstypen und -generationen in die Zentrale des Spitzenverbandes. Sie unterschieden sich von den bisher in der Zentrale tätigen Funktionären durch höhere Ausbildungsstandards und kürzere Karrierewege, zum Teil auch in ihrer sozialen Herkunft. Die Anstellung qualifizierter, teils akademisch ausgebildeter Fachkräfte ist Ausdruck einer Professionalisierung der gewerkschaftlichen Arbeit.

Mit den Jahrgängen 1880 bis 1899 und den ab 1900 Geborenen traten zwei jüngere Generationen in die ADGB-Zentrale ein, die eine grundlegend andere politische Sozialisation als die beiden älteren Generationen der in den 1860er und den 1870er Jahren Geborenen aufwiesen. Eine wesentliche Zäsur ist der Erste Weltkrieg, den, um es zuzuspitzen, die einen als Gewerkschaftsführer für den Burgfrieden verantwortlich an der Heimatfront verbrachten, während die anderen ihn im Schützengraben oder, sofern sie 1900 und später geboren waren, als Kinder und Jugendliche erlebten. Gerade das »Fronterlebnis«, als Überwindung der Klassengrenzen, als »volksgemeinschaftliches« Erlebnis überhöht, war zentrales Fundament jener Ideen und Ziele der zwischen den 1880er Jahren und der Jahrhundertwende geborenen Funktionäre, wie sie Erdmann, Furtwängler und andere in ihrem Streben nach einem »nationalen Sozialismus« formulierten.

Die Angehörigen der jüngeren Generationen rückten mit wenigen Ausnahmen jedoch nur ins zweite Glied der Führung als Angestellte des Bundesvorstandes nach. Der gewählte Bundesvorstand, besonders der engere Führungskreis der hauptamtlichen Vorstandsmitglieder, zeichnete sich durch hohe personelle Kontinuität und Amtssicherheit aus. Hier dominierten jene Generationen, die von den Denkmustern der Vorkriegszeit geprägt waren. Die älteren in den 1860er Jahren Geborenen standen bereits seit den 1890er Jahren an der Spitze der Gewerkschaften. Die folgende Generation der 1870er Jahrgänge fand noch im 19. Jahrhundert zur Gewerkschaftsbewegung und arbeitete sich Schritt für Schritt in den Organisationen nach oben. Ein Generationenwechsel fand im Bundesvorstand allenfalls in den Jahren 1931/32 statt, als vier in den 1860er Jahren geborene Vorstandsmitglieder aus Alters- und Gesundheitsgründen oder durch Tod aus ihren Ämtern ausschieden und jüngere Funktionäre nachrückten.

Das Wahlverfahren für den Bundesvorstand durch den Kongreß war zwar formal demokratisch, jedoch die eigentlichen Entscheidungen über die Kandidaten fielen in den Sitzungen des Bundesvorstandes und des Bundesausschusses. Während man bei den ehrenamtlichen Beisitzern im Vorstand auf einen Proporz zwischen großen Industrieverbänden und meist kleinen Berufsverbänden bedacht war, rekrutierte man die Nachrücker für den hauptamtlichen Bundesvorstand mit nur zwei Ausnahmen (Eggert und Leuschner) aus dem Bundesbüro. Die Angestellten im Bundesbüro wurden entgegen der Satzung überwiegend vom Vorstand eingestellt und vom Ausschuß erst nachträglich gewählt.

Personelle Kontinuität, Erfahrungswissen und weitgehende politische Geschlossenheit sicherten dem ADGB-Vorstand eine einflußreiche Position in den gewerkschaftlichen Willensbildungs- und Entscheidungsprozessen. Die Erledigung der politischen Tagesgeschäfte, seine Verhandlungstätigkeit mit wirtschaftlichen und politischen Spitzen und seine tägliche Präsenz in der Zentrale gewährten ihm einen Informations- und Handlungsvorsprung. Seine Führungsrolle wurde unterstrichen und weiter ausgebaut durch den in den 1920er Jahren eingestellten Expertenstab. Dieser konnte durch sein Fachwissen angesichts der immer komplizierter werdenden Aufgaben gewichtigen Einfluß auf die Politik des ADGB nehmen. Allerdings stießen die Angestellten an die durch hierarchische Strukturen gesetzten Grenzen im ADGB, so daß sie nicht über den Willen des gewählten Vorstandes hinweg agieren konnten.

Eine Zentralisierung des Willensbildungsprozesses ist in der Weimarer Republik unverkennbar. Das formal höchste Willensbildungsorgan, der Kongreß, verlor zunehmend an Bedeutung. Intern wurde von führenden Gewerkschaftern wie Leipart und Tarnow offen ausgesprochen, daß die Politik der Gewerkschaften nicht auf dem Kongreß, sondern im Bundesausschuß gemacht werde. Dieses Organ des ADGB entwickelte sich von einem föderalistischen Kontrollorgan zu einem den Dachverband stärkenden Gremium. Gegen die Kritik einer Minderheit stimmte der Bundesausschuß dem Ausbau und der Stärkung des Dachverbandes zu. Insgesamt ist in der Weimarer Zeit eine Entwicklung zunehmender Geschlossenheit im ADGB festzustellen. Auch wenn zwischen den Mitgliedsverbänden nach wie vor Grenzstreitigkeiten über Organisationsbereiche oder Zuständigkeiten für Tarifabschlüsse bestanden, so entwickelten diese gegenüber dem Dachverband und seiner Führungsrolle in allgemeinen gewerkschaftlichen und politischen Fragen eine große Akzeptanz. Dies heißt nicht, daß der Bundesausschuß dem Bundesvorstand in allen seinen Entscheidungen gefolgt ist. Es gab durchaus Vorschläge des Vorstandes im innerorganisatorischen Bereich wie auch auf politischer Ebene, die der Ausschuß ablehnte. Als Beispiele seien hier genannt zum einen die Prozeßvertretung vor den Arbeitsgerichten, die der Vorstand zentral zu organisieren beabsichtigte, während die Mitgliedsgewerkschaften dies in eigener Regie regeln wollten, zum anderen die Entscheidungen über den Austritt aus der ZAG im Januar 1924 und den Abbruch der Verhandlungen mit den Unternehmerverbänden im Dezember 1930, bei denen sich der Bundesvorstand mit seiner arbeitsgemeinschaftlichen Linie jeweils nicht durchsetzen konnte.

Der ADGB hatte zwar formal keine wirksamen Sanktionsmittel gegen Mitgliedsgewerkschaften in der Hand, die sich den ADGB-Beschlüssen widersetzten. Ein schwacher Dachverband war der ADGB jedoch nicht. Gestützt auf den Informations- und Handlungsvorsprung des hauptamtlichen Vorstandes, das Expertenwissen der Angestellten sowie das Votum der Mehrheit des Ausschusses bestimmte er die Richtung gewerkschaftlicher Politik in der Weimarer Republik.

Die Basisorganisationen und die Mitglieder waren an der Willensbildung nur unzureichend beteiligt. Daß die Politik der Führungen des Dachverbandes und der Einzelgewerkschaften von der Basis akzeptiert und mitgetragen wurde, ist zumindest für die Krisenjahre 1918/19 bis 1923/24 und 1930 bis 1933 zu bezweifeln. Die Gefahr eines Vertrauensverlustes und damit zusammenhängender fallender Mitgliedszahlen wurde von den Ausschuß- und Vorstandsmitgliedern zwar thematisiert, jedoch gerade in den Diskussionen 1924 und während der Phase der Tolerierungspolitik unter Brüning nicht zum Anlaß einer Selbstkritik oder gar Kurskorrektur genommen.

Die genannten innerorganisatorischen Entwicklungen, die weitere Zentralisierung der Willensbildung, die Einschränkung innergewerkschaftlicher demokratischer Kontrolle und Mitsprache, die Tendenzen der Professionalisierung und der Bürokratisierung waren Voraussetzungen für die Formulierung und Durchsetzung der Politik des ADGB.

Als Dachverband entwickelte der ADGB eine andere Sichtweise als die Einzelgewerkschaften. Allein aufgrund seiner Funktion als gesamtgewerkschaftliche Instanz konnte er sich nicht von spezifischen Interessen einzelner Beschäftigungsgruppen, Branchen oder Regionen leiten lassen, sondern mußte die allgemeinen sozialen, wirtschaftlichen und politischen Entwicklungen seinen Überlegungen und Handlungen zugrunde legen. Jedoch nicht nur die Funktion als Dachverband allein, sondern auch der explizit formulierte Anspruch, gewerkschaftliches Handeln orientiere sich nicht am »partikularen« Klasseninteresse der Arbeiterschaft, sondern letztlich am Allgemeinwohl, am Interesse des »Volksganzen«, bedingte, daß der ADGB seinen Blick auf das »Ganze« richtete.

Dieser Anspruch war nicht allein Resultat der gewandelten gesellschaftlichen Stellung der Gewerkschaften in der Weimarer Republik. Er wurde bereits in den Jahren vor 1914 formuliert. War er zu dieser Zeit zum einen Bestandteil der Politik der Integration der Arbeiterschaft und der Gewerkschaften in die Nation und den derzeit noch kaiserlichen Staat, so barg er andererseits eine gehörige Portion Taktik. Galt es doch, die wegen ihres Klassenkampfes angegriffenen Gewerkschaften als wahrhaft den Volksinteressen verpflichtet darzustellen, während die Unternehmer ihres lediglich auf Profit ausgerichteten Eigeninteresses wegen gebrandmarkt werden sollten. Im Ersten Weltkrieg konnten die Gewerkschaftsführungen schließlich ihre nationale Verantwortung unter Beweis stellen. Jedoch trotz vorhandener »patriotischer« Emotionen der Gewerkschaftsführer waren ihre Ziele eher pragmatischer Natur. Im Zentrum der gewerkschaftlichen Beweggründe für die Burgfriedenspolitik standen die Anstrebung von Integration und Anerkennung der Gewerkschaften sowie volkswirtschaftliche Motive (die Erhaltung der deutschen Wirtschaft).

1918/19 waren, so schien es, Gewerkschaftsführer wie Legien und Leipart am Ziel angekommen: allgemeine Anerkennung der Gewerkschaften durch Staat, Unternehmer und Verfassung, weitgehende Mitbestimmungs- und Mitverantwortungsmöglichkeiten, Anerkennung des Tarifgedankens. Das Selbstverständnis des ADGB, eine der starken Säulen des Weimarer Staates zu sein, unterstrich seinen Anspruch, Interessen des »Volksganzen« und Klasseninteressen gleichermaßen vertreten zu wollen.

Die Bereitschaft zu nationaler Verantwortung der Gewerkschaften fiel in der Weimarer Republik nicht nur auf eine gewandelte gesellschaftliche, politische und verfassungsrechtliche Grundlage, auch innerhalb des ADGB entstand eine Diskussion um das Verhältnis zwischen Gewerkschaft und Nation, die einen Wandlungsprozeß markiert.

Die in den zwanziger Jahren ins Bundesbüro eintretenden jüngeren Funktionäre, allen voran Erdmann und Furtwängler, entwickelten Zielvorstellungen, die sich von jenen der alten Führungsgarde wesentlich unterschieden. Ihre Konstruktion der Gewerkschaften als Repräsentantinnen der nationalen Idee, der Nation schlechthin, ging über das, was unter Gewerkschaften bislang verstanden wurde, weit hinaus. Denn trotz aller patriotischen Rhetorik wurden Gewerkschaften traditionell in erster Linie als Organe ökonomischer Interessenvertretung verstanden. Mit gewerkschaftlicher Interessenvertretung hatten die Vorstellungen jener jüngeren Funktionäre jedoch letztlich nichts mehr zu tun. Entsprechend ausgerichtet war das Staatsverständnis dieser Funktionäre. Ein Interventionsstaat mit autoritären Zügen sollte als Vollstrecker des Allgemeininteresses die Interessenkonflikte ausgleichen. Die gewerkschaftliche Autonomie spielte dabei eine untergeordnete Rolle und konnte zugunsten der Staatsintervention eingeschränkt werden. Erdmann ging es um die Überwindung der Klassengrenzen im Geiste der Nation, der Sozialismus konnte dorthin allenfalls den Weg weisen.

Personen wie Erdmann mögen in den Gewerkschaften und angesichts deren traditionellen Funktionärsbilds »exotische« Erscheinungen gewesen sein – gesamtgesellschaftlich gesehen waren sie es keineswegs. Erdmanns Haltung kann jedoch nicht lediglich mit seiner geringen Verwurzelung in der Arbeiter- und Gewerkschaftsbewegung und seiner bürgerlichen Herkunft erklärt werden. Furtwängler entstammte dem Arbeitermilieu und dachte ähnlich. Die Gedankengänge Erdmanns, Furtwänglers, Pahls waren stark mit jenen Impulsen des Frontkämpfertums verbunden, die den älteren Funktionären in der Tat schwer zugänglich waren.

Die Betonung eines »Volksganzen« und die Verpflichtung auf ein »Allgemeinwohl« waren Elemente einer zeitgenössischen Diskussion, die in Zirkeln neokonservativer Intellektueller, in »bündischen« Jugendorganisationen und in paramilitärischen Kampfbünden geführt wurden und bis in die wirtschaftlichen Interessenverbände, in Unternehmerkreise und auch in die Arbeiterbewegung hineinreichten. Der Wunsch nach Harmonisierung der gesellschaftlichen Interessengegensätze zugunsten einer »geeinten Nation« war angesichts der manifesten sozialen und ökonomischen Konflikte einer jener Irrationalismen der Weimarer Zeit.

Diese theoretischen Diskussionen wurden zwar elitär von den Mitarbeitern beim ADGB und von gewerkschaftsnahen Wissenschaftlern geführt und in dieser Form von der Basis und auch von den einzelgewerkschaftlichen Gremien kaum wahrgenommen, jedoch wirkten sie sich sehr wohl für die Praxis aus. So lag das von Nörpel und Broecker formulierte Staatsverständnis jenem Standpunkt des ADGB zur staatlichen Schlichtung zugrunde, die er ab Ende der 1920er Jahre einnahm. Auch die Haltung des ADGB gegenüber den Regierungen von Schleicher und Hitler baute auf diesem Verständnis auf. Der von Erdmann und Furtwängler propagierte nationale Sozialismus schlug sich in der Politik des ADGB in den dreißiger Jahren deutlich nieder.

Natürlich war die gewandelte Einstellung des ADGB zur Schlichtungsfrage nicht lediglich durch interne Willensbildungsprozesse bedingt, jedoch zeigte sich, daß Funktionäre wie Nörpel und Broecker mit ihren Vorstellungen in der zeitgenössischen Diskussion mehr Anklang fanden und eine konsequentere Grundlage für die ADGB-Politik boten als die Option der Arbeitsgemeinschaft, der Sozialpartnerschaft, wie sie in erster Linie von Leipart und mit spezifischen verbandspolitischen Hintergründen vom Vorstand des Holzarbeiterverbandes vertreten wurde. Diese Option bewährte sich in der Weimarer Zeit nicht. Es war ein grobes Versäumnis der gewerkschaftlichen Führung, auf die Stimmungslage der Basis, die auf alles andere als auf Kooperation mit den Unternehmern ausgerichtet war, so wenig zu achten, wie sie andererseits die Kooperationsbereitschaft jener Scharfmacher der Unternehmer aus der Schwerindustrie bei weitem überschätzt hatte. Ganz abgesehen davon ist zweifelhaft, ob jene Strategie, autonom in Zusammenarbeit mit den Unternehmern soziale und wirtschaftliche Fragen gemeinsam zu lösen in einem Staatswesen, das ja starke sozialstaatliche Komponenten aufwies, überhaupt durchzuführen war.

Der gewerkschaftliche Doppelanspruch, für die gesamte Nation und für die Arbeiterschaft gleichermaßen Verantwortung tragen zu wollen und Interessen zu vertreten, verhinderte eine effektive Interessenvertretung der Gewerkschaften.

Dies zeigte sich im Ruhrkampf, in dem sich der ADGB unter Mißachtung der Stimmungen in der Arbeiterschaft und ohne die Absicherung zumindest des Votums des Bundesausschusses frühzeitig auf eine von Regierung und Industrie bestimmte Konfrontationspolitik einließ. Auch im weiteren Verlauf des Ruhrkampfes drängte die Dachverbandsführung nur unzureichend auf Verhandlungen mit Frankreich und befürwortete – wiederum unter Nichtbeachtung der Stimmungslagen an der Basis – eine Fortführung des passiven Widerstandes auch noch dann, als der Widerstandswillen längst erlahmt war. Zugunsten nationaler Interessen, die jedoch nicht der ADGB definierte, sondern Arbeitgeber und Regierungskreise, wurden Interessen der abhängig Beschäftigten vernachlässigt.

Am augenscheinlichsten wurde dies am Beispiel des Achtstundentages, der am Ausgang des Ruhrkampfes und der Inflationsphase zwar noch als Prinzip bestand, jedoch in weiten Bereichen keine Realität mehr war. Die Gewerkschaften selbst hatten durch ihre große Kompromißbereitschaft seit 1918 die Durchlöcherung des Achtstundentags mit ermöglicht, durch das grundsätzliche Zugeständnis der internationallen Anbindung des Achtstundentags ebenso wie durch die vielfachen Kompromisse hinsichtlich der Überarbeit im Bergbau und auch der ungenügenden Verteidigung der Arbeitszeitregelungen, wie sie im Arbeitskampf in der süddeutschen Metallindustrie 1922 zu beobachten war.

Die Ineffizienz der gewerkschaftlichen Politik war sicher nicht die einzige, aber eine gewichtige Ursache für die Massenaustritte aus den Gewerkschaften 1923/24. In der innergewerkschaftlichen Debatte wurde auf diese Beweggründe nicht ernsthaft eingegangen, sondern sogar von einer Art Gesundschrumpfungsprozeß gesprochen. Warum man die neu hinzuströmenden Gewerkschaftsmitglieder nicht an die Organisationen binden konnte, wurde nur unzureichend thematisiert. Sicher waren Unzulänglichkeiten der Organisationen mitverantwortlich, die auf einen solchen Ansturm von ihrem Funktionärsstamm und ihren Einrichtungen her gar nicht vorbereitet waren. Auch übertriebene Vorstellungen und Illusionen der neuen Mitglieder mögen eine Rolle gespielt haben. Jedoch reichen diese Argumente nicht aus, um den Verlust von ca. vier Millionen Mitgliedern zu erklären. Die von Cassau, Woldt und auch Erdmann kritisierten unzureichenden wirtschaftlichen Kenntnisse der Gewerkschaftsfunktionäre und die von ihnen monierte fehlende Professionalisierung der gewerkschaftlichen Arbeit waren sicherlich ein Grund für die Ineffizienz gewerkschaftlicher Politik. Jedoch den grundsätzlichen Widerspruch, nationale und Klasseninteressen auf einen Nenner bringen zu wollen, problematisierten auch diese akademischen Mitarbeiter und Berater der Gewerkschaften nicht. Welche Schlußfolgerungen denn aus der Tatsache zu ziehen seien, daß zum Beispiel im Sommer 1923 die Arbeiter des Ruhrgebietes sich massenhaft radikalisierten und sich von den freien Gewerkschaften entfernten, dies wurde von ihnen ebenso wenig thematisiert wie von der ADGB-Führung.

In der besonders durch Erdmann und Furtwängler vorangetriebenen reparationspolitischen Wende des ADGB ab Herbst 1930 und in der diese einschließenden Tolerierungspolitik gegenüber der Brüning-Regierung offenbarte sich das Dilemma des ADGB mit ebensolcher Schärfe wie in der Phase des Ruhrkampfes und der Inflation. Die Wandlung von einem auf Erfüllungspolitik basierendem Kurs zu jener nationalistischen Parole »Schluß mit den Reparationen« und die damit einhergehende Unterstützung der Brüningschen Reparationspolitik schloß die Durchsetzungsfähigkeit gewerkschaftlicher Forderungen auf sozial- und wirtschaftspolitischem Feld von vorneherein aus. Brünings Verquickung des Revisionszieles in der Reparationsfrage mit der Sozialabbaupolitik im

Inneren – die immer größere soziale Belastung der Bevölkerung als Beweis für die Notwendigkeit eines Endes der Reparationszahlungen – ließen die Durchsetzungschancen von keynesianischen Arbeitsbeschaffungsplänen und Forderungen, den Sozial- und Lohnabbau zu stoppen, von vorneherein illusorisch werden. Daß diese Zusammenhänge selbst von Funktionären wie Erdmann, die für Reparationsrevision und Arbeitsbeschaffung gleichermaßen mit Nachdruck eintraten, nicht problematisiert wurden, ist erstaunlich, deutet jedoch auf die Selbstbeschneidung der Handlungsspielräume des ADGB hin.

Daß die Tolerierungspolitik sich nicht zum Vorteil der Gewerkschaftsorganisationen auswirkte, daß mit Mitgliederverlusten und Vertrauensschwund gegenüber der Führung zu rechnen war, wurde in den Diskussionen des Bundesausschusses zwar angesprochen, aber auch hier wie früher gab das Verhalten der Basis keinen Anlaß zur Kurskorrektur.

Daß eine aktive Haltung sich positiv auf die Stimmung der Basis und auf die Entwicklung der Mitgliedszahlen auswirkte, bewies sich bei den im Herbst 1932 durchgeführten Streiks gegen die Notverordnung Papens. Jedoch diese mit letztlich geringem Risiko, auf Betriebsebene geführten Streiks markierten keinen grundsätzlichen Kurswechsel des ADGB und seiner Mitgliedsverbände in diesem Zeitraum. Im Gegenteil, besonders ab Mitte des Jahres 1932 fuhr der ADGB einen betont nationalistischen Kurs, der auf Abkopplung von der SPD, zeitweiliger Zusammenarbeit mit der Regierung Schleicher und schließlich auf die Anpassung an das Regime Hitler ausgerichtet war. Das Desaster des Anpassungskurses ist bekannt.

Das Scheitern der Gewerkschaftsbewegung, dessen Endpunkt ihre Zerschlagung im Mai 1933 war, wurde von Erdmann, Furtwängler, Pahl und Seelbach wesentlich mit der fehlenden Fähigkeit der Gewerkschaften begründet, der Arbeiterbewegung einen Weg zur »Nation« zu bahnen.

In einer in den fünfziger Jahren erschienenen Publikation schrieb Furtwängler, den Gewerkschaften sei zwischen »den Schraubstockbacken von Versailles und Moskau« die Wirbelsäule gebrochen worden[1]. Damit sah er seine Perspektive aus dem Herbst 1930 offenbar als gescheitert an. Damals hatte er prognostiziert, die Gewerkschaften würden im »Entscheidungskampf zwischen wachsendem nationalen Erwachen auf der einen und dem Bolschewismus auf der anderen Seite« als Lebensformen des Parteisystems »für alle absehbare Zeit überdauern, so sie sich nicht

---

[1] Vgl. F.J. Furtwängler: Die Gewerkschaften. Ihre Geschichte und internationale Ausdehnung, Hamburg 1956, S. 68.

mit den alten Formen des Parteiwesens auf Gedeih und Verderb identifizieren«[2]. Lothar Erdmann kam im Dezember 1934 zu dem Schluß, er und seine Gesinnungsfreunde hätten 1919 »aus dem Erlebnis von Krieg und Frieden unseren nationalen Sozialismus entwickeln müssen, ohne uns an überalterte Parteien und Organisationen zu binden; von außen nach innen wirken müssen, statt den hoffnungslosen Versuch zu machen, von innen nach außen zu wirken. Wenn wir aber schon gläubigen Herzens an diese Aufgabe gingen, so hätten wir aus den Gewerkschaften den Träger des nationalen Sozialismus gegen die Sozialdemokratie und die Kommunisten machen müssen.«[3] Die darin mitschwingenden »nationalkorporativen« Leitbilder (Arno Klönne) waren bei Seelbach am ausgeprägtesten. Am 22. Januar 1933 notierte er: »Wirkliche Führer könnten das große Maß an Vertrauen, das die Arbeiterschaft ihnen entgegenbringt, gebrauchen, um der historischen Entwicklung entsprechend eine neue Staatsform mitschaffen zu helfen, welche die Parteien ausschließt und die Berufsstände in das Volksganze einbaut.«[4]

Mit diesen Resümees war eine vehemente Bürokratiekritik verbunden, die darin gipfelte, daß die Gewerkschaften zu wenig »Bewegung« und eben zu bürokratisiert seien sowie, und dies betraf in erster Linie die eigene Erfahrung der Mitarbeiter, den kreativen Kräften in den Apparaten zuwenig Einflußmöglichkeiten böten[5]. Furtwängler hat in einem unveröffentlichten, Ende der 1940er Jahre verfaßten Manuskript den bürokratischen, halbbehördlichen, institutionellen Charakter der Gewerkschaften, ihre Verquickung mit dem Staatsapparat und den zentralistischen Aufbau der Organisationen als Ursachen genannt, die die »Nazifizierung« der Gewerkschaften erleichtert hätten[6].

Hinter dieser Kritik stand auch ein Generationskonflikt. Daß im Bundesvorstand und Bundesausschuß »Senilität Trumpf« sei, hatte Erdmann am 4. Dezember 1931 in sein Tagebuch notiert. »Wir Jungen finden es

---

2 Vgl. Furtwängler an Leipart, 8. 10. 1930, in: HiKo NB 177/41.
3 Vgl. Aufzeichnung Erdmanns im Dezember 1934, in: DGB/NL Erdmann. Ähnlich die Auffassung Pahls in: Frey/Pahl: Deutschland wohin?, u.a. S. 7 und S. 145 ff.
4 Vgl. Seelbach: Das Ende der Gewerkschaften. Aufzeichnungen über den geistigen Zusammenbruch eines Systems, Berlin 1934, S. 9. Zur Kritik Klönnes an den »nationalkorporativen, ›volksgemeinschaftlichen‹ Leitbildern« vgl. ders.: Fragwürdige Leitbilder der politischen und gewerkschaftlichen Arbeiterbewegung in der Weimarer Republik, in: Aufstieg des Nationalsozialismus, S. 85 ff., S. 93.
5 Vgl. Seelbach: Das Ende der Gewerkschaften, S. 6 f.; Aufzeichnungen Erdmanns u.a. vom 4. 12. 1931 und vom 2. 12. 1933, in: DGB/NL Erdmann; Manuskriptfragment Erdmanns zu den Ereignissen am 20. 7. 1932, in: ebenda.
6 Vgl. Furtwängler: Die deutschen Gewerkschaften und ihr Ende durch Hitler, in: DGB/NL Furtwängler 5, S. 291.

unerträglich, aber das ›System‹ ändern, dazu ist die Arbeiter›bewegung‹ schon zu bürokratisiert.«[7]

Die Kritik Erdmanns an den bürokratischen, starren Strukturen trafen einen wahren Kern, jedoch inhaltlich ging Erdmanns Kritik und auch die der übrigen hier genannten Funktionäre am Problem vorbei. Nicht mangelnde nationale Verantwortung oder der nicht gefundene Zugang zur Nation waren das Problem der Gewerkschaften, sondern mangelnde Effizienz ihrer Interessenvertretung *wegen* der Rücksichtnahme auf staatspolitische, nationale Notwendigkeiten, die von den Gewerkschaften zu wenig in Frage gestellt wurden, bzw. an deren Definition sie unzureichend beteiligt waren. Die Angst, nach wie vor als national unzuverlässig zu gelten, spielte dabei gerade bei den älteren Gewerkschaftsführern wahrscheinlich ebenso eine Rolle wie die fatale Illusion, die nationale Haltung mit sozialen Zugeständnissen vergütet zu bekommen.

Die Kritik an der gewerkschaftlichen Bürokratie kann sich nicht darauf beschränken, den mangelnden Einfluß leitender Mitarbeiter in den Zentralen zu beklagen. Der Einfluß jener Fachkräfte im Bundesbüro war meiner Meinung nach eher groß, auch wenn sie in ihrer Selbstbeurteilung ihren Erfolg als unzureichend einschätzten.

Entkleidet man die Michels-These von der Herrschaft der Gewählten über die Wähler ihrer polemischen Intention, so findet sie in der Entwicklung des ADGB durchaus ihre Bestätigung.

Die zunehmende Zentralisierung der gewerkschaftlichen Willensbildung, deren Dominierung durch fast ausschließlich hauptamtliche Funktionäre und die hierarchischen Entscheidungsstrukturen sind Entwicklungen, die für den hier behandelten Untersuchungszeitraum unbestreitbar sind. Die komplexeren und komplizierteren Aufgaben, die die Zentrale des ADGB wahrzunehmen hatte, ihr Kompetenzzuwachs und die von ihr ausgefüllte Führungsrolle, die Verlagerung wichtiger Verhandlungen auf die Spitzenebene vergrößerten den Abstand zwischen den in der ADGB-Zentrale beschäftigten Funktionären und den Gewerkschaftsmitgliedern. Dieser für Massenorganisationen wohl kaum zu verhindernde Entfremdungsprozeß wurde von der Basis häufig beklagt und von den Gewerkschaftsführern selten selbst eingestanden.

Das elitäre Bewußtsein, die Masse verstehe die Lage sowieso nicht und man selbst habe als Führung eben den besseren Überblick, die Mißach-

---

[7] Vgl. Aufzeichnung vom 4. 12. 1931, in: DGB/NL Erdmann. Ähnlich sah das Seelbach: »Jugend ist geistige Beweglichkeit. Diese aber fehlt uns. Wir denken immer in gewohnten Bahnen.« Tagebuchnotiz vom 7. 1. 1933, in: Seelbach: Das Ende der Gewerkschaften, S. 6.

tung von Stimmungslagen an der Basis, die teils rüde Verweisung der Verantwortung für Niederlagen an die Basis selbst, der bloß repressive Umgang mit unbequemen Oppositionsmeinungen, all dies gepaart mit mangelnder Information der Basis und »Geheimpolitik« auf der Spitzenebene war gewiß nicht geeignet, diesem Entfremdungsprozeß entgegenzuwirken und für größere Transparenz zu sorgen.

Daß die gewerkschaftlichen Mitglieder eine »amorphe« Masse gewesen seien, unfähig zur demokratischen Kontrolle und letztlich auf Führung angewiesen, ist eine jener polemischen Übertreibungen Michels', die jedoch auch ein Körnchen Wahrheit enthalten. Mit Sicherheit war auch in der Mehrheit der gewerkschaftlichen Basis jene Autoritätshörigkeit vorhanden, die man der deutschen Gesellschaft generell zuschrieb. Die häufigen Analogien zur militärischen Sprache und Organisation, die vielgerühmte Disziplin der Mitgliedschaft und das oft beschworene »Vertrauen in die Führung« sind Hinweise dafür[8].

Die feste Integration in ein System mit institutionalisierter und verrechtlichter Konfliktlösung, ein sehr formales Staats- und Demokratieverständnis, der Glaube, Interessenvertretung mit entsprechender Rücksicht auf staatspolitische und »nationale« Belange am besten auf der Spitzenebene und möglichst ohne die Mobilisierung der Mitglieder durchsetzen zu können, all dies mußte dann zum Scheitern der Gewerkschaften führen, als die Voraussetzungen ihrer Politik zwar noch formal, aber nicht mehr dem Inhalt nach gegeben waren.

Lothar Erdmann hatte die Gewerkschaften 1932 als »organisatorisches Wunderwerk« bezeichnet, »in dem alles am Schnürchen ging, ein Stück Staat im Staat, in dem das innere Leben der ›Bewegung‹ seinen vorgeschriebenen, seinen geordneten Lauf nahm und Überraschungen ausgeschlossen waren«[9]. Als derartige »Überraschungen«, die so überraschend für die Gewerkschaften gar nicht waren, eintraten und die bisherige Taktik den gegebenen Verhältnissen nicht mehr angemessen war, waren die gewerkschaftlichen Führungsgruppen im ADGB und in seinen Mitgliedsverbänden in ihrer überwiegenden Mehrzahl zu einem Kurswechsel nicht mehr fähig und auch nicht bereit.

In einer rechtfertigenden Schrift im Juni 1945 erklärte der ehemalige ADGB-Vorsitzende Theodor Leipart, ein Generalstreik gegen die Mehr-

---

8 Darauf hat auch M. Scharrer hingewiesen, vgl. ders.: Anpassung bis zum bitteren Ende, in: Ders.: Kampflose Kapitulation, S. 78.
9 Vgl. Manuskriptfragment über die Bedeutung des 20. 7. 1932 für die Arbeiterbewegung, in: DGB/NL Erdmann.

heitsentscheidung in der März-Wahl 1933 sei »nicht zulässig« gewesen. »Bestand doch in Deutschland noch das parlamentarische Regierungssystem.«[10]

---

10 Vgl. »Die deutschen Gewerkschaften im Mai 1933«, Juni 1945, in: ZA FDGB/NL 2/7.

Abkürzungen

AdA	Akademie der Arbeit
ADB	Allgemeiner Deutscher Beamtenbund
ADGB	Allgemeiner Deutscher Gewerkschaftsbund
AdR	Akten der Reichskanzlei
AfA-Bund	Allgemeiner freier Angestelltenbund
AfS	Archiv für Sozialgeschichte
AsD	Archiv der sozialen Demokratie, Bonn
AVAVG	Gesetz über Arbeitsvermittlung und Arbeitslosenversicherung
BA	Bundesausschuß
BArch	Bundesarchiv, Koblenz
BASF	Badische Anilin- und Sodafabrik
Butab	Bund der technischen Angestellten und Beamten
BV	Bundesvorstand
BzG	Beiträge zur Geschichte der Arbeiterbewegung
Cbl./Kbl.	Correspondenzblatt/Korrespondenzblatt
DEV	Deutscher Eisenbahnerverband
DGB	Deutscher Gewerkschaftsbund
	Archiv des Deutschen Gewerkschaftsbundes
	Deutscher Gewerkschaftsbund/Dachverband der christlichen Gewerkschaften vor 1933
DHV	Deutscher Holzarbeiterverband
DLV	Deutscher Landarbeiterverband
DMV	Deutscher Metallarbeiterverband
DNVP	Deutschnationale Volkspartei
DTV	Deutscher Textilarbeiterverband
DVB	Deutscher Verkehrsbund
DVP	Deutsche Volkspartei
FAD	Freiwilliger Arbeitsdienst
FAV	Verband der Fabrikarbeiter Deutschlands
FDGB	Freier Deutscher Gewerkschaftsbund

GdA	Gewerkschaftsbund der Angestellten
GK	Generalkommission
GMH	Gewerkschaftliche Monatshefte
GuG	Geschichte und Gesellschaft
GWU	Geschichte in Wissenschaft und Unterricht
GZ	Gewerkschafts-Zeitung
HiKo	Historische Kommission zu Berlin
HStA	Hessisches Staatsarchiv, Darmstadt
HV	Hauptvorstand
HZ	Historische Zeitschrift
IAA	Internationales Arbeitsamt
IGB	Internationaler Gewerkschaftsbund
IWK	Internationale wissenschaftliche Korrespondenz zur Geschichte der deutschen Arbeiterbewegung
Jb(b).	Jahrbuch (Jahrbücher)
Jg(g).	Jahrgang (Jahrgänge)
KPD	Kommunistische Partei Deutschlands
KPO	Kommunistische Partei Deutschlands (Opposition)
LAA	Landesarbeitsamt
LVA	Landesversicherungsanstalt
MdPrL	Mitglied des Preußischen Landtages
MdR	Mitglied des Reichstages
MICUM	Mission interalliée de Contrôle des Mines et des Usines
MSPD	Mehrheitssozialdemokratische Partei Deutschlands
NBlfdS	Neue Blätter für den Sozialismus
NSBO	Nationalsozialistische Betriebszellen-Organisation
NSDAP	Nationalsozialistische Deutsche Arbeiterpartei
NVO	Notverordnung
OΛ(e)	Ortsausschuß (Ortsausschüsse)
PA	Parteiausschuß
PV	Parteivorstand
RArbM	Reichsarbeitsministerium
RDI	Reichsverband der Deutschen Industrie
RHB	Reichshandbuch der deutschen Gesellschaft
RK	Reichskanzler
RT	Reichstag
SAI	Sozialistische Arbeiter-Internationale
SAJ	Sozialistische Arbeiterjugend
SAP	Sozialistische Arbeiterpartei Deutschlands
SAZ	Sozialistische Arbeiterzeitung
Slg.	Sammlung

SMH	Sozialistische Monatshefte
SPD	Sozialdemokratische Partei Deutschlands
TAV	Transportarbeiterverband
Teno	Technische Nothilfe
USPD	Unabhängige Sozialdemokratische Partei Deutschlands
VBD	Verband der Bergarbeiter/Bergbauindustriearbeiter Deutschlands
VDA	Vereinigung der Deutschen Arbeitgeberverbände
VfZ	Vierteljahreshefte für Zeitgeschichte
VNG	Verband der Nahrungsmittel- und Getränkearbeiter
VO	Verordnung
VRWR	Vorläufiger Reichswirtschaftsrat
WdA	Welt der Arbeit
WRV	Weimarer Reichsverfassung
ZA	Zentralarchiv
ZAG	Zentralarbeitsgemeinschaft
ZdA	Zentralverband der Angestellten

Quellen- und Literaturverzeichnis

1. Archivalien

Archiv der sozialen Demokratie, Bonn (AsD)
ADGB 1 und 2 (ADGB-Restakten).
NL Theodor Thomas.
Sammlung Personalia.

Archiv des Deutschen Gewerkschaftsbundes, Düsseldorf (DGB)
ADGB-Restakten (Bundesvorstandskorrespondenz).
NL Eduard Backert.
NL Lothar Erdmann.
NL Franz Josef Furtwängler, 1–5.
NL Theodor Leipart.
NL Johannes Sassenbach.
NL Richard Seidel.
NL Fritz Tarnow, 1.
NL Karl Vollmerhaus, 1.

Archiv der Gewerkschaftsbewegung, Berlin, ehemaliges Zentralarchiv des Freien Deutschen Gewerkschaftsbundes, Berlin (ZA FDGB)
Gewerkschaftskartell/Ortsausschuß des ADGB Nauen: A 5; A 6.
Gesamtverband der Arbeitnehmer öffentlicher Betriebe und des Personen- und Warenverkehrs: Nr. 190.
Deutscher Holzarbeiter-Verband: A 31, A 34–A 37; A 43; A 44, A 49–A 54; Nr. 269.
Deutscher Landarbeiter-Verband: Nr. 104.
Deutscher Metallarbeiter-Verband: Nr. 234.
Deutscher Transportarbeiter-Verband [= Deutscher Verkehrsbund]: Nr. 242.
Verband der Buchbinder und Papierverarbeiter: A 144.
Verband der Deutschen Buchdrucker: A 100; A 138.

Verband der Lithographen, Steindrucker und verwandter Berufe: A 99; A 116–118; A 117a.

NL 2 (Theodor Leipart)/1; 7.

NL 16 (Hermann Schlimme)/1; 19; 31; 47.

NL 28 (Walter Maschke)/1; 24; 32; 34.

NL 54 (Max Urich)/14; 15; 24; 25; 47.

Bundesarchiv, Koblenz (BArch)

Akten der Reichskanzlei: R 43 I/1134; 1202; 2023; 2026; 2172; R 43 II/531.

Reichskommissar für Überwachung der öffentlichen Ordnung und Nachrichtensammelstelle im Reichsministerium des Inneren (Lageberichte 1920–1929 und Meldungen 1929–1933): R 143/9; 11; 30; 51; 76.

NSDAP-Hauptarchiv: NS 26/933; ZSg. 117/141.

Kleine Erwerbungen: 461/1–7 (Teil-NL Otte); 487/1–5 (Akten des Hirsch-Dunckerschen Gewerkschaftsrings, 1929); 513/1–10 (ADGB-Restakten).

NL Richter/2.

NL 209 [= NL Wissell]/19 und 48.

Sammlung Schuhmacher/235.

Druckschriftensammlung: ZSg. 1/87 (ADGB); ZSg. 1/139 (AfA-Bund); ZSg. 103 (Registratur der Deutsch-Hannov. Partei, Zeitungsausschnitte)/875; 876; 894; ZSg. 126 (Inst. für Weltwirtschaft, Kiel, Wirtschafts-Archiv, Zeitungsausschnitte)/825; 839; 1027; 1246: 1482; 2260.

Bundesarchiv, Abteilungen Potsdam (BArch Potsdam)

Akten des Reichsarbeitsministeriums: RAM, Bd. 239; Bd. 290.

Hessisches Staatsarchiv, Darmstadt (HStA)

029/1–8: NL Wilhelm Leuschner.

Historische Kommission zu Berlin (HiKo)

NB (ADGB-Restakten) 7, 8, 16, 25, 28, 29, 33, 43, 44, 58, 62, 79–84, 96–103, 113, 119–135, 143, 158–183, 185, 187, 196–198, 203–207, 233, 244, 245, 247, 289, 338–340, 422–424, 428, 473, 477, 500, 502, 593–596, 689, 710, 712, 717, 718, 729–731, 733, 737, 772–774, 776, 779, 784, 785, 788.

2. Mündliche Auskünfte

Interview mit Kurt Exner am 5. Januar 1988.

3. Protokolle, Jahrbücher, Verbandspublikationen

Allgemeiner Deutscher Gewerkschaftsbund, Ortsausschuß Berlin: 36. Geschäftsbericht für das Jahr 1927, Berlin 1928.

Arbeitsbeschaffung. Die Forderung der Gewerkschaften. Sieben Millionen Arbeitslose verlangen Arbeit und Brot, Berlin 1932.

Bericht der Freigewerkschaftlichen Jugendzentrale des Ortsausschusses Berlin des ADGB 1925, Berlin 1926.

Deutscher Sattler-, Tapezierer- und Portefeuiller-Verband, Jahrbücher, Berlin 1924–1931.

Einheitsverband der Eisenbahner Deutschlands, Jahrbücher 1930, 1931, Berlin 1930, 1931.

Festschrift zur Erinnerung an die Gründung und den 40jährigen Kampf des Verbandes der Fabrikarbeiter Deutschlands, Hannover 1930.

Festschrift zur Feier des 30jährigen Bestehens der Ortsverwaltung Berlin des Verbandes der Gemeinde- und Staatsarbeiter, Berlin 1926.

Gewerkschaften, Friedensvertrag und Reparationen, hrsg. vom ADGB, Berlin 1932.

Praktische Gewerkschaftsbildung. Einführung in die Lehrgänge des Bezirksausschusses des ADGB und des AfA-Bundes für den Winter 1926/27, hrsg. vom Bezirksausschuß des ADGB Berlin-Brandenburg, Berlin 1926.

Handbuch der öffentlichen Wirtschaft, hrsg. vom Vorstand des Gesamtverbandes der Arbeitnehmer der öffentlichen Betriebe und des Personen- und Warenverkehrs, bearbeitet von Walther Pahl und Kurt Mendelsohn, Berlin 1930.

Handbuch für die Verbandsfunktionäre. Anleitungen für die Praxis der Geschäftsführung im Deutschen Holzarbeiterverband, hrsg. vom Verbandsvorstand, Stuttgart 1908.

Jahrbuch 1920 des Deutschen Holzarbeiterverbandes, hrsg. vom Verbandsvorstand, Berlin 1921.

Jahrbuch 1924 des Deutschen Holzarbeiterverbandes, hrsg. vom Verbandsvorstand, Berlin 1925.

Jahrbücher des Allgemeinen Deutschen Gewerkschaftsbundes 1922 bis 1931, Berlin 1923 bis 1932.

Jahresbericht 1931 für die Zeit vom 1. April 1931 bis 31. März 1932. Hrsg. von der Freigewerkschaftlichen Jugendzentrale, Ortsausschuß Berlin des ADGB, Berlin 1932.

Jahr- und Handbuch für das Jahr 1919, hrsg. v. Vorstand des Deutschen Metallarbeiter-Verbandes, Stuttgart 1920.

Jahr- und Handbuch für das Jahr 1922, hrsg. vom Vorstand des Deutschen Metallarbeiter-Verbandes, Stuttgart 1923.

Jahr- und Handbuch für Verbandsmitglieder 1924, hrsg. vom Vorstand des Deutschen Metallarbeiter-Verbandes, Stuttgart 1925.

Jahr- und Handbuch für Verbandsmitglieder 1928, hrsg. vom Vorstand des Deutschen Metallarbeiter-Verbandes, Stuttgart 1929.

Jahr- und Handbuch für Verbandsmitglieder 1931, hrsg. vom Vorstand des Deutschen Metallarbeiter-Verbandes, Berlin 1932.

Die Lage der Arbeiterschaft in Deutschland, hrsg. und verlegt vom Internationalen Gewerkschaftsbund, Amsterdam, Berlin o.J. [1923].

Deutscher Metallarbeiter-Verband. Verwaltungsstelle Berlin. Bericht der Ortsverwaltung Berlin pro 1901, Berlin 1901.

Protokoll der Verhandlungen des ersten Kongresses der Gewerkschaften Deutschlands, abgehalten zu Halberstadt vom 14. bis 18. März 1892, Hamburg 1892.

Protokoll der Verhandlungen des zweiten Kongresses der Gewerkschaften Deutschlands, abgehalten zu Berlin vom 4. bis 8. Mai 1896, Hamburg o.J. (1896).

Protokoll der Verhandlungen des dritten Kongresses der Gewerkschaften Deutschlands, abgehalten zu Frankfurt am Main-Bockenheim vom 8. bis 13. Mai 1899, Hamburg o.J. (1899).

Protokoll der Verhandlungen des vierten Kongresses der Gewerkschaften Deutschlands, abgehalten zu Stuttgart im Gewerkschaftshaus vom 16. bis 21. Juni 1902, Hamburg o.J. (1902).

Protokoll der Verhandlungen des fünften Kongresses der Gewerkschaften Deutschlands, abgehalten zu Köln am Rhein vom 22. bis 27. Mai 1905; Protokoll der Verhandlungen der ersten Konferenz der Arbeitersekretäre, abgehalten zu Köln am 29. und 30. Mai 1905, Berlin o.J. (1905).

Protokoll der Verhandlungen des sechsten Kongresses der Gewerkschaften Deutschlands, abgehalten zu Hamburg vom 22. bis 27. Juni 1908; Protokoll der Verhandlungen der zweiten Konferenz der Arbeitersekretäre, abgehalten zu Hamburg am 21. und 22. Juni 1908, Berlin o.J. (1908).

Protokoll der Verhandlungen des außerordentlichen (siebenten) Kongresses der Gewerkschaften Deutschlands, abgehalten zu Berlin am 25. und 26. April 1910, Berlin 1910.

Protokoll der Verhandlungen des achten Kongresses der Gewerkschaften Deutschlands, abgehalten zu Dresden vom 26. Juni bis 1. Juli 1911; Protokoll der Verhandlungen der dritten Konferenz der Arbeitersekretäre, abgehalten zu Dresden am 3. und 4. Juli 1911, Berlin o.J. (1911).

Protokoll der Verhandlungen des neunten Kongresses der Gewerkschaften Deutschlands, abgehalten zu München vom 22. bis 27. Juni 1914; Protokoll der Verhandlungen der vierten Konferenz der Arbeitersekretäre, abgehalten zu München am 29. und 30. Juni 1914, Berlin o.J. (1914).

Protokoll der Verhandlungen des zehnten Kongresses der Gewerkschaften Deutschlands. Abgehalten zu Nürnberg vom 30. Juni bis 5. Juli 1919; Protokoll der Verhandlungen der fünften Konferenz der Arbeitersekretäre. Abgehalten zu Nürnberg am 27. Juni 1919, Berlin 1919.

Protokoll der Verhandlungen des elften Kongresses der Gewerkschaften Deutschlands (1. Bundestag des ADGB), abgehalten zu Leipzig vom 19. bis 24. Juni 1922; Protokoll der Verhandlungen der sechsten Konferenz der Arbeitersekretäre, abgehalten zu Leipzig am 17. und 18. Juni 1922, Berlin 1922.

Protokoll der Verhandlungen des 12. Kongresses der Gewerkschaften Deutschlands (2. Bundestag des ADGB). Abgehalten zu Breslau vom 31. August bis 4. September 1925, Berlin 1925.

Protokoll der Verhandlungen des 13. Kongresses der Gewerkschaften Deutschlands

(3. Bundestag des ADGB). Abgehalten in Hamburg vom 3. bis 7. September 1928, Berlin 1928.

Protokoll der Verhandlungen des 14. Kongresses der Gewerkschaften Deutschlands (4. Bundestag des ADGB). Abgehalten in Frankfurt a.M. vom 31. August bis 4. September 1931, Berlin 1931.

Protokoll über die Verhandlungen des außerordentlichen Parteitages der USPD in Halle, vom 12. bis 17. Oktober 1920, Berlin 1920.

Protokoll der Verhandlungen des 1. Reichskongresses der Betriebsräte Deutschlands, abgehalten vom 5.–7. Oktober 1920 zu Berlin, Berlin o.J.

Rechenschaftsbericht der Generalkommission vom 1. Juni 1908 bis 31. Mai 1911, Berlin 1911.

Rechenschaftsbericht der Generalkommission vom 1. Juni 1911 bis 31. Mai 1914, Berlin 1914.

Erster Reichsbetriebsräte-Kongreß für die Metallindustrie, abgehalten vom 5. bis 7. 12. 1921, in Leipzig, Stuttgart 1921.

Umbau der Wirtschaft. Die Forderungen der Gewerkschaften, Berlin 1932.

Unsere Arbeit. Bericht der Freigewerkschaftlichen Jugendzentrale des Ortsausschusses Berlin des ADGB, Berichtszeit 1. April 1923 bis 31. März 1925, Berlin 1925.

Die wirtschaftlichen Unternehmungen der Arbeiterbewegung. Ein Blick in die Gemeinwirtschaft, hrsg. vom Bezirksausschuß des ADGB Berlin-Brandenburg-Grenzmark, Berlin 1928.

USPD und Gewerkschaften. Resolution zur Gewerkschaftsfrage beschlossen auf dem außerordentlichen Parteitag der USPD, abgehalten in Berlin vom 2. bis 6. 3. 1919, nebst der Begründungsrede des Gen. Robert Dißmann, Frankfurt/M., Berlin 1919.

Verband der Bergarbeiter Deutschlands: Jahrbuch 1921, Bochum o.J.

Verband der Nahrungsmittel- und Getränkearbeiter Deutschlands, Jahrbücher 1930 und 1931, Berlin 1931 und 1932.

Die Verordnung über die Arbeitszeit. Mit Erläuterungen. Im Auftrage des ADGB hrsg. von Theodor Leipart, Berlin 1924.

Das Vertrauen zu den Gewerkschaften, o.O. und o.J. [Sept. 1924; hrsg. vom ADGB als Vortragsdisposition für ADGB-Ortsausschüsse].

Die Vierzigstundenwoche. Untersuchungen über Arbeitsmarkt, Arbeitsertrag und Arbeitszeit, hrsg. im Auftrag des Allgemeinen Deutschen Gewerkschaftsbundes von Theodor Leipart, Berlin 1931.

Wie retten wir die deutschen Gewerkschaften, wie retten wir die deutsche Arbeiterklasse vor dem Untergang? Konferenz der Ortsausschüsse des ADGB in Weimar am 25. November 1923. Protokoll, Erfurt o.J. [1924].

Wirtschaftsdemokratie. Ihr Wesen, Weg und Ziel, hrsg. im Auftrage des ADGB von Fritz Naphtali, Berlin 1928.

Wirtschaftskrise und Gewerkschaftsforderungen. Denkschrift der Spitzenverbände der deutschen Gewerkschaften an die Reichsregierung, Berlin 1925.

Wirtschaftslage, Kapitalbildung, Finanzen. Die Entwicklung in Deutschland von 1925 bis 1930. Für die Funktionäre hrsg. von ADGB, AfA-Bund und ADB, Berlin 1930.

Zehn Jahre Freigewerkschaftliches Seminar in Köln am Rhein im August 1930. Stätten und Formen gewerkschaftlicher Bildungsarbeit, hrsg. vom Vorstand des ADGB, H. 1, Berlin 1930.

Zentralarbeitsgemeinschaft der industriellen und gewerblichen Arbeitgeber und Arbeitnehmer Deutschlands. Geschäftsbericht über die Tätigkeit des Zentralvorstandes 1919/20, Berlin 1920.

4. Zeitungen und Zeitschriften

Der Angriff, Jg. 1932.

Die Arbeit. Zeitschrift für Gewerkschaftspolitik und Wirtschaftskunde, hrsg. v. Theodor Leipart, Jgg. 1 (1924) bis 10 (1933).

Arbeitsrechts-Praxis. Zeitschrift für Arbeitsrecht, Sozialversicherung und soziale Verwaltung, Jg. 4 (1931).

Aufwärts. Organ der Freien Gewerkschaften Berlins, Jgg. 1 (1930) bis 4 (1933).

Berliner Stimme. Wochenzeitung für Politik, Wirtschaft und Kultur, hrsg. vom Landesverband Berlin der SPD, Jg. 1 (1951).

Correspondenzblatt der Generalkommission der Gewerkschaften Deutschlands, Jgg. 1 (1891) bis 29 (1919).

Das Freie Wort. Sozialdemokratisches Diskussionsorgan, Berlin, Jg. 4 (1932).

Die Gewerkschaft, Organ des Gesamtverbandes der Arbeitnehmer der öffentlichen Betriebe und des Personen- und Warenverkehrs, Jg. 34 (1930).

Gewerkschafts-Zeitung. Organ des Allgemeinen Deutschen Gewerkschaftsbundes, Jgg. 34 (1924) bis 43 (1933).

Graphische Presse, Organ des Verbandes der Lithographen, Steindrucker und verwandten Berufe, Jg. 45 (1932).

Der Grundstein. Wochenblatt des Baugewerksbundes, Jgg. 43 bis 45 (1930–1932).

Der Grundstein. Zeitung der IG Bau, Steine, Erden, Jg. 7 (1957).

Holzarbeiter-Zeitung. Organ des Deutschen Holzarbeiter-Verbandes, Jgg. 40 und 41 (1932, 1933).

Korrespondenzblatt des Allgemeinen Deutschen Gewerkschaftsbundes, Jgg. 30 (1920) bis 33 (1923).

Leder-Echo. Zeitschrift der Gewerkschaft Leder, Jg. 14 (1963).

Metall. Zeitung der IG Metall, Jg. 3 (1951).

Metallarbeiter-Zeitung. Wochenblatt des Deutschen Metallarbeiter-Verbandes, Jg. 48 (1930).

Mitteilungen des Vereins Arbeiterpresse, Jgg. 28 bis 33 (1928–1933).

Mitteilungsblatt der Freien Gewerkschaftsjugend/Gewerkschaftskommission Berlins und Umgebung [ab 1925/4: Ortsausschuß des ADGB]; Freigewerkschaftliche Jugendzentrale, Berlin 1923 bis 1933.

Neuer Vorwärts, Jg. 2 (1934).

Neues Deutschland, 4. 12. 1948.
Der Proletarier. Organ des Verbandes der Fabrikarbeiter Deutschlands, Jg. 28 (1919).
Die Quelle. Funktionärszeitschrift des DGB, Jg. 2 (1951).
Reichsgesetzblatt, Teil I, 1926, 1931 und 1932.
Die Rote Fahne, Jg. 1932.
Sattler-, Tapezierer- und Portefeuiller-Zeitung, Jg. 46 (1932).
Tribüne, 9. 10. 1951.
Unser Weg. Monatsschrift für die Mitglieder der Berliner Sozialdemokratie, Jgg. 2, 3 und 5 (1928, 1929, 1931).
Das Volk. Tageszeitung der SPD, Berlin, Jg. 2 (1946).
Vorwärts, Jg. 1932.
Welt der Arbeit, 18. 1. 1952 und 11. 1. 1957.

5. Quelleneditionen/Quellensammlungen

Akten der Reichskanzlei. Weimarer Republik:
Das Kabinett Wirth I und II. 10. Mai 1921 bis 26. Oktober 1921. 26. Oktober 1921 bis 22. November 1922. Bd. 1: Mai 1921 bis März 1922; Bd. 2: April 1922 bis November 1922, bearbeitet von Ingrid Schulze-Bidlingmeier, Boppard/Rhein 1973.
Das Kabinett Cuno. 22. November 1922 bis 12. August 1923, bearbeitet von Karl-Heinz Harbeck, Boppard/Rhein 1968.
Die Kabinette Brüning I und II. 30. März 1930 bis 10. Oktober 1931. 10. Oktober 1931 bis 1. Juni 1932; bearbeitet von Tilman Koops: Bd. 1: 30. März 1930 bis 28. Februar 1931; Bd. 2: 1. März 1931 bis 10. Oktober 1931, Boppard/Rhein 1982; Bd. 3: 10. Oktober 1931 bis 30. Mai 1932, Boppard/Rh. 1990.
Anpassung oder Widerstand? Aus den Akten des Parteivorstandes der deutschen Sozialdemokratie 1932/33, hrsg. von Hagen Schulze, Bonn 1975.
Kollektives Arbeitsrecht. Quellentexte zur Geschichte des Arbeitsrechts in Deutschland, hrsg. von Thomas Blanke, Rainer Erd, Ulrich Mückenberger, Ulrich Stascheit, Bd. 1: 1840 bis 1933, Reinbek 1975.
Deppe, Frank/Roßmann, Witich: Wirtschaftskrise, Faschismus, Gewerkschaften. Dokumente zur Gewerkschaftspolitik 1929 bis 1933, Köln 1981.
Frau und Gewerkschaft, hrsg. von Gisela Losseff-Tillmanns, Frankfurt/M. 1982.
Grundlagen der Einheitsgewerkschaft. Historische Dokumente und Materialien, hrsg. von Ulrich Borsdorf; Hans O. Hemmer; Martin Martiny, Köln/Frankfurt/M. 1977.
Marx, Karl/Engels, Friedrich: Werke, hrsg. vom Institut für Marxismus-Leninismus beim ZK der SED, Bd. 3, Berlin (DDR) 1958.
Materialien zum politischen Richtungsstreit in der deutschen Sozialdemokratie 1890 bis 1917, hrsg. von Peter Friedemann, 2 Bände, Frankfurt/M., Berlin, Wien 1978.
Quellen zur Geschichte der deutschen Gewerkschaftsbewegung im 20. Jahrhundert. Be-

gründet von Erich Matthias, hrsg. von Hermann Weber, Klaus Schönhoven und Klaus Tenfelde:

Bd. 1: Die Gewerkschaften in Weltkrieg und Revolution 1914–1919, bearbeitet von Klaus Schönhoven, Köln 1985.

Bd. 2: Die Gewerkschaften in den Anfangsjahren der Republik 1919 bis 1923, bearbeitet von Michael Ruck, Köln 1985.

Bd. 3 (2 Halbbde.): Die Gewerkschaften von der Stabilisierung bis zur Weltwirtschaftskrise 1924 bis 1930, bearbeitet von Horst A. Kukuck und Dieter Schiffmann, Köln 1986.

Bd. 4: Die Gewerkschaften in der Endphase der Republik 1930 bis 1933, bearbeitet von Peter Jahn unter Mitarbeit von Detlev Brunner, Köln 1988.

Politik und Wirtschaft in der Krise 1930 bis 1932. Quellen zur Ära Brüning, eingeleitet von Gerhard Schulz, bearbeitet von Ilse Maurer und Udo Wengst, 2 Bde., Düsseldorf 1980.

Die Regierung der Volksbeauftragten 1918/19, Teil I. und II., eingeleitet von Erich Matthias, bearbeitet von Susanne Miller unter Mitwirkung von Heinrich Potthoff, Düsseldorf 1969.

6. Nachschlagewerke, bibliographische und sonstige Hilfsmittel

Barthel, Paul: Handbuch der deutschen Gewerkschaftskongresse, Dresden 1916.

Bergmann, Maurycy/Schleiter, Franz/Wickel, Helmut: Handbuch der Arbeit. Die deutsche Arbeiterklasse in Wirtschaft und Gesellschaft. III. Abteilung: Die Koalitionen, Jena 1931.

Borsdorf, Ulrich: Gewerkschaften und Geschichte. Ein Nachwort mit bibliographischen Anmerkungen, in: Tenfelde, Schönhoven u.a.: Geschichte der Deutschen Gewerkschaften, S. 499–535.

Dowe, Dieter: Führer zu den Archiven, Bibliotheken und Forschungseinrichtungen zur Geschichte der europäischen Arbeiterbewegung, Bonn 1984.

Eckhardt, Albrecht: Hessisches Staatsarchiv und Stadtarchiv Darmstadt. Übersicht über die Bestände. Bearbeitet von A. Eckhardt unter Mitwirkung von C.H. Hoferichter u.a., 2. Aufl. Darmstadt 1975.

Emig, Dieter/Zimmermann, Rüdiger: Arbeiterbewegung in Deutschland. Ein Dissertationsverzeichnis, Berlin 1977.

Facius, Friedrich: Das Bundesarchiv und seine Bestände, 3. Aufl. Boppard/Rhein 1977.

Fischer, Rudolf: Die Zentralbibliothek der Gewerkschaften, in: IWK, H. 2 (1966), S. 18–22.

Internationales Handwörterbuch des Gewerkschaftswesens, hrsg. von Ludwig Heyde, 2 Bde., Berlin 1931/32.

Horkenbach, Cuno (Hrsg.): Das deutsche Reich von 1918 bis heute, Bde. 1–4, Berlin 1930–1935.

Osterroth, Franz/Schuster, Dieter: Chronik der deutschen Sozialdemokratie, Bd. 1: Bis zum Ende des Ersten Weltkrieges; Bd. 2: Vom Beginn der Weimarer Republik bis zum Ende des Zweiten Weltkrieges, Berlin, Bonn, 1975.

Richarz, Monika: Der Nachlaß Rudolf Wissell, in: IWK, H. 2 (1966), S. 17–18.

Sassenbach, Johann: Verzeichnis der in deutscher Sprache vorhandenen gewerkschaftlichen Literatur. Im Auftrag der Generalkommission der Gewerkschaften Deutschlands zusammengestellt, Nachtrag zur 4. Ausgabe, Berlin 1912.

Sassenbach, Johann: Verzeichnis der in deutscher Sprache vorhandenen Gewerkschaftsliteratur, 4. erw. Auflage, Berlin 1910.

Schneider, Michael: Neuere Arbeiten zu Problemen gewerkschaftlicher Politik, in: AfS 12 (1972), S. 585–593.

Schultheß' Europäischer Geschichtskalender, hrsg. von Ulrich Thürauf, Neue Folge, 47. Jg. 1931, München 1932.

Schwarz, Salomon: Handbuch der deutschen Gewerkschaftskongresse, Berlin 1930.

Skrzypczak, Henryk: Gewerkschaftsbewegung in Deutschland. Probleme ihrer Historiographie, in: IWK 14 (1978), S. 454–473.

Trumpp, Thomas/Köhne, Renate: Archivbestände zur Wirtschafts- und Sozialgeschichte der Weimarer Republik. Übersicht über Quellen in Archiven der Bundesrepublik Deutschland, Boppard/Rhein 1979.

Weinzen, Hans Willi: Fritz Naphtali. Bibliographie der Schriften bis zur Emigration im Jahre 1933, in: IWK 17 (1981), S. 41–61.

Zentrales Staatsarchiv: Übersicht über die Bestände des Deutschen Zentralarchivs Potsdam, Berlin (DDR) 1957.

7. (Auto-)Biographische Literatur und biographische Hilfsmittel

Adolph, Hans, J.L.: Otto Wels und die Politik der deutschen Sozialdemokratie 1894 bis 1939. Eine politische Biographie, Berlin 1971.

Barclay, David E.: Rudolf Wissell als Sozialpolitiker 1890 bis 1933, Berlin 1984.

Beier, Gerhard: Schulter an Schulter, Schritt für Schritt. Lebensläufe deutscher Gewerkschafter. Von August Bebel bis Theodor Thomas, Köln 1983.

Beier, Gerhard: Willi Richter. Ein Leben für die soziale Neuordnung, Köln 1978.

Borsdorf, Ulrich: Hans Böckler. Arbeit und Leben eines Gewerkschafters von 1875 bis 1945, Köln 1982.

Brüning, Heinrich: Memoiren 1918 bis 1934, Stuttgart 1970.

Buslau, Dieter: Carl Vollmerhaus. Ein Leben für die Arbeitnehmer, Koblenz 1973.

Calkins, Kenneth R.: Hugo Haase, Demokrat und Revolutionär (aus dem Amerikanischen übersetzt von Arthur Mandel), Berlin 1976.

Deutschland, Heinz: Theodor Leipart zur Einheit der Arbeiterbewegung 1945 bis 1947, in: BzG 29 (1987), S. 350–363.

Deutz, Josef: Adam Stegerwald. Gewerkschafter, Politiker, Minister 1874 bis 1945. Ein Beitrag zur Geschichte der christlichen Gewerkschaften, Köln 1952.

Eichler, Willy: Friedrich Ebert. Exponent des Umbruchs, in: Friedrich Ebert 1871/1971, Bonn-Bad Godesberg 1971, S. 12–61.

Eildermann, Wilhelm: Jugend im Ersten Weltkrieg. Tagebücher, Briefe, Erinnerungen, Berlin (DDR) 1972.

Erdmann-Macke, Elisabeth: Erinnerung an August Macke, Frankfurt/M. 1987.

Geschichte der deutschen Arbeiterbewegung. Biographisches Lexikon, hrsg. vom Institut für Marxismus-Leninismus beim ZK der SED, Berlin (DDR) 1970.

Haase, Ernst (Hrsg.): Hugo Haase. Sein Leben und Wirken. Mit einer Auswahl von Briefen, Reden und Aufsätzen, Berlin 1929.

Handbuch der verfassunggebenden deutschen Nationalversammlung, Weimar 1919. Biographische Notizen und Bilder, hrsg. vom Büro des Reichstages, Berlin o.J.

Handbuch des Vereins Arbeiterpresse, hrsg. vom Vorstand des Vereins Arbeiterpresse, 3. Jg. 1914, Berlin 1914.

Handbuch des Vereins Arbeiterpresse, hrsg. vom Vorstand des Vereins Arbeiterpresse, 4. Folge 1927, Berlin o.J.

Handbuch für den Preußischen Landtag, 2., 3. und 4. Wahlperiode, Berlin 1925, 1928, 1932.

Amtliches Handbuch des Bayrischen Landtags, hrsg. vom Landtagsamt, München 1932.

Amtliches Handbuch des Bayrischen Landtags, hrsg. vom Landtagsamt, München 1933.

Biographisches Handbuch für das Preußische Abgeordnetenhaus, 1867 bis 1918, bearb. von Bernhard Mann unter Mitarbeit von Martin Doerry, Cornelia Rauh, Thomas Kühne, Düsseldorf 1988.

Hemmer, Hans O.: Für das eine Deutschland. Zur Erinnerung an Lothar Erdmann, in: GMH 39 (1988), S. 614–629.

Kahn-Freund, Otto: Autobiographische Erinnerungen an die Weimarer Republik. Ein Gespräch mit Wolfgang Luthardt, in: Kritische Justiz 14 (1981), H. 2, S. 183–200.

Keil, Wilhelm: Erlebnisse eines Sozialdemokraten, 2 Bde., Stuttgart 1947.

Knoll, Alexander: Erinnerungen aus meinem Leben, in: Die Freie Gewerkschaft, Zeitung des FDGB, 2 (1946), Nr. 269, 16. 11. 1946, S. 3.

Kuczynski, Jürgen: Memoiren. Die Erziehung des J.K. zum Kommunisten und Wissenschaftler, Köln 1983.

Leipart, Theodor: Carl Legien und die Gewerkschaftsbewegung, in: SMH 21 (1915), III. (16. 11. 1915), S. 1153–1158.

Leipart, Theodor: Carl Legien. Ein Gedenkbuch, Berlin 1929.

Leipart, Theodor: Legien, Karl, in: Deutsches biographisches Jahrbuch Bd. II, 1920, Stuttgart, Berlin, Leipzig 1928, S. 570–576.

Leithäuser, Joachim Gustav: Wilhelm Leuschner. Ein Leben für die Republik, Köln 1962.

Lemmer, Ernst: Manches war doch anders. Erinnerungen eines deutschen Demokraten, Frankfurt/M. 1968.

Linne, Karsten: Von Leipart zu Ley: Clemens Nörpel. Ein Dokument aus dem Jahr 1940, in: 1999 3 (1988), S. 92–104.

Linne, Karsten: Walter Pahl – Eine Gewerkschafter-Karriere, in: 1999 5 (1990), S. 39–55.

Losseff-Tillmanns, Gisela: Gertrud Hanna, in: Frauen und Arbeit, 1985, H. 8–10, S. 30f.

Luthardt, Wolfgang: Arbeit, Recht und Gerechtigkeit. Zur Erinnerung an Otto Kahn-Freund (1900–1979), in: IWK 26 (1990), S. 181–190.

Maschke, Walter: Eine Erinnerung, in: Die Arbeit 1 (1947), H. 1, S. 28.

Michels, Robert: Bedeutende Männer. Charakterologische Studien, Leipzig 1927.

Mirkes, Adolf (Hrsg.): Josef Simon. Schuhmacher, Gewerkschafter, Sozialist mit Ecken und Kanten, Köln 1985.

Osterroth, Franz: Biographisches Lexikon des Sozialismus, Hannover 1960.

Osterroth, Nikolaus: Vom Beter zum Kämpfer, 2. Auflage Berlin 1980 (1. Aufl. 1920).

Plum, Werner (Hrsg.): Georg Denicke – Georg Decker. Erinnerungen und Aufsätze eines Menschewiken und Sozialdemokraten, Bonn 1980.

Rathmann, August: Ein Arbeiterleben. Erinnerungen an Weimar und danach, Wuppertal 1980.

Reichshandbuch der deutschen Gesellschaft. Das Handbuch der Persönlichkeiten in Wort und Bild, hrsg. vom Deutschen Wirtschaftsverlag AG, 2 Bde., Berlin 1930/31.

Reichstags-Handbuch, hrsg. vom Büro des Reichstages, Wahlperioden I.–VIII., 1920–1933 (März).

Ribhegge, Wilhelm: August Winnig, Bonn-Bad Godesberg 1973.

Röder, Werner/Strauss, Herbert A.: Biographisches Handbuch der deutschsprachigen Emigration nach 1933, 3 Bde., München, New York, London, Paris 1980, 1983.

Scheidemann, Philipp: Memoiren eines Sozialdemokraten, 2 Bde., Dresden 1928.

Schneider, Dieter: Fritz Naphtali – Lehrer der Gewerkschaften, in: Der Gewerkschafter 14 (1966), S. 58f.

Schneider, Michael: Rudolf Wissell (1869–1962), in: Vierteljahresschrift für Sozialrecht 6 (1978), H. 1/2, S. 165–182.

Schröder, Wilhelm Heinz: Sozialdemokratische Reichstagsabgeordnete und Reichstagskandidaten 1898 bis 1918. Biographisch-statistisches Handbuch, Düsseldorf 1986.

Schulze, Hagen: Otto Braun oder Preußens demokratische Sendung. Eine Biographie, Frankfurt/M., Berlin, Wien 1977.

Schuster, Dieter: Zum Gedächtnis an Lothar Erdmann, in: GMH 20 (1969), S. 547–551.

Schwarz, Max: MdR. Biographisches Handbuch der Reichstage, Hannover 1965.

Seidel, Jutta: »Welches Glück, daß dieser Teufelskerl zu uns gehört.« Jean Jaurès, in: BzG 32 (1990), S. 102–112.

Seidel, Richard: In Memoriam Lother Erdmann, in: GMH 1 (1950), S. 1–6.

Sender, Toni: The Autobiography of a German Rebel, New York 1939 (deutsche Übersetzung Frankfurt/M. 1980).

Severing, Carl: Mein Lebensweg, 2 Bde., Köln 1950.

So much alive. The Life and Work of W.S. Woytinsky, ed. by Emma S. Woytinsky, New York 1962.

Voigt, Barbara: Der Gewerkschaftsführer, Verleger und Publizist Johann Sassenbach (1866–1940), in: Literarisches Leben in Berlin 1871 bis 1933, hrsg. von Peter Wruck, Berlin (DDR) 1987, Bd. 1, S. 299–333.

Wandel, Eckhard: Hans Schäffer. Steuermann in wirtschaftlichen und politischen Krisen, Stuttgart 1974.

Wegbereiter. 32 Porträtskizzen, Berlin (DDR) 1987.

Werner, Georg: Meine Rechnung geht in Ordnung. Erzählung. Was mich 80 Jahre, von 1877–1957, in denen die großen sozialen, wirtschaftlichen und politischen Wandlungen, die beiden Weltkriege und die Hitlerzeit liegen, gelehrt haben, Berlin 1958.

Deutscher Wirtschaftsführer. Lebensgänge deutscher Wirtschaftspersönlichkeiten, bearbeitet von Georg Wenzel, Hamburg, Berlin, Leipzig 1929.

Wissell, Rudolf: Aus meinen Lebensjahren. Mit einem Dokumentenanhang, hrsg. von Ernst Schraepler, Berlin 1983.

Woytinsky, Wladimir: Stormy Passage. A Personal History through two Russian Revolutions to Democracy and Freedom. 1905–1960, New York 1961.

8. Zeitgenössische Literatur[1]

Abegg, Hermann: Die Entwicklung der gewerkschaftlichen Organisationsformen, rechts- und staatswissenschaftliche Diss., Ms., Freiburg/Br. 1921.

Arbeiterschaft und Erfüllungspolitik. Von Socius. Betrachtungen eines alten Gewerkschafters über die Folgen des Dawes-Gutachtens insbesondere für die Arbeitszeit in Deutschland, Berlin 1925.

Der Arbeiterverrat der Gewerkschaftsbonzen, Berlin 1931.

Arons, Hans: Die Erfassung der gewerblichen Betriebe und ihrer Arbeiter durch die deutschen Statistiken, rechts- und staatswissenschaftliche Diss., Ms., Breslau 1923.

Astor, Walther: Finanzgebarung der Gewerkschaften, in: Internationales Handwörterbuch, Bd. 1, S. 473–496.

Aufhäuser, Siegfried: Die freie Angestellten- und Arbeiterbewegung. Referat dem ersten ordentlichen Bundestag der technischen Angestellten und Beamten erstattet von S. Aufhäuser am 14. Juni 1920, Berlin 1920.

Aufhäuser, Siegfried: Die technisch-industriellen Angestellten im Kriege, in: Die Glocke, Jg. 3, H. 37, 15. 12. 1917, S. 427–432.

Aufhäuser, Siegfried: Ideologie und Taktik der Angestelltenbewegung, Referat, gehalten auf dem 4. AfA-Gewerkschaftskongreß, Leipzig 1931, Berlin 1931.

Aufhäuser, Siegfried: Weltkrieg und Angestelltenbewegung, Berlin 1918.

Backert, Eduard: Die Geschichte der deutschen Brauereiarbeiterbewegung, Berlin 1916.

Bechly, Hans: Gemeinschaftsarbeit von Arbeitgebern und Arbeitnehmern? Voraussetzungen zur Einsicht Aller, in: Soziale Praxis, Jg. 41, 4. 2. 1932, Sp. 130–138.

Bergmann, Carl: Der Weg der Reparationen. Von Versailles über den Dawes-Plan zum Ziel, Frankfurt/M. 1926.

---

1 Die Jahrgänge der ADGB-Organe »Die Arbeit« und »Korrespondenzblatt« bzw. »Gewerkschafts-Zeitung« wurden vollständig ausgewertet. Die darin erschienenen Aufsätze sind im Literaturverzeichnis nicht gesondert aufgeführt.

Berlepsch, Hans von: Freiwilliger Arbeitsdienst, in: NBlfdS 3 (1932), S. 313–320.

Bernstein, Eduard: Gewerkschaftsdemokratie, in: SMH 15 (1909), S. 82–90.

Bernstein, Eduard: Recht und Ethik im Klassenkampf: I. Die Rolle und die Rechte der Führer und Beamten, in: Graphische Presse, 24. Jg., Nr. 18, 5. 5. 1911, S. 151f.

Bischke, Margarethe: Entwicklungstendenzen der modernen deutschen Gewerkschaftsbewegung, Breslau 1931 (rechts- und staatswiss. Diss., Breslau 1930).

Blanckmeister, Erwin: Begriff und Organisation der Gewerkschaften, rechts- und staatswissenschaftliche Diss., Greifswald 1918.

Bohnstedt, Werner: Der 14. Kongreß der Freien Gewerkschaften, I. und II., in: Soziale Praxis, Jg. 40, 10. 9. 1931, Sp. 1241–1248 und 17. 9. 1931, Sp. 1276–1281.

Bohnstedt, Werner: Der Krisenkongreß des ADGB, in: Soziale Praxis, Jg. 41, 21. 4. 1932, Sp. 490ff.

Bohnstedt, Werner: Schlichtungswesen, in: Internationales Handwörterbuch, Bd. 2, S. 1395–1403.

Bötcher, Hans: Zur revolutionären Gewerkschaftsbewegung in Amerika, Deutschland und England, Jena 1922.

Brandler, Heinrich: Gewerkschaften und Betriebsräte, Berlin 1920.

Braun, Adolf: Die Gewerkschaften, ihre Entwicklung und Kämpfe. Eine Sammlung von Abhandlungen, Nürnberg 1914.

Braun, Adolf: Die Gewerkschaften. Wesen, Aufbau, Kampfmittel und Ziele der österreichischen und deutschen Gewerkschaften, zweite durchgesehene und vermehrte Auflage, Wien 1911.

Braun, Adolf: Gewerkschaften. Betrachtungen und Überlegungen während des Weltkrieges, Leipzig 1915.

Brentano, Lujo: Der Ansturm gegen den Achtstundentag, Berlin 1924.

Briefs, Götz: Arbeiter und Arbeiterbewegung, in: Internationales Handwörterbuch, Bd. 1, S. 58–64.

Briefs, Götz: Gewerkschaftstheorie, in: Internationales Handwörterbuch, Bd. 1, S. 694–700.

Briefs, Götz: Gewerkschaftswesen und Gewerkschaftspolitik, in: Handwörterbuch der Staatswissenschaften, 4. Aufl. Jena 1927, Bd. 4, S. 1108–1150.

Brin, Hennoch: Zur Akademiker- und Intellektuellenfrage in der Arbeiterbewegung, Strasbourg 1928 (phil. Diss., Basel 1928).

Broecker, Bruno: Die Aberkennung der bürgerlichen Ehrenrechte als Strafmittel mit besonderer Berücksichtigung der Strafrechtsformen in Deutschland, Österreich, der Schweiz und Italien, rechtswissenschaftliche Diss., Ms., Köln 1922.

Cassau, Jeanette: Die Arbeitergewerkschaften. Eine Einführung, Halberstadt 1927.

Cassau, Theodor: Das Führerproblem innerhalb der Gewerkschaften, Berlin 1925.

Cassau, Theodor: Der Deutsche Holzarbeiterverband. Verfassung und Verwaltung einer modernen Gewerkschaft, in: Jahrbuch für Gesetzgebung, Verwaltung und Volkswirtschaft, Jg. 33 (1909), H. 1, S. 229–264; H. 2, S. 149–188.

Cassau, Theodor: Die Gewerkschaften und die Politik, in: Gewerkschafts-Archiv 2 (1925), I., S. 337–343.

Cassau, Theodor: Die Gewerkschaftsbewegung. Ihre Soziologie und ihr Kampf, 2. Aufl. Halberstadt 1930.

Cassau, Theodor: Gewerkschaftsbeamte und Studium, in: Die Neue Zeit 40 (1922), Bd. 2, S. 605–608.

Cassau, Theodor: Wirtschaftspolitischer Ausbau der Gewerkschaften, in: Die Gesellschaft 1 (1924), II., S. 79–87.

Cohen, Adolf: Die Technik des Gewerkschaftswesens, Dresden 1913.

Cohen, Adolf: Über das Wesen der Arbeitsgemeinschaft. Vortrag, gehalten auf der Gründungsversammlung der Arbeitsgemeinschaft »Gruppe Chemie«, Berlin den 28. 4. 1919, Berlin 1919.

Cohen-Reuß, Max: Reparationspolitik, in: Internationales Handwörterbuch, Bd. 2, S. 1333–1341.

David, F.: Der Bankrott des Reformismus. Wandlungen in der Theorie und in der Politik der deutschen Gewerkschaften vom Verzicht auf die soziale Revolution zur Preisgabe des Lohnkampfes, Berlin 1932.

Deinhardt, Ernst: Das Beamtenelement in den deutschen Gewerkschaften, in: SMH 11 (1905), II., S. 1015–1023.

Deinhardt, Ernst: Ein Nachwort zur Beamtenfrage in den Gewerkschaften, in: SMH 12 (1906), I., S. 396–402.

Dissinger, Arthur: Das freigewerkschaftliche Organisationsproblem, Jena 1929.

Dißmann, Robert: Berufsorganisationen oder Industrieverbände?, hrsg. vom Vorstand des DMV, Stuttgart o.J. [1925].

Dißmann, Robert: Gegenwartsaufgaben der Gewerkschaften, Frankfurt/M. o.J. [1921].

Eggert, Wilhelm: Arbeiter und Weltwirtschaft. Ein Vortrag, gehalten in der Weltwirtschaftlichen Gesellschaft Berlin, Berlin 1930.

Eggert, Wilhelm: Der Stand der deutschen Wirtschaft, in: Die wirtschaftlichen Unternehmungen der Arbeiterbewegung. Ein Blick in die Gemeinwirtschaft, hrsg. vom Bezirksausschuß des ADGB Berlin-Brandenburg-Grenzmark, Berlin 1928, S. 13–19.

Eggert, Wilhelm: Rationalisierung und Arbeiterschaft. Vortrag, am 31. Oktober 1926 in der Berliner Betriebsrätekonferenz, einberufen vom Ortsausschuß Berlin des ADGB und vom AfA-Ortskartell in Berlin, Berlin 1927.

Enderle, August; Schreiner, Heinrich; Walcher, Jakob; Weckerle, Eduard: Das rote Gewerkschaftsbuch, Berlin o.J. (1932).

Engel, Walter: Neue Aufgaben und Erfolgsmöglichkeiten der Gewerkschaften, Leipzig 1920.

Erdmann, Lothar: »Die Arbeit«, in: Internationales Handwörterbuch, Bd. 1, S. 401f.

Erdmann, Lothar: Die Gewerkschaften im Ruhrkampf, Berlin 1924.

Fiedler, Johann: Die Konzentrationsbewegung der Gewerkschaften, Wien, Leipzig 1924.

Frey, Lothar [d.i. Walther Pahl]: Deutschland wohin? Bilanz der nationalsozialistischen Revolution, Zürich 1934.

Fricke, Fritz: Arbeiterbildung gestern und heute, in: Vierteljahreshefte der Berliner Gewerkschaftsschule, 1932, H. 3/4, S. 63ff.

Fricke, Fritz: Bildungsbestrebungen (Freie Gewerkschaften), in: Internationales Handwörterbuch, Bd. 1, S. 241–250.

Fricke, Fritz: Kampf den Bonzen!, in: Vierteljahreshefte der Berliner Gewerkschaftsschule, 1930, H. 2, S. 39–57.

Fricke, Fritz: Zehn Jahre gewerkschaftliche Bildungsarbeit in Berlin, in: Vierteljahreshefte der Berliner Gewerkschaftsschule, 1931, S. 63–171.

Furtwängler, Franz Josef: Reparationen. Der Sinn unserer Haltung, in: Das freie Wort 4 (1932), H. 6, S. 4–11.

Geiger, Theodor: Die soziale Schichtung des deutschen Volkes. Soziographischer Versuch auf statistischer Grundlage, Stuttgart 1932.

Gewerkschaften oder Allgemeine Arbeiter-Union? Reform oder Klassenkampf?, o.O. 1925.

Gewerkschaftskrise? Kritische Betrachtungen zur Arbeitnehmerbewegung. Von einem langjährigen Gewerkschaftsmitglied, Leipzig 1931.

Geyer, Curt: Drei Verderber Deutschlands. Ein Beitrag zur Geschichte Deutschlands und der Reparationsfrage von 1920 bis 1924, Berlin 1924.

Geyer, Curt: Führer und Masse in der Demokratie, Berlin o.J. [um 1920].

Gien, Richard: Unser Kampf gegen die Gewerkschaftsbonzen, Berlin 1932.

Goebbels, Josef: Vom Kaiserhof zur Reichskanzlei. Eine historische Darstellung in Tagebuchblättern (vom 1. 1. 1932 bis 1. 5. 1933), München 1935 (8. Auflage).

Gottzmann, Gerhard: Das Massen- und Führungsproblem als allgemeines soziologisches Phänomen und seine Bedeutung in der deutschen sozialistischen Gewerkschaftsbewegung, rechts- und staatswissenschaftliche Diss., Freiburg/Br. 1921.

Graßmann, Peter: Kampf dem Marxismus!? Rede anläßlich des Führungsappells der Eisernen Front Berlins am 13. Februar 1933, Berlin 1933.

Graßmann, Peter: Kapp-Putsch, in: Internationales Handwörterbuch, Bd. 1, S. 912f.

Graßmann, Peter: Sozialdemokratie und Gewerkschaften, in: Unser Weg 5 (1931), S. 113–115.

Graßmann, Peter: Wirtschaftslage und Arbeitslosenproblem, Vortrag in der Gau- und Bezirksleiterkonferenz [des Verbandes der Nahrungsmittel und Getränkearbeiter] am 3. März 1930 zu Berlin, Berlin 1930.

Greis, H.: Die inneren Beziehungen der Arbeitergewerkschaften des rheinisch-westfälischen Industriegebiets während der Kriegs- und Nachkriegszeit, Diss., Köln 1925.

Gründel, Ernst Günther: Die Sendung der Jungen Generation. Versuch einer umfassenden revolutionären Sinndeutung der Krise, München 1932.

Gumpert, Fritz: Die Bildungsbestrebungen der freien Gewerkschaften, Jena 1923.

Hanna, Gertrud: Die Arbeiterinnen und der Krieg, Berlin 1916.

Haubach, Theodor: Die militante Partei, in: NBlfdS 2 (1931), S. 211–213.

Haubach, Theodor: Wehrsport und Arbeiterbewegung, in: NBlfdS 3 (1932), S. 658–660.

Hauschild, Harry: Reichswirtschaftsrat, in: Internationales Handwörterbuch, Bd. 2, S. 1311–1322.

Heilborn, Otto: Die »freien« Gewerkschaften seit 1890. Ein Überblick über ihre Organisation, ihre Ziele und ihr Verhältnis zur Sozialdemokratischen Partei, Jena 1907.

Heller, Hermann: Nationaler Sozialismus, in: NBlfdS 2 (1931), S. 154–156.

Herfahrt, Eva: Strukturwandlungen im Verbande der Fabrikarbeiter Deutschlands, rechts- und staatswissenschaftliche Diss., Kiel 1929.

Herkner, Heinrich: Die Arbeiterfrage, 2 Bde., Berlin, Leipzig 1921 (7. Auflage).

Hermberg, Paul/Jäckel, Hermann: Die Wirtschaft und die Gewerkschaften. Zwei Vorträge, Berlin 1925.

Hertz, Paul/Seidel, Richard: Arbeitszeit, Arbeitslohn und Arbeitsleistung, Berlin 1923.

Herzfeld, Hans: Die deutsche Sozialdemokratie und die Auflösung der nationalen Einheitsfront im Weltkrieg, Leipzig 1928.

Herzig, Johannes: Die Stellung der deutschen Arbeitergewerkschaften zum Problem der Wirtschaftsdemokratie, Jena 1933.

Heyde, Ludwig: Führerproblem, in: Internationales Handwörterbuch, Bd. 1, S. 546–550.

Heyde, Ludwig: Kongresse. Allgemeines und Soziologisches, in: Internationales Handwörterbuch, Bd. 2, S. 995–997.

Heyde, Ludwig: Verbandsbeamter, in: Internationales Handwörterbuch, Bd. 2, S. 1880–1883.

Heyde, Ludwig: Zusammenhang des Gewerkschaftswesens mit Staat und Kultur, in: Internationales Handwörterbuch, Bd. 2, S. 2162–2168.

Jäckel, Hermann: Gewerkschaftsbeamte und Partei, in: Die Neue Zeit 27 (1908), Bd. 1, S. 327–330.

Jansson, Wilhelm: Amsterdam, in: Die Glocke, 5. Jg., Nr. 20, 16. 8. 1919, S. 609–612.

Jansson, Wilhelm: Die Gewerkschaften im neuen Deutschland, in: Die Glocke, 4. Jg., Nr. 28, 12. 10. 1918, S. 875–880.

Jünger, Ernst: Der Arbeiter. Herrschaft und Gestalt, (Erstausgabe 1932) Stuttgart 1982.

Kampffmeyer, Paul: Der Weltkrieg und die Freien Gewerkschaften, in: Internationales Handwörterbuch, Bd. 2, S. 1958–1975.

Kloth, Emil: Einkehr. Betrachtungen eines sozialdemokratischen Gewerkschaftlers über die Politik der deutschen Sozialdemokratie, München 1920.

Knoll, Alexander: Geschichte der Straße und ihrer Arbeiter, 3 Bde., Berlin 1913–1929.

Knümann, Johannes: Der Gewerkschaftssekretär, rechts- und staatswissenschaftliche Diss., Würzburg 1923.

Koller, Philipp Alexander: Das Massen- und Führerproblem in den Freien Gewerkschaften (Archiv für Sozialwissenschaft und Sozialpolitik, Erg. H. 17), Tübingen 1920.

Kretzen, Johannes: Die freien Gewerkschaften in der großen Krise, Bürgerblock und Gewerkschaften, Leipzig 1927.

Krieg und Arbeiterschaft. Sechs Aufsätze aus der deutschen Kriegswochenschau, Berlin 1918.

Kucharski, Fritz: Die Lebensverhältnisse von 1367 Gemeindeschulkindern in Berlin-Pankow, Leipzig 1922 (wirtschafts- und sozialwiss. Diss., Frankfurt/M. 1922).

Lange, Paul: Die Neuorientierung der Gewerkschaften, Leipzig 1917.

Lange, Paul: Die Politik der Gewerkschaftsführer 1914-1919, Berlin 1919.

Legien, Carl: Die deutsche Gewerkschaftsbewegung. Vortrag, gehalten zu Berlin am 17. Mai 1900, Berlin 1901.

Legien, Carl: Die deutsche Gewerkschaftsbewegung, zweite umgearbeitete Auflage, Berlin 1911.

Legien, Carl: Die Gewerkschaften als Organe des nationalen Wirtschaftslebens, in: SMH 21 (1915), I., S. 165-167.

Legien, Carl: Die Gewerkschaften, in: Legien/Thimme, S. 90-97.

Legien, Carl/Thimme, Friedrich (Hrsg.): Die Arbeiterschaft im neuen Deutschland, Leipzig 1915.

Leibrock, Otto: Entwicklungstendenzen innerhalb der Arbeitnehmerschaft (Vereinigung der Deutschen Arbeitgeberverbände e.V. Berichte, H. 13), Berlin 1921.

Leipart, Theodor: Die Arbeitnehmer in Deutschland, in: Zehn Jahre Deutscher Geschichte, Berlin 1928, S. 335-348.

Leipart, Theodor: Auf dem Weg zur Wirtschaftsdemokratie? [Vortrag, gehalten am 2. März 1928 auf einer vom ADGB-Bezirksausschuß Sachsen einberufenen Konferenz der Gauleiter der Verbände], Berlin 1928.

Leipart, Theodor: Die kulturelle und volkswirtschaftliche Bedeutung der Gewerkschaften (Rede in der Versammlung der Berliner Gewerkschaftsfunktionäre am 15. September 1926), Berlin 1926.

Leipart, Theodor: Die gemeinsamen Interessen der Arbeiter und der Industrie, in: SMH 21 (1915), I., S. 342-346.

Leipart, Theodor: Die Kulturaufgaben der Gewerkschaften. Vortrag gehalten in der Aula der Bundesschule in Bernau, am 14. Oktober 1932, Berlin 1932.

Leipart, Theodor: Zukunftsaufgaben der Gewerkschaften, in: Die Glocke, Jg. 3, Nr. 43, 26. 1. 1918, S. 640-648.

Leipart, Theodor/Breitscheid, Rudolf: Leipart und Breitscheid über die Notverordnung, Berlin 1931.

Leipart, Theodor/Erdmann, Lothar: Arbeiterbildung und Volksbildung, Berlin 1928.

Liebmann, Hermann: Die Politik der Generalkommission. Ein Sündenregister der Zentralvorstände der freien Gewerkschaften Deutschlands und ein Wegweiser für die Zukunft, Leipzig 1919.

Löffler, Heinrich: Das Proletariat und die Besetzung des Ruhrgebiets. Referat, gehalten vor den Funktionären der VSPD, Bezirksverband Berlin, Berlin o.J. [1923].

Löffler, Heinrich: Um Oberschlesien. Eine kritische Betrachtung der Entscheidung des Völkerbundrats, im Auftrage des ADGB, Berlin 1922.

Luxemburg, Rosa: Massenstreik, Partei und Gewerkschaften (Erstveröffentlichung, Hamburg 1906), in: Gesammelte Werke, Bd. 2, Berlin (DDR) 1981 (3. Aufl.), S. 91-170.

Mandelbaum, Ernst: Organisatorische Wandlungen im Aufbau der freien Gewerkschaften, jur. Diss., Ms., Tübingen 1923.

Martin, Karl: Eingliederung der Gewerkschaften in die Wirtschafts- und Staatsordnung, wirtschafts- und sozialwissenschaftliche Diss., Ms., Köln 1924.

Michel, Ernst: Akademie der Arbeit, in: Internationales Handwörterbuch, Bd. 1, S. 13.

Michels, Robert: Die oligarchischen Tendenzen der Gesellschaft. Ein Beitrag zum Problem der Demokratie, in: Ders.: Masse, Führer, Intellektuelle, S. 133–181 (Erstveröffentlichung 1908).

Michels, Robert: Zur Soziologie des Parteienwesens in der modernen Demokratie. Untersuchungen über die oligarchischen Tendenzen des Gruppenlebens, 2. vermehrte Auflage Leipzig 1925.

Müller, Hermann: Achtstundentag, in: Internationales Handwörterbuch Bd. 1, S. 1–6.

Neidhardt, Katharina: Beamte und Führer in den Freien Gewerkschaften, phil. Diss., Ms., Jena 1923.

Nestriepke, Siegfried: Die Gewerkschaftsbewegung, 3 Bde., Stuttgart 1919–1921.

Neuloh, Otto: Arbeiterbildung im neuen Deutschland, Leipzig 1930.

Neumann, Franz: Koalitionsfreiheit und Reichsverfassung. Die Stellung der Gewerkschaften im Verfassungssystem, Berlin 1932.

Niekisch, Ernst: Der Weg der deutschen Arbeiterschaft zum Staat, Berlin-Hessenwinkel 1925.

Nobel, Alphons: Die Gewerkschaften. Die deutsche Wirtschaft und ihre Führer, Bd. II, Gotha 1925.

Nörpel, Clemens: Gewerkschaften und Arbeitsrecht, Berlin 1924.

Nörpel, Clemens: Gewerkschaften – Wirtschaft – Politik, in: Gewerkschafts-Archiv 2 (1925), I., S. 78–85.

Nörpel, Clemens/Gusko, Kurt: Gewerkschaften und kollektives Arbeitsrecht, Berlin 1932.

Die Organisation im Klassenkampf. Die Probleme der politischen Organisation der Arbeiterklasse, Berlin-Britz o.J. [1931].

Osterroth, Nikolaus: Der deutsche Arbeiter und der Ruhreinfall, Berlin o.J. [1923].

Otte, Bernhard: Worauf es ankommt! Zur Gemeinschaftsarbeit zwischen Arbeitgebern und Arbeitnehmern, in: Soziale Praxis, Jg. 41, 31. 3. 1932, Sp. 385–390.

Pahl, Walther: Arbeiterbewegung und freiwilliger Arbeitsdienst, in: SMH 38 (1932), II., S. 607–611.

Pahl, Walther: Selbsthilfe – Autarkie – Wirtschaftsplanung, in: NBlfdS 2 (1931), S. 361–369.

Pahl, Walther: Verjüngung, Aktivierung, Konstruktive Politik. Zur Jugenddebatte auf dem Leipziger Parteitag, in: NBlfdS 2 (1931), S. 197–206.

Pahl, Walther: Was bedeutet die Eiserne Front?, in: SMH 38 (1932), I., S. 228–232.

Pahl, Walther: Die Wirtschaftskrise und die Sozialisierungsfrage, in: NBlfdS 3 (1932), S. 239–251.

Pahl, Walther: Wo bleibt der zweite Mann?, in: NBlfdS 2 (1931), S. 107–111.

Peschke, Kurt: 10 Jahre Heimvolkshochschule Tinz, in: Vierteljahreshefte der Berliner Gewerkschaftsschule, 1931, S. 23ff.

Pesl, Ludwig Daniel: Die deutschen Gewerkschaften. Ein Grundriß, Würzburg 1925.

Peters, Hermann: Gewerkschaftsbeamte und Partei. Eine Erwiderung, in: Die Neue Zeit 27 (1908), Bd. 1, S. 676–680.

Plümpe, Josef: Gewerkschaften und Staat, wirtschafts- und sozialwissenschaftliche Diss., Ms., Köln 1923.

Prager, Max: Grenzen der Gewerkschaftsbewegung, in: Archiv für Sozialwissenschaft und Sozialpolitik, N. F., Bd. 2, 1905, S. 229–300.

Quarck, Max: Die deutsche Arbeiterbewegung, in: Bücherwarte, Jg. 1926, H. 3, S. 65–71.

Quist, August: Die Stellung der Gewerkschaftsbeamten in der Arbeiterbewegung, in: SMH, Jg. 1906, S. 664–673.

Raible, Georg: Die Bildungsarbeit der Zentralverbände, in: Vierteljahreshefte der Berliner Gewerkschaftsschule, Jg. 1929, H. 2, S. 43ff.

Der Vorläufige Reichswirtschaftsrat 1920–1926. Denkschrift verfaßt von Harry Hauschild, Berlin 1926.

Der Vorläufige Reichswirtschaftsrat 1927–1932, hrsg. von dem Büro des Vorläufigen Reichswirtschaftsrates, Berlin 1933.

Reindl, Jacob: Die deutschen Gewerkschaften. Koalitionsrecht und Koalitionen der Arbeiter in Deutschland seit der Reichsgewerbeordnung (1869), Altenburg (Sachsen-Anhalt) 1922.

Rosenbaum, L.: Beruf und Herkunft der Abgeordneten zu den deutschen und preußischen Parlamenten, Diss., Frankfurt/M. 1923.

Rothe, Carl: Die Front der Gewerkschaften (Tat-Schriften), Jena 1932.

Rüberg, Th. Alois: Die Schulung der Gewerkschaftsführer in Deutschland, rechts- und staatswissenschaftliche Diss., Münster 1921.

Schildbach, Bernhard: Verfassung und Verwaltung der Freien Gewerkschaften in Deutschland, Leipzig 1910.

Schroeter, Charlotte: Beitrag zur Soziologie der freien Gewerkschaften, rechts- und staatswissenschaftliche Diss., Breslau 1922.

Schulze, Ernst: Die Rettung vor dem Untergang, Berlin 1924.

Seelbach, Hermann: Das Ende der Gewerkschaften. Aufzeichnungen über den geistigen Zusammenbruch eines Systems, Berlin 1934.

Seelbach, Hermann: Kernfragen der Bildungsarbeit an der Bundesschule Bernau, in: Vierteljahreshefte der Berliner Gewerkschaftsschule, 1932, H. 3/4, S. 74–82.

Seidel, Richard: Aufstieg und Krise der Gewerkschaftsbewegung, in: Die Gesellschaft 1 (1924), Bd. 1, S. 76–98.

Seidel, Richard: Gewerkschaften und politische Parteien in Deutschland, Berlin 1928.

Seidel, Richard: Die Gewerkschaften in der Revolution, Berlin 1920.

Seidel, Richard: Die Gewerkschaftsbewegung in Deutschland, 4. Aufl. Berlin 1932.

Seidel, Richard: Die Gewerkschaftsbewegung nach dem Kriege, Berlin 1925.

Seidel, Richard: Die Gewerkschaftsbewegung und das Rätesystem, Berlin 1919.

Seidel, Richard: Klassenarmee und Volkswehr, Berlin 1919.

Sering, Max: Deutschland unter dem Dawes-Plan. Entstehung, Rechtsgrundlagen, wirtschaftliche Wirkungen der Reparationslasten, Berlin, Leipzig 1928.

Stein, Josef: Die Teilnahme der Gewerkschaften an der Gesetzgebung, jur. Diss., Ms., Bonn 1927.

Steinecke, Helmut: Die Entwicklung von Organisation und Politik der Freien Gewerkschaften in den beiden letzten Jahrzehnten 1907–1926 (Diss. vom 30. 7. 1927), Halle/S. 1931.

Striemer, Alfred: Der Einfluß der Dringlichkeit auf die wirtschaftliche Befriedigung der Tauschbedürfnisse, rechts- und staatswissenschaftliche Diss., Ms., Halle 1919.

Striemer, Alfred: Volkswirtschaftliche Vorträge, o. O. 1922.

Striemer, Alfred: Wenn alle gleiches Einkommen hätten! Eine Sammlung von Beiträgen zu den sozialen Kämpfen der Gegenwart und zu der Frage: Müssen wir arm sein?, Berlin 1928.

Striemer, Alfred: Zur Kritik der freien Wirtschaft. Eine neuzeitliche Begründung der Sozialisierung, Berlin 1919.

Sturmfels, Wilhelm: Die Bedeutung der Gewerkschaften für die Staatsbildung, Karlsruhe 1928.

Suhr, Otto: Konjunkturforschung und Interessenvertretung, in: Gewerkschafts-Archiv 2 (1925), 1. Halbband, S. 65–66.

Suhr, Otto: Die Organisationen der Unternehmer, Berlin 1924.

Tänzler, Fritz: Die deutschen Arbeitgeberverbände 1904 bis 1929, Berlin 1929.

Tarnow, Fritz: Gewerkschaftliche Zeit- und Streitfragen. Referat, gehalten auf dem 12. Verbandstag des Deutschen Holzarbeiterverbandes vom 5.–11. 6. 1921 in Hamburg, Berlin 1921.

Tarnow, Fritz: Das Organisationsproblem im ADGB, Berlin 1925.

Tertoolen, Anton: Aufbau und Wandlungen der deutschen Gewerkschaften nach dem Kriege, juristische Diss., Göttingen 1931.

Teuber, Heinrich: Aus der Arbeiterbewegung des westfälischen Kohlenreviers, in: Sozialistische Politik und Wirtschaft, Jg. 4, Nr. 20, 20. 5. 1926.

Teuber, Heinrich: Beiträge zur neueren Geschichte der Arbeiterbewegung im Ruhrgebiet, in: Sozialistische Politik und Wirtschaft, Jg. 4, Nr. 22, 3. 6. 1926.

Thiel, Otto: Zentralarbeitsgemeinschaft, in: Internationales Handwörterbuch Bd. 2, S. 2088–2091.

Thimme, Friedrich: Gemeinsame Arbeit, der Weg zum inneren Frieden, in: Legien/Thimme, S. 222–232.

Umbreit, Paul: Allgemeiner Deutscher Gewerkschaftsbund (ADGB), in: Internationales Handwörterbuch, Bd. 1, S. 23–29.

Umbreit, Paul: Die deutschen Gewerkschaften im Weltkriege, Berlin 1917.

Umbreit, Paul: 25 Jahre deutscher Gewerkschaftsbewegung 1890–1915. Erinnerungsschrift zum 25jährigen Jubiläum der Begründung der Generalkommission der Gewerkschaften Deutschlands, Berlin 1915.

Umbreit, Paul: Ortskartelle (Freie Gewerkschaften), in: Internationales Handwörterbuch, Bd. 2, S. 1215f.

Umbreit, Paul: Der gewerkschaftliche Wiederaufbau nach dem Kriege, Berlin 1918.

Webb, Sidney und Beatrice: Die Geschichte des Britischen Trade Unionismus (deutsch von Eduard Bernstein), Stuttgart 1895.

Weber, Adolf: Der Kampf zwischen Kapital und Arbeit. Gewerkschaften und Arbeitgeberverbände in Deutschland, 5. Aufl. Tübingen 1930.

Wir klagen an! Eine Abrechnung mit den ADGB-Führern, Berlin (Vereinig. Internationale Verlags-Anstalt; für den Verlag verantwortlich H. Remmele) 1925.

Wissell, Rudolf/Heinig, Kurt/Mierendorff, Carlo: Das Dawes-Gutachten, Berlin 1924.

Woldt, Richard: Der Endkampf an der Ruhr: politische, wirtschaftliche und soziale Betrachtungen, Berlin 1923.

Woldt, Richard: Wirtschaftliche Schulungsarbeit und gewerkschaftliches Führertum, 2. Aufl. Leipzig 1922.

Woldt, Richard: Universitäten und Gewerkschaftswesen, in: Internationales Handwörterbuch, Bd. 2, S. 1778–1780.

Wolff, Wilhelm: Der Achtstundentag, Berlin 1926.

Woytinsky, Wladimir: Statistik der Arbeit, in: Internationales Handwörterbuch, Bd. 2, S. 1553–1591.

Zehn Jahre Deutscher Geschichte 1918–1928, Berlin 1928.

Ziervogel, Max: Die Gestaltung der Organisationsform der freien Gewerkschaften, phil. Diss., Gießen 1924.

Zwing, Karl: Geschichte der deutschen freien Gewerkschaften, 3. Auflage Jena 1928.

Zwing, Karl: Gewerkschaftliche Probleme. Beiträge zu den neuen Aufgaben der Gewerkschaften, Stuttgart 1921.

Zwing, Karl: Konjunkturforschung, in: Gewerkschafts-Archiv 2 (1925), 2. Halbband, S. 165–166.

Zwing, Karl: Soziologie der Gewerkschaftsbewegung, Teil I: Gewerkschaften und Wirtschaft, Jena 1925.

9. Moderne Literatur (nach 1945)

Abendroth, Wolfgang: Die deutschen Gewerkschaften (Reprint der Ausgabe von 1954), Berlin 1989.

Abraham, David: Klassenkompromiß und Wiederkehr des Klassenkonflikts in der Weimarer Republik, in: Prokla. Zeitschrift für politische Ökonomie und sozialistische Politik, H. 52, Sept. 1983, S. 41–78.

Abraham, David: The Collapse of the Weimar Republic. Political Economy and Crisis, New York, London (2. Aufl.) 1986.

Albrecht, Willy: Fachverein – Berufsgewerkschaft – Zentralverband. Organisationsprobleme der deutschen Gewerkschaften 1870–1890, Bonn 1982.

Antrick, Otto: Die Akademie der Arbeit in der Universität Frankfurt/Main. Idee, Werden, Gestalt, Darmstadt 1966.

Die Arbeiter. Lebensformen, Alltag und Kultur von der Frühindustrialisierung bis zum »Wirtschaftswunder«, hrsg. von Wolfgang Ruppert, München 1986.

Arbeiterbewegung und industrieller Wandel. Studien zu gewerkschaftlichen Organisationsproblemen im Reich und an der Ruhr, hrsg. von Hans Mommsen, Wuppertal 1980.

Deutsche Arbeiterbewegung vor dem Faschismus, mit Beiträgen von Hildegard Caspar u.a. (Argument Sonderband AS 74), Berlin 1981.

Sozialdemokratische Arbeiterbewegung und Weimarer Republik. Materialien zur gesellschaftlichen Entwicklung 1927–1933, hrsg. von Wolfgang Luthardt, 2 Bde., Frankfurt/M. 1978.

Auernheimer, Gustav: »Genosse Herr Doktor«. Zur Rolle von Akademikern in der deutschen Sozialdemokratie 1890–1933, Gießen 1985.

Auf dem Wege zur Massengewerkschaft. Die Entwicklung in Deutschland und Großbritannien 1880–1914, hrsg. von W.J. Mommsen und Hans-Gerd Husung, Stuttgart 1984.

Aufstieg des Nationalsozialismus. Untergang der Republik. Zerschlagung der Gewerkschaften. Beiträge zur Geschichte der Arbeiterbewegung zwischen Demokratie und Diktatur, hrsg. von Ernst Breit, Köln 1984.

Bahl, Volker: Lohnverhandlungssystem der Weimarer Republik – Von der Schlichtungsverordnung zum Ruhreisenstreit. Verbandsautonomie oder staatliche Verbandsgarantie, in: GMH 29 (1978), S. 397–411.

Bähr, Johannes: Staatliche Schlichtung in der Weimarer Republik. Tarifpolitik, Korporatismus und industrieller Konflikt zwischen Inflation und Deflation 1919–1932, Berlin 1989.

Beier, Gerhard: Einheitsgewerkschaft. Zur Geschichte eines organisatorischen Prinzips der deutschen Arbeiterbewegung, in: Ders.: Geschichte und Gewerkschaft, S. 315–389.

Beier, Gerhard: Geschichte und Gewerkschaft. Politisch-historische Beiträge zur Geschichte sozialer Bewegungen, Frankfurt/M. 1981.

Beier, Gerhard: Das Lehrstück vom 1. und 2. Mai 1933, Frankfurt/M., Köln 1975.

Beier, Gerhard: Das Problem der Arbeiteraristokratie im 19. und 20. Jahrhundert. Zur Sozialgeschichte einer umstrittenen Kategorie, in: Ders.: Geschichte und Gewerkschaft, S. 118–180.

Beier, Gerhard: Zur Entstehung des Führerkreises der vereinigten Gewerkschaften Ende April 1933, in: AfS 15 (1975), S. 365–392.

Beiträge zur Soziologie der Gewerkschaften, hrsg. von Joachim Bergmann, Frankfurt/M. 1979.

Benz, Wolfgang: Vom Freiwilligen Arbeitsdienst zur Arbeitsdienstpflicht, in: VfZ 16 (1968), S. 317–346.

Bieber, Hans-Joachim: Gewerkschaften in Krieg und Revolution. Arbeiterbewegung, Industrie, Staat und Militär in Deutschland 1914–1920, 2 Bde., Hamburg 1981.

Biegert, Hans H.: Gewerkschaftspolitik in der Phase des Kapp-Lüttwitz-Putsches, in: Industrielles System, S. 190–205.

Blaich, Fritz: Der »30-Millionen-Fonds«. Die Auseinandersetzung um eine soziale Ruhrentschädigung 1925–1927, in: Blätter für die deutsche Landesgeschichte 1977, S. 450–476.

Blaich, Fritz: Der Schwarze Freitag. Inflation und Wirtschaftskrise, München 1985.

Blaich, Fritz: Die Wirtschaftskrise 1925/26 und die Reichsregierung, Kallmütz 1977.

Böhret, Carl: Aktionen gegen die »kalte Sozialisierung« 1926–1930. Ein Beitrag zum Einwirken ökonomischer Einflußverbände in der Weimarer Republik, Berlin 1966.

Böhret, Carl: Institutionalisierte Einflußwege der Verbände in der Weimarer Republik, in: Interessenverbände in Deutschland, hrsg. von Heinz Josef Varain, Köln 1973, S. 216–227.

Borchardt, Knut: Zwangslagen und Handlungsspielräume in der großen Wirtschaftskrise der frühen dreißiger Jahre: Zur Revision des überlieferten Geschichtsbildes, in: Bayerische Akademie der Wissenschaften, Jahrbuch 1979, München 1979, S. 87–132.

Borsdorf, Ulrich: Die Gewerkschaften. Hans Böckler zum Beispiel, in: Die Arbeiter, S. 409–426.

Borsdorf, Ulrich: Deutsche Gewerkschaftsführer – biografische Muster, in: Gewerkschaftliche Politik: Reform aus Solidarität. Zum 60. Geburtstag von Heinz O. Vetter, hrsg. von U. Borsdorf u.a., Köln 1977, S. 11–41.

Borsdorf, Ulrich: Historische Wandlungsprozesse im gewerkschaftlichen Führungspersonal, in: GMH 29 (1978), S. 602–616.

Bracher, Karl-Dietrich: Die Auflösung der Weimarer Republik. Eine Studie zum Problem des Machtverfalls in der Demokratie, Königstein/Ts., Düsseldorf 1978 (Nachdruck der 5. Auflage, Villingen 1971).

Braunthal, Gerard: Der Allgemeine Deutsche Gewerkschaftsbund. Zur Politik der Arbeiterbewegung in der Weimarer Republik, Köln 1981 (aus dem amerikanischen von J. Voß: Originaltitel: Socialist Labor and Politics in Weimar Germany. The General Federation of German Trade Unions, Hamden, Cam. 1978).

Briefs, Götz: Gewerkschaften, Theorie, in: Handwörterbuch der Sozialwissenschaften, Bd. 4, Göttingen 1965, S. 545–561.

Bronder, Dietrich: Organisation und Führung der sozialistischen Arbeiterbewegung im Deutschen Reich 1890 1914, phil. Diss., Ms., Göttingen 1952.

Brunner, Detlev: Zur historischen Entwicklung gewerkschaftlicher Verwaltung und des »Funktionärsbildes«, in: GMH 42 (1991), S. 360–370.

Buhl, Manfred: Sozialistische Gewerkschaftsarbeit zwischen programmatischem Anspruch und politischer Praxis. Der ADGB und die freien Gewerkschaften in der Stabilisierungsphase der Weimarer Republik (1923/24–1927/28), Köln 1983.

Bühler, Karl: Die pädagogische Problematik des freiwilligen Arbeitsdienstes, phil. Diss., Aachen 1978.

Buschak, Willy: Von Menschen, die wie Menschen leben wollten. Die Geschichte der Gewerkschaft Nahrung–Genuß Gaststätten und ihrer Vorläufer, Köln 1985.

Bußmann, Bernhard: Die Freien Gewerkschaften während der Inflation. Die Politik des Allgemeinen Deutschen Gewerkschaftsbundes und die soziale Entwicklung in den Jahren 1920 bis 1923, phil. Diss., Ms., Kiel 1965.

Büttner, Ursula: Die politische Haltung der Hamburger Freien Gewerkschaften, in: Arbeiter in Hamburg. Unterschichten, Arbeiter und Arbeiterbewegung seit dem ausgehenden 18. Jahrhundert, hrsg. von A. Herzig; D. Langewiesche und A. Sywottek, Hamburg 1983, S. 517–528.

Büttner, Ursula: Politische Alternativen zum Brüningschen Deflationskurs, in: VfZ 37 (1989), S. 209–251.

Conze, Werner: Die Krise des Parteienstaates in Deutschland 1929/30, in: HZ 178 (1954), S. 47–83.

Deppe, Frank: Hätten die Gewerkschaften die Weimarer Republik retten können? Korreferat zur AG II der wissenschaftlichen Konferenz des DGB zur Geschichte der Gewerkschaften, München 12./13. 10. 1979, in: Das Argument 122/1980, S. 546–560.

Deppe, Frank/Roßmann, Witich: Kommunistische Gewerkschaftspolitik in der Weimarer Republik, in: Solidarität und Menschenwürde, S. 209–231.

Deppe, Frank/Roßmann, Witich: Hätte der Faschismus verhindert werden können? Gewerkschaften, SPD und KPD 1929–1933, in: Blätter zur deutschen und internationalen Politik, 28 (1983), S. 18–29.

Deutschland, Heinz: Die Bernauer Gewerkschaftsschule im Wandel der Zeiten, in: BzG 32 (1990), S. 673–686.

Diner, Dan: »Grundbuch des Planeten«. Zur Geopolitik Karl Haushofers, in: VfZ 32 (1984), S. 1–28.

Doerry, Martin: Übergangsmenschen. Die Mentalität der Wilhelminer und die Krise des Kaiserreiches, 2 Bde., Weinheim 1986.

Domansky, Elisabeth: Arbeitskampf und Arbeitsrecht in der Weimarer Republik, in: Gewerkschafts-Zeitung, Jg. 1924, Reprints zur Sozialgeschichte, hrsg. von Dieter Dowe, Berlin/Bonn 1984, S. [31]–[80].

Domansky, Elisabeth: Politische Dimensionen von Jugendprotest und Generationenkonflikt in der Zwischenkriegszeit in Deutschland, in: D. Dowe (Hrsg.): Jugendprotest und Generationskonflikt in Europa im 20. Jahrhundert, Bonn 1986, S. 113–137.

Dörnemann, Manfred: Die Politik des Verbandes der Bergarbeiter Deutschlands von der Novemberrevolution 1918 bis zum Osterputsch 1921 unter besonderer Berücksichtigung der Verhältnisse im rheinisch-westfälischen Industriegebiet, phil. Diss., Würzburg 1965.

Ehni, Hans-Peter: Bollwerk Preußen? Preußen-Regierung, Reich-Länder-Problem und Sozialdemokratie 1928–1932, Bonn-Bad Godesberg 1975.

Eickhof, Norbert: Eine Theorie der Gewerkschaftsentwicklung. Entstehung, Stabilität und Befestigung, Tübingen 1973.

Eisner, Freya: Das Verhältnis der KPD zu den Gewerkschaften in der Weimarer Republik, Frankfurt/M. o.J.

Emig, Dieter/Zimmermann, Rüdiger: Das Ende einer Legende: Gewerkschaften, Papen und Schleicher. Gefälschte und echte Protokolle, in: IWK 12 (1976), S. 19–43.

Das Ende der Parteien 1933. Darstellungen und Dokumente, hrsg. von Erich Matthias und Rudolf Morsey, Bonn 1960 (unveränderter Nachdruck Königstein/Ts., Düsseldorf 1979).

Enderle, Irmgard: Lehren der Gewerkschaftsgeschichte vor 1933, in: GMH 6 (1955), S. 550–555.

Die Entstehung des Wohlfahrtsstaates in Großbritannien und Deutschland 1850–1950, hrsg. von Wolfgang J. Mommsen und Wolfgang Mock, Stuttgart 1982.

Esters, Helmut/Pelger, Hans: Gewerkschafter im Widerstand, 2. mit einem forschungsgeschichtlichen Überblick von Alexandra Schlingensiepen versehene Auflage, Bonn 1983.

Euchner, Walter/Stockhausen, Maurice: SPD, Gewerkschaften und Reichswirtschaftsrat, in: Solidargemeinschaft und Klassenkampf, S. 61–80.

Federlein, Angelika: Autobiographien von Arbeitern 1890–1914, Marburg 1987.

Fehler, Versagen, Schuld? Ein Streitgespräch über die Rolle von SPD, KPD und Gewerkschaften am Ende der Weimarer Republik zwischen Ulrich Borsdorf, Frank Deppe, Michael Schneider und Hermann Weber, in: GMH 34 (1983), S. 285–304.

Feidel-Mertz, Hildegard: Zur Ideologie der Arbeiterbildung, 2. Auflage Frankfurt/M. 1972.

Feldman, Gerald D.: Arbeitszeitkonflikte im Ruhrbergbau 1919–1922. Zur Politik von Zechenverband und Gewerkschaften in der Überschichtenfrage, in: VfZ 28 (1980), S. 168–223.

Feldman, Gerald D.: Armee, Industrie und Arbeiterschaft in Deutschland 1914–1918, Berlin, Bonn 1985.

Feldman, Gerald D.: Die freien Gewerkschaften und die ZAG 1918–1924, in: Vom Sozialistengesetz zur Mitbestimmung, S. 229–252.

Feldman, Gerald D.: Die Großindustrie und der Kapp-Putsch, in: ders.: Vom Weltkrieg zur Weltwirtschaftskrise, S. 192–217.

Feldman, Gerald D.: Der deutsche Organisierte Kapitalismus während der Kriegs- und Inflationsjahre 1914–1923, in: Winkler, Organisierter Kapitalismus, S. 150–171.

Feldman, Gerald D.: The Origins of the Stinnes-Legien Agreement. A Documentation, in: IWK, Nr. 19/20 (1973), S. 45–103.

Feldman, Gerald D.: Das deutsche Unternehmertum zwischen Krieg und Revolution: Die Entstehung des Stinnes-Legien-Abkommens, in: ders.: Vom Weltkrieg zur Weltwirtschaftskrise, S. 100–127.

Feldman, Gerald D.: The Weimar Republic: A Problem of Modernization?, in: AfS 26 (1986), S. 1–26.

Feldman, Gerald D.: Vom Weltkrieg zur Weltwirtschaftskrise. Studien zur deutschen Wirtschafts- und Sozialgeschichte 1914–1932, Göttingen 1984.

Feldman, Gerald D./Steinisch, Irmgard: Industrie und Gewerkschaften 1918–1924. Die überforderte Zentralarbeitsgemeinschaft, Stuttgart 1985.

Feldman, Gerald D./Steinisch, Irmgard: Die Weimarer Republik zwischen Sozial- und Wirtschaftsstaat. Die Entscheidung gegen den Achtstundentag, in: AfS 18 (1978), S. 353–439.

Fleck, Hans-Georg: Soziale Gerechtigkeit durch Organisationsmacht und Interessenausgleich. Ausgewählte Aspekte zur Geschichte der sozialliberalen Gewerkschaftsbewegung in Deutschland (1868/69–1933), in: Solidarität und Menschenwürde, S. 83–106.

Frevert, Ute: Frauen im freigewerkschaftlichen »Zentralverband der Angestellten« – oder das Auseinanderfallen von allgemeiner und Frauenemanzipation in der sozialdemokratischen Praxis der Weimarer Republik, in: Geschichte der Arbeiterbewegung. ITH-Tagungsberichte, Bd. 13, Teil 1, Wien 1980, S. 234–249.

Fricke, Dieter: Die deutsche Arbeiterbewegung 1869–1914. Ein Handbuch über ihre Organisation und Tätigkeit im Klassenkampf, Berlin (DDR) 1976.

Fricke, Dieter: Handbuch zur Geschichte der deutschen Arbeiterbewegung 1869 bis 1917, 2 Bde., Berlin (DDR) 1987.

75 Jahre Industriegewerkschaft 1891 bis 1966. Vom Deutschen Metallarbeiter-Verband zur Industriegewerkschaft Metall, hrsg. von der IG Metall, Frankfurt/M. 1966.

Furtwängler, Franz Josef: Bedeutung und zukünftige Aufgaben der Arbeiterbewegung, Frankfurt/M. 1947.

Furtwängler, Franz Josef: Die Gewerkschaften. Ihre Geschichte und internationale Auswirkung, Hamburg 1956.

Furtwängler, Franz Josef: ÖTV. Die Geschichte einer Gewerkschaft, Stuttgart 1955.

Furtwängler, Franz Josef: Schleicher und die Arbeiter, in: Die Zeit, Nr. 19, 7. 5. 1953.

Gates, Robert A.: Von der Sozialpolitik zur Wirtschaftspolitik? Das Dilemma der deutschen Sozialdemokratie in der Krise 1929–1933, in: Industrielles System, S. 206–225.

Geschichte der deutschen Gewerkschaftsbewegung, hrsg. von Frank Deppe; Georg Fülberth; Jürgen Harrer, Köln 1977.

Geyer, Michael: Nation, Klasse und Macht. Zur Organisation von Herrschaft in der Weimarer Republik, in: AfS 26 (1986), S. 27–48.

Glashagen, Winfried: Die Reparationspolitik Brünings 1930–1931, Studien zum wirtschafts- und außenpolitischen Entscheidungsprozeß in der Auflösungsphase der Weimarer Republik, Diss., Bonn 1980.

Grebing, Helga: Geschichte der deutschen Arbeiterbewegung, 10. Auflage München 1980.

Grebing, Helga: Gewerkschaftliches Verhalten in der politischen Krise der Jahre 1930–1933, in: Gewerkschaften in der Krise, Anhang in: Gewerkschafts-Zeitung, Jg. 1933, Reprints zur Sozialgeschichte, hrsg. von Dieter Dowe, Berlin/Bonn 1983, S. [7]–[46].

Grewe, Hartmut/Niedenhoff, Horst-Udo/Wilke, Manfred: Funktionärskarrieren im DGB. Zum Generationswechsel an der Spitze der DGB-Gewerkschaften, hrsg. i.A. der Konrad-Adenauer-Stiftung (Forschungsbericht 67), Melle 1988.

Grübler, Michael: Die Spitzenverbände der Wirtschaft und das erste Kabinett Brüning, Düsseldorf 1982.

Hahn, Thomas: Arbeiterbewegung und Gewerkschaften; eine Untersuchung der Strategiebildung auf dem Arbeitsmarkt am Beispiel des Kampfes gegen die Arbeitslosigkeit mit Arbeitsnachweisen und Arbeitslosenunterstützung bis zum Arbeitsbeschaffungsprogramm in der Wirtschaftskrise Deutschlands 1928–1933, phil. Diss., Berlin 1977.

Hartmann, Heinz: Funktionale Autorität und Bürokratie, in: Renate Mayntz (Hrsg.): Bürokratische Organisation, Köln, Berlin 1968, S. 191–200.

Hartwich, Hans-Hermann: Arbeitsmarkt, Verbände und Staat 1918–1933. Die öffentliche Bindung unternehmerischer Funktionen in der Weimarer Republik, Berlin 1967.

Heer, Hannes: Burgfrieden oder Klassenkampf. Zur Politik der sozialdemokratischen Gewerkschaften 1930–1933, Neuwied, Berlin 1971.

Heidegger, Hermann: Die deutsche Sozialdemokratie und der nationale Staat 1870–1920. Unter besonderer Berücksichtigung der Kriegs- und Revolutionsjahre, Göttingen, Berlin, Frankfurt/M. 1956.

Heinemann, Ulrich: Die verdrängte Niederlage. Politische Öffentlichkeit und Kriegsschuldfrage in der Weimarer Republik, Göttingen 1983.

Helbich, Wolfgang J.: Die Reparationen in der Ära Brüning. Zur Bedeutung des Young-Planes für die deutsche Politik 1930–1932, Berlin 1962.

Henze, Jochen: Sechsstundenschicht im Ruhrbergbau 1918–1920. Ursachen und Verlauf eines Arbeitszeitkonflikts, Freiburg 1988.

Herkunft und Mandat. Beiträge zur Führungsproblematik in der Arbeiterbewegung, Frankfurt/M., Köln 1976.

Hertz-Eichenrode, Dieter: Wirtschaftskrise und Arbeitsbeschaffung. Konjunkturpolitik 1925/26 und die Grundlagen der Krisenpolitik Brünings, Frankfurt/M., New York 1982.

Heupel, Eberhard: Reformismus und Krise. Zur Theorie und Praxis von SPD, ADGB und AfA-Bund in der Weltwirtschaftskrise 1929–1932/33, Frankfurt/M., New York 1981.

Heupel, Eberhard: Ziele und Möglichkeiten der freien Gewerkschaften in der Weltwirtschaftskrise, in: Deutsche Arbeiterbewegung vor dem Faschismus, S. 10–49.

Hirsch-Weber, Wolfgang: Gewerkschaften in der Politik, Köln, Opladen 1959.

Högl, Günther: Gewerkschaften und USPD von 1916–1922. Ein Beitrag zur Geschichte der deutschen Arbeiterbewegung unter besonderer Berücksichtigung des Deutschen Metallarbeiter-, Textilarbeiter- und Schuhmacherverbandes, phil. Diss., München 1982.

Holtfrerich, Carl-Ludwig: Alternativen zu Brünings Wirtschaftspolitik in der Weltwirtschaftskrise?, in: HZ 235 (1982), S. 605–631.

Huber, Ernst Rudolf: Deutsche Verfassungsgeschichte seit 1789, Bd. IV: Struktur und Krisen des Kaiserreichs, 2. Auflage Stuttgart 1982.

Huber, Ernst Rudolf: Deutsche Verfassungsgeschichte seit 1789, Bd. VI: Die Weimarer Reichsverfassung, Stuttgart 1981.

Hüllbüsch, Ursula: Der Ruhreisenstreit in gewerkschaftlicher Sicht, in: Industrielles System, S. 271–289.

Hüllbüsch, Ursula: Gewerkschaften und Staat. Ein Beitrag zur Geschichte der Gewerkschaften zu Anfang und zu Ende der Weimarer Republik, phil. Diss., Ms., Heidelberg 1958.

Hüllbüsch, Ursula: Die deutschen Gewerkschaften in der Weltwirtschaftskrise, in: Die Staats- und Wirtschaftskrise des Deutschen Reiches 1929/33, hrsg. von W. Conze und H. Raupach, Stuttgart 1967, S. 126–154.

Hüllbüsch, Ursula: Koalitionsfreiheit und Zwangstarif. Die Stellungnahme des ADGB zu Tarifzwang und Schlichtungswesen in der Weimarer Republik, in: Soziale Bewegung und politische Verfassung. Beiträge zur Geschichte der modernen Welt. Werner Conze zum 31. Dezember 1975, hrsg. von Ulrich Engelhardt, Volker Sellin und Horst Stuke, Stuttgart 1976, S. 599–652.

Industrielles System und politische Entwicklung in der Weimarer Republik, hrsg. von Hans Mommsen, Dieter Petzina und Bernd Weisbrod, Düsseldorf 1974.

Jaeger, Hans: Generationen in der Geschichte, in: GuG 3 (1977), S. 429–452.

Jahn, Peter: Gewerkschaften in der Krise. Zur Politik des ADGB in der Ära der Präsidialkabinette 1930 bis 1933, in: Solidarität und Menschenwürde, S. 233–253.

Jugendprotest und Generationskonflikt in Europa im 20. Jahrhundert, hrsg. von Dieter Dowe, Bonn 1986.

Jühe, Reinhard: Soziale Herkunft und Aufstieg von Gewerkschaftsfunktionären (Beiträge zur Gesellschafts- und Bildungspolitik. Institut der deutschen Wirtschaft, Bd. 13), Köln 1977.

Kaiser, Andreas: Probleme gewerkschaftlicher Politik in der Endphase der Weimarer Republik, in: Blätter für deutsche und internationale Politik 25 (1980), S. 1099–1114.

Kater, Michael H.: Die »Technische Nothilfe« im Spannungsfeld zwischen Arbeiterunruhen, Unternehmerinteressen und Parteipolitik, in: VfZ 27 (1979), S. 30–78.

Kissenkötter, Udo: Gregor Strasser und die NSDAP, Stuttgart 1978.

Klönne, Arno: Fragwürdige Leitbilder der politischen und gewerkschaftlichen Arbeiterbewegung in der Weimarer Republik, in: Aufstieg des Nationalsozialismus, S. 85–93.

Kocka, Jürgen: Organisierter Kapitalismus oder Staatsmonopolistischer Kapitalismus? Begriffliche Vorbemerkungen, in: Winkler, Organisierter Kapitalismus, S. 19–35.

Kocka, Jürgen: Klassengesellschaft im Krieg. Deutsche Sozialgeschichte 1914–1918, Göttingen 1973.

Köhler, Henning: Arbeitsbeschaffung, Siedlung und Reparationen in der Schlußphase der Regierung Brüning, in: VfZ 17 (1969), S. 276–307.

Köhler, Henning: Arbeitsdienst in Deutschland. Pläne und Verwirklichungsformen bis zur Einführung der Arbeitsdienstpflicht im Jahre 1935, Berlin 1967.

König, Mario: Die Angestellten unterwegs. Vom Berufsstand zur modernen Gewerkschaft 1890–1990, Köln 1991.

Kolland, Dorothea: Klassenkampf und Erziehung in der Weimarer Republik, in: Wie das Leben lernen... Kurt Löwensteins Entwurf einer sozialistischen Erziehung. Beiträge und Dokumente, hrsg. von Gerald Betz u.a., Berlin 1985, S. 45–69.

Kriegserlebnis. Der Erste Weltkrieg in der literarischen Gestaltung und symbolischen Deutung der Nationen, hrsg. von Klaus Vondung, Göttingen 1980.

Krohn, Claus-Dieter: »Ökonomische Zwangslagen« und das Scheitern der Weimarer Republik. Zu Knut Borchardts Analyse der deutschen Wirtschaft in den zwanziger Jahren, in: GuG 8 (1982), S. 415–426.

Krug, Peter: Gewerkschaften und Arbeiterbildung. Gewerkschaftliche Bildungsarbeit von ihren Anfängen bis zur Weimarer Republik, Köln 1980.

Krüger, Peter: Das Reparationsproblem der Weimarer Republik in fragwürdiger Sicht. Kritische Überlegungen zur neuesten Forschung, in: VfZ 29 (1981), S. 21–47.

Krüger, Peter: Deutschland und die Reparationen 1918/19. Die Genesis des Reparationsproblems in Deutschland zwischen Waffenstillstand und Versailler Friedensschluß, Stuttgart 1973.

Krüger, Peter: Die Außenpolitik der Republik von Weimar, Darmstadt 1985.

Krüger, Peter: Versailles. Deutsche Außenpolitik zwischen Revisionismus und Friedenssicherung, München 1986.

Kruse, Wolfgang: Krieg, Neuorientierung und Spaltung. Die politische Entwicklung der deutschen Sozialdemokratie 1914–1918 im Lichte der Vorstellungen ihrer revisionistisch-reformistisch geprägten Kritiker, in: IWK 23 (1987), S. 1–27.

Kruse, Wolfgang: »Welche Wendung durch des Weltkrieges Schickung.« Die SPD und der Beginn des Ersten Weltkrieges,in: August 1914. Ein Volk zieht in den Krieg, hrsg. von der Berliner Geschichtswerkstatt, Berlin 1989, S. 115–126.

Kuda, Rudolf: Das Konzept der Wirtschaftsdemokratie, in: Vom Sozialistengesetz zur Mitbestimmung, S. 253–274.

Kukuck, Horst-Albert: Der Wiederaufschwung der Gewerkschaftsbewegung 1924 bis 1929, in: Solidarität und Menschenwürde, S. 153–186.

Landmann, Oliver: Theoretische Grundlagen für eine aktive Krisenbekämpfung in Deutschland 1930–1933, in: Der Keynesianismus III. Die geld- und beschäftigungstheoretische Diskussion in Deutschland zur Zeit von Keynes, hrsg. von G. Bombach u.a., Berlin, Heidelberg, New York 1981, S. 215–420.

Langewiesche, Dieter: Kompetenzerweiterung und Bildung: Zur Bedeutung der Bildungsarbeit für die Gewerkschaften in der Weimarer Republik, in: Gewerkschafts-Zeitung, Jg. 1924, Reprints zur Sozialgeschichte, hrsg. von Dieter Dowe, Berlin, Bonn 1984, S. [9]–[30].

Laubscher, Gerhard: Die Opposition im Allgemeinen Deutschen Gewerkschaftsbund (ADGB) 1918–1923, Frankfurt/M. 1979.

Lebenslauf und Geschichte. Zum Einsatz von kollektiven Biographien in der historischen Sozialforschung, hrsg. von W.H. Schröder, Stuttgart 1985.

Lehndorff, Steffen: Wie kam es zur RGO? Probleme der Gewerkschaftsentwicklung in der Weimarer Republik von 1927 bis 1929, Frankfurt/M. 1975.

Leuschen-Seppel, Rosemarie: Zwischen Staatsverantwortung und Klasseninteresse. Die Wirtschafts- und Finanzpolitik der SPD zur Zeit der Weimarer Republik unter besonderer Berücksichtigung der Mittelphase 1924–1928/29, Bonn 1981.

Losseff-Tillmanns, Gisela: Das erste Arbeiterinnensekretariat bei den Freien Gewerkschaften und seine Entstehung. Zur Geschichte der organisierten gewerkschaftlichen Frauenarbeit, in: Frauen und Arbeit 1985, H. 8–10, S. 1–12.

Losseff-Tillmanns, Gisela: Frauenemanzipation und Gewerkschaften, Wuppertal 1978.

Ludewig, Hans-Ulrich: Von der Gerichtsklage zur Betriebsschließung, Konflikte in der Braunschweiger Metallindustrie 1918/19, in: IWK 25 (1989), S. 157–174.

Lüke, Rolf E.: Von der Stabilisierung zur Krise, Zürich 1958.

Mai, Gunther: Die Geißlinger Metallarbeiterbewegung zwischen Klassenkampf und Volksgemeinschaft 1931–1933/34, Düsseldorf 1984.

Mai, Gunther: Die Nationalsozialistische Betriebszellen-Organisation, in: Solidarität und Menschenwürde, S. 271–289.

Maier, Charles S.: Strukturen kapitalistischer Stabilität in den 20er Jahren: Errungenschaften und Defizite, in: Winkler, Organisierter Kapitalismus, S. 195–213.

Martin, Bernd: Die deutschen Gewerkschaften und die nationalsozialistische Machtübernahme. Von der Anpassungspolitik während der Präsidialkabinette zur Selbstausschaltung im totalitären Staat, in: GWU 36 (1985), S. 605–631.

Martiny, Martin: Die politische Bedeutung der gewerkschaftlichen Arbeitersekretariate vor dem Ersten Weltkrieg, in: Vom Sozialistengesetz zur Mitbestimmung, S. 153–174.

Martiny, Martin: Die Entwicklung und politische Bedeutung der »Neuen Blätter für den Sozialismus«, in: VfZ 25 (1977), S. 373–419.

Martiny, Martin: Integration oder Konfrontation? Studien zur Geschichte der sozialdemokratischen Rechts- und Verfassungspolitik, Bonn-Bad Godesberg 1976.

Martiny, Martin: Sozialdemokratie und junge Generation am Ende der Weimarer Republik, in: Sozialdemokratische Arbeiterbewegung, hrsg. von W. Luthardt, Bd. 2, S. 56–117.

Maschke, Walter: Burgfrieden und »Arbeitsgemeinschaft«. Ein lehrreicher historischer Rückblick, in: Die Arbeit. Theoretische Zeitschrift des Freien Deutschen Gewerkschaftsbundes, Jg. 1, Oktober 1947, S. 272–275.

Matthias, Erich: Sozialdemokratie und Nation. Ein Beitrag zur Ideengeschichte der sozialdemokratischen Emigration in der Prager Zeit des Parteivorstandes 1933–1938, Stuttgart 1952.

Mayntz, Renate (Hrsg.): Bürokratische Organisation, Köln, Berlin 1968.

Mayntz, Renate: Max Webers Idealtypus der Bürokratie und die Organisationssoziologie, in: Dies.: Bürokratische Organisation, S. 27–35.

Messerschmidt, Manfred: Militärgeschichtliche Aspekte der Entwicklung des deutschen Nationalstaates, Düsseldorf 1988.

Michels, Robert: Masse, Führer, Intellektuelle. Politisch-soziologische Aufsätze 1906–1933; mit einer Einführung von Joachim Milles, Frankfurt/M., New York 1987.

»Mit uns zieht die neue Zeit.« Der Mythos Jugend, hrsg. von Thomas Koebner, Rolf-Peter Janz und Frank Trommler, Frankfurt/M. 1985.

Mommsen, Hans: Arbeiterbewegung und Nationale Frage. Ausgewählte Aufsätze, Göttingen 1979.

Mommsen, Hans: Die verspielte Freiheit. Der Weg der Republik von Weimar in den Untergang 1918–1933, Frankfurt/M., Berlin 1990.

Mommsen, Hans: Gegenwartshandeln und geschichtliche Erfahrung. Die Gewerkschaften und die Konsequenzen des Frühjahrs 1933, in: GMH 26 (1975), S. 393–398.

Mommsen, Hans: Generationskonflikt und Jugendrevolte in der Weimarer Republik, in: »Mit uns zieht...«, S. 50–67.

Mommsen, Hans: Die deutschen Gewerkschaften zwischen Anpassung und Widerstand 1933–1944, in: ders.: Arbeiterbewegung und Nationale Frage, S. 366–383.

Mommsen, Hans: Klassenkampf oder Mitbestimmung. Zum Problem der Kontrolle wirtschaftlicher Macht in der Weimarer Republik, Köln, Frankfurt/M. 1978.

Mommsen, Hans: Der Nationalismus als weltgeschichtlicher Faktor. Probleme einer Theorie des Nationalismus, in: ders.: Arbeiterbewegung und Nationale Frage, S. 15–60.

Mommsen, Hans: Der Ruhrbergbau im Spannungsfeld von Politik und Wirtschaft in der Zeit der Weimarer Republik, in: Blätter für deutsche Landesgeschichte 108 (1972), S. 160–175.

Mommsen, Hans: Sozialdemokratie in der Defensive. Der Immobilismus der SPD und der

Aufstieg des Nationalsozialismus, in: ders. Arbeiterbewegung und Nationale Frage, S. 345–365.

Mommsen, Hans: Sozialdemokratie und Freie Gewerkschaften in der Weimarer Republik, in: GMH 34 (1983), S. 203–218.

Mommsen, Hans: Staatliche Sozialpolitik und gewerkschaftliche Strategie in der Weimarer Republik, in: Gewerkschaftliche Politik: Reform aus Solidarität, S. 61–79.

Moraw, Frank: Die Parole der »Einheit« und die Sozialdemokratie, Bonn-Bad Godesberg 1973.

Moses, John A.: Carl Legien und das deutsche Vaterland im Weltkrieg 1914–1918, in: GWU 26 (1975), S. 595–611.

Moses, John A.: Carl Legiens Interpretation des demokratischen Sozialismus. Ein Beitrag zur sozialistischen Ideengeschichte, phil. Diss., Erlangen – Nürnberg 1965.

Moses, John A.: Trade Unionism in Germany from Bismarck to Hitler 1869–1933, Bd. 1: 1869–1918; Bd. 2: 1919–1933, London 1982.

Mosse, George L.: Nationalismus und Sexualität. Bürgerliche Moral und sexuelle Normen (Nationalism and sexuality, dt.). Aus dem Amerikanischen übersetzt von Jörg Trobitius, Reinbek 1987.

Müller, Dirk H.: Versammlungsdemokratie und Arbeiterdelegierte in der deutschen Gewerkschaftsbewegung vor 1918. Ein Beitrag zur Geschichte des Lokalismus, des Syndikalismus und der entstehenden Rätebewegung, Berlin 1984.

Müller, Werner: Lohnkampf, Massenstreik, Sowjetmacht. Ziele und Grenzen der »Revolutionären Gewerkschafts-Opposition« (RGO) in Deutschland 1928–1933, Köln 1988.

Müller-Jentsch, Walther: Soziologie der industriellen Beziehungen, Frankfurt/M. 1986.

Muth, Heinrich: Schleicher und die Gewerkschaften 1932. Ein Quellenproblem, in: VfZ 29 (1981), S. 189–215.

Neebe, Reinhard: Großindustrie, Staat und NSDAP 1930–1933. Paul Silverberg und der Reichsverband der Deutschen Industrie in der Krise der Weimarer Republik, Göttingen 1981.

Neebe, Reinhard: Unternehmerverbände und Gewerkschaften in den Jahren der Großen Krise 1929–1933, in: GuG 9 (1983), S. 302–330.

Nienhaus, Ursula: Berufsstand weiblich. Die ersten weiblichen Angestellten, Berlin 1982.

Opel, Fritz: Der Deutsche Metallarbeiter-Verband während des Ersten Weltkrieges und der Revolution, 4. Auflage Frankfurt/M. 1980.

Osterroth, Franz: Der Hofgeismarkreis der Jungsozialisten, in: AfS 4 (1964), S. 525–569.

Pahl, Walther: Gewerkschaften und Sozialdemokratie vor 1933. Zur Geschichte der Einheitsgewerkschaft, in: GMH 4 (1953), S. 720–724.

Park, Ho-Seong: Sozialismus und Nationalismus. Grundsatzdiskussion über Nationalismus, Imperialismus, Militarismus und Krieg in der deutschen Sozialdemokratie vor 1914, mit einem Vorwort von Wolf-Dieter Narr, Berlin 1986.

Peukert, Detlev: Die Weimarer Republik. Krisenjahre der klassischen Moderne, Frankfurt/M. 1987.

Peukert, Detlev: Alltagsleben und Generationserfahrungen von Jugendlichen in der

Zwischenkriegszeit, in: D. Dowe (Hrsg.): Jugendprotest und Generationskonflikt in Europa im 20. Jahrhundert, Bonn 1986, S. 139–150.

Pirker, Theo: Die blinde Macht. Die Gewerkschaftsbewegung in Westdeutschland, 2 Bde., München 1960.

Pirker, Theo: Zum Verhalten der Organisationen der deutschen Arbeiterbewegung in der Endphase der Weimarer Republik, in: Weimar. Selbstpreisgabe einer Demokratie, S. 323–332.

Pollard, Sydney: The Trade Unions and the Depression of 1929–1933, in: Industrielles System, S. 237–248.

Poßekel, Kurt: Verein für das Deutschtum im Ausland (VDA) 1881–1945, in: Lexikon zur Parteiengeschichte. Die bürgerlichen und kleinbürgerlichen Parteien und Verbände in Deutschland (1789–1945), hrsg. von D. Fricke u.a., Bd. 4, Köln 1986, S. 282–297.

Potthoff, Heinrich: Betriebsräte und Gewerkschaften, in: Protokoll der Verhandlungen des Ersten Reichskongresses der Betriebsräte Deutschlands, abgehalten vom 5.–7. 10. 1920 zu Berlin; Erster Reichsbetriebsräte-Kongreß für die Metallindustrie, abgehalten am 4. 2. 1920, hrsg. von D. Dowe (Reprints zur Sozialgeschichte), Berlin, Bonn 1981, S. 7–36.

Potthoff, Heinrich: Gewerkschaften zwischen Aufschwung und Krise, in: Anhang zu Korrespondenzblatt, Jg. 1923, Reprints zur Sozialgeschichte, hrsg. von Dieter Dowe, Berlin/Bonn 1985, S. [1]–[86].

Potthoff, Heinrich: Gewerkschaften und Oberschlesienfrage, in: IWK 15 (1979), S. 114–119.

Potthoff, Heinrich: Gewerkschaften und Politik zwischen Revolution und Inflation, Düsseldorf 1979.

Potthoff, Heinrich: Gewerkschaften in Weltkrieg und Revolution: Kontinuität und Wandel, in: Solidarität und Menschenwürde, S. 107–131.

Potthoff, Heinrich: Freie Gewerkschaften 1918–1933. Der Allgemeine Deutsche Gewerkschaftsbund in der Weimarer Republik, Düsseldorf 1987.

Potthoff, Heinrich: Freie Gewerkschaften und sozialistische Parteien in Deutschland, in: AfS 26 (1986), S. 49–86.

Potthoff, Heinrich: Die Freien Gewerkschaften. Perspektiven, Programme und Praxis, in: Solidargemeinschaft und Klassenkampf, S. 15–42.

Potthoff, Heinrich: Probleme gewerkschaftlicher Organisation in Weltkrieg, Revolution und Republik, in: Arbeiterbewegung und industrieller Wandel, S. 140–158.

Preller, Ludwig: Sozialpolitik in der Weimarer Republik, Stuttgart 1949 (unveränderter Nachdruck, Düsseldorf 1978).

Prinz, August-Günther: Der Einsatz gewerkschaftlicher Macht in konkret-politischen Situationen nach 1918, Diss., Ms., Köln 1957.

Prinz, Detlef/Rexin, Manfred (Hrsg.): Gewerkschaftsjugend im Weimarer Staat. Eine Dokumentation über die Arbeit der Gewerkschaftsjugend des ADGB in Berlin. Mit einem Beitrag von Udo Wichert, Köln 1983.

Puhle, H.J.: Historische Konzepte des entwickelten Industriekapitalismus. »Organisierter Kapitalismus« und »Korporatismus«, in: GuG 10 (1984), S. 164–184.

Raase, Werner: Die freien deutschen Gewerkschaften in den Jahren des ersten Weltkrieges. Die Große Sozialistische Oktoberrevolution und die freien Gewerkschaften in der Novemberrevolution. Zur Geschichte der deutschen Gewerkschaftsbewegung 1914–1917, 1917–1919, Berlin (DDR) 1969.

Ratz, Ursula: »Die Arbeiterschaft im neuen Deutschland.« Eine bürgerlich-sozialdemokratische Arbeitsgemeinschaft aus dem Jahre 1915, in: IWK, H. 13 (1971), S. 1–26.

Regul, Rudolf: Der Wagemann-Plan, in: Der Keynesianismus III. Die geld- und beschäftigungstheoretische Diskussion in Deutschland zur Zeit von Keynes, hrsg. von G. Bombach u.a., Berlin, Heidelberg, New York 1981, S. 421–447.

Reichling, Norbert: Akademische Arbeiterbildung in der Weimarer Republik, Münster 1983.

Reulecke, Jürgen: Männerbund versus Familie. Bürgerliche Jugendbewegung und Familie in Deutschland im ersten Drittel des 20. Jahrhunderts, in: »Mit uns zieht...«, S. 199–223.

Rintelen, Karlludwig: Der David-Kreis und die linke Minderheit. Anmerkungen zum Problem des »Handlungsspielraums« der mehrheitssozialdemokratischen Führung bis 1918/19, in: IWK 26 (1990), S. 14–34.

Ritter, Gerhard Albert: Die Arbeiterbewegung im Wilhelminischen Reich. Die Sozialdemokratische Partei und die Freien Gewerkschaften 1890–1900, Berlin 1959.

Ritter, Gerhard A./Tenfelde, Klaus: Der Durchbruch der Freien Gewerkschaften Deutschlands zur Massenbewegung im letzten Viertel des 19. Jahrhunderts, in: Vom Sozialistengesetz zur Mitbestimmung, S. 61–121.

Rohe, Karl: Das Reichsbanner Schwarz Rot Gold. Ein Beitrag zur Geschichte und Struktur der politischen Kampfverbände zur Zeit der Weimarer Republik, Düsseldorf 1966.

Ruck, Michael: Gewerkschaften, Staat, Unternehmer. Die Gewerkschaften im sozialen und politischen Kräftefeld 1914 bis 1933, Köln 1990.

Ruck, Michael: Die freien Gewerkschaften im Ruhrkampf 1923, Köln 1986.

Ruck, Michael: Von der Arbeitsgemeinschaft zum Zwangstarif. Die Freien Gewerkschaften im sozialen und politischen Kräftefeld der frühen Weimarer Republik, in: Solidarität und Menschenwürde, S. 133–152.

Rupieper, Hermann-J.: Die freien Gewerkschaften und der Versailler Vertrag 1919–1923, in GWU 29 (1978), S. 482–499.

Sanmann, Horst: Daten und Alternativen der deutschen Wirtschafts- und Finanzpolitik in der Ära Brüning, in: Hamburger Jahrbuch für Wirtschafts- und Gesellschaftspolitik 10 (1965), S. 109–140.

Schaefer, Rainer: SPD in der Ära Brüning: Tolerierung oder Mobilisierung? Handlungsspielräume und Strategien sozialdemokratischer Politik 1930–32, Frankfurt/M., New York 1990.

Scharrer, Manfred (Hrsg.): Kampflose Kapitulation. Arbeiterbewegung 1933, Reinbek 1984.

Scharrer, Manfred: Anpassung bis zum bitteren Ende. Die freien Gewerkschaften 1933, in: ders. (Hrsg.): Kampflose Kapitulation, S. 73–120.

Schiefer, Jack: Geschichte der deutschen freien Gewerkschaften 1890–1932, 3. Auflage Aachen 1948.

Schiefer, Jack: Zur Soziologie der deutschen Gewerkschaften. Vortrag, gehalten am 20. 9. 1946 in Frankfurt/M. auf dem achten Soziologentag der Deutschen Gesellschaft der Soziologen, Aachen o.J. [1946].

Schiffmann, Dieter: Die Freien Gewerkschaften und das Scheitern der Regierung Müller 1930, in: Solidarität und Menschenwürde, S. 187–208.

Schiffmann, Dieter: Von der Revolution zum Neunstundentag. Arbeit und Konflikt bei BASF 1918–1924, Frankfurt/M., New York 1983.

Schildt, Axel: Sozialdemokratische Arbeiterbewegung und Reichswehr. Zur Militärpolitik der SPD in den letzten Jahren der Weimarer Republik, in: Deutsche Arbeiterbewegung, S. 109–132.

Schildt, Axel: Militärdiktatur mit Massenbasis? Die Querfrontkonzeption der Reichswehrführung um General von Schleicher am Ende der Weimarer Republik, Frankfurt/M., New York 1981.

Schildt, Axel: Militärische Ratio und Integration der Gewerkschaften. Zur Querfrontkonzeption der Reichswehrführung am Ende der Weimarer Republik, in: Solidargemeinschaft und Klassenkampf, S. 346–364.

Schmädel, D. von: Führung im Interessenverband. Probleme der innerverbandlichen Willensbildung, Berlin 1968.

Schmidt, Manfred: Die Haltung der ADGB-Führung zur faschistischen Bewegung 1932/33, in: BzG 21 (1979), S. 583–592.

Schmidt, Manfred: Die Politik der ADGB-Führung zur Zeit der Regierungen Papen und Schleicher, phil. Diss. (A), Ms., Berlin (DDR) 1977.

Schneider, Michael: Das Arbeitsbeschaffungsprogramm des ADGB. Zur gewerkschaftlichen Politik in der Endphase der Weimarer Republik. Mit einer Einführung von George Garvy, Bonn-Bad Godesberg 1975.

Schneider, Michael: Die christlichen Gewerkschaften 1894–1933, Bonn 1982.

Schneider, Michael: Kleine Geschichte der Gewerkschaften. Ihre Entwicklung in Deutschland von den Anfängen bis heute, Bonn 1989.

Schneider, Michael: Höhen, Krisen und Tiefen. Die Gewerkschaften in der Weimarer Republik 1918–1933, in: Tenfelde u.a.: Geschichte der deutschen Gewerkschaften, S. 279–446.

Schneider, Michael: Tolerierung – Opposition – Auflösung. Die Stellung des Allgemeinen Deutschen Gewerkschaftsbundes zu den Regierungen Brüning bis Hitler, in: Sozialdemokratische Arbeiterbewegung und Weimarer Republik, Bd. 1, S. 150–219.

Schneider, Michael: Unternehmer und Demokratie. Die freien Gewerkschaften in der unternehmerischen Ideologie der Jahre 1918 bis 1933, Bonn-Bad Godesberg 1975.

Schneider, Michael: Zwischen Annäherung und Abgrenzung. Zum Verhältnis von Christlichen und Freien Gewerkschaften in der Weimarer Republik, in: Solidargemeinschaft und Klassenkampf, S. 43–60.

Schöck, Eva Cornelia: Arbeitslosigkeit und Rationalisierung. Die Lage der Arbeiter und die kommunistische Gewerkschaftspolitik 1920–1928, Frankfurt/M., New York 1977.

Schönhoven, Klaus: Die deutschen Gewerkschaften, Frankfurt/M. 1987.

Schönhoven, Klaus: Expansion und Konzentration. Studien zur Entwicklung der Freien Gewerkschaften im Wilhelminischen Deutschland 1890–1914, Stuttgart 1980.

Schönhoven, Klaus: Gewerkschaftswachstum, Mitgliederintegration und bürokratische Organisation in der Zeit vor dem Ersten Weltkrieg, in: Arbeiterbewegung und industrieller Wandel, S. 16–37.

Schönhoven, Klaus: Die Gründung der Zentralarbeitsgemeinschaft und die »Gelben Gewerkschaften«, in: IWK 26 (1990), S. 355–364.

Schönhoven, Klaus: Innerorganisatorische Probleme der Gewerkschaften in der Endphase der Weimarer Republik, in: Gewerkschaften in der Krise, Anhang zu Gewerkschafts-Zeitung, Jg. 1933, Reprints zur Sozialgeschichte, hrsg. von Dieter Dowe, Berlin, Bonn 1983, S. [73]–[104].

Schönhoven, Klaus: Selbsthilfe als Form von Solidarität. Das gewerkschaftliche Unterstützungswesen im Deutschen Kaiserreich bis 1914, in: AfS 20, S. 147–193.

Schröder, Wilhelm Heinz: Arbeitergeschichte und Arbeiterbewegung. Industriearbeit und Organisationsverhalten im 19. und frühen 20. Jahrhundert, Frankfurt/M. 1978.

Schröder, Wilhelm Heinz: Die Sozialstruktur der sozialdemokratischen Reichstagsabgeordneten 1898–1912, in: Herkunft und Mandat, S. 72–96.

Schröder, Wilhelm Heinz: Kollektive Biographie in der historischen Sozialforschung: Eine Einführung, in: Lebenslauf und Geschichte. Zum Einsatz von kollektiven Biographien in der historischen Sozialforschung, hrsg. von W.H. Schröder, Stuttgart 1985, S. 7–17.

Schröder, Wolfgang: Klassenkämpfe und Gewerkschaftseinheit. Die Herausbildung und Konstituierung der gesamtnationalen deutschen Gewerkschaftsbewegung und der Generalkommission der Gewerkschaften Deutschlands, Berlin (DDR) 1965.

Schulz, Gerhard: Reparationen und Krisenproblem nach dem Wahlsieg der NSDAP 1930. Betrachtungen zur Regierung Brüning, in: VSWG 67 (1980), S. 200–222.

Schumann, Hans-Gerd: Gewerkschaften, in: Wörterbuch der Soziologie, hrsg. von W. Bernsdorf, Bd. 1, Frankfurt 1972, S. 375–382.

Schumann, Hans-Gerd: Nationalsozialismus und Gewerkschaftsbewegung. Die Vernichtung der deutschen Gewerkschaften und der Aufbau der »Deutschen Arbeitsfront«, Hannover, Frankfurt/M. 1958.

Seelbach, Hermann: Zur Beschlagnahme der freigewerkschaftlichen Bundesschule Bernau am 2. Mai 1933. Vorgänge und Folgerungen für die Gegenwart, in: Der Arbeitgeber 5 (1953), S. 375ff.

Seidel, Richard: Die deutschen Gewerkschaften. Ihr Wesen, Weg und Ziel, Stuttgart 1948.

Siemann, Joachim: Der sozialdemokratische Arbeiterführer in der Zeit der Weimarer Republik. Ein Beitrag zur Soziologie der Eliten in der modernen Parteigeschichte, phil. Diss., Ms., Göttingen 1956.

Skrzypczak, Henryk: Die Ausschaltung der Freien Gewerkschaften im Jahre 1933, in: Solidarität und Menschenwürde, S. 255–270.

Skrzypczak, Henryk: Das Ende der Gewerkschaften, in: Die nationalsozialistische Machtergreifung, hrsg. von Wolfgang Michalka, Paderborn 1984, S. 97–110.

Skrzypczak, Henryk: Fälscher machen Zeitgeschichte. Ein quellenkritischer Beitrag zur Gewerkschaftspolitik in der Ära Papen und Schleicher, in: IWK 11 (1975), S. 452–471.

Skrzypczak, Henryk: From Carl Legien to Theodor Leipart, from Theodor Leipart to Robert Ley. Notes on same strategic and tactical problems of the German free trade union movement during the Weimar Republic, in: IWK, Nr. 13 (Aug. 1971), S. 26–45.

Skrzypczak, Henryk: Führungsprobleme der sozialistischen Arbeiterbewegung in der Endphase der Weimarer Republik, in: Herkunft und Mandat, S. 128–147.

Skrzypczak, Henryk: Gewerkschaften und Parteien. Das Beispiel Freie Gewerkschaften und Sozialdemokratie 1890–1933, in: GMH 33 (1982), S. 465–477.

Skrzypczak, Henryk: Kanzlerwechsel und Einheitsfront. Abwehrreaktionen der Arbeiterbewegung auf die Machtübergabe an Franz von Papen, in: IWK 18 (1982), S. 482–499.

Skrzypczak, Henryk: Krise – Taktik – Strategie. Gewerkschaftspolitische Lehren der Weimarer Republik, in: GMH 26 (1975), S. 399–407.

Skrzypczak, Henryk: »Revolutionäre Gewerkschaftspolitik« in der Weltwirtschaftskrise. Der Berliner Verkehrsarbeiterstreik 1932, in: GMH 34 (1983), S. 264–277.

Skrzypczak, Henryk: Zur Strategie der Freien Gewerkschaften in der Weimarer Republik, in: Vom Sozialistengesetz zur Mitbestimmung, S. 201–227.

Solidargemeinschaft und Klassenkampf. Politische Konzeptionen der Sozialdemokratie zwischen den Weltkriegen, hrsg. von Richard Saage, Frankfurt/M. 1986.

Solidarität und Menschenwürde. Etappen der deutschen Gewerkschaftsgeschichte von den Anfängen bis zur Gegenwart, hrsg. von Erich Matthias und Klaus Schönhoven, Bonn 1984.

Sontheimer, Kurt: Antidemokratisches Denken in der Weimarer Republik. Die politischen Ideen des deutschen Nationalismus zwischen 1918 und 1933, München 1962.

Spliedt, Franz: Die Gewerkschaften. Entwicklung und Erfolge. Ihr Wiederaufbau nach 1945, Hamburg o.J. [1949].

Spliedt, Franz: Die Legende von der diktierten Einheitsgewerkschaft, in: GMH 4 (1953), S. 523–526.

Stammer, Otto: Bürokratie, in: Bernsdorf (Hrsg.): Wörterbuch der Soziologie, Bd. 1, Frankfurt/M. 1972, S. 134–138.

Steinberg, Hans-Josef: Die Entwicklung des Verhältnisses von Gewerkschaften und Sozialdemokratie bis zum Ausbruch des Ersten Weltkrieges, in: Vom Sozialistengesetz zur Mitbestimmung, S. 121–134.

Steinisch, Irmgard: Arbeitszeitverkürzung und sozialer Wandel. Der Kampf um die Achtstundenschicht in der deutschen und amerikanischen Eisen- und Stahlindustrie 1880–1929, Berlin, New York 1986.

Streik. Zur Geschichte des Arbeitskampfes in Deutschland während der Industrialisierung, hrsg. von K. Tenfelde und H. Volkmann, München 1981.

Tenfelde, Klaus/Schönhoven, Klaus/Schneider, Michael/Peukert, Detlev: Geschichte der deutschen Gewerkschaften. Von den Anfängen bis 1945, hrsg. von Ulrich Borsdorf, Köln 1987.

Thieringer, R.: Das Verhältnis der Gewerkschaften zu Staat und Parteien in der Weimarer Republik 1918 bis 1933. Die ideologischen Verschiedenheiten und taktischen Gemeinsamkeiten der Richtungsgewerkschaften. Der Weg zur Einheitsgewerkschaft, Diss., Ms., Tübingen 1954.

Timm, Helga: Die deutsche Sozialpolitik und der Bruch der großen Koalition im März 1930, Düsseldorf 1952.

Trommler, Frank: Mission ohne Ziel. Über den Kult der Jugend im modernen Deutschland, in: »Mit uns zieht...«, S. 14–49.

Tschirbs, Rudolf: Tarifpolitik im Ruhrbergbau 1918–1933, Berlin, New York 1986.

Ulrich, Hans: Die Einschätzung von kapitalistischer Entwicklung und Rolle des Staates durch den Allgemeinen Deutschen Gewerkschaftsbund, in: Probleme des Klassenkampfes Nr. 6, März 1973, S. 1–70.

Varain, Heinz Josef: Freie Gewerkschaften, Sozialdemokratie und Staat. Die Politik der Generalkommission unter der Führung Carl Legiens (1890–1920), Düsseldorf 1956.

Vom Sozialistengesetz zur Mitbestimmung. Zum 100. Geburtstag von Hans Böckler, hrsg. von Heinz O. Vetter, Redaktion Ulrich Borsdorf, Hans O. Hemmer, Köln 1975.

Vondung, Klaus: Propaganda oder Sinndeutung?, in: Kriegserlebnis, S. 11–37.

Walter, Franz: Konfliktreiche Integration: Arbeiterkultur im Kaiserreich und in der Weimarer Republik. Eine Zwischenbilanz, in: IWK 24 (1988), S. 54–88.

Walter, Franz: Nationale Romantik und revolutionärer Mythos. Politik und Lebensweisen im frühen Weimarer Jungsozialismus, Berlin 1986.

Weber, Max: Wirtschaft und Gesellschaft, 2 Bde., 5. Auflage Tübingen 1976.

Wehler, Hans-Ulrich: Der Aufstieg des Organisierten Kapitalismus und Interventionsstaates in Deutschland, in: Winkler, Organisierter Kapitalismus, S. 36–57.

Weimar. Selbstpreisgabe einer Demokratie. Eine Bilanz heute, hrsg. von K.-D. Erdmann und H. Schulze, Düsseldorf 1980.

Weinzen, Hans Willi: Gewerkschaften und Sozialismus. Naphtalis Wirtschaftsdemokratie und Agartz' Wirtschaftsneuordnung, Frankfurt/M., New York 1982.

Weinzen, Hans Willi: Wirtschaftsdemokratie und deutsche Arbeiterklasse in der Weimarer Republik, 1928–1933, in: Deutsche Arbeiterbewegung, S. 80–109.

Weinzen, Hans Willi: Wirtschaftsdemokratie heute? Konzept, Kritik, Konsequenz, Berlin 1980.

Weisbrod, Bernd: Die Krise der Arbeitslosenversicherung und der Bruch der Großen Koalition (1928–1930), in: Die Entstehung des Wohlfahrtsstaates, S. 196–212.

Weisbrod, Bernd: Schwerindustrie in der Weimarer Republik. Interessenpolitik zwischen Stabilisierung und Krise, Wuppertal 1978.

Wengst, Udo: Unternehmerverbände und Gewerkschaften in Deutschland im Jahre 1930, in: VfZ 25 (1977), S. 89–119.

Wentzel, Lothar: Inflation und Arbeitslosigkeit. Gewerkschaftliche Kämpfe und ihre Grenzen am Beispiel des Deutschen Metallarbeiter-Verbandes 1919–1924, Hannover 1981.

Wette, Wolfram: Sozialdemokratie und Pazifismus in der Weimarer Republik, in: AfS 26 (1986), S. 281–300.

Wette, Wolfram: Weltmachtstreben, Gewaltkult und Kanonenfutter – Überlegungen zum Beginn der beiden Weltkriege 1914 und 1939, in: GMH 40 (1989), S. 452–461.

Wichers, Hermann: Gewerkschaften, Krieg und Internationale. Neue Dokumente der deutschen Gewerkschaftsbewegung im Jahre 1914, in: IWK 23 (1987), S. 506–522.

Wickert, Christl: Frauen im Parlament: Lebensläufe sozialdemokratischer Parlamentarierinnen in der Weimarer Republik, in: Lebenslauf und Geschichte, S. 210–240.

Wiedner, Hartmut: Soldatenmißhandlungen im Wilhelminischen Kaiserreich (1890–1914), in: AfS 22 (1982), S. 159–199.

Wilke, Manfred: Die Funktionäre. Apparat und Demokratie im Deutschen Gewerkschaftsbund, München 1979.

Winkler, Heinrich August: Einleitende Bemerkungen zu Hilferdings Theorie des Organisierten Kapitalismus, in: ders.: Organisierter Kapitalismus, S. 9–18.

Winkler, Heinrich August (Hrsg.): Nationalismus, Königstein 1978.

Winkler, Heinrich August (Hrsg.): Organisierter Kapitalismus. Voraussetzungen und Anfänge, Göttingen 1974.

Winkler, Heinrich August: Robert Michels, in: Deutsche Historiker, Bd. IV, hrsg. von H.-U. Wehler, Göttingen 1972, S. 65–80.

Winkler, Heinrich August: Die Revolution von 1918/19 und das Problem der Kontinuität in der deutschen Geschichte, in: HZ, Bd. 250 (1990), H. 2, S. 303–319.

Winkler, Heinrich August: Der Schein der Normalität. Arbeiter und Arbeiterbewegung in der Weimarer Republik 1924–1930, Berlin, Bonn 1985.

Winkler, Heinrich August: Von der Revolution zur Stabilisierung. Arbeiter und Arbeiterbewegung in der Weimarer Republik 1918 bis 1924, Berlin, Bonn 1984.

Winkler, Heinrich August: Der Weg in die Katastrophe. Arbeiter und Arbeiterbewegung in der Weimarer Republik 1930 bis 1933, Berlin, Bonn 1987.

Witjes, Claus Winfried: Gewerkschaftliche Führungsgruppen. Eine empirische Untersuchung zum Sozialprofil, zur Selektion und Zirkulation sowie zur Machtstellung westdeutscher Gewerkschaftsführungen, Berlin 1976.

Zollitsch, Wolfgang: Arbeiter zwischen Weltwirtschaftskrise und Nationalsozialismus. Ein Beitrag zur Sozialgeschichte der Jahre 1928 bis 1936, Göttingen 1990.

Zollitsch, Wolfgang: Einzelgewerkschaften und Arbeitsbeschaffung: Zum Handlungsspielraum der Arbeiterbewegung in der Spätphase der Weimarer Republik, in: GuG 8 (1982), S. 87–115.

Personenregister

Abraham, David 330 ff.
Apitzsch, Franz 292
Arndt, Karl 143, 442
Arons, Hans 127, 133, 135, 140, 146, 157, 175, 178, 180 f., 184, 186, 240, 397, 403 ff., 415 ff., 423 f., 426
Arons, Leo 133, 138, 146
Auerbach, Walter 457
Aufhauser, Siegfried 247 f., 257, 260 f., 363, 420 f., 450, 460

Baade, Fritz 178, 184 f., 188
Bachem, Heinrich 187 f., 410
Backert, Eduard 108, 112, 115 f., 118, 145 f., 150 f.
Backhaus, Heinrich 49, 127, 134, 138, 150
Bading, Harry 185
Bahl, Volker 268
Bähr, Johannes 275, 287, 289, 327, 330
Baltrusch, Friedrich 340, 378
Barthel, Paul 88
Bartram, Theodor 245
Bauer, Gustav 168, 229, 231, 371 f.
Bauknecht 350
Bebel, August 44, 144
Bebert, Paul 439
Becker, Johann 353
Becker, Otto 108, 110, 112, 119, 150
Beier, Gerhard 18, 23, 74, 88, 105, 131, 461
Beierling 350
Beneduce 412
Berger, Georg 394 f.
Bernhard, Nikolaus 85, 108, 112, 114, 119, 121, 124, 172, 286, 294 f., 323, 410, 422, 424, 429, 432 f., 443 f., 449
Bernstein 186
Bernstein, Eduard 88, 166
Bieber, Hans-Joachim 163, 298, 300

Bismarck, Otto von 226
Blaß, Karl 397
Bloch, Kurt 185
Böckler, Hans 142 f., 150
Bodur 350
Borchardt, Knut 329 ff.
Borsdorf, Ulrich 27, 105, 114 f., 162, 205
Böttcher, Friedrich 251, 284
Brandes, Alwin 207, 285, 287, 294, 304, 323, 421 f., 429 ff.
Braun, Adolf 35, 149, 166 f.
Braun, Otto 169 f., 230
Brauns, Heinrich 348, 363 f., 374, 376, 429
Braunthal, Alfred 185
Braunthal, Gerard 18, 21, 200
Breitscheid, Rudolf 413 f.
Brennecke, Otte 143, 402, 443 f.
Breunig, Lorenz 397
Brey, August 194, 208, 230, 279, 287, 340, 345, 347, 352, 363, 366, 369
Briefs, Götz 21 f., 164, 200
Broeker, Bruno 127 f., 133, 135, 139, 141, 175, 177 f., 183, 240, 263 ff., 268 f., 286 f., 293, 405, 427, 458, 469 f.
Brolat, Fritz 127, 135, 140
Brost, Georg 407
Bruck 439
Brummer, Reinhold 292 f., 411
Brüning, Heinrich 17, 185, 251, 295, 324, 333, 404, 408 f., 411, 413, 416 f., 421 ff., 430, 432 ff., 438 f., 441 f., 471
Brunner, Louis 108 f., 111 f., 119, 351,
Bruns, Conrad 108 f., 111 f., 119
Buchelt 350
Büchner 435
Buhl, Manfred 176, 251 f., 368

Cassau, Theodor 27, 36, 47, 88, 92, 95, 101, 105, 120, 146, 161f., 164, 174f., 393ff., 471
Clever, Gerhard 350
Cohen, Adolf 107, 109, 119, 123, 167, 303ff., 312, 375
Colm, Gerhard 398
Cordemann, Hermann 454
Crummenerl, Siegmund 450
Cuno, Wilhelm 339f., 342, 345ff., 353, 355f., 362
Curtius, Julius 199, 408

Dahnke, Gustav 439
David, Eduard 168
Dawes, Charles Gates 396
Decker, Adolf 142f.
Denicke, (Juri Petrowitsch) Georg (alias Decker, Georg) 185, 403, 414
Deppe, Frank 23f., 26, 461
Deutschland, Heinz 28, 244
Diels, Rudolf 449, 457
Dilthey, Wilhelm 105, 147
Dißmann, Robert 67, 70, 79, 93, 98, 113, 130, 173, 193, 201, 203, 205f., 218, 247, 257, 304ff., 309, 311, 314f., 326, 338, 342, 346, 352, 354, 363, 365f., 369f., 381f., 384f.
Döring, Johann 351
Dostojewski, Fjodor Michailowitsch 147

Ebel, Max 127, 132, 134, 138
Ebert, Friedrich 342
Eckart 385
Eckart, Karl 435
Eckert, Paul 411
Eggert, Willy 107f., 112ff., 119, 121, 124, 127, 146, 150, 153, 168f., 171, 178, 186, 189, 253, 284, 291, 315f., 323, 326, 396f., 401, 406, 410ff., 419f., 433, 440, 443, 446, 454, 460, 466
Engelhardt, Richard 126, 132, 134, 138, 150
Engels, Friedrich 238
Erdmann, Lothar 28ff., 91, 99, 101, 128f., 133, 135, 138, 140, 146ff., 150, 153ff., 175ff., 188f., 205, 209, 217, 226f., 237ff., 246ff., 251ff., 262, 269ff., 318f., 326, 336, 356ff., 387, 395f., 404ff., 415, 417, 420, 423, 426ff., 439f., 451f., 455ff., 468f., 471ff.
Eschmann, Ernst Wilhelm 455
Esser, Thomas 359ff.
Exner, Georg 131
Exner, Kurt 32, 128, 131, 133, 135, 139, 141, 147f., 176, 179, 438

Falkenberg, Richard 389
Feder, Gottfried 169
Feinhals, Josef 113
Feldman, Gerald D. 298, 304, 313, 375, 382, 385
Fischer, Oswald 204
Fischer, Richard 44
Flaubert, Gustave 147
Frank, Ludwig 147
Freud, Sigmund 147
Freund, Karl 219
Frick, Wilhelm 169
Fricke, Dieter 40
Fricke, Fritz 101, 115, 149, 203, 213
Fried, Ferdinand 311
Frowein, Abraham 284
Furtwängler, Franz Josef 100f., 134ff., 139f., 146f., 150, 153, 157ff., 174f., 177, 181, 237, 239f., 244, 250, 252, 270, 401ff., 408, 413ff.,421f., 426, 453ff., 462f., 468f., 471ff.

Gayl, Wilhelm Freiherr von 440
Geiler, Franz 443
Gerold, Karl 457
Geßler, Otto 170
Giebel, Carl 108, 112, 116, 118
Gleitze, Bruno 126, 129, 131, 133, 135, 139, 141, 147f.
Goethe, Johann Wolfgang von 147
Graf, Engelbert 99
Gramm, Heinrich 350
Graßmann, Peter 67, 91, 98, 107, 110ff., 114ff., 118f., 123, 150, 158, 168f., 172f., 201, 206, 211, 213, 219, 253, 283, 315f., 320f., 324, 337, 341f., 344ff., 360, 363, 368, 375, 380, 397f., 406, 414, 432, 440, 442, 451, 459f., 462
Grebing, Helga 228, 435, 461f.
Groener, Wilhelm 333
Grötzner, Karl 143, 443
Guggenheimer 367
Gusko, Kurt 180

Haase, Hugo 11, 132
Hampel, Vinzent 127
Hanna, Gertrud 94, 127ff., 132, 134f., 137ff., 145, 158, 177, 180, 182
Hartmann, Karl 143, 363
Haß, Johannes 197, 200, 202, 305
Haubach, Theodor 252
Haueisen, Eugen 196
Haushofer, Karl 182, 457
Havensein, Rudolf von 353
Heer, Hannes 25, 227, 262, 267f., 389
Heidegger, Hermann 228
Hein, August 143
Heinemann, Fritz 318, 389
Heinig, Kurt 170
Heinke, Gustav 127, 132, 134, 136f., 145
Heller, Hermann 254
Hemmer, Hans-Otto 28
Henschel, Adolf 128, 135, 140
Hermberg, Paul 248f.
Herrmann, Karl 126, 131f., 134, 136f.
Hertz, Paul 381, 414
Heßler, Otto 128, 132 135, 140, 171, 175, 181f., 240, 420, 455
Heupel, Eberhard 256, 261, 263, 400, 430, 432
Heyde, Ludwig 92, 131, 203
Hilferding, Rudolf 178, 206, 397, 414
Hindenburg, Paul von Beneckendorff und von 333
Hirsch, Julius 363
Hitler, Adolf 176, 182, 267f., 413, 453, 456f., 459f., 462, 469, 472
Höltermann, Karl 440
Hoover, Herbert C. 411
Hué, Otto 375
Huggler, Adolf 229
Hüllbüsch, Ursula 226, 247, 435f.
Husemann, Fritz 82, 194, 323f., 373f.

Ihrer, Emma 152

Jäckel, Hermann 39f., 108, 110, 112, 116, 132, 145, 150, 192, 257, 311, 347, 363
Jahn, Peter 28, 244, 430, 432
Janschek, Alfred 108f., 112, 116, 146, 366
Jansson, Wilhelm 128f., 132, 134, 137f., 230f.

Jarres, Karl 429
Jaurès, Jean 147
Jünger, Ernst 156, 238

Kahn-Freund, Otto 180
Kaiser, Jakob 351
Kampffmeyer, Paul 228
Käppler, Georg 439
Karl, Albin 443
Kastl, Ludwig 186, 314f., 334, 398
Kayser, Michael 304
Keil, Wilhelm 120, 168, 236
Kimmritz, Wilhelm 143
King 381
Klebe, Hermann 351
Kloesel, Joseph 350f.,
Klönne, Arne 28, 473
Knoll, Alexander 34, 106f., 111f., 114, 116ff., 127, 144f., 150f., 337, 339, 341f., 344, 351, 353, 368, 406
Koller, Philipp Alexander 162f.
Körbecker, Karl 184
Kowoll, Johann 250
Krämer, Hans 315, 375
Kraus, Simon 411
Kretzen, Johannes 392
Kruse, Wolfgang 229
Kube, Hermann 107, 111f., 114, 122, 126, 145, 384
Kucharski, Fritz 127, 135, 140
Kukuck, Horst A. 18, 175, 190f., 368
Kummer, Fritz 189, 312
Kunze, Fritz 128, 130, 135, 140, 397
Kupfer, Erhard 143f.,
Kürbis, Heinrich 284
Kurpat, Oskar 443

Lammers, Clemens 315
Landsberg, Otto 414
Lange, Heinrich 151
Lange, Paul 303
Legien, Carl 29, 34f., 42, 44f., 47, 51, 87, 106f., 111ff., 119ff., 131, 145, 150, 152, 167, 170, 205, 226f., 230ff., 247, 253, 255, 299, 302, 317, 373, 468
Lehmann, Otto 108f.
Leipart, Theodor 28f., 35, 57f., 61, 68, 76, 80, 84, 87, 91, 93, 98f., 101, 103, 107, 111ff., 116ff., 130, 145, 150ff., 167ff., 172, 176f., 181, 185ff., 198f., 205, 207f.,

212f., 217, 220, 223, 226f., 230, 234ff., 240f., 243ff., 247f., 256, 267, 275, 278ff., 282f., 284, 286, 289ff., 295, 297, 299f., 302, 304, 307f., 310f., 313, 315, 317f., 323, 325, 327, 338, 340, 345ff., 349, 351, 353f., 362, 365, 367, 380, 382, 385, 391ff., 397, 400f., 403, 405, 407, 409ff., 413ff., 418ff., 425, 433f., 437f., 440, 443, 446, 450ff., 454ff., 460, 466, 468, 470, 475,
Lemmer, Ernst 407
Leopold, Richard 383
Leuschner, Wilhelm 30, 94, 107, 112ff., 116, 119, 121, 124, 142f., 150, 153f., 156, 160, 168, 175, 360, 466
Levy, Paul 435
Ley, Robert 227
Limbertz, Heinrich 341
Löbe, Paul 414
Löffler, Heinrich 107, 110ff., 115f., 121, 123, 246
Luther, Hans 353
Luther, Martin 147
Luxemburg, Rosa 11, 39, 212

Maaß, Hermann 181, 450
Mahler, Heinrich 108, 110, 112, 116, 150, 295
Mahnken 457
Mai, Gunther 215
Mannheim, Karl 104
Marschak, Jakob 185
Martin, Bernd 453
Martmöller, Albert 344f., 350f., 354
Marx, Karl 238, 244, 259
Marx, Wilhelm 360
Maschke, Walter 127f., 135, 140, 175, 177, 181, 420, 442, 448ff.
Matthes, 304
Mayntz, Renate 17
Mehlich, Ernst 365
Melchior, Carl 398
Mendelssohn, Kurt 185
Metz, Franz 405
Meyer, Heinrich 68, 142f., 337, 339ff., 344, 346, 349ff., 353f., 363
Meyer-Brodnitz, Franz Karl 127, 133, 135, 140, 150, 179
Meyner, Otto 243
Michael 455

Michel, Ernst 101
Michels, Robert 22, 111, 152, 161ff., 475
Misbach, Otto 363
Mitschke 439
Molkenbuhr, Hermann 230
Möllendorf, Wichhard von 187
Mommsen, Hans 24f., 156, 218, 268
Moses, John A. 29, 226, 233, 255, 436
Müller, Friedrich Paul 284
Müller, Hans 126, 128, 196(?)
Müller, Hermann 214f., 240, 294, 332, 334
Müller, Richard 303
Müller-Franken, Hermann 397
Müller-Lichtenberg, Hermann 107, 110ff., 123, 127f., 160, 168ff., 172, 278, 285, 324, 406
Müntner, Fritz 113, 354, 369, 415

Naphtali, Fritz 102, 178, 180, 184ff., 188, 198, 424f.
Neh, Hermann 126, 135, 140
Nestriepke, Siegfried 38, 202f.
Neubauer, Theodor 459
Neumann, Adorf 304
Neumann, Franz 180
Niewiera, Else 94
Nölting, Erik 178
Nomm 350
Nörpel, Clemens 91, 127f., 132, 135f., 140, 150, 157, 172, 175, 177ff., 182f., 206, 240, 263ff., 268f., 284ff., 290ff., 296f., 326ff., 405, 427, 438, 456, 458, 460, 469f.
Noske, Gustav 81

Orlopp, Josef 410
Ortleb, Richard 128
Osterroth, Nikolaus 246, 356
Ott, Eugen 455
Otte, Bernhard 30, 186, 290, 347, 407, 419

Paeplow, Fritz 67, 79, 193, 302, 307, 363
Pahl, Walther 128, 133, 135, 139, 141, 148, 156f., 181, 237f., 240, 252, 258ff., 267, 269, 446ff.,455ff., 469, 472
Papen, Franz von 17, 266, 295, 327, 423, 438ff., 451, 454f., 472
Pause, Max 351

521

Peterhansel, Richard 127, 132, 134, 136f.
Peukert, Detlev 104f.
Philipp, Margarethe 128f., 132, 135, 140
Pirker, Theo 17, 163
Planck, Erwin 440
Plettl, Martin 433
Potthof, Heinrich 18ff., 26, 74, 166, 191f., 200, 208, 267, 289, 335f., 356, 379
Potthoff, Heinz 180
Prawitz, Erich 397
Preller, Ludwig 21, 216, 461
Pünder, Hermann 314, 431

Quallo, August 143, 443, 454
Quist, August 39, 128f., 134, 137f., 145, 165

Rathenau, Walther 51, 98
Raumer, Hans von 320
Reichel, Georg 70, 85, 108, 112, 119, 145, 159, 205, 207f., 230, 279, 304, 311, 313, 366, 369
Reißner, Anton 434f., 443
Reusch, Paul 344
Reuter, Franz 243
Reventlow, Ernst Graf zu 457f.
Rilke, Rainer Maria 147
Rosemann, Julius 388
Rosenberg, Frederic 347
Rothe, Carl 261
Ruck, Michael 19, 166, 172, 175, 340ff., 356
Rudolph, Hermann 337, 352
Rusch, Oskar 301

Sabath, Gustav 45, 108f., 111f., 122, 132, 145, 305
Sachs, Robert 127, 130, 135, 140, 448f.
Sachleber, Gerhard 128
Sassenbach, Johann 91,108ff., 116ff., 122, 144, 150, 230f.
Schacht, Hjalmar 398
Schäffer, Hans 168f., 314, 440
Scharrer, Manfred 20, 432
Scheffel, Franz 295, 311, 346, 349, 352, 397, 405, 429, 433
Scheibel, Hugo 322, 433, 439, 442ff.
Scheidemann, Philipp 229
Schiffmann, Dieter 175, 191, 333, 368, 388
Schildt, Axel 453

Schippel, Max
Schleicher, Kurt von 17, 248, 266, 268, 297, 333, 440, 453ff., 469, 472
Schleicher, Markus 195, 207, 281ff., 295, 330, 367, 383
Schlicke, Alexander 304, 372
Schliestedt, Heinrich 109, 189
Schlimme, Hermann 58, 107f., 112, 114, 116, 119, 121, 124, 126, 129f., 146, 150, 153f., 172, 182, 231, 360, 420, 437, 449, 451f., 460
Schlünz, Fr. 89f.
Schmidt, Georg 108, 112, 172, 186, 354, 443
Schmidt, Karl 85
Schmidt, Manfred 28, 190, 262
Schmidt, Robert 127, 133, 168, 229, 231, 236, 375
Schmit, Artur 439
Schnaitmann, A. 316
Schneegaß, Wilhelm 304
Schneider, Michael 25, 74, 189, 261, 298, 425
Schnell, F. 311
Schöller, Karl 433
Schönfelder, Adolf 99
Schönhoven, Klaus 18, 33, 35, 40f., 74, 163, 255, 333, 358
Schrader, Karl 85, 108, 112, 116, 150, 294, 434
Schulz, Paul 435
Schulze, Ernst 65, 67, 107, 112ff., 123, 126, 129, 345
Schumann, Hans-Gerd 19, 26
Schumann, Oswald 99, 130, 198, 207, 277, 323, 340, 443
Schwarz, Salomon 58, 60
Seelbach, Hermann 55, 101f., 157, 171, 175, 212, 237, 239f., 243f., 252, 272, 458, 472f.
Sehmsdorf, Karl 127, 135, 139f.
Sehner, Grete 127
Seidel, Richard 57, 107, 128, 131f., 135, 141, 166, 175, 177, 257, 301, 381, 440, 457, 462f.
Seitz, Josef 308, 369
Sender, Toni 94
Severing, Carl 284, 333
Shaw, George Bernard 147
Sickfeld, August 282

Siemens, Carl Friedrich von 321
Silberschmidt, Hermann 108f., 111f., 116, 118, 121, 145, 305
Silverber, Paul 243, 316ff., 431
Simon, Josef 35, 113, 130, 194, 247, 277, 279f., 302, 304ff., 311, 314, 323, 345, 354, 363, 369, 405, 429, 432, 434, 436, 446
Sinzheimer, Hugo 178, 254, 429
Sitzler, Friedrich 297, 374
Skrzypczak, Henryk 245, 454, 457
Sollmann, Wilhelm 414
Spann, Othmar 238
Spengler, Oswald 238
Spinoza, Benedikt 147
Spliedt, Franz 107f., 112, 114, 123, 127, 146, 150, 167, 172, 177f., 180, 182f., 240, 279f., 284, 293, 313, 397, 404f., 420, 445, 449, 457, 460
Stähr, Wilhelm 290, 419
Stampfer, Friedrich 459
Stegerwald, Adam 245, 320, 322, 431
Steinberg, Ludwig 350f.
Steinisch, Irmgard 298, 304, 313, 370, 380ff., 385, 387
Stetter, David 415
Stinnes, Hugo 341ff., 361, 378
Strasser, Gregor 245, 261, 453f.
Stresemann, Gustav 355
Striemer, Alfred 93, 127f., 130, 133f., 137ff., 150, 158, 309ff.
Ströhlinger 314
Stülpnagel, Edwin von 449
Sturmfeld, Wilhelm 101
Stutz 374
Suhr, Otto 186, 406
Syrup, Friedrich 199, 445, 448

Tänzler, Fritz 310
Tarnow, Fritz 58, 79, 85, 99f., 108, 112, 114, 116, 119, 121, 124, 146, 150, 168ff., 172, 178, 188f., 192, 195, 198, 201f., 205, 208, 212f., 221., 276f., 280ff., 286, 289, 291, 304ff., 315, 323, 369, 383f., 386, 392, 394, 397, 406, 433, 442, 454, 466
Thiele, Hans 250, 389
Thiemig, Karl 99, 277
Thieringer, Rolf 228
Thimme, Friedrich 232

Thomas, Theodor 30, 96f., 169, 173, 200, 204, 207, 311, 314, 439
Thomas, Wilhelm 344, 360, 369
Thyssen, Fritz 343
Timm, Helga 333
Töpfer, Albert 352
Torgler, Ernst 459
Tschirbs, Rudolf 372, 378, 387
Tylinski 304

Umbreit, Paul 40, 107, 111f., 114, 116ff., 128, 144f., 147, 150, 152, 160, 167, 177, 208, 220, 228, 232, 235, 291, 324, 368, 406f.
Ulrich, Max 85, 89

Varain, Heinz Josef 298
Vögler, Albert 344, 398
Vollmerhaus, Karl 142ff., 151, 443, 447f.

Wagemann, Ernst 186f., 425
Walcher, Jakob 67, 203, 309
Waldhecker, Friedrich 341f., 344
Wallbrecht, Rudolf 354
Walter, Franz 336
Warmbold, Hermann 187
Weber, Adolf 166
Weber, Max 17, 111, 165
Weidner, Wilhelm 383, 389
Weigert, Oskar 199
Weimer, Jakob 143, 150, 312
Weinzen, Hans Willi 262
Welker, Alban 126, 131f., 134, 137f., 176
Wels, Otto 168, 405, 410, 422, 440, 450, 452, 460
Wentzel, Lothar 384
Werner, Georg 180
Wernicke, Friedrich 143
Westphal, Max 450
Wiedemann, Albert 359f.
Wiersich, Oswald 143
Wilbrandt, Hans 185
Winkler, Heinrich August 18, 261, 327, 330f., 335f., 372, 400, 411, 422, 424
With, Joseph 378
Wissell, Rudolf 30, 107, 111ff., 115ff., 119, 122, 284, 306ff., 312, 339
Woldt, Richard 127, 144f., 150f., 167, 199, 206, 235, 246, 336, 349f., 357, 394, 471
Wolf, Karl 344, 350, 354, 365

Wolgast, Wilhelm 85
Woytinsky, Wladimir 126, 133, 135, 139, 141, 146f., 158, 175, 178, 187ff., 240, 262

York, Theodor 42
Young, Owen D. 398

Zabel, Arthur 143f.
Zauter, Otto 344
Zetkin, Clara 242
Ziegler, Hans 293, 411f.
Zimmer, Peter 405
Ziska, Otto 89, 201
Zwing, Karl 357

schriftenreihe der otto brenner stiftung

Band 20 · Fritz Opel
Der Deutsche Metallarbeiter-Verband
Während des Ersten Weltkrieges
und in der Revolution

Band 21 · Gerard Braunthal
**Der Allgemeine Deutsche
Gewerkschaftsbund**
Zur Politik der Arbeiterbewegung
in der Weimarer Republik

Band 25
Klaus Peter Kisker, Rainer Heinrich,
Hans-Erich Müller, Rudolf Richter,
Petra Struve
Multinationale Konzerne

Band 28 · Rolf Wabner
Lernen aus verpaßten Chancen
Zur Geschichte der hannoverschen
Arbeiterbewegung 1815–1933

Band 30 · Victor G. Reuther
Die Brüder Reuther
Eine Autobiographie sowie die
Geschichte der amerikanischen
Automobilarbeitergewerkschaft UAW

Band 32 · Florian Tennstedt
Vom Proleten zum Industriearbeiter
Arbeiterbewegung und Sozialpolitik
in Deutschland 1814 bis 1914

Band 33 · Rudolf Boch, Manfred Krause
**Historisches Lesebuch zur Geschichte
der Arbeiterschaft im Bergischen Land**
Mit 65 Abbildungen

Band 36 · Norbert Vornehm
Organisation und Basis
Zur Anatomie britischer Gewerkschaften

Band 37 · Franz Segbers
**Streik und Aussperrung
sind nicht gleichzusetzen**
Eine sozialethische Bewertung

Band 39 · Michael Ruck
**Die Freien Gewerkschaften
im Ruhrkampf 1923**
Mit einem Vorwort von Hermann Weber

Band 40 · Günter Scharf
Geschichte der Arbeitszeitverkürzung
Der Kampf der deutschen Gewerkschaften
um die Verkürzung der täglichen und
wöchentlichen Arbeitszeit

Band 41
**»Der Sozialplan ersetzt mir
ja nicht den Arbeitsplatz«**
Betriebsschließung und Besetzungsstreik
bei Videocolor Ulm. Mit 5 Abbildungen

Band 42 · Frieder Naschold
**Technologiekontrolle durch
Technologiefolgabschätzung?**
Entwicklungen, Kontroversen, Perspektiven der Technologiefolgabschätzung
und -bewertung

Band 43 · Bernd-Georg Spies
**Chancen und Grenzen regionaler
Beschäftigungspolitik**
Das Beispiel des Greater London
Enterprise Board (GLEB)
Vorwort: Franz Steinkühler

Bund-Verlag

schriftenreihe der otto brenner stiftung

Band 44 · Werner Schäfer
Die französische Gewerkschaftsbewegung in der Krise
Historische Entwicklung und sozioökonomische Rahmenbedingungen ihrer Bildungsarbeit

Band 45 · Peter Rütters
Chancen internationaler Gewerkschaftspolitik
Struktur und Einfluß der Internationalen Union der Lebens- und Genußmittelarbeiter-Gewerkschaften (1945–1985)

Band 46 · Gertrud Mahnke, Fritz Strothmann
»Wir wollten mehr als die Trümmer beseitigen...«
Zwei Vorstandsmitglieder der IG Metall berichten über ihre gewerkschaftliche Arbeit und über ihr Leben
Mit 31 Abbildungen
Vorwort: Franz Steinkühler

Band 47 · Jochen Struwe
Wachstum durch Sozialpolitik
Wie Sozialpolitik Wachstum und Wohlfahrt fördert
Geleitwort: Prof. Dr. Bert Rürup

Band 48 · Kurt Johannson
Interessenvertretung im Lernprozeß
Das »Sprockhöveler Modellseminar« Möglichkeiten und Grenzen konzeptioneller Planung von Lernprozessen in der gewerkschaftlichen Bildungsarbeit

Band 49 · Manfred H. Bobke, Wolfgang Lecher
Arbeitsstaat Japan
Arbeitsbeziehungen, Arbeitszeit und Arbeitsrecht
Mit einem Vorwort von Franz Steinkühler

Band 50 · Rainer Kalbitz
Otto Brenner
Eine deutsche Biographie
Mit einem Vorwort von Franz Steinkühler

Band 51 · Lothar Wentzel
Die Bildungsarbeit des Deutschen Metallarbeiter-Verbandes 1891 bis 1933
100 Jahre Bildungsarbeit der Metallgewerkschaften
Eine Dokumentation
Vorwort: Karlheinz Hiesinger
Mit zahlreichen Abbildungen

Band 52 · Christoph Wellen
Gewerkschaftlicher Einfluß in der britischen Automobilindustrie

Band 53 · Sigrid Koch-Baumgarten, Peter Rütters (Hrsg.)
Zwischen Integration und Autonomie
Der Konflikt zwischen den Internationalen Berufssekretariaten und dem Weltgewerkschaftsbund um den Neuaufbau einer internationalen Gewerkschaftsbewegung 1945 bis 1949
Eine Quellenedition

Band 54 · Hilde Wagner
Arbeitsentgelt im Spannungsfeld betrieblicher und gesellschaftlicher Veränderung (Schriftenreihe der Otto Brenner Stiftung)

Bund-Verlag